Rechtspflegergesetz

Gesetz über Maßnahmen
auf dem Gebiete der Gerichtsverfassung
und des Verfahrensrechts vom 8. Februar 1957
(BGBl I S. 18, 44)
mit Nachtrag zum
Gleichberechtigungsgesetz

Erläutert von

Paul Hofmann
Justizamtmann i. R.

Friedrich Kersting
Oberlandesgerichtsrat

1957

J. SCHWEITZER VERLAG · BERLIN

Gesamtherstellung: Dr. F. P. Datterer & Cie. – Inhaber Sellier – Freising

Vorwort

In einer berühmt gewordenen Rede vor dem preußischen Herrenhaus forderte der durch seinen Weltblick bekannte Frankfurter Oberbürgermeister Franz Adickes bereits am 30. März 1906 die Entlastung des Richters von Aufgaben, die nicht der reinen Spruchtätigkeit zuzurechnen sind. Die Verwirklichung dieser Forderung hat nach mehr als 50 Jahren nunmehr in dem Rechtspflegergesetz ihren vorläufigen Abschluß gefunden. Damit werden mit Wirkung vom 1. Juli 1957 die Zuständigkeitsbereiche des Richters und des Rechtspflegers neu abgegrenzt, und zwar erfährt die Zuständigkeit des Rechtspflegers eine nicht unerhebliche Erweiterung. Das Rechtspflegergesetz geht somit den Richter und den Rechtspfleger, aber auch den Rechtsanwalt und den Notar an, die sich daher mit seinen Vorschriften eingehend vertraut machen müssen.

Bei diesem Bemühen will das vorliegende Werk ein zuverlässiger Helfer sein. Nach einem geschichtlichen Rückblick erläutert es die einzelnen Vorschriften des Gesetzes und bringt darüber hinaus, soweit dies zum besseren Verständnis erforderlich und im Rahmen eines Handbuches angebracht erschien, zugleich eine Darstellung des materiellen Rechts. Dabei wurde zur leichteren Handhabung eine Aufgliederung nach Stichworten in alphabetischer Reihenfolge vorgenommen.

Die Erläuterungen zu den §§ 12 bis 16, 19 bis 23 sowie im Anhang zu §§ 17 und 18 des Gesetzes hat Justizamtmann Hofmann, die Erläuterungen zu den übrigen Vorschriften Oberlandesgerichtsrat Kersting bearbeitet.

Frankfurt, den 1. Juni 1957.

Paul Hofmann — Friedrich Kersting

Inhaltsübersicht

Schrifttum

Amtliche Begründung zum Entwurf eines Rechtspflegergesetzes, BT-Drucksache 161 vom 22. 12. 1953 (RpflBl 1957, 27)

Baumbach-Duden, Handelsgesetzbuch, 12. Aufl., 1956
Baumbach-Lauterbach, Kostengesetze, 12. Aufl., 1955
Baumbach-Lauterbach, Zivilprozeßordnung, 24. Aufl., 1956
Baur, Fritz, Freiwillige Gerichtsbarkeit, 1. Buch — Allg. Verfahrensrecht, 1955
Brand-Marowski, Die Registersachen in der gerichtl. Praxis, 4. Aufl., 1956
Brand-Schnitzler, Grundbuchsachen, 8. Aufl., 1954
Bund Deutscher Rechtspfleger, Die Entlastung des Prozeßrichters durch Verminderung der Streitverhandlungen, 1933
Bund Deutscher Rechtspfleger, Die Zwangsvollstreckung im Entwurf der Zivilprozeßordnung, 1933

Dalcke, Strafrecht und Strafverfahren, 36. Aufl., 1955
Döhring, Erich, Geschichte der deutschen Rechtspflege seit 1500, 1953
Drischler, Karl, Hinterlegungsordnung, 1951

Firsching, Karl, Vormundschaftsrecht und Nachlaßrecht, Handbuch der amtsgerichtl. Praxis, 2. Teil Bd. V und VI, 1955

Glaser, Franz, Das Nachlaßwesen, 1952
Glaser, Franz, Das Vormundschaftswesen, 1951
v. Godin-Wilhelmi, Aktiengesetz, 2. Aufl., 1950
Grau, Fritz, Die Strafvollstreckung durch den preuß. Rechtspfleger, 1929.
Groutars-Reß-Meyer, Aktenordnung, 1951
Güthe-Triebel, Grundbuchordnung, 6. Aufl., 1936/37

Haegele, Karl, Grundbuchrecht, Handbuch der amtsgerichtl. Praxis, 2. Teil, Bd. IV, 1955
Henke-Mönch-Horber, Grundbuchordnung, 4. Aufl., 1954
Hesse-Saage-Fischer, Grundbuchordnung, 3. Aufl., 1954
Heymann-Kötter, Handelsgesetzbuch, 20. Aufl., 1950

Jonas-Melsheimer, Kostenordnung, 4. Aufl., 1942

Keidel, Freiwillige Gerichtsbarkeit, 6. Aufl., 1954
Keidel-Schmatz, Registerrecht, Handbuch der amtsgerichtl. Praxis, 2. Teil Bd. VII, 1955
Kern, Eduard, Gerichtsverfassungsrecht, 1954

Korintenberg-Wenz, Kostenordnung, 2. Aufl., 1938
Kriege-Bülow, Komm. zur Hinterlegungsordnung, 1937

Langes-Imgenberg, Aktenordnung, 2. Aufl., 1956
Leiß-Weingartner, Strafprozeß und Strafvollstreckung, Handbuch der amtsgerichtl. Praxis, 3. Teil Bd. VIII und IX, 1956
Löwe-Rosenberg, Die Strafprozeßordnung und das Gerichtsverfassungsgesetz, 1954ff.

Marquordt, Zum Entwurf eines Gesetzes über Maßnahmen auf dem Gebiete der Gerichtsverfassung und des Verfahrensrechts (Rechtspflegergesetz) BAnz. Nr.10 vom 16. 1. 1953
Meikel-Imhof (-Riedel), Grundbuchordnung, 4. Aufl., 1940 (5. Aufl., 1955ff.)

Palandt-Lauterbach, Bürgerliches Gesetzbuch, 16. Aufl., 1956
Pohlmann-Hasemann, Strafvollstreckungsordnung, 1956

Reichel, Walter, Die Stellung des Rechtspflegers in der Gerichtsorganisation, 2. Aufl., 1951
Rittmann-Wenz, Gerichtskostengesetz, 17. Aufl., 1944
Röschel-Blaese, Die Strafvollstreckung, 2. Aufl., 1953
Rosenberg, Lehrbuch des deutschen Zivilprozeßrechts, 6. Aufl., 1954
Roß-Wedewer, Kostenordnung, 1953

Sarkamm, Erich, Die gesetzlichen Grundlagen der Rechtspflegertätigkeit, 1927
Sarkamm, Erich, Der Rechtspfleger in der Justizverwaltung, 1924
Schlegelberger, Gesetz über die Angelegenheiten der freiwilligen Gerichtsbarkeit, 7. Aufl., 1956
Scholz, Franz, GmbH-Gesetz, 2. Aufl., 1950
Schrader, Siegfried, Bürgerlicher Rechtsstreit und Zwangsvollstreckung in das bewegliche Vermögen, Handbuch für die amtsgerichtl. Praxis, 1. Teil Bd. I, 1954
Schrader, Siegfried, Konkurs- und Vergleichsverfahren, Handbuch für die amtsgerichtl. Praxis, 1. Teil Bd. III, 1954
Soergel, Bürgerliches Gesetzbuch, 8. Aufl., 1952ff.
Stein-Jonas-Schönke, Zivilprozeßordnung, 18. Aufl., 1953
Steiner-Riedel, Zwangsversteigerungsgesetz, 7. Aufl., 1956

Thiesing-Weber-Gundlach, Der mittlere Justizdienst in Preußen, 1928

Vogel-Korn, Zwangsversteigerungs- und Zwangsverwaltungsverfahren, Handbuch für die amtsgerichtl. Praxis, 1. Teil Bd. II, 1954

Zöller-Völkl, Zivilprozeßordnung, 7. Aufl., 1954

Abkürzungen

ABl	Amtsblatt
AG	Amtsgericht
AGBGB	preuß. Ausf.-Ges. zum BGB
AGGBO	preuß. Ausf.-Ges. zur GBO
AGGVG	preuß. Ausf.-Ges. zum GVG
AGO	Allg. Gerichtsordnung für die preuß. Staaten von 1793
AktG	Gesetz über Aktiengesellschaften und Kommanditgesellschaften a. A.
AktO	Aktenordnung
ALR	Allgemeines Landrecht für die preuß. Staaten von 1791
Amtl. Begründung	Begründung zum Entwurf eines Rpfl-Gesetzes, Bundestagsdrucksache 161 vom 22. 12. 1953
AusbO	Ausbildungsordnung
AV	Allgemeine Verfügung
AVO/GBO	Ausführungs-VO zur GBO
BAnz	Bundesanzeiger
BBG	Bundesbeamtengesetz
BGB	Bürgerliches Gesetzbuch
BGBl	Bundesgesetzblatt
BGHZ	Entscheidungen des Bundesgerichtshofs in Zivilsachen
Beistandsch	Beistandschaft
Bek.	Bekanntmachung
BMdJ	Bundesminister der Justiz
Buko	preuß. Büro- und Kanzleiordnung
BVerfG	Bundesverfassungsgericht
DBG	Deutsches Beamtengesetz
DDR	Deutsche Demokratische Republik
DJ	Deutsche Justiz
DJZ	Deutsche Juristenzeitung
DNotZ	Deutsche Notarzeitschrift
DR	Deutsches Recht
DRiZ	Deutsche Richterzeitung
DVO	Durchführungs-VO
EG	Einführungsgesetz
EheG	Ehegesetz

ErbbVO	VO über das Erbbaurecht
Erl	Erlaß
FGG	Gesetz über die Angelegenheiten der freiwilligen Gerichtsbarkeit
GBl	Gesetzblatt
GBO	Grundbuchordnung
GBV	Grundbuchverfügung
GenG	Gesetz betr. die Erwerbs- und Wirtschaftsgenossenschaften
GenReg	Genossenschaftsregister
GeschAV/GBO	AV betr. geschäftl. Behandlung der Grundbuchsachen
GeschmMG	Gesetz betr. Urheberrecht an Mustern und Modellen
GG	Grundgesetz für die Bundesrepublik Deutschland
GGZ	Geschäftsgangsbestimmungen für die Justizverwaltung
GKG	Gerichtskostengesetz
GmbHG	Gesetz betr. die Gesellschaften mit beschränkter Haftung
GReg	Güterrechtsregister
GS	Gesetzsammlung
GVBl	Gesetz- und Verordnungsblatt
GVG	Gerichtsverfassungsgesetz
HGB	Handelsgesetzbuch
HRV	Handelsregisterverfügung
HRZ	Haushaltsrechtl. Bestimmungen für die Justizverwaltung
JFG	Jahrbuch für Entscheidungen in Angelegenheiten der freiwilligen Gerichtsbarkeit
JMBl	Justizministerialblatt
JW	Juristische Wochenschrift
JZ	Juristenzeitung (ab 1951)
JKassO	Justizkassenordnung
KG	Kammergericht
KO	Konkursordnung
KostO	Kostenordnung
KostmarkO	Kostenmarkenordnung
LAG	Gesetz über den Lastenausgleich
LG	Landgericht
LM	Nachschlagewerk von Lindenmeier-Möhring
LwVG	Gesetz über das gerichtliche Verfahren in Landwirtschaftssachen
MDR	Monatsschrift für Deutsches Recht
MReg	Musterregister
NachlGericht	Nachlaßgericht
NJ	Neue Justiz
NJW	Neue Juristische Wochenschrift
NRW	Nordrhein-Westfalen
OLG	Oberlandesgericht

Pflegsch	Pflegschaft
PersStG	Personenstandsgesetz
RAGebO	Rechtsanwaltsgebührenordnung
RegBl	Regierungsblatt
RegGericht	Registergericht
REntlG	Reichsentlastungsgesetz v. 31. 3. 1921
REntlV	Reichsentlastungsverfügung v. 3. 7. 1943
RGBl	Reichsgesetzblatt
RGZ	Entscheidungen des Reichsgerichts in Zivilsachen
RHO	Reichshaushaltsordnung
RJWG	Reichsjugendwohlfahrtsgesetz
RMdJ	Reichsminister der Justiz
Rpfl	Rechtspfleger
RpflBl	Rechtspflegerblatt
Rpfleger	Der deutsche Rechtspfleger
RpflJB	Rechtspflegerjahrbuch
RV	Rundverfügung
RWB	Reichswirtschaftsbestimmungen für die Reichsbehörden
SaBl	Sammelblatt für Gesetze Verordnungen und Bek. des Bundes, der Länder und der Besatzungsmächte
SchRechteG	Ges. über Rechte an eingetragenen Schiffen und Schiffsbauten
SchReg	Schiffsregister
SchRegO	Schiffsregisterordnung
SchRegV	Schiffsregisterverfügung
StA	Staatsanwalt
StAnz	Staatsanzeiger
StGB	Strafgesetzbuch
StPO	Strafprozeßordnung
UmstG	Umstellungsgesetz
UrkB	Urkundsbeamter
VerschG	Verschollenheitsgesetz
VglO	Vergleichsordnung
VO	Verordnung
Vormdsch	Vormundschaft
VormdschGericht	Vormundschaftsgericht
VReg	Vereinsregister
WEG	Wohnungseigentumgesetz
WeimVerf	Weimarer Verfassung vom 19. 8. 1919
WiGBl	Gesetzblatt der Verwaltung des Vereinigten Wirtschaftsgebietes
ZDJA	Zeitschrift des Bundes Deutscher Justizamtmänner
ZPO	Zivilprozeßordnung
ZPrJA	Zeitschrift des Verbandes Preuß. Justizamtmänner
ZVBl	Zentralverwaltungsblatt
ZVG	Gesetz über die Zwangsversteigerung und die Zwangsverwaltung

Gesetz über Maßnahmen auf dem Gebiete der Gerichtsverfassung und des Verfahrensrechts (Rechtspflegergesetz)

Vom 8. Februar 1957

(BGBl I S 18, 44)

Der Bundestag hat mit Zustimmung des Bundesrates das folgende Gesetz beschlossen:

ERSTER ABSCHNITT

Aufgaben und Stellung des Rechtspflegers

§ 1

Allgemeine Stellung des Rechtspflegers

Der Rechtspfleger nimmt die ihm durch dieses Gesetz übertragenen Aufgaben der Rechtspflege wahr.

§ 2

Voraussetzungen für die Tätigkeit als Rechtspfleger

(1) Mit den Aufgaben eines Rechtspflegers kann ein Beamter des Justizdienstes betraut werden, der einen Vorbereitungsdienst von mindestens drei Jahren Dauer abgeleistet und die Prüfung für den gehobenen Justizdienst abgelegt hat. Wenigstens neun Monate des Vorbereitungsdienstes müssen auf einen fachwissenschaftlichen Lehrgang entfallen.

(2) Mit den Aufgaben eines Rechtspflegers kann auf seinen Antrag auch betraut werden, wer die zweite juristische Staatsprüfung bestanden hat.

(3) Wer die erste juristische Staatsprüfung bestanden hat, kann von der Ableistung des Vorbereitungsdienstes teilweise befreit werden.

(4) Mit der zeitweiligen Wahrnehmung der Geschäfte eines Rechtspflegers können Referendare, die mindestens sechs Monate im juristischen Vorbereitungsdienst tätig gewesen sind, betraut werden.

(5) Die Länder erlassen die näheren Vorschriften. Sie können die Betrauung des Rechtspflegers mit Geschäften, die ihm nach diesem Gesetz zur selbständigen Wahrnehmung übertragen werden, von der Erreichung eines Mindestlebensalters oder von der Ableistung eines Probedienstes abhängig machen.

§ 3
Übertragene Geschäfte

(1) Dem Rechtspfleger werden folgende Geschäfte übertragen:

1. in vollem Umfange die nach den gesetzlichen Vorschriften vom Richter wahrzunehmenden Geschäfte des Amtsgerichts in
   a) Vereinssachen im Sinne der §§ 29, 37, 55 bis 79 des Bürgerlichen Gesetzbuchs und der §§ 159, 160 und 162 des Gesetzes über die Angelegenheiten der freiwilligen Gerichtsbarkeit,
   b) Verfahren bei Untersuchung und Verwahrung von Sachen sowie beim Pfandverkauf nach §§ 164 bis 166 des Gesetzes über die Angelegenheiten der freiwilligen Gerichtsbarkeit,
   c) Musterregistersachen im Sinne des Gesetzes betreffend das Urheberrecht an Mustern und Modellen,
   d) Pachtkreditsachen im Sinne des Pachkreditgesetzes;
2. vorbehaltlich der in §§ 12 bis 18 dieses Gesetzes aufgeführten Ausnahmen die nach den gesetzlichen Vorschriften vom Richter wahrzunehmenden Geschäfte des Amtsgerichts in
   a) Vormundschaftssachen im Sinne des Zweiten Abschnitts des Gesetzes über die Angelegenheiten der freiwilligen Gerichtsbarkeit,
   b) Nachlaß- und Teilungssachen im Sinne des Fünften Abschnitts des Gesetzes über die Angelegenheiten der freiwilligen Gerichtsbarkeit sowie bei der amtlichen Verwahrung von Testamenten und Erbverträgen nach §§ 2258a bis 2264, 2300 und 2300a des Bürgerlichen Gesetzbuchs,
   c) Güterrechtsregistersachen im Sinne der §§ 1558 bis 1563 des Bürgerlichen Gesetzbuchs und der §§ 161, 162 des Gesetzes über die Angelegenheiten der freiwilligen Gerichtsbarkeit,
   d) Handelssachen im Sinne des Siebenten Abschnitts des Gesetzes über die Angelegenheiten der freiwilligen Gerichtsbarkeit,
   e) Verschollenheitssachen,
   f) Grundbuchsachen,
   g) Schiffsregister- und Schiffsbauregistersachen;
3. die in §§ 19 bis 23 dieses Gesetzes einzeln aufgeführten Geschäfte
   a) in Verfahren nach der Zivilprozeßordnung und dem Mieterschutzgesetz,
   b) in Verfahren nach dem Gesetz über die Zwangsversteigerung und die Zwangsverwaltung,
   c) in Verfahren nach der Konkursordnung,
   d) in Verfahren nach der Vergleichsordnung,
   e) auf dem Gebiete des Beurkundungswesens.

(2) Soweit nach dem Inkrafttreten dieses Gesetzes den ordentlichen Gerichten durch bundesgesetzliche Vorschriften weitere Aufgaben zugewiesen werden, gehören diese zur Zuständigkeit des Richters, falls nicht etwas anderes ausdrücklich bestimmt wird.

§ 4
Umfang der Übertragung

(1) Der Rechtspfleger trifft alle Maßnahmen, die zur Erledigung der ihm übertragenen Geschäfte erforderlich sind.

(2) Der Rechtspfleger ist nicht befugt,

1. eine Beeidigung anzuordnen oder einen Eid abzunehmen,
2. Haftstrafen anzudrohen und zu verhängen oder Haftbefehle zu erlassen.

(3) Hält der Rechtspfleger die Beeidigung von Zeugen, Sachverständigen oder Dolmetschern für geboten, so legt er die Sache dem Richter zur Entscheidung vor.

§ 5
Vorlage an den Richter

(1) Der Rechtspfleger soll ihm übertragene Geschäfte dem Richter vorlegen, wenn

1. er von einer ihm bekannten Stellungnahme des Richters abweichen will;
2. sich bei der Bearbeitung der Sache rechtliche Schwierigkeiten ergeben, zum Beispiel daraus, daß die Anwendung von nicht im Geltungsbereich dieses Gesetzes geltendem Recht in Betracht kommt;
3. zwischen dem übertragenen Geschäft und einem vom Richter wahrzunehmenden Geschäft ein so enger Zusammenhang besteht, daß eine getrennte Behandlung nicht sachdienlich ist.

(2) Die vorgelegten Sachen bearbeitet der Richter, solange er es für erforderlich hält. Er kann die Sachen dem Rechtspfleger zurückgeben. Gibt der Richter eine Sache an den Rechtspfleger zurück, so ist dieser an eine von dem Richter mitgeteilte Rechtsauffassung gebunden.

§ 6
Bearbeitung übertragener Sachen durch den Richter

Steht ein übertragenes Geschäft mit einem vom Richter wahrzunehmenden Geschäft in einem so engen Zusammenhang, daß eine getrennte Bearbeitung nicht sachdienlich wäre, so soll der Richter die gesamte Angelegenheit bearbeiten.

§ 7
Gültigkeit von Geschäften

(1) Hat der Richter ein Geschäft wahrgenommen, das dem Rechtspfleger übertragen ist, so wird die Wirksamkeit des Geschäfts hierdurch nicht berührt.

(2) Hat der Rechtspfleger ein Geschäft wahrgenommen, das ihm nicht übertragen ist, so ist das Geschäft unwirksam. Hat er ein Geschäft wahrgenommen, das ihm der Richter im Rahmen dieses Gesetzes übertragen hat, so ist das Geschäft nicht deswegen unwirksam, weil die Voraussetzungen für die Übertragung im Einzelfall nicht gegeben waren.

§ 8
Selbständigkeit des Rechtspflegers

Der Rechtspfleger ist bei seinen Entscheidungen nur dem Gesetz unterworfen. Er entscheidet, soweit sich nicht aus diesem Gesetz etwas anderes ergibt, selbständig.

§ 9
Ausschließung und Ablehnung des Rechtspflegers

Für die Ausschließung und Ablehnung des Rechtspflegers sind die für den Richter geltenden Vorschriften entsprechend anzuwenden. Über die Ablehnung des Rechtspflegers entscheidet der Richter.

§ 10

Rechtsbehelfe

(1) Gegen die Entscheidungen des Rechtspflegers ist vorbehaltlich der Bestimmungen des Absatzes 6 die Erinnerung zulässig. Die Erinnerung ist binnen der für die sofortige Beschwerde geltenden Frist einzulegen, wenn gegen die Entscheidung, falls sie der Richter erlassen hätte, die sofortige Beschwerde gegeben wäre.

(2) Der Rechtspfleger kann, außer im Falle des Absatzes 1 Satz 2, der Erinnerung abhelfen. Hilft er ihr nicht ab, so entscheidet der Richter über die Erinnerung; das gleiche gilt im Falle des Absatzes 1 Satz 2.

(3) Gegen die Entscheidung des Richters ist das Rechtsmittel gegeben, das nach den allgemeinen verfahrensrechtlichen Vorschriften zulässig ist.

(4) Sofern dies bei Einlegung des Rechtsbehelfs beantragt ist, hat der Richter die Erinnerung, wenn er ihr nicht stattgeben will, unmittelbar dem Rechtsmittelgericht vorzulegen. Die Erinnerung gilt in diesem Falle als Beschwerde gegen die Entscheidung des Rechtspflegers.

(5) Auf die Erinnerung sind im übrigen die Vorschriften über die Beschwerde sinngemäß anzuwenden.

(6) Gerichtliche Verfügungen, die nach den Vorschriften der Grundbuchordnung, der Schiffsregisterordnung, des Gesetzes über die Angelegenheiten der freiwilligen Gerichtsbarkeit und den für den Erbschein geltenden Bestimmungen wirksam geworden sind und nicht mehr geändert werden können, sind mit der Erinnerung nicht anfechtbar. Die Erinnerung ist ferner in den Fällen der §§ 694, 700 der Zivilprozeßordnung ausgeschlossen.

(7) Das Erinnerungsverfahren ist gerichtsgebührenfrei. Rechtsanwälten stehen die in § 41 Nr. 2 der Gebührenordnung für Rechtsanwälte bestimmten Gebühren zu, wenn sich ihre Tätigkeit auf das Erinnerungsverfahren beschränkt.

§ 11

Bezeichnung des Rechtspflegers

Im Schriftverkehr und bei der Aufnahme von Urkunden in übertragenen Angelegenheiten hat der Rechtspfleger seiner Unterschrift das Wort „Rechtspfleger" beizufügen.

ZWEITER ABSCHNITT

Dem Richter vorbehaltene Geschäfte auf dem Gebiete der freiwilligen Gerichtsbarkeit

§ 12

Vormundschaftssachen

Von den Angelegenheiten, die dem Vormundschaftsgericht übertragen sind, bleiben dem Richter vorbehalten

1. die Volljährigkeitserklärung (§ 3 des Bürgerlichen Gesetzbuchs);
2. die Aufhebung einer Beschränkung oder Ausschließung der Schlüsselgewalt;

3. die Geschäfte, welche die Anfechtung der Ehelichkeit eines Kindes, die Ehelichkeitserklärung und die Annahme an Kindes Statt betreffen, soweit sie eine richterliche Entscheidung enthalten;
4. die Anordnung einer Vormundschaft, Gegenvormundschaft oder Pflegschaft, einschließlich der Auswahl des Vormundes, Gegenvormundes oder Pflegers, und die Bewilligung einer Vergütung (§§ 1836, 1915 des Bürgerlichen Gesetzbuchs), es sei denn, daß das Jugendamt kraft Gesetzes die Vormundschaft erlangt hat oder eine Pflegschaft zum Zwecke der Geltendmachung eines auf dem öffentlichen Recht beruhenden Rentenanspruches angeordnet wird;
5. die Entscheidung von Meinungsverschiedenheiten verschiedener Gewalthaber;
6. die Ersetzung der Einwilligung oder Genehmigung eines Ehegatten, eines Gewalthabers oder eines Abkömmlings zu einem Rechtsgeschäft;
7. die Entziehung der Vertretungsmacht (§§ 1630, 1686, 1694, 1796, 1897, 1915 des Bürgerlichen Gesetzbuchs);
8. die Maßnahmen und Anordnungen auf Grund des § 1666 Abs. 1 und des § 1838 des Bürgerlichen Gesetzbuchs;
9. die Maßnahmen hinsichtlich der Vermögenssorge, soweit sie ein Eingreifen auf Grund des § 1666 Abs. 2 sowie der §§ 1667, 1668, 1670, 1671, 1844 und 1915 des Bürgerlichen Gesetzbuchs betreffen;
10. die vormundschaftsgerichtlichen Genehmigungen und Ermächtigungen nach §§ 1643, 1645, 1653, 1811, 1817, 1821, nach § 1822 Nr. 1 bis 3, 5, 8 bis 12 und nach §§ 1823, 1825 des Bürgerlichen Gesetzbuchs;
11. die den Familienrat (§§ 1858 bis 1881 des Bürgerlichen Gesetzbuchs) betreffenden Anordnungen und Entscheidungen;
12. die Entlassung eines Vormundes, Gegenvormundes, Pflegers oder Beistandes wegen Gefährdung der Interessen des Mündels (§§ 1886, 1895, 1915, 1694 des Bürgerlichen Gesetzbuchs);
13. die Aufhebung einer vorläufigen Vormundschaft (§ 1908 Abs. 3 des Bürgerlichen Gesetzbuchs) und einer Pflegschaft im Falle des § 1919 des Bürgerlichen Gesetzbuchs;
14. die Ersetzung der Einwilligung des gesetzlichen Vertreters und des Sorgeberechtigten zur Eheschließung (§ 3 Abs. 3 des Ehegesetzes) sowie die Ersetzung der Genehmigung des gesetzlichen Vertreters nach erfolgter Eheschließung (§ 30 Abs. 3 des Ehegesetzes);
15. die Untersagung der Führung des Mannesnamens durch die geschiedene oder überlebende Frau (§ 57 Abs. 1 des Ehegesetzes, § 2 des Gesetzes über die Rechtswirkungen des Ausspruchs einer nachträglichen Eheschließung vom 29. März 1951 — Bundesgesetzbl. I S. 215);
16. die Genehmigung zur Erhebung der Ehescheidungsklage und der Eheaufhebungsklage durch den gesetzlichen Vertreter eines geschäftsunfähigen Ehegatten (§ 612 Abs. 2 Satz 2 der Zivilprozeßordnung);
17. die Regelung von Fragen der elterlichen Gewalt über Kinder aus nichtigen oder aufgelösten Ehen und die Regelung des persönlichen Verkehrs zwischen Eltern und Kindern;
18. die Genehmigung eines Ehevertrages oder des Verzichts eines Abkömmlings auf seinen Anteil am Gesamtgut einer fortgesetzten Gütergemeinschaft;

19. die Genehmigungen bei Erbverträgen (§ 2275, § 2282 Abs. 2, §§ 2290 bis 2292 des Bürgerlichen Gesetzbuchs) und Erbverzichten (§§ 2347, 2351, 2352 des Bürgerlichen Gesetzbuchs);
20. die Feststellung der Legitimation eines Kindes gemäß § 31 des Personenstandsgesetzes;
21. die Maßnahmen, welche die religiöse Kindererziehung betreffen (§ 1801 des Bürgerlichen Gesetzbuchs, §§ 2, 3, 7, 9 und 10 des Gesetzes über die religiöse Kindererziehung vom 15. Juli 1921 — Reichsgesetzbl. S. 939);
22. die im Jugendgerichtsgesetz vom 4. August 1953 (Bundesgesetzbl. I S. 731) genannten Verrichtungen;
23. die in Abschnitt VI des Reichsgesetzes für Jugendwohlfahrt vom 9. Juli 1922 (Reichsgesetzbl. I S. 633) genannten Verrichtungen;
24. die Entscheidungen in Staatsangehörigkeitsangelegenheiten.

§ 13

Nachlaß- und Teilungssachen

Von den Angelegenheiten, die dem Nachlaßgericht, dem für Teilungssachen sowie dem nach §§ 2258a bis 2264, 2300 und 2300a des Bürgerlichen Gesetzbuchs zuständigen Gericht übertragen sind, bleiben dem Richter vorbehalten

1. die Anordnung einer Nachlaßpflegschaft, die Anordnung und die Aufhebung einer Nachlaßverwaltung sowie die Geschäfte des Nachlaßgerichts, die bei einer Nachlaßpflegschaft oder Nachlaßverwaltung erforderlich werden, soweit sie den gemäß § 12 dieses Gesetzes von der Übertragung ausgeschlossenen Geschäften in Vormundschaftssachen entsprechen;
2. die Ernennung von Testamentsvollstreckern (§ 2200 des Bürgerlichen Gesetzbuchs);
3. die Entscheidung von Meinungsverschiedenheiten zwischen mehreren Testamentsvollstreckern (§ 2224 des Bürgerlichen Gesetzbuchs);
4. die Entlassung eines Testamentsvollstreckers aus wichtigem Grund (§ 2227 des Bürgerlichen Gesetzbuchs);
5. die Erteilung von Erbscheinen (§ 2353 des Bürgerlichen Gesetzbuchs), sofern eine Verfügung von Todes wegen vorliegt, sowie von gegenständlich beschränkten Erbscheinen (§ 2369 des Bürgerlichen Gesetzbuchs), auch wenn eine Verfügung von Todes wegen nicht vorliegt, ferner die Erteilung von Testamentsvollstreckerzeugnissen (§ 2368 des Bürgerlichen Gesetzbuchs) sowie die Erteilung von Zeugnissen gemäß §§ 36, 37 der Grundbuchordnung und §§ 42, 74 der Schiffsregisterordnung vom 26. Mai 1951 (Bundesgesetzbl. I S. 359);
6. die Einziehung von Erbscheinen (§ 2361 des Bürgerlichen Gesetzbuchs), von Testamentsvollstreckerzeugnissen (§ 2368 des Bürgerlichen Gesetzbuchs) und von Zeugnissen über die Fortsetzung einer Gütergemeinschaft (§§ 1507, 1549, 1557 des Bürgerlichen Gesetzbuchs) sowie von Zeugnissen gemäß §§ 36, 37 der Grundbuchordnung und §§ 42, 74 der Schiffsregisterordnung vom 26. Mai 1951 (Bundesgesetzbl. I S. 359);
7. bei der gerichtlichen Vermittlung der Erbauseinandersetzung (§§ 86 bis 98 des Gesetzes über die Angelegenheiten der freiwilligen Gerichtsbarkeit) folgende Geschäfte:

a) bei der Anordnung einer Pflegschaft (§ 88 des Gesetzes über die Angelegenheiten der freiwilligen Gerichtsbarkeit) die unter Nummer 1 dem Richter vorbehaltenen Angelegenheiten,
b) die Genehmigungen (§ 97 Abs. 2 des Gesetzes über die Angelegenheiten der freiwilligen Gerichtsbarkeit), soweit die entsprechenden vormundschaftsgerichtlichen Genehmigungen dem Richter vorbehalten sind;

8. die Vermittlung der Auseinandersetzung in Ansehung des Gesamtgutes einer beendigten ehelichen oder fortgesetzten Gütergemeinschaft (§ 99 des Gesetzes über die Angelegenheiten der freiwilligen Gerichtsbarkeit);
9. die Abnahme des Offenbarungseides;
10. die Entscheidungen in Staatsangehörigkeitsangelegenheiten.

§ 14

Güterrechtsregistersachen

Von den mit der Führung des Güterrechtsregisters zusammenhängenden Geschäften bleiben dem Richter vorbehalten

1. die Eintragung von Güterständen, die nicht im Bürgerlichen Gesetzbuch geregelt sind;
2. sämtliche Eintragungen, sofern es sich um ausländische Ehegatten handelt.

§ 15

Handels- und Registersachen

In Handels- und Registersachen bleiben dem Richter vorbehalten

1. bei Aktiengesellschaften, Kommanditgesellschaften auf Aktien, Gesellschaften mit beschränkter Haftung und Versicherungsvereinen auf Gegenseitigkeit sowie bei Erwerbs- und Wirtschaftsgenossenschaften folgende Verfügungen:
   a) auf erste Eintragung,
   b) auf Eintragung von Satzungsänderungen, die nicht nur die Fassung betreffen,
   c) auf Eintragung der Verschmelzung, der Vermögensübertragung oder der Umwandlung,
   d) auf Eintragung der Nichtigkeit von Beschlüssen der Versammlung der Gesellschafter (Mitglieder);
2. Löschungen im Handelsregister und im Genossenschaftsregister gemäß §§ 141 bis 144 sowie gemäß § 147 des Gesetzes über die Angelegenheiten der freiwilligen Gerichtsbarkeit;
3. von den nach § 145 des Gesetzes über die Angelegenheiten der freiwilligen Gerichtsbarkeit zu treffenden Verfügungen
   a) die Entgegennahme des angemeldeten Verklarungsberichtes und das nachfolgende Verfahren (§§ 2, 3 der Verordnung zur Vereinfachung des Verfahrens über Verklarungen vom 16. August 1944 — Reichsgesetzblatt I S. 183),
   b) die Feststellung der Notwendigkeit des Verkaufes eines Schiffes durch den Schiffer (§ 530 Abs. 1 des Handelsgesetzbuchs),
   c) die Bestimmungen des Zeitpunktes der Abreise des auf Stückgüter angelegten Schiffes (§ 590 des Handelsgesetzbuchs),
   d) die Ernennung von Dispacheuren (§ 729 Abs. 1 des Handelsgesetzbuchs),

e) die Entscheidung von Meinungsverschiedenheiten zwischen Gründern und Gründungsprüfern (§ 27 Abs. 1 des Aktiengesetzes),
f) die Festsetzung der Vergütung für Gründungsprüfer (§ 27 Abs. 2 des Aktiengesetzes),
g) die Mitwirkung bei der Stufengründung (§ 30 Abs. 6 und 7 des Aktiengesetzes),
h) die Bestellung von Vorstandsmitgliedern (§ 76 des Aktiengesetzes),
i) die Bestellung von Aufsichtsratsmitgliedern (§ 89 des Aktiengesetzes),
k) die Bestellung von Prüfern zur Prüfung eines Vorgangs bei der Gründung oder der Geschäftsführung auf Antrag von Aktionären (§ 118 Abs. 2 und 3 des Aktiengesetzes),
l) die Bestellung der von der Minderheit der Aktionäre in der Hauptversammlung bezeichneten Personen als Vertreter zur Führung des Rechtsstreits (§ 122 Abs. 2 des Aktiengesetzes),
m) die Bestellung von Abschlußprüfern (§ 136 Abs. 3 des Aktiengesetzes),
n) die Bestellung oder Abberufung von Abwicklern (§ 206 des Aktiengesetzes),
o) die Anordnung der Prüfung des Jahresabschlusses von Gesellschaften in Abwicklung (§ 211 Abs. 3 des Aktiengesetzes);

4. die Verrichtungen, welche den Gerichten in Ansehung der nach dem Handelsgesetzbuch oder nach dem Gesetz betreffend die privatrechtlichen Verhältnisse der Binnenschiffahrt aufzumachenden Dispache obliegen (§§ 149 bis 158 des Gesetzes über die Angelegenheiten der freiwilligen Gerichtsbarkeit).

§ 16
Verschollenheitssachen

In Verschollenheitssachen bleibt das Verfahren dem Richter vorbehalten:

1. wenn der Antrag auf Einleitung des Verfahrens vom Staatsanwalt gestellt wird (§ 16 Abs. 2 Buchstabe a des Verschollenheitsgesetzes);
2. wenn der Antrag von anderen Personen als dem gesetzlichen Vertreter, dem Ehegatten, den ehelichen oder ihnen gleichgestellten Abkömmlingen oder den Eltern des Verschollenen gestellt wird (§ 16 Abs. 2 Buchstabe c des Verschollenheitsgesetzes);
3. wenn der Antrag gestellt wird, das Verfahren nach den Vorschriften der Konvention der Vereinten Nationen vom 6. April 1950 über die Todeserklärung Verschollener (Bundesgesetzbl. 1955 II S. 701, 706) durchzuführen oder eine Bescheinigung nach Artikel 6 der Konvention auszustellen;
4. in den Fällen des § 33a des Verschollenheitsgesetzes.

§ 17
Grundbuchsachen

(1) In Grundbuchsachen bleiben folgende Geschäfte dem Richter vorbehalten:

1. die Löschung einer Eintragung, die Eintragung eines Widerspruchs und die Berichtigung des Grundbuchs (§§ 53, 82a, 84 bis 89 der Grundbuchordnung), wenn diese Geschäfte von Amts wegen vorgenommen werden;
2. die Klarstellung der Rangverhältnisse (§§ 90 bis 109, 114 der Grundbuchordnung);

3. die Verfügungen auf Anträge, durch die eine Berichtigung des Grundbuchs auf Grund Unrichtigkeitsnachweises erstrebt wird (§ 22 der Grundbuchordnung), wenn nicht die Unrichtigkeit durch öffentliche Urkunden, im Falle der Erbfolge durch Erbschein, nachgewiesen wird;
4. die Verfügungen in den Fällen der §§ 35 bis 37 der Grundbuchordnung, sofern nicht der Nachweis der Erbfolge durch Erbschein geführt wird;
5. die Verfügungen in den Fällen, in denen die Eintragung von einem Vorerben bewilligt oder beantragt wird.

(2) In den Fällen des Absatzes 1 wird die Eintragung im Grundbuch durch den Rechtspfleger unterzeichnet. Das gleiche gilt, wenn der Richter auf eine Vorlage (§ 5) eine Eintragung in das Grundbuch verfügt hat.

§ 18
Schiffsregister- und Schiffsbauregistersachen

(1) In den dem Schiffsregistergericht zugewiesenen Sachen bleiben die folgenden Geschäfte dem Richter vorbehalten:

1. die Löschung einer Eintragung und die Eintragung eines Widerspruchs (§§ 21, 22, 56, 74 der Schiffsregisterordnung), wenn diese Geschäfte von Amts wegen vorgenommen werden;
2. die Eintragungen und Löschungen auf Grund des Artikels 6 des Gesetzes zur Änderung von Vorschriften über das Schiffsregister vom 26. Mai 1951 (Bundesgesetzbl. I S. 355);
3. die Verfügungen auf Anträge, durch die eine Berichtigung des Registers auf Grund Unrichtigkeitsnachweises erstrebt wird (§§ 31, 74 der Schiffsregisterordnung), wenn nicht die Unrichtigkeit durch öffentliche Urkunden, im Fall der Erbfolge durch Erbschein, nachgewiesen wird;
4. die Verfügungen in den Fällen der §§ 41, 42, 74 der Schiffsregisterordnung, sofern nicht der Nachweis der Erbfolge durch Erbschein geführt wird;
5. die Verfügungen in den Fällen, in denen die Eintragung von einem Vorerben bewilligt oder beantragt wird.

(2) In den Fällen des Absatzes 1 wird die Eintragung im Register durch den Rechtspfleger unterzeichnet. Das gleiche gilt, wenn der Richter auf eine Vorlage (§ 5) eine Eintragung in das Schiffsregister oder Schiffsbauregister verfügt hat.

DRITTER ABSCHNITT

Dem Rechtspfleger übertragene Geschäfte in bürgerlichen Rechtsstreitigkeiten, Zwangsversteigerungsverfahren, Konkursverfahren und Vergleichsverfahren sowie auf dem Gebiete des Beurkundungswesens

§ 19
Bürgerliche Rechtsstreitigkeiten

Folgende Geschäfte im Verfahren nach der Zivilprozeßordnung und dem Mieterschutzgesetz werden dem Rechtspfleger übertragen:

1. das Mahnverfahren (§§ 688 ff. der Zivilprozeßordnung) einschließlich der Verweisung an das Landgericht, soweit sie nicht auf Grund mündlicher Verhandlung beschlossen wird (§ 697 Abs. 2 der Zivilprozeßordnung); jedoch bleibt das Streitverfahren dem Richter, das Verfahren gemäß § 699 Abs. 1 der Zivilprozeßordnung dem Urkundsbeamten der Geschäftsstelle vorbehalten;
2. das Aufgebotsverfahren mit Ausnahme der Wahrnehmung des Aufgebotstermins und der darin ergehenden Entscheidungen sowie des Anfechtungsverfahrens (§§ 946 ff. der Zivilprozeßordnung);
3. die nach §§ 109, 715 der Zivilprozeßordnung zu treffenden Entscheidungen über die Rückgabe von Sicherheiten;
4. die in § 118a Abs. 1 der Zivilprozeßordnung bezeichneten Maßnahmen einschließlich der Beurkundung von Vergleichen gemäß § 118a Abs. 3, wenn der Vorsitzende an Stelle eines Richters den Rechtspfleger damit beauftragt; ferner die Befugnisse des Urkundsbeamten der Geschäftsstelle gemäß § 118a Abs. 2 Satz 2;
5. die Entscheidung über die Nachzahlungspflicht der armen Partei (§ 125 der Zivilprozeßordnung);
6. die Entscheidung über die Bestellung von Zustellungsbevollmächtigten (§ 174 der Zivilprozeßordnung);
7. die Bewilligung der Zustellung im Falle des § 177 der Zivilprozeßordnung;
8. die Erteilung der Erlaubnis zur Zustellung zur Nachtzeit sowie an Sonn- und allgemeinen Feiertagen (§ 188 der Zivilprozeßordnung);
9. die Erteilung der vollstreckbaren Ausfertigungen in den Fällen des § 726 Abs. 1, der §§ 727 bis 729, 733, 738, 742, 744, 745 Abs. 2 sowie des § 749 der Zivilprozeßordnung und des § 16 des Mieterschutzgesetzes;
10. die Erteilung von weiteren vollstreckbaren Ausfertigungen gerichtlicher Urkunden gemäß § 797 Abs. 3 der Zivilprozeßordnung;
11. die Anordnung, daß die Partei, welche einen Arrestbefehl oder eine einstweilige Verfügung erwirkt hat, binnen einer zu bestimmenden Frist Klage zu erheben habe (§ 926 Abs. 1, § 936 der Zivilprozeßordnung);
12. die Entscheidung über Anträge auf Aufhebung eines vollzogenen Arrestes gegen Hinterlegung des in dem Arrestbefehl festgelegten Geldbetrages (§ 934 Abs. 1 der Zivilprozeßordnung);
13. die Pfändung von Forderungen aus einem Arrestbefehl, soweit der Arrestbefehl nicht zugleich den Pfändungsbeschluß enthält;
14. die Entscheidungen und Anordnungen im Zwangsvollstreckungsverfahren nach dem Achten Buch der Zivilprozeßordnung, soweit sie von dem Vollstreckungsgericht oder in den Fällen der §§ 848, 854, 855 der Zivilprozeßordnung von einem anderen Amtsgericht oder von dem Verteilungsgericht (§ 873 der Zivilprozeßordnung) zu treffen sind.

Jedoch bleiben dem Richter vorbehalten

a) die Entscheidungen gemäß §§ 765a, 766, 811a sowie § 813 a der Zivilprozeßordnung,
b) die Anordnungen auf anderweitige Verwertung einer gepfändeten Sache (§ 825 der Zivilprozeßordnung),
c) das Offenbarungseidverfahren (§§ 807, 883, 889, 899 ff. der Zivilprozeßordnung).

Ferner bleiben dem Richter vorbehalten

d) die Entscheidungen des Vollstreckungsgerichts gemäß § 26 des Heimkehrergesetzes vom 19. Mai 1950 (Bundesgesetzbl S. 221) in der Fassung der Gesetze vom 30. Oktober 1951 (Bundesgesetzbl I S. 875, 994) und vom 17. August 1953 (Bundesgesetzbl I S. 931),

e) die Entscheidungen des Vollstreckungsgerichts gemäß §§ 30, 31 des Wohnraumbewirtschaftungsgesetzes vom 31. März 1953 (Bundesgesetzbl I S. 97).

§ 20

Zwangsversteigerung und Zwangsverwaltung von Grundstücken

(1) Folgende Geschäfte im Verfahren nach dem Gesetz über die Zwangsversteigerung und die Zwangsverwaltung werden dem Rechtspfleger übertragen:

1. die Bestellung des Zustellungsvertreters (§ 6 des Gesetzes über die Zwangsversteigerung und die Zwangsverwaltung);
2. die Nachrichten zum Grundbuch (§ 19 des Gesetzes über die Zwangsversteigerung und die Zwangsverwaltung);
3. die Beschlagnahme von Forderungen nach § 22 Abs. 2 des Gesetzes über die Zwangsversteigerung und die Zwangsverwaltung;
4. die Einstellung des Verfahrens nach § 30 des Gesetzes über die Zwangsversteigerung und die Zwangsverwaltung;
5. das Ersuchen um Löschung des Versteigerungsvermerks (§ 34 des Gesetzes über die Zwangsversteigerung und die Zwangsverwaltung);
6. die Ausführung der Bestimmung des Versteigerungstermins (§§ 37ff. des Gesetzes über die Zwangsversteigerung und die Zwangsverwaltung), insbesondere die Mitteilungen an die Beteiligten (§ 41 des Gesetzes über die Zwangsversteigerung und die Zwangsverwaltung) einschließlich der Feststellung der Rangverhältnisse und der Höhe der Ansprüche der Beteiligten;
7. die gerichtliche Verwaltung des Grundstücks nach § 94 des Gesetzes über die Zwangsversteigerung und die Zwangsverwaltung;
8. das gesamte Verteilungsverfahren (§§ 105ff., §§ 156, 157 des Gesetzes über die Zwangsversteigerung und die Zwangsverwaltung);
9. die Beaufsichtigung des Zwangsverwalters (§ 153 des Gesetzes über die Zwangsversteigerung und die Zwangsverwaltung) mit Ausnahme der Festsetzung seiner Vergütung.

(2) In geeigneten Fällen kann der Richter dem Rechtspfleger das gesamte Verfahren in Zwangsversteigerungs- und Zwangsverwaltungssachen mit Ausnahme der Beschlüsse über die Anordnung des Verfahrens und über die Zulassung weiterer Gläubiger übertragen.

§ 21

Konkursverfahren

(1) Folgende Geschäfte im Verfahren nach der Konkursordnung werden dem Rechtspfleger übertragen:

1. die Prüfung der Schlußrechnung (§ 86 der Konkursordnung);
2. die Anordnung der Eintragung in die Schuldnerliste (§ 107 Abs. 2 der Konkursordnung);

3. das Ersuchen an das Grundbuchamt oder das Registergericht um Eintragung des allgemeinen Veräußerungsverbots und der Eröffnung des Konkursverfahrens oder um Löschung der Eintragung (§ 113 Abs. 2, § 114 der Konkursordnung);
4. die Bestimmung der Frist zur Verwertung eines gepfändeten oder entsprechend belasteten Massegegenstandes (§ 127 Abs. 2 der Konkursordnung);
5. der Erlaß von Verfügungen, durch die Auflagen zur Ergänzung oder Richtigstellung der Anmeldungen (§§ 139, 140 der Konkursordnung) gemacht werden;
6. die Erteilung beglaubigter Tabellenauszüge (§ 146 Abs. 1 Satz 2 der Konkursordnung);
7. die Anordnung und Prüfung einer nachträglichen Verteilung in den Fällen des § 166 der Konkursordnung;
8. die Ermächtigung des Konkursverwalters in den Fällen des § 170 der Konkursordnung;
9. die Erteilung der Vollstreckungsklausel in den Fällen der §§ 164, 194 der Konkursordnung, soweit der Rechtspfleger nach § 19 Nr. 9 dieses Gesetzes zuständig ist.

(2) In geeigneten Fällen kann der Richter das Konkursverfahren dem Rechtspfleger nach Entscheidung über die Eröffnung des Verfahrens und über die Ernennung des Konkursverwalters ganz übertragen.

§ 22

Vergleichsverfahren

(1) Folgende Geschäfte im Verfahren nach der Vergleichsordnung werden dem Rechtspfleger übertragen:

1. die Anhörung der Berufsvertretung (§ 14 der Vergleichsordnung);
2. die Anordnung der öffentlichen Bekanntmachung und der Zustellung des allgemeinen Veräußerungsverbots oder der Aufhebung einer Verfügungsbeschränkung in den Fällen des § 60 Abs. 2, des § 63 Abs. 2 und des § 65 Abs. 2 der Vergleichsordnung;
3. das Ersuchen an das Grundbuchamt oder das Registergericht um Eintragung des allgemeinen Veräußerungsverbots und der Eröffnung des Vergleichsverfahrens oder um Löschung der Eintragung (§ 61 Abs. 2, § 65 Abs. 2 der Vergleichsordnung);
4. die Mitteilung des wesentlichen Inhalts des bestätigten Vergleichs an die Vergleichsgläubiger (§ 78 Abs. 4 der Vergleichsordnung);
5. die Erteilung der Vollstreckungsklausel in den Fällen des § 85 der Vergleichsordnung, soweit der Rechtspfleger nach § 19 Nr. 9 dieses Gesetzes zuständig ist.

(2) § 21 Abs. 2 gilt entsprechend.

§ 23

Urkundssachen

Soweit die Gerichte auf Grund bundesrechtlicher Vorschriften zur gerichtlichen Beurkundung zuständig sind, werden die folgenden Geschäfte auf den Rechtspfleger übertragen:

1. die öffentliche Beglaubigung einer Unterschrift oder eines Handzeichens (§ 167 Abs. 2 des Gesetzes über die Angelegenheiten der freiwilligen Gerichtsbarkeit);
2. die Beurkundung des Verzichts des elterlichen Gewalthabers auf die Nutznießung am Kindesvermögen (§§ 1662, 1686 des Bürgerlichen Gesetzbuchs);
3. die Beurkundung der Anerkennung der Vaterschaft (§§ 1718, 1720 Abs. 2 des Bürgerlichen Gesetzbuchs), die Beurkundung der Verpflichtung des ehelichen oder unehelichen Vaters zur Zahlung einer Abfindungssumme in vollstreckbarer Form;
4. die Beurkundung des Antrags des Vaters eines unehelichen Kindes auf Ehelichkeitserklärung und der Einwilligung der Mutter des Kindes und der Frau des Antragstellers (§ 1730 des Bürgerlichen Gesetzbuchs);
5. die Beurkundung der Einwilligung des Ehegatten des Annehmenden sowie der Eltern des Angenommenen zu einem Vertrage, durch den jemand an Kindes Statt angenommen wird (§ 1748 des Bürgerlichen Gesetzbuchs);
6. die Beurkundung von Erklärungen über Annahme und Ausschlagung einer Erbschaft (§§ 1945, 1955 des Bürgerlichen Gesetzbuchs);
7. die Beurkundung einer Erbscheinsverhandlung einschließlich der Abnahme einer eidesstattlichen Versicherung (§ 2356 des Bürgerlichen Gesetzbuchs);
8. die Beurkundung und die Entgegennahme der der Form des § 29 der Grundbuchordnung oder des § 37 der Schiffsregisterordnung bedürfenden Eintragungsbewilligungen und sonstigen Erklärungen, einschließlich der Schuldurkunden, der Unterwerfung unter die sofortige Zwangsvollstreckung aus der Urkunde, der Abtretungs- und Verpfändungserklärungen sowie der Empfangsbescheinigungen, und die Entgegennahme von Auflassungen.

VIERTER ABSCHNITT

Sonstige Vorschriften auf dem Gebiete der Gerichtsverfassung

§ 24

Vorbereitende Tätigkeit des Rechtspflegers

Durch die Vorschriften des § 3 wird die Befugnis der Landesjustizverwaltungen und der von ihnen bestimmten Stellen nicht berührt, den Rechtspfleger mit der Mitwirkung bei Geschäften, die vom Richter wahrzunehmen sind, zu beauftragen, insbesondere soweit es sich um die Vorbereitung richterlicher Amtshandlungen, darunter die Anfertigung von Entwürfen, handelt.

§ 25

Verhältnis des Rechtspflegers zum Urkundsbeamten der Geschäftsstelle

(1) Die Zuständigkeit des Urkundsbeamten der Geschäftsstelle nach Maßgabe der gesetzlichen Vorschriften bleibt unberührt, soweit sich nicht aus § 19 Nr. 4 (zu § 118a der Zivilprozeßordnung) und § 19 Nr. 9 (zu den §§ 726ff. der Zivilprozeßordnung) etwas anderes ergibt.

(2) Im übrigen sind gesetzliche Vorschriften über den Urkundsbeamten der Geschäftstelle auf den Rechtspfleger nicht anzuwenden.

(3) Über Anträge, die auf Änderung einer Entscheidung des Urkundsbeamten der Geschäftsstelle gerichtet sind, entscheidet der Richter.

§ 26

Pflicht zur Wahrnehmung sonstiger Dienstgeschäfte

(1) Durch die Beschäftigung eines Beamten als Rechtspfleger wird seine Pflicht, andere Dienstgeschäfte, insbesondere die des Urkundsbeamten der Geschäftsstelle, wahrzunehmen, nicht berührt.

(2) Die Vorschriften dieses Gesetzes sind auf die sonstigen Dienstgeschäfte eines mit den Aufgaben des Rechtspflegers betrauten Beamten nicht anzuwenden.

§ 27

Zuständiger Richter

Soweit mit Angelegenheiten, die dem Rechtspfleger zur selbständigen Wahrnehmung übertragen sind, nach diesem Gesetz der Richter befaßt wird, ist hierfür das nach den allgemeinen Verfahrensvorschriften zu bestimmende Gericht in der für die jeweilige Amtshandlung vorgeschriebenen Besetzung zuständig.

§ 28

Gemeinsames Amtsgericht für Zwangsversteigerungs- und Zwangsverwaltungssachen

§ 1 des Gesetzes über die Zwangsversteigerung und die Zwangsverwaltung erhält folgenden neuen Absatz 2:

„(2) Die Landesregierungen werden ermächtigt, durch Rechtsverordnung die Zwangsversteigerungs- und Zwangsverwaltungssachen einem Amtsgericht für die Bezirke mehrerer Amtsgerichte zuzuweisen, sofern die Zusammenfassung für eine sachdienliche Förderung und schnellere Erledigung der Verfahren erforderlich ist. Die Landesregierungen können die Ermächtigung auf die Landesjustizverwaltungen übertragen."

§ 29

Gemeinsames Amtsgericht für Konkurssachen

§ 71 der Konkursordnung erhält folgenden neuen Absatz 3:

„Die Landesregierungen werden ermächtigt, durch Rechtsverordnung die Konkurssachen einem Amtsgericht für die Bezirke mehrerer Amtsgerichte zuzuweisen, sofern die Zusammenfassung für eine sachdienliche Förderung und schnellere Erledigung der Verfahren erforderlich ist. Die Landesregierungen können die Ermächtigung auf die Landesjustizverwaltungen übertragen."

§ 30

Gemeinsames Amtsgericht für Vereinssachen

Das Bürgerliche Gesetzbuch wird wie folgt geändert:

1. § 29 erhält folgende Fassung:

„§ 29

Soweit die erforderlichen Mitglieder des Vorstandes fehlen, sind sie in dringenden Fällen für die Zeit bis zur Behebung des Mangels auf Antrag eines Beteiligten von dem Amtsgericht zu bestellen, das für den Bezirk, in dem der Verein seinen Sitz hat, das Vereinsregister führt."

2. § 37 Abs. 2 Satz 1 erhält folgende Fassung:

„Wird dem Verlangen nicht entsprochen, so kann das Amtsgericht die Mitglieder, die das Verlangen gestellt haben, zur Berufung der Versammlung ermächtigen; es kann Anordnungen über die Führung des Vorsitzes in der Versammlung treffen. Zuständig ist das Amtsgericht, das für den Bezirk, in dem der Verein seinen Sitz hat, das Vereinsregister führt."

3. § 55 erhält folgenden neuen Absatz 2:

„Die Landesjustizverwaltungen können die Vereinssachen einem Amtsgericht für die Bezirke mehrerer Amtsgerichte zuweisen."

FÜNFTER ABSCHNITT

Schlußvorschriften

§ 31

Regelung für die Übergangszeit

Justizbeamte, die die Voraussetzungen des § 2 nicht erfüllen, können mit den Aufgaben eines Rechtspflegers betraut werden, wenn sie auf Grund der bisher geltenden Vorschriften

1. vor dem Inkrafttreten dieses Gesetzes die Prüfung für den gehobenen Justizdienst abgelegt haben oder nicht nur zeitweilig als Rechtspfleger tätig gewesen sind oder
2. binnen eines Jahres nach dem Inkrafttreten dieses Gesetzes die Prüfung für den gehobenen Justizdienst ablegen.

§ 32

Einschränkung der Übertragung bei einzelnen Gerichten

(1) Aus wichtigen Gründen können die Landesjustizverwaltungen bis zum 31. März 1959 anordnen, daß die in § 3 aufgeführten Geschäfte ganz oder teilweise vom Richter wahrgenommen werden. Die Anordnung kann auf einzelne Gerichte beschränkt werden.

(2) Derartige Anordnungen treten, soweit sie nicht schon vorher widerrufen werden, am 31. März 1959 außer Kraft.

§ 33

Vorbehalt für Baden-Württemberg

(1) Im Lande Baden-Württemberg werden bei den Notariaten und den Grundbuchämtern des badischen Rechtsgebietes die beim Amtsgericht nach § 3 Abs. 1 Nr. 2 Buchstaben b und f vorbehaltlich der §§ 13 und 17 sowie nach § 3 Abs. 1 Nr. 3 Buchstaben b und e in Verbindung mit § 20 Abs. 1, § 23 Nr. 6 und 7 dieses

Gesetzes dem Rechtspfleger übertragenen Geschäfte von einem zum Rechtspflegeramt befähigten Beamten wahrgenommen, sofern diesen Behörden solche Beamte als Rechtspfleger zugewiesen werden.

(2) Der einem Grundbuchamt zugewiesene Rechtspfleger ist auch zuständig

a) für die öffentliche Beglaubigung einer Unterschrift oder eines Handzeichens (§ 23 Nr 1),

b) für die Beurkundung der der Form des § 29 der Grundbuchordnung bedürfenden Eintragungsbewilligungen und der sonstigen zur Eintragung in das Grundbuch erforderlichen Erklärungen mit Ausnahme der Schuldurkunden, der Unterwerfung unter die sofortige Zwangsvollstreckung, der Abtretungs- und Verpfändungserklärungen sowie der Empfangsbescheinigungen und

c) für die Entgegennahme von Auflassungen.

(3) Im übrigen gelten die Vorschriften dieses Gesetzes mit der Maßgabe entsprechend, daß der Notar neben dem Rechtspfleger für die diesem übertragenen Geschäfte zuständig bleibt. An die Stelle des Richters tritt der Notar.

(4) Soweit nach landesrechtlichen Vorschriften für die dem Vormundschaftsgericht, Nachlaßgericht oder Grundbuchamt obliegenden Verrichtungen andere Behörden als die Amtsgerichte zuständig sind, bleibt die Entscheidung dem Richter vorbehalten, wenn die Abänderung einer Entscheidung einer solchen Behörde bei dem Amtsgericht nachzusuchen ist. Das gleiche gilt, soweit durch Landesrecht bestimmt ist, daß die in dem Gesetz über die Zwangsversteigerung und die Zwangsverwaltung dem Vollstreckungsgericht zugewiesenen Amtshandlungen von einer anderen Behörde oder einem Beamten wahrzunehmen sind, wenn die Abänderung einer Entscheidung der Behörde oder des Beamten verlangt wird.

§ 34
Neugliederung der Gerichte in Baden-Württemberg

Das Land Baden-Württemberg kann bei der Neugliederung von Amtsgerichtsbezirken die Vorschriften des Grundbuch- und Notarrechts, die am Sitz des Amtsgerichts gelten, auf die dem Bezirk dieses Amtsgerichts neu eingegliederten Gebietsteile erstrecken. Mit dem Inkrafttreten einer solchen Bestimmung gelten in den eingegliederten Gebietssteilen die bundesrechtlichen Vorschriften des Grundbuch- und Notarrechts insoweit, als sie am Sitz des Amtsgerichts in Kraft sind.

§ 35
Aufhebung von Vorschriften

(1) Folgende Vorschriften werden aufgehoben:

1. Artikel VI des Gesetzes zur Entlastung der Gerichte vom 11. März 1921 (Reichsgesetzblatt S. 229) mit Ausnahme des § 1 Nr. III und des § 3 Abs. 1 sowie die Reichs-Entlastungsverfügung des Reichsministers der Justiz vom 3. Juli 1943 (Deutsche Justiz S. 339) in der Fassung der Allgemeinen Verfügungen vom 5. Juni und vom 19. September 1944 (Deutsche Justiz S. 185 und S. 249);
2. § 13 des Einführungsgesetzes zu dem Gesetz über die Zwangsversteigerung und die Zwangsverwaltung;

3. die landesrechtlichen Vorschriften über den Ausbildungsgang und die Rechtsstellung der als Rechtspfleger tätigen Beamten, soweit sie den Vorschriften dieses Gesetzes entgegenstehen;
4. das preußische Gesetz betreffend die Übertragung richterlicher Geschäfte in Zwangsversteigerungs- und Zwangsverwaltungssachen auf den Urkundsbeamten der Geschäftsstelle vom 15. Dezember 1923 (Preußische Gesetzsammlung S. 552);
5. die Allgemeine Verfügung des Reichsministers der Justiz über die geschäftliche Behandlung der Angelegenheiten betreffend die Kapitalkreditbeschaffung für landwirtschaftliche Pächter vom 6. November 1939 (Deutsche Justiz S. 1719).

(2) Vorschriften, die auf Grund des § 13 des Einführungsgesetzes zu dem Gesetz über die Zwangsversteigerung und die Zwangsverwaltung von den früheren Ländern Baden und Württemberg erlassen sind, bleiben in Kraft. Das Land Baden-Württemberg kann die Bestimmungen aufheben, im Rahmen des nach Absatz 1 Nr. 2 aufgehobenen § 13 des Einführungsgesetzes ändern und auf andere Teile seines Gebietes erstrecken.

§ 36

Geltung in Berlin

Dieses Gesetz gilt nach Maßgabe des § 13 Abs. 1 des Dritten Überleitungsgesetzes vom 4. Januar 1952 (Bundesgesetzbl. I S. 1) auch im Land Berlin.

§ 37

Inkrafttreten

Das Gesetz tritt am 1. Juli 1957 in Kraft.

Die verfassungsmäßigen Rechte des Landes Baden-Württemberg aus Artikel 138 des Grundgesetzes sind gewahrt.

Das vorstehende Gesetz wird hiermit verkündet.

Bonn, den 8. Februar 1957.

I. Einleitung.

1. Aufgabe des Gesetzes.

a) Möglichst weitgehende Entlastung des Richters

Der vermehrte Arbeitsanfall nach 1945, bedingt durch die Notwendigkeit, das staatliche und wirtschaftliche Leben neu zu ordnen, finanzielle Rücksichten und die allgemeine Erwägung, im Interesse ihres Ansehens die Zahl der Richter möglichst zu beschränken, nötigten zu einer weiteren Entlastung der Richter.

b) Schaffung eines neuen eigenständigen Organs

Die wachsende Bedeutung der Einrichtung des Rechtspflegers legte zugleich eine nähere Regelung seiner Stellung in der Gerichtsorganisation nahe; dies ist in der Weise geschehen, daß der Rpfl als ein Organ der Rechtspflege besonderer Art einen selbständigen Platz zwischen Richter und Urkundsbeamten erhalten hat.

c) Beschränkung auf die kleine Justizreform

Das Gesetz führt die Entwicklung nicht zu Ende, sondern beschränkt sich auf unaufschiebbare Maßnahmen im Rahmen des bisherigen Gesamtgefüges der Gerichtsorganisation. Es will lediglich die auf Vorschläge des ehemaligen Staatssekretärs im preuß. Justizministerium Dr. Mügel zurückzuführende sog. kleine Justizreform von 1921 zum Abschluß bringen, d. h. die Übertragung richterlicher Geschäfte auf gehobene Beamte, die ihrerseits wiederum durch Übertragung der Registratur und manchen Schreibwerks an mittlere Beamte zu entlasten sind. Die große Justizreform, d. h. die Reform des Aufbaus der Gerichte und des Instanzenzuges, sowie die Verfahrensreform, die praktisch erst nach Abschluß der noch im Fluß befindlichen Neuordnung des staatlichen und wirtschaftlichen Lebens möglich ist, erfordert umfangreiche Vorarbeiten und bedarf zu ihrer Herbeiführung geraumer Zeit; sie mußte deshalb der Zukunft vorbehalten bleiben.

d) Streben nach klarer Trennung der Rechtspflege von der Verwaltung

Im Gegensatz zu der Sowjetzone, in welcher die freiwillige Gerichtsbarkeit den Verwaltungsbehörden übertragen worden ist, gehen in der Bundesrepublik die Bestrebungen dahin, die unterste Gerichtsbarkeit in ihrer Gesamtheit, möglichst also durch Eingliederung anderweitig wahrgenommener Sparten wie der der Verwaltungs-, Sozial-, Arbeits- und Finanzgerichtsbarkeit, aus den Bereichen der betr. Verwaltungen herauszunehmen und bei den Amts- bzw. Landgerichten zusammenzufassen und auf diese Weise die Einheit der Gerichtsbarkeit wiederherzustellen. Auch die von Reichert in DRZ 1912 S. 613 und von Ernst in NJW 52, 1076 vorgeschlagene Einrichtung besonderer Ämter und Behörden innerhalb der Justiz für die Aufgaben insbes. der freiwilligen Gerichtsbarkeit ist abgelehnt worden. Justizämter wären weisungsgebunden; die für die Rechtspflege unerläßliche Unabhängigkeit und Selbständigkeit würde ihnen fehlen. Außerdem würden damit richterliche Geschäfte zu Verwaltungsgeschäften gestempelt werden (vgl. Wedewer, RpflBl 53, 69f.).

2. Geschichtliche Entwicklung des gehobenen Justizdienstes.

Da das Amt des Rechtspflegers aus dem gehobenen (mittleren) Justizdienst hervorgegangen ist und die mit der Wahrnehmung dieses Amtes befaßten Beamten gleichzeitig auch die (schwierigen) Geschäfte des UrkB und ferner wichtige Geschäfte der Justizverwaltung erlernen und wahrnehmen, erscheint es geboten, den Erläuterungen zum vorliegenden Rechtspflegergesetz einen Überblick über die Entwicklung des gehobenen (mittleren) Justizdienstes vorauszuschicken. Hierbei werden für die Zeit bis 1935 die Verhältnisse des früheren Preußen als des größten Landes des Deutschen Reiches zu Grunde gelegt[1]).

a) Allgemeine Gerichtsordnung von 1793

Schon die Allgemeine Gerichtsordnung für die preuß. Staaten vom 6. 7. 1793 (AGO) Teil III unterschied bei den nicht zum höheren Justizdienst rechnenden Beamten der Obergerichte (Tit. 5 aaO) folgende Gruppen:

1. Sekretäre oder Aktuare (für den Expeditions- und Protokolldienst) = Beamte des gehobenen (mittleren) Justizdienstes,
2. Archivare und Registratoren (erstere zur Bearbeitung der Hypotheken- und Generalregistratur, die zweite Untergruppe zur Führung der Prozeß- und Vormundschaftsregister) = Beamte des (einfacheren) mittleren Justizdienstes,
3. Kanzlisten und Kopisten (zur Erledigung des Schreibwerks) = Beamte des Kanzleidienstes[2]),

[1]) Vgl. die ausführliche Darstellung bei Thiesing-Weber-Gundlach S. 11ff.

[2]) In Preußen war die Laufbahn der Kanzleibeamten seit 1928 geschlossen (vgl. Thiesing-Weber-Gundlach S. 106f., 140, 155).

4. Kanzleidiener oder Botenmeister und Boten (zur Aufwartung bei den Richtern und zur Besorgung der „Insinuationen", d. h. der Zustellungen) = Beamte des einfachen Dienstes,
5. Exekutoren (zur Vollstreckung der gerichtlichen Entscheidungen) = Gerichtsvollzieher.

Die diesen Beamten obliegenden Dienstaufgaben waren im einzelnen in dem dem § 3 aaO als Anlage beigefügten „Allgemeinen Registratur- und Kanzleireglement", der Geschäfts- und Aktenordnung der damaligen Zeit, aufgezählt.

b) Büroreglement von 1841

Ursprünglich wurden die Dienstgeschäfte räumlich und personell streng voneinander getrennt erledigt, später zufolge Büroreglement vom 8. 8. 1841 (preuß. JMBl S. 292) in Geschäftsbüros (Abteilungen) für die einzelnen Sachgebiete unter je einem Bürovorsteher (Sekretär) zur gemeinschaftlichen Bearbeitung zusammengefaßt.

Die Sekretärstellen waren ursprünglich ausschließlich mit Referendaren besetzt (AGO Teil III Tit. 5 § 4).

Hierbei ist zu beachten, daß der damalige Begriff des „Referendars" mit dem heutigen nicht ganz gleichzusetzen ist. Bis Ende 1869 fanden nämlich nicht wie heut nur zwei, sondern drei juristische Prüfungen statt:

1. nach Abschluß des Universitätsstudiums die Auskultator-Prüfung (von auscultare = eifrig zuhören; vgl. auris = das Ohr),
2. erst nach 1½ jähriger praktischer Ausbildung bei den Gerichten erster Instanz die Referendar-Prüfung und endlich
3. nach weiterer 2½ jähriger praktischer Ausbildung bei den Gerichten erster Instanz, bei der Staatsanwaltschaft, bei einem Obergerichtsanwalt und bei dem Obergericht die Assessor-Prüfung.

Erst auf Grund des Ges. vom 6. 5. 1869 (preuß. GS S. 656) fiel die Auskultator-Prüfung weg.

Es ergab sich jedoch bald (schon 1819) die Notwendigkeit, nicht juristisch vorgebildete Anwärter (Zivilsupernumerare und Militärversorgungsberechtigte) zu der Laufbahn des gehobenen (mittleren) Justizdienstes zuzulassen. Von der Berücksichtigung der Militärversorgungsberechtigten mag hier abgesehen werden. Voraussetzung für die Zulassung als Zivilsupernumerar war u. a. der Besuch einer höheren Bürgerschule (mittlere Reife), die Vollendung des 24. Lebensjahres, später des 18. Lebensjahres (AV vom 26. 11. 1849 — preuß. JMBl S. 475), eine praktische Ausbildung von mindestens 1½ Jahren bei einem erstinstanzlichen Gericht und weiterhin für eine nicht festgelegte Zeit im Büro eines Obergerichts und die Ablegung der Aktuariatsprüfung. Je nach dem mehr oder weniger guten Ausfall der Prüfung wurde zwischen Aktuaren erster Klasse (expedierenden Sekretären und Protokollführern in Kriminalgerichtssachen) und solchen zweiter Klasse (Registratoren und Protokollführern in Zivilsachen) unterschieden.

c) Gerichtsschreiberordnung von 1879

Bei der Regelung des Jahres 1841 ist es in Preußen im wesentlichen rund dreieinhalb Jahrzehnte geblieben. Erst nach der Gründung des Deutschen Reiches im Jahre 1871 und dem Erlaß der Reichsjustizgesetze von 1877, d. h. des GVG, der ZPO und der StPO, kam es zu der umfassenden Neuregelung im Jahre 1879. Die Reichsjustizgesetzgebung, die mit Rücksicht auf die Justizhoheit der Länder selbst für das Richteramt nur einige Hauptgrundsätze enthielt, hatte sich mit den anderen Rechtspflegeorganen überhaupt nicht befaßt. Das GVG hatte in § 153 lediglich bestimmt, daß bei jedem Gericht eine Gerichtsschreiberei[3]) einzurichten ist und daß die Geschäftseinrichtung bei den Landesgerichten durch die Landesjustizverwaltung bestimmt wird. Preußen, das über den Geltungsbereich der AGO und des ALR längst hinausgewachsen war, nahm jedoch die Vereinheitlichung des Zivil- und Strafverfahrens zum Anlaß, um für den gehobenen und mittleren Justizdienst einheitliche Vorschriften zu erlassen. Auf der Grundlage des § 68 preuß. AG GVG (preuß. GS S. 230), der wie folgt lautet:

> Die Dienstverhältnisse der Gerichtsschreiber[3]) werden durch Gesetz, die Geschäftsverhältnisse derselben durch den Justizminister bestimmt,

ergingen

a) das Gesetz betreffend die Dienstverhältnisse der Gerichtsschreiber vom 3. 3. 1879 (preuß. GS S. 99); es enthielt lediglich gewisse Grundsätze über die Vorbedingungen des Amtes, die Anstellung und die daraus erwachsenden Rechte und überließ die weitere Regelung den Ausführungsvorschriften des Justizministers;

b) die AV betr. den Vorbereitungsdienst, die Prüfung und die Anstellung der Gerichtsschreiber vom 5. 9. 1879 (preuß. JMBl S. 317), neu gefaßt und als „Gerichtsschreiberordnung" bezeichnet durch AV vom 10. 2. 1886 (preuß. JMBl S. 38).

Nach der Begründung des Gesetzes sind unter dem Begriff „Dienstverhältnisse" alle diejenigen Rechtsbeziehungen zu verstehen, die sich aus der persönlichen Stellung der Gerichtsschreiber innerhalb des Beamtenorganismus ergeben, unter den „Geschäftsverhältnissen" dagegen die Dienstobliegenheiten, wie sie u. a. in den Verfahrensgesetzen geregelt sind (vgl. Thiesing-Weber-Gundlach S. 38 und 90).

Voraussetzung für die Ernennung zum Gerichtsschreiber (Amtsbezeichnung: Sekretär) war nach den genannten Bestimmungen die Vollendung des 21. Lebensjahres, die Ableistung eines mindestens zweijährigen,

---

[3]) Wegen der Ersetzung der Bezeichnung „Gerichtsschreiberei" durch das Wort „Geschäftsstelle" und der Einführung der Bezeichnung „Urkundsbeamter" s. unten d.

seit der Neufassung der Gerichtsschreiberordnung vom 17. 12. 1899 (preuß. JMBl S. 849) zweieinhalbjährigen und seit der weiteren Neufassung vom 6. 7. 1913 (preuß. JMBl S. 179) sogar dreijährigen Vorbereitungsdienstes und das Bestehen der Gerichtsschreiberprüfung. Die AV vom 13. 12. 1893 (JMBl S. 355) stellte weiterhin das Erfordernis der wissenschaftlichen Befähigung für den einjährig-freiwilligen Dienst (seit der AV vom 7. 5. 1925 — preuß. JMBl S. 125 — der U I-Reife) auf. In dem Vorbereitungsdienst wurde besonders Gewicht auf die Ausbildung in den Kassengeschäften und den Justizverwaltungssachen gelegt. Nach bestandener Gerichtsschreiberprüfung erhielt der Justizanwärter den Titel „Aktuar".

Von erheblicher Bedeutung war es, daß durch das Gerichtsschreibergesetz die Aktuare, die bisher eine Berufsgruppe bildeten, nunmehr in zwei Laufbahnen geteilt wurden. In Anlehnung an die altpreuß. Einteilung der Gerichtsschreiber in Aktuare 1. und 2. Klasse sah das Gerichtsschreibergesetz nämlich neben den eigentlichen Trägern des Gerichtsschreiberdienstes zur Ergänzung ihrer Arbeitskraft die Gerichtsschreibergehilfen (mit der Amtsbezeichnung Assistenten) vor. Im Unterschied zu den Aktuaren 2. Klasse (den Registratoren) handelte es sich bei den Gerichtsschreibergehilfen jedoch um eine völlig verschiedene, weniger qualifizierte Laufbahn; die Gerichtsschreibergehilfen sollten — trotz grundsätzlicher Befähigung zur Wahrnehmung aller Gerichtsschreibergeschäfte (mit Ausnahme besonders wichtiger Geschäfte wie der Erteilung von vollstreckbaren Ausfertigungen und von Rechtskraftzeugnissen und der Wahrnehmung der Geschäfte des Grundbuchführers) — nur für einzelne leichtere Verrichtungen des Gerichtsschreiberdienstes sowie des Büro- und Registraturwesens Verwendung finden. In der Gerichtsschreibergehilfenprüfung mußten sie hauptsächlich die erforderlichen Kenntnisse für die Protokollführung und den Registraturdienst darlegen. Sie konnten aber hilfsweise zu sämtlichen Gerichtsschreibergeschäften (später allein mit Ausnahme der Rechtspflegergeschäfte) verwendet werden. Das hat bei der Neufassung und Erweiterung des die vorbehaltenen Geschäfte aufzählenden § 5 Abs. 2 Ges. vom 3. 3. 1879 durch Art. 131 preuß. FGG vom 21. 9. 1899 (preuß. GS S. 249) auch im Gesetz ausdrücklich Anerkennung gefunden.

Die Bezeichnungen „Gerichtsschreiber" und „Gerichtsschreibergehilfe" waren reine Funktionsbezeichnungen, während in Preußen die Amtsbezeichnungen der ersten Gruppe „Amtsgerichtssekretär", „Landgerichtssekretär", „Oberlandesgerichtssekretär", „Staatsanwaltschaftssekretär" und die der zweiten Gruppe „Amtsgerichtsassistent" usw. lauteten (vgl. preuß. AV vom 12. 12. 1879 und vom 8. 6. 1906, preuß. JMBl S. 471 bzw. 165). Außerdem konnte Beamten der ersten Gruppe der Titel „Rechnungsrat" und Beamten der zweiten Gruppe der Titel „Gerichtssekretär" verliehen werden (Erl. vom 29. 7. 1908 bzw. RV vom 20. 4. 1907). Seit 1919 durften gemäß Art. 109 WeimVerf bloße Titel nicht mehr verliehen werden.

Das Streben nach einer Erweiterung des Aufgabengebietes der Gerichtsschreibergehilfen erhielt einen starken Auftrieb, als nach dem ersten Weltkriege zufolge Beamten- und Diensteinkommen-Ges. vom 17. 12. 1920/ 8. 2. 1921 (preuß. GS 1921 S. 133/300), auf Grund dessen die Gerichtsschreiber die Amtsbezeichnung „Justizobersekretäre" erhielten (vgl. AV über die Amtsbezeichnungen der Justizbeamten vom 3. 6. 1920, preuß. JMBl. S. 267), die Gerichtsschreibergehilfen (mit der Amtsbezeichnung Assistenten) durch die beiden Beamtengruppen der Justizsekretäre und Registratoren ersetzt wurden (vgl. AV vom 3. 6. 1920 — preuß. JMBl S. 267 — und AV vom 6. 7. 1921 — preuß. JMBl S. 374). Die Zuständigkeit der Justizsekretäre wurde in der Weise erweitert, daß der o. a. Negativkatalog der den vollbefähigten Gerichtsschreibern vorbehaltenen Geschäfte durch die Befugnis des LG-Präsidenten, geeigneten, praktisch bewährten Justizsekretären noch weiter bestimmte vorbehaltene Geschäfte zu übertragen (AV vom 6. 7. 1921 — preuß. JMBl S. 375), noch weiter eingeschränkt wurde. Das galt vornehmlich für die sondergeprüften Justizsekretäre (vgl. AV vom 28. 2. 1923, preuß. JMBl S. 162, abgedruckt bei Thiesing-Weber-Gundlach S. 298; ferner Thiesing in „Justizverwaltungsreform", 1927, S. 95f.). Anderderseits war der Kreis der vorbehaltenen Geschäfte durch die von richterlichen Geschäften in Gerichtsschreibergeschäfte umgewandelten Verrichtungen wie Kostenfestsetzungsbeschlüsse und Vollstreckungsbefehle (1909) sowie die Übertragung von Unterschriftsbeglaubigungen (1914) erweitert worden (vgl. unten Ziff. 3 und Erläut. 2c zu § 25 d. Ges.). Wegen der Übertragung richterlicher Geschäfte auf den Gerichtsschreiber (1920/21) vgl. unten Ziff. 3.

Die Registraturassistenten (später Justizbüroassistenten), die den Kanzleikräften entnommen wurden, waren ohne Prüfung allein auf Grund einer Befähigungsbescheinigung der vorgesetzten Dienstbehörde zu ernennen und konnten nunmehr kraft ausdrücklicher Regelung (und nicht mehr bloß einstweilen) zur Protokollführung (mit Ausnahme der Protokollführung in der Hauptverhandlung in Strafsachen) und zu einigen anderen Gerichtsschreiberfunktionen herangezogen werden.

In § 9 des Ges. vom 3. 3. 1879 und § 23 der AV vom 5. 9. 1879/10. 2. 1886 waren endlich, wie ergänzend bemerkt werden mag, die Mindesterfordernisse für die einstweilige Wahrnehmung von Gerichtsschreibergeschäften durch andere Personen (Kanzleibeamte und Kanzleigehilfen) aufgestellt. Mit Hilfe dieser Vorschrift hat die preuß. Justizverwaltung durch Rückgriff auf das Kanzleipersonal den durch die starken Schwankungen der Geschäftsbelastung bedingten Anforderungen jeweils Rechnung tragen können.

d) Büroreform von 1928

Das Gerichtsschreibergesetz vom 3. 3. 1879 hat fast ein halbes Jahrhundert überdauert. Es wurde im Rahmen der Neuregelung des gehobenen (mittleren) und (einfacheren) mittleren Dienstes, der sog. Büroreform, und zwar im Anschluß an das Reichsges. zur Änderung der Bezeichnungen „Gerichtsschreiberei", „Gerichtsschreiber" und „Gerichtsdiener" vom 9. 7. 1927 (RGBl I S. 175), das die neue Bezeichnung „Urkundsbeamter der Geschäftsstelle" einführte, abgelöst durch das Gesetz über die Dienstverhältnisse der mit der Wahrnehmung der Geschäfte eines Urkundsbeamten der Geschäftsstelle betrauten Beamten vom 18. 12. 1927 (preuß. GS S. 209). Im Gegensatz zu dem Gesetz vom 3. 3. 1879 wurden durch das neue Gesetz die vollbefähigten UrkB (Beamten des schwierigen Bürodienstes) von den Beamten geringerer Befähigung (Beamten des einfacheren Bürodienstes) streng unterschieden. Weiterhin kam die Untergruppe der Justizsekretäre in Wegfall (vgl. Abschn. II der RV vom 1. 7. 1927, abgedruckt bei Thiesing-Weber-Gundlach S. 252, und Thiesing in „Justizverwaltungsreform", S. 97). Zur Ausführung des Gesetzes ergingen

1. die AV vom 1. 2. 1928 (preuß. JMBl S. 44), die u. a. die Vorschriften über die einstweilige Wahrnehmung der Geschäfte eines UrkB enthält,

2. die „Personal- und Dienstordnung für das Büro der preuß. Justizbehörden" nebst einem die Dienstordnung für die Kanzlei enthaltenden Anhang vom 1. 3. 1928 (Buko). Der erste Teil dieser AV (die Personalordnung), der die Laufbahnbestimmungen der beiden Gruppen des UrkB enthält, entspricht der alten Gerichtsschreiberordnung, der Anhang der bisherigen Kanzleiordnung. Der zweite Teil (die Dienstordnung) enthält die Aufteilung der Geschäfte in die beiden Gruppen des „schwierigen" Bürodienstes (Rate A) und des „einfacheren" Bürodienstes (Rate B). Die Anwärter für den „einfacheren" Bürodienst müssen sich nach einjährigem Vorbereitungsdienst einer Prüfung unterziehen. Sie dürfen zu den schwierigeren Geschäften nur noch vorübergehend zur Vertretung, und zwar nur zu einem in der Buko bestimmten Teil von Geschäften der Rate A, herangezogen werden (§ 31 Abs. 2 der Buko). Über die Verwendung von Angestellten im Bürodienst vgl. RV vom 15. 2. 1928 (abgedruckt bei Thiesing-Weber-Gundlach S. 223)[4].

Damit war eine Zweiteilung des Amtes des UrkB wenigstens praktisch verwirklicht worden (vgl. Thiesing-Weber-Gundlach S. 57f. und 69 und Reichel S. 77f.).

Nachdem während der Herrschaft des Nationalsozialismus (1933 bis 1945) die Hoheitsrechte der Länder auf das Reich übergegangen waren

[4]) Wegen aller Einzelheiten im übrigen vgl. die ausführlichen Darstellungen von Thiesing, Justizverwaltungsreform, Berlin, 1927, S. 93ff., und Thiesing-Weber-Gundlach S. 88ff.

(vgl. Art. 2 Abs. 1 d. Ges. über den Neuaufbau des Reichs vom 30. 1. 1934, RGBl I S. 75), damit also auch die Justizhoheit (vgl. dazu abgesehen von dem Erl. d. RMdJ vom 16. 10. 1934, DJ S. 1295, das 1. und 2. Ges. zur Überleitung der Rechtspflege auf das Reich vom 16. 2. 1934, RGBl I S. 91, enthaltend die Ermächtigung des RMdJ zum Erlaß der erforderlichen Bestimmungen, und vom 5. 12. 1934, RGBl I S. 1214, betr. die Vereinigung der Landesjustizministerien auf den RMdJ), wurden die Justizbeamten, die bis dahin (mit Ausnahme der bei den Rechtspflegeorganen des Reichs und bei dem RMdJ beschäftigten Richter und Beamten) Beamte der Länder waren, zu unmittelbaren Reichsbeamten (vgl. § 1 des 3. Ges. zur Überleitung der Rechtspflege auf das Reich vom 24. 1. 1935, RGBl I S. 68), und zwar mit Wirkung vom 1. 4. 1935. Die gehobenen Justizbeamten führten in der Eingangsstufe ab 1. 4. 1934 anstelle der bisherigen Amtsbezeichnung „Obersekretär" fortan die Amtsbezeichnung „Justizinspektor" (vgl. Ges. über Amtsbezeichnungen vom 28. 3. 1934, preuß. GS S. 233). Sie wurden vom 1. 4. 1936 ab besoldet auf Grund des RBesGes. vom 16. 12. 1927 (RGBl I S. 349) i. Verb. mit dem 24. ÄndGes. vom 13. 12. 1935 (RGBl I S. 1489). Vgl. JustizüberleitungsVO vom 15. 3. 1937 (DJ S. 412) und Erl. vom 16. 3. 1937 (DJ S. 413). Zu dem in § 12 der VO zur einheitlichen Regelung der Gerichtsverfassung vom 20. 3. 1935 (RGBl I S. 403) vorgesehenen Erlaß neuer allgemeiner Anordnungen für die Geschäftsstellen der Gerichte und Staatsanwaltschaften ist es nur in begrenztem Umfange gekommen. Für die gehobenen Justizbeamten sind die RpflAusbO vom 26. 2. 1941 (DJ S. 282) und die REntlV vom 3. 7. 1943 (DJ S. 339), für die Beamten des mittleren Justizdienstes (die Justizassistenten und Justizsekretäre) die AusbO vom 8. 7. 1938 (DJ S. 1098) ergangen[5]). Mit dem Rückfall der Justizhoheit auf die Länder (s. unten zu e) hat die Bestimmung ihre Bedeutung verloren (vgl. Löwe-Rosenberg, GVG Anh. B, Anm. 1 zu § 12 der VO vom 20. 3. 1935).

Nach alledem ergab sich folgende Sachlage:

a) der Beamte des gehobenen Dienstes wurde in zwei Funktionseigenschaften, nämlich als Rechtspfleger und als Urkundsbeamter, tätig;

b) die Funktionstätigkeit des Urkundsbeamten wurde teils von Beamten des gehobenen, teils von solchen des mittleren Dienstes ausgeübt.
Diese Einteilung der Funktionen ist bis heute aufrecht erhalten worden.

e) Die Regelung nach 1945

Als nach dem lezten Kriege die Länder der Deutschen Bundesrepublik wieder mit ihren früheren Hoheitsrechten entstanden (vgl. dazu Art. 20 Abs. 1, 29 Abs. 3, 30 und — bezüglich der Justizhoheit — Art. 92

[5]) Zu der Rechtsentwicklung von 1933 bis 1945 vgl. die ausführliche Darstellung bei Kern, Geschichte, S. 214ff.

GG sowie BVerfG 1, 34), haben vor allem die Länder durch neue Vorschriften die allgemeinen Dienstverhältnisse auch der Justizbeamten geregelt, ohne im einzelnen wesentliche Veränderungen durchzuführen. Zum Teil gelten jedoch die Beamtenvorschriften der 30-er Jahre weiter und sind lediglich den neuen Verhältnissen angepaßt worden. Das gilt in erster Linie für die Bundesbeamten. Auf Grund des Ges. zur vorl. Regelung der Rechtsverhältnisse der im Dienst des Bundes stehenden Personen vom 17. 5. 1950 (BGBl S. 207) wurden zunächst verschiedene Bestimmungen des DBG vom 26. 1. 1937 (RGBl I S. 39) geändert und folgende Bestimmungen neu gefaßt: die Reichsgrundsätze über Einstellung, Anstellung und Beförderung vom 14. 10. 1936 (RGBl I 893), die LaufbahnVO vom 28. 2. 1939 (RGBl I 371) und die NebentätigkeitsVO vom 6. 7. 1937 (RGBl I 904); vgl. die Bek beamtenrechtl. Vorschriften in der Bundesfassung vom 24. 1. 1951 (BGBl I S. 88, 90 und 94) und die VO zur Änd. der NebentätigkeitsVO vom 26. 8. 1953 (BGBl I S. 1034). Neu erlassen sind das Bundesbeamtengesetz vom 14. 7. 1953 (BGBl I 551 = SaBl 787), die UrlaubsVO vom 6. 8. 1954 (BGBl I 243 = SaBl 896), die VO über die Arbeitszeit der Bundesbeamten vom 15. 6. 1954 (BGBl I S. 149 = SaBl 736) und die BundeslaubahnVO vom 31. 7. 1956 (BGBl I 712 = SaBl 917). Ein Bundesrahmengesetz zur Vereinheitlichung des Beamtenrechts ist in Vorbereitung (vgl. BT-Drucksache 1549 vom 4. 7. 1955, Bericht des Ausschusses für Beamtenrecht BT-Drucksache 3043 vom 20. 2. 1957 und Kühlthau in RpflBl 1956 S. 86).

Die Länder haben die Rechtsverhältnisse ihrer Beamten in weitem Umfang selbständig geregelt.

Es seien folgende Gesetze und Verordnungen genannt:

für Baden-Württemberg das Ges. über die Ernennung und Entlassung der Richter und Beamten des Landes Baden-Württemberg vom 22. 2. 1954 (BWGBl 23 = SaBl 184), die NebentätigkeitsVO vom 7. 12. 1953 (BWGBl 213) (für den Landesteil Württemberg-Baden das Beamtenges. vom 19. 11. 1946, Wttbg-BadRegBl 249, nebst ÄndGes.),

für Bayern das Beamtenges. vom 28. 10. 1946 (BayGVBl 349) nebst ÄndGes. vom 8. 3. 1950, 16. 9. 1952, 17. 12. 1954, 26. 11. 1955 und 5. 12. 1956; die NebentätigkeitsÄndVO vom 14. 1. 1956 (BayGVBl 9); das UrlaubsGes vom 11. 5. 1950 (BayGVBl 81 = SaBl 563) nebst ÄndGes. vom 8. 11. 1954, die UrlaubsVO vom 28. 7. 1954 (BayGVBl 135) und die DurchfBest vom 15. 6. 1950 (BayGVBl 91) nebst ÄndVO vom 15. 10. 1955, die LaufbahnVO vom 23. 6. 1952 (BayGVBl 199 = SaBl 792) nebst ÄndVO vom 17. 12. 1954;

für Berlin-W das Landesbeamtenges. vom 10. 12. 1954 (BerlGVBl 747 = SaBl 1955, 83), die NebentätigkeitsÄndVO vom 6. 12. 1954 (BerlGVBl 679), das UrlaubsGes vom 24. 4. 1952 (BerlGVBl 297) nebst ÄndGes vom 22. 12. 1952, die UrlaubsVO vom 18. 6. 1953 (BerlGVBl 419);

für Bremen die ÄndVO zum Deutschen Beamtenges. vom 31. 3. 1949 (BrGBl 49) nebst Ges. vom 13. 6. 1952, 23. 9. 1953 und 19. 2. 1954, die NebentätigkeitsÄndVO vom 24. 11. 1953 (BrGBl 115), das Urlaubsges vom 4. 5. 1948 (BrGBl 67) nebst ÄndG vom 25. 4. 1949 und 21. 1. 1950;

für Hamburg die ÄndVO zum Deutschen Beamtenges. vom 4. 4. 1951 (HbgGVBl 35 = SaBl 482), die NebentätigkeitsVO vom 6. 10. 1953 (HbgGVBl 283);

für Hessen das Ges. über die Rechtsstellung der Beamten und Angestellten im öffentl. Dienste des Landes Hessen vom 11. 11. 1954 (Hess GVBl 239 = SaBl 1225), die 1. DVO (sog. NebentätigkeitsVO) vom 21. 6. 1950/14. 4. 1953 (Hess GVBl 110/112), die 2. DVO (sog. Anstellungs- und BeförderungsVO) vom 27. 11. 1950 (Hess GVBl 271), die 3. DVO (betr. Versetzung in den Ruhestand) vom 15. 7. 1952 (Hess. GVBl 135), die VO über die Ernennung, Einstellung und Entlassung der Beamten und Angestellten des Landes Hessen vom 11. 9. 1952 (Hess GVBl 153 = SaBl 1169) nebst ÄndVO vom 5. 9. 1955, die VO über die Arbeitszeit der Beamten vom 27. 3. 1953 (Hess GVBl 43), die UrlaubsVO vom 26. 2. 1949 (Hess GVBl 23) nebst ÄndVO vom 21. 5. 1952, die LaufbahnVO vom 23. 3. 1949 (Hess. GVBl S. 33) nebst ÄndVO vom 12. 9. 1956;

für Niedersachsen das Ges. über die Berufung in das Beamtenverhältnis auf Lebenszeit vom 21. 3. 1951 (Nds GVBl 96 = SaBl 406), die NebentätigkeitsÄndVO vom 10. 12. 1953 (Nds GVBl 89);

für Nordrhein-Westfalen das Landesbeamtenges. vom 15. 6. 1954 (GVBlNRW 237 = SaBl 777), die NebentätigkeitsÄndVO vom 7. 11. 1953 (GVBlNRW 409), die UrlaubsVO vom 26. 7. 1955 (GVBlNRW 181 = SaBl 1039); die VO über die Ernennung, Entlassung und Zurruhesetzung der Beamten und Richter des Landes Nordrhein-Westf. vom 7. 9. 1954 (GVBlNRW 307 = SaBl 1023), die VO über die Ernennung, Entlassung und Zurruhesetzung der Beamten der Justizverwaltung des Landes Nordrhein-Westf. vom 27. 9. 1954 (GVBlNRW 321 = SaBl 1061);

für Rheinland-Pfalz das Landesbeamtenges. vom 13. 12. 1949 idF. vom 28. 4. 1951 (GVBlRhldPf 114) nebst ÄndG vom 28. 10. 1952, die NebentätigkeitsÄndVO vom 26. 1. 1954 (GVBl RhldPf 21), die UrlaubsVO vom 14. 4. 1956 (GVBlRhldPf 45);

für Saarland die NebentätigkeitsErgVO vom 29. 6. 1953 (Saarl. ABl S. 410) die UrlaubsO vom 28. 3. 1955 (Saarl. ABl S. 573);

für Schleswig-Holstein das Landesbeamtenges. vom 19. 3. 1956 (GVBl SchlH 19 = SaBl 332) einschließlich Laufbahnbestimmungen, die NebentätigkeitsÄndVO vom 7. 12. 1953 (GVBlSchlH 179), die ArbeitszeitVO vom 19. 2. 1952 (GVBlSchlH 21) nebst ÄndVO vom 12. 3. 1956.

Wegen der großen Verdienste der gehobenen Justizbeamten um Ausübung und Ansehen der deutschen Rechtspflege sei auf Döhring, Geschichte S. 186ff. verwiesen.

3. Entstehung des Rechtspflegeramtes.

Aus der amtlichen Begründung:

Die Reichsjustizgesetze von 1877 (d. h. das GVG, die ZPO und die StPO), die Grundbuchordnung vom 24. März 1897, das Gesetz über die Zwangsversteigerung und die Zwangsverwaltung vom 24. 3. 1897 und das Reichsgesetz über die Angelegenheiten der freiwilligen Gerichtsbarkeit vom 17. 5. 1898 behielten ausnahmslos alle gerichtlichen Entscheidungen den Richtern vor.

Bald zeigte sich, daß der Richter mit einer Fülle von Aufgaben belastet war, deren Erledigung nicht unbedingt eine richterliche Vorbildung erforderte. Schon 1906 forderte der Frankfurter Oberbürgermeister Adickes in seiner bekannten Herrenhausrede vom 30. 3. 1906 und in seiner Schrift „Grundlinien durchgreifender Justizreformen" eine Entlastung des Richters von Geschäften einfacherer Art. Nur wenige Wochen später ordnete die preußische Justizverwaltung an, daß die Richter von den Gerichtsschreibern, d. h. den jetzigen Urkundsbeamten, durch die Anfertigung von Entwürfen zu unterstützen seien (AV vom 25. April 1906 — preuß. JMBl S. 112)[1].

Einen weiteren Schritt auf dem Wege der Entlastung bedeutete die Zivilprozeßnovelle vom 1. 6. 1909 (RGBl S. 475). Durch sie wurden die

[1]) Der Entwurf dieser Verfügung lag schon vor, als Adickes seine Ausführungen im Herrenhause machte (Sarkamm, Der Rechtspfleger, S. 7). Für die Staatsanwaltschaften wurde die Entlastung in ähnlicher Weise durch die AV vom 7. Mai 1906 (preuß. JMBl. S. 139) besonders geregelt. Vgl. ferner die AV vom 9. 11. 1910 (preuß. JMBl S. 393).

Kostenfestsetzung (§ 104 ZPO) und die Erteilung der Vollstreckungsbefehle (§ 699 ZPO) (unter Entkleidung ihres richterlichen Charakters) dem Gerichtsschreiber übertragen[2]).

Die schwierigen Verhältnisse während des ersten Weltkrieges und die allgemeine Notlage nach dem Kriege zwangen dazu, die Richter in noch stärkerem Maße zu entlasten. Preußen suchte die Abhilfe dadurch zu schaffen, daß es in Grundbuchsachen Geschäfte, die bis dahin von dem Richter bearbeitet wurden (unter Aufrechterhaltung ihres richterlichen Charakters) auf den Gerichtsschreiber übertrug (preuß. Gesetz betr. die Übertragung richterlicher Geschäfte in Grundbuchsachen auf den Gerichtsschreiber vom 14. 12. 1920 — GS 1921 S. 75)[3]).

Eine Entlastung auf breiterer Grundlage wurde in Verfolg der Vorschläge von Mügel aus d. J. 1919 durch das Reichsgesetz zur Entlastung der Gerichte vom 11. 3. 1921 (RGBl S. 229; dazu AV vom 3. 3. 1921, preuß. JMBl S. 133) ermöglicht. Dieses Gesetz sah eine Übertragung von Geschäften auf den Gerichtsschreiber nicht nur in Grundbuchsachen, sondern auch in weiteren Sparten der Rechtspflege vor[4]). Von der Ermächtigung, die Maßnahmen zur Entlastung durchzuführen, machten die einzelnen Länder in verschiedenem Umfange Gebrauch. Für Preußen war die nähere Regelung in der Entlastungsverfügung vom 28. 5. 1923 (preuß. JMBl S. 401, Neufassung durch AV vom 1. 3. 1928 — preuß. JMBl S. 140) enthalten. In dieser Entlastungsverfügung wurden die Beamten, denen richterliche Geschäfte übertragen wurden, erstmals als „Rechtspfleger" bezeichnet[5]).

In den übrigen Ländern ergingen ähnliche Entlastungsvorschriften (vgl. die Zusammenstellung bei Sarkamm „Die gesetzlichen Grundlagen der Rechtspflegertätigkeit", Berlin 1927), die sich meist sehr eng an die preußische Regelung anschlossen.

Die sogenannte „Kleine Justizreform", die auf das oben erwähnte Reichsgesetz vom 11. 3. 1921 zurückging, hatte sich im Laufe der Jahre durchaus bewährt. Es fehlte nicht an Stimmen, die sich für eine Erweiterung der Zuständigkeit des Rechtspflegers einsetzten[6]).

---

[2]) Durch preuß. Gesetz vom 18. März 1914 (GS S. 35) wurde ferner den Gerichtsschreibern neben dem Richter, also ohne Veränderung des richterlichen Charakters, die Beglaubigung von Unterschriften übertragen.

[3]) Die Ausführungsbestimmungen waren in der AV vom 25. 1. 1921 (preuß. JMBl S. 75) enthalten.

[4]) Außerdem wurde durch dieses Gesetz auch die bis dahin dem Richter obliegende Kostenfestsetzung in Strafsachen auf den Gerichtsschreiber übertragen (Art. III Nr. 8).

[5]) Im einzelnen vgl. Sarkamm, Der Rechtspfleger, S. 25ff.

[6]) Hinzuweisen ist einmal auf die vornehmlich vom fiskalischen Standpunkt ausgehenden Reformvorschläge von Schiffer in seinem im Jahre 1928 erschienenen Buch „Die deutsche Justiz" und zum anderen auf die im Jahre 1929 unter der Überschrift „Verbilligung, Vereinfachung, Beschleunigung der Rechtspflege" herausgegebenen Vorschläge des Bundes Deutscher Justizamtmänner. Vgl. hierzu Kern, Geschichte, S. 166ff.

Nach der sog. „Verreichlichung" der Justiz wurde die Entlastung der Richter durch Rpfl einheitlich für das ganze Reichsgebiet durch die sogenannte Reichs-Entlastungsverfügung (AV des Reichsministers der Justiz vom 3. 7. 1943 — DJ S. 339 —, später in der Fassung der AV vom 5. 6. 1944 — DJ S. 185 — und der AV vom 19. 9. 1944 — DJ S. 249) geregelt[7]). Die Reichs-Entlastungsverfügung folgte im großen und ganzen der preuß. Entlastungsverfügung 1928 (geht jedoch über deren Rahmen insoweit hinaus, als sie die regelmäßige Entlastung selbst anordnet, so daß keine besondere Anordnung des OLG-Präsidenten oder LG-Präsidenten mehr erforderlich ist).

Die Reichs-Entlastungsverfügung wurde bisher in allen Ländern unverändert weiter angewandt. Die Möglichkeiten zur erweiterten Entlastung, für welche die Allg. Verfügung vom 3. Juli 1943 einen gewissen Spielraum ließ, sind in der Entwicklung nach 1943 in allen Oberlandesgerichtsbezirken ausgeschöpft worden.

Während die Aufgaben des Rpfl in der Entlastungsverfügung vom 3. 7. 1943 festgelegt worden sind, fehlte es an einer Regelung seiner Stellung innerhalb der Gerichtsorganisation. Gewisse Ansätze finden sich in einzelnen landesrechtlichen Bestimmungen, so z. B. in der preuß. Entlastungsverfügung vom 28. 5. 1923 (preuß. JMBl S. 401), wieder später in der Personal- und Dienstordnung für das Büro der preußischen Justizbehörden vom 1. 3. 1928 (preuß. JMBl S. 173). Hierbei behielt es in den nächsten Jahrzehnten sein Bewenden[8]). Erst das Gesetz zur Wiederherstellung der Rechtseinheit auf dem Gebiete der Gerichtsverfassung, der bürgerlichen Rechtspflege, des Strafverfahrens und des Kostenrechts vom 12. 9. 1950 (BGBl S. 455) brachte die ausdrückliche gesetzliche Anerkennung der Institution des Rpfl in der Gerichtsverfassung (§ 10 Abs. 3 GVG in der Fassung des Art. 1 Nr. 8 des Vereinheitlichungsgesetzes).

Als nach dem zweiten Weltkriege die Belastung der Gerichte ständig anstieg, trat der Gedanke einer weiteren Verwirklichung der kleinen

[7]) Die am 1. 4. 1935 in Kraft getretene Reichsvereinheitlichung der Justiz hatte zunächst lediglich die langersehnte reichseinheitliche Rechtspfleger-AusbildungsO vom 26. 2. 1941 (DJ S. 282) mit Änd. vom 16. 7., 14. 8. und 25. 8. 1943 (DJ S. 368, 404, 428) gebracht. Erst nachdem gemäß AV vom 23. 12. 1942 (DJ 1943 S. 15) beim RMdJ das Amt „Richter und Rechtspfleger" errichtet war (vgl. die Bek. über die Geschäftsverteilung dieses Amtes vom 6. 2. 1943, DJ S. 105), war die REntlV. vom 3. 7. 1943 zustande gekommen. Die weiterhin geplante Regelung der Fragen, ob ein selbständiges Rechtspflegeramt begründet werden solle, ob dem Rpfl seine Aufgaben aus eigenem Recht zufallen sollen und ob eine allgemeine Vorlegungspflicht der Rpfl bestehe (vgl. Singer DR 1943 S. 777), ist s. Z. nicht mehr verwirklicht worden. Das Amt „Richter und Rechtspfleger" ist gegen Kriegsende lt. AV vom 11. 8. 1944 (DJ S. 228) aufgelöst worden.

[8]) Die nach Einstellung der Feindseligkeiten am 20. 4. 1947 in der Sowjetzone erlassene VO über die Zuständigkeit des Rechtspflegers (ZVBl S. 78), abgedruckt bei Reichel S. 97ff., ist infolge der Neuordnung des Justizwesens in der Sowjetzone im Jahre 1952 überholt (vgl. § 60 Abs. 2 DDR GVG vom 2. 10. 1952 und §§ 28ff. der AngleichungsVO vom 4. 10. 1952, abgedruckt im Anhang).

Lediglich im Saarland wurde am 4. 4. 1951 das Ges. betr. die Ausbildung und die Zuständigkeit der Rechtspfleger (Saarl. ABl S. 654) erlassen. Es hatte in weitgehendem Umfange richterliche Geschäfte unmittelbar auf den Rpfl übertragen und außerdem den Justizminister ermächtigt, im Einzelfall die Geschäfte des Registerrichters schwieriger Art ganz oder teilweise auf den Rpfl zu übertragen.

Justizreform in verstärktem Maße hervor. Von den verschiedenen Reformplänen war (neben der VO der Sowjetzone über die Zuständigkeit des Rechtspflegers vom 20. 6. 1947, vgl. oben Fußnote 8) der Entwurf des Zentraljustizamts in der brit. Zone für eine Rechtspflegerordnung (abgedruckt bei Reichel S. 103) der bedeutendste (vgl. dazu die Erläut. von Reichel S. 68ff.).

Die auf Grund der Vorschläge des von den Landesjustizverwaltungen im Sommer 1951 zur Vorbereitung der kleinen Justizreform eingesetzten Ausschusses von der Bundesregierung eingeleiteten Vorarbeiten führten in der 1. Wahlperiode des Bundestages zur Vorlage des „Entwurfs eines Gesetzes über Maßnahmen auf dem Gebiete der Gerichtsverfassung und des Verfahrensrechts (Rechtspflegergesetz)" (BT-Drucksache 3839 vom 4. 9. 1952). Da der Deutsche Bundestag, der in der 238. Sitzung am 26. 11. 1952 den Entwurf an den Ausschuß für Rechtswesen und Verfassungsrecht überwiesen hatte (Stenogr. Berichte S. 10992 D), infolge Ablaufs der Wahlperiode das Gesetz nicht mehr verabschieden konnte, legte die Bundesregierung alsbald nach Zusammentritt des neuen Bundestages den Entwurf erneut vor (BT-Drucksache 161 — abgedruckt RpflBl 1957, 18ff. — und Ergänzung zu Drucksache 161 vom 22. 12. 1953/26. 4. 1954). Der genannte Ausschuß, an den der Bundestag in der 34. Sitzung am 19. 6. 1954 den Entwurf erneut überwiesen hatte (Stenogr. Berichte S. 1618 A), erstattete gemäß Drucksache 2855 vom 25. 10. 1956 und Ergänzung zu Drucksache 2855 vom 27. 11. 1956 (abgedruckt RpflBl 1957, 60ff. und 64ff.) in der 180. Sitzung des Bundestages am 13. 12. 1956 Bericht über das Ergebnis der Beratungen (Stenogr. Berichte S. 9975 D). Die Abänderungsvorschläge des Ausschusses wurden vom Bundestag in der genannten Sitzung unverändert angenommen. Das Gesetz ist im BGBl I S. 18 vom 8. 2. 1957 unter dem gleichen Datum verkündet worden. Nach der Eingliederung des Saarlandes am 1. 1. 1957 (vgl. Eingliederungsgesetz vom 23. 12. 1956, BGBl I S. 1011) hatten der Saarländ. Min. der Justiz und die Saarländ. Standesvertretung der Rechtspfleger dem Entwurf des Rechtspflegergesetzes zugestimmt, so daß bei der Verabschiedung von der Aufnahme eines Vorbehalts abgesehen werden konnte. Das Gesetz hat infolgedessen auch für das Saarland Gültigkeit.

Damit haben rund 50 Jahre nach den ersten Vorschlägen die Reformbestrebungen einen vorläufigen Abschluß gefunden. Das Gesetz gibt den mit dem Amt des Rpfl betrauten Beamten, nachdem diese sich über 30 Jahre auf dem ihnen übertragenen Aufgabengebiet bewährt hatten, im Rahmen der Gerichtsverfassung organisatorisch die notwendige Verankerung und die ihnen zukommende selbständige Rechtsstellung.

Erläuterungen

Gesetz über Maßnahmen auf dem Gebiete der Gerichtsverfassung und des Verfahrensrechts (Rechtspflegergesetz)

Vom 8. Februar 1957

(BGBl I S. 18, 44)

ERSTER ABSCHNITT

Aufgaben und Stellung des Rechtspflegers

§ 1

Allgemeine Stellung des Rechtspflegers

Der Rechtspfleger nimmt die ihm durch dieses Gesetz übertragenen Aufgaben der Rechtspflege wahr.

1. Vorbemerkung

Das Rpfl-Ges regelt nur die dem Rpfl aus dem Bereich der Rechtspflege übertragenen Aufgaben, nämlich die Aufgaben aus dem Gebiet der freiwilligen Gerichtsbarkeit und diejenigen aus dem Bereich der bürgerlichen Rechtsstreitigkeiten. Die Aufgaben der Strafvollstreckung gehören nicht zur Rechtspflege im engeren Sinne, sondern sind Sache der Justizverwaltung und grundsätzlich der Staatsanwaltschaft zur Bearbeitung übertragen (§ 451 Abs. 1 StPO). An der Natur der Strafvollstreckung als Verwaltungsangelegenheit ändert es nichts, daß an Stelle der Staatsanwaltschaft in größerem Umfange der Amtsrichter (vgl. § 451 Abs. 3 StPO) und zu dessen Entlastung gemäß Art. VI § 1 Ziff. III REntlG vom 21. 3. 1921 (RGBl S. 229) der UrkB zufolge Ermächtigung der Landesjustizverwaltungen die Strafvollstreckung durchführt. Das Rpfl-Ges hat deshalb diese Geschäfte nicht in seine Regelung einbezogen (vgl. Strauß in Rpfleger 1957 S. 33/36); vielmehr gelten insoweit die Vorschriften des Art. VI § 1 Ziff. III und § 3 Abs. 1 REntlG vom 21. 3. 1921 auch künftig weiter (§ 35 Abs. 1 Ziff. 1 d. Ges.). Im übrigen vgl. hierzu die Erläut. Anh. 3d zu § 26 d. Ges.

2. Die Rechtspflege

Der Begriff der Rechtspflege im weiteren Sinne umfaßt den gesamten Tätigkeitsbereich der ordentlichen Gerichte, nämlich

a) die Gerichtsbarkeit oder Rechtspflege im engeren Sinne, zu der im Unterschied von der Justizverwaltung alles gehört, was sich auf die Erledigung des einzelnen Rechtsfalles bezieht (vgl. Schäfer in Löwe-Rosenberg, Anm. 3a zu § 4 GVG). Bei der Gerichtsbarkeit wiederum ist zu unterscheiden

aa) die „rechtsprechende" Gerichtsbarkeit, deren Organe unter Anwendung der allgemeinen Rechtsnormen auf einen konkreten Tatbestand Rechtsstreitigkeiten zwischen zwei Parteien mit obrigkeitlicher Gewalt entscheiden (vgl. Kleinrahm in Rpfleger 1952 Sp. 5); diese Gerichtsbarkeit ist ihrem Wesen nach Aufgabe des Richters und steht unter dem besonderen Schutze der Verfassung (Abschnitt IX und Art. 92 GG);

bb) die „rechtsordnende" oder „rechtsverwaltende" Gerichtsbarkeit, welche alles umfaßt, was nicht zur Rechtsprechung in dem unter aa) erörterten Sinne gehört. Ihre Organe entscheiden grundsätzlich nicht Streitigkeiten, sondern werden entweder nur im Vorverfahren (Mahnverfahren) oder Nachverfahren (Kostenfestsetzung, Zwangsvollstreckung) tätig oder ordnen, sichern, gestalten auf dem Gebiete der freiwilligen Gerichtsbarkeit die Rechtsverhältnisse der Beteiligten. Diese Art Gerichtsbarkeit obliegt grundsätzlich dem Rpfl;

b) die Justizverwaltung, zu der alles gehört, was die Rechtspflege im allgemeinen angeht, z. B. die Bearbeitung der Personalangelegenheiten einschließlich der Dienstaufsicht, das Haushalts-, Kassen- und Hinterlegungswesen.

Das Rpfl-Ges. hat es nur mit der Rechtspflege im engeren Sinne zu tun. Vgl. auch Wedewer, der für die Justizreform zwischen Reform der Rechtspflege und Reform der Justizverwaltung unterscheidet (RpflBl 1955 S. 17 unter Ziff. 6).

Die Abgrenzung zwischen rechtsprechender und rechtsordnender Gerichtsbarkeit hat nur grundsätzlichen Charakter und ist in Rechtsprechung und Schrifttum noch nicht endgültig geklärt (vgl. Bucher in BT-Drucksache zu 2855 Abschn. II Abs. 4). Der mit der abschließenden Abfassung des Gesetzes befaßt gewesene Ausschuß für Rechtswesen und Verfassungsrecht hat sich bei der Grenzziehung zwischen Richter und Rpfl von dem Gedanken leiten lassen, daß dem Richter vorbehalten bleiben alle Geschäfte, „die Akte der Rechtsprechung darstellen, ferner solche Geschäfte, die einen schwerwiegenden Eingriff in die Interessen eines Beteiligten enthalten, insbesondere ihrem materiellen Gehalt nach einer Streitentscheidung gleichkommen, und schließlich die Geschäfte, die über den Rahmen eines mehr technisch-formalen Geschäfts wesentlich hinausgehen, vor allem rechtlich oder wirtschaftlich schwieriger Natur sind, so daß sie die Erledigung durch einen Richter erfordern" (BT-Drucksache zu 2855 aaO.). Die bestehenden Zweifel können auf sich beruhen bleiben. Die für die praktische Anwendung des Gesetzes maßgebende Aufteilung der Zuständigkeiten ist in §§ 3, 12 bis 23 d. Ges. im einzelnen durchgeführt. Hierdurch ist den Erfordernissen der Praxis genügend Rechnung getragen.

3. Der Rpfl als Organ der Rechtspflege

Die Verfahrensordnungen (GVG, ZPO, StPO, FGG, GBO) sahen als Organe der Rechtspflege ursprünglich nur drei Ämter vor, nämlich

a) den Richter,

b) den UrkB (bis zum Inkrafttreten des Ges. vom 9. 7. 1927, RGBl I S. 175, „Gerichtsschreiber“ genannt) und

c) den Justizwachtmeister (bis zum Inkrafttreten des bezeichneten Ges. „Gerichtsdiener“ genannt).

Der UrkB ist nicht bloße Schreibkraft, die dem Richter die Arbeit der Niederschrift abnimmt, sondern verfassungsmäßiges Glied des Gerichts. Er bezeugt den Inhalt der Niederschrift, die er selbständig nach bestem Wissen und Gewissen anzufertigen hat, mit seiner Unterschrift; ohne diese ist die Niederschrift wertlos. Bei der Aufnahme und Abfassung von Anträgen des rechtsuchenden Publikums ist er eine Art Rechtsbeistand und repräsentiert er das Gericht; die von ihm aufgenommene Erklärung gilt als vor Gericht vorgenommen (Sarkamm, Der Rechtspfleger S. 6).

Von Anfang an waren zur Entlastung des Richters von Aufgaben, deren Schwierigkeiten weniger auf rechtlichem als auf technischem Gebiet liegen, die also nicht so sehr juristisches Können als vielmehr praktische Erfahrung voraussetzen, als schwierigere Geschäfte dem UrkB zugeteilt die Erteilung von Rechtskraftzeugnissen und Notfristzeugnissen (§ 706 ZPO) und die Erteilung vollstreckbarer Ausfertigungen (§ 724 ZPO), ferner (durch die ZPO-Novelle vom 1. 6. 1909, RGBl S. 475) die Kostenfestsetzung (§ 104 ZPO) und die Vollstreckbarkeitserklärung von Zahlungsbefehlen (§ 699 Abs. 1 ZPO). Auch hierbei handelt es sich um Geschäfte, die ihrem inneren Wesen nach zur Zuständigkeit des Richters gehören.

Nach dem ersten Weltkriege sind durch das REntlG vom 11. 3. 1921 die Landesjustizverwaltungen ermächtigt worden, einfachere richterliche Geschäfte aus dem Gebiete der streitigen Gerichtsbarkeit, des Strafprozesses und vor allem der freiwilligen Gerichtsbarkeit auf den UrkB zu übertragen. Diese Übertragung geschah unter Aufzählung der einzelnen Geschäfte (sog. Katalogsystem). Von dieser Ermächtigung haben die verschiedenen Länder des Deutschen Reichs sehr unterschiedlich Gebrauch gemacht (vgl. Sarkamm, Der Rechtspfleger). Nach dem sodann vollzogenen Übergang der den Landesjustizverwaltungen übertragenen Befugnisse auf das Reich durch das Zweite Überleitungsgesetz vom 5. 12. 1934 (RGBl I S. 1214) wurde die kleine Justizreform im ganzen Reichsgebiet in der REntlV vom 3. 7. 1943 (DJ S. 339) zusammengefaßt und vereinheitlicht (vgl. die ausführliche Darstellung oben Einl. Ziff. 3).

Hiernach handelte der Rpfl im Rahmen des Gesetzes zwar selbständig und unter eigener Verantwortung. Er wurde dabei aber nur als Vertreter des Richters tätig, handelte also nicht kraft eigenen Rechts. Er erledigte die ihm übertragenen, an sich zur Zuständigkeit des Richters gehörigen Geschäfte nur auf Grund abgeleiteter Funktion, blieb also UrkB (ebenso Reichel S. 18, ferner Baumbach-Lauterbach, Anh. 1 nach § 153 GVG).

Nachdem bereits § 10 Abs. 3 GVG i. d. F. des Ges. zur Wiederherstellung der Rechtseinheit vom 12. 9. 1950 (BGBl S. 455) das Amt des Rpfl in der Gerichtsverfassung ausdrücklich gesetzlich anerkannt hatte, ist nach dem Rpfl.-Ges. der Rpfl jetzt nicht mehr UrkB mit besonderen Funktionen, nicht bloßer Vertreter des Richters, sondern hat in der Organisation der Gerichte durch den Gesetzgeber als ein Organ der Rechtspflege besonderer Art einen selbständigen Platz zwischen dem Richter und dem UrkB erhalten. Organe der Rechtspflege sind danach nunmehr

a) der Richter,
b) der Rechtspfleger,
c) der Urkundsbeamte,
d) der Justizwachmeister.

Der Rpfl ist danach nicht ein Richter minderen Rechts. Andererseits hat das das Rpfl-Ges. aber auch nicht eine besondere Laufbahn geschaffen. Vielmehr bleibt der Rpfl Angehöriger des gehobenen Justizdienstes. Die Betrauung mit den Rpfl-Aufgaben ist deshalb keine Ernennung. Sie ist von der nach näherer Maßgabe der Landesvorschriften zuständigen Justizbehörde vorzunehmen und mindestens aktenkundig zu machen (vgl. Strauß in Rpfleger 1957 S. 33/34), was im Wege der Geschäftsverteilung geschehen kann.

4. Die beamtenrechtliche Stellung des Rpfl.

a) Allgemeines:

Von der geschäftsmäßigen (funktionellen) Einteilung zu unterscheiden ist die beamtenrechtliche Gliederung der mit der Wahrnehmung der verschiedenen Funktionen der Rechtspflege befaßten Personen. Das Rpfl-Ges regelt im Rahmen der Gesetzgebungsbefugnis des Bundes (Art. 74 Ziff. 1 GG) allein die aufgabenmäßige Stellung des Rpfl innerhalb der Gerichtsverfassung und des gerichtlichen Verfahrens. Durch die Einrichtung eines neuen eigenständigen Organs wird die beamtenrechtliche Stellung des Rpfl nicht berührt. Wie bereits erwähnt, will das Rpfl-Ges. ebensowenig wie die REntlV eine neue Laufbahn schaffen. Die Regelung der beamtenrechtlichen Stellung des Rpfl gehört vielmehr kraft der Justizhoheit allein zur Zuständigkeit des Landesgesetzgebers.

Die beamtenrechtliche Gliederung stimmt sowohl in der Bundesjustiz als auch in den verschiedenen Ländern der Bundesrepublik in den Grundzügen überein. Danach werden die Aufgaben der Rechtspflege neben den Richtern, Rechtsanwälten und Notaren von den Justizbeamten wahrgenommen. Diese werden nach Maßgabe der allgemeinen landesrechtlichen Beamtenvorschriften durch (einseitigen) Staatshoheitsakt unter Aushändigung einer Urkunde angestellt. Durch die Anstellung wird ein öffentlich-rechtliches Dienstverhältnis begründet. Die Anstellung setzt die Ablegung einer Prüfung voraus. Die Besoldung erfolgt auf Grund der staatlichen Besoldungsgesetze. Der Staat gewährt (nach mindestens 10-jähriger Dienstzeit) nach Erreichung der Altersgrenze oder bei dauernder Dienstunfähigkeit ein Ruhegehalt.

Abgesehen von

a) den Richtern, die dem höheren Dienst angehören und gegenüber allen Beamten als Träger der rechtsprechenden Gewalt eine Sonderstellung einnehmen,

lassen sich die Justizbeamten, je nachdem die von ihnen wahrgenommenen Geschäfte schwieriger, mittlerer oder einfacherer Natur sind, in Anlehnung an die ReichslaufbahnVO vom 28. 2. 1939 (RGBl I S. 371) und die BundeslaufbahnVO vom 31. 7. 1956 (BGBl I S. 712) einteilen in

b) Beamte des gehobenen Dienstes (Justizinspektoren usw.),
c) Beamte des mittleren Dienstes (Justizassistenten, Justizsekretäre, Justizobersekretäre),
d) Beamte des einfachen Dienstes (Justizwachtmeister, Botenmeister).

Dieser Gliederung entspricht im Grundsatz der Aufbau des Schulwesens in Universität, höhere Schule, Mittelschule und Volksschule (vgl. RpflBl 1953 S. 105).

Es liegt im Interesse der Vereinfachung und Übersichtlichkeit, wenn die Justizverwaltungen der Länder ebenso wie bei den Rpfl'n auch bei den anderen Justizbeamten die Voraussetzungen für die Tätigkeit nach gemeinsam vereinbarten, einheitlichen Richtlinien regeln und auch ihre Zuständigkeit nach einheitlichen Gesichtspunkten abgrenzen.

Wegen der Voraussetzungen für die Tätigkeit des Rpfl vgl. § 2 d. Ges.

b) Die Dienstaufsicht.

Aus der dienstlichen Stellung des Rpfl im Rahmen der beamtenrechtlichen Gliederung ergibt sich, daß der Rpfl als Beamter des gehobenen Dienstes bei den Amtsgerichten der Dienstaufsicht des aufsichtsführenden Amtsrichters, bei den Landgerichten derjenigen des LG-Präsidenten und bei den Oberlandesgerichten der Dienstaufsicht des OLG-Präsidenten untersteht. Die maßgeblichen Bestimmungen für die Dienstaufsicht sind in §§ 13 bis 16, für die Dienstaufsichtsbeschwerde in § 17 VO zur einheitlichen Regelung der Gerichtsverfassung vom 20. 3. 1935 (RGBl I S. 403) enthalten, soweit nicht landesrechtliche Sonderregelungen gelten wie in Bayern (vgl. Art 37 bis 40 und Art. 41 BayAGGVG vom 17. 11. 1956, BayGVBl S. 249 = SaBl S. 1216) und in Baden-Württemberg für das ehemalige Land Württemberg-Hohenzollern (vgl. VO vom 12. 4. 1951, RegBl S. 43 = SaBl S. 524, und VO vom 1. 7. 1953, GBl S. 94 = SaBl S. 919). Wegen der Weitergeltung der VO vom 20. 3. 1935 vgl. die eingehenden Ausführungen von Schäfer in Löwe-Rosenberg, Anm. 1 und 2 zu § 4 VO vom 20. 3. 1935 (Anh. B zum GVG S. 337ff.).

Für das ehemalige Preußen war zur Behebung bestehender Zweifel die RV vom 10. 5. 1927 über die Dienstaufsicht über Rechtspfleger (abgedruckt bei Thiesing-Weber-Gundlach S. 209f.) ergangen.

c) Die Besoldung.

Die Besoldung richtet sich bis heute nach den Grundsätzen des Reichsbesoldungsgesetzes vom 16. 12. 1927 (RGBl I S. 349) i. Verb. mit dem 24. ÄndGes. vom 13. 12. 1935 (RGBl I S. 1489). Diese Vorschriften wurden nach der Überführung der Länderjustiz auf die Reichsjustiz, auf Grund deren die Länderjustizbeamten zu unmittelbaren Reichsbeamten geworden waren, mit Wirkung vom 1. 4. 1936 ab auch auf die ehemaligen Länderjustizbeamten angewendet (vgl. Justizüberleitungs-VO vom 15. 3. 1937, DJ S. 412, und Erl. vom 16. 3. 1937, DJ S. 413). Auch nach dem Rückfall der Justizhoheit auf die Länder nach 1945 (vgl. die Ausführungen in Einleitung Ziff. 3) wurden die genannten Besoldungsvorschriften in den Grundzügen beibehalten. Die Länder sind auch nach wie vor bestrebt, die Besoldungseinheit zu erhalten, wie in dem Abkommen der Ministerpräsidenten vom 20. 5. 1955, dem sog. Stillhalteabkommen, zum Ausdruck gebracht worden ist (vgl. Schröder, RpflBl 1956 S. 2/8). Mit Rücksicht auf die Steigerung der allgemeinen Lebenshaltungskosten und die Erhöhung der Löhne werden überall Teuerungszuschläge zu den Grundgehältern von 1927 (z. Z. 55 v. H.) gezahlt. Nur in Einzelheiten ist es in verschiedenen Ländern gelegentlich zu Abweichungen gekommen. Das gilt z. B. für die Gewährung der Rpfl-Zulage in NRW gemäß Landesbesoldungsgesetz vom 9. 6. 1954, GVBlNRW S. 162 (vgl. Schröder, RpflBl 1956 S. 2/6 sowie BVerfG NJW 1955 S. 57 und die Besprechung dieses Urteils in RpflBl 1955 S. 6).

Der Entwurf des neuen Bundesbesoldungsgesetzes, der Rahmenvorschriften für die Länder vorsieht (BT-Drucksache 1993 vom 29. 12. 1955), ist bis jetzt nicht verabschiedet (vgl. Schröder aaO und **Kühlthau**, RpflBl 1956 S. 49). Der von den Ländern gebildete Ausschuß für die Vorbereitung eines einheitlichen Entwurfs für die Besoldungsgesetze der Länder hat einen Modellentwurf für ein Landesbesoldungsgesetz ausgearbeitet, der von der Ständigen Besoldungskonferenz der Länder gebilligt worden ist. Dieser Entwurf eines Musterbesoldungsgesetzes lehnt sich in allen wesentlichen Punkten eng an den Entwurf des Bundesbesoldungsgesetzes an (vgl. Schröder aaO S. 8 und 69; Kellert RpflBl S. 54). Der Bund Deutscher Rechtspfleger hat zu dem Entwurf in einer Denkschrift eingehend Stellung genommen (RpflBl 1956 S. 55).

Die im Hinblick auf die Steigerung der Berufsanforderungen mit Recht geforderte höhere Einstufung des Rpfl als bisher hat sich bis jetzt nicht verwirklichen lassen (vgl. die Stellungnahme des Bundes Deutscher Rechtspfleger in RpflBl 1956 S. 55).

5. Abgrenzung gegenüber dem UrkB.

Der UrkB als solcher ist, entsprechend seiner ursprünglichen Stellung, mit den ständig wiederkehrenden Geschäften formaler Art wie denen des Protokolldienstes, der Entgegennahme von Klagen, Gesuchen und Anträgen, der Bewirkung von Ladungen und Zustellungen, der Führung der Akten und Registraturen und bestimmter Geschäfte der Gerichtskasse betraut. Die Zuständigkeiten zwischen Rpfl und UrkB sind im Gesetz mit aller Schärfe voneinander abgegrenzt (vgl. § 25 d. Ges.). Eine Tätigkeit in der Justizverwaltung, z. B. als Kassen- oder Rechnungsbeamter, kann nicht dazu führen, daß der Beamte den Charakter als Rpfl erhält, aber auch nicht dazu, daß er dadurch die Fähigkeit, als Rpfl tätig zu sein, verliert. Es ist jedoch nicht ausgeschlossen, sondern wird im Gegenteil häufig vorkommen, daß der Rpfl in Personalunion auch Aufgaben des UrkB wahrnimmt, daß also ein Beamter, der die in diesem Gesetz bezeichneten Geschäfte als Rpfl erledigt, gleichzeitig mit anderen Aufgaben, besonders auch mit Angelegenheiten der Justizverwaltung, betraut wird (vgl. § 26 d. Ges.).

6. Übertragung.

Während die bisherige Regelung nach der REntlV trotz der Fortschritte gegenüber der ursprünglichen Regelung immer noch in weitem Umfang eine besondere Übertragung richterlicher Geschäfte auf den Rpfl durch Organe der Justizverwaltung voraussetzte (vgl. im Gegensatz zu der unmittelbaren Übertragung durch den RMdJ in § 2 Abs. 2 REntlV die Ermächtigung an die OLG-Präsidenten zur erweiterten Übertragung in § 2 Abs. 3 REntlV), nimmt nunmehr der Gesetzgeber selbst die Übertragung vor.

In Einzelfällen (vgl. §§ 19 Ziff. 4, 20 Abs. 2, 21 Abs. 2, 22 Abs. 2 d. Ges.) ermächtigt der Gesetzgeber den Richter zur Übertragung des gesamten Verfahrens.

Wegen aller Einzelheiten vgl § 3 d. Ges.

7. Bezeichnung.

Die Bezeichnung „Rechtspfleger", die erstmalig in § 1 preuß EntlV vom 28. 5. 1923 PrJMBl S. 401 benutzt und später in die REntlV übernommen worden ist, stellt die Funktion des für das Geschäft verantwortlichen Organs im Rahmen der Rechtspflege klar. Vgl. hierzu im einzelnen § 11 d. Ges.

8. Standesvertretung:

Bund Deutscher Rechtspfleger e. V. in Düsseldorf Mühlenstr. 4.

Vorsitzender: Justizamtmann Hans Schneider.

Standespolitisches Organ: Rechtspflegerblatt (seit Januar 1953). Schriftleitung: Justizamtmann Kellert, Hattingen/Ruhr, Südring 64.

9. Periodisches fachwissenschaftliches Schrifttum:

a) Der Deutsche Rechtspfleger.
Schriftleitung: Justiz- und Kassenrat Paul Wedewer, Hamm/Westf. Postschließfach Nr. 147.

b) Rechtspfleger-Jahrbuch
Herausgeber: Bund Deutscher Rechtspfleger e. V.

§ 2

Voraussetzungen für die Tätigkeit als Rechtspfleger

(1) Mit den Aufgaben eines Rechtspflegers kann ein Beamter des Justizdienstes betraut werden, der einen Vorbereitungsdienst von mindestens drei Jahren Dauer abgeleistet und die Prüfung für den gehobenen Justizdienst abgelegt hat. Wenigstens neun Monate des Vorbereitungsdienstes müssen auf einen fachwissenschaftlichen Lehrgang entfallen.

(2) Mit den Aufgaben eines Rechtspflegers kann auf seinen Antrag auch betraut werden, wer die zweite juristische Staatsprüfung bestanden hat.

(3) Wer die erste juristische Staatsprüfung bestanden hat, kann von der Ableistung des Vorbereitungsdienstes teilweise befreit werden.

(4) Mit der zeitweiligen Wahrnehmung der Geschäfte eines Rechtspflegers können Referendare, die mindestens sechs Monate im juristischen Vorbereitungsdienst tätig gewesen sind, betraut werden.

(5) Die Länder erlassen die näheren Vorschriften. Sie können die Betrauung des Rechtspflegers mit Geschäften, die ihm nach diesem Gesetz zur selbständigen Wahrnehmung übertragen werden, von der Erreichung eines Mindestlebensalters oder von der Ableistung eines Probedienstes abhängig machen.

Übersicht

1. Allgemeines.

a) Die Regelung der Personalverhältnisse der Beamten der Länder ist Landesangelegenheit. Eine für die Länder verbindliche Bundes-AusbildungsO kann daher nicht erlassen werden. Der Bund hat auf dem Gebiete des Beamtenrechts nach

Art. 75 Nr. 1 GG vielmehr nur das Recht zum Erlaß von Rahmenvorschriften, soweit die Voraussetzungen des Art. 72 GG gegeben sind (vgl. Art. 72 Abs. 2 Nr. 3 GG). Demgemäß werden durch § 2 d. Ges. die fachlichen Voraussetzungen für die Tätigkeit eines Beamten als Rpfl nur in den Grundzügen einheitlich festgelegt, während alle Einzelheiten durch die Länder zu regeln sind.

b) Die Laufbahnverordnungen.

Die Bestimmungen über die für die Beamten im allgemeinen vorgeschriebenen Laufbahnen (vgl. Reichs-LaufbahnVO vom 28. 2. 1939, RGBl I S. 371; BundeslaufbahnVO vom 31. 7. 1956, BGBl I S. 712, und die LaufbahnVOen der Länder) haben sich für die Rpfl-Laufbahn als nicht erschöpfend genug erwiesen. Aus diesem Grunde sind in Ausführung der LaufbahnVOen als Sonderbestimmungen die Rpfl-AusbVO vom 26. 2. 1941 (DJ S. 282) und (nach dem Kriege) die RpflAusbOen der Länder erlassen worden. Sie enthalten die näheren Vorschriften über Vorbildung, Ausbildung und Prüfung der Rpfl, treten allerdings nicht in vollem Umfange an die Stelle der LaufbahnVOen. So müssen z. B. in Bayern und in Hessen die Bewerber zunächst die durch die bayLaufbahnVO vom 23. 6. 1952 (BayGVBl S. 199) bzw. die hess LaufbahnVO vom 23. 3. 1949 (hess. GVBl S. 33) vorgeschriebene Eignungsprüfung (Wettbewerbsprüfung) ablegen, bevor das Justiz-Ministerium sie als Anwärter des Rpfl-Dienstes einstellt.

Nach Inkrafttreten der Gleichberechtigung zwischen Mann und Frau (Art. 3 Abs. 2 und 117 Abs. 1 GG) bedarf es kaum noch der Erwähnung, daß Frauen in gleichem Maße zum Rechtspflegeramt Zugang haben wie Männer. Es sei nur angemerkt, daß erstmalig während des ersten Weltkrieges auf Grund der Bek. des Bundesrats vom 14. 12. 1916 (RGBl S. 1362) Gerichtsschreibergeschäfte einstweilen durch Frauen wahrgenommen werden konnten. Die Gerichtsschreiberlaufbahn wurde ihnen ohne zeitliche Einschränkung erst zufolge der verfassungsmäßigen Gleichstellung der Geschlechter in Art. 109 WeimVerf. durch das vor allem von Radbruch geförderte Frauengesetz vom 11. 7. 1922 (RGBl I S. 573) eröffnet (vgl. Thiesing-Weber-Gundlach S. 75 und 273; Kern, Geschichte, S. 156 und die S. 155 angeführte Literatur).

c) Im Hinblick auf die bundeseinheitlich festgelegte Rpfl-Ausbildung soll jedoch eine Angleichung der bestehenden und der noch zu schaffenden AusbildungsOen durch die Justizverwaltungen der Länder erstrebt werden. Aus diesem Grunde hat im Jahre 1953 das Nds. Justizministerium der Konferenz der Justizminister der Länder einen von OLGRat Klässel ausgearbeiteten Entwurf einer Rechtspfleger-AusbildungsO vorgelegt, der im wesentlichen auf der RRpflAusbO vom 26. 2. 1941 (DJ S. 282) und der AusbO von Nordrhein-Westf. vom 3. 9. 1950 (JMBlNRW S. 202) beruht. Dieser sog. Referenten-Entwurf einer bundeseinheitlichen AusbO für Rechtspfleger ist im Wortlaut nebst Begründung veröffentlicht in RpflBl 1956 S. 41 ff. Zu diesem Entwurf haben der Deutsche Rpfl-Tag in Düsseldorf vom 7./8. 6. 1953 in den sog. „Richtlinien" (RpflBl 1953 S. 74) und weiterhin der Bund Deutscher Rechtspfleger am 20. 10. 1954 in einer (nicht veröffentlichten) Ausarbeitung Stellung genommen. Während die Standesvertretung der Rpfl weiterhin mit Nachdruck als Voraussetzung grunsätzlich das Zeugnis der Vollreife fordert, will der Referenten-Entwurf die mittlere Reife genügen lassen, dies allerdings nur unter der Voraussetzung, daß die Bewerber nach den Abgangszeugnissen über dem Durchschnitt liegende Leistungen aufweisen. Der Länderausschuß zur Koordinierung der

Ausbildungsordnungen für die Rechtspfleger und für den mittleren Justizdienst hat sich in der Beratung am 19. und 21. 2. 1957 im Gegensatz zu den vorgenannten Entwürfen, die eine 3½-jährige Ausbildung vorsahen, auf eine Ausbildungsdauer von insgesamt 3 Jahren geeinigt. Die endgültige Fassung des sog. Modell-Entw. ist unten im Anhang abgedruckt.

d) Zur Erzielung möglichst gleichmäßiger Vorbildung im ganzen Bundesgebiet sollen weiterhin an der Gestaltung der Lehrpläne für die fachwissenschaftliche Ausbildung an den Rechtspflegerschulen (vgl. die Erläut. unten zu 2 aE.) das BMdJ und die Standesvertretung der Rpfl mitwirken (vgl. Unger in RpflBl 1954, S. 19).

Entsprechend dem Rahmencharakter des § 2 d. Ges. ist im Folgenden nur auf das Grundsätzliche einzugehen.

2. Zu Abs. 1: Vorbereitungsdienst und Rechtspflegerprüfung.

Die Fähigkeit zum Rechtspflegeramt wird grundsätzlich durch Ableistung des Vorbereitungsdienstes und Ablegung der Rechtspflegerprüfung erworben.

a) Vorbildung.

Die Ausbildung der Rpfl war durch die RRpflAusbO vom 26. 2. 1941 (DJ S. 282) für das ganze Reichsgebiet einheitlich geregelt. Die inzwischen von den meisten Ländern erlassenen landesrechtlichen AusbOen (vgl. die Erläut. unten zu 6) lehnen sich im wesentlichen an die RRpflAusbO von 1941 an und sind einander weitgehend angeglichen. Verschiedene Unterschiede sind aber vorhanden.

Während § 18 Nr. 1 des BBeamtGes vom 14. 7. 1953 (BGBl I S. 551) und ebenso § 22 Abs. 2 BLaufbVO vom 31. 7. 1956 (BGBl I S. 712) sich bezüglich der Vorbildung für den gehobenen Dienst im Allgemeinen mit dem erfolgreichen Besuch einer Mittelschule begnügen, fordern die RpflAusbOen mehrerer Länder (vgl. Teil A Nr. 1 der Begründung des Referenten-Entwurfs einer bundeseinheitlichen RpflAusbO RpflBl 1956 S. 46) grundsätzlich die Vollreife und sehen daneben nur ausnahmsweise die mittlere Reife als ausreichend an, sofern nämlich die Bewerber über dem Durchschnitt stehende Leistungen aufweisen (vgl. auch § 2 Nr. 1c des Modell-Entwurfs einer bundeseinheitl. RpflAusbO). Unter Hinweis auf die Anforderungen der Bundespostverwaltung, der Finanzverwaltung von Nordrhein-Westfalen, der Wasser- und Schiffahrtsverwaltung für den gehobenen Dienst und die Vorbildungsvoraussetzungen für die Laufbahn des Volksschullehrers fordert demgegenüber die Standesvertretung der Rechtspfleger nachdrücklich und ausnahmslos die Vollreife (vgl. z. B. Düsseldorfer Richtlinien RpflBl 1953, 74 und die Stellungnahme des Vorstands RpflBl 1953, 104ff; ebenso die — nicht veröffentlichte — Stellungnahme des Vorstands vom 20. 10. 1954). Bei der Bedeutung der von dem Rpfl wahrzunehmenden Dienstgeschäfte und im Interesse seines Ansehens in der Bevölkerung erscheint die Forderung der Standesvertretung durchaus gerechtfertigt, läßt sich ohne wirtschaftliche Besserstellung der Rpfl vorläufig aber nicht praktisch verwirklichen.

Eine Ausnahme und damit ein Weg, ohne Reifeprüfung zur Rechtspflegerlaufbahn zugelassen zu werden, kann nur für die besonders befähigten Beamten des mittleren Justizdienstes, die sog. Aufstiegsbeamten, anerkannt werden. Sie kommen für die Zulassung zum Vorbereitungsdienst in Betracht, wenn sie sich mehrere (z. B. 4 oder 5) Jahre im Beamtendienst besonders bewährt haben, die erforderliche Allgemeinbildung (z. B. mittlere Reife) besitzen und zu erwarten ist, daß sie die Rpfl-Prüfung bestehen werden. Das Nähere regeln die RpflAusbOen. Vgl. auch Abschn. B Nr. 2, 3 der Begründung des Referenten-Entwurfs einer bundeseinheitlichen RpflAusbO (RpflBl 1956 S. 46).

b) Eignungsprüfung.

Einzelne Länder wie z. B. Bayern und Hessen machen wie die Einstellung als Beamtenanwärter im allgemeinen auch die Einstellung als Rpfl-Anwärter zusätzlich von dem Bestehen einer Eignungsprüfung (Wettbewerbsprüfung) abhängig (vgl. die Erläut. oben zu 1b).

c) Vorbereitungsdienst.

Die Rpfl-Prüfung setzt die Ableistung eines Vorbereitungsdienstes von mindestens 3 Jahren voraus. Der Vorbereitungsdienst gliedert sich in drei Ausbildungs-Hauptabschnitte:

a) Der erste Ausb-Hauptabschnitt, die praktische Einführung in die gerichtliche Tätigkeit bei einem mittleren oder kleinen AG, dauert im Durchschnitt 9 Monate (in Nordrhein-Westfalen nur 6 Monate, in Bayern dagegen 15 Monate; vgl. Korintenberg in RpflBl 1956 S. 30, Degenhart in RpflBl 1956 S. 65 und Kohnle in RpflBl 1956 S. 82; ferner Abschnitt B Nr. 6 der Begründung des Referenten-Entwurfs in RpflBl 1956 S. 46). Sie „soll den Anwärter in die Geschäfte des gehobenen Justizdienstes einführen und mit den für Rpfl in Betracht kommenden Gesetzen und Dienstvorschriften vertraut machen. Daneben soll der Anwärter auch einen Einblick in die Aufgaben des mittleren Justizdienstes, die Kanzleigeschäfte und die Obliegenheiten des einfachen Dienstes (Geschäfte der Justizwachtmeister) gewinnen" (§ 8 Abs. 1 des Modell-Entw. einer bundeseinheitl. RpflAusbO).

Da bei kleinen Amtsgerichten nach den örtlichen Verhältnissen oft eine sachgemäße Ausbildung nicht möglich ist, erscheinen im 1. Hauptabschnitt die mittleren Amtsgerichte am geeignetsten. Von den mittleren Amtsgerichten werden zweckmäßig diejenigen, die mit pädagogisch befähigten und auch sonst zur Ausbildung geeigneten Rechtspflegern besetzt sind, als Ausbildungsgerichte besonders ausgewählt.

Die Abhaltung besonderer Einführungslehrgänge (etwa von 2 Wochen bis zu 2 Monaten) zu Beginn der Ausbildung (vgl. dazu Korintenberg aaO S. 33ff. und Degenhart aaO S. 66f.) ist bei Zugrundelegung einer nur 3-jährigen Ausbildung zeitlich schwer durchführbar. Dagegen wird allgemein die praktische Ausbildung durch planmäßigen Unterricht und durch Übungen in Arbeitsgemeinschaften (sog. Begleitkursen) ergänzt. Die Aufgabe dieser Begleitkurse wird in § 8 des Modell-Entw. wie folgt bestimmt: Der Unterricht umfaßt das geltende Recht und alle Dienstvorschriften, die für den Rechtspfleger von Bedeutung sind. In den Übungen werden praktische Fälle aus dem künftigen Arbeitsgebiet der Anwärter behandelt, die an Hand von Akten und Vordrucken gemeinsam mündlich erörtert werden; mindestens einmal im Monat sollen auch einfachere Aufgaben zur schriftlichen Bearbeitung gestellt werden.

Zur weiteren Förderung der Anwärter werden außerdem seitens der Justizverwaltungen der meisten Länder Bildungs- und fachwissenschaftliche Wochen abgehalten. Vgl. dazu die fortlaufenden Berichte in RpflBl, z. B. in Nordrhein-Westfalen (vgl RpflBl 1953 Heft 2 S. 4, 1953 S. 110; 1954 S. 7, 23, 60; 1955 S. 10, 64; 1956 S. 19, 58), in Schleswig-Holstein (vgl. RpflBl 1955 S. 27, 1956 S. 21), in Hamburg (vgl. RpflBl 1955, 65), in Hessen (vgl. RpflBl 1956 S. 22).

β) Der 2. Ausb.-Hauptabschnitt, der fachwissenschaftl. Lehrgang, dauert 9 Monate und „soll dem Anwärter die nötigen theoretischen Kenntnisse für die praktische Rechtspflegertätigkeit vermitteln. Dem Anwärter soll Gelegenheit gegeben werden, sich im freien Vortrag bei sachlicher, knapper und erschöpfender Darstellungsweise zu üben" (vgl. § 9 Abs. 1 des Modell-Entw. einer bundeseinheitl. RpflAusbO). Die Dozenten werden grundsätzlich aus den Kreisen der Richter, Staatsanwälte und Rechtspfleger ausgewählt. Der Unterricht wird in der Form von Vorlesungen, Vorträgen, Besprechungen und Übungen auf wissenschaftl. Grundlage erteilt (vgl. dazu die Lehrbriefe der Bayer. Rechtspflegerschule, RpflBl 1956 S. 67). Während in dem ursprüngl. Entwurf des Gesetzes die Mindestdauer des fachwissenschaftl. Lehrgangs auf 8 Monate bemessen war, hat entsprechend den Bedürfnissen und dem Wunsche sämtlicher Landesjustizverwaltungen auf Vorschlag des Ausschusses für Rechtswesen und Verfassungsrecht der Bundestag die Mindestdauer des Lehrgangs auf 9 Monate festgesetzt. Wegen der Angleichung der Lehrpläne der verschiedenen Rechtspflegerschulen vgl. die Erläut. oben zu 1 d. Die einzelnen Rechtspflegerschulen und -lehrgänge sind aus der folgenden Zusammenstellung zu ersehen (vgl. RpflJB 1957 S. 367ff.):

für das Land	in
1. Baden-Württemberg, Bremen, Hessen, Rheinland-Pfalz	Rechtspflegerschule in Schwetzingen
2. Bayern	Bayerische Rechtspflegerschule in Haimhausen (bei München) seit 4. 8. 1952 (vgl. Rpfleger 1952 S. 399f., ferner Degenhart in RpflBl 1956 S. 65ff.)
3. Berlin	Rechtspflegerlehrgang in Berlin
4. Hamburg	Rechtspflegerschule Hamburg
5. Niedersachsen, Schleswig-Holstein	Niedersächsiche Rechtspflegerschule in Hannover
6. Nordrhein-Westfalen	Rechtspflegerschule in Münstereifel (früher in Köln, zuletzt mit je einer Abteilung in Köln und Siegburg) seit 1937 (vgl. Korintenberg in DJ 1941 S. 541 und RpflBl 1956 S. 30ff.)
7. Saarland	z. Z. noch ohne Rechtspflegerschule.

γ) Der 3. Ausb.-Hauptabschnitt, die praktische Ausbildung bei einem großen Amtsgericht, einem Landgericht und einer Staatsanwaltschaft, mit einer Durchschnittsdauer von 18 Monaten „soll dem Anwärter Gelegenheit geben, die im Lehrgang erworbenen Kenntnisse in der Praxis anzuwenden und ihn so zu fördern, daß er am Schlusse der Ausbildung in der Lage ist, alle Angelegenheiten, die zu den Aufgaben der Rechtspfleger und zu den sonstigen Aufgaben der Beamten des gehobenen Justizdienstes gehören, selbständig zu bearbeiten" (§ 10 Abs. 1 des Modell-Entw. einer bundeseinheitlichen RpflAusbO). Wenn wir uns daran erinnern, daß noch im Jahre 1927 auch in Preußen der Vorbereitungsdienst „nur die Kenntnis der Grundzüge der Rpfl-Tätigkeit vermitteln" und „die eigentliche theoretische und praktische Ausbildung in diesem Dienstzweig erst während der

Aktuarzeit erfolgen" sollte (vgl. Thiesing-Weber-Gundlach S. 119), so wird uns bewußt, welche Fortschritte im Verlauf der vergangenen 3 Jahrzehnte erzielt wurden.

Für die Ergänzung der praktischen Ausbildung durch planmäßigen Unterricht und durch Übungen gilt das gleiche wie im 1. Ausb.-Hauptabschnitt.

Nach Maßgabe der Länder-RpflAusbOen können genügend fortgeschrittenen Anwärtern vom OLG-Präsidenten Dienstleistungsaufträge im gehobenen Justizdienst erteilt werden, wenn sie der Ausbildung förderlich sind; sie werden bei zufriedenstellenden Leistungen auf den Ausbildungsdienst voll angerechnet.

d) Unterhaltszuschüsse

Auf Grund des § 12 Abs. 3 BLaufbahnVO vom 31. 7. 1956 (früher § 8 Abs. 1 RLaufbahnVO vom 28. 2. 1939 i. d. F. vom 24. 1. 1951) und der entsprechenden Verordnungen der Länder werden an die Beamtenanwärter Unterhaltszuschüsse und ggf. Beschäftigungsvergütungen gezahlt.

Die Aufstiegsbeamten erhalten ihre bisherigen Dienstbezüge weiter.

e) Der Vorbereitungsdienst im Entwurf einer bundeseinheitlichen RpflAusbO.

Es ist einhellige Meinung, daß die Bemessung des Vorbereitungsdienstes auf die Dauer von 3 Jahren im Hinblick auf Schwierigkeit und Umfang der Materie außerordentlich knapp ist und die Ausbildung von den Anwärtern großen Fleiß und anhaltende Energie erfordert, wenn sie das Ziel erreichen wollen. Wenn deshalb die Standesvertretung der Rpfl eine Verlängerung des Vorbereitungsdienstes auf insgesamt 3½ Jahre forderte und der Ref.-Entw. einer bundeseinheitlichen RpflAusbO (RpflBl 1956 S. 41) dieser Forderung Rechnung trug (der fachwissenschaftliche Lehrgang sollte dabei auf 12 Monate bemessen werden), so war dies an sich durchaus gerechtfertigt; die geforderte Verlängerung des Vorbereitungsdienstes bedarf jedoch sorgfältiger Erwägung, da sie u. U. viele Abiturienten davon abhält, sich für den ohnedies schon hohe Anforderungen stellenden Rechtspflegerberuf zu entscheiden. Mit § 2 Abs. 1 d. Ges. steht die genannte Forderung nicht im Widerspruch, da die angeführte Vorschrift des Ges. nur Mindestvoraussetzungen aufstellt, im übrigen aber den Ländern bei der Ausgestaltung des Vorbereitungsdienstes freie Hand läßt. Wegen der bestehenden Bedenken hat sich der Länderausschuß zur Koordinierung der Ausbildungsordnungen für die Rechtspfleger und für den mittl. Justizdienst jedoch abschließend auf eine Ausbildungsdauer von insgesamt 3 Jahren geeinigt (vgl. oben Ziff. 1c aE.).

Die endgültige Fassung des Modell-Entwurfs ist unten im Anhang abgedruckt.

f) Die Rechtspflegerprüfung

Die RpflPrüfung wird vor den teils bei den Länderjustizverwaltungen, teils bei den Oberlandesgerichten eingerichteten Prüfungsausschüssen abgelegt. Die Prüfungsausschüsse setzen sich zusammen aus Mitgliedern, welche die Fähigkeit zum Richteramt besitzen, und aus Mitgliedern, die die RpflPrüfung abgelegt haben. Die RpflPrüfung besteht aus einem schriftlichen und einem mündlichen Teil. Für die mündliche Prüfung ist in einem Teil der Länder ein freier Vortrag vorgesehen.

Wegen aller Einzelheiten ist im übrigen auf die RpflAusbOen der Länder (vgl. die Erläut. unten zu 6) und — de lege ferenda — den Ref.-Entwurf einer bundeseinheitlichen RpflAusbO nebst Begründung (RpflBl 1956 S. 41 und 46) sowie den Modell-Entwurf v. 19./21. 2. 1957 (s. unten Anhang) zu verweisen.

3. Zu Abs. 2: Assessoren.

Bewerber, welche die zweite jur. Staatsprüfung (die Assessor-Prüfung) bestanden und damit die Fähigkeit zum Richteramt erlangt haben (§ 2 Abs. 1 GVG; vgl. die Erläut.-Bücher von Baumbach-Lauterbach und Löwe-Rosenberg hierzu), erfüllen ohne weiteres die Voraussetzungen für die Tätigkeit eines Rpfl. Zur Übertragung der Aufgaben eines Rpfl bedarf es lediglich eines Antrags des Bewerbers.

4. Zu Abs. 3: Referendare.

Das Gesetz beschränkt sich auf die Festlegung des Grundsatzes, daß die Landesjustizverwaltungen einen Bewerber, der die erste jur. Staatsprüfung (die Referendar-Prüfung) bestanden hat, von dem Vorbereitungsdienst für Rpfl teilweise befreien können. Diese Fassung entspricht der Regelung in sämtlichen Ländern der Bundesrepublik, in denen nur eine teilweise Befreiung vom Vorbereitungsdienst eines RpflAnwärters möglich ist. Es bestand kein Anlaß, hieran etwas zu ändern, zumal eine gänzliche Befreiung im Widerspruch zu den Laufbahnvorschriften stehen könnte (Erläut. des Ausschusses für Rechtspflege und Verf.-Recht zu § 2 d. Ges. zu BT-Drucks. 2855).

Die Festlegung der Einzelheiten ist den Ländern überlassen.

Nach § 8 Abs. 3 der RRpflAusbO vom 26. 2. 1941 (DJ S. 282) konnte — entsprechend der früheren preuß. Regelung lt. Abschn. I Nr. 2 AV vom 1. 2. 1928 (preuß. JMBl S. 44) — bei Referendaren im Falle der Übernahme in den Vorbereitungsdienst für den gehobenen Dienst die Beschäftigungszeit im richterl. Vorbereitungsdienst bis zur Dauer von zwei Jahren angerechnet werden. Ein Teil der Länder hat diese Regelung übernommen, z. B. Hamburg (§ 7 Abs. 2 AusbO), Nordrhein-Westfalen (§ 6 Abs. 2 AusbO), Schleswig-Holstein (§ 7 Abs. 2 AusbO), während andere Länder kürzere Fristen vorgesehen haben, z. B. Bayern eine Frist bis zu 1½ Jahren (§ 7 Abs. 2 AusbO), Berlin und Hessen eine Frist bis zu einem Jahre (§ 6 Abs. 2 bzw. § 5 Abs. 2 RpflAusbO).

5. Zu Abs. 4: Zeitweilige Übertragung auf Referendare.

Bereits nach den ersten 6 Monaten ihrer Beschäftigung im richterlichen Vorbereitungsdienst können Referendare mit der zeitweiligen Wahrnehmung der Geschäfte eines Rpfl betraut werden. Das entspricht der früheren Regelung nach Abschn. V der preuß. AV vom 1. 2. 1928 (preuß. JMBl S. 44). Anstelle dieser Bestimmung, die durch Art. VII Nr. 7 der VO über die Befähigung zum Richteramt usw. vom 4. 1. 1939 (RGBl I S. 5) für gegenstandslos erklärt worden war, bestimmten §§ 39 Abs. 3 und 46 Abs. 5 Nr. 5 und Abs. 7 RJustizAusbO vom 4. 1. 1939 (RGBl I S. 6), daß einem Referendar zu Ausbildungszwecken die Geschäfte des UrkB und gegen Ende der Ausbildung bei dem großen Amtsgericht nach Möglichkeit etwa 2 Wochen die Vertretung eines Rpfl übertragen werden könne (vgl. auch Ziff. 5 des nicht veröffentl. RdErl vom 12. 7. 1943, 3015 I a 11, 1571). Auf Grund der nach dem Kriege in den Ländern ergangenen juristischen AusbOen stand es nicht überall außer Zweifel, ob Referendare noch zur selbständigen Erledigung von RpflGeschäften herangezogen werden konnten (vgl. für Bayern BGH NJW 1953 S. 231; für Hessen BGH, Beschl. vom 28. 7. 1953 — IV ZB 46/53 LM Nr. 8 zu § 74 EheG = NJW 1953 S. 1547 in dem nicht veröffentlichten Teil). Insoweit hat die Bestimmung des § 2 Abs. 4 d. Ges. die erforderliche Klarheit gebracht.

Im Gegensatz zu den Bestimmungen der Länder über die Wahrnehmung richterlicher Geschäfte durch Referendare (vgl. die bei Baumbach-Lauterbach, A. 1, und bei Löwe-Rosenberg, A. 2 zu § 10 GVG angeführten Vorschriften), nach denen der ausbildende Richter in seinem Geschäftsbereich oder der Vorstand des Gerichts im Einvernehmen mit dem für die betr. Geschäfte zuständigen Richter Referendaren lediglich die Wahrnehmung einzelner richterlicher Geschäfte von Fall zu Fall übertragen kann, ist nach § 2 Abs. 4 d. Ges. nach 6monatigem juristischen Vorbereitungsdienst für einen vorübergehenden Zeitabschnitt die allgemeine Übertragung sämtlicher RpflGeschäfte auf einen Referendar zulässig, eine Ermächtigung, die bei Mangel an geeigneten Beamten, vor allem bei Urlaubs- und Krankheitsvertretungen, praktisch werden kann. Hierbei dürfte allerdings vornehmlich für die Rpfl-Geschäfte der freiwilligen Gerichtsbarkeit eine gewisse Vorsicht am Platze sein. Da insoweit die Referendare erst bei dem großen AG eine wirkliche Ausbildung erhalten, sollten ihnen — auch zur Vermeidung der Regreßgefahr — vor Beendigung dieses Ausbildungsabschnitts Rpfl-Geschäfte der genannten Art nicht anvertraut werden (vgl. auch Schröder in DRiZ 1952 S. 165).

Außerdem können die in § 31 d. Ges. näher bezeichneten Justizbeamten mit der zeitweiligen oder dauernden Wahrnehmung der RpflGeschäfte betraut werden (vgl. die dort. Erläut.).

Nicht zulässig ist dagegen, als Vertreter eines Rpfl andere Justizbeamte zuzulassen. Das gilt insbesondere auch für die RpflAnwärter, weil sie sich noch in der Ausbildung befinden und die erforderlichen Rechtskenntnisse noch nicht besitzen (vgl. amtl. Begründung zu § 2 Abs. 4 d. Ges., BT-Drucksache 161 S. 15; die dort benutzte Bezeichnung „Justizanwärter", die offenbar der AusbO für den gehobenen Justizdienst von Berlin W vom 4. 3. 1952, AmtsBl S. 239 entnommen ist, ist der allgemein üblichen Bezeichnung „Rpfl-Anwärter" gleichzusetzen). Mit dem Inkrafttreten des Ges. treten die entgegenstehenden, praktisch schon vor Inkrafttreten des Rpfl-Ges. nicht mehr angewendeten Vorschriften der Länder (z. B. Hamburg RpflAusbO § 11 Abs. 4, Hessen RpflAusbO § 10 Abs. 5) außer Kraft. Diese Einschränkung schließt jedoch nicht die Betrauung von Rpfl-Anwärtern mit den sonstigen Geschäften des gehobenen Dienstes aus, soweit nicht durch Gesetz oder Verwaltungsvorschrift (z. B. preuß. Ges. vom 18. 12. 1927, preuß. GS S. 209, und preuß. AV vom 1. 2. 1928, preuß. JMBl S. 44) die Wahrnehmung der qualifizierten Geschäfte des UrkB ausgeschlossen ist (vgl. Modell-Entwurf § 10 Abs. 6).

6. Zu Abs. 5: Vorschriften der Länder.

In den Ländern der Bundesrepublik und in Berlin W gelten zur Zeit folgende Ausbildungsvorschriften:

1. Baden-Württemberg:	a) Landesteil Baden: Personal- und DienstO für die Beamten des mittleren Justizdienstes vom 24. 11. 1927
	b) Landesteil Württemberg: RpflAusbO vom 26. 2. 1941 (DJ S. 282) i. Verb. mit RdErl vom 16. 10. 1946
2. Bayern:	Ausb- und PrüfungsO für die Rechtspfleger vom 25. 7. 1952 (bayer. JMBl S. 196)
3. Berlin:	AusbO für den gehobenen Justizdienst vom 4. 3. 1952 (AmtsBl S. 239)

4. Bremen:	vgl. Hamburg
5. Hamburg:	AusbO für die Rechtspfleger vom 31. 10. 1946 (Hans. JVerwBl S. 95)
6. Hessen:	AusbO für Rechtspfleger vom 23. 12. 1952 (Sonderdruck des hess. JMBl Nr. 6)
7. Niedersachsen:	AusbO für die Rechtspfleger vom 26. 2. 1941 und 16. 7. 1943 (DJ S. 282 bzw. 386); ab 1. 4. 1957 AusbO v. 5. 3. 1957 (Nds. Rpfl. S. 43)
8. Nordrhein-Westf.:	AusbO für die Rechtspfleger vom 3. 9. 1950 (JMBl NRW S. 202)
9. Rheinland-Pfalz:	AusbO für die Rechtspfleger vom 21. 4. 1952 (JBl S. 55)
10. Saarland:	Ausb.- und PrüfungsO für das Amt eines Rechtspflegers vom 1. 9. 1951
11. Schleswig-Holstein:	AusbO für Rechtspfleger vom 17. 9. 1946 (SchlHAnz S. 471).

Es wird angestrebt, durch Vereinbarung zwischen den Justizministern der Länder die RpflAusbOen der Länder nach Möglichkeit anzugleichen. Diese Bemühungen haben ihren Niederschlag gefunden in dem Modell-Entwurf einer bundeseinheitlichen RpflAusbO (s. Anhang). Vgl. dazu die Erläut. oben zu 1c.

Im Rahmen d. Ges. ist im übrigen den Ländern die nähere Regelung überlassen. Nach § 10 Abs. 1 des Modell-Entw. einer bundeseinheitlichen RpflAusbO soll zwar der RpflAnwärter im Vorbereitungsdienst so gefördert werden, daß er am Schlusse der Ausbildung in der Lage ist, alle Angelegenheiten, die zu den Aufgaben der Rpfl und zu den sonstigen Aufgaben der Beamten des gehobenen Justizdienstes gehören, selbständig zu erledigen. Mit Rücksicht auf die besonderen Verhältnisse der einzelnen Länder (vgl. auch die Erläut. oben zu 2a) wird es jedoch den Ländern ausdrücklich gestattet, die Übertragung von RpflGeschäften von der Erreichung eines Mindestlebensalters oder von der Ableistung eines Probedienstes abhängig zu machen.

§ 3

Übertragene Geschäfte

(1) Dem Rechtspfleger werden folgende Geschäfte übertragen:

1. in vollem Umfange die nach den gesetzlichen Vorschriften vom Richter wahrzunehmenden Geschäfte des Amtsgerichts in

a) Vereinssachen im Sinne der §§ 29, 37, 55 bis 79 des Bürgerlichen Gesetzbuchs und der §§ 159, 160 und 162 des Gesetzes über die Angelegenheiten der freiwilligen Gerichtsbarkeit,

b) Verfahren bei Untersuchung und Verwahrung von Sachen sowie beim Pfandverkauf nach §§ 164 bis 166 des Gesetzes über die Angelegenheiten der freiwilligen Gerichtsbarkeit;

c) Musterregistersachen im Sinne des Gesetzes betreffend das Urheberrecht an Mustern und Modellen,
d) Pachtkreditsachen im Sinne des Pachtkreditgesetzes;

2. vorbehaltlich der in §§ 12 bis 18 dieses Gesetzes aufgeführten Ausnahmen die nach den gesetzlichen Vorschriften vom Richter wahrzunehmenden Geschäfte des Amtsgerichts in
   a) Vormundschaftssachen im Sinne des Zweiten Abschnitts des Gesetzes über die Angelegenheiten der freiwilligen Gerichtsbarkeit,
   b) Nachlaß- und Teilungssachen im Sinne des Fünften Abschnitts des Gesetzes über die Angelegenheiten der freiwilligen Gerichtsbarkeit sowie bei der amtlichen Verwahrung von Testamenten und Erbverträgen nach §§ 2258a bis 2264, 2300 und 2300a des Bürgerlichen Gesetzbuchs,
   c) Güterrechtsregistersachen im Sinne der §§ 1558 bis 1563 des Bürgerlichen Gesetzbuchs und der §§ 161, 162 des Gesetzes über die Angelegenheiten der freiwilligen Gerichtsbarkeit,
   d) Handelssachen im Sinne des Siebenten Abschnitts des Gesetzes über die Angelegenheiten der freiwilligen Gerichtsbarkeit,
   e) Verschollenheitssachen,
   f) Grundbuchsachen,
   g) Schiffsregister- und Schiffsbauregistersachen;

3. die in §§ 19 bis 23 dieses Gesetzes einzeln aufgeführten Geschäfte
   a) in Verfahren nach der Zivilprozeßordnung und dem Mieterschutzgesetz,
   b) in Verfahren nach dem Gesetz über die Zwangsversteigerung und die Zwangsverwaltung,
   c) in Verfahren nach der Konkursordnung,
   d) in Verfahren nach der Vergleichsordnung,
   e) auf dem Gebiete des Beurkundungswesens.

(2) Soweit nach dem Inkrafttreten dieses Gesetzes den ordentlichen Gerichten durch bundesgesetzliche Vorschriften weitere Aufgaben zugewiesen werden, gehören diese zur Zuständigkeit des Richters, falls nicht etwas anderes ausdrücklich bestimmt wird.

Übertragene Geschäfte

1. Übertragungsgrundsatz.

Die Übertragung der Geschäfte auf den Rpfl kann auf zweifache Weise geschehen (vgl. Reichel S. 18):

a) Der Gesetzgeber bezeichnet zunächst die zur Wahrnehmung durch den Rpfl geeigneten Geschäfte und knüpft die Übertragung an die weitere Voraussetzung einer Entlastungsanordnung, und zwar in der Weise, daß entweder die Justizverwaltungen der Länder oder bestimmte Organe der Landesjustizverwaltungen (der OLG-Präsident, die LG- oder AG-Präsidenten) die Entlastung anordnen (sog. Übertragbarkeitsgrundsatz). Auf diesem Prinzip ist die REntlV vom 3. 7. 1943 aufgebaut (vgl. insbes §§ 2, 9, 16, 18, 21, 26ff.). Dieses Verfahren hat den Vorteil, daß die Landesjustizverwaltungen die Übertragung den personellen und örtlichen Verhältnissen anpassen, die Entlastung also individuell und elastisch gestalten können. Andererseits hat es aber erhebliche Unterschiede in den einzelnen Ländern und Gerichtsbezirken und damit eine weitgehende Unübersichtlichkeit zur Folge.

b) Im Gegensatz dazu kann der Gesetzgeber die Geschäfte selbst unmittelbar auf den Rpfl übertragen, ohne daß es noch weiterer Entlastungsanordnungen bedürfte; in diesem Falle verfährt er nach dem Übertragungsgrundsatz. Diese Regelung erfordert einheitlich geregelte Rechtsgebiete und geschulte Beamte, die über die zur Wahrnehmung der Geschäfte erforderlichen Kenntnisse und Erfahrungen verfügen; sie ist zwar starr, hat dafür aber den Vorzug, daß die Entlastung einheitlich und übersichtlich durchgeführt werden kann. Der Übertragungsgrundsatz ist in dem nunmehr in Kraft getretenen RpflGes. zur Herrschaft gelangt.
Ausnahme: Wegen der für eine Übergangszeit möglichen Beschränkbarkeit der Übertragung vgl. § 32 des Ges.

2. Vollübertragung, Vorbehaltsübertragung, Einzelübertragung.

Die bisherigen Vorschriften zählten auf den verschiedenen Rechtsgebieten weitgehend die einzelnen Sachgebiete auf, die auf den Rpfl übertragen werden konnten, folgten also mehr oder weniger der Enumerationsmethode (vgl. § 11 ff. REntlV vom 3. 7. 1943).

Im Gegensatz hierzu hat das RpflGes. durch § 3 ganze Sachgebiete voll oder mit bestimmten Vorbehalten auf den Rpfl übertragen. Die dabei dem Richter vorbehaltenen Geschäfte sind im einzelnen aufgezählt (die sog. Negativkataloge der §§ 12ff. d. Ges.). Nur noch für einzelne Sachgebiete ist es bei der früher üblichen Einzelübertragung geblieben (die sog. Positivkataloge der §§ 19ff. d. Ges.). Durch die jetzige Regelung ist die Abgrenzung der Zuständigkeit zwischen Richter und Rpfl weitgehend vereinheitlicht worden. Die Neuregelung wirkt sich hauptsächlich bei den Amtsgerichten aus, während sie für die Landgerichte und die Oberlandesgerichte naturgemäß von geringer Bedeutung ist.

Ausnahme: Auch hier gilt für eine Übergangszeit die Einschränkung des § 32 d. Ges.

Das Gesetz unterscheidet demgemäß drei Arten der Übertragung:

a) die Übertragung ganzer Sachgebiete ohne Vorbehalt nach § 3 Abs. 1 Nr. 1 — Vollübertragung —

b) die Übertragung ganzer Sachgebiete unter Vorbehalt einzelner Geschäfte, die dem Richter verbleiben, nach § 3 Abs. 1 Nr. 2 — Vorbehaltsübertragung —
c) die Übertragung einzelner Geschäfte aus Sachgebieten, die grundsätzlich dem Richter verbleiben, nach § 3 Abs. 1 Nr. 3 — Einzelübertragung —.

Außerdem ermächtigt das Gesetz im §§ 19 Ziff. 4, 20 Abs. 2, 21 Abs. 2, 22 Abs. 2 den Richter im Einzelfall zur Übertragung des gesamten Verfahrens — Fakultativübertragung.

3. Zu Abs. 1 Nr. 1 (Vollübertragung):

Die Vorschrift sieht bei den Amtsgerichten die Vollübertragung für folgende Sachgebiete vor:

a) für Vereinssachen (vgl. die Erläut. F zu § 15 d. Ges.),
b) für die Verfahren bei Untersuchung und Verwahrung von Sachen sowie beim Pfandverkauf nach §§ 164 bis 166 FGG (vgl. die Erläut. Anh. zu § 18 d. Ges.),
c) für Musterregistersachen (vgl. die Erläut. G zu § 15 d. Ges.),
d) für Pachtkreditsachen (vgl. die Erläut. Anh. zu § 17 d. Ges.).

Von diesen Angelegenheiten waren bisher lediglich die Musterregistersachen und die Pachtkreditsachen vorbehaltlos auf den Rpfl übertragen (vgl. § 23 Abs. 1f i. Verb. mit § 2 Abs. 2a REntlV und AV vom 6. 11. 1939 (DJ S. 1719). Der Gesetzgeber hat auf Grund der bisherigen Erfahrungen keine Bedenken getragen, auch die unter a und b genannten Geschäfte in die Vollübertragung einzubeziehen.

Für Vereinssachen (§§ 29, 37, 55 bis 79 BGB und §§ 159, 160 und 162 FGG) war zwar auch schon in § 23 Abs. 1c REntlV eine Übertragung der Geschäfte grundsätzlich vorgesehen. Es handelte sich jedoch nicht um eine Vollübertragung, da die Verfügungen auf erste Eintragung und auf Eintragung von Satzungsänderungen dem Richter vorbehalten blieben. Wenn die bisher von der Übertragung ausgenommenen Geschäfte infolge des öffentlich-rechtlichen Einschlags bisweilen auch schwierige Rechtsfragen aufwerfen, so hat der Gesetzgeber eine Vollübertragung doch für vertretbar angesehen, zumal da der Rpfl die rechtlich schwierigen Fälle nach der Generalklausel des § 5 Abs. 1 Nr. 2 d. Ges. dem Richter vorlegen kann und soll (vgl. amtliche Begründung). Wegen aller Einzelheiten vgl. im übrigen die Erläut. F zu § 15 d. Ges.

Bei den im Neunten Abschnitt des FGG u. a. geregelten Verrichtungen der Untersuchung und Verwahrung von Sachen und des Pfandverkaufs handelt es sich um Tätigkeiten einfacherer Art, die unbedenklich auf den Rpfl übertragen werden konnten. Wegen aller Einzelheiten vgl. im übrigen die Erläut. Anh. zu § 18 d. Ges.

Ausnahme: Die in diesem Abschnitt weiterhin behandelte Abnahme des Offenbarungseides in den Fällen der §§ 259, 260, 2028 und 2057 BGB (§ 163 FGG) ist von der Übertragung ausgenommen.

4. Zu Abs. 1 Nr. 2 (Vorbehaltsübertragung):

Die Vormundschafts-, Nachlaß- und Teilungssachen, Güterrechtsregistersachen, Handelssachen, Grundbuchsachen und Schiffsregister- und Schiffsbauregistersachen waren schon bisher grundsätzlich in den Kreis der übertragungsfähigen Sachgebiete einbezogen (vgl. §§ 12 bis 25 REntlV). Die REntlV unterschied jedoch zwischen einem Mindestumfang der

Übertragung (§ 2 Abs. 2 i. Verb. mit §§ 12 bis 14, 20, 23, 24 REntlV) und der in das Ermessen der OLG-Präsidenten gestellten „erweiterten Entlastung" (§ 2 Abs. 3 i. Verb. mit §§ 16, 18, 21, 26 REntlV). Nunmehr sind diese Angelegenheiten einheitlich in die Gruppe der Vorbehaltsübertragung übernommen. Die Richtervorbehalte sind gegenüber der REntlV nicht unerheblich eingeschränkt worden (vgl. die Erläut. zu §§ 14 bis 18 d. Ges.).

Nicht übertragen sind die im Dritten und Vierten Abschnitt des FGG behandelten Angelegenheiten, nämlich

a) die Annahme an Kindesstatt mit den in Erläut. Ziff. X 4 zu § 12 d. Ges. erwähnten Ausnahmen.
b) die Personenstandssachen.

Weiterhin sind von der Übertragung ausgeschlossen die außerhalb des FGG behandelten Angelegenheiten der freiwilligen Gerichtsbarkeit, wie

c) Hausratsstreitigkeiten geschiedener Ehegatten (6. DurchfVO zum Eheges. vom 21. 10. 1944),
d) Vertragshilfesachen (Vertragshilfegesetz vom 26. 3. 1952),
e) Landwirtschaftssachen (Gesetz über das gerichtliche Verfahren in Landwirtschaftssachen vom 21. 7. 1953),
f) Umstellungssachen (§ 6 der 40. DurchfVO/UmstG, in Kraft seit 1. 11.1949),
g) Wohnungseigentumssachen (Streitigkeiten aus der Gemeinschaft der Wohnungseigentümer und der Verwaltung des gemeinschaftlichen Eigentums gemäß §§ 43 ff. WEG; wegen der aus dem WEG hervorgehenden GB-Geschäfte siehe dagegen die Erläut. unten zu 8).

Das Verfahren bei Todeserklärungen und bei Feststellung der Todeszeit nach Abschnitt III und IV VerschG i. d. F. vom 15. 1. 1951 (BGBl I S. 63) ist dagegen in den Übertragungskatalog aufgenommen (vgl. Abs. 1 Nr. 2 e), da es sich hierbei um typisch wiederkehrende Entschließungen handelt, die lediglich nach äußeren Tatbeständen zu treffen sind.

Wegen aller Einzelheiten in der Gruppe der Vorbehaltsübertragung wird auf die Erläut. zu §§ 12 bis 18 d. Ges. verwiesen.

5. Zu Abs. 1 Nr. 3 (Einzelübertragung):

Auf dem Gebiete der streitigen Gerichtsbarkeit einschließlich der Vollstrekkung und des Konkurs- und Vergleichsverfahrens (Buchst. a—d) handelt es sich in der Hauptsache um Akte der rechtsprechenden Gewalt. Aus diesem Grunde, aber auch wegen der rechtlichen Schwierigkeiten der Materie, hat sich hier das Gesetz auf Einzelübertragung beschränkt (amtl. Begründung).

Auch bei den Urkundssachen (Buchst. e) hat sich der Gesetzgeber nicht für eine allgemeine Übertragung entschieden, weil zur Urkundstätigkeit umfassende Rechtskenntnisse auf vielen Gebieten unerläßlich sind und aus Gründen der Rechtssicherheit ein grundsätzlicher Vorbehalt für den Richter für notwendig gehalten wurde.

Wegen aller Einzelheiten wird zu dieser Gruppe auf die Erläut. zu §§ 19 bis 23 d. Ges. verwiesen.

6. Strafprozeß und Strafvollstreckung.

a) Auf dem Gebiete des Strafprozesses sind dem Rpfl durch das vorl. Gesetz keine Geschäfte übertragen worden. In Übereinstimmung mit dem Ergebnis der bei Erlaß des Vereinheitlichungsgesetzes vom 12. 9. 1950 vorgenommenen Prüfung hat der Gesetzgeber insbesondere nicht die Befugnis zum Erlaß gerichtlicher Strafverfügungen (§ 413 StPO) übertragen.

b) Die Übertragung von Angelegenheiten der Strafvollstreckung auf Rpfl ist in dem Gesetz nicht geregelt, weil es sich hier um eine Tätigkeit auf dem Gebiete der Justizverwaltung handelt. Insoweit gilt auch weiterhin Art. VI Abs. 1 Nr. III REntlG. Wegen aller Einzelheiten wird auf die Erläut. 1 zu § 1 und 3d zu § 26 d. Ges. verwiesen.

7. Hinterlegungssachen

gehören ebenfalls zur Zuständigkeit der Justizverwaltung und sind aus diesem Grunde nicht in den Kreis der Rpfl-Geschäfte aufgenommen worden.

Wegen aller Einzelheiten vgl. die Erläut. 3a zu § 26 d. Ges.

8. Abs. 2

Das Gesetz, das in seinem Bereich als Kodifikation anzusehen ist (vgl. Strauß in Rpfleger 1957 S. 33/36), stellt in Abs. 2 für nachträglich erlassene Gesetze, welche den ordentlichen Gerichten neue Aufgaben zuweisen, die Vermutung auf, daß der Richter zuständig ist. Der Rpfl ist für die Bearbeitung weiterhin zugewiesener Sachen nur zuständig, soweit das neue Gesetz es ausdrücklich bestimmt.

Dieser Grundsatz gilt nur für selbständige Rechtsgebiete. Soweit ein nachträglich verkündetes Gesetz unselbständige Teile eines anderen Rechtsgebietes regelt (wie z. Z. z. B. die Erbbaurechts-VO, das Reichsheimstättengesetz oder das Wohnungseigentumsgesetz Sondergebiete des Grundbuchrechts), ist die für das Gesamtgebiet getroffene Regelung maßgebend.

§ 4
Umfang der Übertragung

(1) Der Rechtspfleger trifft alle Maßnahmen, die zur Erledigung der ihm übertragenen Geschäfte erforderlich sind.

(2) Der Rechtspfleger ist nicht befugt,

1. eine Beeidigung anzuordnen oder einen Eid abzunehmen,

2. Haftstrafen anzudrohen und zu verhängen oder Haftbefehle zu erlassen.

(3) Hält der Rechtspfleger die Beeidigung von Zeugen, Sachverständigen oder Dolmetschern für geboten, so legt er die Sache dem Richter zur Entscheidung vor.

1. Zu Abs. 1: Befugnisse des Rpfl.

Der Rpfl erledigt die ihm übertragenen Aufgaben vollständig und abschließend. Er ist deshalb im Rahmen seiner Zuständigkeit grundsätzlich befugt, alle Maßnahmen zu treffen, die zur vollständigen Durchführung der Angelegenheit erforderlich sind. In Betracht kommen folgende Maßnahmen:

mündliche oder schriftliche Anhörung der Beteiligten oder Parteien,

Anordnung ihres persönlichen Erscheinens und Erzwingung des Erscheinens durch Androhung und Festsetzung von Ordnungsstrafen gemäß § 141 Abs. 3 ZPO und gemäß § 33 FGG (vgl. hierzu Keidel, Anm. 3a zu § 13 und Anm. 5a zu § 33 FGG; wegen Androhung und Verhängung von Haftstrafen und wegen zwangsweiser Vorführung s. dagegen die Erläut. unten zu 2b).

Erhebung von Beweisen, besonders Vernehmung von Zeugen und Sachverständigen, Beiziehung von Akten und Durchführung sonstiger Ermittlungen.

Ersuchen um Rechtshilfe und Gewähren von Rechtshilfe (vgl. Rosenberg § 18 I 1 und § 25 III2 und das dort angeführte Schrifttum),

Entscheidung über ein Armenrechtsgesuch, sofern das Gesuch ausschließlich ein übertragenes Geschäft (z. B. den Erlaß eines Zahlungsbefehls) betrifft (vgl. Anm. A 3 zu § 19 d. Ges.), Entziehung des Armenrechts (§ 121 ZPO) in diesen Fällen und im Zivilrechtsstreit ganz allgemein; Anordnung der Nachzahlung (§ 125 ZPO) vgl. § 19 Nr. 5 d. Ges.;

Entscheidung über die Nichterhebung (Niederschlagung) von Gerichtskosten nach § 6 GKG oder § 15 KostO (vgl. § 39 Abs. 2 Kostenverfügung; ebenso auch schon § 4 Abs. 3 REntlV).

Im Bereich der streitigen Gerichtsbarkeit kann der Rpfl, und zwar ebenfalls in den Grenzen der Übertragung, Termin zur mündlichen Verhandlung anberaumen (ebenso Stein-Jonas-Schönke, Bem. I1 zu § 104 ZPO; Rosenberg § 25 III2 und Reichel S. 42 Fußnote 2; a. A. Baumbach-Lauterbach, Anm 1B zu § 104 ZPO); er nimmt insoweit die Stellung des Vorsitzenden ein und übt die Sitzungspolizei (§§ 176ff. GVG) aus. Für die Verhandlung vor dem Rpfl gilt kein Anwaltszwang (vgl. § 78 Abs. 2 ZPO sowie OLG Karlsruhe JW 1931 S. 3568 Nr. 9; ferner Stein-Jonas-Schönke und Rosenberg aaO.). Die Prozeßvollmacht ist von Amts wegen nachzuprüfen (§§ 80, 88 Abs. 2 ZPO). Der Rpfl kann seine Entscheidungen abändern, und zwar grundsätzlich auch noch nach Einlegung der Erinnerung (vgl. § 10 Abs. 2d d. Ges. und Erläut. hierzu); Ausnahme: Wenn gegen die Entscheidung, falls sie der Richter erlassen hätte, die sofortige Beschwerde gegeben wäre, ist nach dem „Erlaß" (d. h. nach Übergabe der Ausfertigung an den Justizwachtmeister oder an die Post zwecks Zustellung) eine Abänderung durch den Rpfl unzulässig. Der Rpfl kann endlich seine Entscheidungen entspr. § 319 ZPO berichtigen (Kiel, OLG 42 S. 54) und entspr. § 321 ZPO ergänzen.

2. Zu Abs. 2: Beschränkungen der Befugnisse.

Der Grundsatz des Abs. 1 wird durchbrochen

a) wenn zur Erledigung des Geschäfts eine Beeidigung erforderlich ist, z. B. bei der Vernehmung von Zeugen oder Sachverständigen nach § 15 Abs. 1 FGG, bei der Zuziehung eines Dolmetschers nach § 189 GVG. Sowohl die Anordnung eines Eides als auch die Abnahme eines solchen ist wegen ihrer Bedeutung dem Richter vorbehalten.

In der Sowjetzone ist im Gegensatz hierzu der Sektretär zur „Vereidigung von Zeugen und Sachverständigen" befugt (§ 32 Abs. 1 AngleichungsVO);

b) wenn eine Haftstrafe anzudrohen oder festzusetzen ist. Da nach Art. 104 Abs. 2 S. 1 GG nur der Richter über Zulässigkeit und Fortdauer einer Freiheitsentziehung entscheiden darf, sind die Verhängung von Haftstrafen sowie der Erlaß von

Haftbefehlen, z. B. als Zwangsmittel gegen Zeugen nach §§ 380, 390 ZPO; bei Ausübung der Sitzungspolizei nach §§ 177, 178 GVG, dem Richter vorbehalten. Der Vorbehalt umfaßt auch die Androhung der Haft, um eine Aufspaltung des Verfahrens zu vermeiden. Das gleiche hat für die zwangsweise Vorführung von Zeugen (§ 380 Abs. 2 ZPO) oder von Beteiligten (§ 33 FGG) zu gelten.

Der Rpfl ist jedoch in den genannten Fällen — anders als bisher nach § 4 Abs. 1 S. 5 REntlV — befugt, Geldstrafen anzudrohen und zu verhängen (vgl. die Erläut. oben zu 1).

3. Zu Abs. 3: Vorlage in den Ausnahmefällen des Abs. 2.

Da die Fälle, in denen eine Beeidigung notwendig wird, nicht zu den Fällen der allgemeinen Vorlagepflicht des § 5 d. Ges. gehören, hat der Gesetzgeber insoweit die Vorlage besonders angeordnet.

Soweit die Androhung oder Verhängung einer Haftstrafe oder der Erlaß eines Haftbefehls oder endlich die zwangsweise Vorführung erforderlich wird, folgt die Pflicht zur Vorlage bereits aus § 5 Abs. 1 Nr. 2 d. Ges.

Wegen der Zuständigkeit des Rpfl in der Strafvollstreckung vgl. die Erläut. 3 zu § 26 d. Ges.

§ 5
Vorlage an den Richter

(1) Der Rechtspfleger soll ihm übertragene Geschäfte dem Richter vorlegen, wenn

1. er von einer ihm bekannten Stellungnahme des Richters abweichen will;

2. sich bei der Bearbeitung der Sache rechtliche Schwierigkeiten ergeben, zum Beispiel daraus, daß die Anwendung von nicht im Geltungsbereich dieses Gesetzes geltendem Recht in Betracht kommt;

3. zwischen dem übertragenen Geschäft und einem vom Richter wahrzunehmenden Geschäft ein so enger Zusammenhang besteht, daß eine getrennte Behandlung nicht sachdienlich ist.

(2) Die vorgelegten Sachen bearbeitet der Richter, solange er es für erforderlich hält. Er kann die Sachen dem Rechtspfleger zurückgeben. Gibt der Richter eine Sache an den Rechtspfleger zurück, so ist dieser an eine von dem Richter mitgeteilte Rechtsauffassung gebunden.

1. Allgemeines.

Der Rpfl entscheidet grundsätzlich selbständig (vgl. § 8 S. 2 d. Ges.). Der Grundsatz der Selbständigkeit läßt sich jedoch nicht starr durchführen. Da die Auswahl der dem Rpfl übertragenen Geschäfte unter dem Gesichtswinkel der Zweckmäßigkeit getroffen ist, liegt es vielmehr in der Natur der Sache, die Regelung elastisch zu gestalten. Der Gesetzgeber hat sich indessen nicht dazu entschlossen, lediglich ein Vorlagerecht des Rpfl mit der Pflicht zur Begründung der Rechtsschwierigkeiten vorzusehen (vgl. Denkschrift des Bundes Deutscher Rechtspfleger S. 12 und Schneider in RpflBl 1957 S. 3 unter 2c); er hat vielmehr unter den Voraussetzungen des § 5 Abs. 1 d. Ges. an einer Vorlagepflicht festgehalten. In den dort genannten Fällen steht die Vorlage also nicht im Ermessen des Rpfl. Der Rpfl ist bei Vorliegen der Voraussetzungen vielmehr zur Vorlage verpflichtet.

2. Zu Abs. 1:

Als Ausnahmevorschrift ist die Bestimmung eng auszulegen. Die in Nr. 1 bis 3 aufgeführten Einzelfälle der Vorlagepflicht dulden an sich also keine Ausdehnung. Im Hinblick auf Abs. 1 Nr. 2 (Auftreten rechtlicher Schwierigkeiten) ist jedoch eine bestimmte Grenzziehung nicht möglich.

Zur Vorlage Anlaß geben weiterhin die Fälle des § 4 Abs. 2 d. Ges.

a) Zu Abs. 1 Nr. 1: Vorlage bei Abweichen v. d. Stellungnahme d. Richters.

Die Vorlagepflicht ist vorgesehen für Fälle, in denen der Rpfl. von einer ihm bekannten Stellungnahme des Richters abweichen will (vgl. § 3 Abs. 1c REntlV). Die Vorlagepflicht besteht nur, wenn und soweit dem Rpfl die abweichende Stellungnahme des Richters bekannt ist. Der Rpfl ist nicht verpflichtet, vor seiner Entscheidung über die Rechtsauffassung des Richters Erkundigungen einzuziehen; eine solche Verpflichtung ließe sich bei größeren Gerichten praktisch nicht verwirklichen. Unter der „Stellungnahme" des Richters dürfte nur seine in dienstlicher Eigenschaft geäußerte Rechtsauffassung zu verstehen sein; zweifelnd insoweit Buchwald in Rpfleger 1952 Sp. 520.

Der innere Grund zur Vorlage ist in den Fällen der Nr. 1 nicht etwa wie in den Fällen des § 137 GVG und des § 28 Abs. 2 FGG die Fortbildung des Rechts oder die Sicherung einer einheitlichen Rechtsprechung im gesamten Bundesgebiet; vielmehr sollen zur Verhinderung von Nachteilen für den Rechtsuchenden und zur Wahrung einheitlicher Rechtsauffassung und Rechtsanwendung in dem einzelnen Gerichtsbezirk und damit im Interesse des Ansehens der Rechtspflege abweichende Entscheidungen vermieden werden; denn im Falle der Erinnerung (vgl. § 10 d. Ges.) würde die Rechtsauffassung des Richters doch den Ausschlag geben.

b) Zu Abs. 1 Nr. 2: Vorlage bei rechtlichen Schwierigkeiten.

Die Vorlage wegen rechtlicher Schwierigkeiten einer Sache kommt in Betracht, wo der Rpfl sich auch durch das Studium des einschlägigen Schrifttums nicht in angemessener Zeit den notwendigen Einblick in die betreffende Rechtsmaterie verschaffen kann. Eine ähnliche Ausnahme war früher in § 3 Abs. 1b REntlV enthalten. Das Gesetz nennt als Beispiel die „Anwendung von nicht im Geltungsbereich dieses Gesetzes geltendem Recht", also von ausländischem Recht oder von Gesetzen der sowjetischen Besatzungszone. Auch die Entscheidung von Fragen des internationalen oder interzonalen Privatrechts gehören hierher (vgl. amtliche Begründung). Weiter sind zu nennen Rechtsfragen öffentlich-rechtlichen Einschlags bei der Bearbeitung von Vereinsregistersachen. Vielfach werden auch unmittelbar nach Erlaß neuer Gesetze rechtliche Schwierigkeiten auftreten und zur Vorlage verpflichten. Eine Abgrenzung im einzelnen ist nicht möglich.

Die praktische Handhabung wird bis zu einem gewissen Grade von der Persönlichkeit des einzelnen Rpfl abhängen. Aktive und innerlich selbständige Rpfl werden seltener vorlegen als unentschlossenere Naturen. Andererseits wäre es jedoch fehlsam, aus falschem Ehrgeiz oder der Sorge, für minderfähig angesehen zu werden, vorlegungsbedürftige Sachen dem Richter vorzuenthalten. Der Gesetzgeber hat die Regelung bewußt elastisch gestalten wollen.

Keine Ausnahme gilt für tatsächlich schwierige Fälle, d. h. Fälle mit verwickeltem oder umfangreichem Sachverhalt; hier bleibt die Zuständigkeit des Rpfl unverändert bestehen.

c) Zu Abs. 1 Nr. 3: Vorlage bei engem Sachzusammenhang.

aa) Bei engem Sachzusammenhang zwischen einem Geschäft, das der Richter wahrzunehmen hat, und einem übertragenen Geschäft geht die Zuständigkeit des Richters vor. Mit Zusammenhang ist nicht nur der rechtliche Zusammenhang gemeint wie in §§ 33, 147, 302 ZPO, sondern auch der tatsächliche Zusammenhang wie in § 3 StPO, z. B. die Beteiligung mehrerer Personen an einem Geschäft oder die Stellung mehrerer Anträge durch die gleichen Personen.

bb) Nicht jeder Zusammenhang erfordert die Vorlage an den Richter. Während § 15 REntlV für Vormundschaftssachen die Vorlage an den Richter bereits vorschrieb, wenn bei der Bearbeitung eines übertragenen Geschäfts durch den Rpfl auch die Erledigung eines nicht übertragenen Geschäfts in Frage kam, ist der Rpfl nunmehr nur dann zur Vorlage verpflichtet, wenn zwischen beiden Geschäften ein so enger Zusammenhang besteht, daß eine getrennte Behandlung nicht sachdienlich ist, d. h. die sachliche Erledigung des Geschäfts nachteilig beeinflußt, z. B. die Erledigung verzögert oder zusätzlich Kosten verursacht. In den genannten Fällen ist die Vorlagepflicht nicht auf Vormundschaftssachen beschränkt, sondern gilt allgemein.

cc) Bei Vorliegen der genannten Voraussetzungen ist der Richter verpflichtet, nach Vorlage die gesamte Angelegenheit zu bearbeiten; Abs. 2 gilt hier nicht (vgl. § 6 d. Ges.).

3. Zu Abs. 2: Aufgaben des Richters nach Vorlage.

Es entspricht dem mit dem Gesetz verfolgten Zweck der Entlastung, daß der Richter in den Fällen des Abs. 1 nur soweit und solange tätig wird, wie es erforderlich ist, z. B. durch Entscheidung einer rechtlich schwierigen Frage. Der Richter kann alsdann die Sache zur weiteren Bearbeitung an den Rpfl zurückgeben. Eine Ausnahme gilt jedoch in den Fällen des Abs. 1 Nr. 3 (enger Sachzusammenhang); vgl. insoweit § 6 d. Ges.

Ebenso wie im Rechtsmittelzuge die rechtliche Beurteilung der übergeordneten Instanz für den unteren Richter ist die Rechtsauffassung, die der Richter bei Rückgabe der Sache dem Rpfl mitgeteilt hat, für diesen bindend.

4. Folgen der Nichtbeachtung.

Die Bestimmung des Abs. 1 hat nur den Charakter einer „Sollvorschrift". Die Verletzung der Vorlagepflicht führt im Interesse der Rechtssicherheit und der Prozeßökonomie nicht zur Nichtigkeit oder Anfechtbarkeit der vom Rpfl getroffenen Maßnahmen, sondern ist nur im Dienstaufsichtswege zu beanstanden.

§ 6
Bearbeitung übertragener Sachen durch den Richter

Steht ein übertragenes Geschäft mit einem vom Richter wahrzunehmenden Geschäft in einem so engen Zusammenhang, daß eine getrennte Bearbeitung nicht sachdienlich wäre, so soll der Richter die gesamte Angelegenheit bearbeiten.

1. Bearbeitung von Rpfl-Sachen durch den Richter.

Bei engem Sachzusammenhang zwischen Geschäften, die vom Richter wahrzunehmen sind, und übertragenen Geschäften, d. h. in den Fällen des § 5 Abs. 1 Nr. 3 d. Ges., ist der Richter verpflichtet, die gesamte Angelegenheit zu bearbeiten. Hierbei ist es gleichgültig, ob der Richter sich unmittelbar oder erst nach Vorlage durch den Rpfl mit der Sache befaßt. Der Richter kann bei Vorliegen engen Sachzusammenhangs abweichend von § 5 Abs. 2 d. Ges. die ihm vom Rpfl vorgelegte Sache nicht an diesen zwecks Bearbeitung des übertragenen Geschäfts zurückgeben. Vgl. im übrigen die Erläut. 2c zu § 5 d. Ges.

2. Folgen der Nichtbeachtung.

Die an § 10 S. 2 REntlV anknüpfende Vorschrift beruht ebenso wie die Regelung der Vorlagepflicht in § 5 d. Ges. auf Zweckmäßigkeitserwägungen und hat deshalb nur den Charakter einer „Sollvorschrift". Die versehentliche Bearbeitung eines übertragenen Geschäfts durch den Rpfl trotz Bestehens engen Sachzusammenhangs mit einem „Richtergeschäft" hat also nicht die Ungültigkeit der getroffenen Maßnahme zur Folge, sondern kann nur im Wege der Dienstaufsicht bemängelt werden.

§ 7
Gültigkeit von Geschäften

(1) Hat der Richter ein Geschäft wahrgenommen, das dem Rechtspfleger übertragen ist, so wird die Wirksamkeit des Geschäfts hierdurch nicht berührt.

(2) Hat der Rechtspfleger ein Geschäft wahrgenommen, das ihm nicht übertragen ist, so ist das Geschäft unwirksam. Hat er ein Geschäft wahrgenommen, das ihm der Richter im Rahmen dieses Gesetzes übertragen hat, so ist das Geschäft nicht deswegen unwirksam, weil die Voraussetzungen für die Übertragung im Einzelfall nicht gegeben waren.

1. Allgemeines.

Die Übertragung von Geschäften auf den Rpfl ist eine Angelegenheit der Zuständigkeit nach Geschäften, der sog. funktionellen Zuständigkeit. Die funktionelle Zuständigkeit regelt die Frage, welches Rechtspflegeorgan innerhalb derselben Sache die einzelnen Aufgaben wahrnimmt, z. B. der Vorsitzende, der Einzelrichter, der Rpfl, der Gerichtsvollzieher. Die funktionelle Zuständigkeit ist stets ausschließlich, d. h. der Änderung durch Parteivereinbarung nicht zugänglich.

Ihre Verletzung hat grundsätzlich die Unwirksamkeit, d. h. hier die Nichtigkeit, des Geschäfts zur Folge (vgl. Rosenberg § 30 IV2; Schlegelberger, Anm. 12 zu § 7 FGG; Keidel, Anm. 2b zu § 7 FGG; Keidel, NJW 1957 S. 521 unter IV4; Reichel § 8 III; Baur § 5 IIIa 3; Güthe-Triebel, Anm. 15 zu § 1 GBO; Meikel-Imhof, Anm. 18 zu § 44 GBO; Hesse-Saage-Fischer, Anm. III4b zu § 44 GBO). Vgl. im übrigen die Erläut. unten zu 3.

2. Zu Abs. 1: Bearbeitung übertragener Sachen durch den Richter.

In Anlehnung an den Grundgedanken des § 10 ZPO, dessen Anwendung auf Beschlüsse der streitigen Gerichtsbarkeit freilich nicht unbestritten ist (vgl. Zöller, Anm. zu § 10 ZPO und Baumbach-Lauterbach, Anm. 1 zu § 10 ZPO) und im Verfahren der freiwilligen Gerichtsbarkeit sogar grundsätzlich abgelehnt wird (vgl. Schlegelberger, Anm. 12*a*, und Keidel, Anm. 3 zu § 7 FGG), wird durch § 7 Abs. 1 d. Ges. die Bearbeitung übertragener Geschäfte durch den Richter jeder Anfechtung entzogen. Das Gesetz erhält damit die Regelung des § 10 S. 2 REntlV aufrecht, obwohl der Rpfl nunmehr ebenso wie der UrkB ein eigenständiges Organ der Rechtspflege ist. Mit Recht, denn Rechtssicherheit und Vertrauensschutz erfordern die Anerkennung der vom Richter getroffenen Maßnahmen.

3. Zu Abs. 2 S. 1: Überschreitung der Zuständigkeit durch den Rpfl.

Entscheidungen, die der Rpfl unter Überschreitung seiner Zuständigkeit trifft, sind — dem oben unter 1 erörterten Grundsatz entsprechend — unwirksam im Sinne von nichtig (vgl. das unter Ziff. 1 angeführte Schrifttum und ferner RG JW 1937 S. 2265 Nr. 1 = HRR 1937 Nr. 1216 für den Gerichtsvollzieher). Nach Bucher, Bericht des Ausschusses für Rechtswesen und Verfassungsrecht zu § 7 d. Ges. (zu BT-Drucksache 2855), ist freilich im Einzelfall zu prüfen, ob nicht bloße Anfechtbarkeit gegeben ist. Der genannte Ausschuß hat den Gedanken, ob der Richter die Befugnis zur Heilung derartiger Geschäfte erhalten sollte, abgelehnt, weil eine solche nachträgliche Heilungsmöglichkeit nicht zu tragbaren Ergebnissen führen würde.

Eine andere Frage ist, ob die vom Rpfl unter Überschreitung seiner Zuständigkeit verfügte, jedoch von dem zuständigen Registerführer ausgeführte, äußerlich ordnungsmäßige Eintragung in ein öffentl. Register wirksam ist oder nicht. Die Frage dürfte zu bejahen sein. Die Verteilung der Zuständigkeit zwischen Richter und Registerführer ist eine innerdienstl. Angelegenheit des Gerichts, die dem Antragsteller unbekannt bleibt und von ihm nicht nachgeprüft werden kann. Im Interesse der Rechtssicherheit ist es deshalb geboten, auch eine ohne richterliche Verfügung vom zuständigen Registerführer vorgenommenen Eintragung als rechtswirksam anzusehen (ebenso KG JW 1933, 2526 Nr. 1 = JFG 11, 181 für das Vereinsregister, ferner Güthe-Triebel aaO. Meikel-Imhof aaO., sowie Rpfleger 1952 Sp. 402 für das Grundbuch).

Keine Unwirksamkeit tritt dagegen ein, soweit ein Geschäft zu den übertragenen Geschäften gehört, der Rpfl jedoch der Verpflichtung zur Vorlage im Einzelfall (z. B. wegen rechtlicher Schwierigkeit oder wegen engen Sachzusammenhangs mit einem „Richtergeschäft") nicht nachgekommen ist (vgl. die Erläut. 4 zu § 5 und 2 zu § 6 d. Ges.).

4. Zu Abs. 2 S. 2:

In den Fällen der §§ 20 Abs. 2, 21 Abs. 2 und 22 Abs. 2 d. Ges. (Übertragung des gesamten Verfahrens in Zwangsversteigerungs- und Zwangsverwaltungssachen, des

Konkursverfahrens und des Vergleichsverfahrens im Einzelfalle) bleibt — ebenso wie in den Fällen der §§ 5 und 6 d. Ges. — die Wirksamkeit der von dem Rpfl wahrgenommenen Geschäfte unberührt, wenn sich herausstellt, daß die Voraussetzungen für die Übertragung nicht gegeben waren, das betreffende Verfahren z. B. rechtlich oder tatsächlich schwierig war.

5. Haftung für Schäden.

Soweit der Rpfl durch einen Verstoß gegen die Zuständigkeitsregelung die ihm obliegenden Amtspflichten verletzt und hierdurch den Beteiligten ein Schaden entsteht, muß der Rpfl für denselben einstehen. Seine Haftung bestimmt sich ebenso wie die des Richters im gleichen Falle nach §§ 839, 1674 und 1848 BGB (vgl. RG JW 1934 S. 1342). Der Geschädigte kann jedoch nicht den Rpfl persönlich in Anspruch nehmen. Gemäß Art. 34 S. 1 GG trifft die Verantwortlichkeit vielmehr grundsätzlich den Staat, in dessen Dienst er steht. Bei Vorsatz und grober Fahrlässigkeit hat der Staat das Recht, im Innenverhältnis auf den Rpfl zurückzugreifen (Art. 34 S. 2 GG). Wegen aller Einzelheiten vgl. Baumbach-Lauterbach, Übers. 3 vor § 1 GVG. Sowohl für den Anspruch auf Schadensersatz als auch für den Rückgriff darf der ordentliche Rechtsweg nicht ausgeschlossen werden (Art. 34 S. 3 GG; vgl. Baumbach-Lauterbach, Anm. 2 B zu § 13 GVG).

Im Falle bloßer Fahrlässigkeit haftet der Rpfl nach § 839 Abs. 1 S. 2 BGB nur, wenn der Geschädigte nicht anderweit Ersatz erlangen kann. Die Schadensersatzpflicht entfällt, und zwar auch bei vorsätzlicher Amtspflichtverletzung, wenn der Geschädigte es unterlassen hat, durch Gebrauch eines Rechtsmittels den Schaden abzuwenden (§ 839 Ab. 3 BGB). Die in § 839 Abs. 2 BGB für den Bereich der reinen Spruchtätigkeit vorgesehene Haftungsbeschränkung, das sog. „Richterprivileg", kommt, ebensowenig wie dem Richter in dem hier in Frage stehenden Bereich, auch dem Rpfl nicht zugute, weil er nicht ein „Urteil in einer Rechtssache" erläßt (vgl. RG JW 1927 S. 1250 und Baumbach-Lauterbach, Übers. 3 C vor § 153 GVG). Die in BGHZ 10, 55 = NJW 1953 S. 1298 ausnahmsweise für Beschlüsse der Spruchkammern der amerik. Besatzungszone zugelassene Ausnahme läßt sich allenfalls auf die Fälle der sog. echten Streitverfahren der freiwilligen Gerichtsbarkeit (vgl. Keidel Anm. 13 zu § 12 und Anm. 8 zu § 31 FGG) ausdehnen (ebenso Baur § 5 III 4b). Da aus diesem Bereich nur ganz vereinzelt Geschäfte auf den Rpfl übertragen sind, ist er praktisch ohne die Beschränkung des § 839 Abs. 2 BGB für die durch Amtspflichtverletzungen entstandenen Schäden verantwortlich.

§ 8

Selbständigkeit des Rechtspflegers

Der Rechtspfleger ist bei seinen Entscheidungen nur dem Gesetz unterworfen. Er entscheidet, soweit sich nicht aus diesem Gesetz etwas anderes ergibt, selbständig.

1. Zu Satz 1: „Nur dem Gesetz unterworfen".

Im Rechtsstaat sind die besonderen Kennzeichen der Gerichtsbarkeit

a) die Bindung der Richter an das Gesetz, d. h. an die ordnungsmäßig zustande gekommenen Verlautbarungen der gesetzgebenden Gewalt,

b) ihre Unabhängigkeit.

Diese beiden Grundmerkmale der Gerichtsbarkeit sind verankert einmal im Grundgesetz, dessen Art. 97 Abs. 1 lautet: „Die Richter sind unabhängig und nur dem Gesetz unterworfen", und außerdem in § 1 GVG, der folgenden Wortlaut hat: „Die richterliche Gewalt wird durch unabhängige, nur dem Gesetz unterworfene Gerichte ausgeübt".

Unter „Gesetz" ist das Gesetz im materiellen Sinne zu verstehen. Es fallen darunter das Grundgesetz, die Bundesgesetze, die Landesgesetze, die Gesetze des Kontrollrats und der Militärregierungen. Außerdem sind zu nennen Rechtsverordnungen, Verwaltungsverordnungen, Staatsverträge und endlich das Gewohnheitsrecht. Kein Gesetz im Sinne der o. a. Vorschriften sind dagegen Verwaltungsanordnungen für den Einzelfall, innerdienstliche Anweisungen.

Ebenso wie der Richter ist auch der Rpfl an das Gesetz gebunden. Die vorsätzliche Beugung des Rechts zugunsten oder zum Nachteil einer Partei wird als Verbrechen geahndet (§ 336 StGB). Die Bindung besteht nur, soweit die Gesetze gültig sind. Die Organe der Gerichtsbarkeit haben ein Recht, die Gültigkeit der Gesetze nachzuprüfen, und zwar hinsichtlich der Verfassungsmäßigkeit und hinsichtlich der Vereinbarkeit von Landesgesetzen mit den Bundesgesetzen. Das ggf. anzuwendende Verfahren (vgl. Art. 100 GG) wird für den Rpfl allerdings kaum einmal praktisch werden.

2. Zu Satz 2: Sachliche Unabhängigkeit (Selbständigkeit) des Rpfl.

a) Sachliche und persönliche Unabhängigkeit des Richters.

Die sachliche Unabhängigkeit des Richters (vgl. oben unter 1b) ist die Freiheit des Richters von Weisungen und Einflüssen der politischen Gewalten (Parlament, politische Parteien, öffentliche Meinung) und der Verwaltungs- insbesondere der Justizverwaltungsbehörden (etwa im Dienstaufsichtswege).

Zur weiteren Sicherung der Unabhängigkeit gewähren Art. 97 Abs. 2 GG und § 8 GVG dem (planmäßig angestellten)Richter außerdem die persönliche Unabhängigkeit, d. h. den Anspruch auf grundsätzliche Unabsetzbarkeit und Unversetzbarkeit.

b) Sachliche Unabhängigkeit (Selbständigkeit) des Rpfl.

Der Gesetzgeber hat es vermieden, auch dem Rpfl das Prädikat der „Unabhängigkeit" beizulegen. Statt dessen hat er in der Überschrift und in Satz 2 den Grundsatz der „Selbständigkeit" aufgestellt. Hierdurch soll zum Ausdruck gebracht werden, daß der Rpfl als Beamter nicht persönlich unabhängig ist (vgl. Strauß in Rpfleger 1957, 33/34; Ernst in „Lebendige Justiz", zit. von Giese in Rpfleger 1957, 140ff.). Im Interesse größerer Klarheit wäre es besser gewesen, wenn er den Begriff der „sachlichen Unabhängigkeit" verwendet hätte, wie es der Gesetzgeber des Saarlandes in § 8 des — durch das vorliegende Gesetz aufgehobenen — saarländischen Rpfl-Ges. getan hatte und wie es der Bund Deutscher Rechtspfleger wiederholt gefordert hat (vgl. Denkschrift S. 9f., abgedruckt in RpflBl 1953 S. 8/9 und 34ff. sowie Schneider in RpflBl 1953 S. 4f. und 1957 S. 4). Die gesetzliche Regelung bringt nämlich im Grunde gar nichts Neues; denn bereits vor Erlaß des RpflGes. war die sachliche Unabhängigkeit des Rpfl anerkannt (vgl. Rosenberg § 25 III2; Stein-Jonas-Schönke Bem. I zu § 104 ZPO; Baumbach-Lauterbach Anh. zu § 153 GVG; Reichel S. 59f.), ohne freilich in den maßgeblichen Vorschriften zum Ausdruck zu kommen. Denn weder das REntlG noch die REntlV sagten etwas über die sachliche Unabhängigkeit des Rpfl. Das wird nunmehr in § 8 S. 2 d. Ges. ausdrücklich klargestellt. Der Sache nach erkennt das Ges. dem Rpfl. die sachliche Unabhängigkeit zu (vgl. insbes. Schlegelberger in Rpfleger 1957 S. 135ff. sowie Habscheid in Rpfleger 1957 S. 164ff. unter II 2).

Abzulehnen ist die Ansicht, daß im Unterschied von der sachlichen Unabhängigkeit des Richters, die auch im Verhältnis zum übergeordneten Richter uneingeschränkt gilt, der Rpfl — mag zwar auch der Vorsitzende des Gerichts oder der Amtsrichter ihm gegenüber grundsätzlich nicht zur Erteilung von Weisungen befugt sein — wegen der Vorlagepflicht des § 5 d. Ges. und wegen der besonderen Ausgestaltung der Rechtsbehelfe gegen seine Entscheidungen gemäß § 10 d. Ges. nicht die volle sachliche Unabhängigkeit besitze. Gegen diese Auffassung haben sich Koellreutter in Rpfleger 1952 Sp. 354/361 und 1953 Sp. 1/7 aus verfassungsrechtlichen und Buchwald in Rpfleger 1952 Sp. 513/516 aus rechtspolitischen Gründen gewandt. Auf eine nähere Erörterung dieser Streitfrage muß hier verzichtet werden. Weder die Vorlagepflicht des § 5 d. Ges. noch die Regelung des § 10 d. Ges. bezüglich der Rechtsbehelfe gegen die Entscheidungen des Rpfl können die sachliche Unabhängigkeit des Rpfl mindern. Die Bindung des Rpfl an die Rechtsauffassung des Richters im Einzelfalle gemäß § 5 Abs. 2 S. 3 d. Ges. ist keine Weisung eines Vorgesetzten, sondern liegt auf einer Linie mit der in § 565 Abs. 2 ZPO festgelegten Bindung des Richters der Vorinstanz an die rechtliche Beurteilung, welche das Revisionsgericht der Aufhebung eines Urteils zugrunde gelegt hat. Entsprechendes gilt in den gleichliegenden Fällen von der Rechtsauffassung des Rechtsbeschwerdegerichts der freiwilligen Gerichtsbarkeit (vgl. Keidel, Anm. 9 zu § 27 FGG). Eine Beeinträchtigung der richterlichen Unabhängigkeit ist hierin nicht zu erblicken. Ebenso Keidel, NJW 1957 S. 521ff. unter III2 Note 20, sowie Schlegelberger aaO.

3. Einschränkung der Selbständigkeit:

Einschränkungen der Selbständigkeit gelten nur, soweit sich aus dem Gesetz etwas anderes ergibt, nämlich:

a) in den Fällen der Vorlagepflicht gemäß § 5 d. Ges. Soweit der Richter die ihm vom Rpfl vorgelegten Sachen nicht abschließend bearbeitet, sondern mit seiner Stellungnahme zu einzelnen Rechtsfragen diesem zurückgibt, ist der Rpfl nach § 5 Abs. 2 S. 3 d. Ges. an die von dem Richter mitgeteilte Rechtsauffassung gebunden (vgl. die Erläut. 3 zu § 5 d. Ges.).

b) in der Gestaltung der Rechtsbehelfe gegen die Entscheidungen des Rpfl. Seine Entscheidungen sind nicht wie die entsprechenden Entscheidungen des Richters durch das Rechtsmittel der Beschwerde oder der sofortigen Beschwerde, sondern gemäß § 10 d. Ges. durch die Erinnerung anfechtbar, unterliegen also ebenso wie die Entscheidungen des UrkB (vgl. §§ 104 Abs. 3, 576 ZPO) der Nachprüfung durch das Gericht, dem der Rpfl angehört. Wenn infolgedessen die Entscheidungen des Rpfl insoweit bis zu einem gewissen Grade auch nur die Bedeutung des Vorläufigen, Unselbständigen haben (vgl. die Bedenken von Buchwald aaO. Sp. 521f. und von Croll in „Justizreform und Rechtspfleger", Frankfurt/M., 1953, S. 14), so mindert diese Regelung jedenfalls nicht die sachliche Unabhängigkeit des Rpfl;

c) in den Fällen der bloßen Vorbereitung richterlicher Amtshandlungen, insbesondere der Anfertigung von Entwürfen (vgl. dazu § 24 d. Ges.).

4. „Bei seinen Entscheidungen".

In seiner Eigenschaft als Beamter der Justizverwaltung, d. h. außerhalb seiner entscheidenden Tätigkeit, unterliegt ebenso wie der Richter auch der Rpfl den allgemeinen beamtenrechtlichen Bestimmungen. Der Dienstvorgesetzte kann z. B. die Ausführung dienstlicher Geschäfte des Rpfl auf Pünklichkeit und Ordnungsmäßigkeit überprüfen und bei Feststellung von Mängeln Rügen erteilen usw. Wegen der Dienstaufsicht s. die Erläut. 4b zu § 1 d. Ges. Der Dienstvorgesetzte muß sich aber jeder Einflußnahme enthalten, soweit es sich um die Entscheidung einer Rechtssache handelt. Insoweit gilt die allgemeine Gehorsamspflicht grundsätzlich nicht (vgl. auch § 55 S. 2 BBG).

§ 9

Ausschließung und Ablehnung des Rechtspflegers

Für die Ausschließung und Ablehnung des Rechtspflegers sind die für den Richter geltenden Vorschriften entsprechend anzuwenden. Über die Ablehnung des Rechtspflegers entscheidet der Richter.

1 Allgemeines.

Die Ausschließung und Ablehnung des Rpfl waren weder im REntlG noch in der REntlV ausdrücklich geregelt. Da gemäß §§ 1 und 2 REntlG der Rpfl seiner Stellung nach UrkB der Geschäftsstelle geblieben war, waren die Vorschriften über die Ausschließung und Ablehnung des UrkB der Geschäftsstelle entsprechend anzuwenden (§ 49 ZPO, § 4 Abs. 2 HRV, § 4 Abs. 4 AVO/GBO, § 89 Abs. 2 SchiffsRegO und für die freiwillige Gerichtsbarkeit im übrigen die Vorschriften der Landesgesetze — vgl. Keidel, Anm. 1 zu § 6 FGG). Auf Grund seiner Stellung als selbständiges Organ der Rechtspflege ist nunmehr auch die Ausschließung und Ablehnung des Rpfl in dem Gesetz unmittelbar geregelt, und zwar in der Weise, daß die für den Richter geltenden Vorschriften entsprechend anzuwenden sind.

2. Ausschließung.

Für die Ausschließung kommen in Betracht:

ZPO § 41	*FGG § 6 Abs. 1*	*FGG § 170*
Ein Richter ist von der Ausübung des Richteramtes kraft Gesetzes ausgeschlossen:		*Als Richter, Notar, Urkundsbeamter der Geschäftsstelle oder Zeuge kann bei der Beurkundung nicht mitwirken:*
1. *in Sachen, in denen er selbst Partei ist oder bei denen er zu einer Partei in dem Verhältnis eines Mitberechtigten, Mitverpflichteten oder Regreßpflichtigen steht;*	1. *in Sachen, in denen er selbst beteiligt ist oder in denen er zu einem Beteiligten in dem Verhältnis eines Mitberechtigten oder Mitverpflichteten steht;*	1. *wer selbst Beteiligter ist, sowie derjenigte, für welchen ein Beteiligter als Vertreter handelt;*

2. *in Sachen seines Ehegatten, auch wenn die Ehe nicht mehr besteht;*

3. *in Sachen einer Person, mit der er in gerader Linie verwandt, verschwägert oder durch Adoption verbunden, in der Seitenlinie bis zum dritten Grade verwandt oder bis zum zweiten Grade verschwägert ist, auch wenn die Ehe, durch welche die Schwägerschaft begründet ist, nicht mehr besteht;*

4. *in Sachen, in denen er als Prozeßbevollmächtigter oder Beistand einer Partei bestellt oder als gesetzlicher Vertreter einer Partei aufzutreten berechtigt ist oder gewesen ist;*

5. *in Sachen, in denen er als Zeuge oder Sachverständiger vernommen ist;*

6. *in Sachen, in denen er in einem früheren Rechtszuge oder im schiedsrichterlichen Verfahren bei dem Erlaß der angefochtenen Entscheidung mitgewirkt hat, sofern es sich nicht um die Tätigkeit eines beauftragten oder ersuchten Richters handelt.*

2. *in Sachen seines Ehegatten, auch wenn die Ehe nicht mehr besteht;*

3. *in Sachen einer Person, mit der er in gerader Linie oder im zweiten Grade der Seitenlinie verwandt oder verschwägert ist;*

4. *in Sachen, in denen er als Vertreter eines Beteiligten bestellt oder als gesetzlicher Vertreter eines solchen aufzutreten berechtigt ist.*

2. *der Ehegatte eines Beteiligten, auch wenn die Ehe nicht mehr besteht;*

3. *wer mit einem Beteiligten in gerader Linie oder im zweiten Grade der Seitenlinie verwandt oder verschwägert ist;*

4. *wer zu demjenigen, für welchen ein Beteiligter als Vertreter handelt, in einem Verhältnisse der unter Nr. 2, 3 bezeichneten Art steht.*

FGG § 171

(1) *Als Richter, Notar, Urkundsbeamter der Geschäftsstelle oder Zeuge kann bei der Beurkundung nicht mitwirkenn:*

1. *derjenige, zu dessen Gunsten in der Urkunde eine Verfügung getroffen wird;*
2. *wer zu denjenigen, zu dessen Gunsten in der Urkunde eine Verfügung getroffen wird, in einem Verhältnisse der in § 170 Nr. 2, 3 bezeichneten Art steht.*

(2) *Die Mitwirkung einer hiernach ausgeschlossenen Person hat zur Folge, daß die Beurkundung insoweit nichtig ist, als sie eine Verfügung zugunsten einer der in Abs. 1 Nr. 1, 2 bezeichneten Personen zum Gegenstande hat.*

a) Allgemeine Bedeutung der Ausschließung.

Die Ausschließung des Rpfl von der Ausübung seines Amtes kraft Gesetzes bedeutet für ihn den gesetzlichen Befehl, sich in den aufgezählten Fällen von der Ausübung seines Amtes zu enthalten. Die Ausschließung gilt in den betreffenden Fällen für jede Tätigkeit des Rpfl. Der kraft Gesetzes ausgeschlossene Rpfl veranlaßt zweckmäßig, daß für ihn der Vertreter eintritt oder — falls ein solcher nicht vorhanden ist — auf dienstlichem Wege für Ersatz gesorgt wird.

b) Die einzelnen Ausschließungsgründe:

Die Ausschließungsgründe des FGG lehnen sich im wesentlichen an die der ZPO an, zeigen aber die Abweichung, daß ein Richter in Sachen, in denen er als Zeuge oder Sachverständiger vernommen ist, im Verfahren der freiwilligen Gerichtsbarkeit nicht kraft Gesetzes ausgeschlossen ist. Es bleibt ihm jedoch unbenommen, sich nach § 6 Abs. 2 FGG der Amtsausübung wegen Befangenheit zu enthalten.

Der in § 41 Nr. 6 ZPO aufgeführte Ausschließungsgrund (Mitwirkung in einer unteren Instanz) kommt für den Rpfl nicht in Betracht.

Für das SchiffsReg-Verfahren gilt als Besonderheit, daß sich die Ausschließung von Gerichtspersonen nicht nach den Vorschriften des FGG, sondern nach denen der ZPO richtet (§ 89 Abs. 2 SchiffsReg-O).

Für die Beglaubigung gelten nicht die o. a. §§ 170ff FGG; vielmehr bestimmt sich die Ausschließung insoweit nach § 6 FGG (vgl. Keidel, Anm. 4 zu § 183 FGG und NJW 1957 S. 521 ff. unter III3 Note 24).

Im übrigen darf wegen der Ausschließungsgründe im einzelnen auf die Erläuterungsbücher zu den genannten Verfahrensgesetzen verwiesen werden. Die Mitglieder einer eingetragenen Genossenschaft sind in einem die Genossenschaft betreffenden Verfahren im allgemeinen nicht kraft Gesetzes als Rpfl ausgeschlossen (vgl. im einzelnen Zimmermann und Keidel, Rpfleger 1957 S. 9ff.).

c) Rechtsfolgen vorschriftswidriger Mitwirkung:

Die Vorschriften über die Ausschließung sind zwingender Natur, können also nicht durch Parteivereinbarung abbedungen werden.

aa) Ist ein kraft Gesetzes ausgeschlossener Rpfl vorschriftswidrig tätig geworden, so ist die Amtshandlung nicht schlechthin unwirksam oder nichtig (vgl. für die freiwillige Gerichtsbarkeit § 7 FGG: „Gerichtliche Handlungen sind nicht aus dem Grunde unwirksam, weil sie von . . . einem Richter vorgenommen sind, der von der Ausübung des Richteramtes kraft Gesetzes ausgeschlossen ist"). Der Verstoß hat vielmehr bloße Anfechtbarkeit der Entscheidung zur Folge, und zwar mittels des im Gesetz gegen die Entscheidungen des Rpfl vorgesehenen Rechtsbehelfs, nämlich der Erinnerung gemäß § 10 d. Ges. Über die Erinnerung entscheidet das Gericht, dem der Rpfl angehört (vgl. § 27 d. Ges.).

bb) Nach Eintritt der Rechtskraft kann der Rechtsuchende im Zivilrechtsstreit die Wiederaufnahme des Verfahrens beantragen. In diesem Falle gilt entsprechend

ZPO § 579: (1) *Die Nichtigkeitsklage findet statt:*

1. *pp.*
2. *wenn ein Richter bei der Entscheidung mitgewirkt hat, der von der Ausübung des Amtes kraft Gesetzes ausgeschlossen war, sofern nicht dieses Hindernis mittels eines Ablehnungsgesuchs oder eines Rechtsmittels ohne Erfolg geltend gemacht ist;*

pp.

Da der Rpfl niemals durch Urteil, sondern stets nur durch Beschluß entscheidet, kommt für die Wiederaufnahme allerdings nicht ein Klageverfahren gemäß § 579 ZPO, sondern das Beschlußverfahren zur Anwendung (vgl. Stein-Jonas-Schönke, Vorbem. V vor § 578 ZPO; Rosenberg § 154 III2 a.E.). In diesen Fällen kann infolgedessen an Stelle des Richters der Rpfl über den Wiederaufnahmeantrag entscheiden (ebenso Stein-Jonas-Schönke, Bem. I1 zu § 49 ZPO).

Die Vorschriften über die Wiederaufnahme des Verfahrens werden für den Rpfl jedoch vielfach nicht praktisch werden im Hinblick auf die Vorschrift des *§ 577 Abs. 2 S. 3 ZPO*, welche in allen Fällen der sofortigen Beschwerde die Beschwerdefrist verlängert. Diese Bestimmung lautet:

> *„Liegen die Erfordernisse der Nichtigkeits- ... klage vor, so kann die Beschwerde auch nach Ablauf der Notfrist (von zwei Wochen) innerhalb der für diese Klage ... geltenden Notfrist ... erhoben werden.“*

Unter den genannten Voraussetzungen ist also in allen Fällen der sofortigen Beschwerde auch nach Ablauf der Beschwerdefrist der Rechtsbehelf der befristeten Erinnerung gegeben.

Eine Besonderheit gilt für Vollstreckungsbefehle (§ 699 ZPO). Die Nichtigkeitsklage gegen einen Vollstreckungsbefehl gehört nach § 584 Abs. 2 ZPO *„ausschließlich vor das AG, dessen Geschäftsstelle den Befehl erlassen hat; wenn der Anspruch nicht zur Zuständigkeit des AG gehört, vor das für den Rechtsstreit über den Anspruch zuständige Gericht“*. Da nach § 700 Abs. 1 ZPO der Vollstreckungsbefehl einem für vorläufig vollstreckbaren, auf Versäumnis erlassenen Endurteil gleichsteht, findet hier wie allgemein gegen ein rechtskräftiges Urteil das förmliche Klageverfahren statt, für das der Richter zuständig ist.

Wegen des Verfahrens in den Fällen der Wiederaufnahme vgl. §§ 585ff. ZPO, wegen der für die Stellung des Antrags bzw. die Erhebung der Nichtigkeitsklage vorgeschriebenen Notfrist von einem Monat insbes. § 586 Abs. 1 ZPO.

Dem Verfahren der freiwilligen Gerichtsbarkeit ist ein Wiederaufnahmeverfahren grundsätzlich nicht bekannt, weil hier im allgemeinen die Entscheidungen nicht der materiellen Rechtskraft fähig sind (vgl. Keidel, Anm 14 zu § 18 und Anm. 8 zu § 31 FGG). Soweit für die sog. echten Streitverfahren Ausnahmen von diesem Grundsatz zugelassen sind, bedürfen diese hier keiner Erörterung, da insoweit eine Zuständigkeit des Rpfl nicht in Betracht kommt.

Hervorzuheben sind die Vorschriften der §§ 7 FGG und 11 GBO, nach denen gerichtliche Handlungen, insbesondere Eintragungen im Grundbuch, nicht aus dem Grunde unwirksam sind, weil sie ein Richter oder Rpfl vorgenommen hat, der kraft Gesetzes von der Mitwirkung ausgeschlossen war. Es versteht sich, daß die Mitwirkung eines ausgeschlossenen Rpfl auch hier stets mit dem zulässigen Rechtsbehelf anfechtbar ist (vgl. Schlegelberger, Anm. 11 zu § 6 FGG, und Keidel, Anm. 4b zu § 7 FGG).

3. Ablehnung.

a) Allgemeine Bedeutung der Ablehnung.

Ablehnung bedeutet das Geltendmachen der Besorgnis, daß der Richter oder Rpfl vom Standpunkt eines Rechtsuchenden aus in der Sache nicht unparteiisch entscheiden werde. Die Ablehnung hindert also den Rpfl nicht kraft Gesetzes an der Ausübung seines Amtes wie die Ausschließung, sondern auf Betreiben des Rechtsuchenden oder zufolge eigener Anzeige (Selbstablehnung). Im Gegensatz zur ZPO läßt das FGG eine Ablehnung des Rpfl durch einen Rechtsuchenden nicht zu; es kennt vielmehr nur die Selbstablehnung durch den Rpfl.

Für das Schiffsregister-Verfahren gilt die Besonderheit, daß sich Ausschließung und Ablehnung von Gerichtspersonen nicht nach den Vorschriften des FGG, sondern nach denen der ZPO richten (§ 89 Abs. 2 SchiffsRegO).

b) Ablehnung durch den Rechtsuchenden.

Für die Ablehnung des Rpfl durch den Rechtsuchenden gilt entsprechend

ZPO § 42

(1) *Ein Richter kann sowohl in den Fällen, in denen er von der Ausübung des Richteramts kraft Gesetzes ausgeschlossen ist, als auch wegen Besorgnis der Befangenheit abgelehnt werden.*

(2) *Wegen Besorgnis der Befangenheit findet die Ablehnung statt, wenn ein Grund vorliegt, der geeignet ist, Mißtrauen gegen die Unparteilichkeit eines Richters zu rechtfertigen.*

(3) *Das Ablehnungsrecht steht in jedem Falle beiden Parteien zu.*

aa) Ablehnungsgründe.

Die ZPO führt für die Ablehnung wegen Besorgnis der Befangenheit keine einzelnen Gründe auf, sondern überläßt es dem freien, pflichtgemäßen Ermessen, ob im Einzelfall ein Grund zum Mißtrauen in die Unparteilichkeit des Richters oder Rpfl vorliegt. Maßgebend ist, ob vom Standpunkt des betreffenden Rechtsuchenden aus genügend objektive Gründe vorliegen, die in den Augen eines vernünftigen Menschen geeignet sind, Mißtrauen gegen die Unparteilichkeit des Richters oder Rpfl zu erregen. Die Ablehnung kann auch auf die Ausschließungsgründe gestützt werden.

bb) Ablehnungsfrist.

ZPO § 43

Eine Partei kann einen Richter wegen Besorgnis der Befangenheit nicht mehr ablehnen, wenn sie sich bei ihm ohne den ihr bekannten Ablehnungsgrund geltend zu machen, in eine Verhandlung eingelassen oder Anträge gestellt hat.

Während die Ausschließung auch von der Partei jederzeit geltend gemacht werden kann, muß das Ablehnungsgesuch bei Vermeidung des Verlustes sofort angebracht werden.

cc) Ablehnungsgesuch.

ZPO § 44

(1) *Das Ablehnungsgesuch ist bei dem Gericht, dem der Richter angehört, anzubringen; es kann vor der Geschäftsstelle zu Protokoll erklärt werden.*

(2) *Der Ablehnungsgrund ist glaubhaft zu machen; zur Versicherung an Eides statt darf die Partei nicht zugelassen werden. Zur Glaubhaftmachung kann auf das Zeugnis des abgelehnten Richters Bezug genommen werden.*

(3) *Der abgelehnte Richter hat sich über den Ablehnungsgrund dienstlich zu äußern.*

(4) *Wird ein Richter, bei dem die Partei sich in eine Verhandlung eingelassen oder Anträge gestellt hat, wegen Besorgnis der Befangenheit abgelehnt, so ist glaubhaft zu machen, daß der Ablehnungsgrund erst später entstanden oder der Partei bekannt geworden sei.*

dd) Entscheidung über die Ablehnung.

ZPO § 45

(1) *Über das Ablehnungsgesuch entscheidet das Gericht, dem der Abgelehnte angehört; wenn dieses Gericht durch Ausscheiden des abgelehnten Mitglieds beschlußunfähig wird, das im Rechtszuge zunächst höhere Gericht.*

(2) *Wird ein Amtsrichter abgelehnt. so entscheidet das Landgericht. Einer Entscheidung bedarf es nicht, wenn der Amtsrichter das Ablehnungsgesuch für begründet hält.*

Bei dem Rpfl entscheidet gemäß § 9 Satz 2 d. Ges. über das Ablehnungsgesuch der Richter des Gerichts, dem der abgelehnte Rpfl angehört (vgl. § 27 d. Ges.).

ee) Anfechtung der Entscheidung.

ZPO § 46

(1) *Die Entscheidung über das Ablehnungsgesuch kann ohne mündliche Verhandlung ergehen.*

(2) *Gegen den Beschluß, durch den das Gesuch für begründet erklärt wird, findet kein Rechtsmittel, gegen den Beschluß, durch den das Gesuch für unbegründet erklärt wird, findet sofortige Beschwerde statt.*

ff) Unaufschiebbare Amtshandlungen.

ZPO § 47

Ein abgelehnter Richter hat vor Erledigung des Ablehnungsgesuchs nur solche Handlungen vorzunehmen, die keinen Aufschub gestatten.

Während ein ausgeschlossener Rpfl keinerlei Amtshandlung vornehmen darf, kann der abgelehnte Rpfl unaufschiebbare Amtshandlungen, d. h. solche, die dem Rechtsuchenden wesentliche Nachteile ersparen, ausnahmsweise vornehmen.

c) Selbstablehnung.

ZPO § 48

(1) *Das für die Erledigung eines Ablehnungsgesuchs zuständige Gericht hat auch dann zu entscheiden, wenn ein solches Gesuch nicht angebracht ist, ein Richter aber von einem Verhältnis Anzeige macht, das seine Ablehnung rechtfertigen könnte, oder wenn aus anderer Veranlassung Zweifel darüber entstehen, ob ein Richter kraft Gesetzes ausgeschlossen sei.*

(2) *Die Entscheidung ergeht ohne Gehör der Parteien.*

FGG § 6

(1) *pp.*

(2) *Ein Richter kann sich der Ausübung seines Amtes wegen Befangenheit enthalten. Die Ablehnung eines Richters ist ausgeschlossen.*

Im Gegensatz zu den Fällen, in denen ein Rechtsuchender rechtzeitig ein Ablehnungsgesuch angebracht hat (vgl. § 45 Abs. 2 ZPO), muß im Zivilrechtsstreit das Gericht (vgl. §§ 9 S. 2 und 27 d. Ges.) stets entscheiden, wenn der Rpfl ohne Ablehnungsgesuch oder auf Grund eines verspäteten Gesuchs (vgl. § 43 ZPO) sich für befangen hält; § 45 Abs. 2 S. 2 ZPO gilt in diesen Fällen nicht.

Im Verfahren der freiwilligen Gerichtsbarkeit das eine Ablehnung des Rpfl durch einen Beteiligten nicht kennt (vgl. § 6 Abs. 2 S. 2 d. Ges. und obige Erläut. zu a), gibt der Rpfl, der sich für befangen hält, nach Vermerk der Gründe die Sache ohne weiteres an seinen Vertreter ab; es bedarf hier keiner Entscheidung des Gerichts (vgl. Keidel, Anm. 4 zu § 6 FGG).

§ 10
Rechtsbehelfe

(1) Gegen die Entscheidungen des Rechtspflegers ist vorbehaltlich der Bestimmungen des Absatzes 6 die Erinnerung zulässig. Die Erinnerung ist binnen der für die sofortige Beschwerde geltenden Frist einzulegen, wenn gegen die Entscheidung, falls sie der Richter erlassen hätte, die sofortige Beschwerde gegeben wäre.

(2) Der Rechtspfleger kann, außer im Falle des Absatzes 1 Satz 2, der Erinnerung abhelfen. Hilft er ihr nicht ab, so entscheidet der Richter über die Erinnerung; das gleiche gilt im Falle des Absatzes 1 Satz 2.

(3) Gegen die Entscheidung des Richters ist das Rechtsmittel gegeben, das nach den allgemeinen verfahrensrechtlichen Vorschriften zulässig ist.

(4) Sofern dies bei Einlegung des Rechtsbehelfs beantragt ist, hat der Richter die Erinnerung, wenn er ihr nicht stattgeben will, unmittelbar dem Rechtsmittelgericht vorzulegen. Die Erinnerung gilt in diesem Falle als Beschwerde gegen die Entscheidung des Rechtspflegers.

(5) Auf die Erinnerung sind im übrigen die Vorschriften über die Beschwerde sinngemäß anzuwenden.

(6) Gerichtliche Verfügungen, die nach den Vorschriften der Grundbuchordnung, der Schiffsregisterordnung, des Gesetzes über die Angelegenheiten der freiwilligen Gerichtsbarkeit und den für den Erbschein geltenden Bestimmungen wirksam geworden sind und nicht mehr geändert werden können, sind mit der Erinnerung nicht anfechtbar. Die Erinnerung ist ferner in den Fällen der §§ 694, 700 der Zivilprozeßordnung ausgeschlossen.

(7) Das Erinnerungsverfahren ist gerichtsgebührenfrei. Rechtsanwälten stehen die in § 41 Nr. 2 der Gebührenordnung für Rechtsanwälte bestimmten Gebühren zu, wenn sich ihre Tätigkeit auf das Erinnerungsverfahren beschränkt.

Rechtsbehelfe

Übersicht

1. Allgemeines:

Gegen die Entscheidungen des Rpfl sind nicht die gleichen Rechtsbehelfe wie gegen die entsprechenden Entscheidungen des Richters gegeben. Das Gesetz hat vielmehr ebenso wie schon bisher §§ 576 und 577 Abs. 4 ZPO und Art. VI § 3 Abs. 2 REntlG, die bloße Erinnerung vorgesehen. Im Gegensatz zu der (inzwischen überholten) sowjetzonalen RpflVO vom 20. 6. 1947, deren § 10 gegen Entscheidungen des Rpfl die gleichen Rechtsbehelfe wie gegen die entsprechenden Entscheidungen des Richters vorsah, gewährt die nunmehr geltende sowjetzonale AngleichungsVO vom 4. 10. 1952 § 34 (im Anhang abgedruckt) gegen Entscheidungen des „Sekretärs" (vgl. § 4 daselbst) ebenfalls lediglich den Rechtsbehelf der Erinnerung. Die Erinnerung ist kein Rechtsmittel, durch welches die Entscheidung vor Eintritt der Rechtskraft der Nachprüfung der höheren Instanz unterbreitet wird, sondern führt grundsätzlich lediglich zur Überprüfung durch den Richter, d. h. durch ein Organ des gleichen Rechtszuges. Sie hat insofern Ähnlichkeit mit dem Widerspruch (§ 694 ZPO) und dem Einspruch (§ 700 ZPO). Durch die wichtige Bestimmung des § 10 Abs. 5 d. Ges. ist die Erinnerung jedoch im übrigen der Beschwerde weitgehend angeglichen.

Aus diesem Grunde ist daher auf die ErläutBücher zur ZPO und zum FGG zu verweisen, deren Darstellungen über die Beschwerde in weitem Umfange sinngemäß auch für die Erinnerung gelten. Im folgenden sollen nur die für die Erinnerung geltenden Besonderheiten erörtert werden.

Da für die nicht in das Gesetz einbezogene Strafvollstreckung (vgl. Erläut. 1 zu § 1 d. Ges.), die bisherige Regelung aufrecht erhalten worden ist (vgl. § 35 Abs. 1 Nr. 1 d. Ges.), gilt § 10 d. Ges. nur für die Gebiete der zivilen Rechtsstreitigkeiten und der freiwilligen Gerichtsbarkeit.

Von der Erinnerung ist (ebenso wie von der Beschwerde) die Dienstaufsichtsbeschwerde zu unterscheiden. Sie unterliegt nicht den Verfahrensgesetzen, sondern gehört dem Justizverwaltungsrecht an. Die Dienstaufsichtsbeschwerde gibt dem Dienstvorgesetzten (vgl. Erläut. 4b zu § 1 d. Ges.) nur eine Anregung zum Einschreiten, soweit der Rpfl nicht ordnungsmäßig verfahren ist, z. B. die Erledigung ohne sachlichen Grund verzögert hat; wegen der Selbständigkeit des Rechtspflegers vgl. § 8 d. Ges. und Erläut. daselbst.

Wenn nachstehend in den §§ 12ff bei den einzelnen Geschäften als Rechtsmittel „Beschwerde" oder „sofortige Beschwerde" angegeben ist, so bedeutet dies, daß gegen die von dem Rpfl getroffenen Entscheidungen — soweit es sich nicht um die nachstehend zu 3F genannten Ausnahmefälle handelt — die Erinnerung und erst gegen die Erinnerungsentscheidung das angegebene Rechtsmittel zulässig ist, vgl. auch die Erläut. zu § 8 Ziff. 3b d. Ges.

2. Die Erinnerung im zivilen Rechtsstreit.

A. Zulässigkeit.

Bei jedem Rechtsbehelf ist zu unterscheiden zwischen der verfahrensrechtlichen Zulässigkeit und der sachlichen Berechtigung.

a) Vorbemerkung.

Die Erinnerung gegen die Entscheidungen des Rpfl ist in gleichem Umfange wie bei den entsprechenden richterlichen Entscheidungen das Rechtsmittel der Beschwerde (vgl. § 567 Abs. 1 ZPO) und darüber hinaus auch in denjenigen Fällen zulässig, in denen die entsprechende richterliche Entscheidung unanfechtbar wäre, wie z. B. die Entscheidung des Senats eines OLG (vgl. § 567 Abs. 3 S. 1 ZPO) oder (in der unteren Instanz) die Bewilligung des Armenrechts (§ 127 S. 1 ZPO), die Zurückweisung eines Mahngesuchs (§ 691 Abs. 3 ZPO). „Es erscheint nicht vertretbar, bei solchen Entscheidungen, die nunmehr von dem Rpfl getroffen werden, keinerlei Rechtsschutz zu gewähren, zumal da auch bei Verfügungen des beauftragten oder ersuchten Richters gemäß § 576 ZPO immer ein Rechtsbehelf zulässig ist" (vgl. amtliche Begründung und Keidel, NJW 1957 S. 521 ff. unter VII Note 61).

Die §§ 576 und 577 Abs. 4 behalten für den UrkB nach wie vor ihre Bedeutung (vgl. auch die Erläut. unten zu e).

Wegen der Erinnerung gemäß § 766 ZPO vgl. die Erläut. „zu 14" Ziff. 3a zu § 19 d. Ges.

Wegen des Ausschlusses der Erinnerung in den Fällen der §§ 694 ZPO (Widerspruch im Mahnverfahren) und 700 ZPO (Einspruch gegen Vollstreckungsbefehl) vgl. die Erläut. unten zu F.

b) Erinnerungsfähige Entscheidungen.

Der Kreis der mit der Beschwerde anfechtbaren richterlichen Entscheidungen ist in der ZPO, wie folgt, umschrieben:

ZPO § 567

(1) *Das Rechtsmittel der Beschwerde findet in den in diesem Gesetz besonders hervorgehobenen Fällen und gegen solche eine mündliche Verhandlung nicht erfordernde Entscheidungen statt, durch die ein das Verfahren betreffendes Gesuch zurückgewiesen ist.*

(2) *Die Beschwerde gegen Entscheidungen über Kosten, Gebühren und Auslagen ist nur zulässig, wenn der Wert des Beschwerdegegenstandes fünfzig Deutsche Mark übersteigt.*

(3) *Gegen die Entscheidungen der Oberlandesgerichte ist eine Beschwerde nicht zulässig. Ausgenommen sind Beschlüsse, durch die eine Berufung nach § 519b als unzulässig verworfen wird.*

Diese Vorschrift ist nach § 10 Abs. 5 d. Ges. sinngemäß auf die Erinnerung anzuwenden. Wegen der Zulässigkeit der Erinnerung auch in den Fällen, in denen die entsprechende richterliche Entscheidung unanfechtbar wäre, vgl. die obigen Erläut. zu a.

c) Erinnerungsberechtigung.

Die Zulässigkeit der Erinnerung setzt weiter eine erinnerungsberechtigte Person voraus. Erinnerungsberechtigt ist jede Partei, deren Antrag ganz oder teilweise abgelehnt oder in deren Rechte eingegriffen ist; außerdem jeder Dritte, über dessen Rechte oder Pflichten entschieden ist (z. B. Zeugen und Sachverständige).

d) Form der Erinnerung.

Für die Form der Erinnerung gilt nach § 10 Abs. 5 d. Ges. sinngemäß

ZPO § 569

(1) *Die Beschwerde wird bei dem Gericht eingelegt, von dem oder von dessen Vorsitzenden die angefochtene Entscheidung erlassen ist; sie kann in dringenden Fällen auch bei dem Beschwerdegericht eingelegt werden.*

(2) *Die Beschwerde wird durch Einreichung einer Beschwerdeschrift eingelegt. Sie kann auch durch Erklärung zum Protokoll der Geschäftsstelle eingelegt werden, wenn der Rechtsstreit bei einem Amtsgericht anhängig ist oder anhängig war, wenn die Beschwerde das Armenrecht betrifft oder von einem Zeugen oder Sachverständigen erhoben wird.*

Die Erinnerung ist stets bei dem Gericht einzulegen, dessen Rpfl die Entscheidung erlassen hat.

Die Erinnerung kann eingelegt werden durch Einreichung einer Erinnerungsschrift oder durch Erklärung zur Niederschrift des UrkB der Geschäftsstelle. Ein Antrag ist nicht vorgeschrieben. Zweifel über die erstrebte Abänderung sind durch Rückfrage zu klären (§ 139 ZPO). Ebensowenig bedarf die Erinnerung einer Begründung; doch ist eine solche ratsam und zweckmäßig.

aa) Erinnerungsschrift.

Die Erinnerungsschrift muß enthalten (vgl. § 518 ZPO):

die Bezeichnung der angefochtenen Entscheidung,

die Erklärung, daß die Entscheidung angefochten wird; dabei ist der Gebrauch des Wortes „Erinnerung“ nicht erforderlich,

die Angabe des Rechtsuchenden, der von dem Rechtsbehelf Gebrauch macht oder in dessen Namen ein Vertreter Erinnerung einlegt.

Der Rechtsuchende kann selbst die Erinnerungsschrift unterzeichnen oder sich hierzu irgendeiner prozeßfähigen Person als Bevollmächtigten bedienen (vgl. § 79 ZPO). Es besteht in der Regel kein Anwaltszwang (vgl. § 78 Abs. 2 ZPO und OLG Karlsruhe JW 1931 S. 3568). Ausnahme: Im Falle der Hilfsbeschwerde (§ 10 Abs. 4 d. Ges.) ist, soweit nicht ein Fall des § 569 Abs. 2 S. 2 ZPO vorliegt, Vertretung durch einen bei dem betreffenden Gericht zugelassenen Rechtsanwalt notwendig (§ 78 Abs. 1 ZPO; vgl. die Erläut. unten zu Ed). Die Einreichung ist vollzogen mit der Entgegennahme der Erinnerungsschrift durch einen zuständigen, zur Anbringung des Eingangsvermerks befugten Beamten, d. h. regelmäßig einen UrkB der Geschäftsstelle oder die Briefannahmestelle (Näheres vgl. bei Baumbach-Lauterbach, Anm. 2 zu § 569 und Anm. 2 B zu § 496 ZPO).

bb) Erklärung zur Niederschrift.

Die Einlegung der Erinnerung durch Erklärung zur Niederschrift der Geschäftsstelle ist nicht auf die Fälle des § 569 Abs. 2 S. 2 ZPO beschränkt. Für die Einlegung der Erinnerung gilt grundsätzlich kein Anwaltszwang (vgl. § 78 Abs. 2 ZPO). Wegen der Ausnahme im Falle der Hilfsbeschwerde (§ 10 Abs. 4 d. Ges.) vgl. die Erläut. vorstehend zu aa. Formvorschriften fehlen im übrigen. Die Unterschrift des Rechtsuchenden ist nicht erforderlich, aber erwünscht. Im übrigen sind die Vorschriften der §§ 159ff. ZPO sinngemäß anwendbar.

e) Hilfsbeschwerde (Abs. 4).

Der Rechtsuchende kann von vornherein hilfsweise den Antrag stellen, die Sache dem übergeordneten Richter vorzulegen, falls der Richter der getroffenen Entscheidung des Rpfl nicht abhilft (Fall der Hilfsbeschwerde). Macht der Rechtsuchende von dieser Möglichkeit Gebrauch, so leitet der Richter, welcher der Erinnerung nicht abhelfen will, ohne eigene Zwischenentscheidung die Sache unmittelbar an die übergeordnete Instanz weiter. Abweichend von § 577 Abs. 4 ZPO, der u. a. für den UrkB nach wie vor seine Bedeutung behält, ist also gegenüber den Entscheidungen des Rpfl auch in den Fällen der befristeten Erinnerung (s. unten zu f) der Rechtsbehelf der Erinnerung nicht kraft Gesetzes Hilfsbeschwerde; es bedarf vielmehr eines besonderen Antrags. Andererseits kann der Hilfsantrag auch in den Fällen der unbefristeten Erinnerung gestellt werden.

Wird der Hilfsantrag gestellt, so ist die Erinnerung unbedingt, die Beschwerde bedingt, nämlich nur unter der Bedingung eingelegt, daß der Richter der Erinnerung nicht abhilft.

Das abgekürzte Verfahren soll der Beschleunigung dienen.

Als Besonderheit ist zu beachten, daß — soweit nicht ein Fall des § 569 Abs. 2 S. 2 ZPO vorliegt — für die Hilfsbeschwerde Anwaltszwang gilt (vgl. auch die Erläut. unten zu E d).

f) Befristete Erinnerung:

In den Fällen, in denen gegen die entsprechende richterliche Entscheidung die sofortige Beschwerde gegeben wäre, muß die Erinnerung in der gleichen Frist angebracht werden (befristete Erinnerung).

Als Fälle der befristeten Erinnerung (sofortigen Beschwerde) seien genannt:

§ 109 Abs. 4 ZPO: Rückgabe der Sicherheit,

§ 319 Abs. 3 ZPO (entsprechend): Berichtigung von Beschlüssen (vgl. die Erläut. 1 aE zu § 4 d. Ges.),

§ 793 ZPO:	Entscheidungen im Zwangsvollstreckungsverfahren,
§ 934 Abs. 4 ZPO:	Aufhebung des vollzogenen Arrestes
§ 936 ZPO:	Aufhebung der vollzogenen einstweiligen Verfügung,
§ 1022 ZPO:	Aufhebung der Zahlungssperre bei Aufgebot von Inhaberpapieren,
§ 60 Abs. 2 BGB:	Zurückweisung einer Vereinsanmeldung,
§ 73 BGB:	Entziehung der Rechtsfähigkeit (Vereinsrecht).

Für die befristete Erinnerung gilt sinngemäß

ZPO § 577

(1) *Für die Fälle der sofortigen Beschwerde gelten die nachfolgenden besonderen Vorschriften.*

(2) *Die Beschwerde ist binnen einer Notfrist von zwei Wochen, die mit der Zustellung, in den Fällen der §§ 336 und 952 Abs. 4 mit der Verkündung der Entscheidung beginnt, einzulegen. Die Einlegung bei dem Beschwerdegericht genügt zur Wahrung der Notfrist, auch wenn der Fall für dringlich nicht erachtet wird. Liegen die Erfordernisse der Nichtigkeits- oder der Restitutionsklage vor, so kann die Beschwerde auch nach Ablauf der Notfrist innerhalb der für diese Klagen geltenden Notfristen erhoben werden.*

(3) *Das Gericht ist zu einer Änderung seiner der Beschwerde unterliegenden Entscheidung nicht befugt.*

(4) *In den Fällen des § 576 muß auf dem für die Einlegung der Beschwerde vorgeschriebenen Wege die Entscheidung des Prozeßgerichts binnen der Notfrist nachgesucht werden. Das Prozeßgericht hat das Gesuch, wenn es ihm nicht entsprechen will, dem Beschwerdegericht vorzulegen.*

Die Frist ist eine Notfrist i. S. des § 223 Abs. 3 ZPO, d. h. aa) sie kann nicht verlängert oder abgekürzt werden (§ 224 ZPO); bb) bei Versäumung ist unter den gesetzlichen Voraussetzungen des § 233 ZPO (bei Nichteinhaltung infolge Verhinderung durch Naturereignisse oder andere unabwendbare Zufälle) Wiedereinsetzung in den vorigen Stand möglich; cc) die Frist läuft trotz Ruhen des Verfahrens (§ 251 ZPO); dd) sie wird durch die Gerichtsferien nicht gehemmt (§ 223 Abs. 1 und 2 ZPO).

Dauer: Die Frist zur Einlegung der befristeten Erinnerung beträgt zwei Wochen.

Beginn der Frist: Tag der Zustellung der Entscheidung. Ist eine wirksame Zustellung unterblieben, so wird die Frist nicht in Lauf gesetzt. Wegen der Berechnung der Frist vgl. § 222 ZPO und §§ 187 bis 189 BGB. Der Rechtsbehelf kann auch vor Beginn der Frist eingelegt werden.

Eine Besonderheit gilt nach § 577 Abs. 2 S. 3 ZPO in den Fällen, in denen die Erfordernisse der Nichtigkeitsklage oder der Restitutionsklage vorliegen, das der Entscheidung vorausgegangene Verfahren des Rpfl also schwere prozessuale Mängel aufweist (§ 579 ZPO) oder die Entscheidung auf unrichtigen Unterlagen beruht (§ 580 ZPO). Soweit diese Bestimmungen für den Rpfl praktisch werden (z. B. bei Entscheidung durch einen kraft Gesetzes ausgeschlossenen Rpfl, vgl. Erläut. 1c zu § 9 d. Ges.), verlängert sich die Frist für die Einlegung der befristeten Erinnerung um die Frist des § 586 ZPO von einem Monat.

Für die Form der befristeten Erinnerung gilt das gleiche wie oben zu d; die befristete Erinnerung wird ebenfalls bei dem Gericht eingelegt, dessen Rpfl die Entscheidung erlassen hat; § 577 Abs. 2 S. 2 ZPO entfällt hier naturgemäß.

Der wesentliche Unterschied gegenüber der unbefristeten Erinnerung besteht abgesehen von der Befristung in dem Abhilfeverbot; vgl. hierzu die Erläut. unten zu D a.

Wegen des Verhältnisses des § 10 Abs. 4 d. Ges. zu § 577 Abs. 4 ZPO vgl. oben zu e.

g) Beschwer (Abs. 5):

Die Erinnerung setzt eine Beschwer voraus, d. h. die Entscheidung muß dem Rechtsuchenden etwas versagt haben, was er beantragt hatte. Trotz Beschwer keine Erinnerung, wenn ein Rechtsschutzinteresse fehlt, z. B. weil sich die Sache erledigt hat. Beschwer im Kostenpunkt allein genügt nicht (§ 99 ZPO).

Die Zulässigkeit der Erinnerung ist nicht abhängig von der Erreichung eines bestimmten Streitwertes. Das folgt aus dem das Gesetz beherrschenden Grundgedanken, daß der Rechtsuchende in jedem Falle die Möglichkeit haben soll, die Sache vor den Richter zu bringen. Die Vorschrift des § 567 Abs. 2 ZPO (Text s. oben zu b), nach welcher die Beschwerde gegen Entscheidungen über Kosten, Gebühren und Auslagen nur zulässig ist, wenn der Wert des Beschwerdegegenstandes fünfzig Deutsche Mark übersteigt, ist deshalb nicht anzuwenden (a. A. Buchholz Rpfleger 1952, 513/522).

h) Verzicht:

Der Verzicht auf das Recht der Erinnerung steht ihrer Zulässigkeit ebenso als Hindernis entgegen wie bei der Berufung und der Beschwerde. Der Verzicht ist die Erklärung des Rechtsuchenden, von der verfahrensrechtlichen Befugnis, die Entscheidung anzufechten, keinen Gebrauch machen zu wollen. Der Verzicht kann schon vor Erlaß der Entscheidung erklärt werden. Der Verzicht nach Erlaß der Entscheidung ist eine einseitige Prozeßhandlung (vgl. § 514 ZPO). Die Erklärung ist mittels Schriftsatzes oder zur Niederschrift des UrkB abzugeben.

i) Rücknahme:

Die Rücknahme der Erinnerung ist bis zur Entscheidung zulässig. Der Zustimmung des Gegners bedarf es nicht.

Die Rücknahme erfolgt durch Einreichung eines Schriftsatzes (vgl. § 515 Abs. 2 ZPO), oder durch Erklärung zur Niederschrift des UrkB.

Die Rücknahme der Erinnerung hat die Beendigung des Erinnerungsverfahrens zur Folge. Falls die Rücknahme nicht als Verzicht (vgl. die Erläut. oben zu h) auszulegen ist, ist neue Erinnerung möglich, bei befristeter Erinnerung freilich nur, wenn die Frist noch läuft.

Die entspr. Anwendung des § 515 Abs. 3 ZPO kommt nur im Falle des § 10 Abs. 7 S. 2 d. Ges. in Betracht (vgl. unten zu G).

B. Sachliche Berechtigung.

Die sachliche Berechtigung betrifft die Frage, ob die angefochtene Entscheidung sachlich, d. h. nach ihrem sachlichen Inhalt, gerechtfertigt ist oder nicht. Die Erinnerung kann sich gegen die tatsächlichen Feststellungen ebenso wie gegen die Rechtsausführungen des Rpfl richten. In tatsächlicher Hinsicht gilt sinngemäß

ZPO § 570

Die Beschwerde kann auf neue Tatsachen und Beweise gestützt werden.

Zur Begründung der Erinnerung kann der Rechtsuchende neue Tatsachen und Beweise anführen, gleichviel, ob sie vor oder nach der angefochtenen Entscheidung eingetreten sind.

Der Antrag kann im Rahmen des § 264 ZPO geändert werden.

C. Aufschiebende Wirkung und Aussetzung des Verfahrens.

Hinsichtlich des Eintritts der Wirksamkeit gilt für die Erinnerung sinngemäß

ZPO § 572

(1) *Die Beschwerde hat nur dann aufschiebende Wirkung, wenn sie gegen eine der in den §§ 109, 380, 390, 409, 619. 656, 678 erwähnten Entscheidungen gerichtet ist.*

(2) *Das Gericht oder der Vorsitzende, dessen Entscheidung angefochten wird, kann anordnen, daß ihre Vollziehung auszusetzen sei.*

(3) *Das Beschwerdegericht kann vor der Entscheidung eine einstweilige Anordnung erlassen; es kann insbesondere anordnen, daß die Vollziehung der angefochtetenen Entscheidung auszusetzen sei.*

Danach hat ebenso wie die Beschwerde die Erinnerung grundsätzlich keine aufschiebende Wirkung; die für die Beschwerde geltenden Ausnahmen in § 572 Abs. 1 ZPO und in weiteren Vorschriften (vgl. Baumbach-Lauterbach, Anm. 1 A zu § 572 ZPO) gelten, soweit der Rpfl entscheidet, sinngemäß auch für die Erinnerung. Der Rpfl kann jedoch nach Einlegung der Erinnerung auf Antrag oder von Amts wegen mittels einstweiliger Anordnung die Vollziehung der angefochtenen Entscheidung aussetzen (vgl. § 572 Abs. 2 ZPO). Das gleiche gilt für den Richter, dem die Erinnerung vorzulegen ist: er kann seinerseits durch einstweilige Anordnung die Vollziehung der angefochtenen Entscheidung aussetzen oder die vom Rpfl angeordnete Aussetzung wieder aufheben (§ 572 Abs. 3 ZPO). Auch gegen die einstweilige Anordnung oder ihre Aufhebung ist die Erinnerung zulässig, obwohl im entsprechenden Falle die einstweilige Anordnung des Richters unanfechtbar ist. Das ergibt sich aus den gleichen Erwägungen wie bei den anderen unanfechtbaren Entscheidungen des Richters (vgl. die Erläut. oben zu A a). Die einstweilige Anordnung kann im übrigen jederzeit wieder aufgehoben werden.

D. Verfahren des Rechtspflegers.

a) Abhilfe.

§ 10 Abs. 2 d. Ges. wiederholt im wesentlichen die entspr. Bestimmungen der ZPO für die Beschwerde, die wie folgt lauten:

ZPO § 571

Erachtet das Gericht oder der Vorsitzende, dessen Entscheidung angefochten wird, die Beschwerde für begründet, so haben sie ihr abzuhelfen; andernfalls ist die Beschwerde vor Ablauf einer Woche dem Beschwerdegericht vorzulegen.

ZPO § 577

(1) *Für die Fälle der sofortigen Beschwerde gelten die nachfolgenden besonderen Vorschriften.*

(2) *pp. (vgl. oben zu A f).*

(3) *Das Gericht ist zu einer Änderung seiner der Beschwerde unterliegenden Entscheidung nicht befugt.*

(4) *pp.*

Die dem Rechtspfleger eingeräumte Befugnis, der (unbefristeten) Erinnerung abzuhelfen, ist aus prozeßökonomischen Gründen geboten und entspricht der bisherigen Handhabung bei der Anfechtung von Entscheidungen des UrkB. Anders als nach § 571 ZPO der Richter im Falle der Beschwerde und nach § 576 ZPO der UrkB im Falle der Erinnerung (vgl. dazu Berner, Rpfleger 1956 S. 9) ist der Rpfl jedoch nicht verpflichtet, die Erinnerung auf ihre Berechtigung zu prüfen; vielmehr steht es in seinem pflichtgemäßen Ermessen, ob er der Erinnerung abhelfen will oder nicht („kann").

Die Abhilfe ist, in der Regel nach Anhörung des Gegners, durch eine Entscheidung derselben Art wie die angefochtene Entscheidung vorzunehmen. Gegen die ihm ungünstige Abhilfeentscheidung hat der Gegner seinerseits die Erinnerung.

Ausnahme:

Im Unterschied zu der unbefristeten Erinnerung ist in den Fällen der befristeten Erinnerung ebenso wie bei der sofortigen Beschwerde Abhilfe schlechthin unzulässig. Das Interesse des Rechtsuchenden an einer alsbaldigen Entscheidung gebietet hier die sofortige Weitergabe der Sache an den Richter.

Die Unabänderlichkeit tritt ein, sobald die Entscheidung existent wird, d. h. durch Herausgabe an den Empfänger oder Absendung durch die Post aus dem inneren Bereich des Gerichts herausgeht.

b) Vorlage.

Hält der Rechtspfleger die (unbefristete) Erinnerung nicht für begründet oder erscheint ihm eine Entscheidung durch den Richter in jedem Falle zweckmäßig, so macht er seine Entschließung, nicht abzuhelfen, aktenkundig und legt binnen einer Woche die Sache dem Richter zur Entscheidung vor (§ 571 ZPO). Die Entschließung, nicht abzuhelfen, bedarf keiner Begründung.

In den Fällen der befristeten Erinnerung, in denen Abhilfe nicht zulässig ist, legt der Rechtspfleger dem Richter sofort die Sache vor, ohne daß es dabei eines Vermerks bedarf.

E. Verfahren des Richters nach Vorlage:

Da das Gesetz selbst keine näheren Bestimmungen enthält, sind gemäß Abs. 5 die Vorschriften über die Beschwerde sinngemäß anzuwenden.

a) Prüfung der Zulässigkeit.

Jeder sachlichen Entscheidung muß die Prüfung der Zulässigkeit vorausgehen. Für das Beschwerdeverfahren bestimmt hierzu

ZPO § 574

Das Beschwerdegericht hat von Amts wegen zu prüfen, ob die Beschwerde an sich statthaft und ob sie in der gesetzlichen Form und Frist eingelegt ist. Mangelt es an einem dieser Erfordernisse, so ist die Beschwerde als unzulässig zu verwerfen.

Der Richter hat nach Vorlage der Erinnerung zunächst von Amts wegen zu prüfen, ob die Erinnerung an sich statthaft ist, ob eine Beschwer vorliegt und der Rechtsuchende zur Einlegung der Erinnerung berechtigt ist, ob die Erinnerung in der vorgeschriebenen Form und (im Falle der befristeten Erinnerung) in der gesetzlichen Frist eingelegt ist. Fehlt es im Zeitpunkt der Entscheidung an einem dieser Erfordernisse, so ist die Erinnerung durch Beschluß „als unzulässig zu verwerfen".

Erneuerung der Erinnerung ist zulässig, bei der befristeten Erinnerung natürlich nur innerhalb der 2 Wochenfrist.

b) Freigestellte mündliche Verhandlung:

In Betracht kommt zunächst

ZPO § 573

(1) *Die Entscheidung über die Beschwerde kann ohne mündliche Verhandlung ergehen.*

(2) *Ordnet das Gericht eine schriftliche Erklärung an, so kann sie durch einen Anwalt abgegeben werden, der bei dem Gericht zugelassen ist, von dem oder von dessen Vorsitzenden die angefochtene Entscheidung erlassen ist. In den Fällen, in denen die Beschwerde zum Protokoll der Geschäftsstelle eingelegt werden darf, kann auch die Erklärung zum Protokoll der Geschäftsstelle abgegeben werden.*

Für das Verfahren vor dem Richter, dem der Rpfl die Erinnerung zur Entscheidung vorgelegt hat, ist mündliche Verhandlung nie vorgeschrieben, sondern stets freigestellt. Zur Anhörung des Gegners ist der Richter zwar nicht verpflichtet; Anhörung empfiehlt sich aber stets, wenn der Richter die angefochtene Entscheidung zum Nachteil des Gegners abändern will.

Da im Erinnerungsverfahren im allgemeinen kein Anwaltszwang gilt, die Erinnerung vielmehr in der Regel zur Niederschrift des UrkB der Geschäftsstelle eingelegt werden kann (vgl. die Erläut. oben zu A d), da außerdem der entscheidende Richter stets dem gleichen Gericht angehört wie der Rpfl, kann § 573 Abs. 2 ZPO im Erinnerungsverfahren nicht praktisch werden. In einer mündlichen Verhandlung muß sich der Rechtsuchende allerdings, soweit das LG oder das OLG zuständig ist, durch einen bei dem betreffenden Gericht zugelassenen Rechtsanwalt vertreten lassen (vgl. Stein-Jonas-Schönke, Bem. I 3 zu § 573 ZPO).

Wegen des Verfahrens im übrigen wird auf die ErläutBücher zu § 573 verwiesen.

c) Sachliche Entscheidung.

Die sachliche Entscheidung kann auf „Zurückweisung" der Erinnerung, auf „Abänderung" der angefochtenen Entscheidung oder auf „Aufhebung der Entscheidung und Zurückverweisung der Sache an den Rechtspfleger" lauten. Gibt der Richter der Erinnerung statt und ändert er die Entscheidung des Rpfl ab, so kann er (Regelfall!) selbst an Stelle des Rpfl entscheiden oder (ausnahmsweise) die Entscheidung dem Rpfl übertragen.

Für die Zurückverweisung gilt im Beschwerdeverfahren folgende Vorschrift:

ZPO § 575

Erachtet das Beschwerdegericht die Beschwerde für begründet, so kann es dem Gericht oder Vorsitzenden, von dem die beschwerende Entscheidung erlassen war, die erforderliche Anordnung übertragen.

Soll nach zutreffender Ansicht (vgl. Baumbach-Lauterbach, Anm. 1 zu § 575 ZPO) bereits im Beschwerdeverfahren von der Möglichkeit der Zurückverweisung nur sparsam Gebrauch gemacht werden, nämlich nur dann, wenn die Partei sonst eine Instanz verlöre und umfangreiche Ermittlungen nötig sind, so gilt dies zur Vermeidung unliebsamer Verzögerungen in verstärktem Maße für das Erinnerungsverfahren, zumal hier der Gesichtspunkt des Verlustes einer Instanz entfällt.

Im Falle der Zurückverweisung ist der Rpfl an die Rechtsauffassung des Richters gebunden, genau so wie im Rechtsmittelverfahren der untere Richter an die Rechtsauffassung des oberen Richters gebunden ist (vergl auch § 5 Abs. 2 S. 2 d. Ges. und Erläut. 3 zu § 5 d. Ges.).

Entsprechend dem in § 536 ZPO zum Ausdruck kommenden Grundsatz ist ebenso wie bei den ordentlichen Rechtsmitteln der ZPO weder eine über die Anträge des Rechtsuchenden hinausgehende Entscheidung (reformatio in melius) noch eine Entscheidung zum Nachteil des Rechtsuchenden (reformatio in pejus) zulässig.

Eine Begründung des Beschlusses ist nicht vorgeschrieben, jedoch in jedem Falle wünschenswert.

Erneuerung der Erinnerung ist nach sachlicher Entscheidung nur auf Grund neuer Tatsachen statthaft und nur bei unbefristeter Erinnerung.

d) Absehen von einer Entscheidung (Hilfsbeschwerde).

Wenn der Rechtsuchende von vornherein oder bei Einlegung der Erinnerung den Hilfsantrag gestellt hat, im Falle der Nichtabhilfe die Sache unmittelbar dem Beschwerdegericht vorzulegen, so prüft der Richter wie sonst die Erinnerung auf ihre Zulässigkeit und sachliche Berechtigung. Falls er hierbei zu einem für den Rechtsuchenden günstigen Ergebnis kommt, muß er selbst entscheiden. Kommt der Richter zu dem Ergebnis, daß die Erinnerung nicht zulässig oder sachlich nicht begründet ist, so muß er sich auf Grund des Hilfsantrags einer Entscheidung enthalten und die Sache, zweckmäßig mit dem Vermerk: „Ich helfe nicht ab", unmittelbar dem Beschwerdegericht vorlegen (§ 10 Abs. 4 d. Ges.). Durch die Zulassung dieses abgekürzten Verfahrens soll vermieden werden, daß durch die Erinnerung der Ablauf des Verfahrens verzögert wird; der Erlaß einer dem Rechtsuchenden ungünstigen Entscheidung wäre in diesem Falle leerer Formalismus.

Zu beachten ist, daß — soweit nicht ein Fall des § 569 Abs. 2 S. 2 ZPO vorliegt — für die Hilfsbeschwerde Anwaltszwang gilt (vgl. die Erläut. oben zu Ad). Eine anwaltlich nicht vertretene Partei, der es zunächst nur auf eine richterliche Entscheidung ankommt, wird deshalb fürs erste zweckmäßig nicht den Hilfsantrag stellen.

e) Bekanntmachung der Entscheidung.

Für die Bekanntmachung der richterlichen Entscheidung gilt die Vorschrift des § 329 Abs. 3 ZPO; soweit die Entscheidung der sofortigen Beschwerde unterliegt, muß sie also zugestellt werden.

f) Rechtsmittel gegen die richterliche Entscheidung.

Gegen die richterliche Entscheidung findet das nach den allgemeinen verfahrensrechtlichen Vorschriften zulässige Rechtsmittel, d. h. die einfache Beschwerde oder die sofortige Beschwerde, statt (Abs. 3).

F. Ausschluß der Erinnerung (Abs. 6).

Nach § 694 ZPO steht dem Schuldner gegen den Zahlungsbefehl als Rechtsbehelf der Widerspruch, nach § 700 ZPO gegen den Vollstreckungsbefehl der Einspruch zu. Der Widerspruch zielt ab auf Überleitung des Mahnverfahrens in das Streitverfahren, der Einspruch auf Zurückversetzung des Rechtsstreits in die gleiche Lage wie bei rechtzeitigem Widerspruch (vgl. Erläut. zu § 19 d. Ges. „Zu 1 Mahnverfahren" Nr. 7). Die für diese Fälle geschaffene Sonderregelung hat sich bewährt und eingebürgert. Sie ist daher nicht geändert worden. Die Erinnerung ist deshalb insoweit ausgeschlossen.

G. Kosten (Abs. 7).

Das Erinnerungsverfahren ist stets gerichtsgebührenfrei. In der Regel werden auch keine Rechtsanwaltsgebühren erhoben (vgl. § 29 Abs. 2 Nr. 5 RAGebO). Eine Ausnahme erscheint jedoch gerechtfertigt, wenn der Rechtsanwalt erst mit der Erinnerung beauftragt wird, vorher aber bei dem betreffenden gerichtlichen Verfahren nicht mitgewirkt hat. In diesem letzten Falle steht dem Rechtsanwalt die $^{3}/_{10}$-Gebühr des § 41 Nr. 2 RAGebO zu.

3. Die Erinnerung in der freiwilligen Gerichtsbarkeit.

A. Zulässigkeit.

a) Allgemeines.

Gegen die Verfügungen des Rpfl ist die Erinnerung im gleichen Umfange zulässig wie bei den entsprechenden richterlichen Verfügungen das Rechtsmittel der Beschwerde (§ 19 FGG, § 71 Abs. 1 GBO, § 75 Abs. 1 SchiffsRegO).

Die Erinnerung setzt voraus

eine erinnerungsfähige Verfügung,
die Erinnerungsberechtigung des Rechtsuchenden,
die vorgeschriebene Form und (im Falle der befristeten Erinnerung) die Fristwahrung.

b) Erinnerungsfähige Verfügung.

Entsprechend der Vorschrift

FGG § 19

(1) *Gegen die Verfügungen des Gerichts erster Instanz findet das Rechtsmittel der Beschwerde statt.*

(2) *Über die Beschwerde entscheidet das Landgericht.*

ist die Erinnerung zulässig gegen die Verfügungen des Rpfl, die ein Verfahren oder einen Abschnitt innerhalb eines anhängigen Verfahrens abschließen (Endentscheidung), außerdem auch Zwischenverfügungen (vgl. Keidel, NJW 1957 S. 521ff. unter VII). Innerdienstliche Verfügungen und Verfahrensanordnungen, die nicht in die Rechte der Beteiligten eingreifen wie Beweisanordnungen, können nicht selbständig, sondern erst mit der Endentscheidung angefochten werden.

Der Erinnerung unterworfen sind ferner einstweilige Anordnungen, die bei Gefahr im Verzug oder aus sonstigem dringenden Bedürfnis, erlassen werden können. Wegen der Anfechtbarkeit der Aussetzung der Vollziehung einer Verfügung und der Ablehnung eines auf Aussetzung gerichteten Antrages vgl. § 24 FGG und Erläut. unten zu C.

Die Erinnerung ist auch in den Fällen zulässig, in denen die richterliche Entscheidung unanfechtbar wäre.

Wegen des Ausschlusses der Erinnerung in den Fällen, in denen die Handlungen des Rpfl den tatsächlichen oder rechtlichen Erfolg sofort herbeiführen, wie Eintragungen, Erteilung von Erbscheinen (Abs. 6), vgl. die Erläut. unten zu F.

Im übrigen wird wegen aller Einzelheiten auf die Erläut-Bücher zu § 19 FGG und (in Grundbuchsachen) zu § 71 GBO verwiesen.

c) Erinnerungsberechtigung.

Die Befugnis zur Einlegung der Erinnerung ist im gleichen Umfange zugebilligt wie das Recht zur Beschwerde bei entsprechenden richterlichen Verfügungen. Insoweit bestimmt allgemein

FGG § 20

(1) *Die Beschwerde steht jedem zu, dessen Recht durch die Verfügung beeinträchtigt ist.*

(2) *Soweit eine Verfügung nur auf Antrag erlassen werden kann und der Antrag zurückgewiesen worden ist, steht die Beschwerde nur dem Antragsteller zu.*

Diese Bestimmung ist nach § 10 Abs. 5 d. Ges. sinngemäß auf die Erinnerung anzuwenden.

aa) Die Erinnerung steht jedem zu, dessen Recht durch die Verfügung des Rpfl beeinträchtigt ist. Es muß sich um die Beeinträchtigung eines Rechts handeln; die Verletzung eines bloßen wirtschaftlichen oder rechtlichen Interesses oder einer sittlichen Pflicht genügt nicht.

Die Verfügung muß das Recht beeinträchtigen. Es genügt nicht, daß sie bloß die rechtlichen Beziehungen des Rechtsuchenden beeinflußt; sie muß störend in sie eingreifen, sie tatsächlich schmälern.

Dabei muß die Verfügung selbst die nachteilige Wirkung hervorrufen; wegen der Fassung der Gründe der Entscheidung allein ist die Erinnerung nicht zulässig.

Die Frage, ob der Rechtsuchende zur Einlegung der Erinnerung befugt ist, wird im Einzelfall häufig zweifelhaft sein. Wegen aller Einzelfragen und der umfangreichen Rechtsprechung zu den verschiedenen Sachgebieten der freiwilligen Gerichtsbarkeit wird auf die Erläut-Bücher zu § 20 FGG verwiesen.

bb) In den Fällen des Antragsverfahrens (§ 20 Abs. 2 FGG) reicht zur Anfechtung die Beeinträchtigung des Rechts allein nicht aus; vielmehr steht hier die Erinnerung nur dem Antragsteller zu. Diese Regelung betrifft aber nur diejenigen Fälle, in denen nach ausdrücklicher gesetzlicher Vorschrift zur Herbeiführung der Tätigkeit des Rpfl ein Antrag gestellt werden muß, in denen ohne einen solchen Antrag eine Verfügung nicht ergehen kann, z. B. nach § 1687 BGB (Antrag der Mutter auf Bestellung eines Beistands) oder § 1961 (Antrag auf Bestellung eines Nachlaßpflegers zwecks gerichtlicher Geltendmachung eines Anspruchs). Keine Antragsverfahren in diesem Sinne sind solche, die nach der Natur der Sache tatsächlich ohne Antrag nicht erlassen werden, wie die vormundschaftsgerichtliche Genehmigung oder die Bestätigung eines Kindesannahmevertrags; hier begründet schon die Beeinträchtigung eines Rechts allein die Erinnerung. Vgl. im einzelnen die Erläut-Bücher zu § 20 FGG.

d) Form.

Für die Form der Einlegung gilt nach § 10 Abs. 5 d. Ges. sinngemäß

FGG § 21

(1) *Die Beschwerde kann bei dem Gericht, dessen Verfügung angefochten wird, oder bei dem Beschwerdegericht eingelegt werden.*

(2) *Die Einlegung erfolgt durch Einreichung einer Beschwerdeschrift oder durch Erklärung zum Protokolle der Geschäftsstelle desjenigen Gerichts, dessen Verfügung angefochten wird, oder der Geschäftsstelle des Beschwerdegerichts.*

Die entsprechende Vorschrift für das GB-Verfahren enthält § 73 GBO, für das SchiffsReg-Verfahren § 77 SchiffsRegO.

aa) Stelle der Einlegung.

Die Erinnerung wird bei dem Gericht eingelegt, dessen Rpfl die angefochtene Entscheidung erlassen hat. Durch Einlegung der (befristeten) Erinnerung bei einem anderen Gericht wird die Frist für die Erinnerung nicht gewahrt; maßgebend ist der Eingang bei dem zuständigen Gericht.

Die Erinnerung wird eingelegt durch Einreichung einer Erinnerungsschrift oder durch Erklärung zur Niederschrift des UrkB. Ein bestimmter Antrag und eine Begründung sind nicht erforderlich. Zweifel über die erstrebte Abänderung sind durch Rückfrage zu klären (§ 12 FGG).

bb) Erinnerungsschrift.

Die Erinnerungsschrift soll enthalten: die Bezeichnung der angefochtenen Entscheidung, die Erklärung, daß diese angefochten wird, und die Bezeichnung desjenigen, der die Erinnerung einlegt. Das Gesetz enthält keine Bestimmungen über Form und Inhalt der Erinnerungsschrift. Deshalb genügt jedes Schriftstück, aus dem der Wille, eine bestimmte Verfügung anzufechten, hinreichend deutlich hervorgeht.

Die Unterschrift des Rechtsuchenden ist nicht Voraussetzung der Wirksamkeit. Etwaige Zweifel über die Person des Erinnerungsführers sind nach § 12 FGG zu beheben.

Im Gegensatz zum Zivilprozeß (vgl. oben unter 2 A d) besteht im Verfahren der freiwilligen Gerichtsbarkeit bei Einlegung der Erinnerung niemals Anwaltszwang.

Die Einreichung ist vollzogen mit der Entgegennahme der Erinnerungsschrift durch einen für die Anbringung des Eingangsvermerks zuständigen Beamten, d. h. regelmäßig den UrkB der Geschäftsstelle oder die Briefannahmestelle.

cc) Erklärung zur Niederschrift.

Im Gegensatz zum Zivilprozeß (vgl. oben unter 2 A d) kann im Verfahren der freiwilligen Gerichtsbarkeit die Erinnerung ausnahmslos durch Erklärung zur Niederschrift des UrkB eingelegt werden. Zuständig ist der UrkB desjenigen Gerichts, dessen Rpfl die Verfügung erlassen hat. Wird die Erklärung vor dem UrkB eines anderen Gerichts abgegeben, so kann die Niederschrift nur als Erinnerungsschrift (vgl. oben zu bb) angesehen werden.

Zuständig für die Entgegennahme der Erklärung ist grundsätzlich nicht der Richter oder Rpfl, sondern allein der UrkB. Der UrkB muß die Niederschrift selbst abfassen und unterschreiben. Formvorschriften fehlen. Die Unterschrift des Rechtsuchenden ist nicht erforderlich, aber in jedem Falle zweckmäßig.

e) Hilfsbeschwerde (Abs. 4).

Nach § 10 Abs. 4 des Ges. kann der Rechtsuchende von vornherein hilfsweise den Antrag stellen, die Sache dem übergeordneten Richter vorzulegen, falls der Richter der von dem Rpfl getrofffenen Entscheidung nicht abhilft (Fall der Hilfsbeschwerde). Macht der Rechtsuchende von dieser Möglichkeit Gebrauch, so leitet der Richter, welcher der Erinnerung nicht abhelfen will, ohne eigene Zwischenentscheidung die Sache unmittelbar an die übergeordnete Instanz weiter.

Wird der Hilfsantrag gestellt, so ist die Erinnerung unbedingt, die Beschwerde bedingt, nämlich nur unter der Bedingung eingelegt, daß der Richter der Erinnerung nicht abhilft.

Das abgekürzte Verfahren soll der Beschleunigung dienen.

f) Befristete Erinnerung.

In den Fällen, in denen gegen die entsprechende richterliche Verfügung die sofortige Beschwerde gegeben wäre, muß die Erinnerung in der gleichen Frist angebracht werden (befristete Erinnerung).

Die sofortige Beschwerde ist nur in den vom Gesetz bestimmten Fällen gegeben. Es seien folgende Fälle genannt:

in Nachlaßsachen:

§ 77 Abs. 1 FGG:	Bestimmung der Inventarfrist,
§ 80 FGG:	Fristsetzung bei Wahlvermächtnissen,
§ 96 FGG:	Bestätigung der Auseinandersetzung;

in Handelssachen:

§§ 139 f. FGG:	Ordnungsstrafverfahren in Handelsregistersachen,
§ 146 FGG:	Anhörung des Gegners in den handelsrechtlichen Geschäften des § 145 FGG, soweit diese nicht dem Richter vorbehalten sind;

in Vereinssachen:

§ 160 FGG:	Ermächtigung zur Berufung der Mitgliederversammlung.

Für die befristete Erinnerung gilt sinngemäß

FGG § 22

(1) *Die sofortige Beschwerde ist binnen einer Frist von zwei Wochen einzulegen. Die Frist beginnt mit dem Zeitpunkt, in welchem die Verfügung dem Beschwerdeführer bekannt gemacht worden ist.*

(2) *Einem Beschwerdeführer, der ohne sein Verschulden verhindert war, die Frist einzuhalten, ist auf Antrag von dem Beschwerdegerichte die Wiedereinsetzung in den vorigen Stand zu erteilen, wenn er die Beschwerde binnen zwei Wochen nach der Beseitigung des Hindernisses einlegt und die Tatsachen, welche die Wiedereinsetzung begründen, glaubhaft macht. Eine Versäumung der Frist, die in dem Verschulden eines Vertreters ihren Grund hat, wird als eine unverschuldete nicht angesehen. Gegen die Entscheidung über den Antrag findet die weitere sofortige Beschwerde statt. Nach dem Ablauf eines Jahres, von dem Ende der versäumten Frist an gerechnet, kann die Wiedereinsetzung nicht mehr beantragt werden.*

Die Beschwerde bzw. die Erinnerung ist nur in den vom Gesetz bestimmten Fällen befristet (vgl. z. B. §§ 53 Abs. 1, 56 Abs. 2, 60 Abs. 1, insbes. Nr. 6, 76 Abs. 2 FGG).

Dauer: Die Frist zur Einlegung der sofortigen Beschwerde beträgt regelmäßig zwei Wochen.

Beginn: Die Erinnerungsfrist beginnt mit der Bekanntmachung an den Beteiligten, d. h. mit der Zustellung oder der Bekanntmachung zu Protokoll gemäß § 16

Abs. 2 und 3 FGG, und zwar bei mehreren Beteiligten für jeden besonders; Ausnahmen in letzterem Falle s. §§ 60 Abs. 2 und 77 Abs. 3 FGG. Sind die Formvorschriften über die Zustellung nach § 16 Abs. 2 FGG i. Verb. mit §§ 208 bis 213 ZPO verletzt, so ist die Zustellung nicht wirksam, die Erinnerungsfrist wird infolgedessen nicht in Lauf gesetzt. Heilung des Mangels jedoch nach § 187 Satz 2 ZPO in dem Zeitpunkt, in welchem der Beteiligte das an ihn gerichtete Schriftstück erhalten hat; § 187 Satz 3 ZPO kommt nicht zur Anwendung, weil das FGG den Begriff der Notfristen nicht kennt (vgl. Keidel, Anm. 8 zu § 16 FGG).

Versäumung: Bei unverschuldeter Versäumung der Frist ist auf Antrag Wiedereinsetzung in den vorigen Stand zu gewähren, sofern der Rechtsuchende a) vor Ablauf eines Jahres und innerhalb von zwei Wochen nach Wegfall des Hindernisses den Wiedereinsetzungsantrag stellt, b) innerhalb der Zweiwochenfrist die versäumte Erinnerung nachholt und c) die Gründe der Wiedereinsetzung glaubhaft macht. Die Voraussetzungen der Wiedereinsetzung sind also milder als im Zivilprozeß (vgl. Erläut. oben zu 2 A f).

Hat der Rechtsuchende einen (gesetzlichen oder von ihm bevollmächtigten) Vertreter, so muß er sich dessen Verschulden anrechnen lassen.

Für die Entscheidung über den Wiedereinsetzungsantrag ist nur der Richter zuständig, der bei Fristwahrung über die Erinnerung zu entscheiden hätte.

Die wesentlichen Unterschiede der befristeten Erinnerung gegenüber der unbefristeten Erinnerung bestehen abgesehen von der Befristung im Aufschub der Wirksamkeit der Verfügung bis zum Eintritt der Rechtskraft (§ 26 FGG) und in dem Abhilfeverbot (§ 10 Abs. 2 d. Ges.).

g) Beschwer:

Im Gegensatz zum Zivilprozeß (vgl. die Erläut. oben zu 2 A g) setzt die Erinnerung im Verfahren der freiwilligen Gerichtsbarkeit keine Beschwer voraus (vgl. Schlegelberger, Anm. 7 zu § 20, und Keidel, Anm. 5 zu § 19 FGG). Die Erinnerung ist aber nicht mehr zulässig und ggf. ohne Sachprüfung zu verwerfen, wenn die angefochtene Verfügung (z. B. durch Zeitablauf) gegenstandslos geworden ist oder wenn der Rpfl ihr im Rahmen des Zulässigen bereits abgeholfen hat.

Besonderer Erörterung bedarf die für das Beschwerdeverfahren nachträglich (vgl. Art. 5 Rechtseinh.-Ges. vom 12. 9. 50 BGBl I S. 455) eingeführte Bestimmung

FGG § 20a

(1) *Die Anfechtung der Entscheidung über den Kostenpunkt ist unzulässig, wenn nicht gegen die Entscheidung in der Hauptsache ein Rechtsmittel eingelegt wird.*

(2) *Ist eine Entscheidung in der Hauptsache nicht ergangen, so findet gegen die Entscheidung über den Kostenpunkt die sofortige Beschwerde statt, wenn der Wert des Beschwerdegegenstandes fünfzig Deutsche Mark übersteigt.*

Nach Abs. 1 kann die richterliche Entscheidung über den Kostenpunkt, d. h. über die verfahrensrechtliche Kostenpflicht, nur zusammen mit der Entscheidung in der Hauptsache angefochten werden. Trotz § 10 Abs. 5 d. Ges. dürfte diese für die Beschwerde geltende Bestimmung auf die Erinnerung nicht anzuweden sein, weil die Anwendung dem das RpflGes. beherrschenden Grundgedanken widersprechen würde, daß der Rechtsuchende in jedem Falle die Sache vor den Richter bringen kann.

Abs. 2: In den Fällen der isolierten Kostenentscheidung, d. h. in den Fällen, in denen der Rpfl eine Entscheidung in der Hauptsache nicht erlassen hat, ist zufolge entsprechender Anwendung des § 20a FGG die befristete Erinnerung gegeben, und zwar auch dann, wenn gegen die Entscheidung in der Hauptsache die unbefristete Erinnerung zulässig wäre. Im Gegensatz zur Beschwerde ist die Erinnerung nicht abhängig von der Erreichung eines Geschäftswertes von mehr als DM 50,—; § 20a FGG ist also trotz § 10 Abs. 5 d. Ges. insoweit nicht auf die Erinnerung anzuwenden, weil dies dem das Gesetz beherrschenden Grundsatz widersprechen würde, daß der Rechtsuchende in jedem Falle die Sache vor den Richter bringen kann.

h) Verzicht.

Der Verzicht läßt das Recht auf Erinnerung erlöschen. Eine trotz Verzicht eingelegte Erinnerung ist unzulässig.

Der Verzicht ist die Erklärung des Rechtsuchenden, von der an sich gegebenen Befugnis, die Verfügung des Rpfl anzufechten, keinen Gebrauch machen zu wollen. Der Verzicht kann schon vor Erlaß der Verfügung erklärt werden (bestr.; vgl. Keidel, Anm. 13b zu § 19 FGG). Der Verzicht nach Erlaß der Verfügung ist eine einseitige Erklärung gegenüber dem Gericht und kann mittels Schriftsatzes oder zur Niederschrift des UrkB abgegeben werden. Kein Anwaltszwang.

i) Rücknahme.

Die Rücknahme der Erinnerung, die bis zur Bekanntmachung der Entscheidung möglich ist, hat die Beendigung des Erinnerungsverfahrens zur Folge und enthält in der Regel einen Verzicht auf den Rechtsbehelf. Die Rücknahme ist dem Gericht gegenüber zu erklären, und zwar durch Einreichung eines Schriftsatzes oder durch Erklärung zur Niederschrift des UrkB. Kein Anwaltszwang.

B. Sachliche Berechtigung.

Die sachliche Berechtigung betrifft die Frage, ob die angefochtene Verfügung sachlich, d. h. nach ihrem sachlichen Inhalt, gerechtfertigt ist oder nicht. Die Erinnerung kann sich gegen die tatsächlichen Feststellungen des Rpfl ebenso wie gegen seine Rechtsausführungen richten.

Neues Vorbringen: Nach § 10 Abs. 5 d. Ges. gilt sinngemäß

FGG § 23

Die Beschwerde kann auf neue Tatsachen und Beweise gestützt werden.

Im GB-Verfahren gilt die gleichlautende Vorschrift des § 74 GBO, im Schiffs-Reg-Verfahren die des § 79 SchiffsRegO.

Der Rechtsuchende kann zur Begründung der Erinnerung neue Tatsachen und Beweise anführen, gleichviel ob sie vor oder nach der angefochtenen Entscheidung entstanden sind.

Neue Tatsachen sind solche, die im Verfahren vor dem Rpfl nicht vorgebracht und nicht festgestellt worden sind; neue Beweismittel sind solche, auf die sich vor dem Rpfl kein Beteiligter berufen hat und die der Rpfl auch nicht von Amts wegen benutzt hat.

C. Aufschiebende Wirkung und Aussetzung des Verfahrens.

Für die Frage, welchen Einfluß die Erinnerung auf die Vollziehbarkeit der getroffenen Verfügungen hat, gilt sinngemäß

FGG § 24

Die Beschwerde hat nur dann aufschiebende Wirkung, wenn sie gegen eine Verfügung gerichtet ist, durch die eine Strafe festgesetzt wird.

Das Gericht, dessen Verfügung angefochten wird, kann anordnen, daß die Vollziehung auszusetzen ist.

Das Beschwerdegericht kann vor der Entscheidung eine einstweilige Anordnung erlassen; es kann insbesondere anordnen, daß die Vollziehung der angefochtenen Verfügung auszusetzen ist.

Für das GB-Verfahren vgl. die Sonderregelung in § 76 GBO, für das Schiffs-Reg-Verfahren die in § 81 SchiffsRegO.

Ebenso wie die Beschwerde hat die Erinnerung grundsätzlich keine aufschiebende Wirkung, da die Verfügungen des Rpfl in der Regel „mit der Bekanntmachung an denjenigen, für welchen sie ihrem Inhalt nach bestimmt sind", wirksam werden (§ 16 Abs. 1 FGG).

Ausgenommen sind

a) die Verfügungen, die erst mit der Rechtskraft wirksam werden (vgl. § 60 Abs. 1 Nr. 6 FGG), z. B. Verfügungen nach §§ 26, 53 Abs. 1, 56 Abs. 2, 82 Abs. 2, 97, 98, 141 Abs. 4, 158 Abs. 2 FGG, § 49 Abs. 1 PersStG, § 29 VerschG. Diese Verfügungen unterliegen nach § 60 Abs. 1 Nr. 6 FGG, § 49 Abs. 1 PersStG, § 26 VerschG der befristeten Erinnerung. Da die befristete Erinnerung hier den Eintritt der Rechtskraft hemmt, hat sie aufschiebende Wirkung. In einzelnen Fällen kann der Rpfl jedoch bei Gefahr im Verzuge die sofortige Wirksamkeit anordnen (vgl. z. B. § 53 Abs. 2, § 82 Abs. 2 FGG).

b) Verfügungen, durch die eine Strafe festgesetzt wird (vgl. § 24 Abs. 1 FGG), gleichviel ob es sich um eine Ordnungsstrafe im Sinne des § 33 FGG, um eine Strafe gegen ungehorsame Zeugen oder Sachverständige nach § 15 FGG i. Verb. mit §§ 380, 390 Abs. 1, 409 ZPO oder um eine wirkliche Strafe nach § 1875 Abs. 2 BGB handelt;

c) die Fälle, in denen der Rpfl, dessen Verfügung angefochten wird, oder der Richter, der über die Erinnerung zu entscheiden hat, die Aussetzung der Vollziehung ausdrücklich anordnet (vgl. § 24 Abs. 2 FGG).

Die Aussetzung in den Fällen zu c steht im Ermessen des Rpfl bzw. des Richters und bedarf keines Antrages. Sie endet von selbst mit der endgültigen Entscheidung über die Erinnerung. Gegen die Anordnung der Aussetzung und die Ablehnung des Aussetzungsantrages durch den Rpfl ist nach Maßgabe der §§ 19, 20 FGG die Erinnerung, gegen die Entscheidung des Richters über die Erinnerung die Beschwerde zulässig.

D. Verfahren des Rechtspflegers.

a) Abhilfe.

Im Verfahren der freiwilligen Gerichtsbarkeit knüpft das Gesetz an die Regelung des § 18 FGG an. Diese Vorschrift hat folgenden Wortlaut:

FGG § 18

(1) *Erachtet das Gericht eine von ihm erlassene Verfügung nachträglich für ungerechtfertigt, so ist es berechtigt, sie zu ändern; soweit eine Verfügung nur*

auf Antrag erlassen werden kann und der Antrag zurückgewiesen worden ist, darf die Änderung nur auf Antrag erfolgen.

(2) *Zu der Änderung einer Verfügung, die der sofortigen Beschwerde unterliegt, ist das Gericht nicht befugt.*

Da im Gegensatz zum Zivilprozeß das Verfahren der freiwilligen Gerichtsbarkeit im allgemeinen keine materielle Rechtskraft kennt, kann das Gericht nicht nur auf Antrag, sondern auch von Amts wegen, also selbst dann, wenn die Erinnerung unzulässig ist, seine Verfügung ändern, wenn es sie nachträglich für ungerechtfertigt hält. Es entscheidet hierbei nach pflichtgemäßem Ermessen.

§ 10 Abs. 2 d. Ges. beinhaltet einen Teilausschnitt dieser Regelung. Der Rpfl ist danach grundsätzlich berechtigt, der Erinnerung des Rechtsuchenden abzuhelfen. Er ist hierbei nicht verpflichtet, die Erinnerung auf ihre Berechtigung zu prüfen; vielmehr steht es in seinem pflichtgemäßen Ermessen, ob er der Erinnerung abhelfen oder die Sache dem Richter zur Entscheidung vorlegen will („kann").

Die Abhilfe ist, in der Regel nach Anhörung des Gegners, durch eine Entscheidung derselben Art wie die angefochtene Entscheidung vorzunehmen. Der Gegner kann gegen die ihm ungünstige Abhilfeentscheidung seinerseits Erinnerung einlegen.

Ausnahmen:

aa) Der Sonderfall des Antragsverfahrens (vgl. § 18 Abs. 1 Halbs. 2 FGG und Erläut. oben zu A c bb) bedarf in diesem Zusammenhang keiner weiteren Erörterung, da die Erinnerung gegen eine im Antragsverfahren erlassene Verfügung ohne weiteres den erforderlichen Antrag enthält.

bb) In den Fällen der befristeten Erinnerung (vgl. oben zu A f) ist ebenso wie bei der sofortigen Beschwerde Abhilfe schlechthin unzulässig (vgl. auch § 18 Abs. 2 FGG). Die Unabänderlichkeit tritt zwar noch nicht mit der schriftlichen Abfassung der Verfügung, wohl aber mit der Herausgabe an den Empfänger ein, gleichviel ob dies durch Bekanntmachung gemäß § 16 FGG oder auf andere Weise geschieht.

b) Vorlage.

Hält der Rpfl die (unbefristete) Erinnerung nicht für begründet oder erscheint ihm eine Entscheidung durch den Richter in jedem Falle zweckmäßig, so macht er seine Entschließung, nicht abzuhelfen, aktenkundig und legt die Sache dem Richter zur Entscheidung vor. Die Entschließung, nicht abzuhelfen, bedarf keiner Begründung. Sie braucht den Beteiligten nicht bekannt gemacht zu werden.

In den Fällen der befristeten Erinnerung, in denen Abhilfe nicht zulässig ist, legt der Rpfl die Sache sofort dem Richter vor, ohne daß es dabei eines Vermerks im o. a. Sinne bedarf.

E. Verfahren des Richters.

a) Prüfung der Zulässigkeit.

Jeder sachlichen Entscheidung muß die Prüfung der verfahrensrechtlichen Zulässigkeit vorausgehen. Diese Prüfung hat sich auf folgende Punkte zu erstrecken:
die Anfechtbarkeit der Verfügung,
die Befugnis des Rechtsuchenden zur Einlegung der Erinnerung und
die Wahrung der vorgeschriebenen Form und Frist.

Wegen aller Einzelheiten kann auf die Erläuterungen oben unter A verwiesen werden.

Bei der Prüfung der Zulässigkeit ist nicht auf den Zeitpunkt der Einlegung der Erinnerung, sondern auf den Zeitpunkt der Entscheidung abzustellen. Falls ein verfahrensrechtlicher Mangel behoben werden kann, ist es Ehrenpflicht des Richters, auf Behebung hinzuwirken. Nur wenn die Erinnerung auch sachlich nicht gerechtfertigt ist, erübrigen sich weitere Hinweise.

Beim Fehlen eines der angeführten verfahrensrechtlichen Erfordernisse bedarf es im übrigen keiner sachlichen Prüfung; der Richter erläßt in diesem Falle folgende Entscheidung:

„Die Erinnerung wird als unzulässig verworfen."

Wegen der Begründung der Entscheidung siehe Näheres unter c.

Die Bekanntmachung der Entscheidung bestimmt sich nach § 16 FGG. Vgl. im übrigen die Erläut. unter e.

b) Sachliche Prüfung.

Der Richter bestimmt nach freiem Ermessen, ob und in welchem Umfange die von dem Rpfl durchgeführten Ermittlungen zu ergänzen und zu wiederholen sind. Er ist hierbei an die Rügen des Rechtsuchenden nicht gebunden, sondern bestimmt von Amts wegen Art und Umfang der Ermittlungen und einer etwaigen Beweisaufnahme (vgl. § 12 FGG). Selbstverständlich wird er praktisch in erster Linie den Einwendungen des Rechtsuchenden nachgehen. Eine mündliche Verhandlung findet grundsätzlich nicht statt, da das Verfahren der freiwilligen Gerichtsbarkeit ein schriftliches Verfahren ist. Soweit der Rpfl eine in Betracht kommende Anhörung von Beteiligten noch nicht vorgenommen hat, kann dieselbe je nach Sachlage mündlich oder schriftlich erfolgen; persönliche Anhörung ist nur in besonderen Ausnahmefällen ausdrücklich vorgeschrieben (vgl. § 74 Abs. 3 EheG). Anwaltszwang besteht in keinem Falle.

c) Sachliche Entscheidung.

Wenn die Erinnerung sachlich begründet ist, so lautet die Entscheidung in der Regel auf „Abänderung" der angefochtenen Verfügung und Erlaß der nachgesuchten Anordnung. Dem Rpfl verbleibt in diesem Falle lediglich die Ausführung des richterlichen Beschlusses, z. B. die Vornahme der angeordneten Eintragungen im Register oder Grundbuch, die Erteilung des Erbscheins, die Bestellung oder Entlassung des Vormunds, die Einleitung und Durchführung des Ordnungsstrafverfahrens.

Der Richter kann sich auch darauf beschränken, die angefochtene Verfügung „aufzuheben" und die Sache an den Rpfl zur erneuten Prüfung und Entscheidung „zurückzuverweisen". Diese Form der Entscheidung kommt aber nur bei schwerwiegenden Mängeln des Verfahrens in Betracht, vor allem, wenn der Rpfl den Sachverhalt ungenügend oder gar nicht aufgeklärt hat. Der Richter muß hierbei dem Rpfl die erforderlichen Anweisungen oder Richtlinien für die neue Entscheidung geben. Im übrigen vgl. auch § 5 Abs. 2 d. Ges. Der Rpfl ist an die Beurteilung der Sach- und Rechtslage durch den Richter gebunden; eine Ausnahme gilt lediglich dann, wenn sich der Sachverhalt inzwischen geändert hat.

Erweist sich die Erinnerung als nicht begründet, so lautet die Entscheidung des Richters auf „Zurückweisung" der Erinnerung.

Im Antragsverfahren (vgl. die Erläut. oben unter A c aE) muß sich der Richter im Rahmen des Antrages halten.

Wegen der beschränkten Geltung des Verbots der reformatio in pejus im Verfahren der freiwilligen Gerichtsbarkeit vgl. Keidel, Anm. 17 zu § 19 FGG.

Die für die Begründung der Beschwerdeentscheidung geltende Vorschrift des

FGG § 25

Die Entscheidung des Beschwerdegerichts ist mit Gründen zu versehen.

gilt nicht für die Entscheidung des Richters im Erinnerungsverfahren. Der Begründungszwang des § 25 FGG erklärt sich aus der besonderen Gestaltung der weiteren Beschwerde der §§ 27ff. FGG als Rechtsbeschwerde; das OLG kann nur dann nachprüfen, ob das Beschwerdegericht das Gesetz richtig angewendet hat, wenn dieses den festgestellten Sachverhalt und die tragenden Gründe niedergelegt hat. Der für die Entscheidung über die Erinnerung zuständige Richter entscheidet demgegenüber im Rechtsmittelzuge an der gleichen Stelle, an der er auch sonst, also ohne die Entlastung, entscheiden würde, so daß für seinen Beschluß keine Besonderheiten gelten. Es steht vielmehr in seinem pflichtgemäßen Ermessen, ob er seine Entscheidung begründet oder nicht.

d) Absehen von der Entscheidung (Hilfsbeschwerde).

Hat der Rechtsuchende von vornherein oder bei Einlegung der Erinnerung hilfsweise beantragt, im Falle der Nichtabhilfe die Sache unmittelbar dem Beschwerdegericht vorzulegen, so prüft der Richter wie sonst die Erinnerung auf ihre Zulässigkeit und sachliche Berechtigung. Falls er hierbei zu einem für den Rechtsuchenden günstigen Ergebnis kommt und der Erinnerung abhelfen will, muß er selbst entscheiden. Ergibt die Prüfung dagegen, daß die Erinnerung nicht zulässig oder sachlich nicht begründet ist, so muß er sich auf Grund des Hilfsantrages einer Entscheidung enthalten und die Sache — zweckmäßig mit dem Vermerk: „Ich helfe nicht ab" — unmittelbar dem Beschwerdegericht vorlegen (§ 10 Abs. 4 d. Ges.).

Durch die Zulassung dieses abgekürzten Verfahrens soll vermieden werden, daß durch die Erinnerung der Ablauf des Verfahrens verzögert wird; der Erlaß einer dem Rechtsuchenden ungünstigen Entscheidung wäre in diesem Falle leerer Formalismus.

e) Bekanntmachung.

Die Entscheidung des Richters ist den Beteiligten nach Maßgabe des § 16 FGG bekannt zu machen. Soweit gegen die Entscheidung die sofortige Beschwerde gegeben ist (vgl. oben unter A f), erfolgt die Bekanntmachung durch förmliche Zustellung.

Die richterliche Entscheidung ist in jedem Falle bekannt zu machen dem Rechtsuchenden, über dessen Erinnerung die Entscheidung befindet; den anderen Beteiligten zum mindesten insoweit, als sie deren Recht beeinträchtigen kann, als diese zur Beschwerde befugt sein können.

f) Rechtsmittel gegen die richterliche Entscheidung.

Gegen die richterliche Entscheidung findet das nach den allgemeinen verfahrensrechtlichen Vorschriften zulässige Rechtsmittel, d. h. die einfache Beschwerde oder die sofortige Beschwerde, statt (Abs. 3).

g) Wirksamkeit der richterlichen Entscheidung.

Wegen des Eintritts der Wirksamkeit der richterlichen Entscheidung wird auf die Erläut. oben unter C verwiesen.

Von dem Grundsatz des sofortigen Eintritts der Wirksamkeit sind u. a. ausgenommen diejenigen Verfügungen, die kraft ausdrücklicher Vorschrift erst mit der Rechtskraft wirksam werden (vgl. § 60 Abs. 1 Nr. 6 FGG). Die in den übrigen Fällen der sofortigen Beschwerde den Eintritt der Wirksamkeit von Entscheidungen des Beschwerdegerichts (z. B. auch in den Fällen des § 60 Abs. 1 Nr. 3 FGG) aufschiebende Sondervorschrift des

FGG § 26

Die Entscheidung des Beschwerdegerichts wird in den Fällen, in welchen die sofortige weitere Beschwerde stattfindet, erst mit der Rechtskraft wirksam. Das Beschwerdegericht kann jedoch die sofortige Wirksamkeit der Entscheidung anordnen.

dürfte gemäß § 10 Abs. 5 d. Ges. auf die Entscheidung des Richters über die befristete Erinnerung in den fraglichen Fällen sinngemäß anzuwenden sein. Denn Zweck der Vorschrift ist es, bis zur endgültigen Entscheidung durch das Gericht der weiteren Beschwerde einen Wechsel in dem durch die erste Entscheidung einmal geschaffenen Zustande möglichst zu vermeiden, weil im Hinblick auf die Kürze der zur Einlegung der sofortigen weiteren Beschwerde gesetzten Frist ohnedies eine baldige abschließende Feststellung der Verhältnisse gewährleistet ist. Angesichts dieser Zweckbestimmung ist kein durchgreifender Grund ersichtlich, in diesen Fällen die sinngemäße Anwendung der Vorschrift auf die Entscheidung des Richters über die befristete Erinnerung auszuschließen.

Wenn der Richter auf Grund besonderer Umstände es für gerechtfertigt hält, daß seine Entscheidung alsbald in Kraft tritt, so kann er in den genannten Fällen in sinngemäßer Anwendung des § 26 S. 2 FGG die sofortige Wirksamkeit anordnen. Wegen des beschränkten Anwendungsbereichs des § 26 S. 2 FGG vgl. Keidel, Anm. 2 zu § 26 FGG.

F. Ausschluß der Erinnerung (Abs. 6).

Gerichtliche Handlungen und Verfügungen des Rpfl, die den tatsächlichen oder rechtlichen Erfolg sofort herbeiführen und Rechtswirkungen gegenüber Dritten hervorgerufen haben oder hervorgerufen haben könnten, sind nicht anfechtbar. Als Handlungen und Verfügungen in diesem Sinne kommen in Betracht:

a) Eintragungen im Grundbuch (§ 71 Abs. 2 Satz 1 GBO), im Schiffsregister (§ 75 Abs. 2 SchiffsRegO) und in den anderen öffentlichen Büchern wie Handelsregister, Musterregister, Genossenschafts-, Vereins-, Güterrechtsregister (vgl. Keidel, Anm. 2 zu § 19 FGG).

— Bei gesetzwidrigen oder inhaltlich unzulässigen Eintragungen ist u. U. die Eintragung eines Amtswiderspruchs oder einer Amtslöschung möglich (vgl. § 53 GBO, § 56 SchiffsRegO, §§ 142, 159, 161 FGG). Eine „Erinnerung" ist ggf. als Anregung zur Durchführung eines entsprechenden Amtsverfahrens anzusehen. —

b) Erteilung eines Erbscheins oder eines Testamentsvollstreckerzeugnisses (§§ 2353, 2368 BGB).

c) die vormundschaftsgerichtliche Genehmigung, soweit sie einem Dritten gegenüber wirksam geworden ist (§ 55 Abs. 1 FGG), vgl. hierzu auch Halbscheid in Rpfleger 1957; 164ff. unter IV 1gE.

Die Anfechtung ist in den angeführten Fällen ausgeschlossen, weil wegen der (möglicherweise) bereits eingetretenen Rechtswirkungen eine nachträgliche Abänderung den Rechtsverkehr erheblich beeinträchtigen würde.

G. Kosten (Abs. 7).

Das Erinnerungsverfahren ist stets gerichtsgebührenfrei. Die Gebührenfreiheit gilt grundsätzlich auch für die Rechtsanwaltsgebühren. Entsprechend der für die streitige Gerichtsbarkeit getroffenen Regelung des § 10 Abs. 7 S. 2 d. Ges. haben Rechtsanwälte jedoch auch im Verfahren der freiwilligen Gerichtsbarkeit Gebühren zu beanspruchen, wenn sich ihre Tätigkeit auf das Erinnerungsverfahren beschränkt. Die nähere Regelung ist aus den Landesgebührenordnungen für Rechtsanwälte zu entnehmen (vgl Keidel, Vorb. 3 vor § 14 FGG, und Willenbücher, Das Kostenfestsetzungsverfahren, 15. Aufl., 1951, Vorb. 1 vor Art. 8 preuß. LandesgebO). Für „Anträge, Erklärungen und Beschwerden bei Behörden" erhält der Rechtsanwalt z. B. gemäß Art. 8 preuß. LandesgebO für Rechtsanwälte vom 19. 12. 1952 eine $^{3}/_{10}$-Gebühr.

§ 11

Bezeichnung des Rechtspflegers

Im Schriftverkehr und bei der Aufnahme von Urkunden in übertragenen Angelegenheiten hat der Rechtspfleger seiner Unterschrift das Wort „Rechtspfleger" beizufügen.

1. Nicht Amts-, sondern Funktionsbezeichnung.

Das REntlG vom 11. 3. 1921 (RGBl S. 229) hatte die Landesregierungen zwar dazu ermächtigt, Gerichtsschreiber (seit dem Reichsgesetz vom 9. 7. 1927, RGBl I S. 175, „Urkundsbeamte der Geschäftsstelle" genannt) mit der selbständigen Wahrnehmung bestimmter richterlicher Geschäfte zu beauftragen, hatte ihnen aber insoweit keine besondere Bezeichnung beigelegt. Erst die preuß. EntlVerfügung vom 28. 5. 1923 (preuß. JMBl S. 401), neu gefaßt am 1. 3. 1928 (preuß. JMBl S. 140) hatte die Bezeichnung „Rechtspfleger" verwendet. Dabei handelte es sich nicht um eine Amtsbezeichnung. Die Bezeichnung „Rechtspfleger" ist vielmehr bloße Funktionsbezeichnung gewesen (vgl. preuß. RV vom 29. 5. 1923, abgedruckt bei Thiesing-Weber-Gundlach S. 199, Ziff. 6) und war als solche der Unterschrift außer der Amtsbezeichnung des Beamten beizufügen (§ 12 preuß. AV vom 1. 3. 1928 und § 6 REntlV). Diese Bezeichnung hat sich seitdem allgemein eingebürgert. Auch im RpflGes. hat die Bezeichnung lediglich die Bedeutung einer Funktionsbezeichnung. Der Wunsch des Bundes Deutscher Rechtspfleger, ebenso wie die Bezeichnung Amtsanwalt oder Gerichtsvollzieher auch „Rechtspfleger" als Dienstbezeichnung für die Eingangsstufe zu verwenden und für die beiden Beförderungsstufen die Bezeichnung „Rechtspflegeramtmann" und „Rechtspflegeroberamtmann" vorzusehen (vgl. Kellert, RpflBl 1956, S. 54 ff.), hat bisher nicht verwirklicht werden können. Immerhin ist im Vergleich zu der Vorschrift des § 6 REntlV ein Fortschritt auf dem Wege zur Amtsbezeichnung insofern zu verzeichnen, als § 11 d. Ges. für die Unterzeichnung im Schriftverkehr und für die Benennung als Mitwirkender bei der Aufnahme von Urkunden nicht mehr die Beifügung der Amtsbezeichnung und der Eigenschaft als Rpfl (z. B. „Justizinspektor als Rechtspfleger") fordert, sondern als Zusatz zur Unterschrift nur noch das Wort „Rechtspfleger" allein vorschreibt.

2. Sachliche Bedeutung.

Es ist vielfach von Bedeutung zu wissen, welches Gerichtsorgan in einer Angelegenheit tätig geworden ist. Das zeigt sich z. B. bei der Frage, welcher Rechtsbehelf gegen eine gerichtliche Entscheidung gegeben ist. Es kann auch darauf ankommen, ob der tätig gewordene Beamte sich im Rahmen seiner Zuständigkeit gehalten hat (vgl. die Erläut. 3 zu § 7 d. Ges.). Aus diesen Gründen ist es erforderlich, daß der Rpfl bei der Vornahme von Geschäften seine Funktionsbezeichnung zum Ausdruck bringt, wie dies auch von anderen Organen gefordert wird.

ZWEITER ABSCHNITT

Dem Richter vorbehaltene Geschäfte auf dem Gebiete der freiwilligen Gerichtsbarkeit

§ 12. Vormundschaftssachen.

Von den Angelegenheiten, die dem Vormundschaftsgericht übertragen sind, bleiben dem Richter vorbehalten

1. die Volljährigkeitserklärung (§ 3 des Bürgerlichen Gesetzbuchs);
2. die Aufhebung einer Beschränkung oder Ausschließung der Schlüsselgewalt;
3. die Geschäfte, welche die Anfechtung der Ehelichkeit eines Kindes, die Ehelichkeitserklärung und die Annahme an Kindes Statt betreffen, soweit sie eine richterliche Entscheidung enthalten;
4. die Anordnung einer Vormundschaft, Gegenvormundschaft oder Pflegschaft, einschließlich der Auswahl des Vormundes, Gegenvormundes oder Pflegers, und die Bewilligung einer Vergütung (§§ 1836, 1915 des Bürgerlichen Gesetzbuchs), es sei denn, daß das Jugendamt kraft Gesetzes die Vormundschaft erlangt hat oder eine Pflegschaft zum Zwecke der Geltendmachung eines auf dem öffentlichen Recht beruhenden Rentenanspruches angeordnet wird;
5. die Entscheidung von Meinungsverschiedenheiten verschiedener Gewalthaber;
6. die Ersetzung der Einwilligung oder Genehmigung eines Ehegatten, eines Gewalthabers oder eines Abkömmlings zu einem Rechtsgeschäft;
7. die Entziehung der Vertretungsmacht (§§ 1630, 1686, 1694, 1796, 1897, 1915 des Bürgerlichen Gesetzbuchs);
8. die Maßnahmen und Anordnungen auf Grund des § 1666 Abs. 1 und des § 1838 des Bürgerlichen Gesetzbuchs;

9. die Maßnahmen hinsichtlich der Vermögenssorge, soweit sie ein Eingreifen auf Grund des § 1666 Abs. 2 sowie der §§ 1667, 1668, 1670, 1671, 1844 und 1915 des Bürgerlichen Gesetzbuchs betreffen;
10. die vormundschaftsgerichtlichen Genehmigungen und Ermächtigungen nach §§ 1643, 1645, 1653, 1811, 1817, 1821, nach § 1822 Nr. 1 bis 3, 5, 8 bis 12 und nach §§ 1823, 1825 des Bürgerlichen Gesetzbuchs;
11. die den Familienrat (§§ 1858 bis 1881 des Bürgerlichen Gesetzbuchs) betreffenden Anordnungen und Entscheidungen;
12. die Entlassung eines Vormundes, Gegenvormundes, Pflegers oder Beistandes wegen Gefährdung der Interessen des Mündels (§§ 1886, 1895, 1915, 1694 des Bürgerlichen Gesetzbuchs);
13. die Aufhebung einer vorläufigen Vormundschaft (§ 1908 Abs. 3 des Bürgerlichen Gesetzbuchs) und einer Pflegschaft im Falle des § 1919 des Bürgerlichen Gesetzbuchs;
14. die Ersetzung der Einwilligung des gesetzlichen Vertreters und des Sorgeberechtigten zur Eheschließung (§ 3 Abs. 3 des Ehegesetzes) sowie die Ersetzung der Genehmigung des gesetzlichen Vertreters nach erfolgter Eheschließung (§ 30 Abs. 3 des Ehegesetzes);
15. die Untersagung der Führung des Mannesnamens durch die geschiedene oder überlebende Frau (§ 57 Abs. 1 des Ehegesetzes, § 2 des Gesetzes über die Rechtswirkungen des Anspruchs einer nachträglichen Eheschließung vom 29. März 1951 — (Bundesgesetzbl I S. 215);
16. die Genehmigung zur Erhebung der Ehescheidungsklage und der Eheaufhebungsklage durch den gesetzlichen Vertreter eines geschäftsunfähigen Ehegatten (§ 612 Abs. 2 Satz 2 der Zivilprozeßordnung);
17. die Regelung von Fragen der elterlichen Gewalt über Kinder aus nichtigen oder aufgelösten Ehen und die Regelung des persönlichen Verkehrs zwischen Eltern und Kindern;
18. die Genehmigung eines Ehevertrages oder des Verzichts eines Abkömmlings auf seinen Anteil am Gesamtgut einer fortgesetzten Gütergemeinschaft;
19. die Genehmigungen bei Erbverträgen (§ 2275, § 2282 Abs. 2, §§ 2290 bis 2292 des Bürgerlichen Gesetzbuchs) und Erbverzichten (§§ 2347, 2351, 2352 des Bürgerlichen Gesetzbuchs);

20. die Feststellung der Legitimation eines Kindes gemäß § 31 des Personenstandsgesetzes;

21. die Maßnahmen, welche die religiöse Kindererziehung betreffen (§ 1801 des Bürgerlichen Gesetzbuchs, §§ 2, 3, 7, 9 und 10 des Gesetzes über die religiöse Kindererziehung vom 15. Juli 1921 — (Reichsgesetzbl S. 939);

22. die im Jugendgerichtsgesetz vom 4. August 1953 (Bundesgestzbl I S. 731) genannten Verrichtungen;

23. die im Abschnitt VI des Reichsgesetzes für Jugendwohlfahrt vom 9. Juli 1922 (Reichsgesetzbl I S. 633) genannten Verrichtungen;

24. die Entscheidungen in Staatsangehörigkeitsangelegenheiten.

Übersicht.

§ 12. Vormundschaftssachen

Vorbemerkung.

Auf dem Gebiete des Vormundschaftswesens waren dem Rpfl schon durch die preußische Entlastungsverfügung 1923/1928 in erheblichem Umfange Geschäfte zur selbständigen Wahrnehmung übertragen worden. Diese Regelung wurde fast unverändert von der Reichsentlastungsverfügung übernommen. In den §§ 12 bis 14 ist im einzelnen eine Reihe von Tätigkeiten aufgeführt, die zur selbständigen Wahrnehmung durch den Rpfl geeignet sind.

Der Deutsche Richterbund und der Bund Deutscher Rechtspfleger haben bei ihren Reformvorschlägen empfohlen, die im § 16 Abs. 3 der REntlV enthaltenen Richtervorbehalte im wesentlichen bestehen zu lassen. Das Gesetz folgt dieser Empfehlung, hat aber um den Richter noch wirksamer zu entlasten, eine Reihe weiterer Angelegenheiten dem Rpfl übertragen. Es hat hierbei vor allem die Regelung berücksichtigt, die das Württembergische „Ausführungsgesetz zum BGB und zu anderen Reichsjustizgesetzen" vom 29. 12. 1931 (Württ. RegBl. S. 545) getroffen hat. Bei der Übertragung von Geschäften, welche die Erledigung von Vermögensangelegenheiten betreffen, ist es jedoch nicht soweit gegangen wie dieses Gesetz.

Im Gegensatz zur streitigen Gerichtsbarkeit erfolgt in der freiwilligen Gerichtsbarkeit die Einleitung des Verfahrens in der Regel von Amts wegen; das Gericht ist also auf den Antrag der Beteiligten nicht angewiesen und kann auch gegen den Willen der Beteiligten einschreiten. Dieser Grundsatz wird aber häufig durchbrochen z. B. bei dem Erbschein, der Todeserklärung. In diesen Fällen haben die Beteiligten auf das Verfahren insofern einen Einfluß, als sie es durch Zurücknahme zum Stillstand bringen können.

Für die gerichtlichen Entscheidungen erster Instanz ist grundsätzlich weder eine Form vorgeschrieben, noch bedürfen sie der Angabe eines Tatbestandes und einer Begründung. Nur Entscheidungen der Beschwerdegerichte müssen mit Gründen versehen sein. Trotzdem wird das Gericht bei verwickeltem Sachverhalt und bei Ablehnung von Anträgen zweckmäßig seiner Entscheidung eine Begründung beigeben, damit die Beteiligten ersehen können, weßhalb das Gericht zu der Entscheidung gekommen ist.

Die Entscheidung wird wirksam, wenn sie ordnungsmäßig bekannt gemacht ist (§ 16 FGG). Sie ist für alle Behörden bindend, das Prozeßgericht kann sie daher nicht nachprüfen. Die Bekanntmachung ist durch Zustellung vorzunehmen, wenn eine Frist (z. B. die Frist für die sofortige Beschwerde) zu laufen beginnt, sonst genügt Mitteilung durch gewöhnlichen Brief (§ 16/2 FGG).

Etwas anderes als die Wirksamkeit einer Entscheidung ist die Rechtskraft einer solchen. Es wird zwischen formeller und materieller Rechtskraft unterschieden. Formelle Rechtskraft bedeutet, daß die Entscheidung durch Rechtsmittel nicht mehr angefochten werden kann. Das Wesen der materiellen Rechtskraft besteht darin, daß das Gericht für künftige Rechts- und Streitfälle gebunden ist.

Die formelle Rechtskraft tritt auch bei Entscheidungen der freiw. Gerichtsbarkeit ein und zwar bei Entscheidungen, die keinem Rechtsmittel unterliegen, sofort mit dem Erlaß der Entscheidung, bei Verfügungen, die einem Rechtsmittel unterliegen, mit der Erschöpfung des Rechtsmittelzuges oder mit Ablauf der Beschwerdefrist.

Die Entscheidungen der freiwilligen Gerichtsbarkeit unterliegen — abgesehen von den u. a. Ausnahmen — nicht der materiellen Rechtskraft; das Gericht ist also nicht an sie gebunden. Wenn eine Entscheidung sich später, z. B. auf Grund neuer Tatsachen, als unrichtig erweist, kann das Gericht von seiner früheren Entscheidung abweichen, es kann seine Entscheidung auch in demselben Verfahren, in dem sie ergangen ist, wieder aufheben oder abändern (§ 18 FGG). Diese Befugnis steht dem Gericht aber nicht zu

a) in den Fällen, in denen die sofortige Beschwerde zulässig ist (§ 18/2 FGG),
b) in den Fällen, daß eine Verfügung nur auf Antrag erlassen werden kann und der Antrag zurückgewiesen ist; hier kann die Entscheidung nur auf Antrag geändert werden (§ 18/1 FGG),
c) wenn die Entscheidung unmittelbar auf materielle Rechtsverhältnisse einwirken soll, z. B. vormdsch. Genehmigungen, sofern sie dem Vertragsgegner gegenüber wirksam geworden sind (§ 55 FGG), vgl. auch oben § 10 Ziff. 3F.

In den (zum größten Teil dem Richter vorbehaltenen) sog. echten Streitverfahren der freiwilligen Gerichtsbarkeit wird in der Regel die materielle Rechtskraft anerkannt (vgl. Keidel, Anm. 13 zu § 12 und Anm. 8 zu § 31 FGG).

Soweit nicht nachstehend etwas anderes angegeben ist, sind die dort genannten Geschäfte dem Rpfl übertragen; zur weiteren Verdeutlichung sind die dem Rpfl übertragenen Geschäfte durch einen Stern * kenntlich gemacht.

I.* Akteneinsicht. Die Einsicht der Gerichtsakten kann jedem insoweit gestattet werden, als er ein berechtigtes (nicht rechtliches) Interesse glaubhaft macht (§ 34 FGG). Zuständig ist der Rpfl in den ihm übertragenen Sachen.

II.* Amtsvormundschaften. Die Amtsvormundsch. der Jugendämter tritt bei unehelichen Kindern deutscher Staatsangehörigkeit bei dem Jugendamt des Geburtsortes ein (§ 35 RJWG). Das Vormdschaftsgericht hat dem Jugendamt über den Eintritt der Amtsvormdsch. eine Bescheinigung zu erteilen (§ 37 RJWG). Vor Ausstellung der Bescheinigung prüfen, ob

a) der Name des Mündels richtig angegeben ist (§ 1706 BGB),
b) der Mündel Deutscher ist; wenn nicht, Art. 23 EGBGB beachten,
c) der Wohnsitz richtig angegeben ist,
d) bereits ein uneheliches Kind vorhanden ist.

Zu c und d: vgl. unten XXXI Zuständigkeit.

Die gleiche Bescheinigung ist in den Fällen des § 41 RJWG (bestellte Amtsvormdsch.) und des § 46 RJWG (Mitvormdsch. des Jugendamtes) zu erteilen. Die Bescheinigungen sind bei Beendigung der Vormdsch. zurückzugeben (§ 37 RJWG).

Auf Antrag des Jugendamtes kann in Amtsvormdschaften auch ein Einzelvormund bestellt werden, soweit dies dem Wohle des Mündels nicht entgegensteht (§ 40 RJWG). In diesen Fällen lag bisher nach § 16 Abs. 3a der REntlV v. 3. 7. 1943 die Auswahl des Vormundes bei dem Rpfl. Nach § 12 Ziff. 4 d. Ges. ist die Auswahl des Vormundes nunmehr dem Richter vorbehalten.

Rechtsmittel: einfache Beschwerde §§ 19, 20 FGG, vgl. auch oben § 10 Ziff. 1 aE.

Kosten für Führung der Vormdsch.: § 85 KostO, § 89 beachten.

III. Anordnung der Vormundschaft, Pflegschaft, Beistandschaft (vgl. auch nachstehend IX).

1. Die Anordnung einer Vormdsch., Gegenvormdsch., Pflegsch. einschl. der Auswahl des Vormundes, Gegenvormundes, Pflegers ist dem Richter vorbehalten (§ 12 Ziff. 4 d. Ges.).

Es kommen sowohl die Fälle der Bestellung eines Einzelvormundes für ein uneheliches Kind (§ 40 RJWG), als auch für eheliche Kinder, die nicht unter elterlicher Gewalt stehen (§ 1773 BGB) in Frage. (Die Anordnung der Vormdsch. im Falle der Wiederverheiratung der Mutter (§ 1697 BGB) ist durch den Gleichberechtigungsgrundsatz fortgefallen, vgl. auch Bosch in Rpfleger 1953, 273, 392.) Ebenso bei der Anordnung der Vormdsch. über einen entmündigten Volljährigen (§ 1897 BGB). Der Eintritt der Voraussetzungen zur Einleitung der Vormdsch. ist von Amts wegen zu prüfen (§ 1774 BGB). Das Gericht hat einzuschreiten ohne einen Antrag abzuwarten, dabei ist es gleichgültig, woher es die Kenntnis der Notwendigkeit der Vormdsch. hat. Bei der Auswahl des Vormundes sind die Vorschriften der §§ 1776 bis 1778 BGB und in den Gebietsteilen des früh. Landes Preußen die AV v. 25. 6. 1931 PrMinBl S. 223 zu beachten.

Ist die Vormdsch. nicht einem nach § 1776 BGB Berufenen übertragen (seit 1. 4. 1953 kann weder der Vater den von der Mutter, noch die Mutter den vom Vater Benannten ausschließen, vgl. Rpfleger 1954, 99), so hat das Vormdschgericht nach Anhörung des Jugendamtes, das Gemeindewaisenrat ist (§ 42/1 RJWG), den Vormund auszuwählen (§ 1779 BGB). Bei Ablehnung der Übernahme der Vormdsch. hat das Vormdschgericht hierüber zu entscheiden (§ 1787 BGB); bei Zurückweisung der Weigerung sofortige Beschwerde (§ 60/2 FGG).

Rechtsmittel gegen Anordnung: einfache Beschwerde §§ 19, 20 FGG,
gegen Ablehnung: einfache Beschwerde § 57 FGG, vgl. auch oben § 10 Ziff. 1 aE.

Kosten: §§ 85, 86, 89 KostO.

2. Die Anordnung einer Pflegsch. kann erfolgen:

a) in den Fällen, in denen der Inhaber der elterlichen Gewalt (§ 1626 ff BGB) oder der Vormund (§§ 1773 ff, 1896 ff BGB) tatsächlich (Krankheit, Abwesenheit) oder rechtlich (widersprechende Interessen) (§§ 181, 1630/2, 1794 ff BGB) an der Besorgung der zu erledigenden Angelegenheit verhindert ist (§ 1909 BGB);

b) bei Gebrechlichkeit einer volljährigen Person (§ 1910 BGB). Bei körperlichen Gebrechen kann der Pfleger für die Person und das Vermögen, also für die gesamten Angelegenheiten bestellt werden (§ 1910/1 BGB). Bei geistigen Gebrechen ist die Bestellung aber nur für einzelne Angelegenheiten oder für

einen bestimmten Kreis (Personen- oder Vermögensangelegenheiten) möglich (§ 1910/2 BGB). Diese Bestimmung des § 1910/2 BGB gilt auch für Geisteskranke oder Geistesschwache, die keinen Vormund haben;
c) für abwesende volljährige Personen (§ 1911 BGB);
d) für eine Leibesfrucht zur Wahrung ihrer künftigen Rechte (§ 1912 BGB);
e) für unbekannte Beteiligte (§ 1913 BGB);
f) für ein durch öffentliche Sammlung zusammengebrachtes Vermögen (§ 1914 BGB).

Ein Pfleger kann auch bestellt werden, wenn der Vater an der Ausübung der elterlichen Gewalt verhindert ist und diese von der Mutter nicht ausgeübt wird (§§ 1665, 1909 BGB).

Die Durchführung des Vertrages bei einer Auseinandersetzungspflsch. ist zu überwachen, die Pflsch. also bis zur völligen Erledigung aufrecht zu erhalten (§ 1918/3 BGB).

Die Anordnung der Pflegsch. und die Auwahl des Pflegers zum Zwecke der Geltendmachung eines auf dem öffentlichen Recht beruhenden Rentenanspruchs ist dem Rpfl übertragen (§ 12 Ziff. 4 d. Ges.).

Rechtsmittel: einfache Beschwerde §§ 19, 20 FGG, vgl. auch oben § 10 Ziff. 1 aE.
Kosten: bei Einzelpflsch. § 86/1, bei Dauerpflsch. § 86/2, KostO, § 89 beachten.

3.* Die Anordnung einer Beistandschaft kann nur für die Mutter des Kindes zur Unterstützung in der Ausübung der elterlichen Gewalt angeordnet werden. Die Mutter muß sich also im Besitz der elterlichen Gewalt befinden. Ein Beistand muß bestellt werden

a) wenn der Vater durch letzwillige Verfügung die Bestellung angeordnet hat;
b) wenn die Mutter die Bestellung beantragt;
c) wenn das Vormdschgericht die Bestellung aus besonderen Gründen von Amts wegen für erforderlich hält (§ 1687 BGB).

Durch den Gleichberechtigungsgrundsatz ist die Beistandsbestellung auf Grund testamentarischer Bestimmung des Vaters (a) nicht mehr möglich, vgl. Bosch in Rpfleger 1954, 11. Der Wirkungskreis des Beistandes kann verschiedenartig sein. Entweder ist ihm die Vermögensverwaltung — ganz oder teilweise — übertragen (§ 1693 BGB) oder die Bestellung erfolgt ohne Übertragung der Vermögensverwaltung (§ 1688, 1694 BGB). Im ersteren Falle hat der Beistand die Rechte und Pflichten eines Pflegers im letzteren Falle nur die Stellung eines Gegenvormundes. Dann ist ihm aber die Rechnungslegung der Mutter unter Nachweis des Vermögensbestandes vorzulegen; er kann diese mit Bemerkungen versehen, zu denen ihm die Prüfung Anlaß gibt (§§ 1842, 1694 BGB).

Die Anordnung der Beistandsch. und die Auswahl des Beistandes erfolgt durch den Rpfl (so auch die amtl. Begründung). Für die in den Fällen der §§ 1666, 1667 BGB notwendig werdende Beistandschaft ist allerdings der Richter zuständig.

Rechtsmittel: einfache Beschwerde §§ 19, 20 FGG, vgl. auch oben § 10 Ziff 1 aE.
Kosten: § 86/2, 89 KostO.

IV.* Anhörung der Beteiligten. Das Vormdschgericht soll, und zwar der Rpfl im Rahmen seiner Zuständigkeit den Mündel hören vor der Entscheidung über die Genehmigung eines Lehrvertrages oder eines auf die Eingehung eines Dienst- oder Arbeitsverhältnisses gerichteten Vertrages (§§ 1822 Ziff. 6, 7, 113 BGB) und wenn der Mündel das 14. Lebensjahr vollendet hat, über die Entlassung aus dem Staatsverbande (§ 1827/1 BGB). Hat der Mündel das 18. Lebensjahr vollendet, so soll ihn das Vormdschgericht, soweit tunlich, auch hören vor der Entscheidung über die Genehmigung eines der in §§ 1821 und 1822 Nr. 3 BGB bezeichneten Rechtsgeschäfte, sowie vor der Entscheidung über die Genehmigung des Beginns oder der Auflösung eines Erwerbsgeschäftes (§ 1827/2 BGB).

Diese Anhörungen nimmt der Rpfl (vgl. Erläut. 1 zu § 4 d. Ges.) vor, sie erfolgen formlos (und zwar gebührenfrei § 84 KostO). Von der Zuziehung eines Protokollführers kann abgesehen werden (§ 15/1 FGG § 163/3 ZPO), auch ist die Unterzeichnung der Protokolle durch die Beteiligten nicht vorgeschrieben.

V.* **Armutszeugnis.** Es handelt sich hier um die Erteilung von Armutszeugnissen aus den Vormdschaftsakten zur Klageerhebung. Das Zeugnis kann armen Personen, die unter Vormdsch. oder Pflegsch. stehen, erteilt werden. Ein uneheliches Kind bedarf für den Unterhaltsprozeß gegen seinen Erzeuger eines Armutszeugnisses nicht (§ 118/2 ZPO). Die Bedürftigkeitsfrage soll vor Erteilung des Zeugnisses sorgfältig geprüft werden (Preuß. AV v. 12. 9. 1923 PrMinBl S. 345).

Rechtsmittel: einfache Beschwerde §§ 19, 20 FGG, vgl. auch oben § 10 Ziff. 1 aE.
Kosten: keine, § 84 KostO.

VI. **Anweisungen an den Standesbeamten** (UrkReg. III) bleiben dem Richter vorbehalten, da sie im 4. Abschnitt FGG geregelt sind und dieser Abschnitt auf den Rpfl nicht übertragen ist (vgl. oben Erläut. zu § 3 Abs. 1 u. 2).

VII.* **Beaufsichtigung der Geschäftsführung** des Vormundes usw. Dazu gehört insbesondere das Setzen von Fristen und die Überwachung ihrer Innehaltung; die Innehaltung ist notfalls durch Androhung und Verhängung von Ordnungsstrafen zu erzwingen (vgl. hierzu unten XXIV).

Nach § 4 dieses Gesetzes (vgl. auch Erläut. zu § 4 Abs. 1) ist nunmehr auch der Rpfl zur Verhängung von Ordnungsstrafen in den ihm übertragenen Sachen zuständig.

Ist jemandem durch eine Verfügung des Gerichts die Verpflichtung auferlegt, eine Handlung vorzunehmen, die ausschließlich von seinem Willen abhängt, so kann ihn das Gericht, soweit sich nicht aus dem Gesetz etwas anderes ergibt, zur Befolgung seiner Anordnung durch Ordnungsstrafen anhalten. Bei der Festsetzung der Ordnungsstrafe ist der Beteiligte zugleich in die Kosten des Verfahrens zu verurteilen (§ 33/1 FGG). Die Ordnungsstrafe muß aber, bevor sie festgesetzt wird, angedroht werden. Die einzelne Ordnungsstrafe darf den Betrag von 1000 DM nicht übersteigen (§ 33/3 FGG und Art. IV Abs. 2 der VO v. 6. 2. 1934 RGBl I S. 44).

Rechtsmittel: einfache Beschwerde §§ 19, 20 FGG, vgl. auch oben § 10 Ziff 1aE.
Kosten: Gebühr § 110, Wert § 110/2 KostO.

VIII.* **Beendigung der Vormdsch., Pflegsch., Beistandsch.**

1. Die Vormdsch. endigt mit dem Wegfalle der in § 1773 (siehe oben zu III) für die Anordnung der Vormdsch. bestimmten Voraussetzungen (also Volljährigkeit oder Volljährungskeitserklärung des Mündels, Tod des Mündels) (§§ 1882, 1884/2 BGB). Wird der Mündel durch nachfolgende Ehe legitimiert, so endigt die Vormdsch. erst dann, wenn die Vaterschaft des Ehemanns durch ein zwischen ihm und dem Mündel ergangenes Urteil rechtskräftig festgestellt ist oder die Aufhebung der Vormdsch. von dem Vormdschgericht angeordnet wird (§ 1883/1 BGB). Ist der

Mündel verschollen, so endigt die Vormdsch. erst mit der Aufhebung durch das Vormdschgericht (§ 1884/1 BGB).

2. Die Pflegsch. zur Besorgung einer einzelnen Angelegenheit endigt mit der Erledigung (§ 1918/3 BGB). Für eine unter elterlicher Gewalt oder Vormdsch. stehende Person endigt die Pflegsch. mit der Beendigung der elterlichen Gewalt oder Vormdsch. (§ 1918/1 BGB); die Pflegsch. für eine Leibesfrucht endigt mit der Geburt des Kindes (§ 1918/2 BGB). In allen anderen Fällen endigt die Pflegsch. mit ihrer Aufhebung durch das Vormdschgericht, sobald der Grund für ihre Anordnung weggefallen ist (§ 1919 BGB), oder im Falle des § 1910 BGB der Pflegebefohlene die Aufhebung beantragt (§ 1920 BGB), bei Abwesenheitspflegsch. aus den Gründen des § 1921 BGB.

Die Aufhebung der Pflegschaft im Falle des § 1919 BGB ist ausnahmsweise dem Richter vorbehalten (§ 12 Ziff. 13 d. Ges.).

3. Die Beistandsch. kann in den Fällen des § 1687 Ziff. 2, 3 BGB (Einleitung auf Antrag der Mutter oder von Amts wegen) sowie des § 1693 BGB (Übertragung der Vermögensverwaltung auf den Beistand) jederzeit aufgehoben werden (§ 1695 BGB). Zuständig zur Aufhebung ist Rpfl, da in § 12 Ziff. 13 d. Ges. nicht genannt.

Rechtsmittel: einfache Beschwerde § 57, 59 FGG, vgl. auch oben § 10 Ziff. 1 aE.

Kosten: Gebühren und Wert §§ 85, 86, 89 KostO.

IX.* Bestellung (Verpflichtung) des Vormundes, Gegenvormundes, Pflegers, Beistandes.

Wegen der Auswahl des Vormundes usw. gilt das vorstehend zu III Gesagte. Die Auswahl des Vormundes, Gegenvormundes, Pflegers ist dem Richter vorbehalten, während die Auswahl des Beistandes dem Rpfl übertragen ist. Die Bestellung oder Verpflichtung der Genannten gehört dagegen in allen Fällen zu den auf den Rpfl übertragenen Geschäften.

Die Bestellung oder Verpflichtung des Vormundes usw. geschieht in einem besonderen Verpflichtungstermin (§ 1789 BGB) und umfaßt Rechtsbelehrung, Bestallungserteilung und Mitteilung an das Jugendamt. Falls Vermögen verwaltet wird, sind Anordnungen wegen der Rechnungslegung (§ 1840 BGB) zu treffen (vgl. auch unten XX). Jeder Vormund usw. erhält eine Bestallung (§ 1791 BGB), die nach Beendigung des Amtes zurückzugeben ist. Bei befreiter Vormdsch. (§ 1852 BGB) in der Bestallung vermerken, welche Befreiungen dem Vormund zustehen.

Rechtsmittel: einfache Beschwerde §§ 19, 20 FGG, vgl. auch oben § 10 Ziff. 1 aE.

Kosten: §§ 85, 89 KostO.

X. Beglaubigung und Beurkundung von Erklärungen und Rechtsgeschäften durch das Vormdschgericht.

1.* Wegen der Beurkundung in besonderen Fällen (zB bei Tauben, Blinden, Stummen § 169 FGG vgl. unten § 23 allgem., wegen der Beurkundung von Erbschaftsausschlagungserklärungen vgl. unten § 13 III.

2.* Zur Annahme des Mädchennamens einer geschiedenen Frau, die nicht allein für schuldig erklärt ist, genügt die Erklärung in öffentlich beglaubigter Form gegenüber dem Standesbeamten (§ 55/1 EheG). Auch der geschiedene Mann kann der allein oder überwiegend für schuldig erklärten Ehefrau durch Erklärung gegenüber dem Standesbeamten die Weiterführung seines Namens untersagen: die Erklärung bedarf der öffentlichen Beglaubigung (§ 56 EheG). In beiden Fällen ist es daneben auch zulässig, daß die Erklärungen von dem Rpfl zu Protokoll genommen werden. Die von der geschiedenen Frau abgegebene Erklärung ist mit ihrem bisherigen Ehenamen zu unterschreiben, beide Erklärungen werden erst wirksam mit dem Zugehen an den Standesbeamten.

Rechtsmittel: einfache Beschwerde §§ 19, 20 FGG, vgl. auch oben § 10 Ziff. 1 aE.

Kosten bei Beurk. durch Rpfl: Gebühr § 29/1, Wert § 24/2 KostO.

3.* Die Namenserteilung des Ehemannes der Mutter eines unehelichen Kindes an dieses, die sog. Einbenennung (§ 1706/2 BGB) kann von dem Rpfl beglaubigt werden (§ 62 der 1. AusfVO z. PersStG v. 19. 5. 1938 RGBl I S. 533). Es genügt die öffentliche Beglaubigung der Erklärung in der Form des § 183 FGG. Die Namenserteilung bewirkt lediglich, daß das voreheliche Kind der Ehefrau den gleichen Namen führt wie gemeinschaftliche Kinder aus der Ehe. Die rechtliche Stellung eines ehelichen Kindes erlangt das voreheliche Kind nicht; sie könnte nur durch Annahme an Kindes Statt oder durch Ehelichkeitserklärung erreicht werden.

Rechtsmittel: einfache Beschwerde §§ 19, 20 FGG, vgl. auch oben § 10 Ziff. 1 aE.

Kosten: bei Beurk. d. Erkl. Gebühr § 29/1, Wert § 24/2 KostO; bei Beglaubigung Gebühr § 39, Wert § 24/2 KostO.

4. a) Der Kindesannahmevertrag (vgl. hierzu Gesetz zur Erleichterung der Annahme an Kindes Statt vom 8. 8. 1950 BGBl S. 356, und Gesetz über die Vermittlung der Annahme an Kindes Statt v. 29. 3. 1951 BGBl. I S. 214) kann von dem Rpfl nicht beurkundet werden, sondern ist dem Richter vorbehalten. Bei der Beurkundung des Vertrages ist zu beachten, daß die Beteiligten den Vertrag unter gleichzeitiger Anwesenheit beider Teile und ohne Bevollmächtigte schließen (§ 1750 Abs. 1 Satz 1 BGB). Nur bezüglich des Kindes besteht eine Ausnahme. Hat das Kind nicht das 14. Lebensjahr vollendet, so kann sein gesetzlicher Vertreter den Vertrag mit Genehmigung des Vormdschgerichts schließen (§§ 1750 Abs. 1 Satz 2, 1751 BGB). Beim Abschluß des Vertrages muß dann der gesetzliche Vertreter ebenfalls anwesend sein. Hat das anzunehmende Kind das 14. Lebensjahr vollendet, so ist auch seine Anwesenheit bei dem Abschluß des Vertrages erforderlich. Die Beurkundung des Vertrages durch Gericht oder Notar ist zwingend (§ 1750/2 BGB).

   Wer verheiratet ist, kann nur mit Einwilligung seines Ehegatten an Kindes Statt annehmen (§ 1746 BGB); ein eheliches Kind kann bis zur Vollendung des 21. Lebensjahres mit Einwilligung der Eltern, ein uneheliches Kind nur mit Einwilligung der Mutter an Kindes Statt angenommen werden (§ 1747 BGB). Die Einwilligungserklärungen bedürfen der gerichtlichen oder notariellen Beurkundung (§ 1748/3 BGB); sie können vorher oder nachträglich abgegeben werden (vgl. auch unten § 23 Ziff. 5).

   b) Ergibt sich im Verfahren die Notwendigkeit zur Befreiung vom Erfordernis der Kinderlosigkeit (§ 1741 BGB), so kann das für die Bestätigung des Annahmevertrages zuständige Gericht hiervon Befreiung erteilen (Gesetz v. 8. 8. 1950 BGBl I S. 356)*). Zur Entscheidung hierüber ist der Rpfl nicht berufen.

*) Die Geltungsdauer des Gesetzes vom 8. 8. 1950 ist durch Gesetz vom 14. 2. 1953 BGBl I S. 23 zunächst bis 31. 12. 1955 und durch Gesetz vom 25. 12. 1955 BGBl I S. 868 bis 31. 12. 1960 verlängert worden.

Rechtsmittel: einfache Beschwerde § 19, 20 FGG.
Kosten: gebührenfrei.

c) Auch die Befreiung von dem Alterserfordernis (§§ 1744, 1745 BGB) obliegt dem Rpfl nicht. Hierüber entscheidet das für die Bestätigung des Annahmevertrages zuständige AG (§ 11 der VO v. 31. 5. 1934 RGBl. I S. 473, Nr. 8 der DurchführBest. v. 27. 7. 1934 RGBl I S. 738).
Rechtsmittel: Beschwerde an OLGPräs.; gegen dessen Entscheidung an Justizminister (Art. 1 der VO v. 17. 5. 1935 RGBl I S. 682).
Kosten: gebührenfrei (VO v. 27. 7. 1934 RGBl I S. 738).

d) Ist der Annehmende oder der Angenommene noch nicht 21 Jahre alt, so muß zu dem Vertrag die vormdsch. Genehmigung (siehe hierzu unten XXI, 39) erteilt werden (§ 1751 BGB); sie wird erteilt werden, wenn die Kindesannahme dem Wohle des Kindes dient. Zuständig hierfür ist das AG, in dessen Bezirk der gesetzliche Vertreter des Kindes seinen Wohnsitz hat. Wohnsitz des gesetzlichen Vertreters und Wohnsitz des Annehmenden können verschieden sein, das Gericht für die vormdsch. Genehmigung braucht daher nicht zugleich das Bestätigungsgericht zu sein. Die Entscheidung hierüber obliegt dem Richter.
Rechtsmittel: einfache Beschwerde § 57/1 Ziff. 9 § 59 FGG.

e) Zur Wirksamkeit des Kindesannahmevertrages ist dann noch dessen gerichtliche Bestätigung erforderlich (§ 1754/1 BGB); vor der Bestätigung ist die höhere Verwaltungsbehörde (in der Regel der RegPräs.) zu hören (§ 66a FGG § 1754/3 BGB). Sind die gesetzlichen Voraussetzungen erfüllt, so wird die Bestätigung erteilt, fehlt es an einer gesetzlichen Voraussetzung (§ 1754/2 BGB), dann muß sie versagt werden. Zuständig ist nur der Richter, da nach § 3 Abs. 1 Ziff. 2a nur Angelegenheiten des 2. Abschnitts FGG übertragen sind.
Rechtsmittel: Gegen den Beschluß der Bestätigung steht der höheren Verwaltungsbehörde die sofortige Beschwerde zu (§ 68/1 FGG), gegen den Beschluß, durch den die Bestätigung versagt wird, steht jedem Vertragsschließenden die sofortige Beschwerde zu (§ 68/2 FGG) vgl. auch oben § 10 Ziff. 3 F (d).
Kosten: Beurkundung des Annahmevertrages Gebühr § 29/2, Wert 24/2, Bestätigung des Vertrages Gebühr § 91, Wert § 24/2 (falls Kindesvermögen unter 5000 DM gebührenfrei), Beurkundung der Einwilligungserklärungen, falls in besonderer Urkunde abgegeben Gebühr § 31 Abs. 3, Wert § 24/2. Vormdsch. Genehmigung: Wird über den betr. Beteiligten eine Vormdsch. geführt, keine Gebühr, wird keine Vormdsch. geführt Gebühr § 88 Abs. 1 Ziff. 4, 89 KostO.

f) Die Aufhebung eines Kindesannahmevertrages kann durch Vertrag zwischen den Beteiligten erfolgen (§ 1768 BGB); der Vertrag bedarf der gerichtlichen oder notariellen Beurkundung (§ 1770/2 BGB). In diesem Falle hat das AG über die Bestätigung des Aufhebungsvertrages zu entscheiden (§ 65 FGG). Wegen der Zuständigkeit des Richters gilt das vorstehend für die Begründung des Antrages Gesagte entsprechend.
Rechtsmittel: Der Beschluß, durch den die Aufhebung bestätigt wird, kann nicht angefochten werden. Gegen die Ablehnung der Bestätigung besteht die sofortige Beschwerde (§ 68 FGG).

Kosten: Beurkundung des Aufhebungsvertrages Gebühr § 29/2, Wert § 24/2, Bestätigung des Aufhebungsvertrages Gebühr § 91 Abs. 1 a, Wert § 24/2. KostO.

g) Das durch die Kindesannahme begründete Rechtsverhältnis kann aber auch auf Antrag durch gerichtliche Entscheidung aufgehoben werden (Art. 5 § 12 des Gesetzes vom 12. 4. 1938 RGBl I S. 380) Zuständigkeit wie vor zu f. Voraussetzung hierfür ist, daß wichtige Gründe in der Person des Annehmenden oder des Kindes die Aufrechterhaltung des Annahmeverhältnisses sittlich nicht mehr gerechtfertigt erscheinen lassen. Für die Entscheidung über eine solche Aufhebung ist das AG zuständig, das den Annahmevertrag bestätigt hat (§ 16 des Gesetzes vom 12. 4. 1938 RGBl I S. 380). Der Antrag kann von der höheren Verwaltungsbehörde (§ 13/1 des Gesetzes vom 12. 4. 1938), er kann aber auch von jedem Vertragsteil, der bei der Kindesannahme mitgewirkt hat (§ 13/2, 3 des Gesetzes vom 12. 4. 1938) gestellt werden. Vor der Entscheidung sind die Personen, auf die sich das Annahmeverhältnis und seine Wirkungen erstreckt, zu hören (§ 18 des Gesetzes vom 12. 4. 1938).

Rechtsmittel: Die Entscheidung unterliegt der sofortigen Beschwerde (§ 19 des Gesetzes vom 12. 4. 1938).

Kosten: Gebühr § 91 Abs. 1 b, Wert § 24/2 KostO.

Das Kindesannahmeverhältnis erlischt kraft Gesetzes, wenn Personen, die durch Adoption verbunden sind, entgegen § 7 EheG die Ehe eingehen.

h) Der Annehmende hat das Vermögen des Kindes, soweit es auf Grund der elterlichen Gewalt seiner Verwaltung unterliegt, in einem Vermögensverzeichnis aufzunehmen und dem Vormdschgericht einzureichen (§ 1760/1 BGB). Ist das Verzeichnis ungenügend, so kann das Vormdschgericht die Aufnahme des Verzeichnisses durch einen Beamten anordnen (§ 1760 Abs. 1 Satz 2 BGB) oder dem Annehmenden die Vermögensverwaltung entziehen (§ 1760/2 BGB). Zuständig zur Anordnung der Ergänzung des Vermögensverzeichnisses der Rpfl, zur Entziehung der Vermögensverwaltung der Richter (§ 12 Ziff. 3 d. Ges.).

Rechtsmittel: einfache Beschwerde § 20, 57/8 FGG, vgl. auch oben § 10 Ziff. 1aE.

Kosten: Für Entgegennahme des Vermverz. keine Gebühr, für Anordnung der Aufnahme des Verz. Gebühr § 87 Abs. 1 Ziff. 3, Wert § 87/2, 24/2, für Aufnahme des Verz. durch UrkB oder Notar daneben Gebühr § 46/1 KostO. Wert = Wert der verzeichneten Gegenstände ohne Schuldenabzug.

5.* Vaterschaftsanerkennungen und Unterhaltsverpflichtung. Will der Erzeuger eines unehelichen Kindes die Vaterschaft anerkennen (§§ 1718, 1720/2 BGB), so kann dies — außer beim Jugendamt § 43/2 RJWG — in einer von dem Rpfl oder Notar aufgenommenen Urkunde geschehen. Das gleiche gilt für die Beurkundung der Verpflichtung des Vaters zur Zahlung der laufenden Unterhaltsrente. Bei der Zahlungsverpflichtung spricht § 23 Ziff. 3 d. Ges. lediglich von der Verpflichtung zur Zahlung einer „Abfindungssumme". Dabei handelt es sich wohl um einen Redaktionsfehler. Die Beurkundung der Verpflichtung zur Zahlung des laufenden Unterhalts war bereits in § 14 Buchst. c der REntlV übertragen. Die

Tendenz des Rechtspflegergesetzes ist aber darauf gerichtet, dem Rpfl weitere Geschäfte zu übertragen, nicht etwa bereits früher ihm übertragene Geschäfte wieder abzunehmen. Durch die jetzige Fassung des § 23 Ziff. 3 sollte also an dem bestehenden Zustand nichts geändert werden. Bei einem minderjährigen Anerkennenden muß der gesetzliche Vertreter vorher oder gleichzeitig zustimmen (§ 107 BGB).

Die Genehmigung der abgegebenen Erklärung des Minderjährigen durch das Vormdschgericht ist nicht nötig, wenn das Anerkenntnis allein abgegeben wird. Tritt aber zu dem Anerkenntnis die Zahlungsverpflichtung hinzu, so ist in allen Fällen der gesetzlichen Vertretung (§§ 1643, 1822/5 BGB) die Genehmigung der Zahlungsverpflichtung durch das Vormdschgericht erforderlich, die sowohl vor als auch nach der urkundlichen Verpflichtung erfolgen kann. Zuständig für die Erteilung der vormdsch. Genehmigung ist der Richter (§ 12 Ziff 10). Die Vaterschaftsanerkennung ist im Geburtenbuch beizuschreiben (§ 29 PersStG); wegen der Beurkundung und weiteren Behandlung vgl. § 61 der 1. AVO zum PersStG v. 19. 5. 1938, RGBl I S. 533.

Rechtsmittel: einfache Beschwerde §§ 19, 20 FGG vgl. auch oben § 10 Ziff. 1 aE.

Kosten: für Beurkundung Gebühr § 29/1, Wert Vaterschaftsanerkennung § 24/2, Zahlungsverpflichtung § 22 Abs. 4 KostO, dazu Rückstände, § 38 beachten.

6.* Kirchenaustrittserklärungen. Die Wahrnehmung der Geschäfte bei einem Kirchenaustritt ist zwar ein Verwaltungsgeschäft und die Zuständigkeit des Rpfl hierfür durch die Landesjustizverwaltungen zu bestimmen (so auch Strauß in Rpfleger 1957, 36). Trotzdem erscheint es angebracht, die Kirchenaustrittserklärungen an dieser Stelle nach den im früheren Preußen als dem größten Lande des Deutschen Reiches geltenden Vorschriften zu erörtern (vgl. § 24a REntlV).

Nach dem preuß. Gesetz vom 30. 11. 1920 — Preuß. GS 1921, 119 — hat derjenige, welcher aus einer Religionsgemeinschaft öffentlichen Rechts austreten will, dies bei dem AG seines Wohnsitzes zu erklären. Die Erklärung muß zu Protokoll der Geschäftsstelle erfolgen oder in öffentlich beglaubigter Form eingereicht werden. Die rechtlichen Wirkungen der Austrittserklärung treten nicht vor Ablauf eines Monats nach Eingang der Erklärung bei dem AG ein; bis dahin kann die Erklärung zurückgenommen werden (ebenfalls zu Protokoll der Geschäftsstelle oder in öffentlich beglaubigter Form).

Das AG. hat von der Abgabe und der etwaigen Zurücknahme der Erklärung den Vorstand der Religionsgemeinschaft, der der Erklärende angehört, unverzüglich zu benachrichtigen und nach Ablauf der Monatsfrist dem Ausgetretenen eine Bescheinigung über den vollzogenen Austritt zu erteilen.

7. Religiöse Kindererziehung: Nach dem Gesetz über die religiöse Kindererziehung vom 15. 7. 1921 — RGBl S. 939 — bestimmen die Eltern in freier Einigung die religiöse Erziehung der Kinder. Nach der Vollendung des 14. Lebensjahres steht dem Kinde die Entscheidung darüber zu, zu welchem religiösen Bekenntnis es sich halten will. Hat das Kind das 12. Lebensjahr vollendet, so kann es nicht gegen seinen Willen in einem anderen Bekenntnis als bisher erzogen werden (§ 5 d. Ges. v. 15. 7. 1921).

Steht die Sorge für die Person eines Kindes einem Vormund oder Pfleger allein zu, so hat dieser auch über die religiöse Erziehung des Kindes zu bestimmen. Er bedarf dazu der Genehmigung des Vormdschgerichts (vgl nachstehend XXI, 47). Vor der Genehmigung sind die Eltern und evtl. die Verwandten zu hören; auch das Kind ist zu hören, wenn es das 10. Lebensjahr vollendet hat (§ 3 d. Ges. v. 15. 7. 1921).

Dem Vormund kann die Sorge für die religiöse Erziehung des Mündels entzogen werden, wenn er nicht dem Bekenntnis angehört, in dem das Mündel zu erziehen ist (§ 1801 BGB).

Die Entscheidungen nach dem Gesetz vom 15. 7. 1921 und § 1801 BGB sind dem Richter vorbehalten (§ 12 Ziffer 21 des Ges.). Vgl. im einzelnen die Erläut. von Lauterbach in Palandt Anhang zu § 1631 BGB.

Rechtsmittel: bei Ablehnung einfache Beschwerde §§ 19, 20, 57 Abs. 1 Ziff. 9 FGG, vgl. auch oben § 10 Ziff. 1 aE.

Kosten: keine.

XI. Die Ehelichkeitserklärung auf Antrag seines Vaters (§ 1723 BGB) erfolgt durch eine Entscheidung des LGPräsidenten (§ 10/1 der VereinheitlVO v. 31. 5. 1934, RGBl I S. 472). Die Vorbereitung der Entscheidung des LGPräs. obliegt dem AG des Wohnsitzes des Vaters. Dazu sind folgende Erklärungen erforderlich:

a) Der Antrag des Vaters. Er darf nicht unter einer Bedingung oder Zeitbestimmung gestellt sein (§ 1724 BGB), er muß ferner die Erklärung des Vaters enthalten, daß er das Kind als das seinige anerkenne (§ 1725 BGB);
b) die Einwilligung des Kindes, wenn das Kind das 14. Lebensjahr vollendet hat;
c) die Einwilligung der Mutter, wenn das Kind nicht das 21. Lebensjahr vollendet hat; die Einwilligung der Mutter kann durch das Vormdschgericht ersetzt werden (§§ 1726, 1727 BGB); für die Ersetzung ist der Richter zuständig (§ 12 Ziff. 6 d. Ges.);
d) die Einwilligung des gesetzlichen Vertreters unter Genehmigung des Vormdschgerichts, wenn das Kind geschäftsunfähig ist oder nicht das 14. Lebensjahr vollendet hat (§ 1728 Abs. 2 BGB). Zuständig für diese Ersetzung ist der Richter (§ 12 Ziff. 6);
e) die Einwilligung der Ehefrau des Astellers (§ 1726 Abs. 1 Satz 2 BGB);
f) die Genehmigung des Vormdschsgerichts, wenn der Vater oder das Kind in der Geschäftsfähigkeit beschränkt sind (§ 1729/1, 2 BGB). Zuständig für die Genehmigung ist der Richter (vgl. § 12 Ziff. 3 d. Ges.). Ist die Kindesmutter oder die Ehefrau des Vaters in der Geschäftsfähigkeit beschränkt, so ist zur Erteilung ihrer Einwilligung die Zustimmung des gesetzlichen Vertreters nicht erforderlich (§ 1729/3 BGB), vgl. auch nachstehend XVIII, 11.

Der Antrag sowie die Einwilligung des Kindes, der Mutter und (im Falle des § 1728 Abs. 2 BGB) des gesetzl. Vertreters des Kindes bedürfen der gerichtl. oder notariellen Beurkundung (§ 1730 BGB). Für die Beurkundung ist der Rpfl zuständig (§ 23 Ziff. 4 d. Ges.)

Rechtsmittel gegen Ersetzungsbeschluß: sofortige Beschwerde §§ 60/6, 53 FGG.

Für die Beurkundung des Antrags des Vaters auf Ehelichkeitserklärung sowie zur Beurkundung der Zustimmungserklärung der Mutter ist der Rpfl zuständig (§ 23 Ziff. 4).

Ist die Zustimmung der Kindesmutter gemäß § 1727 BGB durch Beschluß des Vormdschgerichts ersetzt, so müssen die Unterlagen weiter ergeben, daß der Beschluß der Kindesmutter, dem Vormund und dem über 14 Jahre alten Kind bekannt gemacht ist (§§ 16, 59, 60/6 FGG) und daß der Beschluß Rechtskraft erlangt hat.

Rechtsmittel: gegen Ablehnung: LGPräs., evtl. JustMinister.

Kosten: Beurkundung der Einwilligungserklärungen Gebühr § 31/3, Wert § 24/2. Ersetzung der Einwilligung der Mutter Gebühr § 87 Abs. 1 Ziff. 5, Wert § 24/2 KostO. Im übrigen ist das Verfahren gebühren- und auslagenfrei (Nr. 9 V c, VI der VO v. 31. 5. 1934 RGBl I S. 472).

XII. Die Ehemündigkeit tritt bei dem Manne mit der Vollendung des 21. Lebensjahres, bei der Frau mit der Vollendung des 16. Lebensjahres ein (§ 1/1 EheG). Dem Manne und der Frau kann Befreiung von dieser Vorschrift bewilligt werden, dem Manne jedoch nur dann, wenn er das 18. Lebensjahr vollendet hat und nicht mehr unter elterlicher Gewalt oder unter Vormdschaft steht (§ 1/2 EheG). Über die Befreiung von dem Erfordernis der Ehemündigkeit entscheidet das Vormdschgericht, das für den Verlobten, der der Befreiung bedarf, zuständig ist (§ 1 der 1. DVO zum EheG vom 27. 7. 1938 RGBl I S. 923). Die Entscheidung ergeht im Verwaltungswege und ist ein Gnadenakt. Sie ist dem Richter vorbehalten.

Die Befreiung von der Ehemündigkeit hat aber eine Änderung in der Minderjährigkeit der Braut nicht zur Folge; die für ehemündig erklärte Braut bedarf daher zur Eheschließung der Einwilligung ihres gesetzlichen Vertreters (§ 3/1 EheG). Wird diese Einwilligung ohne triftigen Grund verweigert, so kann sie auf Antrag durch das Vormdschgericht ersetzt werden (§ 3/3 EheG). Zuständig hierfür ist der Richter (vgl. oben § 12 Ziff. 14).

In der Sowjetzone wird der Mann nach dem Gesetz vom 17. 5. 1950 (GBl S. 437) bereits mit 18 Jahren volljährig und ehefähig.

Rechtsmittel: sofortige Beschwerde §§ 53, 60/6 FGG.

Kosten: Ehemündigkeit = Rahmengebühr 5 bis 25 DM (§ 12 der VO. v. 27. 7. 1938 — RGBl I S. 923 — dazu Zuschlag auf Grund der landesgesetzlichen Gebührenerhöhungsvorschriften. Ersetzung der Einwilligung zur Eheschließung Gebühr § 87 Abs. 1 Ziff. 5, Wert § 24/2 KostO.

XIII.* Entgegennahme von Erklärungen. Der Vater (Mutter) kann auf die Nutznießung am Kindesvermögen verzichten. Der Verzicht erfolgt durch Erklärung gegenüber dem Vormdschgericht, er ist in öffentlich beglaubigter Form abzugeben (§§ 1662, 1686 BGB). Die Beurkundung der Verzichtserklärung erfolgt durch den Rpfl (§ 23 Ziff. 2).

Rechtsmittel: einfache Beschwerde §§ 19, 20 FGG, vgl. auch oben § 10 Ziff. 1 aE.

Kosten: Entgegennahme der Erklärung = keine § 84 KostO.

Beurkundung der Erklärung Gebühr § 29/1, Wert § 24/2 KostO.

Die elterliche Gewalt des Vaters endigt, wenn er für tot erklärt ist. Lebt er noch, so erlangt er die elterliche Gewalt dadurch wieder, daß er dem Vormdschgericht gegenüber seinen hierauf gerichteten Willen formlos erklärt (§ 1679 BGB).

Rechtsmittel: einfache Beschwerde §§ 19, 20 FGG, vgl. auch oben § 10 Ziff. 1 aE.

Kosten: Entgegennahme der Erklärung = keine § 84 KostO.

XIV. Die Entlassung des Vormundes, Gegenvormundes, Pflegers, Beistands kann erfolgen

a) wegen Gefährdung der Interessen des Mündels, insbesondere wegen pflichtwidrigen Verhaltens (§§ 1886, 1895, 1915/1, 1694 BGB). Die Entscheidung hierüber ist dem Richter vorbehalten (§ 12 Ziff. 12 d. Ges.),

*b) wegen Untauglichkeit aus den Gründen des § 1781 BGB,

*c) auf Antrag des Vormundes aus einem wichtigen Grunde (§ 1889 BGB).

Die Entscheidung steht in den Fällen zu b und c dem Rpfl zu. Erfolgt sie mit Willen des Vormundes usw. so genügt einfache Verfügung, erfolgt sie gegen den Willen des Vormundes usw., so ist sie durch begründeten Beschluß auszusprechen.

Rechtsmittel: im letzteren Falle steht dem Betroffenen gegen die Entscheidung die sofortige Beschwerde zu (§ 60 Abs. 1 Ziff. 3 FGG).

Endigt die Vormdsch. (vgl. oben VIII), z. B. bei Eintritt der Volljährigkeit des Mündels, im Falle der Volljährigkeitserklärung, infolge Annahme an Kindes Statt, im Falle der Ehelichkeitserklärung, bei Findelkindern (§ 1773 Abs. 2 BGB) mit Feststellung des Familienstandes, so hat die Beendigung der Vormdsch. die Beendigung des Amtes des Vormunds zur Folge. Der Vormund muß in allen Fällen der Beendigung des Amtes Rechnung legen (§ 1890ff BGB) und seine Bestallung zurückgeben (§ 1893 Abs. 2 BGB).

Bei Tod des Vormundes (§ 1894 BGB) ist lediglich die Mitteilung dieser Tatsache an das Jugendamt mit dem Ersuchen um Vorschlag eines neuen Vormundes notwendig. Die für den Vormund geltenden Vorschriften finden auf den Gegenvormund, den Pfleger und den Beistand entsprechende Anwendung (§§ 1895, 1915, 1694 BGB).

XV. Entmündigungssachen. Die Einleitung und Aufhebung einer vorläufigen Vormdschaft über einen Volljährigen, dessen Entmündigung beantragt ist (§§ 1906, 1908 BGB), ist dem Richter vorbehalten (§ 12 Ziff. 4, 13 d. Ges.).

Auch die Einleitung einer Vormdsch. über einen Volljährigen, der entmündigt ist, verbleibt bei dem Richter (§ 12 Ziff. 4 u. Ziff. 13 d. Ges.).

Rechtsmittel: sofortige Beschwerde § 60/5 FGG.

Kosten: § 85, 89 KostO (deren letzterer aber nicht für Verschwender und Trunksüchtige gilt).

XVI. Entschädigung des Vormundes usw. Grundsätzlich wird jede Vormundschaft unentgeltlich geführt. Das Vormdschgericht kann jedoch dem Vormund und aus besonderen Gründen auch dem Gegenvormund eine angemessene Vergütung bewilligen (§ 1836 BGB). Die Vergütung ist unter Berücksichtigung aller Umstände des Falles, insbesondere der Arbeitsleistung des Vormundes und der Höhe des Mündelvermögens nach pflichtmäßigem Ermessen festzusetzen.

Der Ersatz der von dem Vormund gemachten Aufwendungen (§ 1835 BGB) wird von dem Vormdschgericht nicht festgestellt.

Die Festsetzung der Vergütung erfolgt durch den Richter (§ 12 Ziff. 4 d. Ges.).

Rechtsmittel: einfache Beschwerde (§§ 19, 20 FGG) bei Ablehnung des Antrags. Bei Bewilligung der Vergütung an Vormund usw. ist einfache Beschwerde gegeben (§ 57/7 FGG), falls ein Gegenvormund bestellt ist; bei Bewilligung einer Vergütung an Gegenvormund oder Beistand hat der Mündel hiergegen das Beschwerderecht nach §§ 19, 20 FGG.

Kosten: keine.

XVII. Entziehung der Vertretung und der Vermögensverwaltung, Regelung des Sorge- und Verkehrsrechts.

a) Bei Widerstreit zwischen den Interessen des Kindes und den Interessen der Eltern kann das VormdschG diesen die Vertretung entziehen und dieselbe einem Pfleger übertragen (§§ 1630/2, 1796 BGB). Die Entscheidung trifft der Richter (§ 12 Ziff. 7 d. Ges.).

Kosten: Gebühr § 88 Abs. 1 Ziff. 3, Wert § 24/2 KostO. § 89 KostO.!

Auch die Vermögensverwaltung kann entzogen werden, wenn bei der Kindesannahme das Vermögensverzeichnis nicht eingereicht wird (§ 1760/2 BGB); vgl. oben X 4h.

Rechtsmittel: einfache Beschwerde §§ 19, 20 FGG.

Kosten: Gebühr § 87 Abs. 1 Ziff. 3 KostO, Wert § 24/2 KostO.

b) Bei Gefährdung des Kindeswohles durch Sorgerechtsmißbrauch, Vernachlässigung des Kindes oder unsittlichen Lebenswandel kann das VormdschG nach §§ 1666/1, 1838 BGB die erforderl. Maßnahmen treffen ggf. die Personensorge entziehen. Diese Maßnahmen sind dem Richter vorbehalten (§ 12 Ziff. 8 d. Ges.). Vgl. auch XXVIII 1.

Kosten: Gebühr § 87 Abs. 1 Ziff. 3, Wert § 24/2 KostO.

c) Die Regelung von Fragen der elterlichen Gewalt über Kinder aus nichtigen Ehen (d. h. die Sorgerechtsregelung) und die Regelung des persönl. Verkehrs zwischen Eltern und Kindern (vgl. §§ 25 f., 37, 39 f., 74 f., EheG) sind dem Richter vorbehalten (§ 12 Ziff. 17 d. Ges.). Vgl. auch XXIII a.

Rechtsmittel zu b und c: einfache Beschwerde §§ 19, 20, 57/1 Ziff. 9 FGG.

Kosten: Gebühr § 88 Abs. 1 Ziff. 2, 4, Wert § 24/2 KostO; § 89 KostO.

XVIII. Ersetzung von Willenserklärungen. Wegen der Ersetzung der Einwilligung zur Eheschließung vgl. oben XII.

Das BGB enthält eine Reihe weiterer Fälle der vormdsch. Ersetzung, nämlich

1. § 113/3 BGB. Ersetzung der Ermächtigung zum Abschluß eines Dienst- oder Arbeitsvertrages,

2. § 1379 BGB. Ersetzung der Zustimmung der Frau, soweit nach Inkrafttreten der Gleichberechtigung der Güterstand der Verwaltung und Nutznießung ehevertraglich vereinbart ist,

3. §§ 1402, 1519/2, 1550/2 BGB, Ersetzung der Zustimmung des Mannes, soweit der Güterstand der Verwaltung und Nutznießung noch in Betracht kommt (vgl. vorstehend Ziff. 2),

4. § 1690/2 BGB. Ersetzung der Zustimmung eines Beistandes,

5. § 1810 BGB. Ersetzung der Genehmigung des Gegenvormundes zur Anlegung von Mündelgeld,

6. § 1812/3 BGB. Ersetzung der Genehmigung des Gegenvormundes zur Verfügung über eine Forderung.

Zuständig zur Entscheidung über diese Anträge ist in allen Fällen der Richter (§ 12 Ziff. 6 d. Ges.).

Rechtsmittel: Fall 1, 4 bis 6: einfache Beschwerde § 57/9 FGG.
Fall 2, 3: sofortige Beschwerde §§ 53, 60/6 FGG.

Kosten: Fall 1, 4 bis 6: keine.
Fall 2, 3: Gebühr § 90 Abs. 1 Ziff. 1, Wert § 24/2 KostO.

7. Wegen der Ersetzung der Einwilligung der Mutter bei der Ehelichkeitserklärung vgl. oben XI.

8. Mehrere Vormünder führen die Vormdschaft gemeinschaftlich. Bei Meinungsverschiedenheiten entscheidet das Vormdschgericht (§ 1797/1 Satz 2 BGB). Ebenso entscheidet das Vormdschgericht bei Meinungsverschiedenheiten zwischen dem Vater und dem Pfleger (§ 1629 BGB).

9. Steht die Sorge für die Person und die Sorge für das Vermögen des Mündels verschiedenen Vormündern zu, so entscheidet bei einer Meinungsverschiedenheit über die Vornahme einer sowohl die Person als das Vermögen betreffenden Angelegenheit das Vormdschgericht (§ 1798 BGB).

Auch in den Fällen 8 und 9 ist der Richter zuständig (§ 12 Ziff. 5 d. Ges.).

Rechtsmittel im Falle 8 und 9: einfache Beschwerde § 58 FGG.

Kosten im Falle 8 und 9: keine.

Hierher werden noch folgende Fälle gehören, bei denen es sich um Angelegenheiten der freiw. Gerichtsbarkeit handelt (§ 25/3 AktO):

10. Kraftloserklärung einer Vollmacht. Der Vollmachtgeber kann die Vollmachtsurkunde durch öffentliche Bekanntmachung für kraftlos erklären; die Kraftloserklärung muß nach den für die öffentliche Zustellung einer Ladung geltenden Vorschriften der ZPO (§§ 204/2, 205) veröffentlicht werden (§ 176/1 BGB).

Für die Bewilligung der Veröffentlichung ist wowohl das AG zuständig, in dessen Bezirk der Vollmachtgeber seinen allgemeinen Gerichtsstand hat, als das AG, welches für die Klage auf Rückgabe der Urkunde, abgesehen von dem Werte des Streitgegenstandes, zuständig sein würde (§ 176/2 BGB).

Entgegen der bisherigen Regelung in § 24e REntlV dürfte die Bewilligung der Veröffentlichung dem Richter vorbehalten sein. Im Zivilprozeß ist die öffentliche Zustellung (§§ 204ff ZPO) ebenfalls Sache des Richters (vgl. § 19 Ziff. 6 bis 8 d. Ges.).

Rechtsmittel: einfache Beschwerde §§ 19, 20 FGG.

Kosten: Gebühr und Wert § 113 KostO.

11. Bewilligung der öffentlichen Zustellung einer Willenserklärung. Befindet sich der Erklärende über die Person desjenigen, welchem gegenüber die Erklärung abzugeben ist, in einer nicht auf Fahrlässigkeit beruhenden Unkenntnis oder ist der Aufenthalt dieser Person unbekannt, so kann die Zustellung nach den für die öffentliche Zustellung einer Ladung geltenden Vorschriften der ZPO (§ 204/2—206) erfolgen (§ 132/2 BGB).

Für die Bewilligung der Veröffentlichung ist im ersteren Falle das AG zuständig, in dessen Bezirk der Erklärende seinen Wohnsitz bzw. Aufenthalt hat, im letzteren Falle das AG, in dessen Bezirk die Person, welcher zuzustellen ist, ihren letzten Wohnsitz oder Aufenthalt hatte (§ 132/2 BGB).

Entgegen der früheren Regelung in § 24c REntlV dürfte nunmehr die Bewilligung der öffentl. Zustellung ebenso wie im Falle des § 176 Abs. 2 BGB dem Richter vorbehalten sein.

Rechtsmittel: einfache Beschwerde §§ 19, 20 FGG.

Kosten: Gebühr und Wert § 113 KostO.

12.* Vertreterbestellung zur Entgegennahme der Kündigung einer Verkehrs-Hypothek. Hängt die Fälligkeit der Forderung von einer Kündigung ab, so muß die Kündigung von dem Gläubiger dem Eigentümer gegenüber (oder umgekehrt) erklärt werden (§ 1141/1 BGB).

Hat der Gläubiger keinen Wohnsitz im Inland oder liegen die Voraussetzungen des § 132/2 BGB (siehe vorstehend Ziffer 11) vor, so hat auf Antrag des Gläubigers das AG, in dessen Bezirk das Grundstück liegt, dem Eigentümer einen Vertreter zu bestellen, demgegenüber die Kündigung des Gläubigers erfolgen kann (§ 1141/2 BGB). Der Gläubiger braucht also nicht wie im Falle des § 132 Abs. 2 BGB öffentlich zuzustellen. Entsprechend der Regelung in § 19 Ziff. 6 d. Ges. (Bestellung eines Zustellungsbevollmächtigten) dürften keine Bedenken bestehen, ebenso wie früher nach § 24 d. REntlV auch jetzt die Bestellung eines Vertreters zur Entgegennahme der Hypothekenkündigung zu den auf den Rpfl übertragenen Geschäften zu rechnen.

Auf die Sicherungshypothek findet die Bestimmung des § 1141 Abs. 2 BGB keine Anwendung (§ 1185 Abs. 2 BGB).

Rechtsmittel: einfache Beschwerde §§ 19, 20 FGG, vgl. auch oben § 10 Ziff. 1 aE.

Kosten: Gebühr und Wert § 113 KostO.

13. Für die auf Grund der §§ 3, 8 des Kindergeldgesetzes vom 13. 11. 1954 — BGBl I S. 333 — zu treffenden Entscheidungen des Vormundschaftsgerichts ist der Richter zuständig (vgl. auch Berner „Die Unpfändbarkeit des Kindergeldes und seine Zwecksicherung durch Vormundschaftsgericht und Arbeitsamt" in Rpfleger 1956, 31).

14. Die Ersetzung der Genehmigung des gesetzl. Vertreters zu der ohne seine Einwilligung geschlossenen Ehe (§ 30/3 EheG) ist Sache des Richters (§ 12 Ziff. 14 d. Ges.).

XIX.* Die Ersuchen an den Gemeindewaisenrat um Vorschlag eines Vormundes, Gegenvormundes, Pflegers oder Beistandes (§ 1849 BGB).

Die Aufgaben des Gemeindewaisenrates versieht das Jugendamt (§ 42/2 RJWG).

XX.* Die Einforderung und Prüfung der **Erziehungs- und Führungsberichte** über die persönliche Pflege und die Unterbringung des Mündels (§ 1800 BGB). Ferner die Einforderung und Prüfung von Rechenschaftsberichten (Rechnungslegung), von Vermögensübersichten, die Anordnung der etwaigen Ergänzung eines eingereichten Vermögensverzeichnisses (§ 1840 BGB).

Wie oben zu IX ausgeführt, sind bei der Verpflichtung des Vormundes Anordnungen wegen der Rechnungslegung zu treffen, falls Vermögen zu verwalten ist. Die Rechnung ist alljährlich zu legen, die Rechnungslegungszeit bestimmt das Vormdschgericht; bei Vermögen von geringem Umfang kann die Rechnungslegungszeit mit Ausnahme der ersten Rechnung bis zu 3 Jahren ausgedehnt werden (§§ 1840/2, 3, 1915, 1694 BGB). Die Rechnung soll eine geordnete Zusammenstellung der Einnahmen und Ausgaben enthalten und über den Zu- und Abgang des Vermögens Auskunft geben, Belege sind beizufügen (§ 1841 BGB). Ist ein Gegenvormund vorhanden, so ist die Rechnung diesem vorzulegen, bevor sie dem Gericht eingereicht wird (§ 1842 BGB).

Das Vormdschgericht hat die Rechnung sachlich und rechnerisch zu prüfen und soweit erforderlich, ihre Berichtigung oder Ergänzung herbeizuführen (§§ 1843, 1892 BGB). Die Erledigung der Beanstandungen kann durch Ordnungsstrafen (vgl. unten XXIV) erzwungen werden. Über die Heranziehung eines Rechnungsbeamten zur Prüfung von Vormdschrechnungen und über die Höhe der Rechnungsgebühr gibt die AV v. 25. 4. 1938 DJust. S. 654 in der Fassung der AV v. 24. 10. 1938 DJust. S. 1702 Auskunft. In Vormdschsachen kann hiernach ein Rechnungsbeamter nur herangezogen werden, wenn das Kindesvermögen mehr als 5000 DM beträgt und die Einnahmen den Betrag von 1000 DM übersteigen. Dabei sind die aus einer früheren Rechnung übernommenen Beträge und die Einnahmen aus dem Verkauf von Vermögensstücken nicht mitzurechnen.

Wegen der Schlußrechnung vgl. unten XXV.

XXa. Familienrat. Auf Antrag des Vaters, der ehelichen Mutter oder u. U. eines Verwandten oder Vormunds (vgl. § 1858f BGB) kann das Vormdschgericht einen aus 2 bis 6 Mitgliedern bestehenden Familienrat einsetzen, der ggf. an die Stelle des Vormdschgerichts tritt (§ 1872 BGB). Wegen aller Einzelheiten dieser selten praktisch werdenden Einrichtung vgl. §§ 1858 bis 1881 BGB. Die den Familienrat betreffenden Anordnungen und Entscheidungen sind dem Richter vorbehalten (§ 12 Ziff. 12 d. Ges.).

XXb. Fürsorgeerziehung. Nach § 63 RJWG ist ein Minderjähriger, der das 18. Lebensjahr noch nicht vollendet hat, durch Beschluß des Vormdschgerichts der Fürsorgeerziehung zu überweisen, wenn der Gewalthaber durch Mißbrauch des Sorgerechts, Vernachlässigung des Kindes oder unsittliches Verhalten das Wohl des Kindes gefährdet (§§ 1666, 1838 BGB) und zur Verhütung der Verwahrlosung des Minderjährigen die anderweite Unterbringung erforderlich ist, ohne Inanspruchnahme öffentl. Mittel eine geeignete Unterbringung aber nicht erfolgen kann (Fall 1), oder

wenn zur Beseitigung der Verwahrlosung wegen Unzulänglichkeit der Erziehung die Fürsorgeerziehung erforderlich ist (Fall 2).

Das Verfahren ist in §§ 62 bis 76 RJWG geregelt. Die insoweit zu treffenden Entscheidungen sind dem Richter vorbehalten (§ 12 Ziff. 23 d. Ges.).

XXI. Die Erteilung der vormundschaftsgerichtlichen Genehmigungen bildet ein besonders wichtiges Gebiet des Vormundschaftsrechts bei Rechtsgeschäften, die von dem Vormund vorgenommen werden. Verträge sind ohne die vormdsch. Genehmigung schwebend unwirksam (§ 1829 BGB), einseitige Rechtsgeschäfte unwirksam (§ 1831 BGB).

Der Vormund bedarf der Genehmigung

1. zur Verfügung über ein Grundstück oder über ein Recht an einem Grundstück (§ 1821 Abs. 1 Ziff. 1 BGB) z. B. die Auflassung des Grundstücks. Zu den Rechten an einem Grundstück gehören Grunddienstbarkeiten, Nießbrauch, Vorkaufsrechte;
2. zur Verfügung über eine Forderung, die auf Übertragung des Eigentums an einem Grundstück oder auf Begründung oder Übertragung eines Rechts an einem Grundstück oder auf Befreiung eines Grundstücks von einem solchen Recht gerichtet ist (§ 1821 Abs. 1 Ziff. 2 BGB) z. B. die Forderungen aus einem Kaufvertrage über ein Grundstück, auf Auflassung;
3. zur Verfügung über ein eingetragenes Schiff oder Schiffsbauwerk oder über eine Forderung, die auf Übertragung des Eigentums an einem eingetragenen Schiff oder Schiffsbauwerk gerichtet ist (§ 1821 Abs. 1 Ziff. 3 BGB).
4. zur Eingehung einer Verpflichtung zu einer der in Nr. 1 bis 3 bezeichneten Verfügungen (§ 1821 Abs. 1 Ziff. 4 BGB);
5. zu einem Vertrage, der auf den entgeltlichen Erwerb eines Grundstücks, eines eingetragenen Schiffs oder Schiffsbauwerks oder eines Rechts an einem Grundstück gerichtet ist (§ 1821 Abs. 1 Ziff. 5 BGB).

Nach der ausdrücklichen Bestimmung des § 1821 Abs. 2 BGB gehören nicht zu den Rechten an einem Grundstück Hypotheken, Grundschulden und Rentenschulden. Will der Vormund z. B. eine Hypothek kündigen, einziehen, abtreten oder löschen lassen, so bedarf es, wenn ein Gegenvormund bestellt ist, dessen Genehmigung

(§ 1812 BGB), nicht dagegen der Genehmigung des Vormdschgerichts (§ 1821/2 BGB). Ist kein Gegenvormund bestellt, so bedarf der Vormund zwar nicht nach § 1821 BGB, wohl aber nach § 1812/3 BGB der Genehmigung des Vormdschgerichts. Ist der Hypothekenbrief nach § 1819 BGB hinterlegt, so ist in jedem Falle die vormdsch. Genehmigung nötig, also auch beim Vorhandensein eines Gegenvormundes (§ 1819 BGB).

6. zu einem Rechtsgeschäft, durch das der Mündel zu einer Verfügung über sein Vermögen im ganzen (vgl. hierzu §§ 310, 311 BGB) oder über eine ihm angefallene Erbschaft (vgl. z. B. § 2371 BGB) oder über seinen künftigen gesetzlichen Erbteil oder seinen künftigen Pflichtteil (vgl. §§ 2303, 312/2, 2346, 2347 BGB) verpflichtet wird, sowie zur Verfügung über den Anteil des Mündels an einer Erbschaft (§ 1822 Ziff. 1 BGB);
7. zur Ausschlagung einer Erbschaft (vgl. §§ 1942, 1945 BGB und nachstehend § 13, III) oder eines Vermächtnisses (vgl. §§ 1939, 2147, 2180 BGB), zum Verzicht auf einen Pflichtteil (vgl. § 2346 BGB) sowie zu einem Erbteilungsvertrag (vgl. § 2042 BGB) — § 1822 Ziff. 2 BGB —. Die Auseinandersetzung kann formlos erfolgen, soweit nicht Grundstücke in Frage kommen (§ 313 BGB). Der Auseinandersetzungsvertrag bedarf aber — einerlei ob privatschriftlich oder in beurkundeter Form geschlossen — in jedem Falle der vormdsch. Genehmigung;
8. zu einem Vertrage, der auf den entgeltlichen Erwerb oder die Veräußerung eines Erwerbsgeschäfts gerichtet ist, z. B. eines kaufmännischen Geschäfts, sowie zu einem Gesellschaftsvertrage, der zum Betrieb eines Erwerbsgeschäfts eingegangen wird, z. B. Gründung einer oHG. durch den Mündel mit einem anderen (§ 1822 Ziff. 3 BGB). Der über 18 Jahre alte Mündel ist zu hören (§ 1827/2 BGB);
9.* zu einem Pachtvertrage über ein Landgut oder einen gewerblichen Betrieb (§ 1822 Ziff. 4 BGB). Dabei ist es gleichgültig, ob der Mündel pachtet oder verpachtet;
10. zu einem Miet- oder Pachtvertrage oder einem anderen Vertrage, durch den der Mündel zu wiederkehrenden Leistungen verpflichtet wird, wenn das Vertragsverhältnis länger als 1 Jahr nach der Vollendung des 21. Lebensjahres des Mündels fortdauern soll (§ 1822 Ziff. 5 BGB). Die vormdsch. Genehmigung ist hiernach erforderlich
    a) zu einem Miet- oder Pachtvertrag (auch über bewegliche Sachen),
    b) zu einem anderen den Mündel verpflichtenden Vertrag, z. B. Lebensversicherungsvertrag

    jedoch nur, falls das Vertragsverhältnis länger als bis zur Vollendung des 21. Lebensjahres fortdauern soll. Dabei ist es einerlei, ob der Mündel Mieter oder Vermieter, Pächter oder Verpächter ist;
11.* zu einem Lehrvertrage, der für längere Zeit als 1 Jahr abgeschlossen wird (§ 1822 Ziff. 6 BGB), z. B. kaufm. Lehre, Handwerkslehre. Mündel ist zu hören (§ 1827/1 BGB);
12.* zu einem auf die Eingehung eines Dienst- oder Arbeitsverhältnisses gerichteten Vertrages, wenn der Mündel zu persönlichen Leistungen für längere Zeit als 1 Jahr verpflichtet werden soll (§ 1822 Ziff. 7 BGB). Will z. B. der Vormund den Mündel als Hausangestellte unterbringen, so kann

er dies bis zu 1 Jahr ohne Mitwirkung des Vormdschgerichts, über 1 Jahr ist aber die vormdsch. Genehmigung erforderlich. Mündel ist zu hören (§ 1827 BGB);

13. zur Aufnahme von Geld auf den Kredit des Mündels (§ 1822 Ziff. 8 BGB). Hierunter ist jede Aufnahme von Darlehn zu verstehen, das Vormdschgericht kann aber für Rechtsgeschäfte dieser Art dem Vormund eine allgemeine Ermächtigung erteilen (§ 1825 BGB).

    Zu einer anderen Anlegung von Mündelgeld aus besonderen Gründen ist ebenfalls die vormdsch. Genehmigung erforderlich (§ 1811 BGB).

14. zur Ausstellung einer Schuldverschreibung auf den Inhaber (vgl. hierzu § 793 BGB) oder zur Eingehung einer Verbindlichkeit aus einem Wechsel oder einem anderen Papier, das durch Indossament übertragen werden kann (§ 1822 Ziff. 9 BGB). Auch hier ist die allgemeine Ermächtigung des § 1825 BGB möglich.

    Aus besonderen Gründen kann das Vormdschgericht den Vormund von der Hinterlegung von Inhaberpapieren oder der Sperrung von Buchforderungen entbinden (§ 1817 BGB);

15. zur Übernahme einer fremden Verbindlichkeit, insbesondere zur Eingehung einer Bürgschaft (§ 1822 Ziff. 10 BGB). Darunter fällt auch die Übernahme einer Hypothek nach § 416 BGB. Allgemeine Ermächtigung nach § 1825 BGB ist möglich;

16. zur Erteilung einer Prokura (§ 1822 Ziff. 11 BGB). Darunter fällt nicht die Erteilung einer Handlungsvollmacht i. S. § 54 HGB, auch nicht der Widerruf der erteilten Prokura;

17. zu einem Vergleich (vgl. § 779 BGB) oder einem Schiedsvertrag (vgl. § 1025 ZPO), es sei denn, daß der Gegenstand des Streites oder der Ungewißheit in Geld schätzbar ist und den Wert von 300 DM nicht übersteigt (§ 1822 Ziff. 12 BGB). Bei geldmäßig nicht schätzbaren Werten ist stets die vormdsch. Genehmigung erforderlich;

18.* zu einem Rechtsgeschäfte, durch das die für eine Forderung des Mündels bestehende Sicherheit aufgehoben oder gemindert oder die Verpflichtung dazu begründet wird (§ 1822 Ziff. 13 BGB), z. B. Entlassung eines Grundstücks aus der Mithaft für eine dem Mündel zustehende Hypothek;

19.* zur Ermächtigung des Mündels zum Betriebe eines selbständigen Erwerbsgeschäfts (§ 112 BGB). In diesem Falle bedarf nicht nur der Vormund, sondern bedürfen auch die Eltern der vormdsch. Genehmigung.

    Rechtsmittel: bei Erteilung keine Beschwerde, bei Ablehnung einfache Beschwerde §§ 19, 20 FGG.

    Kosten: Gebühr § 88 Abs. 1 Ziff. 3, Wert § 24/2 KostO, § 89 beachten;

20. zum Abschluß von Eheverträgen im Falle des §§ 1437/2, 1549 BGB;

21.* zu einem Abfindungsvertrage zwischen dem Vormund eines unehelichen Kindes und dem Vater des Kindes (§ 1714 BGB);

22. zum Abschluß von Erbverträgen zwischen Ehegatten, wenn einer minderjährig ist (§ 2275 BGB);

23.* zur Änderung des Namens aufgrund des Gesetzes vom 5. 1. 1938 RGBl I S. 9.

    Die vormundschaftsgerichtliche Genehmigung ist ferner noch in folgenden Fällen nötig:

24.* zur Ablehnung der Fortsetzung der Gütergemeinschaft durch den überlebenden Ehegatten, wenn er unter Vormundschaft oder unter elterlicher Gewalt steht (§ 1484/2 BGB), vgl. auch nachstehend § 13 V, 2;

25.* zur Aufhebung der forgesetzten Gütergemeinschaft durch den überlebenden Ehegatten, wenn er unter Vormundschaft oder unter elterlicher Gewalt steht (§ 1492/3 BGB), vgl. auch nachstehend § 13 V, 3;

26. zum Verzicht eines unter Vormundschaft oder unter elterlicher Gewalt stehenden anteilsberechtigten Abkömmlings auf seinen Anteil am Gesamtgut (§ 1491/3 BGB), vgl. auch nachstehend § 13 V, 1;

27. zur Einwilligung zur Ehelichkeitserklärung eines Mündels (§ 1728/2 BGB), vgl. auch oben XI;

28. zu dem Antrag auf Ehelichkeitserklärung durch den beschränkt geschäftsfähigen Vater (§ 1729 BGB), vgl auch oben XI;

29. zu dem Antrag auf Entlassung des Mündels aus der Staatszugehörigkeit (§ 19/1 Deutsches StaatszugehGes. v. 22. 6. 1913 u. § 1827/1 BGB).

30*. Was das Kind von Todes wegen erwirbt, hat der Vormund nach den Anordnungen des Erblassers zu verwalten, wenn solche im Testament getroffen sind. Von diesen Anordnungen darf der Vormund nur mit Genehmigung des Vormdschgerichts abweichen, wenn ihre Befolgung das Interesse des Mündels gefährden würde (§ 1803/2 BGB).

31*. Die Eltern können Gegenstände, zu deren Veräußerung die Genehmigung des Vormdschgerichts erforderlich ist, dem Kinde nicht ohne diese Genehmigung zur Erfüllung eines von dem Kinde geschlossenen Vertrages oder zur freien Verfügung überlassen (§ 1644 BGB).

32*. Zur Verfügung über eine geschuldete Leistung (z. B. deren Annahme), wenn sie 300 DM übersteigt (§ 1812 BGB).

33. Die Eltern dürfen verbrauchbare Sachen, die zu dem ihrer Nutznießung unterliegenden Vermögen gehören, für sich verbrauchen oder veräußern, Geld jedoch nur mit Genehmigung des Vermdschgerichts (§§ 1653, 1686 BGB).

34. Zur Aufhebung eines Erbvertrages bedarf der minderjährige Vertragsteil der vormdsch. Genehmigung (§ 2290/3 BGB).

35. Zu einem Erbverzichtsvertrage ist die vormdsch. Genehmigung erforderlich, wenn der Verzichtende unter Vormdsch. oder unter elterlicher Gewalt steht (§§ 2347, 2351, 2352 BGB).

36. Zur Auswanderung bedürfen Mädchen unter 18 Jahren außer der Zustimmung des Aufenthaltsbestimmungsberechtigten noch der Genehmigung des Vormdschgerichts. Die Genehmigung ist nicht erforderlich bei ehelichen Kindern, die mit ihren Eltern auswandern wollen (VO v. 24. 2. 24, RGBl I S. 107).

37. Zu Rechtsgeschäften für das Kind bedürfen die Eltern der Genehmigung des Vormdschgerichts in den Fällen, in denen nach § 1821 Abs. 1 Nr. 1—4, Abs. 2 und nach § 1822 Nr. 1, 3, 5, 8—11 BGB ein Vormund der Genehmigung bedarf (§ 1643 BGB).

38. Die Eltern sollen nicht ohne Genehmigung des Vormdschgerichts ein neues Erwerbsgeschäft im Namen des Kindes beginnen (§ 1645 BGB).

39. Die Genehmigung zum Abschluß eines Kindesannahmevertrages

a) durch den gesetzlichen Vertreter eines unter 14 Jahre alten Kindes (§ 1750/1 BGB)
b) durch den in der Geschäftsfähigkeit beschränkten Annehmenden (§ 1751/1 BGB)
c) durch das über 14 Jahre alte in der Geschäftsfähigkeit beschränkte Kind (§ 1751/2 BGB), vgl. auch oben X, 4d.

40. Die Anfechtung eines Erbvertrages kann für einen geschäftsunfähigen Erblasser sein gesetzlicher Vertreter mit Genehmigung des Vormdschgerichts vornehmen (§ 2282/2 BGB).
41. Wer durch Testament als Erbe eingesetzt oder mit einem Vermächtnis bedacht ist, kann durch Vertrag mit dem Erblasser auf die Zuwendung verzichten; das gleiche gilt für die Zuwendung aus einem Erbvertrage. Zum Verzicht einer unter Vormdsch. oder unter elterlicher Gewalt stehenden Person hierzu ist die vormdsch. Genehmigung erforderlich (§ 2352 BGB).
42.* Der Aufgebotsantrag des Vormundes oder Pflegers eines Verschollenen zum Zwecke der Todeserklärung des Mündels bedarf der vormdsch. Genehmigung (§ 16/3 VerschG), vgl. auch § 16/3 unten.
43*. Von dem Vormund eines Miteigentümers kann der Antrag auf Einleitung der Zwangsversteigerung zum Zwecke der Aufhebung der Gemeinschaft nur mit Genehmigung des Vormdschgerichts gestellt werden (§ 181/2 ZVG).
44. Zur Erhebung der Scheidungsklage oder Aufhebungsklage bedarf der geschäftsunfähige Ehegatte der vormdsch. Genehmigung (§ 612/2 ZPO).
45.* Will der geschäftsunfähige Ehemann die Klage auf Anfechtung der Ehelichkeit eines Kindes erheben, so erfolgt dies durch den gesetzlichen Vertreter mit Genehmigung des Vormdschgerichts (§ 641 ZPO).
46. Die Anfechtung der Ehelichkeit eines Kindes, die dem Vormdschgericht obliegt (§ 1597 BGB), erfolgt durch den Mann (§ 1594 BGB). Für einen geschäftsunfähigen Mann kann sein gesetzlicher Vertreter mit Genehmigung des Vormdschgerichts die Ehelichkeit anfechten (§ 1595/2 BGB) — siehe vor Nr. 45 —.

    Die Entscheidung über die Anfechtung der Ehelichkeit nach dem Tode des Kindes (§ 1597 BGB) ist dem Richter vorbehalten (§ 12 Ziff. 4 des Gesetzes).
47. Wegen der vormdsch. Genehmigung in der religiösen Kindererziehung siehe oben X, 7 (§ 12 Ziff. 10, 16, 17, 18 d. Ges.).

Besteht in den Fällen der §§ 1821, 1822 BGB ein Testamentsvollstrecker, so entfällt die vormdsch. Genehmigung, weil der Testamentsvollstrecker freiere Verfügungsgewalt hat (§ 2205 BGB).

Im Gegensatz zu dem Vormund sind die Eltern eines ehelichen Kindes zur Verfügung über Kindesvermögen freier gestellt (§ 1643 BGB). Sie bedürfen der vormdsch. Genehmigung nicht zu den in § 1822 Ziff. 2, 4, 6, 7, 12, 13 BGB — vgl. oben XXI, Ziff. 37 — genannten Rechtsgeschäften. Die Genehmigung ist aber erforderlich zur Ausschlagung einer Erbschaft aus den in § 1643/2 BGB genannten Besonderheiten. Auch sollen die Eltern ein neues Erwerbsgeschäft im Namen des Kindes ohne die Genehmigung des Vormdschgerichts nicht eingehen (§ 1645 BGB), vgl. oben XXI, 38. Dies ist zwar nur eine Sollvorschrift, sie hat also nicht die Unwirksamkeit der im Betriebe geschlossenen Verträge zur Folge, doch könnte das Vormdschgericht gemäß §§ 1667, 1670 BGB einschreiten. Für Schenkungen des Inhabers der elterlichen Gewalt in Vertretung des Kindes gilt das gleiche wie beim Vormund (§§ 1641, 1804 BGB).

Zur Entscheidung in den vorstehend zu 9, 11, 12, 18, 19, 21, 23, 24, 25, 30, 31, 32, 42, 43, 45 genannten Fällen ist der Rpfl, in den übrigen Fällen der Richter zuständig. Zur praktischen Ausgestaltung der vormdsch. Genehmigung vgl. v. Schlotheim in Rpfleger 1956, 11.

Rechtsmittel: Eine Verfügung durch welche die Genehmigung zu einem Rechtsgeschäft erteilt oder verweigert wird, kann von dem Vormdschgericht insoweit nicht mehr geändert werden, als die Genehmigung oder deren Verweigerung einem Dritten gegenüber wirksam geworden ist (§ 55 FGG). Der Vormund oder elterliche Gewalthaber kann aber vor der Mitteilung der Verfügung an die Gegenseite die Beschwerde nach §§ 19, 20 FGG erheben; das Vormdschgericht kann auch solange seine Verfügung auf Grund des § 18 FGG ändern, vgl. auch oben § 10 Ziff. 1 aE und § 10 Ziff 3 F (c).

Kosten: Ist eine Vormdsch. anhängig, so wird die vormdsch. Genehmigung von Rechtsgeschäften des Vormundes, Pflegers, Beistandes durch die Gebühr §§ 85, 86 KostO abgegolten. In den übrigen Fällen entstehen zu Fall 1—32, 34—38: Gebühr § 88, Wert § 24/2 KostO, § 89 beachten, zu Fall 33, 39, 40—46 keine Gebühr.

XXII.* Inventarpflichten. Der Vater hat das seiner Verwaltung unterliegende Vermögen des Kindes, welches bei dem Tode der Mutter vorhanden ist oder dem Kinde später zufällt, zu verzeichnen und das mit der Versicherung der Richtigkeit und Vollständigkeit versehene Verzeichnis dem Vormdschgericht einzureichen (§ 1640/1 BGB). Ist das Verzeichnis ungenügend, so kann das Vormdschgericht anordnen, daß das Verzeichnis durch eine zuständige Behörde oder durch einen zuständigen Beamten oder Notar aufgenommen wird (§ 1640/2 BGB).

Rechtsmittel: einfache Beschwerde §§ 19, 20 FGG, vgl. auch oben § 10 Ziff. 1 aE.

Kosten: Entgegennahme und Prüfung: keine Gebühr § 84 KostO.

Anordnung der Aufnahme: Gebühr § 87 Abs. 1 Ziff. 3, Wert § 24/2 KostO.

Nach dem Tode des Vaters trifft die gleiche Verpflichtung die Mutter (§ 1686 BGB). Ist nach der Scheidung der früheren Ehe eine Wiederheirat beabsichtigt, so trifft die Inventarpflicht beide Elternteile (§ 9 EheG).

XXIIa. Jugendrichter. Nach § 34 JGG sollen grundsätzlich dem Jugendrichter, sofern er nicht zugleich Vormdschrichter ist, für die Minderjährigen über 14 Jahre folgende vormdschgerichtlichen Erziehungsmaßnahmen übertragen werden:

1. die Unterstützung der Eltern, des Vormunds und des Pflegers durch Anwendung geeigneter Zuchtmittel (§ 1631 Abs. 2 Satz 2, §§ 1686, 1800, 1915 BGB),
2. die Maßnahmen zur Abwendung einer Gefährdung des Minderjährigen (§§ 1666, 1838, 1915 BGB),
3. die Entscheidungen, die die Schutzaufsicht und die Fürsorgeerziehung betreffen.

Diese sowie die sonstigen im JGG genannten Verrichtungen (vgl. § 42 JGG) sind dem Richter vorbehalten (§ 12 Ziff. 2 d. Ges.).

XXIII. Legitimation unehelicher Kinder durch nachfolgende Ehe. Ein uneheliches Kind erlangt dadurch, daß sich der Vater mit der Mutter verheiratet, mit der Eheschließung die rechtliche Stellung eines ehelichen Kindes (§ 1719 BGB)

Das Vormdschgericht hat dies festzustellen und die Beischreibung am Rande des Geburtseintrags anzuordnen (§ 31 PersStG). Über die geschäftliche Behandlung dieses Verfahrens vgl. AV v. 3. 11. 1941 DJust. S. 1036.

Die Entscheidung obliegt dem Richter (§ 12 Ziff. 20).

Rechtsmittel: sofortige Beschwerde § 22/3 der 1. AusfVO z. PersStGes. v. 19. 5. 1938 RGBl I S. 533.

Kosten: keine, falls Vaterschaftsanerkennung beurkundet wird, Gebühr § 29/1, Wert § 24/2 KostO.

Hiervon zu unterscheiden ist die Namenserteilung durch den Ehemann einer unehelichen Mutter an das uneheliche Kind (§ 1706 BGB). Beurkundung dieser Erklärung durch das Gericht ist möglich (§ 62 der VO v. 19. 5. 1938 RGBl. I S. 533). Die Namenserteilung ist im Geburtenbuch beizuschreiben (§ 30 PersStG), vgl. hierzu auch oben X, 3.

Kosten: für Beurkundung Gebühr § 29/1, Wert § 24/2 KostO.

XXIIIa. Meinungsverschiedenheiten verschiedener Gewalthaber, vgl. oben XVIII Ziff. 8, 9.

Als wichtigster Fall ist nach Inkrafttreten der Gleichberechtigung hier ferner die Entscheidung von Meinungsverschiedenheiten zwischen den Eltern zu nennen.

Entgegen dem Entwurf des neuen § 1628 BGB (vgl. BT-Drucksache 224 vom 29. 1. 1954) dürften Meinungsverschiedenheiten der Eltern bei Ausübung der elterlichen Gewalt, soweit sich die Eltern nicht selbst einigen können, nicht nur bei uneinsichtiger Haltung des Vaters, sondern in jedem Falle durch das Vormdschgericht zu entscheiden sein.

Die insoweit zu treffenden Entscheidungen sind sämtlich dem Richter vorbehalten.

XXIV.* Ordnungsstrafen. Das Vormdschgericht kann den zum Vormund Ausgewählten zur Übernahme der Vormdsch. durch Ordnungsstrafen anhalten (§ 1788 BGB). Es kann auch den Vormund, Pfleger, Gegenvormund, Beistand zur Befolgung seiner Anordnungen durch Ordnungsstrafen anhalten (§ 1837 BGB). So ist z. B. die Verhängung von Ordnungsstrafen möglich zur Erzwingung

der Einreichung des Vermögensverzeichnisses § 1802 BGB,
der Vorlage der Jahresrechnung § 1840 BGB,
der Vorlage der Schlußrechnung § 1890 BGB,
bei Gefährdung des Kindesvermögens § 1667 BGB,
zur Rückgabe der Bestallung § 1893 BGB, vgl. auch oben VII, XX. Wegen der Zuständigkeit des Rpfl zur Verhängung von Ordnungsstrafen vgl. die Erläut. 1 zu § 4 d. Ges.

Die einzelne Ordnungsstrafe beträgt 1 bis 1000 DM (Art. II 2 der VO v. 6.2.1924 RGBl I S. 44), die Verhängung von Haftstrafen ist unzulässig.

Rechtsmittel: einfache Beschwerde §§ 19, 20 FGG, vgl. auch oben § 10 Ziff. 1 aE.
Kosten und Wert § 110 KostO.

XXIVa. Schlüsselgewalt. Die Schlüsselgewalt (§ 1357 BGB), die nach Inkrafttreten der Gleichberechtigung der Frau jedem Ehegatten zusteht, kann bei mißbräuchlicher Ausschließung oder Beschränkung durch einen Ehegatten auf Antrag des anderen Gatten seitens des Vormdschgerichts wiederhergestellt werden. Die Entscheidung ist dem Richter vorbehalten (§ 12 Ziff. 2 d. Ges.).

XXV.* Schlußberichte. Bei Beendigung der Vormdsch. (§ 1882 BGB) fordert das Vormdschgericht den Vormund auf (§ 1840 BGB) Schlußrechnung zu legen. Der Vormund hat die Rechnung, nachdem er sie dem Gegenvormund vorgelegt hat, dem Vormdschgericht einzureichen (§ 1892/1 BGB). Die Rechnung ist rechnerisch und sachlich zu prüfen und durch Vorladung der Beteiligten deren Abnahme zu vermitteln. Wird die Rechnung von dem bisherigen Mündel als richtig anerkannt, so ist dieses Anerkenntnis zu beurkunden (§ 1892/2 BGB).

Kosten für Beurk. d. Anerk.: keine, § 84 KostO.

Erscheint der bisherige Mündel nicht oder verweigert er das Anerkenntnis der Schlußrechnung, so ist die Sache für das Vormdschgericht trotzdem erledigt. Vormund und Mündel können sich dann ohne Mitwirkung des Vormdschgerichts verständigen, evtl. auch über die Richtigkeit der Rechnung Klage erheben.

Der bisherige Mündel kann auch auf die Schlußrechnung verzichten. Das Vormdschgericht muß dann aber prüfen, ob der bisherige Mündel überhaupt die Schlußrechnung erlassen oder Quittung erteilt hat.

XXVa. Schutzaufsicht. Nach § 56 RJWG ist ein Minderjähriger unter Schutzaufsicht zu stellen, wenn sie zur Verhütung seiner körperlichen, geistigen oder sittlichen Verwahrlosung geboten und ausreichend erscheint. Die Schutzaufsicht besteht in dem Schutze und der Überwachung des Minderjährigen und wird durch einen Helfer ausgeübt. Die hierbei zu treffenden Entscheidungen sind dem Richter vorbehalten (§ 12 Ziff. 23 d. Ges.).

XXVI. Schutzmaßnahmen. Maßnahmen, die bisher erforderlich waren, sobald das Ruhen der elterlichen Gewalt des Vaters festgestellt wurde (§§ 1677, 1685 BGB), sind heute durch das Inkrafttreten der Gleichberechtigung der Frau überholt.

XXVIa. Staatsangehörigkeitsangelegenheiten. Nach dem Gesetz zur Regelung von Fragen der Staatsangehörigkeit vom 22. 2. 1955 (BGBl I S. 65) konnten a) deutsche Volkszugehörige aus den in § 1 genannten Staaten innerhalb Jahresfrist die deutsche Staatsangehörigkeit ausschlagen oder auf das Ausschlagungsrecht verzichten und können ferner b) Flüchtlinge und Vertriebene deutscher Volkszugehörigkeit, die im Gebiete des Deutschen Reiches Aufnahme gefunden haben, ohne die deutsche Staatsangehörigkeit zu besitzen, die Einbürgerung beantragen. Die letztere Möglichkeit ist in §§ 8ff. aaO. auf einen weiteren Personenkreis ausgedehnt worden. Das Zweite Gesetz zur Regelung von Fragen der Staatsangehörigkeit befaßt sich mit Erklärungen zum Erwerb und dem Recht zur Ausschlagung der deutschen Staatsangehörigkeit in Bezug auf Personen, die unter das Reichsges. über die Wiedervereinigung Österreichs mit dem Deutschen Reich vom 13. 3. 1938 (RGBl I S. 237) fallen. Die Entscheidung von Meinungsverschiedenheiten zwischen dem Vormund eines unehelichen Kindes und der sorgeberechtigten Mutter desselben wegen der hierbei abzugebenden Erklärungen (vgl. § 15 Abs. 2 bzw. § 9 aaO.) fallen unter den Richtervorbehalt.

XXVII.* Unterstützung der Eltern. Auf Antrag der Eltern hat das Vormdschgericht sie durch Anwendung geeigneter Zuchtmittel zu unterstützen (§ 1631/2 BGB). In Betracht kommen insbesondere Vorladung und Vermahnung des Kindes. Wegen der Mitwirkung des Jugendamts vgl. § 43/1 RJWG. Mangels Vorbehalts ist für Maßnahmen der fraglichen Art der Rpfl zuständig.

Rechtsmittel: einfache Beschwerde §§ 19, 20, 59 FGG, vgl. auch oben § 10 Ziff. 1 aE.

Kosten: Gebühr § 88 Abs. 1 Ziff. 3, Wert § 24/2 KostO, § 89 beachten.

XXVIIa. Untersagung der Führung des Mannesnamens durch das Vormdschgericht. Macht eine Frau sich nach der Scheidung der Ehe einer schweren Verfehlung gegen den Mann schuldig oder führt sie gegen seinen Willen einen ehrlosen oder unsittlichen Lebenswandel, so kann ihr nach § 57 EheG das Vormdschgericht auf Antrag des Mannes die Weiterführung seines Namens untersagen. Nach § 2 Ges. über die Rechtswirkungen des Ausspruchs einer nachträglichen Eheschließung vom 29. 3. 1951 (BGBl I S. 215) kann im entspr. Falle das Vormdschgericht die gleiche Entscheidung treffen. Wegen der Zuständigkeit s. § 20 Abs. 2 der 1. DVO zum EheG vom 27. 7. 1938 und § 2 Abs. 2 Ges. vom 29. 3. 1951 i. Verb. mit § 43 FGG (AG des Wohnsitzes der Frau). Die Entscheidung ist dem Richter vorbehalten (§ 12 Ziff. 15 d. Ges.).

XXVIII. Vermögensrechtliche Verfahren.

1. Wird das Vermögen des Kindes dadurch gefährdet, daß die Eltern oder ein Elternteil die mit der Vermögensverwaltung oder die mit der Nutznießung verbundenen Pflichten verletzen oder daß sie in Vermögensverfall geraten, so hat das Vormdschgericht die zur Abwendung der Gefahr erforderlichen Maßregeln zu treffen (§ 1667/1 BGB). Insbesondere kann angeordnet werden, daß die Eltern oder ein Elternteil ein mit der Versicherung der Richtigkeit und Vollständigkeit versehenes Vermögensverzeichnis einreichen und über ihre Verwaltung Rechnung legen (§ 1667/2 BGB).

Bei Wertpapieren, Kostbarkeiten oder Buchforderungen gegen das (*Reich*) oder einen Bundesstaat kann die Hinterlegung angeordnet werden mit der Verpflichtung, daß die Herausgabe bzw. Verfügung über sie nur mit Genehmigung des Vormdschgerichts möglich ist (§ 1667/2, 1814, 1815, 1816, 1818 BGB). Sind diese Maßnahmen nicht ausreichend, so hat das Vormdschgericht den Eltern oder Elternteil Sicherheitsleistung für das seiner Verwaltung unterliegende Vermögen aufzuerlegen, deren Art und Umfang das Vormdschgericht nach freiem Ermessen bestimmt (§ 1668 BGB).

Letztenendes kann das Vormdschgericht, wenn die bisherigen Maßregeln erfolglos waren, den Eltern oder Elternteil die Vermögensverwaltung des Kindesvermögens entziehen (§ 1670 BGB).

Die Entscheidung obliegt dem Richter (§ 12 Ziff. 9 d. Ges.).

Rechtsmittel: einfache Beschwerde §§ 19, 20, 57/8 FGG.

Kosten: Gebühr § 87 Abs. 1 Ziff. 3, Wert § 24/2 KostO.

2.* Was das Kind von Todes wegen erwirbt oder was ihm unter Lebenden von Dritten unentgeltlich zugewendet wird, haben die Eltern nach den Anordnungen des Erblassers oder des Dritten zu verwalten (falls ihnen nach § 1638 BGB die Verwaltung nicht entzogen ist), wenn die Anordnungen von dem Erblasser durch letztwillige Verfügung, von dem Dritten bei der Zuwendung getroffen worden sind. Kommen die Eltern den Anordnungen nicht nach, so hat das Vormdschgericht die zu ihrer Durchführung erforderlichen Maßnahmen zu treffen (§ 1639/1 BGB). Mangels Vorbehalts ist der Rpfl als zuständig anzusehen.

Rechtsmittel: einfache Beschwerde §§ 19, 20 FGG, vgl. auch oben § 10 Ziff. 1 aE.

Kosten: Gebühr § 87 Abs. 1 Ziff. 3, Wert § 24/2 KostO.

3.* Grundsätzlich haben die Eltern das ihrer Verwaltung unterliegende Geld des Kindes nach den für die Anlegung von Mündelgeld geltenden Vorschriften der §§ 1807, 1808 BGB verzinslich anzulegen (§ 1642/1 BGB). Aus besonderen Gründen kann das Vormdschgericht den Eltern eine andere Anlegung gestatten (§ 1642/2 BGB). Die Entscheidung ist dem Rpfl übertragen.

Rechtsmittel: einfache Beschwerde §§ 19, 20 FGG, vgl. auch oben § 10 Ziff. 1 aE.
Kosten: Gebühr § 87 Abs. 1 Ziff. 3, Wert § 24/2 KostO.

4. Die Eltern dürfen verbrauchbare Sachen, die zu dem ihrer Nutznießung unterliegenden Vermögen gehören, für sich veräußern oder verbrauchen, Geld jedoch nur mit Genehmigung des Vormdschgerichts (§ 1653 BGB).
Die Entscheidung obliegt dem Richter (§ 12 Ziff. 10 d. Ges.).
Rechtsmittel: einfache Beschwerde §§ 19, 20 FGG.
Kosten: Gebühr § 87 Abs. 1 Ziff. 3, Wert § 24/2 KostO.

5. Bei Insichgeschäften und Verwandtengeschäften (vgl. § 1795 BGB) ist der Gewaltinhaber kraft Gesetzes an der Mitwirkung verhindert, bei Widerstreit der Interessen des Kindes oder Mündels einerseits und des gesetzlichen Vertreters andererseits (§§ 1631/2, 1686, 1796, 1897, 1915 BGB) kann das Vormdschgericht die Vertretungsmacht für einzelne Angelegenheiten entziehen. Die Entscheidung ist in diesen Fällen dem Richter vorbehalten (§ 12 Ziff. 7 d. Ges.).
Rechtsmittel: einfache Beschwerde §§ 19, 20 FGG.
Kosten: Gebühr § 88 Abs. 1 Ziff. 3, Wert § 24/2 KostO. § 89 beachten.

6.* Haben Eltern einem unverheirateten Kinde Unterhalt zu gewähren, so können sie bestimmen, in welcher Art und für welche Zeit im voraus der Unterhalt gewährt werden soll. Das Vormdschgericht kann auf Antrag des Kindes die Bestimmung der Eltern aus besonderen Gründen ändern (§ 1612/2 BGB).
Rechtsmittel: einfache Beschwerde §§ 19, 20 FGG, vgl. auch oben § 10 Ziff. 1 aE.
Kosten: Gebühr § 87 Abs. 1 Ziff. 1, Wert § 24/2 KostO.

7.* Die Vermögensverwaltung eines Elternteils endigt mit der Konkurseröffnung über sein Vermögen. Nach Aufhebung des Konkurses kann das Vormdschgericht die Verwaltung dem Elternteil wieder übertragen (§ 1647 BGB).
Rechtsmittel: einfache Beschwerde §§ 19, 20 FGG, vgl. auch oben § 10 Ziff. 1 aE.
Kosten: Gebühr § 88 Abs. 1 Ziff. 4, Wert § 24/2 KostO. § 89 beachten.

8.* Ist ein Elternteil verhindert, die elterliche Gewalt auszuüben, so hat das Vormdschgericht, sofern nicht die elterliche Gewalt nach § 1685 BGB von dem anderen Elternteil ausgeübt wird, die im Interesse des Kindes erforderlichen Maßnahmen zu treffen (§ 1665 BGB).
Rechtsmittel: einfache Beschwerde §§ 19, 20 FGG, vgl. auch oben § 10 Ziff. 1 aE.
Kosten: Gebühr § 88 Abs. 1 Ziff. 3, Wert § 24/2 KostO. § 89 beachten.
In den Fällen zu 6, 7, 8 ist der Rpfl zuständig.

XXIX.* Vermögensverzeichnis. Der Vater oder die Mutter hat das dem betr. Elternteil unterliegende Vermögen des Kindes, das bei dem Tode des anderen Elternteils vorhanden ist oder ihm später zufällt, zu verzeichnen und das Verzeichnis dem Vormdschgericht einzureichen. Ist das Verzeichnis ungenügend, so kann das Vormdschgericht anordnen, daß das Verzeichnis durch einen zuständigen Beamten aufgenommen wird (§ 1640 BGB). Zuständig Rpfl.

Rechtsmittel: einfache Beschwerde §§ 19, 20 FGG, vgl. auch oben § 10 Ziff. 1 aE.

Kosten: Entgegennahme des Verz. = gebührenfrei.

Anordnung der Aufnahme = Gebühr § 87 Abs. 1 Ziff. 3, Wert § 24/2.

Aufnahme des Verz. = Gebühr und Wert § 46 KostO.

XXIXa. Volljährigkeitserklärung. Nach § 3 BGB kann ein Minderjähriger, der das 18. Lebensjahr vollendet hat, durch Beschluß des Vormdschgerichts für volljährig erklärt werden. Wegen des Verfahrens vgl. §§ 4 und 5 BGB, 56 FGG. Die Entscheidung ist dem Richter vorbehalten (§ 12 Ziff. 1 d. Ges.).

Rechtsmittel: gegen VolljErklärung sof. Beschwerde (§ 60 Abs. 1 Ziff. 6 FGG), sonst einf. Beschwerde (§ 19 FGG).

Kosten: § 92 KostO.

In der Sowjetzone tritt die Volljährigkeit bereits mit der Vollendung des 18. Lebensjahres ein (§ 1 d. Ges. über die Herabsetzung des Vollj.-Alters vom 17. 5. 1950, GBl S. 437).

XXX.* Wiederverehelichungszeugnis. Will der Vater eine neue Ehe eingehen, so hat er seine Absicht dem Vormdschgericht anzuzeigen, auf seine Kosten ein Verzeichnis des seiner Verwaltung unterliegenden Vermögens einzureichen und, soweit in Ansehung dieses Vermögens eine Gemeinschaft zwischen ihm und dem Kinde besteht, die Auseinandersetzung herbeizuführen. Das Vormdschgericht kann gestatten, daß die Auseinandersetzung erst nach der Eheschließung erfolgt (§ 1669 BGB, § 9 EheG). Die bis zum Inkrafttreten der Gleichberechtigung für die Mutter geltende besondere Vorschrift des § 1686 BGB hat ihre Bedeutung verloren. Bei der Auseinandersetzung erhält das Kind einen Pfleger (§ 1909 BGB) (vgl. oben III, 2). Die Auseinandersetzung kann privatschriftlich, gerichtlich oder notariell erfolgen; gehört ein Grundstück zu dem Nachlaß, so ist § 313 BGB zu beachten. Zuständig Rpfl, für Anordnung der Pflegschaft Richter.

Rechtsmittel: einfache Beschwerde §§ 19, 20 FGG, vgl. auch oben § 10 Ziff. 1 aE.

Kosten: Für Zeugniserteilung Gebühr § 87 Abs. 1 Ziff. 2, Wert § 24/2, falls Pflegschaft angeordnet ist, Gebühr § 86/1, Wert § 86/1 KostO, § 89 beachten.

XXXI.* Zuständigkeit. In Vormundschaftssachen ist das AG (§ 35 FGG) zuständig, in dessen Bezirk das Mündel z. Z. der Einleitung der Vormdsch. seinen Wohnsitz oder Aufenthalt hat (vgl. hierzu Bosch in Rpfleger 1955, 215). Bei Vormdschaften über Geschwister, die in den Bezirken verschiedener Vormdschgerichte ihren Wohnsitz oder Aufenthalt haben, ist, wenn für eines der Mündel bereits eine Vormdsch. anhängig ist, das für diese zuständige Gericht, sonst dasjenige Gericht, in dessen Bezirk das jüngste Mündel seinen Wohnsitz oder Aufenthalt hat, für alle Geschwister maßgebend. Bei Vormdschaften über Findlinge ist das Gericht des Fundortes zuständig (§ 36 FGG).

Bei Pflegschaften gelten diese Bestimmungen mit den Abweichungen der §§ 38 bis 48 FGG.

Aus wichtigen Gründen kann eine Vormdsch. oder Pflegschaft an ein anderes Gericht mit dessen Zustimmung abgegeben werden, nach Bestellung des Vormundes aber nur mit dessen Zustimmung. Einigen sich die Gerichte nicht oder verweigert der Vormund die Zustimmung, so entscheidet das gemeinschaftliche obere Gericht (§ 46 FGG).

§ 13
Nachlaß- und Teilungssachen

Von den Angelegenheiten, die dem Nachlaßgericht, dem für Teilungssachen sowie dem nach §§ 2258a bis 2264, 2300 und 2300a des Bürgerlichen Gesetzbuchs zuständigen Gericht übertragen sind, bleiben dem Richter vorbehalten:

1. die Anordnung einer Nachlaßpflegschaft, die Anordnung und die Aufhebung einer Nachlaßverwaltung sowie die Geschäfte des Nachlaßgerichts, die bei einer Nachlaßpflegschaft oder Nachlaßverwaltung erforderlich werden, soweit sie den gemäß § 12 dieses Gesetzes von der Übertragung ausgeschlossenen Geschäften in Vormundschaftssachen entsprechen;
2. die Ernennung von Testamentsvollstreckern (§ 2200 des Bürgerlichen Gesetzbuchs);
3. die Entscheidung von Meinungsverschiedenheiten zwischen mehreren Testamentsvollstreckern (§ 2224 des Bürgerlichen Gesetzbuchs);
4. die Entlassung eines Testamentsvollstreckers aus wichtigem Grund (§ 2227 des Bürgerlichen Gesetzbuchs);
5. die Erteilung von Erbscheinen (§ 2353 des Bürgerlichen Gesetzbuchs), sofern eine Verfügung von Todes wegen vorliegt, sowie von gegenständlich beschränkten Erbscheinen (§ 2369 des Bürgerlichen Gesetzbuchs), auch wenn eine Verfügung von Todes wegen nicht vorliegt, ferner die Erteilung von Testamentsvollstreckerzeugnissen (§ 2368 des Bürgerlichen Gesetzbuchs) sowie die Erteilung von Zeugnissen gemäß §§ 36, 37 der Grundbuchordnung und §§ 42, 74 der Schiffsregisterordnung vom 26. Mai 1951 (Bundesgesetzbl I S. 359);
6. die Einziehung von Erbscheinen (§ 2361 des Bürgerlichen Gesetzbuchs) von Testamentsvollstreckerzeugnissen (§ 2368 des Bürgerlichen Gesetzbuchs) und von Zeugnissen über die Fortsetzung einer Gütergemeinschaft (§§ 1507, 1549, 1557 des Bürgerlichen Gesetzbuchs) sowie von Zeugnissen gemäß §§ 36, 37 der Grundbuchordnung und §§ 42, 74 der Schiffsregisterordnung vom 26. Mai 1951 (Bundesgesetzbl I S. 359);
7. bei der gerichtlichen Vermittlung derErbauseinandersetzung (§§ 86 bis 98 des Gesetzes über die Angelegenheiten der freiwilligen Gerichtsbarkeit) folgende Geschäfte:
   a) bei der Anordnung einer Pflegschaft (§ 88 des Gesetzes über die Angelegenheiten der freiwilligen Gerichtsbarkeit)

die unter Nummer 1 dem Richter vorbehaltenen Angelegenheiten,

b) die Genehmigungen (§ 97 Abs. 2 des Gesetzes über die Angelegenheiten der freiwilligen Gerichtsbarkeit), soweit die entsprechenden vormundschaftsgerichtlichen Genehmigungen dem Richter vorbehalten sind;

8. die Vermittlung der Auseinandersetzung in Ansehung des Gesamtgutes einer beendigten ehelichen oder fortgesetzten Gütergemeinschaft (§ 99 des Gesetzes über die Angelegenheiten der freiwilligen Gerichtsbarkeit);

9. die Abnahme des Offenbarungseides;

10. die Entscheidungen in Staatsangehörigkeitsangelegenheiten.

Übersicht

Allgemeines.

Die Tätigkeit des Nachlgerichts besteht in der Hauptsache aus Einzelverrichtungen. Ein zusammenhängendes Verfahren kennt das Gesetz in Nachlsachen nur insofern, als das Nachlgericht nach Einleitung der Nachlpflegschaft oder der Nachlverwaltung auch für die Beaufsichtigung des Pflegers usw. an die Stelle des Vormdschgerichts tritt. Nicht alle Nachlsachen gehören zur freiw. Gerichtsbarkeit, sie unterliegen z. T. auch der streitigen Gerichtsbarkeit, z. B. Nachlkonkurs, Aufgebot der Nachlgläubiger. Das Beurkundungswesen (z. B. Beurkundung von Erklärungen über Annahme oder Ausschlagung einer Erbschaft, Beurkundung einer Erbscheinsverhandlung) ist im vorliegenden Gesetz besonders geregelt (vgl. § 23 d. Ges.).

In der Sowjetzone sind nach § 3/1 Ziff. 2 und 3 VO über die Übertragung der Angelegenheiten der freiwilligen Gerichtsbarkeit vom 15. Oktober 1952 (GBl S. 1057) für Nachlaß- und Nachlaßteilungssachen sowie für alle mit der Errichtung, Verwahrung und Eröffnung eines Testaments oder Erbvertrags bisher den Gerichten übertragenen Angelegenheiten nunmehr die Staatlichen Notariate zuständig (vgl. auch § 2 Ziff. 2 und 3 VO über die Errichtung und Tätigkeit der Staatlichen Notariate vom 15. Oktober 1952, GBl S. 1055).

Soweit nicht nachstehend etwas anderes angegeben ist, sind die dort genannten Geschäfte dem Rpfl übertragen; zur weiteren Verdeutlichung sind die dem Rpfl übertragenen Geschäfte durch einen Stern * kenntlich gemacht.

I. Akteneinsicht. Abschriftenerteilung. Nach § 34 FGG kann die Einsicht der Gerichtsakten jedem insoweit gestattet werden, als er ein berechtigtes Interesse glaubhaft macht; das gilt auch für die Erteilung von Abschriften. Hiervon abweichend muß die Einsicht unter den gleichen Voraussetzungen gestattet werden in folgenden Fällen:

a) hat das Nachlgericht nach § 1964 BGB festgestellt, daß ein anderer Erbe als der Fiskus nicht vorhanden ist, so steht die Einsicht der dieser Feststellung vorausgegangenen Ermittelungen jedem zu, der ein berechtigtes Interesse glaubhaft macht (§ 78 FGG),
b) das gleiche gilt von der Einsicht einer Verfügung, welche die Bestimmung einer Inventarfrist oder die Ernennung oder Entlassung eines Testamentsvollstreckers betrifft.

Ebenso ist die Einsicht

c) des Protokolls über die Leistung des in § 79 FGG bezeichneten Offenbarungseides,
d) eines Erbscheins (§ 2353 BGB) — eine Ausfertigung des Erbscheins kann nur verlangen, wer ein rechtliches Interesse glaubhaft macht (§ 85 FGG), —
e) eines Zeugnisses über die Fortsetzung der Gütergemeinschaft (§ 1507 BGB),
f) eines Zeugnisses über die Ernennung des Testamentsvollstreckers (§ 2368 BGB),
g) eines Zeugnisses darüber, daß bei einem zum Nachlaß oder Gesamtgut einer ehelichen oder fortgesetzten Gütergemeinschaft gehörigen Grundstück oder Erbbaurecht einer der Beteiligten als Eigentümer oder Erbbauberechtigter eingetragen werden kann, sowie eines Zeugnisses darüber, daß bei einer zum Nachlaß oder Gesamtgut gehörigen Hypothek, Grundschuld oder Rentenschuld einer der Beteiligten als neuer Gläubiger eingetragen werden soll (§§ 36, 37 GBO), jedem zu gestatten, der ein berechtigtes Interesse glaubhaft macht (§ 78/2 FGG).

Bei Vorliegen eines rechtlichen Interesses ist die Einsicht zu gestatten in folgenden Fällen:

a) bei der Anfechtung einer letztwilligen Verfügung (§ 2081/2 BGB), vgl. unten V, 4,
b) bei der Anzeige der Nacherben vom Eintritt der Nacherbfolge (§ 2146/2 BGB); vgl. unten V, 7,

c) bei der Anzeige des Erbschaftsverkäufers vom Verkauf der Erbschaft (§ 2384/2 BGB); vgl unten V, 10,
d) nach der Eröffnung eines Testaments (§ 2264 BGB) — für Erbvertrag vgl. § 34 FGG, —
e) bei der Erklärung über Annahme oder Ablehnung des Testamentsvollstreckeramtes (§ 2202/2, 2228 BGB).

Zu Abs. 1b, c, e—g und Abs. 2a—e: eine Ausfertigung des Zeugnisses bzw. Einsichtnahme kann nur verlangen, wer ein rechtliches Interesse glaubhaft macht (§ 85/2 FGG, §§ 2081/2, 2146/2, 2384/2, 2264, 2228 BGB).

Von den Schriftstücken, deren Einsicht gestattet ist, kann eine Abschrift gefordert werden, die auf Verlangen zu beglaubigen ist (§ 78/2 FGG).

Rechtsmittel: einfache Beschwerde §§ 19, 20 FGG, vgl. auch oben § 10 Ziff 1 aE.

Kosten: Einsicht gebührenfrei, Abschriften = Schreibgebühren.

II.* Auseinandersetzung unter Miterben. Hinterläßt ein Erblasser mehrere Erben, so hat das Nachlgericht auf Antrag die Auseinandersetzung in Ansehung des Nachlasses zwischen den Beteiligten zu vermitteln, sofern nicht ein zur Bewirkung der Auseinandersetzung berechtigter Testamentsvollstrecker vorhanden ist (§ 86/1 FGG). Antragsberechtigt ist jeder Miterbe, der Erwerber eines Erbteils (vgl. hierzu § 2033 BGB) sowie derjenige, welchem ein Pfandrecht oder ein Nießbrauch an einem Erbteile zusteht (§ 86/2 FGG). In dem Antrag sollen die Beteiligten und die Teilungsmasse bezeichnet werden (§ 87 FGG).

Einem abwesenden Beteiligten kann, wenn die Voraussetzungen der Abwesenheitspflegschaft vorliegen und eine Pflegschaft über ihn nicht bereits anhängig ist, für das Auseinandersetzungsverfahren von dem Nachlgericht ein Pfleger bestellt werden. Für die Pflegschaft tritt an die Stelle des Vormdschgerichts das Nachlgericht (§ 88 FGG). Die Anordnung der Pflegschaft ist dem Richter vorbehalten (§ 13 Ziff. 7), die Verpflichtung erfolgt durch den Rpfl.

Die Anberaumung des Termins zur Verhandlung (§ 89 FGG) erfolgt durch den Rpfl.

Treffen die erschienenen Beteiligten vor der Auseinandersetzung eine Vereinbarung über vorbereitende Maßregeln, insbesondere über die Art der Teilung, so hat das Gericht die Vereinbarung zu beurkunden (§ 91 FGG). Diese vorbereitenden Maßregeln sind an sich nicht notwendig, es kann auch sofort nach § 93 FGG verhandelt werden. Als vorbereitende Maßregeln können in Betracht kommen Vereinbarungen über Herausgabe, Abschätzung oder Verkauf einzelner Stücke oder über Grundsätze für den Auseinandersetzungsplan. Gegen nicht erschienene Beteiligte gibt es eine Art Versäumnisverfahren (§ 91/3, 92 FGG), sowohl hinsichtlich der vorgenannten vorbereitenden Maßregeln, als auch hinsichtlich der endgültigen Auseinandersetzung. Der nicht erschienene Beteiligte ist nach der rechtskräftigen Bestätigung an die Vereinbarungen bzw. Auseinandersetzung gebunden (§ 97/1 FGG). Die getroffenen Vereinbarungen sind nach ihrer Beurkundung durch das Nachlgericht zu bestätigen (§ 91/2 FGG). Das gleiche gilt von der beurkundeten endgültigen Auseinandersetzung (§ 93 FGG). Aus der rechtskräftig bestätigten Auseinandersetzung findet die Zwangsvollstreckung statt (§ 98 FGG). Für Bestätigung zuständig Rpfl.

Bedarf ein Beteiligter zur Vereinbarung oder zur Auseinandersetzung der Genehmigung des Vormdschgerichts, so ist, wenn er im Inlande keinen Vormund,

Pfleger oder Beistand hat, für die Erteilung oder die Verweigerung der Genehmigung an Stelle des Vormdschgerichts das Nachlgericht zuständig (§ 97/2 FGG).

Die Genehmigungen sind dem Richter vorbehalten, soweit die entsprechenden vormdschgerichtlichen Genehmigungen dem Richter vorbehalten sind (vgl. Erläut. XXI zu § 12 d. Ges.).

Rechtsmittel: Gegen Bestätigungsbeschluß (§§ 91/2, 93 FGG) und Beschluß über die Wiedereinsetzung in den vorigen Stand (§ 92 FGG) ist sofortige Beschwerde gegeben (§ 96 FGG), vgl auch oben § 10 Ziff. 1 aE.

Kosten: Gebühr § 108. Wert § 108/5 KostO; daneben für Beurk. d. Vertr.-Gebühr §§ 29/2, 108/3 (in den Fällen des § 108 Abs. 1 Nr. 1 u. 2); für Aufnahme von Vermögensverzeichnissen oder Schätzungen Gebühr § 108/3, 46, 44; daneben bei Pflegerbestellung gemäß § 88 FGG Gebühr und Wert § 98. Die Erteilung oder Verweigerung der Genehmigung im Falle des § 97/2 FGG ist durch Gebühr § 108 abgegolten.

III.* Erbschaftsausschlagung. Die Ausschlagung erfolgt durch Erklärung gegenüber dem Nachlgericht; die Erklärung ist in öffentlich beglaubigter Form abzugeben (§ 1945 BGB). Sie kann auch dadurch erfolgen, daß die Ausschlagungserklärung beurkundet (zuständig Rpfl § 23 Ziff. 6) und dem Nachlgericht zugeleitet wird (§ 182 FGG). Der gesetzliche Vertreter bedarf zur Abgabe der Erklärung der Genehmigung des Vormdschgerichts (§§ 1822/2, 1643/2, 1915 BGB), vgl. hierzu oben § 12 Ziff. XXI, 7. Über Erbschaftsausschlagung für Minderjährige im Zeichen der Gleichberechtigung vgl. Meyer in Rpfleger 1956, 64.

Die Ausschlagung ist wirksam, wenn sie vor dem örtlich zuständigen Nachlgericht (§ 72ff FGG) erfolgt. Die Entgegennahme der Erklärung vor einem unzuständigen Nachlgericht ist nicht unwirksam (§ 7 FGG), sie muß aber innerhalb der Frist dem zuständigen Nachlgericht weitergegeben werden.

Wird die Erbschaft ausgeschlagen, so gilt der Anfall an den Ausschlagenden als nicht erfolgt (§ 1953/1 BGB), die Ausschlagung hat also rückwirkende Kraft. Die Erbschaft fällt demjenigen an, der berufen sein würde, wenn der Ausschlagende z. Z. des Erbfalls nicht gelebt hätte (§ 1953/2 BGB). Das Nachlgericht soll die Ausschlagung demjenigen mitteilen, welchem die Erbschaft infolge der Ausschlagung angefallen ist (§ 1953/3 BGB). Wenn es sich hierbei auch nur um eine Sollvorschrift handelt, so ist das Nachlgericht doch zur Ermittlung weiterer Erben und nach § 1960 BGB zur Sorge für die Sicherung des Nachlasses verpflichtet.

In gleicher Weise kann ein Pflichtteilsberechtigter, der als Erbe oder Vermächtnisnehmer beschränkt oder beschwert ist, die Erbschaft ausschlagen (§ 2306 BGB) und die Ausschlagungserklärung wieder anfechten (§ 2308 BGB).

Kosten: für Beurk. d. Erklär. Gebühr §§ 104/3, 31/2, Wert §§ 104/2, 31/2, für Beglaubigung d. Erklär. Gebühr und Wert § 39/1, für Entgegennahme d. Erklär. Gebühr § 104 Abs. 1 Ziff. 4, Wert § 104/2 KostO.

Die Anfechtung der Ausschlagungserklärung erfolgt gegenüber dem Nachlgericht (§ 1955 BGB), sie hat in öffentlich beglaubigter Form zu geschehen (§ 1945 BGB). Wegen der Anfechtungsgründe vgl. §§ 119ff, 123, 142ff BGB. Das Nachlgericht soll die Anfechtung der Ausschlagung demjenigen mitteilen, welchem die Erbschaft infolge der Ausschlagung angefallen war (§ 1957/2 BGB).

Kosten: wie vor bei Entgegennahme der Ausschlagungserklärung. Ist in beiden Fällen vormdschgerichtliche Genehmigung erforderlich, so entstehen, falls Vormdschaft besteht, für die Genehmigung keine Kosten, falls Vormdschaft nicht besteht, Gebühr § 88 Abs. 1 Ziff. 1, Wert § 88/2 KostO, § 89 beachten.

IV.* Erbscheine. Für die Erteilung von Erbscheinen auf Grund gesetzlicher Erbfolge ist der Rpfl zuständig (§ 13 Ziff. 5), im Gegensatz zu früher — § 21 Ziff. 2f. REntlV — jetzt auch dann, wenn Erbschaftsausschlagungserklärungen vorangegangen sind.

Die örtliche Zuständigkeit bestimmt sich nach dem Wohnsitz, den der Erblasser z. Z. des Erbfalls hatte (§ 73 FGG). Der Erbschein wird nur auf Antrag erteilt (§ 2353 BGB). Antragsberechtigt ist jeder Miterbe ohne Mitwirkung der übrigen Erben. Das Antragsrecht steht ferner zu dem Testamentsvollstrecker, dem Nachlaß- und Konkursverwalter, dem nach § 88 FGG bestellten Auseinandersetzungspfleger, dem an die Stelle eines Miterben durch Erwerb dessen Erbteils gemäß § 2033 BGB Getretenen, dem Ehemann bis zum Inkrafttreten der Gleichberechtigung (31. 3. 1953), wenn die Erbschaft zum eingebrachten Gut der Frau gehört (§ 1380 BGB), dem Abwesenheitspfleger für den abwesenden Erben. Der Antragsteller hat anzugeben

a) die Zeit des Todes des Erblassers;
b) das Verhältnis, auf dem sein Erbrecht beruht;
c) ob und welche Personen vorhanden sind oder vorhanden waren, durch die er von der Erbfolge ausgeschlossen oder sein Erbteil gemindert werden würde;
d) ob und welche Verfügungen des Erblassers von Todes wegen vorhanden sind;
e) ob ein Rechtsstreit über sein Erbrecht anhängig ist (§ 2354 /1 BGB).

Ist eine Person weggefallen, durch die der Antragsteller von der Erbfolge ausgeschlossen oder sein Erbteil gemindert werden würde, so hat der Antragsteller anzugeben, in welcher Weise die Person weggefallen ist (§ 2354/2 BGB).

Wird im Falle der Erteilung eines gemeinschaftlichen Erbscheins der Antrag nicht von allen Erben gestellt, so muß er die Angabe enthalten, daß die übrigen Erben die Erbschaft angenommen haben (§ 2357/3 BGB). Der Antragsteller hat die Richtigkeit der zu a und b bezeichneten Tatsachen sowie den Wegfall gesetzl. Erben (§ 2354/2 BGB) durch öffentliche Urkunden nachzuweisen und die übrigen Angaben glaubhaft zu machen (§ 2356 BGB).

Das Nachlaßgericht hat unter Benutzung der von dem Antragsteller angegebenen Beweismittel von Amts wegen die zur Feststellung der Tatsachen erforderlichen Ermittlungen zu veranstalten und die geeignet erscheinenden Beweise aufzunehmen (§ 2358/1 BGB). Das Nachlaßgericht kann ferner eine öffentliche Aufforderung zur Anmeldung der anderen Personen zustehenden Erbrechte erlassen; die Art der Bekanntmachung und die Dauer der Anmeldefrist bestimmen sich nach den für das Aufgebotsverfahren (vgl. §§ 948 bis 950 ZPO) geltenden Vorschriften (§ 2358/2 BGB), vgl. auch unten § 19 B, 4d).

Die Erteilung des Erbscheins auf Grund einer Verfügung von Todes wegen, gleichviel ob auf Grund eines Testamentes oder eines Erbvertrages (§ 2355 BGB), und ebenso die Erteilung eines beschränkten Erbscheins (§ 2369 BGB), auch wenn eine Verfügung von Todes wegen nicht vorliegt, sind dem Richter vorbehalten (§ 13 Ziff. 5 d. Ges.).

Die Glaubhaftmachung der oben zu c—e bezeichneten Angaben sowie der die Verfügung von Todes wegen betreffenden Angaben des § 2355 BGB geschieht durch die Abgabe einer eidesstattlichen Versicherung (§ 2356/2 BGB), für deren Entgegennahme der Rpfl sowohl in den Fällen der gesetzlichen Erbfolge als auch in den Fällen der testamentarischen Erbfolge zuständig ist.

Der Erbschein ist nur zu erteilen, wenn das Nachlaßgericht die zur Begründung des Antrags erforderlichen Tatsachen für festgestellt erachtet (§ 2359 BGB). Er kann nur entweder abgelehnt oder so erteilt werden, wie er beantragt ist. Über den Inhalt des Erbscheins bestimmt § 2353 BGB „das Nachlaßgericht hat dem Erben auf Antrag ein Zeugnis über sein Erbrecht und, wenn er nur zu einem Teile der Erbschaft berufen ist, über die Größe des Erbteils zu erteilen". Andere Angaben als die in §§ 2353, 2357, 2363, 2364 BGB bezeichneten sind in den Erbschein nicht aufzunehmen.

Wer ein rechtliches Interesse glaubhaft macht, kann verlangen, daß ihm von dem Gericht eine Ausfertigung des Erbscheins erteilt werde (§ 85 FGG) vgl. oben I.

Rechtsmittel: Bei Ablehnung einfache Beschwerde §§ 19, 20 FGG, bei Erteilung keines § 84 FGG, vgl. auch oben § 10 Ziff. 1 aE. u. § 10 Ziff. 3 F (b).

Kosten: Erteilung des Erbsch. Gebühr und Wert § 99.
Abgabe der eidesst. Versich. Gebühr § 43/2.
Ablehnung des Erbscheins Gebühr und Wert § 122 KostO.

Die Einziehung eines Erbscheins (§ 2361 BGB) ist dem Richter vorbehalten, vgl. § 13 Ziff. 6 d. Ges.

V.* Erklärungen gegenüber dem Nachlaßgericht.

1. Ein anteilsberechtigter Abkömmling kann auf seinen Anteil an dem Gesamtgut verzichten. Der Verzicht erfolgt durch Erklärung gegenüber dem für den Nachlaß des verstorbenen Ehegatten zuständigen Gericht; die Erklärung ist in öffentlich beglaubigter Form abzugeben. Das Nachlaßgericht soll die Erklärung dem überlebenden Ehegatten und den übrigen anteilsberechtigten Abkömmlingen mitteilen (§ 1491/1 BGB). Der Verzicht kann auch durch Vertrag mit dem überlebenden Ehegatten und den übrigen Beteiligten erfolgen, er bedarf dann der gerichtlichen oder notariellen Beurkundung (§ 1491/2 BGB).

Kosten: falls Vertrag Gebühr § 29/2, Wert §§ 18, 19, 32,
falls einseitige Willenserklärung für Beurk. Gebühr § 104/3, 31/2, Wert § 104/2, für Beglaubigung der Erklär. Gebühr und Wert § 39/1, für Entgegennahme der Erklär. Gebühr § 104 Abs. 1 Ziff. 2, Wert § 104/2 KostO.

Der unter elterlicher Gewalt stehende oder unter Vormdschaft stehende Abkömmling bedarf zum Verzicht der Genehmigung des Vormdschgerichts (§§ 1491/3, 1643, 1828ff. BGB). Wegen der Erteilung der vormdsch. Genehmigung vgl. oben § 12 XXI, 26.

Kosten: Gebühr § 88 Abs. 1 Ziff. 1, Wert § 88/2 KostO; § 89 beachten, besteht Vormdsch., keine Gebühr.

2. Der überlebende Ehegatte kann die Fortsetzung der Gütergemeinschaft ablehnen (§ 1484/1 BGB). Auf die Ablehnung finden die für die Ausschlagung einer Erbschaft geltenden Vorschriften der §§ 1943 bis 1947, 1950, 1952, 1954 bis 1957, 1959 BGB entsprechende Anwendung. Steht der überlebende Ehegatte unter elterlicher Gewalt oder unter Vormdschaft, so ist zur Ablehnung die Genehmigung des Vormdschgerichts erforderlich (§ 1484/2 BGB), vgl. hierzu oben § 12 XXI, 24. Zuständig zur Entgegennahme dieser Erklärung ist das Nachlaßgericht (§ 1945 BGB). Auch die Anfechtung der Ablehnung ist möglich (§ 1484/2, 1955 BGB).

Rechtsmittel: einfache Beschwerde §§ 19, 20 FGG, vgl. auch oben § 10 Ziff. 1 aE.

Kosten: Entgegennahme der Ablehn. formlos, daher Aufnahme der Erklär. gebührenfrei § 104/3, Entgegennahme selbst Gebühr § 104 Abs. 1 Ziff. 2, Wert § 104/2 KostO.

3. Der überlebende Ehegatte kann die fortgesetzte Gütergemeinschaft jederzeit aufheben. Die Aufhebung erfolgt durch Erklärung gegenüber dem für den Nachlaß des verstorbenen Ehegatten zuständigen Gericht; die Erklärung ist in öffentlich beglaubigter Form abzugeben. Das Nachlaßgericht soll die Erklärung den anteilsberechtigten Abkömmlingen und, wenn der überlebende Ehegatte gesetzlicher Vertreter eines Abkömmlings ist, dem Vormdschgericht mitteilen (§ 1492/1 BGB). Steht der überlebende Ehegatte unter elterlicher Gewalt oder unter Vormdschaft, so ist zu der Aufhebung die Genehmigung des Vormdschgerichts erforderlich (§ 1492/3 BGB), vgl. dazu oben § 12 XXI, 25.

Zuständig ist das Gericht, das für den Nachlaß des verstorbenen Ehegatten zuständig war (§§ 72, 73 FGG).

Rechtsmittel: einfache Beschwerde §§ 19, 20 FGG, vgl. auch oben § 10 Ziff. 1 aE.

Kosten: für Beurk. d. Erklär. Gebühr §§ 104/3, 31/3, Wert § 104/2, für Beglaubigung der Erklär. Gebühr und Wert § 39/1, für Entgegennahme d. Erklär. Gebühr § 104 Abs. 1 Ziff. 2, Wert § 104/2 KostO, bei vormdsch. Genehmigung, falls Vormdschaft besteht, keine Gebühr, sonst Gebühr § 88 Abs. 1 Ziff. 4, Wert §§ 88/2, 24/2 KostO, § 89 beachten.

4. Die Anfechtung einer letzwilligen Verfügung, durch die ein Erbe eingesetzt, ein gesetzlicher Erbe von der Erbschaft ausgeschlossen, ein Testamentsvollstrecker ernannt oder eine Verfügung solcher Art aufgehoben wird, erfolgt durch Erklärung gegenüber dem Nachlaßgericht (§ 2081/1 BGB). Das Nachlaßgericht soll die Anfechtungserklärung demjenigen mitteilen, welchem die angefochtene Verfügung unmittelbar zustatten kommt. Es hat die Einsicht der Erklärung jedem zu gestatten, der ein rechtliches Interesse glaubhaft macht (§ 2081/2 BGB). Die Erklärung bedarf keiner Form, zuständig ist das Nachlaßgericht des Wohnsitzes, den der Erblasser z. Z. des Erbfalls hatte (§ 73 FGG).

Rechtsmittel: einfache Beschwerde §§ 19, 20 FGG, vgl. auch oben § 10 Ziff. 1 aE.

Kosten: Anfechterklär. formlos, daher für Aufnahme keine Gebühr § 104/3, Entgegennahme der Erklär..Gebühr § 104 Abs. 1 Ziff. 6, Wert § 104/2 KostO.

5. Der Erbvertrag kann auf Grund der §§ 2078, 2079 BGB auch von dem Erblasser angefochten werden; zur Anfechtung wegen Übergehung eines Pflichtteilsberechtigten auf Grund des § 2079 BGB ist erforderlich, daß der Pflichtteilsberechtigte z. Z. der Anfechtung vorhanden ist (§ 2281/1 BGB). Zu Lebzeiten des Anfechtungsgegners kann die Anfechtung nur diesem gegenüber erklärt werden (§ 143/2 BGB). Soll nach dem Tode des anderen Vertragschließenden eine zugunsten eines Dritten getroffene Verfügung von dem Erblasser angefochten werden, so ist die Anfechtung dem Nachlaßgericht gegenüber zu erklären. Das Nachlaßgericht soll die Erklärung dem Dritten mitteilen (§ 2281/2 BGB). Die Anfechtungserklärung bedarf der gerichtlichen oder notariellen Beurkundung (§ 2282/3 BGB).

Rechtsmittel: einfache Beschwerde §§ 19, 20 FGG, vgl. auch oben § 12 Ziff. 1 aE.

Kosten: für Beurk. d. Erklär. Gebühr § 104/3, 31/3, Wert § 104/2, für Entgegennahme der Erklär. Gebühr § 104 Abs. 1 Ziff. 6, Wert § 104/2 KostO.

6. Wegen der Entgegennahme der Erbschaftsausschlagungserklärung sowie der Anfechtung der Erbschaftsausschlagungserklärung vgl. vorstehend III.

7. Der Vorerbe ist den Nachlaßgläubigern gegenüber verpflichtet, den Eintritt der Nacherbfolge dem Nachlaßgericht anzuzeigen. Das Nachlaßgericht hat die Einsicht der Anzeige jedem zu gestatten, der ein rechtliches Interesse glaubhaft macht (§ 2146 BGB).

Rechtsmittel: einfache Beschwerde §§ 19, 20 FGG, vgl. auch oben § 10 Ziff. 1 aE.,

Kosten: Anzeige formlos, daher für Aufnahme keine Gebühr § 104/3, für Entgegennahme der Anzeige Gebühr § 104 Abs. 1 Ziff. 7, Wert § 104/2 KostO.

8. Der Erblasser kann die Bestimmung der Person des Testamentsvollstreckers einem Dritten überlassen. Die Bestimmung erfolgt gegenüber dem Nachlaßgericht in öffentlich beglaubigter Form (§ 2198 BGB). Ferner kann der Erblasser den Testamentsvollstrecker ermächtigen, einen oder mehrere Mittestamentsvollstrecker oder einen Nachfolger zu ernennen. Diese Ernennung erfolgt gegenüber dem Nachlaßgericht in öffentlich beglaubigter Form (§ 2199 BGB).

Rechtsmittel: einfache Beschwerde §§ 19, 20 FGG, vgl. auch oben § 10 Ziff. 1 aE.

Kosten: für Beurk. d. Erklär. Gebühr §§ 104/3, 31/3, Wert § 104/2, für Beglaub. d. Erklär. Gebühr und Wert § 39/1, für Entgegennahme d. Erklär. Gebühr § 104 Abs. 1 Ziff. 8, Wert § 104/2 KostO.

9. Die Annahme des Amtes als Testamentsvollstrecker bzw. die Ablehnung des Amtes erfolgt durch schriftliche Erklärung gegenüber dem Nachlaßgericht (§ 2202 BGB). In gleicher Weise kann der Testamentsvollstrecker das Amt jederzeit kündigen (§ 2226 BGB).

Rechtsmittel: einfache Beschwerde §§ 19, 20 FGG, vgl auch oben § 10 Ziff. 1 aE.

Kosten: dür Aufnahme der Erklär. da formlos keine Gebühr § 104/3, für Entgegennahme d. Erklär. Gebühr § 104 Abs. 1 Ziff. 8, Wert § 104/2 KostO.

10. Der Verkäufer einer Erbschaft ist verpflichtet, den Verkauf der Erbschaft und den Namen des Käufers dem Nachlaßgericht anzuzeigen. Das Nachlaßgericht hat die Einsicht der Anzeige jedem zu gestatten, der ein rechtliches Interesse glaubhaft macht (§ 2384 BGB).

Rechtsmittel: einfache Beschwerde §§ 19, 20 FGG, vgl. auch oben § 10 Ziff. 1 aE.

Kosten: für Niederschrift der Anzeige keine Gebühr § 104/3, für Entgegennahme d. Erklär. Gebühr § 104 Abs. 1 Ziff. 9, Wert § 104/2 KostO.

VI.* Die Ermittlung der Erben ist gewöhnlich Sache der Beteiligten. Das Nachlaßgericht hat die Erben zu ermitteln z. B. wenn ein Erbschein zu erteilen ist, wenn das Gericht auf Antrag eines Miterben die Auseinandersetzung vermittelt oder wenn es sich um die in den §§ 1953/2, 1957/2, 2081/2 BGB genannten Fälle handelt.

Ist z. Z. des Erbfalls weder ein Verwandter noch ein Ehegatte des Erblassers vorhanden, so ist der Fiskus des Bundestaates, dem der Erblasser z. Z. des Todes angehört hat, gesetzlicher Erbe (§ 1936 BGB). Das Nachlaßgericht hat von Amts wegen zu prüfen, ob die Voraussetzungen hierzu vorliegen. Dazu bestimmen:

a) § 1964/1 BGB: Wird der Erbe nicht innerhalb einer den Umständen entsprechenden Frist ermittelt, so hat das Nachlaßgericht festzustellen, daß ein anderer Erbe als der Fiskus nicht vorhanden ist.

b) § 1965/1 BGB: Der Feststellung hat eine öffentliche Aufforderung zur Anmeldung der Erbrechte unter Bestimmung einer Anmeldungsfrist vorauszugehen; die Art der Bekanntmachung und die Dauer der Anmeldungsfrist bestimmen sich nach den für das Aufgebotsverfahren (vgl. §§ 948—950 ZPO) geltenden Vorschriften. Die Aufforderung darf unterbleiben, wenn die Kosten dem Bestande des Nachlasses gegenüber unverhältnismäßig groß sind.

Nach fruchtlosem Ablauf der Frist hat das Nachlaßgericht festzustellen, daß ein anderer Erbe als der Fiskus nicht vorhanden ist (§§ 1964, 1966 BGB). Im Gegensatz zu § 21 Abs. 2g REntlV ist diese Feststellung nicht mehr dem Richter vorbehalten. Der Fiskus kann weder die Erbschaft ausschlagen (§ 1942/2 BGB), noch auf die Erbschaft verzichten (§ 2346 BGB); ihm kann auch keine Inventarfrist gesetzt werden (§ 2011 BGB).

Wegen der Einsicht der Akten durch Dritte vgl. § 78 FGG.

Rechtsmittel: einfache Beschwerde §§ 19, 20 FGG, vgl. auch oben § 10 Ziff. 1 aE.

Kosten: Ermittelung der Erben ohne Gebühr § 97, Feststellung des Erbrechts des Fiskus keine Gebühr §§ 102, 10/1 KostO.

VII.* Fristbestimmungen des Nachlaßgerichts.

1. Der Erblasser kann mehrere mit einem Vermächtnis in der Weise bedenken, daß der Beschwerte oder ein Dritter zu bestimmen hat, wer von den mehreren das Vermächtnis erhalten soll. Auf Antrag eines Beteiligten kann das Nachlaßgericht dem Beschwerten oder dem Dritten eine Frist zur Abgabe der Erklärung bestimmen (§ 2151 BGB).

Rechtsmittel: sofortige Beschwerde § 80 FGG, vgl. auch oben § 10 Ziff. 1 aE.

Kosten: für Fristbestimmung Gebühr § 106/2 KostO, Wert = Wert des Vermächtn.

2. Der Erblasser kann mehrere mit einem Vermächtnis in der Weise bedenken, daß der Beschwerte oder ein Dritter zu bestimmen hat, was jeder von dem vermachten Gegenstand erhalten soll (§ 2153 BGB). Auch ist die Anordnung eines Vermächtnisses in der Art möglich, daß der Bedachte von den mehreren Gegenständen nur den einen oder anderen erhalten und ein Dritter die Wahl treffen soll (§ 2154 BGB). Endlich kann der Erblasser bei einem Gattungsvermächtnis die Bestimmung der Sache dem Bedachten oder einem Dritten übertragen (§ 2155 BGB).

In allen diesen Fällen kann das Nachlaßgericht auf Antrag eines Beteiligten dem Dritten bzw. dem Bedachten eine Frist zur Abgabe der Erklärung bestimmen. Nach fruchtlosem Fristablauf sind im ersten Falle die Bedachten zu gleichen Teilen berechtigt. In den beiden weiteren Fällen geht bei fruchtlosem Fristablauf das Wahlrecht auf den Beschwerten über.

Rechtsmittel: sofortige Beschwerde § 80 FGG, vgl. auch oben § 10 Ziff. 1 aE.

Kosten: wie vor zu 1.

3. Die Bestimmungen zu 2 vorstehend finden entsprechende Anwendung auf die Auflage (§ 2192 BGB).

Rechtsmittel und Kosten: wie vor zu 2.

4. Der Erblasser kann bei der Anordnung einer Auflage, deren Zweck er bestimmt hat, die Bestimmung der Person, an welche die Leistung erfolgen soll, dem Beschwerten oder einem Dritten überlassen (§ 2193 BGB). Steht die Bestimmung dem Beschwerten zu, so kann ihm nach rechtskräftiger Verurteilung zur Vollziehung der Auflage der Kläger eine Frist zur Vollziehung bestimmen und nach fruchtlosem Fristablauf selbst die Bestimmung treffen. Steht die Bestimmung einem Dritten zu, so finden die Vorschriften zu 2 entsprechende Anwendung.

Rechtsmittel und Kosten: wie vor zu 2.

5. Die Bestimmung der Person des Testamentsvollstreckers kann der Erblasser einem Dritten überlassen. Die Bestimmung erfolgt durch eine in öffentlich beglaubigter Form dem Nachlaßgericht gegenüber abgegebene Erklärung (§ 2198 BGB). Mit dem Ablauf einer auf Antrag eines Beteiligten vom Nachlaßgericht bestimmten Frist erlischt das Bestimmungsrecht des Dritten.

Rechtsmittel und Kosten: wie vor zu 2.

6. Wegen der Fristbestimmung bei der Inventarerrichtung (§ 1994 BGB), vgl. nachstehend Ziffer VIII.

VIII.* Inventarerrichtung. Die Inventarerrichtung dient zur Abwendung der unbeschränkten Haftung der Erben (§ 2000/3 BGB). Der Erbe ist berechtigt, ein Verzeichnis des Nachlasses bei dem Nachlaßgericht einzureichen (§ 1993 BGB). „Berechtigt" bedeutet nicht die Pflicht zur Inventarerrichtung; ist aber das Inventar rechtzeitig errichtet worden, so wird im Verhältnisse zwischen den Erben und den Nachlaßgläubigern vermutet, daß z. Z. des Erbfalls weitere Nachlaßgegenstände als die angegebenen nicht vorhanden gewesen sind (§ 2009 BGB).

Das Nachlaßgericht hat den Erben auf Antrag eines Nachlaßgläubigers zur Errichtung des Inventars eine Frist zu bestimmen. Nach Ablauf der Frist haftet der Erbe für die Nachlaßverbindlichkeiten unbeschränkt, wenn nicht vorher das Inventar errichtet worden ist (§ 1994/1 BGB). Der Antragsteller hat seine Forderung glaubhaft zu machen (§ 1994/2 BGB), die Inventarfrist soll mindestens 1 Monat, höchstens 3 Monate betragen (§ 1995 BGB), Verlängerung der Frist ist möglich (§ 1995/3 BGB).

Steht der Erbe unter elterlicher Gewalt oder unter Vormdschaft, so soll das Nachlgericht dem Vormdschgericht von der Bestimmung der Inventarfrist Mitteilung machen (§ 1999 BGB). Das Vormdschgericht wird dann die Einhaltung der Inventarfrist überwachen.

In dem Inventar sollen die bei dem Eintritt des Erbfalls vorhandenen Nachlgegenstände und die Nachlverbindlichkeiten vollständig angegeben werden. Das Inventar soll außerdem eine Beschreibung der Nachlgegenstände, soweit eine solche zur Bestimmung des Wertes erforderlich ist, und die Angabe des Wertes enthalten (§ 2001 BGB).

Der Erbe muß zu der Aufnahme des Inventars einen zuständigen Beamten oder Notar oder eine zuständige Behörde zuziehen (§ 2002 BGB). Auf Antrag des Erben hat das Nachlgericht entweder das Inventar selbst aufzunehmen oder die Aufnahme einer zuständigen Behörde oder einem zuständigen Beamten oder Notar zu übertragen. Durch die Stellung des Antrags wird die Inventarfrist gewahrt

(§ 2003/1 BGB). Befindet sich bei dem Nachlgericht schon ein den Vorschriften der §§ 2002, 2003 BGB entsprechendes Inventar, so genügt es, wenn der Erbe vor dem Ablauf der Inventarfrist dem Nachlgericht gegenüber erklärt, daß das Inventar als von ihm eingereicht gelten soll (§ 2004 BGB).

Rechtsmittel: gegen Fristbestimmung nach § 1994 BGB = sofortige Beschwerde § 77 FGG, vgl. auch oben § 10 Ziff. 1 aE.

Kosten: für Entgegennahme des Invent. Gebühr und Wert § 106/1, für Fristbestimmung und Verlängerung der Frist Gebühr und Wert § 106/1, § 107 beachten, für Aufnahme des Invent. Gebühr und Wert § 46/1 KostO.

IX. Nachlaßpflegschaft. Das BGB geht davon aus, daß die Nachlbehandlung in der Regel Sache der Beteiligten ist und ein amtliches Einschreiten nur in Ausnahmefällen stattfindet. Bis zur Annahme der Erbschaft hat das Nachlgericht für die Sicherung des Nachlasses zu sorgen, soweit ein Bedürfnis dazu besteht. Das gleiche gilt, wenn der Erbe unbekannt oder wenn ungewiß ist, ob er die Erbschaft angenommen hat (§ 1960/1 BGB). Das Nachlgericht kann für denjenigen, welcher Erbe wird, eine Nachlpflegschaft anordnen (§ 1960/2 BGB). Das Nachlgericht hat in den Fällen des § 1960/1 BGB einen Nachlaßpfleger zu bestellen, wenn die Bestellung zum Zwecke der gerichtlichen Geltendmachung eines Anspruchs, der sich gegen den Nachlaß richtet, von dem Berechtigten beantragt wird (§ 1961 BGB). Für die Nachlpflegschaft tritt an die Stelle des Vormdschgerichts das Nachlgericht (§ 1962 BGB, § 75 FGG); für den Nachlpfleger gelten deshalb die Vorschriften über die Pflegschaft, also §§ 1913, 1915—1921 BGB. Aufgabe des Nachlpflegers ist es, den Erben zu ermitteln, den Nachlaß für ihn zu erhalten und zu diesem Zwecke zu verwalten. Einem nach §§ 1960, 1961 BGB bestellten Nachlpfleger kann eine Inventarfrist nicht bestimmt werden. Der Nachlpfleger ist den Nachlgläubigern gegenüber verpflichtet, über den Bestand des Nachlasses Auskunft zu erteilen (§ 2012 BGB). Wird vor der Annahme der Erbschaft zur Verwaltung des Nachlasses ein Nachlpfleger bestellt, so beginnen die in § 2014 und in § 2015/1 BGB bestimmten Fristen mit der Bestellung (§ 2017 BGB).

Die Anordnung der Nachlpflegschaft ist dem Richter vorbehalten, vgl. oben § 13 Ziffer 1.

In entsprechender Anwendung des § 1837 BGB hat das Nachlgericht die Tätigkeit des Nachlpfleger zu beaufsichtigen. Zu Handlungen des Pflegers nach Maßgabe der für die Vormdsch. geltenden Vorschriften bedarf der Pfleger der Genehmigung des Nachlgerichts, z. B. Abhebung von Geld, zur Verfügung über ein Grundstück

Das Nachlgericht kann eine angemessene Vergütung dem Nachlpfleger bewilligen (§§ 1962, 1915, 1836 BGB). In entsprechender Anwendung des § 1836 BGB soll die Bewilligung nur erfolgen, wenn das Nachlaßvermögen und der Umfang sowie die Bedeutung der Nachlpflegschaft dies rechtfertigen. Zuständig ist wie bei der Vergütung des Vormundes der Richter

*Die Nachlpflegschaft ist aufzuheben, wenn der Grund für ihre Anordnung weggefallen ist (§ 1919 BGB). Nach der Aufhebung hat der Nachlpfleger über seine Verwaltung Rechnung zu legen; für die Aufstellung der Rechnung gilt § 1841 BGB. Die Aufhebung der Nachlpflegschaft erfolgt, wie bei der Vormdschaft, durch den Rpfl.

Örtliche Zuständigkeit: das Gericht des Wohnsitzes des Erblassers z. Z. des Erbfalls § 73 FGG.

Rechtsmittel: einfache Beschwerde §§ 19, 20 FGG, vgl. auch oben § 10 Ziff. 1 aE.
Kosten: Gebühr und Wert § 98/1 KostO.

X. Nachlaßverwaltung. Die Nachlverwaltung — eine „Nachlaßpflegschaft zum Zwecke der Befriedigung der Nachlaßgläubiger" (§ 1975 BGB) — ist von dem Nachlgericht anzuordnen, wenn der Erbe (bei Erbenmehrheit sämtliche Erben gemeinschaftlich § 2062 BGB) die Anordnung beantragt (§ 1981/1 BGB). Auf Antrag eines Nachlgläubigers ist die Nachlverwaltung anzuordnen, wenn Grund zu der Annahme besteht, daß die Befriedigung der Nachlgläubiger aus dem Nachlaß durch das Verhalten oder die Vermögenslage des Erben gefährdet wird. Der Antrag kann nicht mehr gestellt werden, wenn seit der Annahme der Erbschaft 2 Jahre verstrichen sind (§ 1981/2 BGB). Mit der Anordnung der Nachlverwaltung verliert der Erbe die Befugnis, den Nachlaß zu verwalten und über ihn zu verfügen (§ 1984/1 BGB). Rechtshandlungen, die der Erbe nach Anordnung der Nachlverwaltung vornimmt, sind den Nachlgläubigern gegenüber unwirksam (§§ 7, 8 KO, § 1984/1 BGB), auch Leistungen an den Erben sind nach Anordnung der Nachlverwaltung nur den Nachlgläubigern gegenüber wirksam (§ 8 KO, § 1984/1 BGB).

Die Anordnung der Nachlverwaltung obliegt dem Richter, vgl. oben § 13 Ziffer 1 — ebenso die Aufhebung derselben —.

Das Nachlgericht hat die Anordnung der Nachlverwaltung durch das für seine Bekanntmachungen bestimmte Blatt zu veröffentlichen (§ 1983 BGB); der Verwalter ist wie ein Vormund zu verpflichten (§ 1789 BGB).

Der Nachlverwalter hat den Nachlaß zu verwalten und die Nachlverbindlichkeiten aus dem Nachlaß zu berichtigen (§ 1985/1 BGB). Er hat ein Verzeichnis des Nachlasses einzureichen und über seine Verwaltung Rechnung zu legen. Zur Verfügung über Nachlgegenstände bedarf der Verwalter, auf den gemäß § 1915 BGB die für den Vormund geltenden Vorschriften entsprechend anzuwenden sind, der gerichtlichen Genehmigung wie der Vormund (§§ 1821, 1822 BGB), auch die Vorschriften über die Anlegung von Geld (§§ 1806, 1814 BGB) gelten für ihn. Der Verwalter kann für die Führung seines Amtes eine angemessene Vergütung verlangen (§ 1987 BGB).

Die Nachlverwaltung endigt mit der Aufhebung durch das Nachlgericht, wenn also die Nachlverbindlichkeiten berichtigt sind (§§ 1986, 1919 BGB); sie endigt ferner mit der Eröffnung des Nachlkonkurses (§ 1988/1 BGB). Sie kann auch aufgehoben werden, wenn sich ergibt, daß eine den Kosten entsprechende Masse nicht vorhanden ist (§ 1988/2 BGB).

Die Aufhebung der Nachlverwaltung und die Festsetzung einer Vergütung für den Verwalter sind dem Richter vorbehalten, ebenso, und zwar in gleichem Umfange wie gemäß § 12 d. Ges. bei dem Vormund, die Genehmigungen zu den von dem Verwalter vorgenommenen Rechtsgeschäften (vgl. § 13 Ziff. 1 d. Ges.).

Örtliche Zuständigkeit: das Gericht des Wohnsitzes des Erblassers z. Z. des Erbfalls § 73 FGG.

Rechtsmittel: gegen Anordnung der Nachlverwaltung auf Antrag des Erben keine Beschwerde (§ 76/1 FGG), gegen Antrag eines Nachlgläubigers sofortige Beschwerde (§ 76/2 FGG).

Kosten: Gebühr und Wert § 98/1 KostO.

XI. Die Abnahme des **Offenbarungseides** des Erben (§ 2006 BGB) ist dem Richter vorbehalten, vgl oben § 13 Ziff. 9.

XII.* Wie vor zu VIII ausgeführt, hat das Nachlgericht nur bei Bestehen eines Bedürfnisses für die **Sicherung des Nachlasses** von Amts **wegen** zu sorgen (§ 1960/1 BGB). Die Sicherung kann durch Anordnung der Nachlpflegschaft erfolgen (§ 1960/2 BGB), sie kann auch durch die Anlegung von Siegeln, durch die Hinterlegung von Geld, Wertpapieren und Kostbarkeiten sowie durch die Aufnahme eines Nachlverzeichnisses geschehen (§ 1960/2 BGB). Mit der Durchführung dieser letzteren Maßnahmen kann ein Gerichtsvollzieher oder ein UrkB. der Geschäftsstelle beauftragt werden; die Beauftragung eines Notars ist ebenfalls möglich (§ 22/1 RNotO). Die Zuständigkeit ergibt sich aus § 74 FGG für jedes AG, in dessen Bezirk das Bedürfnis der Fürsorge hervortritt.

Rechtsmittel: einfache Beschwerde §§ 19, 20 FGG, vgl. auch oben § 10 Ziff 1 aE.

Kosten: für Anordnung durch Siegelung Gebühr § 96, Wert = Wert des sichergestellten Nachl., für Ausführung durch Siegelung Gebühr und Wert § 46/1 KostO.

XIIa. Staatsangehörigkeitsangelegenheiten.

Wegen der durch das Erste und das Zweite Gesetz zur Regelung von Fragen der Staatsangehörigkeit vom 22. 2. 1955 und 17. 5. 1956 (BGBl I S. 65 bzw. 431) den deutschen Volkszugehörigen gewährten Möglichkeit, die deutsche Staatsangehörigkeit auszuschlagen, vgl. die Erläut. XXVI a zu § 12 d. Ges. Ist ein Ausschlagungsberechtigter vor Ablauf der Ausschlagungsfrist verstorben, ohne von dem Ausschlagungsrecht Gebrauch zu machen, so kann jeder Verwandte auf- und absteigender Linie und der überlebende Ehegatte bei Glaubhaftmachen eines rechtlichen Interesses die Ermächtigung des zuständigen Nachlgerichts zur Ausübung des Ausschlagungsrechts beantragen (§§ 21 bzw. 9 aaO). Alle Entscheidungen in Staatsangehörigkeitsangelegenheiten sind dem Richter vorbehalten (§ 13 Ziff. 10 d. Ges.).

XIII. Stiftungssachen. Für die Einholung der Genehmigung einer durch Verfügung von Todes wegen errichteten Stiftung ist das Nachlgericht zuständig, sofern die Genehmigung nicht von dem Erben oder dem Testamentsvollstrecker nachgesucht wird (§ 83 BGB). Die Genehmigung erfolgt nach § 80 BGB durch den Bundesstaat, in dessen Gebiet die Stiftung ihren Sitz haben soll. Soweit die Landesgesetze die Erledigung den AG übertragen haben, obliegt dieselbe dem Richter, da im V. Abschnitt des FGG nicht genannt. Vor der Entscheidung über die Genehmigung ist die Teilung des Nachlasses ausgeschlossen (§ 2043/2 BGB).

Kosten: Gebühr und Wert § 109 KostO.

XIV. Testamente und Erbverträge.

1. Die Beurkundung der Testamente und Erbverträge ist dem Richter vorbehalten (vgl. § 23 d. Ges.).

2.* Verwahrung von Testamenten. Für die besondere amtliche Verwahrung der Testamente und Erbverträge sind die AG zuständig (§ 2258a BGB). Örtlich zuständig ist:

a) wenn das Testament oder der Erbvertrag vor einem AG errichtet ist, dieses Gericht,
b) wenn das Testament oder der Erbvertrag vor einem Notar errichtet ist, das AG, in dessen Bezirk der Notar seinen Amtssitz hat,
c) wenn das Testament vor dem Bürgermeister einer Gemeinde oder dem Vorsteher eines Gutsbezirks errichtet ist, das AG, zu dessen Bezirk die Gemeinde oder der Gutsbezirk gehört,

d) wenn es sich um ein eigenhändiges Testament i. S. des § 2247 BGB handelt, jedes AG (§ 2258a/2 BGB).

Der Erblasser kann jederzeit die Verwahrung bei einem anderen AG verlangen (§ 2258a/3 BGB). Das Gericht, welches das Testament oder den Erbvertrag in Verwahrung nimmt, hat, wenn der Erblasser seinen Wohnsitz in dem Bezirk eines anderen Gerichts hat, diesem von der Verwahrung Nachricht zu geben (§ 2258a/4 BGB). Über die Behandlung der Anzeige vgl. §§ 27 Ziff. 2, 13 AktO. Ein nach den Vorschriften des § 2247 BGB (eigenhändiges Testament) errichtetes Testament ist auf Verlangen des Erblassers in besondere amtliche Verwahrung zu nehmen (§ 2248 BGB). Bei gerichtlicher oder notarieller Beurkundung sollen Richter und Notar veranlassen, daß das Testament unverzüglich in besondere amtliche Verwahrung gebracht wird (§ 2246/2 BGB). Dies gilt auch für die vor dem Bürgermeister errichteten Nottestamente (§ 2249/1 BGB).

Die Annahme zur Verwahrung sowie die Herausgabe des Testaments oder des Erbvertrages ist von dem AG anzuordnen und von dem Rpfl. und dem UrkB. der Geschäftsstelle gemeinschaftlich zu bewirken. Bei der Führung des Verwahrungsbuches sind die Vermerke über die Annahme und die Herausgabe von dem Rpfl. und dem UrkB. der Geschäftsstelle zu unterschreiben (§ 2258 b/2 BGB). Die Verwahrung erfolgt unter gemeinschaftlichem Verschluß des Rpfl. und des UrkB. der Geschäftsstelle (§ 2258b/1 BGB). Dazu bestimmt § 27 Ziff. 4, 5 AktO:

„Über die vom Gericht zur besonderen amtlichen Verwahrung zu bringenden Testamente und Erbverträge ist ein besonderes Verwahrungsbuch ..... zu führen. Die Nummer der Eintragung ist auf dem Umschlag einer jeden Verfügung von Todes wegen oben rechts zu vermerken. (Wegen der Beschaffenheit der Umschläge vgl. AV. v. 24. 4. 1936 — DJust. S. 705 —.) Die Verfügungen sind unter dem gemeinschaftlichen Verschluß der beiden Verwahrungsbeamten an einem feuersicheren Ort in der Nummernfolge des Verwahrungsbuches aufzubewahren."

Die Annahmeverfügung ist den Verwahrungsbeamten in Urschrift, die Ausgabeverfügung, in der die Nummer des Verwahrungsbuches anzugeben ist, in Ausfertigung vorzulegen. Sind die Geschäfte des 2. Verwahrungsbeamten dem UrkB. der Geschäftsstelle übertragen, dem die Bearbeitung der Verfügungen von Todes wegen obliegt, so kann auch die Ausgabeverfügung in Urschrift vorgelegt werden; in diesem Falle ist die Empfangsbescheinigung in Spalte 8 des Verwahrungsbuches zu erteilen. Die Annahme zur Verwahrung ist auf der Annahmeverfügung zu bestätigen; die in Ausfertigung vorgelegten Ausgabeverfügungen sind als Belege nach der Nummerfolge des Verwahrungsbuches aufzubewahren.

Dem Erblasser soll über das in Verwahrung genommene Testament ein Hinterlegungsschein erteilt werden (§§ 2246/2, 2277/2 BGB, § 27/6 AktO).

Rechtsmittel: einfache Beschwerde §§ 19, 20 FGG, vgl. auch oben § 10 Ziff. 1 aE.

Kosten: Gebühr § 93/1, Wert § 95 KostO.

3.* Rückgabe von Testamenten. Ein vor einem Richter oder Notar oder nach § 2249 BGB errichtetes Testament gilt als widerrufen, wenn die in amtliche Verwahrung genommene Urkunde dem Erblasser zurückgegeben wird. Die zurückgebende Stelle soll den Erblasser über die im Satz 1 (vorstehend) vorgesehene Folge belehren, dies auf der Urkunde vermerken und aktenkundig machen, daß beides geschehen ist (§ 2256/1 BGB). Der Erblasser kann die Rückgabe jederzeit verlangen. Das Testament darf nur an den Erblasser persönlich zurückgegeben werden (§ 2256/2 BGB) (vgl. hierzu § 27 AktO und AV v. 16. 8. 1939 — DJust. S. 1398 —). Die Vorschriften des Abs. 2 gelten auch für ein nach § 2248 BGB hinterlegtes Testament (also für ein eigenhändiges); die Rückgabe ist auf die Wirksamkeit des Testaments ohne Einfluß (§ 2256/3 BGB). Im Gegensatz zu den öffentlichen Testamenten kann ein eigenhändiges Testament nur durch Widerruf oder durch Vernichtung aufgehoben werden (§ 2255 BGB). Ein gemeinschaftliches Testament kann nach den vorstehenden Vorschriften nur von beiden Ehegatten zurückgenommen werden (§ 2272 BGB). Der erteilte Hinterlegungsschein ist zurückzufordern (§ 27/6 AktO).

Rechtsmittel: einfache Beschwerde §§ 19, 20 FGG, vgl. auch oben § 10 Ziff. 1 aE.

Kosten: Gebühr § 93/2, Wert § 95 KostO.

4.* Ablieferungspflicht. Wer ein Testament, das nicht in besondere amtliche Verwahrung gebracht ist, in Besitz hat, ist verpflichtet, es unverzüglich, nachdem er von dem Tode des Erblassers Kenntnis erlangt hat, an das Nachlgericht abzuliefern. Befindet sich ein Testament bei einer anderen Behörde als einem Gericht in amtlicher Verwahrung, so ist es nach dem Tode des Erblassers an das Nachlgericht abzuliefern. Das Nachlgericht hat, wenn es von dem Tode Kenntnis erlangt, die Ablieferung zu veranlassen (§ 2259 BGB). Die Ablieferung kann erzwungen werden (§ 83 FGG) und zwar nach § 33 FGG durch Verhängung von Ordnungsstrafen. Wegen der Höhe der Ordnungsstrafe (1—1000 DM) vgl. VO v. 6. 2. 1924 — RGBl I S. 44 — und oben § 12, VII.

Rechtsmittel: einfache Beschwerde §§ 19, 20 FGG, vgl. auch oben § 10 Ziff. 1 aE.

Kosten: für Ordnungsstrafverfahren Gebühr und Wert § 110 KostO.

5.* Eröffnung der Testamente. Das Nachlgericht hat, sobald es von dem Tode des Erblassers Kenntnis erlangt, zur Eröffnung des in seiner Verwahrung befindlichen Testaments einen Termin zu bestimmen. Zu dem Termin sollen die gesetzlichen Erben des Erblassers und die sonstigen Beteiligten, soweit tunlich, geladen werden (§ 2260/1 BGB). Örtlich zuständig ist das Nachlgericht, in dessen Bezirk der Erblasser z. Z. des Erbfalls seinen Wohnsitz hatte (§ 73 FGG). Hat ein anderes Gericht als das Nachlgericht das Testament in amtlicher Verwahrung, so liegt dem anderen Gericht der Eröffnung des Testaments ob. Das Testament ist nebst einer beglaubigten Abschrift zu übersenden, eine beglaubigte Abschrift des Testaments ist zurückzubehalten (§ 2261 BGB).

In dem Termin ist das Testament zu öffnen, den Beteiligten zu verkünden und ihnen auf Verlangen vorzulegen. Die Verkündung darf im Falle der Vorlegung unterbleiben. Sie unterbleibt ferner, wenn im Termin keiner der Beteiligten erscheint (§ 2260/2 BGB). Über die Eröffnung ist eine Niederschrift aufzunehmen.

War das Testament verschlossen, so ist in der Niederschrift festzustellen, ob der Verschluß unversehrt war (§ 2260/3 BGB) — vgl. hierzu AV v. 12. 4. 1940 — DJust. S. 366 —. Das Nachlgericht hat den Beteiligten, welche bei der Eröffnung des Testaments nicht zugegen waren, von dem sie betreffenden Inhalt des Testaments in Kenntnis zu setzen (§ 2262 BGB).

Bei der Eröffnung eines gemeinschaftlichen Testaments sind die Verfügungen des überlebenden Ehegatten, soweit sie sich sondern lassen, weder zu verkünden noch sonst zur Kenntnis der Beteiligten zu bringen (§ 2273/1 BGB). Von den Verfügungen des verstorbenen Ehegatten ist eine beglaubigte Abschrift anzufertigen. Das Testament ist wieder zu verschließen und in die besondere amtliche Verwahrung zurückzubringen (§ 2273/2 BGB). Die Vorschriften des Abs. 2 gelten nicht, wenn das Testament nur Anordnungen enthält, die sich auf den ersten, mit dem Tode des Erstverstorbenen eintretenden Erbfall beziehen, z. B. dann, wenn das Testament sich auf die Erklärung beschränkt, daß die Ehegatten sich gegenseitig zu Erben einsetzen (§ 2273/3 BGB).

Die für die Eröffnung von Testamenten geltenden Vorschriften sind auch auf den Erbvertrag anzuwenden (§ 2300 BGB).

Befindet sich ein Testament seit mehr als 30 Jahren, ein Erbvertrag seit mehr als 50 Jahren in amtlicher Verwahrung, so hat die verwahrende Stelle von Amts wegen, soweit tunlich, Ermittlungen darüber anzustellen, ob der Erblasser noch lebt (vgl. hierzu § 27/10 AktO). Führen die Ermittlungen nicht zu der Feststellung des Fortlebens des Erblassers, so ist das Testament oder der Erbvertrag zu eröffnen. Die Vorschriften der §§ 2260—2262 BGB sind entsprechend anzuwenden (§§ 2263a, 2300a BGB).

Wer ein rechtliches Interesse glaubhaft macht, ist berechtigt, ein eröffnetes Testament einzusehen sowie eine Abschrift des Testaments oder einzelner Teile zu fordern; die Abschrift ist auf Verlangen zu beglaubigen (§ 2264 BGB) (vgl. auch oben I).

Kosten: Gebühr § 94, Wert § 95 KostO.

XIVa. Testamentsvollstrecker.

1. Hat der Erblasser das Nachlaßgericht ersucht, einen Testamentsvollstrecker zu ernennen, so nimmt dasselbe nach Anhörung der Beteiligten die Ernennung vor (§ 2200 BGB). Die Ernennung ist dem Richter vorbehalten (§ 13 Ziff. 2 d. Ges.).

2. Sind mehrere Testamentsvollstrecker vorhanden, so entscheidet bei Meinungsverschiedenheiten das Nachlaßgericht (§ 2224 BGB). Diese Entscheidung ist dem Richter vorbehalten (§ 13 Ziff. 3 d. Ges.).

3. Das Amt des Testamentsvollstreckers endet durch seinen Tod, ebenso durch Erledigung der zugewiesenen Aufgaben (§ 2225 BGB). Der Testamentsvollstrecker kann auch jederzeit durch Erklärung gegenüber dem Nachlgericht sein Amt kündigen (§ 2226 BGB). Endlich kann das Nachlgericht auf Antrag eines Beteiligten gemäß § 2227 BGB den Testamentsvollstrecker entlassen, wenn ein wichtiger Grund vorliegt (z. B. grobe Pflichtverletzung, Unfähigkeit). Die Entscheidung ist dem Richter vorbehalten (§ 13 Ziff. 4 d. Ges.).

XV.* Verrichtungen des Nachlaßgerichts (Aufgebotsverfahren und Privataufgebot).

1. Die Nachlgläubiger können im Wege des Aufgebotsverfahrens zur Anmeldung ihrer Forderungen aufgefordert werden (§ 1970 BGB). Das Verfahren regelt sich nach den Vorschriften der §§ 989—1000 ZPO. Antragsberechtigt ist jeder Erbe, sofern er nicht für die Nachlverbindlichkeiten unbeschränkt haftet (§ 991/1 ZPO), ferner auch ein Nachlpfleger und ein Testamentsvollstrecker, wenn ihnen die Verwaltung des Nachlasses zusteht (§ 991/2 ZPO). Dem Antrag ist ein Verzeichnis der bekannten Nachlgläubiger mit Angabe ihres Wohnortes beizufügen (§ 992 ZPO). Das Aufgebot soll nicht erlassen werden, wenn die Eröffnung des Nachlkonkurses beantragt ist (§ 993/1 ZPO). Die Aufgebotsfrist soll höchstens 6 Monate betragen. Das Aufgebot soll den Nachlgläubigern, welche dem Nachlgericht angezeigt sind und deren Wohnort bekannt ist, von Amts wegen zugestellt werden. Die Zustellung kann durch Aufgabe zur Post erfolgen (§ 994 ZPO). In dem Aufgebot ist den Nachl-

gläubigern, welche sich nicht melden, als Rechtsnachteil anzudrohen, daß sie unbeschadet des Rechts, vor den Verbindlichkeiten aus Pflichtteilsrechten, Vermächtnissen und Auflagen berücksichtigt zu werden, von dem Erben nur insoweit Befriedigung verlangen können, als sich nach Befriedigung der nicht ausgeschlossenen Gläubiger noch ein Überschuß ergibt (§ 995 ZPO), vgl. auch unten § 19 B zu 2 Ziff. 4.

Kosten: Gebühr § 33 Abs. 1 Ziff. 6, Wert § 9 GKG (Interesse des Antragstellers!).

2. Jeder Miterbe kann die Nachlgläubiger öffentlich auffordern, ihre Forderungen binnen 6 Monaten bei ihm oder dem Nachlgericht anzumelden (§ 2061/1 BGB).

Rechtsmittel: einfache Beschwerde §§ 19, 20 FGG, vgl. auch oben § 10 Ziff. 1 aE.

Kosten: für Aufnahme, da formlos, keine Gebühr § 104/3, für Entgegennahme Gebühr § 104 Abs. 1 Ziff. 5, Wert § 104/2 KostO.

3.* Nach § 2216 BGB können die Anordnungen des Erblassers auf Antrag des Testamentsvollstreckers außer Kraft gesetzt werden, wenn ihre Befolgung den Nachlaß erheblich gefährden würde. Die Entscheidung über einen solchen Antrag obliegt jetzt dem Rpfl., da in § 13 Ziff. 3 d. Ges. nicht genannt.

Kosten: Gebühr § 105 KostO.

XVI. Zeugnisse.

1. Die Erteilung der Testamentsvollstreckerzeugnisse (§ 2368 BGB), die Erteilung von Zeugnissen über die Erbfolge nach §§ 36, 37 GBO sowie §§ 42, 74 SchiffsregO ist dem Richter vorbehalten, vgl. oben § 13 Ziff. 5. Auch die Entscheidung über die Einziehung von Testamentsvollstreckerzeugnissen, von Zeugnissen über die Erbfolge nach §§ 36, 37 GBO sowie §§ 42, 74 SchiffsregO verbleibt dem Richter (§ 13 Ziff. 6).

Die Entscheidung über die Einziehung von Zeugnissen über die Fortsetzung einer Gütergemeinschaft obliegt dem Richter (§ 13 Ziff. 6).

2.* Dagegen ist der Rpfl für die Erteilung dieser letzteren Zeugnisse über die Fortsetzung der Gütergemeinschaft zuständig.

Das Nachlgericht hat dem überlebenden Ehegatten auf Antrag ein Zeugnis über die Fortsetzung der Gütergemeinschaft zu erteilen. Die Vorschriften über den Erbschein finden entsprechende Anwendung (§ 1507 BGB). Demnach ist vorzulegen:

a) der Ehevertrag sowie Urkunden über den Tod des Ehegatten und über das Vorhandensein gemeinschaftlicher Abkömmlinge (vgl. § 1483 BGB),
b) die nach § 2356 BGB erforderliche eidesstattliche Versicherung.

Rechtsmittel: einfache Beschwerde §§ 19, 20 FGG, vgl. auch oben § 10 Ziff. 1 aE.

Kosten: Gebühr und Wert § 101 Abs. 1 Ziff. 1, daneben für die eidestst. Versich. Gebühr und Wert § 43/2 KostO.

XVII. Zuständigkeit. In Nachlsachen sind die AG als Nachlgerichte zuständig (§ 72 FGG). Wegen der Besonderheiten in Baden-Württemberg vgl. § 33 d. Ges. Örtlich zuständig ist das AG, in dessen Bezirk der Erblasser z. Z. des Erbfalls seinen Wohnsitz hatte (§ 73/1 FGG). Hatte der Erblasser z. Z. des Erbfalls im Inland weder Wohnsitz noch Aufenthalt, so ist, wenn er Deutscher war, das AG Berlin-Schöneberg zuständig (VO v. 31. 5. 1934 — RGBl I S. 472 —). Dieses Gericht kann die Sache an jedes andere Gericht abgeben (§ 14 der VO v. 31. 5. 1934). War der Erblasser Ausländer, so ist jedes Gericht für den gesamten Nachlaß zuständig, in dessen Bezirk sich Nachlaßgegenstände befinden (§ 73/3 FGG).

§ 14
Güterrechtssachen

Von den mit der Führung des Güterrechtsregisters zusammenhängenden Geschäften bleiben dem Richter vorbehalten:

1. die Eintragung von Güterständen, die nicht im Bürgerlichen Gesetzbuch geregelt sind;

2. sämtliche Eintragungen, sofern es sich um ausländische Ehegatten handelt.

Übersicht

Eintragungen in das GReg sind in folgenden Fällen erforderlich:

I.* Ausschließung oder Beschränkung der Schlüsselgewalt der Frau. Nach Inkrafttreten der Gleichberechtigung der Frau ist nicht bloß die Frau, sondern jeder Ehegatte berechtigt, innerhalb des häuslichen Wirkungskreises die Geschäfte des anderen Ehegatten für ihn zu besorgen und ihn zu vertreten (§ 1357/1 BGB). Jeder Ehegatte kann dieses Recht des anderen Ehegatten, die sog. Schlüsselgewalt, beschränken oder ausschließen, sofern der andere Ehegatte zur Besorgung der Geschäfte unfähig ist oder andere ernstliche Gründe für eine solche Maßnahme vorliegen (§ 1357/2 BGB). Die Beschränkung oder die Ausschließung der Schlüsselgewalt ist Dritten gegenüber nur nach Maßgabe des § 1435 BGB wirksam, muß also im GReg eingetragen werden (§ 1357/2 BGB). Antrag des betr. Ehegatten genügt (§ 1561/1 BGB). Die Eintragung wird nur auf Antrag vorgenommen; der Antrag ist in beglaubigter Form zu stellen (§§ 129, 1560 BGB) und kann auch zu Protokoll des UrkB der Geschäftsstelle des Registergerichts gestellt werden (§§ 128, 161 FGG). Die öffentl. Beglaubigung wird gemäß § 129/2 BGB ersetzt durch die Beurkundung, die jedoch nicht dem Rpfl übertragen ist (vgl. § 23 d. Ges.).

Wegen Aufhebung der Beschränkung oder Ausschließung der Schlüsselgewalt durch den Richter vgl. § 12 Ziff. 2 d. Ges. Die Eintragung der Beschränkung oder Ausschließung der Schlüsselgewalt ist ggf. auf Antrag des obsiegenden Ehegatten im GReg zu löschen (§ 1561 Abs. 3 Ziff. 1 BGB).

Rechtsmittel: bei Ablehnung Beschwerde §§ 19, 20 FGG (vgl. auch oben § 10 Ziff. 1 aE), bei Eintragung u. U. Amtslöschung nach §§ 142, 161 FGG, vgl. oben § 10 Ziff. 3 F.

Kosten: für Beurk. Gebühr § 29/1, Wert § 24/2; für Anmeldung Gebühr § 31 Abs. 1 Ziff. 7, § 79, Wert § 35, bei gleichzeitiger Beurk. d. Erklär. und d. Antrags § 38 beachten; für Eintragung Gebühr und Wert § 76 KostO.

II.* Ausschließung oder Änderung des gesetzlichen **Güterstandes** sowie Aufhebung oder Änderung einer eingetragenen Regelung der güterrechtlichen Verhältnisse.

1. Bis zum Inkrafttreten der Gleichberechtigung der Frau am 1. 4. 1953 galt in Ansehung des Frauenvermögens der Güterstand der Verwaltung und Nutznießung

des Mannes als gesetzlicher Güterstand (§ 1363 BGB). Als gesetzlicher Güterstand der Zukunft ist der Güterstand der Zugewinstgemeinschaft oder Zugewinstbeteiligung vorgesehen, d. h. während bestehender Ehe sollen die Ehegatten in Gütertrennung leben; nach Auflösung der Ehe soll jedoch hinsichtlich des Zugewinns, d. h. des Wertes, um den das Endvermögen beider Ehegatten das beiderseitige Anfangsvermögen übersteigt, ein Ausgleich durch Zubilligung einer Geldforderung stattfinden (vgl. Palandt-Lauterbach, Einf. 3 vor § 1363 BGB). Mangels gesetzlicher Regelung ist nach allg. A. seit dem 1. 4. 1953 vorläufig die Gütertrennung (§§ 1426—1431 BGB) gesetzlicher Güterstand, gleichviel ob die Ehe vor oder nach dem genannten Tage geschlossen ist und ohne daß es einer Eintragung im GReg. bedarf. Wegen der Überleitung des bisherigen gesetzl. Güterstandes der Verwaltung und Nutznießung in den neuen gesetzlichen Güterstand der Gütertrennung vgl. Palandt-Lauterbach, Einf. 5 vor § 1363 BGB. Der Güterstand der Verwaltung und Nutznießung des Mannes gilt nur in den Fällen weiter, in denen er durch Ehevertrag vereinbart war oder wird, also als vertraglicher Güterstand (§ 1432 BGB).

Die auf Grund der bisherigen, seit dem 1. 4. 1953 zu einem Teil überholten Regelung des BGB im Gesetz enthaltenen Vorschriften über Nichteintritt, Ausschließung, Beendigung sowie Wiederherstellung der Verwaltung und Nutznießung (§§ 1364, 1436, 1418ff., 1425 BGB) sind demgemäß gegenstandslos geworden oder kommen nur noch zur Anwendung, soweit der Güterstand der Verwaltung und Nutznießung vertraglich vereinbart ist. Wegen aller Einzelheiten wird auf die Erläut. zu den in Betracht kommenden Vorschriften von Palandt-Lauterbach, BGB, verwiesen.

Die Bestimmung des § 1435 BGB, inhalts derer Dritten gegenüber aus Abweichungen von dem gesetzl. Güterstand Einwendungen gegen ein zwischen ihnen und einem der Ehegatten vorgenommenes Rechtsgeschäft oder gegen ein zwischen ihnen ergangenes rechtskräftiges Urteil nur hergeleitet werden können, wenn z. Z. der Vornahme des Rechtsgeschäfts oder zur Zeit des Eintritts der Rechtshängigkeit die Abweichung im GReg. des zuständigen AG eingetragen oder dem Dritten bekannt war, gilt ab 1. 4. 1953 entsprechend für den neuen gesetzl. Güterstand der Gütertrennung. Das gleiche gilt, wenn eine im GReg. eingetragene Regelung der güterrechtl. Verhältnisse durch Ehevertrag aufgehoben oder geändert war (§ 1435/2 BGB).

2. Die Beurkundung des Ehevertrages (§ 1432 BGB) muß durch den Richter erfolgen.

Rechtsmittel: bei Ablehnung Beschwerde §§ 19, 20 FGG (vgl. auch oben § 10 Ziff. 1 aE); bei Eintragung u. U. Amtslöschung nach §§ 142, 161 FGG, vgl. oben § 10 Ziff. 3 F.

Kosten: für Beurk. d. Ehevertrages Gebühr § 29/2, Wert § 32, für Anmeld. Gebühr § 31 Abs. 1 Ziff. 7, § 79, Wert § 32; bei gleichzeitiger Beurk. d. Ehevertr. u. d. Anmeld. § 38 beachten; für Eintragung Gebühr und Wert § 76 KostO.

3. Die Aufhebung der Gütergemeinschaft, auf die nach Inkrafttreten der Gleichberechtigung bei gemeinsamer Verwaltung ggf. jeder Ehegatte klagen kann, tritt in den Fällen der §§ 1468, 1469 BGB mit der Rechtskraft des Urteils ein. Nach Rechtskraft gilt Gütertrennung. Dritten gegenüber ist die Aufhebung der Gütergemeinschaft nur nach Maßgabe des § 1435 BGB wirksam (§ 1470 BGB), d. h., wenn sie in das GReg. eingetragen oder dem Dritten bekannt war.

Rechtsmittel und Kosten wie vor zu 1.

4. Wegen Beendigung und Wiederherstellung der Errungenschaftsgemeinschaft (§§ 1542ff. BGB) vgl. oben Ziff. 1 Abs. 2 Ziff. 3 und die Erläut. zu den genannten Vorschriften von Palandt-Lauterbach, BGB.

5. Wegen Beendigung und Wiederherstellung der Fahrnisgemeinschaft (§ 1549 BGB) vgl. oben Ziff. 1 Abs. 2, Ziff. 3 und die Erläut. von Palandt-Lauterbach, BGB.

III. Die Vorschriften der §§ 1405, 1452, 1519/2, 1549 BGB betr. den selbständigen **Betrieb eines Erwerbsgeschäfts** durch die Frau sind infolge Inkrafttretens der Gleichberechtigung seit dem 1. 4. 1953 praktisch gegenstandslos geworden (vgl. Palandt-Lauterbach, Vorbem. zu § 1405 BGB).

IV.* Die Eintragungen in das GReg haben bei dem AG zu geschehen, in dessen Bezirk der Mann seinen Wohnsitz hat (§ 1558 BGB).

Wenn auch nach Inkrafttreten der Gleichberechtigung § 10 BGB als aufgehoben anzusehen ist, gilt nach zutreffender Ansicht § 1558 BGB als Ordnungsvorschrift weiter, so daß Eintragung bei dem AG des Wohnsitzes des Mannes genügt (ebenso Palandt-Lauterbach, Vorbem zu § 1558 BGB, und Arnold MDR 1953, 328; a. A. Mohrbutter Rpfleger 1953, 321).

Verlegt der Mann nach der Eintragung seinen Wohnsitz in einen anderen Bezirk, so muß die Eintragung im Reg. dieses Bezirks wiederholt werden (§ 1559 BGB). Eine Eintragung in das Reg. soll nur auf Antrag und nur insoweit erfolgen, als sie beantragt ist (§ 1560 BGB). Antragsberechtigt sind:

a) jeder Ehegatte allein im Falle des § 1357 Abs. 2 BGB (§ 1561/1 BGB),
b) beide Ehegatten in den übrigen Fällen (§ 1561/2 BGB).

Der Antrag eines Ehegatten genügt

a) zur Eintragung eines Ehevertrages oder einer auf gerichtlicher Entscheidung beruhenden Änderung der güterrechtlichen Verhältnisse der Ehegatten, wenn mit dem Antrage der Ehevertrag oder die mit dem Zeugnis der Rechtskraft versehene Entscheidung vorgelegt wird,
b) zur Wiederholung einer Eintragung in dem Reg. eines anderen Bezirks, wenn mit dem Antrag eine nach der Aufhebung des bisherigen Wohnsitzes erteilte öffentlich beglaubigte Abschrift der früheren Eintragung vorgelegt werd (§ 1561/3 BGB).

Das AG hat die Eintragung durch das für seine Bekanntmachungen bestimmte Blatt zu veröffentlichen (§ 1562 BGB). Die Einsicht des Reg ist jedem gestattet, auch kann die Erteilung einer einfachen oder beglaubigten Abschrift gefordert werden (§ 1563 BGB).

Einrichtung und Führung des GReg. sind durch Bek. vom 3. 11. 1898, abgedruckt in Keidel, FGG, Anh. 7, und durch landesrechtl. Vorschriften näher geregelt.

Rechtsmittel: einfache Beschwerde §§ 19, 20 FGG, vgl. auch oben § 10 Ziff. 1 aE und § 10 Ziff. 3 F.

Kosten: Anmeldung der Wiederholung Gebühr § 31 Abs. 1 Ziff. 7, Wert § 32, Eintragung Gebühr und Wert § 76, begl. Abschriften § 82 KostO.

V.* Auf Wunsch hat das AG eine **Bescheinigung** darüber zu erteilen, daß bezüglich des Gegenstandes der Eintragung weitere Eintragungen im GReg. nicht vorhanden sind oder daß eine bestimmte Eintragung in das Reg. nicht erfolgt ist (§ 162 FGG).

Kosten: Gebühr § 82 KostO.

VI. Außerordentliche Güterstände.

Nach Art 200 EGBGB bestimmt sich der Güterstand einer schon vor dem 1.1.1900 geschlossenen Ehe grundsätzlich nach dem früher geltenden Recht. Das gilt jedoch nur mit der Einschränkung, daß gemäß Art. 218 EGBGB die Länder zwecks Angleichung der bisherigen güterrechtlichen Regelung die altrechtlichen Güterstände in die Güterstände des BGB überleiten konnten. Dies ist in den Ausführungsgesetzen der Länder in weitem Umfange geschehen.

Die Eintragung altrechtlicher Güterstände im GReg., die in den landesrechtlichen Überleitungsvorschriften teilweise vorgesehen ist, ist ebenso wie nach § 23 Abs. 1e REntlV weiterhin dem Richter vorbehalten (§ 14 Ziff. 1 d. Ges.).

Das Gesetz spricht nicht mehr von „altrechtlichen Güterständen", sondern von „Güterständen, die nicht im BGB geregelt sind", um der bevorstehenden Güterrechtsreform Rechnung zu tragen.

VII. Ausländer.

Das eheliche Güterrecht bestimmt sich grundsätzlich nach dem Heimatrecht des Ehemannes z. Z. der Eheschließung (vgl. Art. 15 EGBGB), bei Ausländern also nach dem Recht ihres Heimatstaates. Wegen der hierbei zu entscheidenden Fragen aus dem internationalen Privatrecht und dem Staatsangehörigkeitsrecht sind in gleicher Weise wie bisher nach § 23 Abs. 1e REntlV weiterhin sämtliche Eintragungen, sofern es sich um ausländische Ehegatten handelt, dem Richter vorbehalten (§ 14 Ziff. 2 d. Ges.). Der Vorbehalt geht über die wesentlich engere Sollvorschrift des § 5 Abs. 1 Ziff. 2 d. Ges. hinaus.

§ 15
Handels- und Registersachen

In Handels- und Registersachen bleiben dem Richter vorbehalten:

1. bei Aktiengesellschaften, Kommanditgesellschaften auf Aktien, Gesellschaften mit beschränkter Haftung und Versicherungsvereinen auf Gegenseitigkeit sowie bei Erwerbs- und Wirtschaftsgenossenschaften folgende Verfügungen:
   a) auf erste Eintragung,
   b) auf Eintragung von Satzungsänderungen, die nicht nur die Fassung betreffen,
   c) auf Eintragung der Verschmelzung, der Vermögensübertragung oder der Umwandlung,
   d) auf Eintragung der Nichtigkeit von Beschlüssen der Versammlung der Gesellschafter (Mitglieder);

2. Löschungen im Handelsregister und im Genossenschaftsregister gemäß §§ 141 bis 144 sowie gemäß § 147 des Gesetzes über die Angelegenheiten der freiwilligen Gerichtsbarkeit;

3. von den nach § 145 des Gesetzes über die Angelegenheiten der freiwilligen Gerichtsbarkeit zu treffenden Verfügungen:
   a) die Entgegennahme des angemeldeten Verklarungsberichtes und das nachfolgende Verfahren (§§ 2, 3 der Verordnung zur Vereinfachung des Verfahrens über Verklarungen vom 16. August 1944 — Reichsgesetzblatt I S. 183);
   b) die Feststellung der Notwendigkeit des Verkaufes eines Schiffes durch den Schiffer (§ 530 Abs. 1 des Handelsgesetzbuchs),
   c) die Bestimmungen des Zeitpunktes der Abreise des auf Stückgüter angelegten Schiffes (§ 590 des Handelsgesetzbuchs),
   d) die Ernennung von Dispacheuren (§ 729 Abs. 1 des Handelsgesetzbuchs),
   e) die Entscheidung über Meinungsverschiedenheiten zwischen Gründern und Gründungsprüfern (§ 27 Abs. 1 des Aktiengesetzes),
   f) die Festsetzung der Vergütung für Gründungsprüfer (§ 27 Abs. 2 des Aktiengesetzes),
   g) die Mitwirkung bei der Stufengründung (§ 30 Abs. 6 und 7 des Aktiengesetzes),
   h) die Bestellung von Vorstandsmitgliedern (§ 76 des Aktiengesetzes),
   i) die Bestellung von Aufsichtsratsmitgliedern (§ 89 des Aktiengesetzes),
   k) die Bestellung von Prüfern zur Prüfung eines Vorgangs bei der Gründung oder der Geschäftsführung auf Antrag von Aktionären (§ 118 Abs. 2 und 3 des Aktiengesetzes),
   l) die Bestellung der von der Minderheit der Aktionäre in der Hauptversammlung bezeichneten Personen als Vertreter zur Führung des Rechtsstreits (§ 122 Abs. 2 des Aktiengesetzes),
   m) die Bestellung von Abschlußprüfern (§ 136 Abs. 3 des Aktiengesetzes),
   n) die Bestellung oder Abberufung von Abwicklern (§ 206 des Aktiengesetzes),
   o) die Anordnung der Prüfung des Jahresabschlusses von Gesellschaften in Abwicklung (§ 211 Abs. 3 des Aktiengesetzes);
4. die Verrichtungen, welche den Gerichten in Ansehung der nach dem Handelsgesetzbuch oder nach dem Gesetz betreffend die privatrechtlichen Verhältnisse der Binnenschiffahrt

aufzumachenden Dispache obliegen (§§ 149 bis 158 des Gesetzes über die Angelegenheiten der freiwilligen Gerichtsbarkeit).

Übersicht

A. nach dem Handelsgesetzbuch (HGB)
I. Abschriften
II. Amtslöschungen
III. Änderung der Firma
IV. Anmeldung der Firma
V. Aufbewahrung der Bücher
VI. Ausschluß v. Gesellschaftern
VII. Bekanntmachungen
VIII. Bescheinigungen
IX. Bilanzvorlage
X. Einsicht in das Register
XI. Eintritt v. Gesellschaftern
XII. Einrichtung u. Führung d. HReg.
XIII. Erlöschen der Firma
XIV. Konkurseröffnung
XV. Liquidation
XVI. Mitteilungspflicht d. Behörden
XVII. Ordnungsstrafen
XVIII. Prokura
XVIX. Sitzverlegung
XX. Unterstützung durch Organe des Handelsstandes
XXI. Vertretung d. Gesellschaft
XXII. Zeugnis
XXIII. Zuständigkeit
XXIV. Zweigniederlassung

B. nach dem Gesetz über Aktiengesellschaften (AktG)
I. Anmeldung
II. Abwickler
IIa. Amtslöschung
III. Aufbewahrung der Bücher
IV. Auflösung
V. Bekanntmachungen
VI. Bestellung v. Vorstandsmitgliedern
VII. Ermächtigung zur Berufung d. HV
VIII. Einreichung v. Schriftstücken
IX. Einsicht
X. Einschreiten d. Reggerichts
XI. Inhalt d. Eintragung
XII. Kapitalerhöhung
XIII. Kapitalherabsetzung
XIV. Kommanditgesellschaften a A.
XIVa. Konkurs
XV. Kraftloserklärung v. Aktien
XVI. Meinungsverschiedenheiten
XVIa. Versicherungsvereine auf Gegenseitigkeit
XVII. Mitteilungspflicht d. Behörden
XVIII. Nichtigkeit
XIX. Ordnungsstrafen
XX. Satzungsänderungen
XXI. Sitzverlegung
XXII. Stufengründung
XXIII. Umwandlung
XXIV. Unterstützung durch Organe des Handelsstandes
XXV. Vergütung d. Gründungsprüfer
XXVI. Verschmelzung
XXVII. Zuständigkeit
XXVIII. Zweigniederlassung

C. nach dem Gesetz über die Gesellschaften mit beschränkter Haftung (GmbHG)
I. Aneldung
Ia. Amtslöschung
II. Abänderung d. Gesellschaftsvertr.
III. Aufbewahrung der Bücher
IV. Auflösung
V. Aufsichtsrat
VI. Bekanntmachungen
VII. Einreichung v. Schriftstücken
VIII. Einsicht
IX. Erhöhung des Kapitals
X. Geschäftsführer
XI. Herabsetzung des Kapitals
XII. Konkursverfahren
XIII. Liquidation
XIV. Mitteilungspflicht d. Behörden
XIVa. Nichtigkeit
XV. Ordnungsstrafen
XVa. Sitzverlegung
XVI. Unterstützung durch Handelsstand
XVII. Zuständigkeit
XVIII. Zweigniederlassung

D. nach dem Gesetz über die Erwerbs- u. Wirtschaftsgenossenschaften (GenG)
I. Anmeldung
Ia. Amtslöschung
II. Änderungen des Statuts
III. Auflösung
IV. Ausscheiden von Genossen
V. Beitritt von Genossen
VI. Bekanntmachungen
VII. Bücher
VIII. Bescheinigung
IX. Einreichung v. Schriftstücken
IXa. Einrichtung und Führung den GenReg.
X. Einsicht
Xa. Erhöhung des Geschäftsanteils
XI. Ermächtigung des Gerichts
XII. Fortsetzung d. Genschaft
XIII. Konkurseröffnung
XIV. Liquidation
XV. Mitteilungspflicht d. Behörden
XVI. Nichtigkeit
XVII. Ordnungsstrafen
XVIII. Prüfung
XVIIIa. Satzungsänderung

XVIIIb. Sitzverlegung
XVIIIc. Umwandlung
XIX. Unterstützung durch Handelsstand
XX. Verschmelzung
XXI. Vorstand
XXII. Zuständigkeit
XXIII. Zweigniederlassung

E. Handelssachen aus dem Gebiete des Schifffahrtsrechts

Vorbemerkung
1. Abreise
1a. Bodmerei
2. Dispache
3. Sachverständigenernennung
3a. Verkauf d. Schiffes
4. Verklarungen

F. Vereinssachen

Vorbemerkung
1. Anmeldung
1a. Amtslöschung
2. Auszug
3. Auflösung
4. Bestellung v. Vorstandsmitgliedern
5. Bekanntmachungen
6. Bescheinigungen
7. Einspruchsrecht
8. Eintragung
9. Einsicht, Abschriften
10. Entziehung d. Rechtsfähigkeit
11. Ermächtigungen
12. Konkurseröffnung
13. Liquidation
14. Mitgliederzahl
15. Ordnungsstrafen
16. Satzungen
16a. Sitzverlegung
17. Zurückweisung
18. Zuständigkeit

G. Musterregistersachen

Vorbemerkung
1. Anmeldung
2. Dauer der Anmeldung
3. Einsicht
4. Führung des Registers
5. Kosten
6. Löschungen.

Vorbemerkungen.

Die bisherige Regelung kannte drei Fälle der Übertragung
a) die Vollübertragung für HReg. A,
b) die Vorbehaltsübertragung für GenReg.,
c) die Einzelübertragung für HReg. B.

Nunmehr sind alle Handels- und Registersachen, soweit sie nicht schon nach § 3 Abs. 1 (Vereins- und Musterregistersachen) in vollem Umfang übertragen sind, grundsätzlich dem Rpfl übertragen mit den in § 15 genannten Ausnahmen. Im allgemeinen erstrecken sich diese Vorbehalte nur auf die Streitentscheidungen sowie die rechtlich schwierigen oder wirtschaftlich besonders bedeutungsvollen Geschäfte, ferner auf reine Ermessensentscheidungen, vgl. auch Erläut. zu § 3 Ziff. 4 oben.

Soweit nicht nachstehend etwas anderes angegeben ist, sind die dort genannten Geschäfte dem Rpfl übertragen; zur weiteren Verdeutlichung sind die dem Rpfl übertragenen Geschäfte durch einen Stern kenntlich gemacht.

A. Nach dem Handelsgesetzbuch (HGB)

I.* Abschriftenerteilung. Von den Eintragungen kann eine Abschrift gefordert werden; das gleiche gilt in Ansehung der zum HReg. eingereichten Schriftstücke, sofern ein berechtigtes Interesse geltend gemacht wird. Die Abschrift ist auf Verlangen zu beglaubigen (§ 9/2 HGB).

Rechtsmittel: einfache Beschwerde §§ 19, 20 FGG, vgl. auch oben § 10 Ziff. 1 aE.

Kosten: Schreibgebühren, bei beglaub. Abschriften daneben Gebühr § 82 KostO.

II. Amtslöschungen erfolgen auf Grund der §§ 141—144, 147 FGG und sind dem Richter vorbehalten (vgl. oben § 15 Ziff. 2). Es handelt sich hier um Fälle, die mit den entsprechenden Bestimmungen im GB-Wesen (vgl. die Erläut. III zu § 17 d. Ges.) und im Schiffsregister (vgl. die Erläut. III zu § 18 d. Ges.) vergleichbar sind. Auch hier wird ein Zwang zur Berichtigung gegenstandsloser, gesetzeswidriger oder unrichtiger Eintragungen ausgeübt, bei dem der Registerrichter häufig echte Streitentscheidungen zu treffen hat. Im Gegensatz zu § 23 Abs. 1a REntl V sind jetzt auch bei Einzelfirmen, offenen Handels- und Kommanditgesellschaften Löschungen von Amts wegen dem Richter vorbehalten.

III.* Änderung einer Firma

a) Handelsfirma. Eine Änderung der Firma oder ihrer Inhaber sowie die Verlegung der Niederlassung an einen anderen Ort ist nach den Vorschr. des § 29 HGB zur Eintragung in das HReg. anzumelden (§ 31/1 HGB).

Jede Änderung der nach § 33/2 HGB einzutragenden Tatsachen oder der Satzung, die Auflösung der juristischen Person, falls sie nicht die Folge der Eröffnung des Konkurses ist, sowie die Personen der Liquidatoren und die besonderen Bestimmungen über ihre Vertretungsbefugnis sind zur Eintragung in das HReg. anzumelden (§ 34 HGB).

b) Offene Handelsgesellschaft und Kommanditgesellschaft. Wird die Firma einer Gesellschaft geändert oder der Sitz der Gesellschaft an einen anderen Ort verlegt oder tritt ein neuer Gesellschafter in die Gesellschaft ein, so ist dies ebenfalls zur Eintragung in das HReg. anzumelden (§§ 107, 161/1, 162/3 HGB).

Alle Anmeldungen sind in öffentlich beglaub. Form einzureichen (§ 12 HGB); sie können auch zu Protokoll der Geschäftsstelle des Reggerichts erfolgen (§ 128 FGG) — vgl. unten A IV, 2. —

Rechtsmittel: bei Ablehnung Beschwerde §§ 19, 20 FGG (vgl. auch oben § 10 Ziff. 1 aE), bei Eintragung u. U. Amtslöschung nach § 142 FGG, vgl. oben § 10 Ziff. 3F.

Kosten: für Anmeldung Gebühr § 31 Abs. 1 Ziff. 7, § 79, Wert § 35,
für Eintragung: bei Einzelfirmen Gebühr § 72, 1b, bei oHG Gebühr § 72, 2b KostO.

IV.* Anmeldung der Firma.

a) Handelsfirma: Jeder Kaufmann ist verpflichtet, seine Firma und den Ort seiner Handelsniederlassung bei dem Gericht, in dessen Bezirk sich die Niederlassung befindet, zur Eintragung in das HReg. anzumelden; er hat seine Firma zur Aufbewahrung bei dem Gericht zu zeichnen (§ 29 HGB).

Eine juristische Person, deren Eintragung in das HReg. mit Rücksicht auf den Gegenstand oder die Art und den Umfang ihres Gewerbebetriebes zu erfolgen hat, ist von sämtlichen Mitgliedern des Vorstandes zur Eintragung anzumelden (§ 33/1 HGB).

Form der Anmeldung: vgl. nachstehend A IV, 2.

Rechtsmittel: bei Ablehnung Beschwerde §§ 19, 20 FGG (vgl. auch oben § 10 Ziff. 1 aE), bei Eintragung u. U. Amtslöschung nach § 142 FGG, vgl. oben § 10 Ziff. 3F.

Kosten: Beurk. d. Anmeld. Gebühr §§ 31 Abs. 1 Ziff. 7, 79, Wert § 35,
Eintragung Gebühr § 72 1a bzw. 2a KostO.

b) offene Handelsgesellschaften. Die Gesellschaft ist bei dem Gericht, in dessen Bezirk sie ihren Sitz hat, zur Eintragung in das HReg. anzumelden (§ 106/1 HGB).

Form der Anmeldung: vgl. nachstehend A IV, 2.

Rechtsmittel: bei Ablehnung Beschwerde §§ 19, 20 FGG (vgl. auch oben § 10 Ziff. 1 aE), bei Eintragung u. U. Amtslöschung nach § 142 FGG, vgl. oben § 10 Ziff. 3 F.

Kosten: Beurk. d. Anmeldung Gebühr § 31 Abs. 1 Ziff. 7, § 79, Wert § 35. Eintragung Gebühr § 72, 2a KostO.

c) Kommanditgesellschaften. Die Anmeldung der Gesellschaft hat außer den in § 106/2 HGB vorgesehenen Angaben die Bezeichnung der Kommanditisten und den Betrag der Einlagen eines jeden von ihnen zu enthalten (§ 162/1 HGB). Die Erhöhung sowie die Herabsetzung einer Einlage ist durch die sämtlichen Gesellschafter zur Eintragung in das HReg. anzumelden (§ 175 HGB). Im Verhältnis zu den Gläubigern der Gesellschaft wird nach der Eintragung in das HReg. die Einlage eines Kommanditisten durch den in der Eintragung angegebenen Betrag bestimmt (§ 172/1 HGB). Form der Anmeldung: vgl. nachstehend A IV, 2.

Rechtsmittel: bei Ablehnung Beschwerde nach §§ 19, 20 FGG (vgl. auch oben § 10 Ziff. 1 aE), bei Eintragung u. U. Amtslöschung nach § 142 FGG, vgl. oben § 10 Ziff. 3 F.

Kosten: Anmeldung Gebühr § 31 Abs. 1 Ziff. 7, § 79, Wert § 35. Eintragung Gebühr § 72, 2a KostO.

2.* Form der Anmeldung. Die Anmeldungen zur Eintragung in das HReg. sowie die zur Aufbewahrung bei dem Gerichte bestimmten Zeichnungen der Unterschriften sind persönlich bei dem Gericht zu bewirken oder in öffentlich beglaubigter Form einzureichen (§ 12/1 HGB); sie können auch zu Protokoll der Geschäftsstelle des Reggerichts erfolgen (§ 128 FGG). Ist die zu einer Eintragung erforderliche Erklärung von einem Notar beurkundet oder beglaubigt, so gilt dieser als ermächtigt, im Namen des zur Anmeldung Verpflichteten die Eintragung zu beantragen (§ 129 FGG). Dazu ist im Einzelnen bestimmt:

a) Jur. Person: der Anmeldung sind die Satzung der juristischen Person und die Urkunden über die Bestellung des Vorstandes in Urschrift oder in öffentlich beglaubigter Abschrift beizufügen. Bei der Eintragung sind die Firma und der Sitz der jur. Person, der Gegenstand des Unternehmens und die Mitglieder des Vorstandes anzugeben. Besondere Bestimmungen der Satzung über die Befugnis des Vorstandes zur Vertretung der jur. Person oder über die Zeitdauer des Unternehmens sind gleichfalls einzutragen (§ 33/2 HGB). Die Mitglieder des Vorstandes und die Liquidatoren einer jur. Person haben ihre Unterschrift bei dem Gerichte zu zeichnen (§ 35 HGB).

b) offene Handelsgesellschaften: die Anmeldung hat zu enthalten:

1. den Namen, Vornamen, Stand und Wohnort jedes Gesellschafters;
2. die Firma der Gesellschaft und den Ort, wo sie ihren Sitz hat;
3. den Zeitpunkt, mit welchem die Gesellschaft begonnen hat (§ 106/2 HGB).

Die Anmeldungen sind von sämtlichen Gesellschaftern zu bewirken, die Gesellschafter, welche die Gesellschaft vertreten sollen, haben die Firma nebst ihrer Namensunterschrift zur Aufbewahrung bei dem Gerichte zu zeichnen (§ 108 HGB).

c) Kommanditgesellschaften. Die Anmeldung hat außer den für die offene Handelsgesellschaft vorgesehenen Angaben (vgl. oben b) weiterhin zu enthalten:

1. die Bezeichnung der Kommanditisten,
2. den Betrag der Einlage eines jeden von ihnen (§ 162/1 HGB).

Die Liquidatoren haben ihre Unterschrift in der Weise abzugeben, daß sie der bisherigen, als Liquidationsfirma zu bezeichnenden Firma ihren Namen beifügen, (§ 153 HGB).

Jede Eintragung soll den Tag, an welchem sie erfolgt ist, angeben und mit der Unterschrift des zuständigen Beamten versehen werden; sie soll demjenigen, der sie beantragt hat, bekannt gemacht werden, auf die Bekanntmachung kann verzichtet werden (§ 130 FGG).

3.* Aussetzung von gerichtlichen Verfügungen. Das Reggericht kann, wenn eine von ihm zu erlassende Verfügung von der Beurteilung eines streitigen Rechtsverhältnisses abhängig ist, die Verfügung bis zur Entscheidung des Streites aussetzen. Es kann, wenn der Rechtsstreit noch nicht anhängig ist, eine Frist zur Klageerhebung bestimmen (§ 127 FGG). Ein solcher Fall kann z. B. eintreten, wenn ein Kaufmann eine bereits für einen anderen eingetragene Firma anmeldet und gegen den Widerspruch des letzteren behauptet, daß dieser nicht berechtigt sei, die Firma zu gebrauchen.

Rechtsmittel: einfache Beschwerde §§ 19, 20 FGG, vgl. auch oben § 10 Ziff. 1 aE.
Kosten: keine.

4.* besondere Anmeldungen. Ist durch eine rechtskräftige oder vollstreckbare Entscheidung des Prozeßgerichts die Verpflichtung zur Mitwirkung bei einer Anmeldung zum HReg. oder ein Rechtsverhältnis, bezüglich dessen eine Eintragung zu erfolgen hat, gegen einen von mehreren bei der Vornahme der Anmeldung Beteiligten festgestellt, so genügt zur Eintragung die Anmeldung der übrigen Beteiligten. Wird die Entscheidung, auf Grund deren die Eintragung erfolgt ist, aufgehoben, so ist dies auf Antrag eines der Beteiligten in das HReg. einzutragen (§ 16/1 HGB).

Rechtsmittel: bei Ablehnung Beschwerde nach §§ 19, 20 FGG (vgl. auch oben § 10 Ziff. 1 aE), bei Eintragung u. U. Amtslöschung nach § 142 FGG, vgl. oben § 10 Ziff. 3 F.

Kosten: für Anmeldung Gebühr § 31 Abs. 1 Ziff. 7, § 79, Wert § 35,
für Eintragung Gebühr § 72 1b bzw. 2b KostO.

Nach der Beendigung der Liquidation einer offenen Handels- oder Kommanditgesellschaft ist das Erlöschen der Firma von den Liquidatoren zur Eintragung in das HReg. anzumelden (§§ 157/1, 161/2 HGB).

Rechtsmittel: bei Ablehnung Beschwerde §§ 19, 20 FGG (vgl. auch oben § 10 Ziff. 1 aE), bei Eintragung u. U. Amtslöschung nach § 142 FGG, vgl. oben § 10 Ziff. 3 F.

Kosten: für Anmeldung Gebühr §§ 31 Abs. 1 Ziff. 7, 79, Wert § 35,
für Eintragung Gebühr § 72 1c bzw. 2c KostO.

5.* besondere Anordnungen. Auf Antrag eines Kommanditisten bzw. des stillen Gesellschafters kann das Gericht, wenn wichtige Gründe vorliegen, die Mitteilung einer Bilanz oder sonstiger Aufklärungen sowie die Vorlegung der Bücher und Papiere jederzeit anordnen (§§ 166/3, 338/3 HGB).

Rechtsmittel: einfache Beschwerde §§ 19, 20 FGG, vgl. auch oben § 10 Ziff 1 aE.
Kosten: Gebühr § 112, Wert § 24/2 KostO.

V.* **Aufbewahrung der Bücher** und Papiere einer aufgelösten oHG. Sie werden einem Gesellschafter oder einem Dritten in Verwahrung gegeben. Verständigen sich die Beteiligten hierüber nicht, so bestimmt das Gericht, in dessen

Bezirk die Gesellschaft ihren Sitz hat, den Verwahrer (§ 157/2 HGB). Das gleiche gilt bei Kommanditgesellschaften (§ 161/2 HGB).

Rechtsmittel: einfache Beschwerde §§ 19, 20 FGG, vgl. auch oben § 10 Ziff 1 aE.

Kosten: Gebühr § 122 Wert § 24/2 KostO.

VI.* Der Ausschluß eines Gesellschafters einer offenen Handels- oder Kommanditgesellschaft von der Vertretung, die Anordnung einer Gesamtvertretung oder die im Gesellschaftsvertrage getroffene Bestimmung, daß die Gesellschafter allenfalls in Gemeinschaft mit einem Prokuristen vertretungsberechtigt sind, sowie jede Änderung in der Vertretungsmacht eines Gesellschafters ist von sämtlichen Gesellschaftern zur Eintragung in das HReg. anzumelden (§§ 125/4, 161/2 HGB).

Rechtsmittel: bei Ablehnung Beschwerde §§ 19, 20 FGG (vgl. auch oben § 10 Ziff. 1 aE), bei Eintragung u. U. Amtslöschung nach § 142 FGG, vgl. oben § 10 Ziff. 3 F.

Kosten: für Anmeldung Gebühr §§ 31 Abs. 1 Ziff. 7, 79, Wert § 35,
für Eintragung Gebühr § 72 1b bzw. 2b KostO.

VII.* Bekanntmachungen. Das Gericht hat die Eintragungen in das HReg. durch den Bundesanzeiger und durch mindestens ein anderes Blatt bekannt zu machen. Soweit nicht das Gesetz ein anderes vorschreibt, werden die Eintragungen ihrem ganzen Inhalt nach veröffentlicht (§ 10 HGB; §§ 32ff. HRV). Außer der öffentl. Bekanntmachung soll jede Eintragung dem Antragsteller bekannt gemacht werden (§ 30/2 FGG). Bei der Bekanntmachung der Eintragung (der Anmeldung einer Kommanditgesellschaft) ist nur die Zahl der Kommanditisten anzugeben; der Name, der Stand und der Wohnort der Kommanditisten sowie der Betrag ihrer Einlage werden nicht bekanntgemacht (§ 162/2 HGB).

Kosten: Bekanntmachung = Auslagen § 139 Abs. 1 Ziff. 3 KostO.

VIII.* Bescheinigungen. Das Gericht hat auf Verlangen eine Bescheinigung darüber zu erteilen, daß bezüglich des Gegenstandes einer Eintragung weitere Eintragungen nicht vorhanden sind oder daß eine bestimmte Eintragung nicht erfolgt ist (§ 9/4 HGB).

Kosten: Gebühr § 82 KostO.

IX. Bilanzvorlage. Vgl. vorstehend A IV, 5.

X.* Einsicht. Die Einsicht des HReg. sowie der zum HReg. eingereichten Schriftstücke ist jedem gestattet (§ 9/1 HGB). Wegen der Erteilung von Abschriften vgl. oben A I.

Kosten: für Einsicht keine § 83 KostO.

XI.* Eintritt neuer Gesellschafter in eine offene Handels- oder eine Kommanditgesellschaft ist zur Eintragung in das HReg. anzumelden (§§ 107, 161/2, 162/3 HGB).

Rechtsmittel: bei Ablehnung Beschwerde §§ 19, 20 FGG (vgl. auch oben § 10 Ziff. 1 aE), bei Eintragung u. U. Amtslöschung nach § 142 FGG, vgl. oben § 10 Ziff. 3 F.

Kosten: Anmeldung Gebühr §§ 31 Abs. 1 Ziff. 7, 79, Wert § 35,
Eintragung Gebühr § 72 2b KostO.

XII. Über Einrichtung und **Führung des HReg.** vgl. die HReg.-Verfügung (HRV) vom 21. 8. 1937 (DJ S. 1251) und hinsichtlich der auf Grund der HRV notwendig gewordenen Umschreibung des HReg. die DurchfVerfügung vom 23. 9. 1937 (DJ S. 1519) und 11. 3. 1938 (DJ S. 400). Die HRV ist abgedruckt in Keidel, FGG, Anh. 9.

XIII.* Erlöschen der Firma.

1. Handelsfirma. Wenn die Firma erlischt, ist dies zur Eintragung in das HReg. anzumelden (§ 31/2 HGB). Wegen der Amtslöschung, falls die Anmeldung nicht erzwungen werden kann, vgl. oben A II.

2. offene Handelsgesellschaften. Die Auflösung der Gesellschaft ist, wenn sie nicht infolge der Eröffnung des Konkurses über das Vermögen der Gesellschaft eintritt, von sämtlichen Gesellschaftern zur Eintragung in das HReg. anzumelden (§ 143/1 HGB). Nach Beendigung der Liquidation ist das Erlöschen der Firma von den Liquidatoren zur Eintragung in das HReg. anzumelden (§ 157/1 HGB).

3. Kommanditgesellschaft. Die Regelung für die offene Handelsgesellschaft gilt auch für die Kommanditgesellschaft (§ 161/2 HGB).

In den Fällen zu 1—3 vorstehend:

Rechtsmittel: bei Ablehnung Beschwerde §§ 19, 20 FGG (vgl. auch oben § 10 Ziff. 1 aE), bei Eintragung u. U. Amtslöschung nach § 142 FGG, vgl. oben § 10 Ziff. 3 F.

Kosten: für Anmeldung Gebühr §§ 31 Abs. 1 Ziff. 7, 79, Wert § 35,
für Eintragung Gebühr § 72 1c bzw. 2c KostO.

XIV.* Konkurs. Wird über das Vermögen eines Kaufmanns der Konkurs eröffnet, so ist dies von Amts wegen in das HReg. einzutragen. Das gleiche gilt von der Aufhebung des Eröffnungsbeschlusses sowie von der Einstellung und Aufhebung des Konkurses (§ 32 HGB).

Kosten: keine § 80 KostO.

Ebenso wie bei der Einzelfirma die Konkurseröffnung ist bei der offenen Handels- und der Kommanditgesellschaft die Auflösung der Gesellschaft infolge Gesellschafts- oder Gesellschafterkonkurses von Amts wegen in das HReg. einzutragen (§§ 6, 32, 131 Ziff. 3 und 5, 161/2 HGB, §§ 112, 209 KO).

Ist die offene Handelsgesellschaft oder die Kommanditgesellschaft durch die Eröffnung des Konkurses über ihr Vermögen aufgelöst, der Konkurs aber nach Abschluß eines Zwangsvergleiches aufgehoben oder auf Antrag des Gemeinschuldners eingestellt, so können die Gesellschafter die Fortsetzung der Gesellschaft beschließen. Die Fortsetzung ist von sämtlichen Gesellschaftern zur Eintragung in das HReg. anzumelden (§§ 144, 161/2 HGB).

Rechtsmittel: bei Ablehnung Beschwerde §§ 19, 20 FGG (vgl. auch oben § 10 Ziff. 1 aE), bei Eintragung u. U. Amtslöschung nach § 142 FGG, vgl. oben § 10 Ziff. 3 F.

Kosten: für Anmeldung Gebühr §§ 31 Abs. 1 Ziff. 7, 79, Wert § 35,
für Eintragung Gebühr § 72 2b KostO.

XV.* Liquidation einer **offenen Handelsgesellschaft** oder einer Kommanditgesellschaft. Sie erfolgt, sofern sie nicht durch Beschluß der Gesellschaft oder durch den Gesellschaftsvertrag einzelnen Gesellschaftern oder anderen Personen übertragen ist, durch sämtliche Gesellschafter als Liquidatoren. Auf Antrag eines Beteiligten kann aus wichtigen Gründen die Ernennung von Liquidatoren durch das Gericht erfolgen, in dessen Bezirk die Gesellschaft ihren Sitz hat; das Gericht kann in einem solchen Falle Personen zu Liquidatoren ernennen, die nicht zu den Gesellschaftern gehören (§ 146 HGB). Auch die Abberufung von Liquidatoren kann auf Antrag eines Beteiligten aus wichtigen Gründen durch das Gericht erfolgen (§ 147 HGB). Zuständig in beiden Fällen Rpfl.

Die vorstehenden Bestimmungen finden auf die Kommanditgesellschaft Anwendung (§ 161/2 HGB).

Rechtsmittel: sofortige Beschwerde § 146 FGG, vgl. auch oben § 10 Ziff. 1 aE.
Kosten: für Bestellung oder Abberufung Gebühr § 112, Wert § 24/2 KostO.

Die Liquidatoren sind von sämtlichen Gesellschaftern zur Eintragung in das HReg. anzumelden. Das gleiche gilt von jeder Änderung in den Personen der Liquidatoren oder in ihrer Vertretungsmacht (§ 148/1 HGB). Die Eintragung gerichtlich bestellter Liquidatoren sowie die Eintragung der gerichtlichen Abberufung von Liquidatoren geschieht von Amts wegen (§ 148/2 HGB).

Die Liquidatoren haben die Firma nebst ihrer Namensunterschrift zur Aufbewahrung bei dem Gerichte zu zeichnen (§ 148/3 HGB). Die Zeichnung hat in der Weise zu erfolgen, daß sie der bisherigen als Liquidationsfirma zu bezeichnenden Firma ihren Namen beifügen (§ 153 HGB).

Rechtsmittel: bei Ablehnung Beschwerde §§ 19, 20 FGG (vgl. auch oben § 10 Ziff. 1 aE), bei Eintragung u. U. Amtslöschung nach § 142 FGG, vgl. oben § 10 Ziff. 3 F.
Kosten: für Anmeldung der Liquid. Gebühr §§ 31 Abs. 1 Ziff. 7, 79, Wert § 35, für Eintragung von Liquid. Gebühr § 72 2b KostO, im Falle der Eintragung von Amts wegen gebührenfreies Nebengeschäft.

XVI. Mitteilungspflicht der Behörden. Die Gerichte, die Beamten der Staatsanwaltschaft, die Polizei- und Gemeindebehörden sowie die Notare haben dem Reggericht von den zu ihrer Kenntnis gelangenden Fällen einer unrichtigen, unvollständigen oder unterlassenen Anmeldung zum HReg. Mitteilung zu machen. Auch die Steuerbehörden sind dem Reggericht zur Auskunfterteilung verpflichtet (§ 125a FGG). Die Organe des Handelsstandes sind verpflichtet das Reggericht bei der Erfüllung seiner Aufgaben zu unterstützen (§ 126 FGG).

XVII.* Ordnungsstrafen. Wer verpflichtet ist, eine Anmeldung, eine Zeichnung der Unterschrift oder eine Einreichung von Schriftstücken zum HReg. vorzunehmen, ist hierzu von dem Reggericht durch Ordnungsstrafen anzuhalten. Die einzelne Ordnungsstrafe darf den Betrag von 1000 DM (vgl. Art. II der VO v. 6. 2. 1924, RGBl. I S. 44) nicht übersteigen (§ 14 HGB), vgl. auch oben Erläut. 1 zu § 4.

Wer eine nach den Vorschriften des 3. Abschnitts des HGB ihm nicht zustehende Firma gebraucht, ist von dem Reggericht zur Unterlassung des Gebrauchs der Firma durch Ordnungsstrafen anzuhalten. Die Höhe der Strafe bestimmt sich nach § 14 HGB (§ 37 HGB).

Sobald das Reggericht von einem sein Einschreiten nach § 14 HGB oder §§ 303, 304 AktG rechtfertigenden Sachverhalt glaubhafte Kenntnis erhält, hat es den Beteiligten unter Androhung einer Ordnungsstrafe aufzugeben, innerhalb einer bestimmten Frist seiner gesetzlichen Verpflichtung nachzukommen oder die Unterlassung mittels Einspruchs gegen die Verfügung zu rechtfertigen. Die Beschwerde gegen diese Verfügung ist unzulässig (§ 132/FGG), ebenso Keidel, Rechtspflegergesetz NJW 1957, 521 Ziff. VII Nr. 1b.

Rechtsmittel: Wird Einspruch erhoben, so hat das Gericht, wenn es ihn nicht ohne weiteres als begründet ansieht, die Beteiligten zur Erörterung zu laden (§ 134 FGG); wird der Einspruch für begründet erachtet, so ist die erlassene Verfügung aufzuheben, anderenfalls ist der Einspruch zu verwerfen und die angedrohte Ordnungsstrafe festzusetzen (§ 135 FGG). Erst gegen den Beschluß, durch welchen die Ordnungsstrafe festgesetzt oder der Einspruch verworfen wird, ist sofortige Beschwerde zulässig (§ 139 FGG), vgl. auch oben § 10 Ziff. 1 aE.

Kosten: Gebühr und Wert § 110 KostO.

XVIII.* Prokura. Die Erteilung der Prokura (§ 48 HGB) ist von dem Inhaber des Handelsgeschäfts zur Eintragung in das HReg. anzumelden. Ist die Prokura als Gesamtprokura erteilt, so muß auch dies zur Eintragung angemeldet werden. Der Prokurist hat die Firma nebst seiner Namensunterschrift zur Aufbewahrung bei dem Gerichte zu zeichnen. Das Erlöschen der Prokura ist in gleicher Weise wie die Erteilung zur Eintragung anzumelden (§ 53 HGB). Bei offenen Handelsgesellschaften und Kommanditgesellschaften melden die zur Vertretung berechtigten Personen an.

Rechtsmittel: bei Ablehnung Beschwerde §§ 19, 20 FGG (vgl. auch oben § 10 Ziff. 1 aE), bei Eintragung u. U. Amtslöschung nach § 142 FGG, vgl. oben § 10 Ziff. 3 F.

Kosten: für Anmeldung Gebühr §§ 31 Abs. 1 Ziff. 7, 79, Wert § 35,
für Eintragung Gebühr § 72, 4 KostO; § 74 beachten.

XIX.* Sitzverlegung. Wird die Hauptniederlassung eines Einzelkaufmanns oder einer jur. Person oder der Sitz einer Handelsgesellschaft im Inland verlegt, so ist die Verlegung beim Gericht der bisherigen Hauptniederlassung oder des bisherigen Sitzes der Gesellschaft anzumelden. Dieses hat unverzüglich von Amts wegen die Sitzverlegung dem Gericht der neuen Hauptniederlassung oder des neuen Sitzes mitzuteilen. Der Mitteilung sind die Eintragungen für die bisherige Hauptniederlassung oder den bisherigen Sitz sowie die bei dem bisher zuständigen Gericht aufbewahrten Urkunden beizufügen (§ 13c/1 HGB).

Das Gericht der neuen Hauptniederlassung oder des neuen Sitzes hat zu prüfen, ob die Hauptniederlassung oder der Sitz ordnungsgemäß verlegt und § 30 HGB (Unterscheidbarkeit der Firma) beachtet ist. Ist dies der Fall, so hat es die Verlegung einzutragen und dabei die ihm mitgeteilten Eintragungen ohne weitere Nachprüfung in sein HReg. zu übernehmen. Die Eintragung ist dem Gericht der bisherigen Hauptniederlassung oder des bisherigen Sitzes mitzuteilen. Dieses hat die erforderlichen Eintragungen von Amts wegen vorzunehmen (§ 13c/2 HGB).

Die Sitzverlegung ist nach den Vorschriften des § 29 HGB zur Eintragung in das HReg. anzumelden (§ 31 HGB). Auch die Sitzverlegung einer offenen Handelsgesellschaft ist zur Eintragung in das HReg. anzumelden (§ 107 HGB). Ferner ist die Sitzverlegung einer offenen Handels- oder einer Kommanditgesellschaft zur Eintragung in das HReg. anzumelden (§§ 107, 161/2 HGB).

Rechtsmittel: bei Ablehnung Beschwerde §§ 19, 20 FGG (vgl. auch oben § 10 Ziff. 1 aE), bei Eintragung u. U. Amtslöschung nach § 142 FGG, vgl. oben § 10 Ziff. 3 F.

Kosten: für Anmeldung Gebühr §§ 31 Abs. 1 Ziff. 7, 79, Wert § 35,
für Eintragung bei beiden Reggerichten je Gebühr § 72 1b bzw. 2b KostO.

XX. Unterstützung durch Organe des Handelsstandes. Sie sind verpflichtet, die Reggerichte bei der Verhütung unrichtiger Eintragungen, bei der Berichtigung und Vervollständigung des HReg. sowie beim Einschreiten gegen unzulässigen Firmengebrauch zu unterstützen; zu diesem Zwecke können sie bei dem Reggericht Anträge stellen und gegen Verfügungen des Reggerichts Beschwerde erheben (§ 126 FGG).

Kosten: keine § 80/2 KostO.

XXI.* Vertretung der Gesellschaft. Sie erfolgt grundsätzlich durch jeden Gesellschafter, wenn nicht im Gesellschaftsvertrag etwas anderes bestimmt ist. Der Ausschluß eines Gesellschafters von der Vertretung, die Anordnung einer Gesamtvertretung oder eine Bestimmung dahin, daß jeder Gesellschafter nur in Gemeinschaft mit einem Prokuristen zur Vertretung ermächtigt sein soll, sowie jede Änderung in der Vertretungsmacht eines Gesellschafters ist von sämtlichen Gesellschaftern zur Eintragung in das HReg. anzumelden (§§ 125, 161/2 HGB).

Rechtsmittel: bei Ablehnung Beschwerde §§ 19, 20 FGG (vgl. auch oben § 10 Ziff. 1 aE), bei Eintragung u. U. Amtslöschung nach § 142 FGG, vgl. oben § 10 Ziff. 3 F.

Kosten: für Anmeldung Gebühr §§ 31 Abs. 1 Ziff. 7, 79, Wert § 35
für Eintragung Gebühr § 72 1b bzw. 2b KostO.

XXII.* Zeugnis. Der Nachweis, wer der Inhaber einer in das HReg. eingetragenen Firma eines Einzelkaufmanns ist, kann Behörden gegenüber durch ein Zeugnis des Gerichts über die Eintragung geführt werden. Das gleiche gilt von dem Nachweis der Befugnis zur Vertretung eines Einzelkaufmanns oder einer Handelsgesellschaft (§ 9/3 HGB).

Rechtsmittel: einfache Beschwerde §§ 19, 20 FGG, vgl. auch oben § 10 Ziff. 1 aE.
Kosten: Neben den Schreibgebühren Gebühr § 82 KostO.

XXIII. Zuständigkeit.

a) Einzelkaufleute. Jeder Kaufmann ist verpflichtet, seine Firma und den Ort seiner Handelsniederlassung bei dem Gericht, in dessen Bezirk sich die Niederlassung befindet, zur Eintragung in das HReg. anzumelden; er hat seine Firma zur Aufbewahrung bei dem Gerichte zu zeichnen (§ 29 HGB).
b) offene Handelsgesellschaften. Die Gesellschaft ist bei dem Gericht, in dessen Bezirk sie ihren Sitz hat, zur Eintragung in das HReg. anzumelden (§ 106 HGB).
c) auf Kommanditgesellschaften finden die Vorschriften über die oHG Anwendung (§ 161/2 HGB).

Sachliche Zuständigkeit § 125 FGG.

XXIV.* Zweigniederlassung. Die Errichtung einer Zweigniederlassung ist von einem Einzelkaufmann oder einer jur. Person beim Gericht der Hauptniederlassung, von einer Handelsgesellschaft beim Gericht des Sitzes der Gesellschaft zur Eintragung in das HReg. des Gerichts der Zweigniederlassung anzumelden. Das Gericht der Hauptniederlassung oder des Sitzes hat die Anmeldung unverzüglich mit einer beglaubigten Abschrift seiner Eintragungen, soweit sie nicht ausschließlich die Verhältnisse anderer Niederlassungen betreffen, an das Gericht der Zweigniederlassung weiterzugeben (§ 13/1 HGB).

Das Gericht der Zweigniederlassung hat zu prüfen, ob die Zweigniederlassung errichtet und § 30 (Unterscheidbarkeit der Firma) beachtet ist. Ist dies der Fall, so hat es die Zweigniederlassung einzutragen und dabei die ihm mitgeteilten Tatsachen nicht zu prüfen, soweit sie im HReg. der Hauptniederlassung oder des Sitzes eingetragen sind. Die Eintragung hat auch den Ort der Zweigniederlassung zu enthalten; ist der Firma für die Zweigniederlassung ein Zusatz beigefügt, so ist auch dieser einzutragen (§ 13/3 HGB).

Die Eintragung der Zweigniederlassung ist von Amts wegen dem Gerichte der Hauptniederlassung oder des Sitzes mitzuteilen und in dessen Reg. zu vermerken (§ 13/4 HGB).

Ist eine Zweigniederlassung in das HReg. eingetragen, so sind alle Anmeldungen, die die Hauptniederlassung oder die Niederlassung am Sitze der Gesellschaft oder die eingetragenen Zweigniederlassungen betreffen beim Gericht der Hauptniederlassung oder des Sitzes zu bewirken; es sind so viel Stücke einzureichen, wie Niederlassungen bestehen (§ 13a HGB). Das Gericht der Hauptniederlassung oder des Sitzes hat in der Bekanntmachung seiner Eintragung im Bundesanzeiger anzugeben, daß die gleiche Eintragung für die Zweigniederlassungen bei den namentlich zu bezeichnenden Gerichten erfolgen wird (§ 13a/2 HGB). Das Gericht der Hauptniederlassung hat sodann seine Eintragung unter Angabe der Nummer des Bundesanzeigers, in der sie bekannt gemacht ist, von Amts wegen den Gerichten der Zweigniederlassungen mitzuteilen; der Mitteilung ist ein Stück der Anmeldung beizufügen. Die Gerichte der Zweigniederlassungen haben die Eintragung ohne Nachprüfung in ihr HReg. zu übernehmen. In der Bekanntmachung der Eintragung im Reg. der Zweigniederlassung ist anzugeben, daß die Eintragung im HReg. des Gerichts der Hauptniederlassung erfolgt und in welcher Nummer des Bundesanzeigers sie bekanntgemacht ist (§ 13a/3 HGB). Betrifft die Anmeldung ausschließlich die Verhältnisse einzelner Niederlassungen, so sind außer dem für das Gericht der Hauptniederlassung bestimmten Stück nur so viel Stücke einzureichen, wie Zweigniederlassungen betroffen sind. Das Gericht der Hauptniederlassung teilt seine Eintragung nur den Gerichten der Zweigniederlassungen mit, deren Verhältnisse sie betrifft (§ 13a/4 HGB). Zur Eintragungsfähigkeit mehrerer Niederlassungen desselben Kaufmanns vgl. Richert in Rpfleger 1956, S. 270.

Rechtsmittel: bei Ablehnung Beschwerde §§ 19, 20 FGG (vgl. auch oben § 10 Ziff. 1 aE), bei Eintragung u. U. Amtslöschung nach § 142 FGG, vgl. oben § 10 Ziff. 3 F.

Kosten: für Anmeldung je Gebühr §§ 31 Abs. 1 Ziff. 7, § 79, Wert § 35, für Eintragung im Reg. d. Hauptniederlassung gebührenfrei § 73/2. Im Reg. der Zweigniederlassung Gebühr und Wert § 73/1 KostO.

B. Nach dem Gesetz über Aktiengesellschaften und Kommanditgesellschaften auf Aktien (AktG) und Gesetz über die Beaufsichtigung der privaten Versicherungsunternehmungen und Bausparkassen (VAG).

I. Anmeldung der Gesellschaft.

Über die nach §§ 28, 29 AktG, § 12 HGB, §§ 128, 129 FGG vorzunehmende Anmeldung der Gesellschaft und des Vorstands einschl. der Anmledung einer Stufengründung (§ 30 AktG) entscheidet nach Prüfung gemäß § 31 AktG der Richter (§ 15 Ziff. 1 a d. Ges.). Gleiches dürfte auch für die Entscheidung über die sog. Nachgründung (§ 45 AktG) gelten.

*Für die Eintragung einer Änderung des Vorstands oder der Vertretungsbefugnis eines Vorstandsmitglieds (§ 73 AktG) ist dagegen in teilweiser Erweiterung der bisherigen Regelung (vgl. § 23 Abs. 1a Ziff. 4 REntlV) nunmehr der Rpfl zuständig.

II. Abwickler.

Die gerichtliche Bestellung und Abberufung von Abwicklern aus wichtigem Grund (§ 145/1 FGG, § 206/2 AktG) sowie die Anordnung der Prüfung des Jahresabschlusses von Gesellschaften in Abwicklung nach § 211/3 AktG verbleibt der richterlichen Entscheidung (§ 15 Ziff. 3n, o d. Ges.), vgl. auch unten B VIa.

*Dagegen ist der Rpfl zuständig für die Entscheidung über die Anmeldung der durch die Satzung oder durch den Vorstand berufenen Abwickler und deren Abberufung, den Wechsel eines Abwicklers sowie die Änderung seiner Vertretungsbefugnis (§ 207 AktG); vgl. dazu § 23 Abs. 1a Ziff. 4 REntlV.

*Ferner ist der Rpfl, abgesehen von der Entscheidung über die Anmeldung der Auflösung (vgl. unten B IV) zuständig für die Entscheidung über die Anmeldung der Beendigung der Abwicklung nach § 214/1 AktG. Der Schluß der Abwicklung ist in diesem Falle in das HReg. einzutragen und die Gesellschaft zu löschen (vgl. § 23 Abs. 1a Ziff. 4 REntlV). Ebenso hat der Rpfl über die von den Abwicklern angemeldete Fortsetzung der Gesellschaft gemäß § 215/3 AktG zu entscheiden.

Rechtsmittel: bei Ablehnung Beschwerde §§ 19, 20 FGG (vgl. auch oben § 10 Ziff. 1 aE), bei Eintragung u. U. Amtslöschung nach § 142 FGG, vgl. oben § 10 Ziff. 3 F.

Kosten: Anmeldung Gebühr §§ 31 Abs. 1 Ziff. 7, 79, Wert § 35, Eintragung-Gebühr § 72 3b KostO.

*Stellt sich nachträglich heraus, daß weitere Abwicklungsmaßnahmen nötig sind, so hat auf Antrag eines Beteiligten das Gericht die bisherigen Abwickler neu zu bestellen oder andere Abwickler zu berufen (§ 214/4 AktG). Zuständig Rpfl, anders als bisher in § 23 Abs. 1a Ziff. 5 REntlV.

Rechtsmittel: sofortige Beschwerde §§ 145, 146 FGG, vgl. auch oben § 10 Ziff. 1 aE.

Kosten: Gebühr § 112, Wert § 24/2 KostO.

IIa. Amtslöschung. Gegenstandslose, unzulässige und nichtige Eintragungen können in einem besonders geregelten Löschungsverfahren von Amts wegen gelöscht werden (§§ 141 bis 144 FGG, § 45 HRV). Die Amtslöschung ist dem Richter vorbehalten (§ 15 Ziff. 2 d. Ges.).

Auf Antrag der amtlichen Vertretung des Handelsstandes oder der Steuerbehörde oder von Amts wegen kann ferner eine Gesellschaft, die kein Vermögen besitzt, in dem besonderen Löschungsverfahren gelöscht werden (§ 2 d. Ges. über die Auflösung und Löschung von Gesellschaften und Genossenschaften vom 9. 10. 1934, RGBl I S. 914). Auch für diese Fälle gilt der Richtervorbehalt.

*Abgesehen von der Möglichkeit, im Amtslöschungsverfahren gemäß § 144/1 FGG, § 45 HRV, d. h. im Verfahren der freiwilligen Gerichtsbarkeit, eine Gesellschaft als nichtig löschen zu lassen, kann ihre Nichtigerklärung auf Klage im ordentlichen Rechtsstreit gemäß §§ 216ff. AktG herbeigeführt werden. Dieser Weg kommt insbes. in Betracht, wenn die Nichtigkeit von der Entscheidung streitiger Rechtsverhältnisse oder Rechtsfragen abhängt. Gemäß § 216/4 AktG ist das Nichtigerklärungsurteil, das die Auflösung der Gesellschaft und ihre Abwicklung zur Folge hat (§ 218 AktG), im HReg. einzutragen. Für diese Eintragung ist der Rpfl zuständig.

Wegen der Eintragung der Nichtigkeit von Hauptversammlungsbeschlüssen siehe unten B XVIII.

III.* Aufbewahrung. Bücher und Schriften einer aufgelösten AktG sind an einem vom Gericht zu bestimmenden sicheren Ort 10 Jahre aufzubewahren (§ 214/2 AktG). Zuständig für die Bestimmung über die Aufbewahrung ist ebenso wie schon bisher (vgl. § 23 Abs. 1a Ziff. 5 REntlV) der Rpfl.

Rechtsmittel: sofortige Beschwerde §§ 145, 146 FGG, vgl. auch oben § 10 Ziff. 1 aE.

Kosten: Gebühr § 112, Wert § 24/2 KostO.

IV.* Auflösung. Der Vorstand hat die Auflösung der Gesellschaft zur Eintragung in das HReg. anzumelden. Dies gilt nicht in den Fällen der Eröffnung des Konkurses und der Ablehnung der Eröffnung des Konkursverfahrens (§ 203 Abs. 1 Nr. 3 und 4 AktG). Diese Fälle hat das Gericht von Amts wegen einzutragen (§ 204 AktG). Zuständig Rpfl, vgl. unten § 21 Ziff. 3.

Rechtsmittel: bei Ablehnung Beschwerde §§ 19, 20 FGG (vgl. auch oben § 10 Ziff. 1 aE), bei Eintragung u. U. Amtslöschung nach § 142 FGG, vgl. oben § 10 Ziff. 3 F

Kosten: Anmeldung Gebühr §§ 31 Abs. 1 Ziff. 7, 79 Wert § 35, Eintragung Gebühr § 72, 3b KostO; Eintragung der Konkurseröffnung = gebührenfreies Nebengeschäft.

V.* Bekanntmachungen.

1. der Gesellschaft. Bestimmt das Gesetz oder die Satzung, daß eine Bekanntmachung der Gesellschaft durch die Gesellschaftsblätter erfolgen soll, so ist sie in dem Bundesanzeiger einzurücken. Daneben kann die Satzung andere Blätter als Gesellschaftsblätter bezeichnen (§ 18 AktG).

Der Vorstand hat jeden Wechsel der Aufsichtsratsmitglieder unverzüglich in den Gesellschaftsblättern bekannt zu machen und die Bekanntmachung zum HReg. einzureichen (§ 91 AktG).

Kosten: keine, gebührenfreies Nebengeschäft.

2. des Gerichts. In die Bekanntmachung der Eintragung (§ 10 HGB) sind außer deren Inhalt aufzunehmen

a) die sonstigen in den §§ 16/3, 17, 18 Satz 2, 19 und 20 AktG vorgesehenen Festsetzungen;
b) der Ausgabetag der Aktien;
c) der Name, Stand und Wohnort der Gründer und die Angabe, ob sie die sämtlichen Aktien übernommen haben;
d) der Name, Stand und Wohnort der Mitglieder des ersten Aufsichtsrats (§ 33/1 AktG).

Zugleich ist bekannt zu machen, daß die mit der Anmeldung eingereichten Schriftstücke, namentlich die Prüfungsberichte der Mitglieder des Vorstandes und des Aufsichtsrats sowie der Gründungsprüfer bei dem Gericht, der Prüfungsbericht der Gründungsprüfer auch bei der amtlichen Vertretung des Handelsstandes eingesehen werden können (§ 33/2 AktG). Die in Bezug genommenen Vorschriften enthalten

§ 16/3 AktG die zwingenden Bestimmungen, die die Satzung enthalten muß;
§ 17 AktG Bestimmungen über Inhaber und Namensaktien;
§ 18 Satz 2 AktG Bekanntmachung in anderen Blättern als den Gesellschaftsblättern;
§ 19 AktG etwa bedungene Sondervorteile der Aktionäre;
§ 20 AktG Bestimmungen über Sacheinlagen.

Über die Bekanntmachung von Kapitalerhöhungen vgl. § 157 AktG, über die Bekanntmachung der bedingten Kapitalerhöhung vgl. § 163 AktG, über die Bekanntmachung der Kapitalherabsetzung vgl. § 191 AktG.

VI. Bestellung von Organmitgliedern, Prüfern, Prozeßvertretern.

a) Die gerichtliche Bestellung

von Vorstandsmitgliedern wegen Vertretungsmangels gemäß § 76 AktG (§ 15 Ziff. 3h d. Ges.),

von Aufsichtsratsmitgliedern wegen Beschlußunfähigkeit des Aufsichtsrats gemäß § 89 AktG (§ 15 Ziff. 3 i. d. Ges.),

von Sonderprüfern zur Prüfung eines Vorgangs bei der Gründung oder der Geschäftsführung wegen Verdachts der Gesetzes- oder Satzungsverletzung gemäß § 118/2 AktG oder wegen begründeter Zweifel hinsichtlich der unparteiischen Prüfung durch die von der Hauptversammlung bestellten Prüfer gemäß § 118/3 AktG (§ 15 Ziff. 3k d. Ges.),

von Prozeßvertretern für Rückgriffsklagen gegen die Gründer oder gegen Vorstands- oder Aufsichtsratsmitglieder gemäß § 122/2 AktG (§ 15 Ziff. 3l d. Ges.),

von Abschlußprüfern nach Widerspruch gegen die von der Hauptversammlung ausgewählten Abschlußprüfer gemäß § 136/3 AktG (§ 15 Ziff. 3m d. Ges.),

von Abwicklern aus wichtigem Grunde gemäß § 206/2 AktG (§ 15 Ziff. 3n d. Ges.),

d. h. die Verrichtungen in denjenigen Fällen des § 145/1 FGG, in denen teils schwierige Tatfragen zu klären, teils Entscheidungen nach freiem Ermessen oder Entscheidungen von besonderer Tragweite zu treffen sind, sind dem Richter vorbehalten.

b)* Bestellung von Gründungsprüfern. Vorstand und Aufsichtsrat haben den Hergang der Gründung zu prüfen. Außerdem hat eine Prüfung durch einen oder mehrere Prüfer (Gründungsprüfer) zu erfolgen, wenn

1. ein Mitglied des Vorstandes oder Aufsichtsrats zu den Gründern gehört oder
2. Aktien für Rechnung eines Mitgliedes des Vorstandes oder Aufsichtsrats übernommen sind oder
3. ein Mitglied des Vorstandes oder Aufsichtsrats sich einen besonderen Vorteil oder für die Gründung eine Entschädigung ausbedungen hat oder
4. eine Gründung mit Sacheinlagen vorliegt (§ 25/2 AktG).

*Die Gründungsprüfer bestellt das Gericht (§ 14 AktG) nach Anhörung der amtlichen Vertretung des Handelsstandes (§ 25/3 AktG). Wer als Gründungsprüfer zu bestellen ist, regelt § 25/4 AktG. Zuständig Rpfl.

c)* Die Satzung kann bestimmten Aktionären das Recht einräumen, Mitglieder in den Aufsichtsrat zu entsenden (§ 88/1 AktG). Die entsandten Aufsichtsratmitglieder können von den Entsendungsberechtigten jederzeit abberufen werden. Liegt in der Person eines entsandten Mitglieds ein wichtiger Grund vor, so kann das Gericht (§ 14 AktG) auf Antrag einer Minderheit, deren Anteile zusammen den 10. Teil des Grundkapitals erreichen, das Mitglied abberufen (§ 88/4 AktG). Zuständig Rpfl.

Rechtsmittel: sofortige Beschwerde §§ 145, 146 FGG, vgl. auch oben § 10 Ziff. 1 aE.

Kosten: Gebühr § 112, Wert § 24/2 KostO.

d) Die Bestellung von Abschlußprüfern nach § 136/3 AktG steht dem Richter zu (§ 15 Ziff. 3/m d. Ges.), vgl. auch vorstehend Ziff. B VIa.

*Dagegen ist der Fall der Bestellung des Abschlußprüfers dann, wenn die HV die Bestellung bis zum Ablauf des Geschäftsjahres unterlassen hat (§ 136/4 AktG) in Ziffer 15 Ziffer 3/m des Gesetzes nicht genannt. Die Entscheidung steht in diesem Falle daher dem Rpfl zu.

* Das gleiche gilt für den Fall der gerichtlichen Bestellung eines Abschlußprüfers von dem Widerruf der Bestellung (§ 136/6 AktG). Ebenso steht die Festsetzung der Auslagen und der Vergütung für den gerichtlich bestellten Abschlußprüfer dem Rpfl zu.

Rechtsmittel: sofortige Beschwerde §§ 145, 146 FGG, vgl. auch oben § 10 Ziff. 1 aE.

Kosten: Gebühr § 112, Wert § 24/2 KostO.

Die Festsetzung der Vergütung der Gründungsprüfer (§ 27/2 AktG) ist dagegen Sache des Richters.

VII* Ermächtigung zur Einberufung der Hauptversammlung und Bestellung eines Vorsitzers für diese. Aktionäre, deren Anteile zusammen den 20. Teil des Grundkapitals erreichen, können die Einberufung der Hauptversammlung verlangen (§ 106/2 AktG). Entspricht weder der Vorstand noch der Aufsichtsrat dem Verlangen, so kann das Gericht (§ 14 AktG) die Aktionäre, die das Verlangen gestellt haben, zur Einberufung der Hauptversammlung ermächtigen. Zugleich kann das Gericht den Vorsitzer der Versammlung bestimmen (§ 106/4 AktG, § 145/1 FGG). Zuständig Rpfl.

Rechtsmittel: sofortige Beschwerde §§ 145, 146 FGG, vgl. auch oben § 10 Ziff. 1 aE.

Kosten: Gebühr § 112, Wert § 24/2 KostO.

VIII.* Einreichung von Schriftstücken.

a) Die Niederschrift über die Beschlüsse der HV ist von dem Vorstand alsbald nach der Versammlung in öffentlich beglaubigter Form zum HReg. einzureichen (§ 111/5 AktG).

b) Die nach § 118 AktG bestellten Prüfer haben über das Ergebnis der Prüfung schriftlich zu berichten. Der Bericht ist unverzüglich zum HReg. einzureichen (§ 121/3 AktG).

c) Der Vorstand hat unverzüglich den Jahresabschluß und den Geschäftsbericht mit dem Bericht des Aufsichtsrats zum HReg. einzureichen (§ 143/1 AktG). Auch die in den Gesellschaftsblättern erfolgte Bekanntmachung des Jahresabschlusses ist zum HReg. einzureichen (§ 143/2 AktG).

d) Der Vorstand hat jeden Wechsel der Aufsichtsratsmitglieder unverzüglich in den Gesellschaftsblättern bekanntzumachen und die Bekanntmachung zum HReg. einzureichen (§ 91 AktG).

Die Aufforderung zur Einreichung der genannten Urkunden war schon bisher (vgl. § 23 Abs. 1a Ziff. 2 REntlV) dem Rpfl übertragen.

Kosten: keine, gebührenfreies Nebengeschäft.

IX.* Einsicht.

1. Die Einsicht des HReg. ist jedem gestattet (§ 9 HGB), vgl. auch oben A X,1. Kosten: keine § 83 KostO.
2. Den Aktionären und den Gläubigern kann das Gericht nach Beendigung der Abwicklung die Einsicht der Bücher und Schriften gestatten (§ 214/3 AktG).

Rechtsmittel: sofortige Beschwerde §§ 145, 146 FGG, vgl. auch oben § 10 Ziff. 1 aE.

Kosten: Gebühr § 112, Wert § 24/2 KostO.

X.* Einschreiten des Reggerichts.

Sobald das Reggericht von einem sein Einschreiten nach §§ 303, 304 AktG rechtfertigenden Sachverhalt glaubhafte Kenntnis erhält, hat es den Beteiligten unter Androhung einer Ordnungsstrafe aufzugeben, innerhalb einer bestimmten Frist seiner gesetzlichen Verpflichtung nachzukommen oder die Unterlassung durch Einspruch zu rechtfertigen. Beschwerde gegen diese Verfügung ist unzulässig; vielmehr kann der Betroffene Einspruch erheben (§ 132 FGG). Die Fälle, die zu einem Einschreiten Anlaß geben können, sind

§ 81 AktG Bericht an der Aufsichtsrat
§ 89/1 AktG Bestellung von Aufsichtsratsmitgliedern
§ 95/2 AktG Bericht des Vorstandes
§ 95/3 AktG Prüfung der Bücher durch den Aufsichtsrat
§ 104/2 AktG Entlastungserteilung
§ 121/1—3 AktG Bericht der Prüfer
§ 125 AktG Jahresabschluß
§ 126 AktG Gewinnverteilung
§ 127 AktG Aufstellung des Geschäftsberichts
§ 136 AktG Bestellung der Abschlußprüfer
§ 138 AktG Auskunftsrecht der Abschlußprüfer
§ 199/5 AktG Bekanntgabe der Erhebung der Anfechtungsklage
§ 211/1, 2 AktG Eröffnungsbilanz durch die Abwickler
§ 214 AktG Schluß der Abwicklung.

Rechtsmittel: Wird Einspruch erhoben, so hat das Gericht, wenn es ihn nicht ohne weiteres als begründet ansieht, die Beteiligten zu laden (§ 134 FGG); wird der Einspruch für begründet erachtet, so ist die erlassene Verfügung aufzuheben, anderenfalls ist der Einspruch zu verwerfen und die angedrohte Ordnungsstrafe festzusetzen (§ 135 FGG). Gegen den Beschluß, durch welchen die Ordnungsstrafe festgesetzt wird oder der Einspruch verworfen wird, ist sofortige Beschwerde gegeben (§ 139 FGG), vgl. auch oben A XVII und oben § 10 Ziff. 1 aE.

Kosten: Gebühr und Wert § 110 KostO.

XI.* Inhalt der Eintragung. Bei der Eintragung der Gesellschaft sind die Firma und der Sitz der Gesellschaft, der Gegenstand des Unternehmens, die Höhe des Grundkapitals, der Tag der Feststellung der Satzung und die Vorstandsmitglieder anzugeben. Enthält die Satzung Bestimmungen über die Zeitdauer der Gesellschaft oder über die Befugnis der Vorstandsmitglieder oder der Abwickler zur Vertretung der Gesellschaft oder über das genehmigte Kapital, so sind auch diese Bestimmungen einzutragen (§ 32 AktG). Wegen der Zuständigkeit des Richters und des Rpfl vgl. oben B I.

XII. Kapitalerhöhungen. Die Verfügung auf die Anmeldung

a) der (gewöhnlichen) Kapitalerhöhung (§ 151 AktG) und der Durchführung derselben (§ 155 AktG),
b) der bedingten Kapitalerhöhung und des Betrages der jeweils im abgelaufenen Geschäftsjahr ausgegebenen Bezugsaktien (§§ 162, 168 AktG),
c) der Ausgabe neuer Aktien beim genehmigten Kapital (§ 170 AktG)

sowie auf die Anmeldung der in der Kapitalerhöhung liegenden Satzungsänderung, mag diese auch für sich allein nur formelle Bedeutung haben (§ 145 Abs. 1 S. 2 AktG), ist dem Richter vorbehalten, weil die genannten Maßnahmen im Ergebnis eine sachliche Änderung der Satzung zur Folge haben (§ 15 Ziff. 1b d. Ges. und die Erläut. unten B XX).

XIII. Kapitalherabsetzung. Die Verfügung auf die Anmeldung

a) der ordentlichen Kapitalherabsetzung (§ 176 AktG) und ihrer Durchführung (§ 180 AktG),
b) der vereinfachten Kapitalherabsetzung und ihrer Durchführung (§ 182 AktG),
c) der Kapitalherabsetzung durch Einziehung von Aktien (§ 192 AktG) und ihrer Durchführung (§ 194 AktG) ist aus den gleichen Gründen dem Richter vorbehalten wie die Verfügung auf die Anmeldung der Kapitalerhöhung (vgl. oben B XII).

XIV. Kommanditgesellschaften auf Aktien. Eine Kommanditgesellschaft auf Aktien liegt vor, wenn mindestens ein Gesellschafter den Gesellschaftsgläubigern unbeschränkt haftet (persönlich haftender Gesellschafter) und die übrigen (die Kommanditaktionäre) nur mit Einlagen auf das in Aktien zerlegte Grundkapital beteiligt sind (§ 219/1 AktG). Auf die Kommanditgesellschaft auf Aktien finden bis auf einige Besonderheiten (vgl. in erster Linie §§ 223, 225, 227 AktG) die Vorschriften über die Aktiengesellschaft Anwendung (§ 219/3 AktG).

Wegen der Anmeldung vgl. oben B I.

XIVa.* Konkurs. Im Falle des Konkurses wird die Konkurseröffnung von Amts wegen im HReg. eingetragen (§§ 6, 32 HGB, §§ 203 I 3, 204 AktG, § 112 KO).

Ferner wird bei Ablehnung der Konkurseröffnung mangels Masse die Auflösung der Gesellschaft von Amts wegen eingetragen (§§ 203 I 4, 204 AktG).

Zuständig ist der Rpfl.

XV.* Kraftloserklärung von Aktien. Ist der Inhalt von Aktienurkunden durch eine Veränderung der rechtlichen Verhältnisse unrichtig geworden, so kann die Gesellschaft die Aktien, die trotz Aufforderung nicht zur Berichtigung oder zum Umtausch bei ihr eingereicht sind, mit Genehmigung des Gerichts (§ 14 AktG) für kraftlos erklären (§ 67 AktG). Die Entscheidung (vgl. auch § 145/1 FGG) ist nunmehr dem Rpfl übertragen.

Rechtsmittel: sofortige Beschwerde §§ 145, 146 FGG, vgl. auch oben § 10 Ziff. 1 aE.

Kosten: Gebühr § 112, Wert § 24/2 KostO.

XVI. Meinungsverschiedenheiten zwischen Gründern und Gründungsprüfern. Die Entscheidung hierüber, die gemäß § 27/1 AktG zu erfolgen hat, ist dem Richter vorbehalten (§ 15 Ziff. 3e d. Ges.)

XVIa. Versicherungsvereine auf Gegenseitigkeit. Ein Verein, der die Versicherung seiner Mitglieder nach dem Grundsatz der Gegenseitigkeit betreiben will und durch die Erlaubnis der Aufsichtsbehörde, als „Versicherungsverein auf Gegenseitigkeit" Geschäfte zu treiben, die Rechtsfähigkeit erlangt hat (§ 15 VAG), ist ähnlich wie die Akt.-Ges. durch sämtliche Vorstands- und Aufsichtsratsmitglieder zur Eintragung im HReg anzumelden (§ 30 VAG). Die Vorschriften des ersten und dritten Buches des HGB über Kaufleute gelten außer den §§ 1 bis 7 entsprechend für die Versicherungsvereine a.G., soweit nicht das VAG etwas anderes vorschreibt (§ 16 VAG). Da im übrigen gemäß §§ 34 bis 36b VAG in weitem Umfang die Vorschriften des AktG entsprechend anzuwenden sind, kann bezüglich der dem Richter vorbehaltenen Geschäfte auf die Erläut. für die Akt.-Ges. verwiesen werden. Im übrigen ist entsprechend dem für Handels- und Registersachen in § 15 d. Ges. aufgestellten Grundsatz der Vorbehaltsübertragung der Rpfl zuständig. Handelssachen i. S. des FGG sind nicht nur die im 7. Abschnitt des FGG behandelten Angelegenheiten, sondern weiterhin alle richterlichen Geschäfte, die im HGB oder in anderen Reichs- oder Bundesgesetzen durch Bezugnahme auf diese Vorschriften als Handelssachen erklärt worden sind (vgl. Keidel, Vorbem. 1 vor § 125 FGG).

XVII. Mitteilungspflicht der Behörden. Wie zu A XVI vorstehend.

XVIII. Nichtigkeit. Die Eintragung der Nichtigkeit von Hauptversammlungsbeschlüssen auf Grund eines im Anfechtungsrechtsstreit (§ 200 AktG) oder im Nichtigkeitsfeststellungsrechtsstreit (§ 201 AktG) ergangenen Urteils (vgl. § 44 HRV) ist dem Richter vorbehalten (§ 15 Ziff. 1d d. Ges.).

Wegen Eintragung der Nichtigkeit nicht eines Hauptversammlungsbeschlusses, sondern der ganzen Gesellschaft auf Grund Nichtigkeitsurteils gemäß § 216/4 AktG vgl. oben B IIa.

XIX.* Ordnungsstrafen. In den Fällen des § 303 AktG — vgl. vorstehend B X — sind die Vorstandsmitglieder oder die Abwickler zur Befolgung der Auflagen evtl. durch Verhängung von Ordnungsstrafen anzuhalten. Dabei sind die §§ 132—136 FGG und Art. II der VO vom 6. 2. 1924 RGBl I S. 44 zu beachten.

Wegen Rechtsmittel und Kosten vgl. oben B X.

XX. Satzungsänderungen. Jede Satzungsänderung bedarf eines Beschlusses der HV. Satzungsänderungen, die nur die Fassung betreffen, können von der HV dem Aufsichtsrat übertragen werden (§ 145 AktG). Der Vorstand hat die Satzungsänderung zur Eintragung in das HReg anzumelden (§ 148 AktG). Die Eintragung von Satzungsänderungen, die nur die Fassung betreffen, obliegt dem Rpfl, im übrigen ist der Richter zuständig (§ 15 Ziffer 1b des Ges), vgl. auch oben B XII, XIII.

Rechtsmittel: bei Ablehnung Beschwerde §§ 19, 20 FGG (vgl. auch oben § 10 Ziff. 1 aE), bei Eintragung u. U. Amtslöschung nach § 142 FGG, vgl. oben § 10 Ziff. 3F.

Kosten: Gebühr § 72 3b KostO.

XXI. Sitzverlegung. Wird der Sitz der Gesellschaft (§ 5 AktG) im Inland verlegt, so ist die Verlegung beim Gericht des bisherigen Sitzes anzumelden. Dieses hat von Amts wegen die Sitzverlegung dem Gericht des neuen Sitzes mitzuteilen; dabei sind die Eintragungen für den bisherigen Sitz mitzuteilen und die bei dem bisherigen Gericht aufbewahrten Urkunden beizufügen (§ 38/1 AktG). Das Gericht des neuen Sitzes hat zu prüfen, ob die Sitzverlegung ordnungsmäßig beschlossen und § 30 HGB (Unterscheidbarkeit der Firma) beachtet ist. Ist dies der Fall, so hat es die Sitzverlegung einzutragen und hierbei die ihm mitgeteilten Eintragungen ohne weitere Nachprüfung in sein HReg. zu übernehmen. Die Eintragung ist dem Gericht des bisherigen Sitzes mitzuteilen, das die erforderlichen Löschungen von Amts wegen vorzunehmen hat (§ 38/2 AktG).

Wird in den ersten 2 Jahren nach der Eintragung der Gesellschaft in das HReg. des ursprünglichen Sitzes die Sitzverlegung eingetragen, so sind alle Angaben nach § 33/1 AktG in der Bekanntmachung der Eintragung zu veröffentlichen (§ 38/3 AktG). Da die Verlegung des Sitzes eine Satzungsänderung darstellt, ist die Eintragung dem Richter vorbehalten (§ 15 Ziff. 1b d. Ges).

Rechtsmittel: bei Ablehnung Beschwerde §§ 19, 20 FGG (vgl. auch oben § 10 Ziff. 1 aE), bei Eintragung u. U. Amtslöschung nach § 142 FGG, vgl. oben § 10 Ziff. 3 F.

Kosten: je Anmeldung Gebühr §§ 31 Abs. 1 Ziff. 7, 79, Wert § 35, je Eintragung Gebühr § 72 3b KostO.

XXII. Stufengründung. (§ 30/6, 7, AktG) sowie Ges. über die Umwandlung von Kapitalgesellschaften und bergrechtl. Gewerkschaften vom 12. 11. 1956 (BGBl I S. 844).

Über die Anmeldung der Stufengründung entscheidet der Richter (§ 15 Ziff. 1a d. Ges.). Vgl. auch oben B I.

XXIII. Umwandlung. Die Verfügung auf Eintragung der Umwandlung einer AktGesellsch. in eine Kommanditgesellschaft a. A. oder umgekehrt (§§ 257—262 AktG), die Umwandlung einer Aktgesellschaft in eine GmbH. oder umgekehrt (§ 263—277 AktG), die Umwandlung einer bergrechtlichen Gewerkschaft in eine Aktgesellschaft (§§ 278, 279 AktG) oder in eine Kommanditgesellschaft a. A (§ 287 AktG), die Umwandlung einer Kommanditgesellschaft a. A. in eine GmbH. oder umgekehrt (§§ 280—286 AktG) ist dem Richter vorbehalten (§ 15 Ziff. 1 c d. Ges.).

XXIV. Unterstützung durch Organe des Handelsstandes. Vgl. oben zu A XX.

XXV. a) **Vergütung der Gründungsprüfer** (§ 27/2 AktG) ist dem Richter vorbehalten (§ 15 Ziff. 3f d. Ges.). Vgl. auch oben B VIb.

*Die Vergütung der gemäß § 118/2 und 3 AktG vom Gericht bestellten Sonderprüfer (vgl. § 15 Ziff. 3k d. Ges. und die Erläut. oben B VIa) ist dagegen dem Rpfl übertragen.

*b) Die vom Gericht bestellten Abschlußprüfer (deren Bestellung dem Richter vorbehalten ist, § 15 Ziffer 3 m d. Ges.) haben Anspruch auf Ersatz angemessener barer Auslagen sowie auf Vergütung für ihre Tätigkeit. Die Auslagen und die Vergütung setzt das Gericht fest (§ 136/5 AktG). Zuständig hierfür ist der Rpfl.

Rechtsmittel: sofortige Beschwerde § 136/5 AktG, vgl. auch oben § 10 Ziff. 1 aE.

Kosten: Gebühr und Wert § 112 KostO.

* c) Die vom Gericht bestellten besonderen Vertreter zur Geltendmachung von Schadensersatzansprüchen infolge der Verschmelzung gemäß § 243 AktG (deren Bestellung (§ 244/1 AktG) dem Rpfl obliegt), haben Anspruch auf Festsetzung ihrer Auslagen und der Vergütung sowie auf Bestimmung desjenigen, der sie zu tragen hat (§ 244/4 AktG). Zuständig hierfür ist der Rpfl.

Rechtsmittel: sofortige Beschwerde § 244/4 AktG, vgl. auch oben § 10 Ziff. 1 aE.

Kosten: Gebühr und Wert § 112 KostO.

XXVI. Verschmelzung. Die Verfügung auf Eintragung der Verschmelzung von Aktgesellschaften (§§ 233—252 AktG) und die Vermögensübertragung (§§ 253 bis 256 AktG) ist dem Richter vorbehalten (§ 15 Ziff. 1 c d. Ges.).

· **XXVII. Zuständigkeit.** Unter Gericht im Sinne des AktG ist, wenn nichts anderes bestimmt ist, das Gericht des Sitzes der Gesellschaft (§ 5 AktG) zu verstehen (§ 14 AktG), und zwar das AG (§ 125 FGG). Vgl. auch AV. vom 12. 8. und 29. 9. 1937 — DJust. S. 1251, 1519 — und vom 11. 3. 1938 — DJust S. 400 — über die Errichtung und Führung des HReg. In der Sowjetzone wird gemäß § 49 VO über die Übertragung der Angelegenheiten der freiwilligen Gerichtsbarkeit vom 15. 10. 1952 (GBl. S. 1057) das HReg Abteilung A und B bei der Abteilung Örtliche Industrie und Handwerk des Rates des Kreises geführt.

XXVIII.* Zweigniederlassung. Der Vorstand hat die Errichtung einer Zweigniederlassung beim Gericht des Sitzes der Gesellschaft zur Eintragung in das HReg. des Gerichts der Zweigniederlassung anzumelden; eine öffentlich beglaubigte Abschrift der Satzung ist beizufügen. Die Errichtung einer Zweigniederlassung, ihre Veränderung und Aufhebung ist ein reiner Verwaltungsakt und fällt unter die Befugnisse des Vorstandes; sie erfordert keine Satzungsänderung (Brand-Marowski, S. 250). Alle Eintragungen sind daher dem Rpfl übertragen.

Das Gericht des Sitzes hat die Anmeldung mit einer beglaubigten Abschrift seiner Eintragungen, soweit sie nicht ausschließlich die Verhältnisse anderer Zweigniederlassungen betreffen, dem Gericht der Zweigniederlassung weiter zu geben (§ 35/1 AktG).

Die Vorstandsmitglieder haben ihre Unterschrift zur Aufbewahrung beim Gericht der Zweigniederlassung zu zeichnen; das gilt auch für Prokuristen, soweit sie nicht ausschließlich für andere Zweigniederlassungen bestellt sind (§ 35/2 AktG).

Das Gericht der Zweigniederlassung hat zu prüfen, ob die Zweigniederlassung errichtet und § 30 HGB (Unterscheidbarkeit der Firma) beachtet ist. Ist dies der Fall, so hat es die Zweigniederlassung einzutragen; die ihm mitgeteilten Tatsachen, soweit sie im HReg. des Sitzes eingetragen sind, sind nicht zu prüfen. Die Eintragung hat die Angaben nach § 32 AktG und den Ort der Zweigniederlassung zu enthalten, evtl. auch einen Zusatz, der der Zweigniederlassung beigefügt ist (§ 35/3 AktG).

In der Bekanntmachung der Eintragung sind außer deren Inhalt die sonstigen in §§ 16/3, 17, 18 Satz 2 AktG vorgesehenen Festsetzungen aufzunehmen (§ 35/4 AktG). Dabei ist besonders § 35 Abs. 4 Satz 2 AktG zu beachten.

Die Eintragung der Zweigniederlassung ist von Amts wegen dem Gericht des Sitzes mitzuteilen und in dessen HReg. zu vermerken, ein etwaiger Zusatz für die Zweigniederlassung ist ebenfalls zu vermerken (§ 35/5 AktG).

Diese Bestimmungen gelten sinngemäß auch für die Aufhebung einer Zweigniederlassung (§ 35/6 AktG).

Ist eine Zweigniederlassung eingetragen, so sind alle Anmeldungen, die die Niederlassung am Sitz der Gesellschaft (§ 5 AktG) oder eine eingetragene Zweigniederlassung betreffen, beim Gericht des Sitzes zu bewirken; es sind so viele Stücke einzureichen, wie Niederlassungen bestehen (§ 36/1 AktG).

Das Gericht des Sitzes hat in der Bekanntmachung seiner Eintragung im Bundesanzeiger anzugeben, daß die gleiche Eintragung für die Zweigniederlassungen bei den namentlich zu bezeichnenden Gerichten der Zweigniederlassungen erfolgen wird; ist der Firma für eine Zweigniederlassung ein Zusatz beigefügt, so ist auch dieser anzugeben (§ 36/2 AktG).

Das Gericht des Sitzes hat sodann seine Eintragung unter Angabe der Nummer des Bundesanzeigers, in der sie bekanntgemacht ist, von Amts wegen den Gerichten der Zweigniederlassungen mitzuteilen; der Mitteilung ist ein Stück der Anmeldung beizufügen. Die Gerichte der Zweigniederlassungen haben die Eintragung ohne Nachprüfung in ihr HReg. zu übernehmen. In der Bekanntmachung der Eintragung im Reg. der Zweigniederlassung ist anzugeben, daß die Eintragung im HReg. des Gerichts des Sitzes erfolgt und in welcher Nummer des Bundesanzeigers sie bekanntgemacht ist. Im Bundesanzeiger wird die Eintragung im HReg. der Zweigniederlassung nicht bekanntgemacht (§ 36/3 AktG).

Betrifft die Eintragung ausschließlich die Verhältnisse einzelner Zweigniederlassungen, so teilt sie das Gericht des Sitzes nur den Gerichten der Zweigniederlassungen mit, deren Verhältnisse sie betrifft. Die Eintragung im Reg. des Sitzes wird in diesem Fall nur im Bundesanzeiger bekanntgemacht (§ 36/4 AktG).

Abs. 1, 3 und 4 gelten sinngemäß für die Einreichung von Schriftstücken und die Zeichnung von Unterschriften (§ 36/5 AktG).

Rechtsmittel: bei Ablehnung Beschwerde §§ 19, 20 FGG (vgl. auch oben § 10 Ziff. 1 aE), bei Eintragung u. U. Amtslöschung nach § 142 FGG, vgl. oben § 10 Ziff. 3 F.

Kosten: je Anmeldung Gebühr §§ 31 Abs. 1 Ziff. 7, 79, Wert § 35; Eintragung im Reg. d. Hauptniederl. gebührenfrei § 73/2, im Reg. d. Zweigniederl. Gebühr und Wert § 73/1 KostO.

C. Nach dem Gesetz betr. die Gesellschaften mit beschränkter Haftung (GmbHG)

I. Anmeldung. Die erste Eintragung einer GmbH. ist dem Richter vorbehalten (§ 15 Ziff. 1a d. Ges.). Die Anmeldung erfolgt nach § 7, 8 GmbHG. Zur Anmeldung verpflichtet sind sämtliche Geschäftsführer (§ 78 GmbHG). Bei der Anmeldung sind §§ 12 HGB, 128—130 FGG zu beachten.

Bei der Eintragung in das HReg. sind die Firma und der Sitz der Gesellschaft, der Gegenstand des Unternehmens, die Höhe des Stammkapitals, der Tag des Abschlusses des Gesellschaftsvertrages und die Personen der Geschäftsführer anzugeben. Enthält der Gesellschaftsvertrag besondere Bestimmungen über die Zeitdauer der Gesellschaft oder über die Befugnis der Geschäftsführer oder Liquidatoren zur

Vertretung der Gesellschaft, so sind auch diese Bestimmungen einzutragen (§ 10 GmbHG).

Rechtsmittel: bei Ablehnung Beschwerde §§ 19, 20 FGG (vgl. auch oben § 10 Ziff. 1 aE), bei Eintragung u. U. Amtslöschung nach § 142 FGG, vgl. oben § 10 Ziff. 3 F.

Kosten: Anmeldung Gebühr §§ 31 Abs. 1 Ziff. 7, 79, Wert § 35, Eintragung Gebühr § 72 3a KostO.

Ia. Amtslöschung. Wegen der Löschung gegenstandsloser, unzulässiger und nichtiger Eintragungen in dem besonders geregelten Amtslöschungsverfahren gemäß §§ 141—144 FGG, 45 HRV sowie gemäß § 2 d. Ges. über die Auflösung und Löschung von Gesellschaften und Genossenschaften vom 9. 10. 1934 (RGBl I S. 914), vgl. oben B IIa. Die Amtslöschung ist dem Richter vorbehalten (§ 15 Ziff. Ib d. Ges.).

Wegen der Löschung einer Gesellschaft auf Grund eines Nichtigerklärungsurteils vgl. §§ 75—77 GmbHG und die Erläut. oben BIIa Abs. 3. Die Eintragung des Nichtigerklärungsurteils (§ 75/2 GmbHG, § 200/1 AktG, § 45 HRV) ist dem Rpfl übertragen.

*Nach § 61 GmbHG kann — abweichend vom Aktienrecht — die GmbH. weiterhin durch gerichtliches Urteil aufgelöst werden, wenn die Erreichung des Gesellschaftszweckes unmöglich wird oder wenn andere wichtige Gründe für die Auflösung vorliegen. Die Auflösung der Gesellschaft und — nach Beendigung der Abwicklung — das Erlöschen der Firma werden in diesem Falle jedoch nicht von Amts wegen, sondern grundsätzlich nur auf Antrag eingetragen (§ 65/1 bzw. §§ 67, 74 GmbHG). Zuständig der Rpf.

Wegen der Eintragung der Nichtigkeit von Gesellschafterbeschlüssen vgl. unten C XIVa.

II. Änderung des Gesellschaftsvertrages. Die Abänderung des Gesellschaftsvertrages ist zur Eintragung in das HReg. anzumelden (§ 54/1 GmbHG).

Bei der Eintragung genügt, sofern nicht die Abänderung die in § 10 Abs. 1 und 2 GmbHG bezeichneten Angaben (siehe vor zu C I) betrifft, die Bezugnahme auf die bei dem Gericht eingereichten Urkunden über die Abänderung. Die öffentliche Bekanntmachung findet in betreff aller Bestimmungen statt, auf welche sich die in § 10/3 GmbHG und in § 12 GmbHG vorgeschriebenen Veröffentlichungen beziehen (§ 54/2 GmbHG). Bei Satzungsänderungen, die nur die Fassung betreffen, ist der Rpfl zuständig, im übrigen der Richter (§ 15 Ziff. 1b des Ges.).

Rechtsmittel: bei Ablehnung Beschwerde §§ 19, 20 FGG (vgl. auch oben § 10 Ziff. 1 aE), bei Eintragung u. U. Amtslöschung nach § 142 FGG, vgl. oben § 10 Ziff. 3 F.

Kosten: Anmeldung Gebühr §§ 31 Abs. 1 Ziff. 7, 79, Wert § 35, Eintragung Gebühr § 72 3b KostO.

III.* Aufbewahrung der Bücher und Schriften einer aufgelösten GmbH. Die Bücher und Schriften sind nach Beendigung der Liquidation 10 Jahre aufzubewahren. In Ermangelung eines Beschlusses der Gesellschafterversammlung oder des Gesellschaftsvertrages bestimmt das Gericht den Verwahrer (§ 74 GmbHG). Zuständig Rpfl.

Rechtsmittel: sofortige Beschwerde §§ 145, 146 FGG, vgl. auch oben § 10 Ziff. 1 aE.

Kosten: Gebühr § 112, Wert § 24/2 KostO.

IV.* Auflösung der Gesellschaft Die GmbH. wird aus den in § 60 GmbHG genannten Gründen (Zeitablauf, Beschluß der Gesellschafter, gerichtliches Urteil, Konkurseröffnung) aufgelöst. Die Auflösung ist zur Eintragung in das HReg. anzumelden (§ 65/1 GmbHG). Die Auflösung ist von den Liquidatoren bekanntzumachen (§ 65/2 GmbHG). Zuständig Rpfl. Wegen der Auflösung im Falle der Ablehnung des Konkurseröffnungsantrages vgl. unten § 21 Ziff. 3.

Nach Beendigung der Abwicklung haben die Abwickler das Erlöschen der Firma anzumelden (§§ 67, 74, GmbHG, § 31/2 HGB). Zuständig ist ebenfalls der Rpfl.

Rechtsmittel: bei Ablehnung Beschwerde §§ 19, 20 FGG (vgl. auch oben § 10 Ziff. 1 aE), bei Eintragung u. U. Amtslöschung nach § 142 FGG, vgl. oben § 10 Ziff. 3 F.

Kosten: Anmeldung Gebühr §§ 31 Abs. 1 Ziff. 7, 79, Wert § 35, Eintragung Gebühr § 72 3b.

V.* Aufsichtsrat. Ist nach dem Gesellschaftsvertrag ein Aufsichtsrat zu bestellen, so finden auf denselben, wenn im Gesellschaftsvertrag nichts anderes bestimmt ist, die Vorschriften der §§ 86, 87, 90, 91, 94—99 AktG entsprechende Anwendung (§ 52 GmbHG). Jeder Wechsel der Aufsichtsratmitglieder ist daher in den Gesellschaftsblättern bekanntzumachen und die Bekanntmachung zum HReg. einzureichen (§ 91 AktG, § 52 GmbHG).

Kosten: keine, gebührenfreies Nebengeschäft.

VI.* Bekanntmachungen. In die Veröffentlichung, durch welche die Ein tragung bekanntgemacht wird, sind außer dem Inhalte der Eintragung die nach § 5/4 GmbHG getroffenen Festsetzungen und, sofern der Gesellschaftsvertrag besondere Bestimmungen über die Form enthält, in welcher öffentliche Bekanntmachungen der Gesellschaft erlassen werden, auch diese Bestimmungen aufzunehmen (§ 10/3 GmbHG). Wegen der Bekanntgabe an den Anmelder vgl. § 130 FGG.

VII.* Einreichung von Schriftstücken. Alljährlich im Januar haben die Geschäftsführer eine von ihnen unterschriebene Liste der Gesellschafter mit Name, Stand, Wohnort sowie ihrer Einlagen zum HReg. einzureichen. Sind Veränderungen nicht vorgekommen, so genügt eine entsprechende Erklärung (§ 40 GmbHG). Der Rpfl hat lediglich zu prüfen, ob die Liste die vorgeschriebenen Angaben enthält.

Für Gesellschaften, bei welchen der Gegenstand des Unternehmens im Betrieb von Bankgeschäften besteht, ist die Bilanz öffentlich bekanntzumachen. Die Bekanntmachung ist zum HReg. einzureichen (§ 41/4 GmbHG).

Kosten: keine, gebührenfreies Nebengeschäft.

VIII.* Die Einsicht in das HReg. ist jedem gestattet (§ 9 HGB), vgl. oben A X. Die Gläubiger der Gesellschaft können von dem Gericht zur Einsicht der Bücher und Schriften der Gesellschaft ermächtigt werden (§ 74/2 GmbHG). Zuständig Rpfl.

Rechtsmittel: sofortige Beschwerde §§ 145, 146, 148 FGG, vgl. auch oben § 10 Ziff. 1 aE.

Kosten: Gebühr § 112, Wert § 24/2.

IX. Erhöhung des Stammkapitals. Die beschlossene Erhöhung des Stammkapitals ist zur Eintragung in das HReg. anzumelden. Der Anmeldung sind beizufügen die in § 55/1 GmbHG (Übernahmeerklärung) bezeichneten Erklärungen oder eine beglaubigte Abschrift derselben und ferner eine von den Anmeldenden unterschriebene Liste der Personen, die die neuen Stammeinlagen übernommen haben; aus der Liste muß der Betrag der von jedem übernommenen Einlage ersichtlich sein (§ 57 GmbHG). Zuständig ist der Richter (§ 15 Ziff. 1b d. Ges.).

Rechtsmittel: Beschwerde §§ 19, 20 FGG

Kosten: Anmeldung Gebühr §§ 31 Abs. 1 Ziff. 7, 79, Wert § 35, Eintragung Gebühr § 72 3a KostO.

X.* Geschäftsführer. Die Gesellschaft muß einen oder mehrere Geschäftsführer haben (§ 6 GmbHG), die die Gesellschaft gerichtlich und außergerichtlich vertreten (§ 35 GmbHG). Jede Änderung in den Personen der Geschäftsführer sowie die Beendigung der Vertretungsbefugnis eines Geschäftsführers ist zur Eintragung in das HReg. anzumelden. Die Form der Anmeldung bestimmt sich nach § 12 HGB. Der Anmeldung sind die Urkunden über die Bestellung der Geschäftsführer oder über die Beendigung der Vertretungsbefugnis in Urschrift oder öffentlich beglaubigter Abschrift für das Gericht des Sitzes der Gesellschaft beizufügen. Die Geschäftsführer haben ihre Unterschrift zur Aufbewahrung bei dem Gericht zu zeichnen (§ 39 GmbHG).

Zuständig für die Eintragung ist der Rpfl.

Rechtsmittel: bei Ablehnung Beschwerde §§ 19, 20 FGG (vgl. auch oben § 10 Ziff. 1 aE), bei Eintragung u. U. Amtslöschung nach § 142 FGG, vgl. oben § 10 Ziff. 3 F.

Kosten: Anmeldung Gebühr §§ 31 Abs. 1 Ziff. 7, 79, Wert § 35, Eintragung Gebühr § 72 3b KostO.

XI. Herabsetzung des Stammkapitals. Die Herabsetzung des Stammkapitals kann nur unter Beobachtung der Bestimmungen des § 56 GmbHG erfolgen. Die Anmeldung des Herabsetzungsbeschlusses erfolgt nicht vor Ablauf eines Jahres seit dem Tage, an welchem die Aufforderung der Gläubiger in den öffentlichen Blättern zum 3. Male stattgefunden hat. Mit der Anmeldung sind die Bekanntmachungen des Beschlusses einzureichen und von den Geschäftsführern die Versicherung abzugeben, daß die Gläubiger, welche sich bei der Gesellschaft gemeldet und der Herabsetzung nicht zugestimmt haben, befriedigt oder sichergestellt sind (§ 58 GmbHG). Zuständig ist der Richter (§ 15 Ziff. 1b d. Ges.).

Rechtsmittel: einfache Beschwerde §§ 19, 20 FGG.

Kosten: Anmeldung Gebühr §§ 31 Abs. 1 Ziff. 7, 79, Wert § 35, Eintragung Gebühr § 72 3a KostO.

XII.* Konkursverfahren. Im Falle der Konkurseröffnung erfolgt die Eintragung der Konkurseröffnung von Amts wegen (§§ 6, 32 HGB, § 65/1 GmbHG, § 112 KO). Weiterhin ist bei Ablehnung der Konkurseröffnung mangels Masse die Auflösung der Gesellschaft von Amts wegen einzutragen (§ 1 d. Ges. über die Auflösung und Löschung von Gesellschaften und Genossenschaften vom 9. 10. 1934, RGBl I S. 914). Zuständig ist der Rpfl.

Kosten: keine, gebührenfreies Nebengeschäft.

XIII.* Liquidation. Außer im Falle des Konkurses findet in allen Fällen der Auflösung (§ 60 GmbHG) die Liquidation statt (§§ 66 ff. GmbHG). Die ersten Liquidatoren sind durch die Geschäftsführer, jede Änderung in den Personen der Liquidatoren sowie eine Beendigung ihrer Vertretungsbefugnis ist durch die Liquidatoren zur Eintragung in das HReg. anzumelden. Der Anmeldung sind die Urkunden über die Bestellung der Liquidatoren in Urschrift oder öffentlich beglaubigter Abschrift beizufügen. Die Liquidatoren haben ihre Unterschrift zur Aufbewahrung bei dem Gericht zu zeichnen (§ 67 GmbGH).

Aus wichtigen Gründen kann die Bestellung und Abberufung von Liquidatoren auf Antrag von Gesellschaftern, deren Geschäftsanteile zusammen mindestens dem 10. Teil des Stammkapitals entsprechen, durch das Gericht (§ 7/1 GmbHG) erfolgen (§ 66/2, 3 GmbHG). Die Eintragung der vom Gericht ernannten Liquidatoren erfolgt von Amts wegen (§ 67/3 GmbHG). Zuständig Rpfl.

Die Liquidatoren haben in der bei ihrer Bestellung bestimmten Form ihre Willenserklärungen kundzugeben und für die Gesellschaft zu zeichnen. Die Bestimmung ist mit der Bestellung der Liquidatoren zur Eintragung in das HReg. anzumelden (§ 68 GmbHG). Die Zeichnungen geschehen in der Weise, daß die Liquidatoren der bisherigen, nunmehr als Liquidationsfirma zu bezeichnenden Firma ihre Namensunterschrift beifügen (§ 68/3 GmbHG). Zuständig für die während der Liquidation vorzunehmenden Eintragungen und die Verrichtungen gemäß § 66/2, 3 GmbHG ist der Rpfl.

Rechtsmittel: sofortige Beschwerde §§ 145, 146, 148 FGG, vgl. auch oben § 10 Ziff. 1 aE.

Kosten: Anmeldung der Liquidation Gebühr §§ 31 Abs. 1 Ziff. 7, 79, Wert §35, gerichtliche Bestellung der Liquidatoren Gebühr § 112, Wert § 24/2, Eintragung der Liquidation Gebühr § 72 3b KostO, bei gerichtlicher Bestellung der Liquidatoren Eintragung = gebührenfreies Nebengeschäft.

XIV. Mitteilungspflicht der Behörden. Es gilt das zu A XVI vorstehend Gesagte entsprechend auch für die GmbH.

XIVa. Nichtigkeit von Gesellschafterbeschlüssen. Die Anfechtbarkeit und Nichtigkeit mangelhafter Gesellschafterbeschlüsse ist im GmbHG nicht geregelt; Rechtsprechung und Schrifttum wenden insoweit jedoch die aktienrechtlichen Vorschriften über Anfechtungs- und Nichtigkeitsfeststellungs-Rechtsstreit (§§ 195 bis 201 AktG) auf die GmbH sinngemäß an. Das auf Grund eines solchen Rechtsstreits ergangene Nichtigkeitsurteil ist auch hier im HReg einzutragen (§ 44 HRV). Die Eintragung ist dem Richter vorbehalten (§ 15 Ziff. 1d d. Ges.).

Wegen Eintragung der Nichtigkeit nicht eines Gesellschafterbeschlusses, sondern der ganzen Gesellschaft auf Grund Nichtigkeiterklärungsurteils vgl. oben C Ia.

XV.* Ordnungsstrafen. Maßgebend ist § 14 HGB. Kein Ordnungsstrafzwang besteht bei rechtsbegründenden Eintragungen wie Eintragung der GmbH als solche (§ 7 GmbHG), Statutenänderung (§ 54 GmbHG), Kapitalerhöhung (§ 57/1 GmbHG) und Kapitalherabsetzung (§ 58/1 GmbHG), vgl. § 79 GmbHG.

Im Falle des § 14 HGB gilt wegen der Androhung und Verhängung von Ordnungsstrafen, der Rechtsmittel und der Kosten das vorstehend zu B X Gesagte.

XVa. Sitzverlegung. Die Verlegung des Sitzes der GmbH. bedarf stets der Satzungsänderung (§ 53 GmbHG) und der Eintragung im HReg. Ebenso wie bei der Aktiengesellschaft (vgl. oben B XXI) ist auch hier die Eintragung dem Richter vorbehalten (§ 15 Ziff. 1 b d. Ges.).

XVI. Unterstützung durch Organe des Handelsstandes, vgl. oben A XX.

XVII. Zuständigkeit. Die Gesellschaft ist bei dem Gerichte, in dessen Bezirk sei ihren Sitz hat, zur Eintragung in das HReg anzumelden (§ 7 GmbHG). Im übrigen gilt vorstehend B XXVII.

XVIII.* Zweigniederlassung. Auf die Anmeldung der Errichtung einer Zweigniederlassung findet § 8/1, 2 GmbHG (Vorlage des Gesellschaftsvertrages und Legitimation der Geschäftsführer usw.) keine Anwendung. Der Anmeldung ist eine Abschrift des Gesellschaftsvertrages und der Liste der Gesellschafter beizufügen. Das Gericht des Sitzes hat vor Weitergabe der Anmeldung die bei ihm eingereichte Abschrift des Gesellschaftsvertrages und der Liste der Gesellschafter zu beglaubigen. Die Eintragung hat die in § 10, Abs. 1 u. 2 GmbHG (Firma, Sitz, Gegenstand usw.) bezeichneten Angaben zu enthalten. In der Veröffentlichung der Eintragung sind auch die in § 10/3 GmbHG bezeichneten Bestimmungen aufzunehmen, die nach § 5/4 GmbHG getroffenen Festsetzungen jedoch nur dann, wenn die Eintragung innerhalb der ersten 2 Jahre nach der Eintragung in das HReg. des Sitzes der Gesellschaft erfolgt (§ 12 GmbHG). Die Versicherung nach § 57/2 GmbHG und die in § 57/3 Nr. 1 sowie § 58/1 Nr. 4 GmbHG genannten Urkunden sind nur bei dem Gericht des Sitzes der Gesellschaft einzureichen (§ 59 GmbHG). Zuständig Rpfl.

Rechtsmittel: bei Ablehnung Beschwerde §§ 19, 20 FGG (vgl. auch oben § 10 Ziff. 1 aE), bei Eintragung u. U. Amtslöschung nach § 142 FGG, vgl. oben § 10 Ziff. 3 F.

Kosten: Anmeldung Gebühr §§ 31 Abs. 1 Ziff. 7, 79, Wert § 35, Eintragung im Reg. d. Hauptniederl. gebührenfrei (§ 73/2), im Reg. d. Zweigniederl. Gebühr und Wert § 73/1 KostO.

D. Nach dem Gesetz betr. die Erbwerbs- und Wirtschaftsgenossenschaften (GenG)

Vorbemerkung. In der Sowjetzone wird nach § 48 VO über die Übertragung der Angelegenheiten der freiwilligen Gerichtsbarkeit vom 15. 10. 1952 (GBl S. 1057) das GenReg bei dem Rat des Kreises geführt.

I.* Anmeldung. Das Statut und die Mitglieder des Vorstandes sind zur Eintragung in das GenReg. anzumelden (§ 10 GenG). Die Anmeldung obliegt dem Vorstand; ihr sind beizufügen

a) das von den Genossen unterzeichnete Statut und eine Abschrift desselben;
b) eine Liste der Genossen;
c) eine Abschrift über die Bestellung des Vorstandes und Aufsichtsrats;
d) eine Bescheinigung des Prüfungsverbandes über die Zulassung der Genossenschaft zum Beitritt.

Die Verfügung auf erste Eintragung ist wie schon bisher (§ 23 Abs. 1b REntlV) dem Richter vorbehalten (§ 15 Ziff. 1a d. Ges.).

Die Vorstandsmitglieder haben ihre Unterschrift vor dem Gericht zu zeichnen oder die Zeichnung in beglaubigter Abschrift einzureichen. Die Abschrift des Statuts ist vom Gericht zu beglaubigen und mit der Bescheinigung der erfolgten Eintragung zurückzugeben. Die übrigen Schriftstücke werden bei dem Gericht aufbewahrt (§§ 11, 157/1 GenG). §§ 128 bis 130 FGG sind zu beachten.

Ia. Amtslöschung. Gegenstandslose, unzulässige und nichtige Eintragungen können in einem besonders geregelten Löschungsverfahren von Amts wegen ge löscht werden (§§ 142, 143, 147/1, 2 FGG, § 22 GenRegVO). Die Amtslöschung ist dem Richter vorbehalten (§ 15 Ziff. 2 d. Ges.).

Auf Antrag des Prüfungsverbandes oder der Steuerbehörde oder von Amts wegen kann ferner eine eingetragene Genossenschaft, die kein Vermögen besitzt, in dem besonderen Löschungsverfahren gelöscht werden (§§ 2, 3 d. Ges. über die Auflösung und Löschung von Gesellschaften und Genossenschaften vom 9. 10. 1934, RGBl I S. 914). Auch für diese Fälle gilt der Richtervorbehalt.

*Abgesehen von der Möglichkeit, gemäß § 147/2 FGG, § 22 GenRegVO im Amtslöschungsverfahren die Genossenschaft löschen zu lassen, kann ihre Nichtigerklärung auf Klage im ordentl. Rechtsstreit gemäß §§ 94ff. GenG herbeigeführt werden. Das Nichtigkeitsurteil, das die Auflösung und die Abwicklung der Genossenschaft zur Folge hat (§ 97 GenG), ist gemäß §§ 51/5, 96 GenG, § 22/2 GenRegVO behufs Eintragung im GenReg. dem Gericht einzureichen. Diese Eintragung ist Sache des Rpfl.

Wegen Eintragung der Nichtigkeit von Beschlüssen der Generalversammlung vgl. unten D XVI.

Die vorstehenden Ausführungen gelten entsprechend für die Eintragungen in die Liste der Genossen.

II. Änderungen. Eine Änderung des Statuts oder die Fortsetzung einer auf bestimmte Zeit beschränkten Genschaft sind zur Eintragung in das GenReg. anzumelden. § 11 GenG findet mit der Maßgabe Anwendung, daß 2 Abschriften des Beschlusses einzureichen sind (§ 16/3 GenG). Zuständig ist der Richter (§ 15 Ziff. 1b d. Ges.).

* Jede Änderung des Vorstandes sowie die Beendigung der Vertretungsbefugnis eines Vorstandsmitgliedes ist durch den Vorstand zur Eintragung in das GenReg. anzumelden. Eine Abschrift der Urkunde über die Bestellung oder über die Beendigung der Vertretungsbefugnis ist der Anmeldung beizufügen, sie wird bei dem Gericht aufbewahrt. Die Vorstandsmitglieder haben ihre Unterschrift vor dem Gericht zu zeichnen oder in beglaubigter Form einzureichen (§ 28 GenG). Zuständig wie schon bisher (§ 23 Abs. 1b REntlV) Rpfl.

Rechtsmittel: in den Fällen zu I und II: bei Ablehnung Beschwerde §§ 19, 20 FGG (vgl. auch oben § 10 Ziff. 1 aE), bei Eintragung u. U. Amtslöschung nach §§ 142, 147 FGG, vgl. oben § 10 Ziff. 3 F.

Kosten: Anmeldung und Eintragung gebührenfrei § 159 GenG.

III.* Auflösung. Eine Genschaft wird aufgelöst

1. durch Ablauf der im Statut bestimmten Zeit (§ 79 GenG). Die Auflösung ist durch den Vorstand zur Eintragung in das GenReg. anzumelden (§ 79/2 GenG);
2. durch Beschluß der Generalversammlung (§ 78 GenG), die durch den Vorstand zur Eintragung anzumelden ist;
3. durch Beschluß des Reggerichts. Beträgt die Zahl der Genossen weniger als 7, so hat das Gericht auf Antrag des Vorstandes, und wenn der Antrag nicht binnen 6 Monaten erfolgt, von Amts wegen nach Anhörung des Vorstandes die Auflösung der Genschaft auszusprechen. Der Beschluß ist der Genschaft zuzustellen (§ 80 GenG); dabei ist das Gesetz über die Auflösung und Löschung von Gesellschaften und Genossenschaften v. 9. 10. 1934 — RGBl I S. 914 — zu beachten.

Rechtsmittel: Widerspruch, § 2 d. Ges. v. 9. 10. 1934 (RGBl I S. 914), dagegen sofortige Beschwerde § 141 FGG, vgl. auch oben § 10 Ziff. 1 aE.
Kosten: Gebühr § 112, Wert § 24/2 KostO.

4. Die Genschaft muß einem Prüfungsverband angehören. Weist die Genschaft nicht innerhalb einer vom Gericht bestimmten Frist die Zugehörigkeit zu einem Prüfungsverband nach, so hat das Gericht von Amts wegen nach Anhörung des Vorstandes die Auflösung der Genschaft auszusprechen (§ 54 GenG). Das gleiche hat zu geschehen, wenn die Genschaft aus einem Prüfungsverband ausscheidet und nicht innerhalb einer vom Gericht bestimmten Frist die Zugehörigkeit zu einem anderen Prüfungsverband nachweist (§ 54a GenG).
   Rechtsmittel und Kosten wie vor zu 3.
5. Durch Entscheidung im Verwaltungswege, wenn eine Genschaft durch gesetzwidrige Handlungen das Gemeinwohl gefährdet oder wenn sie andere als die gesetzlich zugelassenen Zwecke verfolgt (§ 81 GenG). Die Verwaltungsbehörde hat von der Entscheidung dem Gericht Mitteilung zu machen (§ 81/3 GenG), das die Auflösung in das GenReg. einzutragen hat (§ 82 GenG).
   Kosten: keine § 159 GenG.
6. Durch Eröffnung des Konkurses (§ 101 GenG), die vom Gericht in das GenReg. einzutragen ist (§ 102 GenG).
   Nach § 82 GenG und § 20 GenRegVO ist die Auflösung ohne Verzug im GenReg. einzutragen, und zwar in den Fällen 3 bis 6 von Amts wegen.
   Nach Beendigung der Abwicklung (vgl. unten D XIV) haben die Liquidatoren außer der Beendigung ihrer Vertretungsmacht (§ 84 GenG, § 21/1 GenRegVO) das Erlöschen der Firma anzumelden (§ 31/2 HGB).
   In Erweiterung der bisherigen Bestimmung des § 23 Abs. 1b REntlV ist jetzt für die Eintragung der Rpfl zuständig.
   Kosten: keine § 159 GenG.

IV.* Ausscheiden von Genossen.

1. Jeder Genosse kann durch Aufkündigung, die nur zum Schlusse des Geschäftsjahres zulässig ist und mindestens 3 Monate vorher schriftlich erfolgen muß, seinen Austritt aus der Genschaft erklären (§ 65 GenG).
2. Der Austritt kann auch auf Grund Wohnsitzverlegung zum Schluß des Geschäftsjahres erfolgen, wenn die Mitgliedschaft durch das Statut an den Wohnsitz innerhalb eines bestimmten Bezirks geknüpft ist (§ 67 GenG).
3. Ein Genosse kann ferner zum Schluß des Geschäftsjahres durch Beschluß des Vorstandes ausgeschlossen werden, wenn er die bürgerlichen Ehrenrechte verliert oder wenn er Mitglied einer anderen Genschaft wird, die am gleichen Orte ein gleichartiges Geschäft betreibt (§ 68 GenG).
4. Ein verstorbener Genosse gilt mit dem Schluß des Geschäftsjahres, in dem der Tod erfolgte, als ausgeschieden (§ 77 GenG).
5. Ein Genosse kann auch jederzeit, also auch im Laufe des Geschäftsjahres, sein Geschäftsguthaben durch schriftliche Erklärung übertragen und hierdurch aus der Genschaft austreten (§ 76 GenG).

In allen diesen Fällen ist der Vorstand verpflichtet, das Ausscheiden mindestens 6 Wochen vor dem Ende des Geschäftsjahres, zu dessen Schlusse sie stattgefunden hat, in den Fällen Ziff. 4 und 5 die Todesanzeige bzw. die Übertragungsübereinkunft unverzüglich dem Gericht zur Genossenliste einzureichen (§§ 69, 76, 77 GenG). Wegen der hierbei einzureichenden Urkunden vgl. § 31 GenRegVO.

In die Genossenliste sind die Tatsachen, die das Ausscheiden begründen sowie in den Fällen zu 1 bis 4 vorstehend auch der Jahresschluß, zu dem das Ausscheiden erfolgt, einzutragen (§ 70 GenG). Bei Übertragung des Geschäftsguthabens gilt der Tag der Eintragung als Zeitpunkt des Ausscheidens (§ 76/3 GenG).

Von der Eintragung oder von deren Versagung hat das Gericht den Vorstand und den Genossen zu benachrichtigen; der Genosse kann auf Benachrichtigung verzichten (§ 72 GenG).

Rechtsmittel: bei Ablehnung Beschwerde §§ 19, 20 FGG (vgl. auch oben § 10 Ziff. 1 aE), bei Eintragung u. U. Amtslöschung nach §§ 142, 147 FGG, vgl. oben § 10 Ziff. 3 F.

Kosten: keine § 159 GenG. Auslagen sind zu erheben, § 12/2 KostVerfg. beachten.

V.* Beitritt von Genossen. Wer vor Einreichung des Statuts Genosse werden will, muß das Statut unterzeichnen. Das unterzeichnete Statut wird mit der Genossenliste dem Gericht eingereicht (§ 11 GenG).

Nach der Einreichung des Statuts bedarf es zum Erwerb der Mitgliedschaft einer schriftlichen unbedingten Beitrittserklärung (§§ 15, 120, 131a GenG). Wird die Beitrittserklärung zugelassen, so hat sie der Vorstand dem Gericht zur Eintragung in die Genossenliste einzureichen (§ 15/2 GenG). Von der Eintragung hat das Gericht den Genossen und den Vorstand zu benachrichtigen; der Genosse kann auf die Benachrichtigung nicht verzichten. Die Beitrittserklärung selbst wird bei dem Gericht verwahrt. Wird die Eintragung versagt, so hat das Gericht den Antragsteller unter Rückgabe der Beitrittserklärung und den Vorstand zu benachrichtigen (§ 15/4 GenG).

Rechtsmittel: bei Ablehnung Beschwerde §§ 19, 20 FGG (vgl. auch oben § 10 Ziff. 1 aE), bei Eintragung u. U. Amtslöschung nach §§ 142, 147 FGG, vgl. oben § 10 Ziff. 3 F.

Kosten: keine § 159 GenG.

VI.* Bekanntmachungen (vgl. auch § 156 GenG). Das eingetragene Statut ist von dem Gericht im Auszug zu veröffentlichen. Die Veröffentlichung muß enthalten das Datum des Statuts, die Firma und den Sitz der Genschaft, den Gegenstand des Unternehmens und die Zeitdauer der Genschaft, falls sie auf bestimmte Zeit beschränkt ist (§ 12 GenG).

Bei der Abänderung des Statuts findet die Veröffentlichung des Beschlusses nur insoweit statt, als derselbe eine der in § 12/2 genannten Bestimmungen (Änderung von Firma und Sitz der Genschaft) zum Gegenstand hat (§ 16/3 GenG).

Die Eintragung der Konkurseröffnung im GenReg. wird nicht bekanntgemacht (§ 102 GenG).

VII.* Bücher. Nach der Beendigung der Liquidation sind die Bücher und Schriften der aufgelösten Genschaft einem gewesenen Genossen oder einem Dritten in Verwahr für 10 Jahre zu geben. Fehlt es an einem Beschluß der Generalversammlung hierüber, so kann das Gericht den Verwahrer bestimmen (§ 93 GenG).

Rechtsmittel: sofortige Beschwerde §§ 146, 148 FGG, vgl. auch oben § 10 Ziff. 1 aE.

Kosten: Gebühr § 112, Wert § 24/2 KostO.

VIII.* Bescheinigung. Zur Legitimation des Vorstandes Behörden gegenüber genügt eine Bescheinigung des Gerichts, daß die darin bezeichneten Personen als Mitglieder des Vorstandes in das GenReg. eingetragen sind (§ 26/2 GenG).

Rechtsmittel: einfache Beschwerde §§ 19, 20 FGG, vgl. auch oben § 10 Ziff. 1 aE.

Kosten: keine § 159 GenG.

IX.* Einreichung von Schriftstücken.

1. Der Vorstand hat den Jahresabschluß sowie die Mitgliederbewegung zu veröffentlichen. Diese Bekanntmachung ist mit dem Geschäftsbericht und etwaigen Bemerkungen des Aufsichtsrats dem Gengericht einzureichen. Das Gericht kann aus besonderen Gründen den Vorstand von der Verpflichtung zur Veröffentlichung befreien (§ 33/3 GenG).
2. Ist ein Beschluß der Generalversammlung durch Urteil rechtskräftig für nichtig erklärt und war der Beschluß im GenReg. eingetragen, so hat der Vorstand das Urteil zur Eintragung dem Gericht einzureichen. Die Verfügung auf Eintragung der Nichtigkeit von Beschlüssen der Generalversammlung ist dem Richter vorbehalten (§ 15 Ziff. 1 d d. Ges.). Die öffentliche Bekanntmachung des Urteils erfolgt, wenn der eingetragene Beschluß veröffentlicht war (§ 51/5 GenG).
3. Der Vorstand hat eine Bescheinigung des Prüfungsverbandes über die stattgefundene Prüfung zum GenReg. einzureichen (§ 59 GenG).
4. Einreichung der Bekanntmachung der Liquidationsbilanz (§ 89 GenG).

IXa. Einrichtung und Führung des GenReg. Einrichtung und Führung des GenReg. sind näher geregelt durch die VO über das Genossenschaftsregister vom 11. 7. 1889 i. d. F. vom 22. 11. 1923 (RGBl I S. 1123) — abgekürzt GenRegVO — und im übrigen durch landesrechtl. Vorschriften. Die GenRegVO vom 23. 11. 1923 ist abgedruckt in Keidel, FGG, Anh. 8.

X.* Einsicht. in das GenReg. ist jedem gestattet; auch kann die Erteilung von Abschriften aus dem GenReg. gefordert werden (§ 156 GenG), vgl. vorstehend A X.

Nach Beendigung der Liquidation kann das Gericht die Genossen und deren Rechtsnachfolger sowie die Gläubiger der Genschaft zur Einsicht der Bücher und Schriften ermächtigen (§ 93 GenG.).

Rechtsmittel: sofortige Beschwerde §§ 146, 148 FGG, vgl. auch oben § 10 Ziff. 1 aE.

Kosten: Gebühr § 112, Wert § 24/2 KostO.

Xa. Erhöhung des Geschäftsanteils oder der Haftsumme. Die Erhöhung des Geschäftsanteils (§§ 16/2, 87a, 139a GenG), ebenso wie bei der eGmbH. die Änderung der Höchstzahl der Anteile (§ 134 GenG) bedarf der Satzungsänderung. Das gleiche gilt bei der eGmbH. für die Erhöhung der Haftsumme (§§ 132, 139a GenG). Die insoweit erforderlichen Eintragungen sind dem Richter vorbehalten (§ 15 Ziff. 1b d. Ges.).

XI.* Ermächtigung des Gerichts. Eine Minderheit von $^1/_{10}$ der Genossen kann die Berufung der Generalversammlung verlangen. Wird dem Verlangen nicht entsprochen, so kann das Gericht die Genossen, welche das Verlangen gestellt haben, zur Berufung der Generalversammlung ermächtigen (§ 45/3 GenG).

Rechtsmittel: sofortige Beschwerde §§ 146, 148 FGG, vgl. auch oben § 10 Ziff. 1 aE.

Kosten: Gebühr § 112, Wert § 24/2 KostO.

Wegen der Ermächtigung des Gerichts zur Einsicht der Bücher und Schriften vgl. vorstehend D X.

XII.* Fortsetzung der Genossenschaft. Eine durch Beschluß der Generalversammlung oder durch Zeitablauf aufgelöste Genschaft kann unter den Voraussetzungen des § 78a GenG fortgesetzt werden. Die Fortsetzung ist durch den Vorstand zur Eintragung in das GenReg. anzumelden (§ 79a/5 GenG). Für die Eintragung dürfte der Rpfl zuständig sein.

Rechtsmittel: bei Ablehnung, Beschwerde § 19, 20 FGG (vgl. auch oben § 10 Ziff. 1 aE), bei Eintragung u. U. Amtslöschung nach §§ 142, 147 FGG, vgl. oben § 10 Ziff. 3 F.

Kosten: keine § 159 GenG.

XIIa. Herabsetzung des Geschäftsanteils und der Haftsumme. Die Herabsetzung des Geschäftsanteils (§§ 16/2, 22 GenG), die Herabsetzung der Haftsumme (§ 133 GenG) und ebenso die Zerlegung des Geschäftsanteils oder der Haftsumme (§ 133a GenG) stellen sich als Satzungsänderung dar. Die entsprechenden Eintragungen sind deshalb dem Richter vorbehalten (§ 15 Ziff. 1b d. Ges.).

XIII.* Konkurs. Die Eröffnung des Konkursverfahrens ist in das GenReg. einzutragen; die Eintragung wird nicht bekanntgemacht (§ 102 GenG). § 20 GenReg. VO, vgl. auch oben D VI.

XIV.* Liquidation. In den Fällen der Auflösung mit Ausnahme der Verschmelzung und des Konkurses erfolgt die Liquidation. Sie erfolgt durch den Vorstand, wenn die Generalversammlung nicht andere Personen bestellt (§ 83/1 GenG). Es sind wenigstens 2 Liquidatoren zu bestellen (§ 83/2 GenG). Auf Antrag des Aufsichtsrats oder von $^{1}/_{10}$ der Genossen kann die Ernennung der Liquidatoren durch das Gericht erfolgen (§ 83/3 GenG). Die ersten Liquidatoren sind durch den Vorstand, jede Änderung in den Personen der Liquidatoren sowie die Beendigung ihrer Vertretungsbefugnis ist durch die Liquidatoren zur Eintragung in das GenReg. anzumelden. Eine Abschrift der Urkunde über die Bestellung der Liquidatoren oder über die Änderung in den Personen derselben ist der Anmeldung beizufügen, sie wird bei dem Gericht aufbewahrt. Die Liquidatoren haben ihre Unterschrift persönlich vor dem Gericht zu zeichnen oder in beglaubigter Form einzureichen. Die Eintragung der gerichtlichen Ernennung oder Abberufung von Liquidatoren erfolgt von Amts wegen (§ 84 GenG).

Die Liquidatoren haben in der bei ihrer Bestellung bestimmten Form ihre Willenserklärungen kundzugeben und für die Genschaft zu zeichnen. Ist darüber nichts bestimmt, so muß die Erklärung und Zeichnung durch sämtliche Liquidatoren erfolgen. Weniger als 2 dürfen hierfür nicht bestimmt werden. Die Bestimmung ist mit der Bestellung der Liquidatoren zur Eintragung in das GenReg. anzumelden (§ 85 GenG). Die Zeichnungen geschehen derart, daß die Liquidatoren der bisherigen, nunmehr als Liquidationsfirma zu bezeichnenden Firma ihre Namensunterschriften beifügen. Für Eintragung der Liquidation ist Rpfl zuständig.

Rechtsmittel: im Falle des § 83/3 GenG sofortige Bescherde §§ 146, 148 FGG, sonst einfache Beschwerde §§ 19, 20 FGG, vgl. auch oben § 10 Ziff. 1 aE.

Kosten: im Falle des § 83/3 GenG Gebühr § 112, Wert § 24/2, KostO, sonst keine Kosten § 159 GenG.

XV. Mitteilungspflicht der Behörden. Es gilt das zu A XVI vorstehend Gesagte entsprechend auch für die Genschaften (§ 125a FGG).

XVI. Nichtigkeit. Die Eintragung der Nichtigkeit von Beschlüssen der Generalversammlung (§ 51 GenG, § 147/3 FGG, § 23 GenRegVO) ist dem Richter vorbehalten (§ 15 Ziff. 1d d. Ges.).
Wegen Eintragung der Nichtigkeit der ganzen Genschaft vgl. oben Ziff. D Ia.

XVII.* Ordnungsstrafen Durch Verhängung von Ordnungsstrafen können angehalten werden

a) die Mitglieder des Vorstandes

zur Befolgung der Vorschriften in
§ 8/2 GenG Geschäfte mit Nichtmitgliedern
§ 14 GenG Anmeldung einer Zweigniederlassung
§ 28 GenG Anmeldung von Änderungen
§ 30 GenG Führung des Verzeichnisses der Genossen
§ 57/1 GenG Offenlegung der Bücher und Schriften an den Prüfer
§ 59/1 GenG Vorlage der Bescheinigung über die stattgefundene Prüfung
§ 78/2 GenG Anmeldung der Auflösung
§ 79/2 GenG Anmeldung der Auflösung durch Zeitablauf;

b) die Mitglieder des Vorstandes und die Liquidatoren

zur Befolgung der Vorschriften in
§ 33/2 GenG Vorlage des Jahresabschlusses
§ 33/3 GenG Veröffentlichung des Jahresabschlusses
§ 47 GenG Führung des Protokollbuches
§ 48/2 GenG Auslegung des Jahresabschlusses
§ 51/4 GenG Veröffentlichung der Klageerhebung
§ 51/5 GenG Anmeldung der Nichtigkeitserklärung
§ 84 GenG Anmeldung der Liquidatoren
§ 85/2 GenG Zeichnung der Liquidatoren
§ 89 GenG Veröffentlichung der Liquidationsbilanz
§ 157/2 GenG Anmeldungen zum GenReg. (§ 160 GenG).
Dabei sind die §§ 132—136 FGG und Art. II der VO. v. 6. 2. 1924 RGBl I S. 44 zu beachten. Im übrigen vgl. die Erläuterung zu § 4 d. Ges.
Rechtsmittel und Kosten: es gilt das oben unter B X Gesagte.

XVIII.* Prüfung durch den Prüfungsverband. Der Prüfungsverband hat dem AG, in dessen Bezirk die Genschaften ihren Sitz haben, die Satzung mit einer beglaubigten Abschrift der Verleihungsurkunde sowie jährlich im Monat Januar ein Verzeichnis der dem Verband angehörenden Genschaften einzureichen (§ 63 d GenG).

Gehört eine Genschaft keinem Prüfungsverband an, so kann das Gericht einen Prüfungsverband zur Erledigung der Aufgaben bestellen (§ 64b GenG).

Rechtsmittel: einfache Beschwerde § 19, 20 FGG vgl. auch oben § 10 Ziff.1aE.
Kosten: Gebühr § 112, Wert § 24/2 KostO.
Der Verband hat über das Ergebnis seiner Prüfung dem Vorstand der Genschaft schriftlich zu berichten (§ 58 GenG). Der Vorstand hat eine Bescheinigung des Verbandes, daß die Prüfung stattgefunden hat, zum GenReg. einzureichen (§ 59 GenG).

XVIIIa. Satzungsänderung. Die Satzungsänderung, die nur durch die Generalversammlung beschlossen werden kann, kann betreffen die Abänderung des Gegenstandes des Unternehmens, die Fortsetzung einer auf bestimmte Zeit beschränkten Genossenschaft (§ 16/1 GenG), die Erhöhung oder Herabsetzung des Geschäftsanteils oder der Haftsumme (vgl. oben D Xa und XIIa), die Sitzverlegung (vgl. unten D XVIIIb). Jede Satzungsänderung erlangt erst durch die Eintragung in GenReg. Wirksamkeit (§ 16/4 GenG). Die Eintragung der Satzungsänderung ist grundsätzlich dem Richter vorbehalten, der Rpfl ist ausnahmsweise zuständig, wenn die Satzungsänderung nur die Fassung betrifft (§ 15 Ziff. 1b d. Ges.).

XVIIIb. Sitzverlegung Die Eintragung der Verlegung des Sitzes einer Genossenschaft, die nur auf Grund einer entsprechenden Satzungsänderung vorgenommen werden kann (vgl. § 6 Ziff. 1 GenG), ist dem Richter vorbehalten (§ 15 Ziff. 1b d. Ges.). Vgl. auch oben D XVIIIa.

XVIIIc. Umwandlung. Die Eintragung der Umwandlung einer Genossenschaft in eine solche milderer Haftform oder in eine Genossenschaft strengerer Haftform (§§ 143 bis 145 GenG) ist in jedem Falle dem Richter vorbehalten (§ 15 Ziff. 1c d. Ges.).

XIX. Unterstützung durch Organe des Handelsstandes kommt beim GenReg., abgesehen von dem Firmenrecht (§ 18 HGB), nicht in Betracht, da § 126 FGG nicht für entsprechend anwendbar erklärt ist (vgl. Keidel, Anm. 7 zu § 126 und Anm. 3 zu § 147 FGG).

XX. Verschmelzung. Die Anmeldung der Verschmelzung (§ 93d GenG) ist dem Richter vorbehalten (§ 15 Ziff. 1c d. Ges.).

XXI.* Vorstand. Der Vorstand besteht aus mindestens 2 Mitgliedern, die von der Generalversammlung gewählt werden. Durch das Statut kann eine höhere Zahl von Vorstandsmitgliedern sowie eine andere Art der Bestellung festgesetzt werden (§ 24 GenG). Die Mitglieder des Vorstandes sind in das GenReg. einzutragen (§ 10 GenG); jede Änderung des Vorstandes ist ebenfalls in das GenReg. einzutragen (§ 28 GenG) siehe auch oben „Änderungen". (D VI). Zuständig für die Verfügung ist, soweit es sich um die erste Eintragung handelt, der Richter (§ 15 Ziff. 1a d. Ges.), im übrigen der Rpfl.
Rechtsmittel: bei Ablehnung Beschwerde §§ 19, 20 FGG (vgl. auch oben § 10 Ziff. 1 aE), bei Eintragung u.U. Amtslöschung nach § 142 FGG vgl. oben § 10 Ziff. 3 F.
Kosten: keine § 159 GenG.

XXII. Zuständigkeit. Zuständig ist das Gericht, in dessen Bezirk die Genschaft ihren Sitz hat (§ 10/1 GenG) und zwar das AG (§ 125 FGG). Die AV. vom 12. 8. 1937, 29. 9. 1937 DJust. S. 1251, 1519 und vom 11. 3. 1938 DJust. S. 400 sind zu beachten. In der Sowjetzone wird nach § 48 VO über die Übertragung der Angelegenheiten der freiwilligen Gerichtsbarkeit vom 15. 10. 1952 (GBl S. 1057) das GenReg bei dem Rat des Kreises geführt.

XXIII.* Zweigniederlassung. Jede Zweigniederlassung muß bei dem Gericht angemeldet werden und zwar bei dem Gericht, in dessen Bezirk sie sich befindet. Die Anmeldung hat die in § 12 GenG genannten Angaben zu enthalten: 2 beglaubigte Abschriften des Statuts und eine durch das Gericht der Hauptniederlassung beglaubigte Abschrift der Liste der Genossen sind beizufügen. Das Gericht hat die eine Abschrift des Statuts, mit der Bescheinigung der erfolgten Eintragung versehen, zurückzugeben und von der Eintragung dem Gericht der Hauptniederlassung Mitteilung zu machen (§ 14 GenG). Zuständig Rpfl.

Von der Eintragung eines beitretenden Genossen, der Eintragung oder der Vormerkung des Austritts, der Ausschließung oder des Todes von Genossen, sowie von der Eintragung weiterer Geschäftsanteile in der Liste der Genossen hat das Gericht (§ 10 GenG) dem Gerichte einer jeden Zweigniederlassung zur Berichtigung der dort geführten Liste Mitteilung zu machen. Ebenso ist die Eintragung der Auflösung einer Genschaft, der Verschmelzung von Genschaften sowie der Eröffnung des Konkursverfahrens zu dem GenReg. einer jeden Zweigniederlassung mitzuteilen (§ 158 GenG).

Rechtsmittel: bei Ablehnung Beschwerde §§ 19, 20 FGG (vgl. auch oben § 10 Ziff. 1 aE), bei Eintragung u. U. Amtslöschung nach § 142 FGG vgl. oben § 10 Ziff. 3 F.

Kosten: keine § 159 GenG.

E. Handelssachen aus dem Gebiete des Schiffahrtrechts

Vorbemerkung. Handelssachen i. S. des FGG sind alle im 7. Abschnitt des FGG behandelten richterlichen Geschäfte (vgl. Keidel, Vorbem. 1 vor § 125 HGB). Dazu gehören auch die in § 145 FGG genannten Geschäfte aus dem Gebiete des Seerechts. Soweit diese Geschäfte nicht dem Richter vorbehalten sind, ist nunmehr infolge der grundsätzlichen Übertragung der „Handelsgeschäfte" durch § 15 d. Ges. für ihre Bearbeitung der Rpfl zuständig.

Zu nennen sind folgende Geschäfte.

1. Abreise. Hat im Rahmen eines Seefrachtgeschäfts (§§ 556 bis 663 HGB) der Verfrachter sich zur Beförderung einzelner Güter (sog. Stückgüter, § 556 Ziff. 2 HGB) bereit erklärt, ohne einen Abreisetermin festzusetzen, so hat auf Antrag des Befrachters das Gericht den Zeitpunkt der Abreise festzusetzen (§ 590 HGB) mit der Folge, daß der Verfrachter sich bei Überschreitung dieses Zeitpunktes schadensersatzpflichtig macht. Die Bestimmung des Zeitpunktes der Abreise ist dem Richter vorbehalten (§ 15 Ziff. 3c d. Ges.).

Kosten: Gebühr § 112 Wert § 24^2 KostO.

1a.* Bodmerei. Befindet sich ein Seeschiff außerhalb des Heimathafens, so ist der Schiffer (d. h. der Führer des Seeschiffes oder Schiffskapitän, § 511 HGB) kraft seiner Anstellung befugt, alle zur Erhaltung des Schiffes und zur Ausführung der Reise notwendig werdenden Rechtsgeschäfte und Rechtshandlungen vorzunehmen (sog. Schiffervollmacht des § 527 HGB). Zum Abschluß eines Bodmereigeschäfts, d. h. der Aufnahme eines Darlehens unter Verpfändung von Schiff, Fracht und Ladung oder eines dieser Gegenstände (§ 679 HGB), ist er gemäß § 528 HGB jedoch nur dann befugt, wenn es zur Erhaltung des Schiffes oder zur Ausführung der Reise notwendig, und nur insoweit, als es zur Befriedigung des Kreditbedürfnisses erforderlich ist. Der Gläubiger (Bodmereigeber), dem der Schiffer auf Verlangen einen Bodmereibrief auszustellen hat (§ 683 HGB), kann sich vor Ausstellung des Bodmereibriefes zur Erleichterung des später u. U. zu führenden Beweises der Notwendigkeit von dem zuständigen Gericht oder der zuständigen Behörde des Ortes der Ausstellung die Notwendigkeit der Eingehung des Geschäfts urkundlich bezeugen lassen (§ 685 HGB; vgl. auch § 145/1 FGG). Die Entscheidung ist dem Rpfl übertragen.

Rechtsmittel: bei Ablehnung des Antrages: sofortige Beschwerde (§ 146/2 FGG); vgl. auch die Erläut. zu § 10 d. Ges. Die stattgebende Entscheidung ist mit der Beschwerde nicht anfechtbar (§ 146/3 FGG), wegen der Zulässigkeit der Erinnerung vgl. § 10 d. Ges. und Erläut. 3Ab hierzu.
Kosten: Gebühr § 112 Wert § 2/4 KostO

2. Dispache. Der gesamte Schaden, welcher die große Havarie bildet, d. h. die dem Schiffe und der Ladung zur Errettung beider aus gemeinschaftlicher Gefahr auf Geheiß des Schiffers vorsätzlich zugefügten Schäden und die zu diesem Zwecke aufgewendeten Kosten (§ 700 HGB), wird gemäß § 716 HGB über das Schiff, die Ladung und die Fracht nach dem Verhältnis des Wertes des Schiffes, der Ladung und der Fracht verteilt.

a) Ernennung von Dispacheuren. Der zum Zwecke der Feststellung und Verteilung der Schäden am Bestimmungsort oder in dem Hafen, in dem die Reise endet (§ 727 HGB), von dem Schiffer zur Vermeidung von Schadensersatzansprüchen unverzüglich zu veranlassende (§ 728 HGB) Verteilungsplan, die Dispache, wird grundsätzlich von landesgesetzlich allgemein bestellten Dispacheuren (Sachverständigen) aufgemacht. Falls solche nicht vorhanden sind, werden die Dispacheure durch das AG des Bestimmungsortes oder Hafenortes bestellt (§§ 729/1 HGB, 145/1, 149 FGG). Die Ernennung der Dispacheure ist dem Richter vorbehalten (§ 15 Ziff. 3d d. Ges.).

Rechtsmittel: gegen die Zurückweisung des Antrags sofortige Beschwerde (§ 146/2 FGG); vgl. auch die Erläut. zu § 10 d. Ges. Die stattgebende Verfügung ist unanfechtbar (§ 146/3 FGG).

Soweit im Bereich der Binnenschiffahrt auf Antrag ein Dispacheur gerichtlich zu bestellen ist (§ 87/2 BinnenSchG), ist wegen der gleichen Sachlage trotz des fehlenden Vorbehalts ebenfalls der Richter zuständig.

Rechtsmittel: gegen die Zurückweisung des Antrags sof. Beschwerde (§ 148/2 FGG). Die stattgebende Verfügung ist mit der Beschwerde nicht anfechtbar (§ 148/2 FGG); wegen der Zulässigkeit der Erinnerung vgl. die Erläut. 3 Ab zu § 10 d. Ges.

Kosten: Gebühr § 114 Wert § 2/4 KostO.

b) Gerichtliche Verrichtungen anläßlich der Dispache. Die Verrichtungen, welche den Gerichten in Ansehung der nach dem HGB oder dem BinnenschG aufzumachenden Dispache obliegen (§§ 149 bis 158 FGG), insbes. die Durchführung des Verhandlungstermins, sind ausnahmslos dem Richter vorbehalten, gleichviel ob es sich um eine Dispache für ein Seeschiff oder ein Binnenschiff handelt (§ 15 Ziff. 4 d. Ges.).

Zum besseren Verständnis des Begriffes der großen Havarie sei bemerkt, daß zu verstehen sind unter der besonderen Havarie alle nicht zur großen Havarie gehörigen Unfallschäden und -kosten, soweit diese nicht unter den Begriff der kleinen Havarie fallen (§ 701 HGB). Als kleine Havarie wird die Summe der dem Verfrachter außer der Fracht zur Last fallenden gewöhnlichen Auslagen wie Lotsengeld, Hafengeld, Schlepplohn, Quarantänegelder (§ 621/2 HGB) bezeichnet.

3.* Nach § 884/4 HGB kann das Gericht bei Seeversicherungen zur Abschätzung des Schadens **Sachverständige** ernennen. Zuständig zur Entscheidung hierüber ist der Rpfl.

Rechtsmittel: sofortige Beschwerde § 146 FGG ,vgl. auch oben § 10 Ziff.1aE.

Kosten: Gebühr § 111, Wert § 24/2 KostO.

3a. Verkauf des Schiffes. Befindet sich das Seeschiff außerhalb des Heimathafens, so ist der Schiffer kraft seiner Schiffervollmacht (vgl. oben Ziff. 1a) zum Verkauf des Schiffes nur im Falle dringender, gerichtlich festgestellter Notwendigkeit befugt (§ 530 HGB). Die gerichtliche Feststellung, die sog. Kondemnation, ist dem Richter vorbehalten (§ 15 Ziff. 3b d. Ges.).

4. Verklarung. Zur eigenen Entlastung sowie zur Schaffung von Unterlagen zur Regelung der privatrechtlichen Verhältnisse ist der Schiffer gemäß §§ 522ff. HGB verpflichtet, über alle Unfälle, die sich während der Reise ereignen, im ersterreichten Hafen oder an einem sonst geeigneten Orte eine gerichtlich abgegebene beeidigte Darstellung des Unfalls, die sog Verklarung (= Reinigung) abzugeben. An die Stelle der formellen Verklarungsvorschriften der §§ 524, 525 HGB ist bis auf weiteres die VO zur Vereinfachung des Verfahrens über Verklarungen vom 16. 8. 1944 (RGBl I S. 183) getreten. Nach dieser VO gelten für das Verfahren die §§ 145, 146 FGG sinngemäß (§ 4).

Die Entgegennahme des angemeldeten Verklarungsberichts (§ 2 aaO) und das sich anschließende Verklarungsverfahren (§ 3 aaO) sind dem Richter vorbehalten (§ 15 Ziff. 3a d. Ges.).

Rechtsmittel: gegen die Ablehnung des Antrags sof. Beschw. (§ 146/2 FGG). Die stattgebende Entsch. ist unanfechtbar (§ 146/3 FGG). Auch bei Binnenschiffen gilt trotz fehlenden Vorbehalts für die Entgegennahme des Verklarungsberichts und das anschließende Verfahren (§§ 11ff. BinnenschG) der Richtervorbehalt (§ 15 Ziff. 3a d. Ges.).

Rechtsmittel: gegen die ablehnende Entscheidung sof. Beschwerde (§ 148/1 FGG); die stattgebende Entscheidung ist unanfechtbar (§ 148/2 FGG).

Kosten: Gebühr § 44/5 KostO.

Anhang

F. Vereinssachen (VReg.)

Vorbemerkung. Während bisher gemäß § 23/1c REntlV auch von den mit der Führung des VReg. zusammenhängenden Geschäften die Verfügungen auf erste Eintragung und auf Eintragung von Satzungsänderungen dem Richter vorbehalten waren (vgl. dazu Waldmann DFG 1943, 137), ist im Gegensatz zu den HReg-Sachen (vgl. insbes. § 15 Ziff. 1a, b, 2 d. Ges.) nunmehr nach § 3/1 Ziff. 1a d. Ges. der Rpfl für die VReg.-Sachen unbeschränkt zuständig (Vollübertragung). Das schließt jedoch nicht aus, daß der Rpfl auch jetzt die rechtlich schwierigen Fälle gemäß § 5/1 Ziff. 2 d. Ges. dem Richter vorlegt (vgl. die Erläut. 3 zu § 3 d. Ges.).

Wegen des sachlichen Zusammenhangs mit den HReg.-Sachen werden die mit der Übertragung der VReg.-Sachen auf den Rpfl zusammenhängenden Fragen an dieser Stelle erläutert. In der Sowjetzone wird nach § 38 VO über die Übertragung der Angelegenheiten der freiwilligen Gerichtsbarkeit vom 15. 10. 1952 (GBl S. 1057) das VReg durch die Volkspolizeikreisämter geführt.

1.* Anmeldung. Der Vorstand hat den Verein zur Eintragung anzumelden. Der Anmeldung sind beizufügen die Satzung in Ur- und Abschrift, eine Abschrift der Urkunden über die Bestellung des Vorstandes. Die Satzung soll von mindesten 7 Mitgliedern unterzeichnet sein und die Angabe des Tages der Errichtung enthalten (§ 59 BGB). Jede Änderung des Vorstandes sowie die erneute Bestellung eines Vorstandsmitgliedes, ferner jede Änderung der Satzungen ist ebenfalls zur Eintragung anzumelden (§§ 67, 71 BGB). Die Anmeldungen sind von den Mitgliedern des Vorstandes sowie von den Liquidatoren durch öffentlich beglaubigte Erklärung zu bewirken (§ 77 BGB); sie können auch zu Protokoll der Geschstelle des Reggerichts erfolgen (§§ 159, 128 FGG). Der Anmeldung ist bei der Vorstandsänderung eine Abschrift der Urkunde über die Vorstandsänderung oder erneute Bestellung, bei der Satzungsänderung der Änderungsbeschluß in Ur- und Abschrift beizufügen (§§ 67, 71 BGB).

Die Eintragungen, und zwar im Gegensatz zu der bisherigen Regelung (§ 23/1c REntlV) nunmehr auch die Verfügung auf die erste Eintragung sowie auf Eintragung von Satzungsänderungen, sind jetzt ausnahmslos dem Rpfl übertragen.

Rechtsmittel: gegen die Eintragung kann nicht Beschwerde mit dem Ziel auf Löschung eingelegt werden (vgl. die Erläut. 3 F a zu § 10 d. Ges.); in Betracht kommt vielmehr nur die Amtslöschung (s. unten F 1a).

Über die Zurückweisung einer Anmeldung vgl. unten F Ziff. 17.

Kosten: für die beurkundete Anmeldung: §§ 31 Abs. 1 Ziff. 7, 79, Wert: § 35 KostO.

1a* Amtslöschung. Unzulässige Eintragungen (vgl. dazu Keidel, Anm. 4f zu § 159 FGG) können gemäß §§ 142, 143, 159 FGG in einem besonders geregelten Löschungsverfahren von Amts wegen gelöscht werden.

Da der die Löschung nichtiger Kapitalgesellschaften des Handelsrechts betreffende § 144 FGG in § 159 FGG nicht aufgeführt ist, kommt die Löschung eines Vereins wegen Nichtigkeit von Amts wegen nicht in Betracht. Ebensowenig findet nach zutreffender Ansicht das Ges. über die Auflösung und Löschung von Gesellschaften und Genossenschaften vom 9. 10. 1934 (RGBl I S. 914) auf Vereine Anwendung (vgl. Keidel, Anh. zu § 144 FGG Anm. 1, ferner Anm. 5 zu § 159 FGG).
Im VReg.-Recht ist der Rpfl auch für die Amtlöschung zuständig.

Rechtsmittel: Gegen die Löschungsbenachrichtigung ist nicht die Beschwerde, sondern nur der Widerspruch und gegen dessen Zurückweisung die sof. Beschwerde gegeben (§§ 141/3, 4, 142/3, 4, 159 FGG); vgl. auch § 10 d. Ges.

2.* Auszug aus dem Register. Behörden gegenüber wird der Nachweis, daß der Vorstand aus den im Register eingetragenen Personen besteht, durch ein Zeugnis des AG über die Eintragung geführt (§ 69 BGB).
Kosten: § 82 KostO.

3.* Auflösung des Vereins. Sie erfolgt

a) durch Beschluß der Mitgliederversammlung (§ 41 BGB) oder durch Ablauf der für die Dauer des Vereins bestimmten Zeit (§ 74/2 BGB),

b) durch Entziehung der Rechtsfähigkeit auf Grund landesrechtlich geregelten Verfahrens (§§ 43, 44 BGB).

Im ersteren Falle hat der Vorstand die Auflösung zur Eintragung anzumelden (§ 74/2 BGB), im letzteren Falle erfolgt die Eintragung auf Anzeige der zuständigen Behörde (§ 74/3 BGB). Wegen der Eintragung der Konkurseröffnung vgl. F unten 12.

In der Regel (vgl. § 47 BGB) werden gleichzeitig mit der Anmeldung der Auflösung auch die Liquidatoren angemeldet (vgl. unten F 13).

Ob ebenso wie nach § 31/2 HGB bei Handelsgesellschaften auch bei Vereinen die Beendigung der Liquidation einzutragen und der Verein zu löschen ist, ist streitig (vgl. Brand-Marowski S. 454).

Kosten: Beurkundung der Anmeldung §§ 31 Abs. 1 Ziff. 7, 79, Wert § 35 KostO. Eintragung im ersteren Falle = Gebühr § 75 Abs. 1 Ziff. 2 (da Liquidation erforderlich, § 47 BGB), Wert § 24/2 KostO; im letzteren Falle gebührenfrei, da Eintragung von Amts wegen erfolgt.

4.* Bestellung von Vorstandsmitgliedern. Fehlen die erforderlichen Vorstandsmitglieder, so können in dringenden Fällen auf Antrag eines Beteiligten Ergänzungsmitglieder durch das AG bestellt werden, in dessen Bezirk der Verein seinen Sitz hat (§ 29 BGB).

Rechtsmittel: Beschwerde § 20 FGG, vgl. auch oben § 10 Ziff. 1 aE.
Kosten: Gebühr § 112 KostO, Wert § 24/2 KostO.

5.* Bekanntmachungen. Die Eintragung des Vereins hat das AG durch das für seine Bekanntmachungen bestimmte Blatt zu veröffentlichen (§ 66 BGB). Auch die eingetragenen Satzungsänderungen sind zu veröffentlichen (§ 71/2 BGB).
Kosten: Bekanntmachungen = Auslagen § 139/3 KostO.

6.* Bescheinigungen. Das AG hat auf Verlangen eine Bescheinigung darüber zu erteilen, daß bezüglich des Gegenstandes der Eintragung weitere Eintragungen im VReg. nicht vorhanden sind oder daß eine bestimmte Eintragung in das Reg. nicht erfolgt ist (§ 162 FGG).

Rechtsmittel: Beschwerde § 20 FGG, vgl. auch oben § 10 Ziff. 1 aE.
Kosten: § 82 KostO.

7.* Einspruchsrecht der Verwaltungsbehörden. Sind die Voraussetzungen zur Eintragung erfüllt (§§ 56—59 BGB), so wird die Anmeldung von dem AG zugelassen und der zuständigen Verwaltungsbehörde mitgeteilt (§ 61/1 BGB). Diese kann gegen die Eintragung Einspruch erheben (§ 61/2 BGB). Wird Einspruch erhoben, so hat das AG den Einspruch dem Vorstand mitzuteilen (§ 62 BGB). Gegen den Einspruch ist der Verwaltungsrechtsweg gegeben (§ 62/2 BGB). Im übrigen erfolgt die Eintragung, wenn die Verwaltungsbehörde nicht binnen 6 Wochen Einspruch erhebt oder wenn sie vorher dem Gericht mitteilt, daß sie keinen Einspruch erhebe oder wenn der erhobene Einspruch endgültig aufgehoben ist (§ 63 BGB).

8.* Eintragung des Vereins. Bei der Eintragung sind der Name und Sitz des Vereins (§ 57 BGB), der Tag der Errichtung der Satzung sowie die Mitglieder des Vorstandes im VReg. anzugeben. Ebenso sind etwaige Bestimmungen einzutragen, die den Umfang der Vertretungsmacht des Vorstandes beschränken oder die Beschlußfassung des Vorstandes abweichend von § 28/1 BGB regeln (§ 64 BGB).

Einrichtung und Führung des VReg. sind durch Bek. vom 3. 11. 1898 (abgedruckt in Keidel, FGG Anh. 7) und im übrigen durch Landesvorschriften näher geregelt.

Auf die Eintragungen in das VReg. finden die Vorschriften der §§ 127—130, 142, 143 FGG Anwendung (§ 159 FGG).
Kosten: Gebühr § 75, Wert § 24/2 KostO.

9.* Einsicht in das VReg. Die Einsicht in das VReg. und der von dem Verein bei dem AG eingereichten Schriftstücke ist jedem gestattet. Von den Eintragungen kann eine Abschrift, die auf Verlangen zu beglaubigen ist, gefordert werden (§ 79 BGB).

Kosten: Einsicht gebührenfrei § 83, Abschriften § 82 KostO.

10.* Entziehung der Rechtsfähigkeit. Sinkt die Zahl der Mitglieder nach der Eintragung des Vereins unter 3, so muß das AG auf Antrag des Vorstandes dem Verein die Rechtsfähigkeit entziehen. Wird der Antrag nicht binnen 3 Monaten gestellt, so erfolgt die Entziehung von Amts wegen nach Anhörung des Vorstandes (§ 73 BGB).

Die Entziehung der Rechtsfähigkeit, die mit Rechtskraft des Beschlusses wirksam wird (§ 73/2 BGB), ist von Amts wegen in das VReg. einzutragen (vgl. § 74/1 BGB).

Rechtsmittel: sofortige Beschwerde nach den Vorschriften der ZPO (§ 73 BGB), vgl. auch Erläut. zu § 10, 3 A f und § 10 Ziff. 1 aE.

Kosten: Gebühr § 112, Wert § 24/2 KostO.

11.* Ermächtigung zur Berufung der Versammlung und Bestellung des Vorsitzers. Die Mitgliederversammlung ist zu berufen, wenn es die Satzung bestimmt oder wenn es das Interesse des Vereins erfordert (§ 36 BGB) oder wenn es $^1/_{10}$ der Mitglieder unter Angabe des Zweckes und der Gründe verlangt (§ 37/1 BGB). Wird dem letzteren Verlangen nicht entsprochen, so kann das AG die antragstellenden Mitglieder zur Berufung der Versammlung ermächtigen und über die Führung des Vorsitzes in der Versammlung Bestimmung treffen (§ 37/2 BGB). Das AG soll, soweit tunlich, vor der Entscheidung den Vereinsvorstand hören (§ 160 FGG).

Rechtsmittel: sofortige Beschwerde (§ 160 FGG), vgl. auch oben § 10 Ziff. 1 aE.

Kosten: Gebühr § 112, Wert § 24/2 KostO.

12.* Konkurseröffnung. Die Eröffnung des Konkurses ist, ebenso wie die etwaige Aufhebung des Eröffnungsbeschlusses von Amts wegen in das VReg. einzutragen (§ 75 BGB). Der Verein verliert durch die Konkurseröffnung die Rechtsfähigkeit (§ 42/1 BGB).

Kosten: gebührenfrei § 80 KostO.

13.* Liquidation. Die Durchführung der Liquidation (§§ 47—49 BGB) ist Sache des Vereinsvorstandes. Zu Liquidatoren können auch andere Personen bestellt werden, für die Bestellung sind die für die Bestellung des Vorstandes geltenden Bestimmungen maßgebend (§ 48 BGB). Daher kann in dringenden Fällen auch das AG auf Antrag eines Beteiligten die Liquidatoren bestellen (§ 29 BGB). Die Liquidatoren sind in das VReg. einzutragen (§ 76/1 BGB). Die Anmeldung der durch die Mitgliederversammlung bestellten Liquidatoren erfolgt durch den Vereinsvorstand (§ 76/2 BGB), die Eintragung der gerichtlich bestellten Liquidatoren (§§ 29, 48, 77 BGB) geschieht von Amts wegen (§ 76/3 BGB).

Kosten: Anmeldung Gebühr §§ 31 Abs. 1 Ziff. 7, 79, Wert § 24/2 KostO, Eintragung Gebühr § 75 Abs. 1 Ziff. 2, Wert § 24/2 KostO; gerichtliche Bestellung der Liquidatoren Gebühr § 112 KostO, Eintragung gebührenfrei.

14.* Mitgliederzahl Die Zahl der Mitglieder des Vereins soll mindestens 7 betragen (§ 56 BGB). Der Vorstand hat dem AG auf Verlangen eine von ihm vollzogene Bescheinigung über die Zahl der Vereinsmitglieder einzureichen (§ 72 BGB).

Kosten: Entgegennahme der Bescheinigung gebührenfrei.

15.* Ordnungsstrafen. Das AG kann die Vorstandsmitglieder zur Befolgung der Vorschriften des

§ 67/1 BGB Anmeldung der Änderungen im Vorstand,
§ 71/1 BGB Anmeldung von Satzungsänderungen,
§ 72 BGB Bescheinigung der Mitgliederzahl,
§ 74/2 BGB Anmeldung der Vereinsauflösung
§ 76 BGB Anmeldung der Liquidatoren

durch Ordnungsstrafen anhalten (§ 78 BGB). In gleicher Weise können die Liquidatoren zur Befolgung der Vorschriften des 76 BGB angehalten werden.

Die Geldstrafe beträgt nach Art. II Abs. 2 der VO v. 6. 2. 1924 — RGBl I S. 44 — mindestens 1 DM und höchstens 1000 DM. Auf das Verfahren finden die Vorschriften der §§ 127, 132—139 FGG Anwendung (§ 159 FGG).

Im übrigen vgl. die Erläut. 1 zu § 4 d. Ges.

Rechtsmittel: sofortige Beschwerde § 139 FGG, vgl. auch oben § 10 Ziff. 1 aE.

Kosten: Gebühr § 110, Wert § 110 Abs. 2 KostO.

16.* Satzung des Vereins. Sie muß enthalten Namen, Zweck und Sitz des Vereins und die Angabe, daß der Verein eingetragen werden soll (§ 57/1 BGB). Sie soll Bestimmungen über den Vorstand, die Mitgliederversammlung, den Eintritt und Austritt der Mitglieder und die Beitragsleistungen enthalten (§ 58 BGB). Änderungen der Satzung bedürfen zu ihrer Wirksamkeit der Eintragung in das VReg. und sind anzumelden (§ 71 BGB).

Wegen der Zuständigkeit des Rpfl vgl. oben F 1.

Kosten bei Satzungsänderungen: Anmeldung Gebühr § 31 Abs. 1 Ziff. 7, § 79, Wert § 24/2 KostO; Eintragung Gebühr § 75 Abs. 1 Ziff. 2, Wert § 24/2 KostO.

16a. Sitzverlegung. Die Sitzverlegung, die durch Satzungsänderung erfolgt, wird erst mit der Eintragung wirksam (§§ 24, 71 BGB). Vgl. im übrigen oben F 1 und 16.

Die Verlegung des Sitzes in das Ausland hat den Verlust der Rechtsfähigkeit zur Folge (Palandt-Lauterbach, Anm. 1 zu § 24 BGB).

17.* Zurückweisung. Die Anmeldung ist zurückzuweisen, wenn sie den Voraussetzungen der §§ 56—59 BGB (siehe vorstehend Ziff. F 14, 16) nicht genügt (§ 60 BGB), vgl. auch Erläut. zu § 10, 3 A f.

Rechtsmittel: sofortige Beschwerde (§ 60 BGB), vgl. auch oben § 10 Ziff. 1 aE.

Kosten: Gebühr § 122/1, Wert § 24/2 KostO.

18. Zuständigkeit. Die Eintragung von Vereinen der in § 21 BGB genannten Art hat in das VReg. des AG zu erfolgen, in dessen Bezirk der Verein seinen Sitz hat (§ 55 BGB). Für die Eintragung ist es nach § 21 BGB wesentliche Voraussetzung, daß der Zweck des Vereins nicht auf einen wirtschaftlichen Geschäftsbetrieb gerichtet ist. In der Sowjetzone wird nach § 38 VO über die Übertragung der Angelegenheiten der freiwilligen Gerichtsbarkeit vom 15. 10. 1957 (GBl S. 1057) das VReg durch die Volkspolizeikreisämter geführt.

G. Musterregistersachen (MReg.)

Vorbemerkung. Entsprechend der bisherigen Regelung (vgl. § 23/1f REntlV) sind die mit der Führung des MReg. zusammenhängenden Geschäfte gemäß § 3/1 Ziff. 1c d. Ges. in vollem Umfang dem Rpfl übertragen (Vollübertragung). Vgl.

dazu die Erläut. 3c zu § 3 d. Ges. Da die Führung des MReg. zu den Handelsgeschäften i. S. des 7. Abschnitts des FGG gehört (vgl. Keidel, Vorbem. 1 vor § 125 FGG), werden die mit der Übertragung der MReg.-Sachen zusammenhängenden Fragen an dieser Stelle behandelt.

1.* Anmeldung und Niederlegung. Der Urheber eines Musters oder Modells i. S. des GeschmMG, d. h. eines Vorbildes für die Gestaltung von Industrieerzeugnissen, sofern es zur Befriedigung des Geschmacks, des Formensinns, des ästhetischen Gefühls bestimmt und geeignet ist (Brand-Marowski S. 471) genießt den Schutz gegen Nachbildung nur dann, wenn er dasselbe zur Eintragung in das MReg. angemeldet und ein Exemplar oder eine Abbildung des Musters usw. bei der mit der Führung des MReg. beauftragten Behörde (vgl. unten G 4) niedergelegt hat. Die Anmeldung und Niederlegung muß erfolgen, bevor ein nach dem Muster oder Modell gefertigtes Erzeugnis verbreitet wird (§ 7 GeschmMG).

Kosten der Beurkundung der Anmeldung: da nicht formbedürftig gebührenfrei § 79 Satz 3 KostO.

2.* Dauer des Schutzes. Der Schutz gegen Nachbildung wird dem Urheber nach seiner Wahl 1 bis 3 Jahre lang, vom Tage der Anmeldung ab, gewährt. Die Schutzfrist kann auf Antrag verlängert werden bis auf höchstens 15 Jahre (vgl. auch §§ 7, 8 d. Ges. v. 18. 7. 1953 BGBl I S. 615). Die Verlängerung ist in das MReg. einzutragen. Der Urheber kann das Verlängerungsrecht außer bei der Anmeldung auch bei Ablauf der 3jährigen und der 10jährigen Schutzfrist ausüben (§ 8 GeschmMG).

3.* Einsicht und Öffnung. Es ist jedermann gestattet, von dem MReg. und den nicht versiegelten Mustern und Modellen Einsicht zu nehmen und sich beglaubigte Auszüge aus dem Musterregister erteilen zu lassen. In Streitfällen darüber, ob ein Muster oder Modell gegen Nachbildung geschützt ist, können zur Herbeiführung der Entscheidung auch die versiegelten Pakete von der mit der Führung des MReg. beauftragten Behörde geöffnet werden (§ 11 GeschmMG).

Kosten: Einsicht gebührenfrei.

4.* Führung des Musterregisters. Das MReg. wird von dem AG geführt (vgl. auch § 4 des Gesetzes vom 18. 7. 1953, BGBl I S. 615). Die Anmeldung und Niederlegung hat bei dem AG der Hauptniederlassung der Firma des Urhebers und, falls der Urheber eine Firma nicht besitzt, bei dem AG seines Wohnsitzes zu erfolgen. Die Muster oder Modelle können offen oder versiegelt niedergelegt werden. Die Eröffnung der versiegelt niedergelegten Muster erfolgt 3 Jahre nach der Anmeldung oder wenn die Schutzfrist eine kürzere ist, nach Ablauf derselben. Die Eintragungen und die Verlängerung der Schutzfrist sind im Bundesanzeiger bekannt zu machen (§ 9 GeschmMG).

Die näheren Bestimmungen über Einrichtung und Führung des MReg. sind in der Bek. vom 29. 2. 1876 (abgedruckt in Keidel, FGG Anhang 5) enthalten.

Die Eintragungen im MReg. werden bewirkt, ohne daß vorher die Berechtigung des Antragstellers oder die Richtigkeit der zur Eintragung angemeldeten Tatsachen geprüft wird (§ 10 GeschmMG).

5.* Kosten. Für jede Eintragung und Niederlegung auf nicht länger als 3 Jahre entsteht eine Gebühr von 1 DM für jedes Jahr. Wird ein Paket mit Mustern oder Modellen niedergelegt, so ermäßigt sich diese Gebühr auf 0,10 DM für jedes darin enthaltene Muster oder Modell, doch ist mindestens 1 DM zu erheben. Bei einer längeren Schutzfrist entsteht für jedes weitere Jahr bis zu 10 Jahren einschl. eine Gebühr von 2 DM, vom 11. bis 15. Jahr eine Gebühr von 3 DM für jedes einzelne Muster oder Modell. Für jeden Eintragungsschein sowie für jeden sonstigen Auszug aus dem MReg. wird eine Gebühr von 1 DM erhoben (§ 12 GeschmMG).

6.* Löschung. Nach § 12 MRegBek. werden die niedergelegten Muster usw. und deren Abbildungen 4 Jahre nach Ablauf der Schutzfrist aufbewahrt und sodann nach fruchtloser Rücknahmeaufforderung verkauft oder vernichtet. Eine Löschung der Eintragung im MReg. ist in den Vorschriften nicht vorgesehen. Verzichtet der Urheber auf weiteren Schutz oder wird ein auf Löschung lautendes rechtskräftiges Urteil vorlelegt, so wird eine entspr. Eintragung im MReg. vorgenommen (vgl. Brand-Marowski S. 478/479).

§ 16
Verschollenheitssachen

In Verschollenheitssachen bleibt das Verfahren dem Richter vorbehalten:

1. wenn der Antrag auf Einleitung des Verfahrens vom Staatsanwalt gestellt wird (§ 16 Abs. 2 Buchstabe a des Verschollenheitsgesetzes);

2. wenn der Antrag von anderen Personen als dem gesetzlichen Vertreter, dem Ehegatten, den ehelichen oder ihnen gleichgestellten Abkömmlingen oder den Eltern des Verschollenen gestellt wird (§ 16 Abs. 2 Buchstabe c des Verschollenheitsgesetzes);

3. wenn der Antrag gestellt wird, das Verfahren nach den Vorschriften der Konvention der Vereinten Nationen vom 6. April 1950 über die Todeserklärung Verschollener (Bundesgesetzblatt 1955 II S. 701, 706) durchzuführen oder eine Bescheinigung nach Artikel 6 der Konvention auszustellen;

4. in den Fällen des § 33a des Verschollenheitsgesetzes.

Übersicht

Allgemeines. Im Verfahren bei Todeserklärungen und bei Feststellung der Todeszeit (§§ 13 bis 38 und §§ 39 bis 45 VerschG) war bisher eine Entlastung der Richter nicht vorgesehen. Wie bereits in Erläut. 4 zu § 3 d. Ges. aufgeführt, sind die dabei vorzunehmenden Geschäfte grundsätzlich dem Rpfl übertragen, da es sich hierbei um typisch wiederkehrende, im wesentlichen rechtlich einfache Entscheidungen handelt, die lediglich nach äußeren Tatbeständen zu treffen sind. Ausgenommen sind allein 4 Positionen (Vorbehaltsübertragung).

Das Aufgebotsverfahren nach dem VerschG ist eine Angelegenheit der freiwilligen Gerichtsbarkeit (§ 13 VerschG). In der Sowietzone sind die Kreisgerichte zuständig (§ 2 Ziff. 4 VO über die Übertragung der Angelegenheiten der freiwilligen Gerichtsbarkeit vom 15. 10. 1952 (GBl S. 1057).

1. Arten der Verschollenheit.

a) Allgemeine Verschollenheit. Die Todeserklärung ist zulässig, wenn seit dem Ende des Jahres, in dem der Verschollene nach den vorhandenen Nachrichten noch gelebt hat, 10 Jahre oder, wenn der Versch. z. Z. der Todeserklärung das 80. Lebensjahr vollendet hätte, 5 Jahre verstrichen sind. Vor dem Ende des Jahres, in dem der Versch. das 25. Lebensjahr vollendet hätte, darf er nach Abs. 1 nicht für tot erklärt werden (§ 3 VerschG).

b) Kriegsverschollenheit. Wer als Angehöriger einer bewaffneten Macht an einem Kriege oder einem kriegsähnlichen Unternehmen teilgenommen hat, während dieser Zeit im Gefahrgebiet vermißt worden und seitdem verschollen ist, kann für tot erklärt werden, wenn seit dem Ende des Jahres, in dem der Friede geschlossen oder der Krieg oder das kriegsähnliche Unternehmen ohne Friedensschluß tatsächlich beendet ist, ein Jahr verstrichen ist (§ 4 VerschG).

Wegen der Verschollenheitsfälle aus Anlaß des Krieges 1939 bis 1945 vgl. die Sondervorschriften in Art. 2 des VerschÄndG v. 15. 1. 1951 BGBl I S. 59 (nachstehend Ziffer 15).

c) Seeverschollenheit. Wer bei einer Fahrt auf See, insbesondere infolge Untergangs des Schiffes, verschollen ist, kann für tot erklärt werden, wenn seit dem Untergang des Schiffes oder dem sonstigen die Verschollenheit begründenden Ereignis 6 Monate verstrichen sind (§ 5/1 VerschG).

d) Luftverschollenheit. Wer bei einem Fluge, insbesondere infolge Zerstörung des Luftfahrzeugs, verschollen ist, kann für tot erklärt werden, wenn seit der Zerstörung des Luftfahrzeugs oder dem sonstigen die Verschollenheit begründenden Ereignis oder, wenn diese Ereignisse nicht feststellbar sind, seit dem letzten Zeitpunkt, zu dem der Versch. nach den vorhandenen Nachrichten noch gelebt hat, 3 Monate verstrichen sind (§ 6 VerschG).

e) Gefahrenverschollenheit. Wer unter anderen als den in den §§ 4 bis 6 VerschG bezeichneten Umständen in eine Lebensgefahr gekommen und seitdem verschollen ist, kann für tot erklärt werden, wenn seit dem Zeitpunkt, in dem die Lebensgefahr beendet ist oder ihr Ende nach den Umständen erwartet werden konnte, ein Jahr verstrichen ist (§ 7 VerschG).

f) Zusammentreffen von Kriegs- mit See- oder Luftverschollenheit. Liegen bei einem Versch. die Voraussetzungen sowohl des § 4 als auch der §§ 5 oder 6 VerschG vor, so ist nur § 4 VerschG anzuwenden (§ 8 VerschG).

2.* Anhörung der Beteiligten. Vor der Bekanntmachung des Aufgebots ist in jedem Falle dem StA, vor der Entscheidung dem Antragsteller und dem StA Gelegenheit zur Äußerung zu geben (§ 22 VerschG). Wegen der Mitwirkung der

Staatsanwaltschaft vgl. AV v. 11.7.1939 DJ S. 1206. Wegen der Anhörung der Beteiligten im Verfahren zur Aufhebung der Todeserklärung vgl. nachstehend Ziffer 6.

3. Antrag. Das Aufgebotsverfahren wird nur auf Antrag eingeleitet. Den Antrag können stellen der StA, der gesetzliche Vertreter des Versch., der Ehegatte, die ehelichen und die ihnen gleichgestellten Abkömmlinge und die Eltern des Versch. sowie jeder andere, der ein rechtliches Interesse an der Todeserklärung hat. Der gesetzliche Vertreter bedarf zur Antragstellung der Genehmigung des Vormdschgerichts (§ 16 VerschG, vgl. auch oben § 12, XXI, 42). Jeder Antragsberechtigte kann neben dem Antragsteller oder an dessen Stelle in das Verfahren eintreten (§ 17 VerschG). Der Antragsteller hat vor Einleitung des Verfahrens die zur Begründung des Antrags erforderlichen Tatsachen glaubhaft zu machen (§ 18 VerschG).

In Fällen, in denen der Staatsanwalt oder ein anderer als der Ehegatte oder die oben genannten nahen Verwandten den Antrag gestellt haben, ist das Verfahren dem Richter vorbehalten (§ 16 Ziff. 1 und 2 d. Ges.).

Hat der Versch. die Todeserklärung überlebt, so kann er oder der StA ihre Aufhebung beantragen (§ 30 VerschG), vgl. unten Ziff. 6.

4. Aufgebot. Ist der Antrag zulässig, so hat das Gericht das Aufgebot zu erlassen. In das Aufgebot ist insbesondere aufzunehmen die Bezeichnung des Antragstellers, die Aufforderung an den Versch. sich bis zu einem bestimmten Zeitpunkt zu melden, widrigenfalls er für tot erklärt wird, die Aufforderung an alle, die Auskunft über den Versch. geben können, dem Gericht bis zu der bestimmten Frist Anzeige zu machen (§ 19 VerschG).

Rechtsmittel: siehe unter 13 nachstehend.

Kosten: Gebühr und Wert § 118a KostO.

5. Aufgebotsfrist. Zwischen dem Tage, an dem das Aufgebot zum ersten Male durch eine Tageszeitung öffentlich bekanntgemacht ist, und dem nach § 19/2b VerschG bestimmten Zeitpunkt muß eine Frist von mindestens 6 Wochen liegen (§ 21/1 VerschG). Die Aufgebotsfrist soll in der Regel nicht mehr als 1 Jahr betragen.

6.* Aufhebung der Todeserklärung. Hat der Versch. die Todeserklärung überlebt, so kann er oder der StA ihre Aufhebung beantragen (§ 30 VerschG). Für das Verfahren gelten die Vorschriften der §§ 17, 18 (Eintrittsrecht jedes Antragstellers) (§ 31 VerschG). Vor der Entscheidung ist dem Antragsberechtigten und dem, der die Todeserklärung erwirkt hat, Gelegenheit zur Äußerung zu geben (§ 31/2 VerschG). Der Aufhebungsbeschluß ist in der gleichen Form öffentlich bekanntzumachen, wie die Todeserklärung bekanntgemacht ist. Der Beschluß, durch den die Aufhebung der Todeserklärung abgelehnt wird, ist dem Antragsteller und dem StA zuzustellen (§ 32 VerschG).

Rechtsmittel: siehe unten Ziffer 13.

Kosten: Gebühr und Wert § 118a KostO.

7.* Bekanntmachungen. Das Aufgebot muß durch eine Tageszeitung bekanntgemacht werden, das Gericht kann anordnen, daß das Aufgebot daneben in anderer Weise, insbesondere durch Rundfunk öffentlich bekanntgemacht wird. Das Aufgebot soll an die Gerichtstafel angeheftet werden (§ 20 VerschG).

Der Beschluß, durch den der Versch. für tot erklärt wird, ist in entsprechender Anwendung des § 20 VerschG öffentlich bekanntzumachen. Er ist ferner dem Antragsteller und dem StA zuzustellen (§ 24 VerschG).

Wird der Beschluß, durch welchen der Versch. für tot erklärt wird auf sofortige Beschwerde oder sofortige weitere Beschwerde aufgehoben und die Todeserklärung abgelehnt, so kann das Gericht anordnen, daß dieser Beschluß in der in § 24 VerschG genannten Art öffentlich bekanntgemacht wird (§ 27 VerschG).

Wegen der öffentlichen Aufforderung im Verfahren zur Feststellung der Todeszeit vgl. nachstehend Ziffer 9.

8.* Beschluß über Todeserklärung. In dem Beschluß, durch den der Versch. für tot erklärt wird, ist der Zeitpunkt seines Todes nach § 9 Abs. 2, 3 VerschG festzustellen (§ 23 VerschG). § 9 Abs. 2, 3 bestimmt:

Als Zeitpunkt des Todes ist der Zeitpunkt festzustellen, der nach dem Ergebnis der Ermittlungen der wahrscheinlichste ist.

Läßt sich ein solcher Zeitpunkt nicht angeben, so ist als Zeitpunkt des Todes festzustellen:

a) in den Fällen des § 3 das Ende des 5. Jahres oder, wenn der Versch. das 80. Lebensjahr vollendet hätte, des 3. Jahres nach dem letzten Jahre, in dem der Versch. den vorhandenen Nachrichten zufolge noch gelebt hat;

b) in den Fällen des § 4 der Zeitpunkt, in dem der Versch. vermißt worden ist;

c) in den Fällen der §§ 5 und 6 der Zeitpunkt, in dem das Schiff untergegangen, das Luftfahrzeug zerstört oder das sonstige die Verschollenheit begründende Ereignis eingetreten oder — falls dies nicht feststellbar ist — der Versch. zuerst vermißt worden ist;

d) in den Fällen des § 7 der Beginn der Lebensgefahr.

Wegen des Beschlusses im Verfahren zur Feststellung der Todeszeit vgl. nachstehend Ziffer 9.

9.* Feststellung der Todeszeit. Ist die Todeserklärung mit Rücksicht auf § 1/2 (versch. ist nicht, wessen Tod nach den Umständen nicht zweifelhaft ist) unzulässig, eine Eintragung im Sterbebuch aber noch nicht erfolgt, so kann beantragt werden, den Tod und den Zeitpunkt des Todes durch gerichtliche Entscheidung festzustellen (§ 40 VerschG). Für die Antragsberechtigung gilt vorstehend Ziff. 3 (§ 39 VerschG). Der Antragsteller hat vor der Einleitung des Verfahrens nachzuweisen, daß der Tod nach den Umständen nicht zweifelhaft ist, sofern dies nicht offenkundig ist; die übrigen zur Begründung des Antrags erforderlichen Tatsachen sind glaubhaft zu machen (§ 41 VerschG).

Die öffentliche Aufforderung ist an alle, die über den Zeitpunkt des Todes Angaben machen können, zu erlassen, dies dem Gericht bis zu einem bestimmten Zeitpunkt anzuzeigen. Von der öffentlichen Aufforderung, die ähnlich wie das Aufgebot gestaltet ist, aber keine Ausschlußwirkung hat wie dieses (vgl. Palandt-Lauterbach, Anm. 1 zu § 42 VerschG), kann abgesehen werden, wenn eine weitere Aufklärung des Sachverhalts nicht zu erwarten ist (§ 42 VerschG).

Die öffentliche Aufforderung muß durch eine Tageszeitung öffentlich bekanntgemacht werden. Daneben kann die Bekanntmachung in anderer Weise erfolgen (§ 43/1 VerschG).

Die Frist zur Anzeigeerstattung wird nach freiem Ermessen bestimmt; sie soll nicht weniger als 6 Wochen und in der Regel nicht mehr als 6 Monate betragen. Sie beginnt mit Ablauf des Tages, an dem die Aufforderung zum 1. Male öffentlich bekanntgemacht ist (§ 43/2 VerschG).

Der Zeitpunkt des Todes ist den Grundsätzen des § 9 Abs. 2, 3 entsprechend — vgl. hierzu oben Ziffer 8 — festzustellen (§ 44 VerschG).

Auch im Verfahren zur Todeserklärung kann das Verfahren zur Feststellung der Todeszeit fortgeführt werden (§ 45 VerschG).

Das Verfahren zur Todeserklärung kann u. U. in das Verfahren zur Feststellung der Todeszeit übergeleitet werden (§ 45 VerschG).

Rechtsmittel: siehe nachstehend Ziffer 13.

Kosten: Gebühr und Wert § 118a KostO.

10. Konvention der Vereinten Nationen. Die Konvention der V. N. über die Todeserklärung Verschollener vom 6. 4. 1950 (BGBl 1955 II S. 706) schafft eine Möglichkeit, mit allgemeiner Wirkung in allen Vertragsstaaten den Todesbeweis von im Weltkrieg oder im Zusammenhang damit vermißten Personen zu erbringen und zu verhindern, daß an verschiedenen Stellen Verfahren zur Todeserklärung durchgeführt werden (Palandt-Lauterbach, Vorbem. 1 vor der Präambel der Konvention). Dieser Zweck wird erreicht durch die Bestimmung, daß die Anträge innerhalb von 15 Tagen dem Internationalen Büro für Todeserklärungen mitzuteilen sind, das die Anträge veröffentlicht und seinerseits jedem Gericht die Gründe etwaiger früherer Ablehnungen übermittelt (Art. 8—10 der Konvention).

Die Deutsche Bundesrep. hat durch Ges. vom 7. 7. 1955 (BGBl II 701) dem Beitritt der Bundesregierung zugestimmt. Die Konvention und das Ausführungsgesetz vom 7. 7. 1955 (BGBl I S. 401) sind seit 29. 2. 1956 in Kraft (BGBl II S. 329).

Die Konvention läßt die Vorschriften des VerschG und des VerschÄndG unberührt; nach § 2 AusfG vom 7. 7. 1955 sind auf das Verfahren nach der Konvention die genannten Gesetze entsprechend anzuwenden, soweit die Konv. oder das AusfG nichts anderes bestimmen. Für das Aufgebotsverfahren zum Zwecke der Todeserklärung nach der Konv. ist das AG Berlin-Schöneberg ausschließlich zuständig (§ 3/1 AusfG), auf Antrag ist ein anhängiges Verfahren zur Durchführung des Verfahrens nach der Konv. an das genannte AG abzugeben (§ 3/2 AusfG). Im einzelnen vgl. Arnold in Rpfleger 1955, 342 und Rpfl J B 1956, 125. Das Verfahren nach der Konv. und die Ausstellung einer Bescheinigung nach Art. 6 der Konv. sind dem Richter vorbehalten (§ 16 Ziff. 3 d. Ges.).

11. Kosten. Die Kosten der Todeserklärung sind grundsätzlich dem Nachlaß aufzuerlegen. Das Gericht kann jedoch ausnahmsweise einem einzelnen Beteiligten die Kosten anderer Beteiligter zur Last legen, wenn der Betreffende sie verschuldet hat (§ 34 VerschG).

12. Kostenfestsetzung. Die Kostenfestsetzung geschieht ebenso wie sonst durch den UrkB der Geschäftsstelle (§ 35 VerschG). Wegen der Anfechtbarkeit vgl. § 35/3 VerschG.

13. Rechtsmittel: Gegen den Beschluß, durch den der Versch. für tot erklärt wird, und gegen den Beschluß, durch den die Todeserklärung abgelehnt wird, ist die sofortige Beschwerde zulässig. Die Beschwerdefrist beträgt 1 Monat. Die Beschwerde steht zu:

a) gegen den Beschluß, durch den der Versch. für tot erklärt wird, dem Antragsteller und jedem, der an der Aufhebung der Todeserklärung oder an der Berichtigung des Zeitpunktes des Todes ein rechtliches Interesse hat;
b) gegen den Beschluß, durch den die Todeserklärung abgelehnt wird, dem Antragsteller (§ 26 VerschG), vgl. auch oben § 10 Ziff. 1 aE.

Gegen den Beschluß, durch den die Todeserklärung aufgehoben wird, findet kein Rechtsmittel statt. Gegen den Beschluß, durch den die Aufhebung der Todeserklärung abgelehnt wird, kann der Antragsteller die sofortige Beschwerde erheben (§ 33 VerschG).

Dies gilt auch für das Verfahren zur Feststellung der Todeszeit (§ 40 VerschG).

Gegen den Beschluß, der den Antrag auf Aufgebot ablehnt (§ 19 VerschG) und gegen den Beschluß über die Anordnung der Aufgebotsfrist (§ 21 VerschG) wird die einfache Beschwerde nach §§ 19, 20 FGG für zulässig erachtet (Rpfleger 1953, 53), vgl. auch oben § 10 Ziff. 1 aE.

14. Staatsanwalt. Wegen des Richtervorbehalts bei Stellung des Antrags auf Einleitung des Aufgebotsverfahrens durch den Staatsanwalt vgl. oben Ziff. 3 aE.

15.* Sondervorschriften für Verschollenheitsfälle aus Anlaß des Krieges 1939 bis 1945. Wer vor dem 1. 7. 1948 im Zusammenhang mit Ereignissen oder Zuständen des letzten Krieges vermißt worden und seitdem unter Umständen, die ernstliche Zweifel an seinem Fortleben begründen, verschollen ist, kann für tot erklärt werden, ohne daß eine Verschollenheitsfrist abgewartet zu werden braucht (Art. 2 § 1/1 VerschÄndG). Wer nach den vorhandenen Nachrichten zuletzt inhaftiert war und seitdem unter Umständen, die ernstliche Zweifel an seinem Fortleben begründen, verschollen ist, kann für tot erklärt werden, wenn seit dem Ende des Jahres, in dem er noch gelebt hat, 5 Jahre verstrichen sind (Art. 2 § 1/2 VerschÄndG).

Im Gegensatz zu den allgemeinen Bestimmungen bedarf es grundsätzlich keiner Ermittlungen über den Zeitpunkt des Todes, sondern ist als Zeitpunkt des Todes das Ende des Jahres 1945 festzustellen (Art. 2 § 2 VerschÄndG). Ermittlungen finden insoweit nur auf besonderen, nach rechtskräftiger Todeserklärung nur unter bestimmten Voraussetzungen zulässigen Antrag statt (Art. 2 § 3 VerschÄndG). Vgl. dazu unten Ziff. 17. Entsprechendes gilt im Verfahren bei Feststellung der Todeszeit (Art. 2 § 4 VerschÄndG). Die Veröffentlichungen finden anstatt durch eine Tageszeitung in der VerschListe (s. unten 18) statt. Das Verfahren im ersten Rechtszuge ist grundsätzlich (allein mit Ausnahme der Fälle des Art. 2 § 3 VerschÄndG) gerichtsgebührenfrei (Art. 2 § 6 aaO).

16. Todesvermutung Die Todeserklärung begründet die Vermutung, daß der Versch. in dem im Beschluß festgestellten Zeitpunkt gestorben ist. Dies gilt auch, wenn vor der Todeserklärung ein anderer Zeitpunkt im Sterbebuch eingetragen ist (§ 9/1 VerschG). Im übrigen vgl. oben Ziffer 8.

Rechtsmittel: wie vor zu Ziffer 13.

Kosten: § 118a KostO.

17. Todeszeitänderungsverfahren. Ist der Verschollene nicht in dem Zeitpunkt verstorben, der als Zeitpunkt des Todes festgestellt ist, so kann jeder, der ein rechtliches Interesse an der Feststellung einer anderen Todeszeit hat, unter bestimmten Voraussetzungen die Änderung der Feststellung beantragen (§ 33a VerschG). Das Änderungsverfahren ist dem Richter vorbehalten (§ 16 Ziff. 4 d. Ges.). Der Richtervorbehalt dürfte auch für die Fälle des erleichterten Todeszeit-Änderungsverfahrens nach Art. 2 § 3 VerschÄndG (vgl. oben Ziff. 13) gelten.

18. Verschollenheitsliste. Nach Art. 4 § 5 Abs. 2 des VerschÄndG vom 15. 1. 1951 — BGBl I S. 59 — ist der Bundesminister der Justiz ermächtigt, Verwaltungsvorschriften über die Verschliste zu erlassen. Auf Grund dieser Bestimmung ist die AV betr: Aufnahme der Aufgebote und öffentlichen Aufforderungen im Verfahren zur Änderung einer Feststellung über die Todeszeit in der Verschliste vom 21. 3. 1951 — BAnz. Nr. 60 — ergangen, ergänzt durch Bek. vom 3. 3. 1956 — BAnz. Nr. 48 —.

19. Wirksamwerden. Beschlüsse der AG, durch welche die Todeserklärung ausgesprochen wird, werden mit ihrer Rechtskraft wirksam. Beschlüsse, die auf sofortige weitere Beschwerde ergehen, werden mit der letzten Zustellung wirksam; dabei gilt die erste öffentliche Bekanntmachung als Zustellung (§ 29 VerschG). Dies gilt auch im Verfahren zur Feststellung der Todeszeit (§ 40 VerschG).

20. Zuständigkeit. Für das Aufgebotsverfahren sind die AG sachlich zuständig (§ 14 VerschG). Örtlich zuständig ist das Gericht des letzten Wohnsitzes oder Aufenthalts des Versch. (§ 15/1 VerschG), bei Verschollenheit durch Untergang eines Deutschen Schiffes das Gericht des Heimathafens (§ 15/2 VerschG). Ist der Gerichtsstand nach § 15 nicht begründet, entscheidet das Gericht, das für den 1. Antragsteller zuständig ist (§ 15a Abs. 1 VerschG) und zwar auch nur dann, wenn dem AG Berlin-Schöneberg die Absicht der Verfahrensdurchführung angezeigt ist und dieses das Nichtvorliegen einer früheren Anzeige bestätigt hat (§ 15a/2 VerschG). Ist weder ein Gerichtsstand nach § 15 noch nach § 15a begründet, dann ist das AG Berlin-Schöneberg zuständig (§ 15b VerschG). Für das Verfahren auf Aufhebung der Todeserklärung ist das AG zuständig, bei dem das Aufgebotsverfahren anhängig gewesen ist oder an welches die Sache abgegeben ist (§ 30 VerschG).

Diese Vorschriften gelten auch für das Verfahren zur Feststellung der Todeszeit (§ 40 VerschG).

21. Zustellungen. Der Beschluß, durch den der Versch. für tot erklärt wird, ist dem Antragsteller und dem StA zuzustellen (§ 24/2 VerschG). Ebenso ist der die Todeserklärung ablehnende Beschluß dem Antragsteller und dem StA zuzustellen (§ 25 VerschG). In gleicher Weise wird der Beschluß, durch den die Aufhebung der Todeserklärung abgelehnt wird, zugestellt (§ 32/2 VerschG). Dies gilt auch im Verfahren zur Feststellung der Todeszeit (§ 40 VerschG).

Beschlüsse, die auf sofortige weitere Beschwerde ergehen, sind dem Beschwerdeführer und dem StA zuzustellen (§ 28 VerschG).

§ 17
Grundbuchsachen

(1) In Grundbuchsachen bleiben folgende Geschäfte dem Richter vorbehalten:

1. die Löschung einer Eintragung, die Eintragung eines Widerspruchs und die Berichtigung des Grundbuchs (§§ 53, 82a, 84 bis 89 der Grundbuchordnung), wenn diese Geschäfte von Amts wegen vorgenommen werden;

2. die Klarstellung der Rangverhältnisse (§§ 90 bis 109, 114 der Grundbuchordnung);

3. die Verfügungen auf Anträge, durch die eine Berichtigung des Grundbuchs auf Grund Unrichtigkeitsnachweises erstrebt

wird (§ 22 der Grundbuchordnung), wenn nicht die Unrichtigkeit durch öffentliche Urkunden, im Falle der Erbfolge durch Erbschein, nachgewiesen wird;

4. die Verfügungen in den Fällen der §§ 35 bis 37 der Grundbuchordnung, sofern nicht der Nachweis der Erbfolge durch Erbschein geführt wird;

5. die Verfügungen in den Fällen, in denen die Eintragung von einem Vorerben bewilligt oder beantragt wird.

(2) In den Fällen des Absatzes 1 wird die Eintragung im Grundbuch durch den Rechtspfleger unterzeichnet. Das gleiche gilt, wenn der Richter auf eine Vorlage (§ 5) eine Eintragung in das Grundbuch verfügt hat.

Übersicht

I. Allgemeines.

Die Geschäfte in GB-Sachen werden vom Grundsatz der Gesetzesstrenge beherrscht und erscheinen deshalb für weitgehende Übertragung auf den Rpfl im allgemeinen geeignet. In Württemberg werden die GB-Sachen schon seit langem von den Bezirksnotaren, die nicht zum Richteramt befähigt sind, aber eine langjährige Sonderausbildung erfahren, zu allgemeiner Zufriedenheit wahrgenommen. Auch in Preußen waren zuerst Grundbuchgeschäfte zur selbständigen Wahrnehmung auf den UrkB (Rpfl) übertragen worden (vgl. preuß. Ges. vom 14. 12. 1920, preuß. GS 1921 S. 75, und preuß. AV vom 25. 1. 1921, preuß. JMBl S. 75). Die Rpfl haben seit langem eine weitergehende Übertragung, der Bund deutscher Justizamtmänner in seiner Denkschrift von 1929 S. 29 und 78f. sogar die Vollübertragung angeregt. Die REntlV vom 3. 7. 1943 (DJ S. 339) hatte jedoch in §§ 18 Abs. 4 und 19 eine Anzahl von GB-Geschäften von der Übertragung ausgeschlossen, wie z. B. die von Amts wegen vorzunehmende Umschreibung des GB-Blattes wegen Unübersichtlichkeit, und für eine Anzahl von Geschäften, die erfahrungsgemäß schwieriger sind, wie für die Eintragung auf Bewilligung einzelner Mitglieder einer Bruchteils- oder Gesamthandgemeinschaft, für die Anlegung von Grundbuchblättern für Fideikommißgrundstücke, Reichsheimstätten, Bahneinheiten, Erbbaurechte, für die Eintragung des Eigentumserwerbs zugunsten ausländischer juristischer Personen, für die Eintragungen bei Beteiligung ausländischer natürlicher und juristischer Personen, die im Ausland ansässig sind, die Vorlegung angeordnet.

Andererseits haben in der Folgezeit die Rpfl eine Anzahl der durch die neuere Gesetzgebung bedingten GB-Geschäfte wahrgenommen, obwohl diese zum großen Teil schwieriger Natur waren. Zu nennen sind die Eintragungen auf Grund der Währungs- und Umstellungsgesetze und auf Grund des Lastenausgleichgesetzes.

Das Rpfl-Ges. geht nunmehr zwar von dem Grundsatz der Vollübertragung aus, hat entgegen den Änderungsvorschlägen des Bundesrats dem Richter jedoch 5 Positionen vorbehalten, bei denen es sich durchweg um rechtlich schwierige Geschäfte handelt.

In der Sowjetzone ist gemäß § 4 VO über die Übertragung der Angelegenheiten der freiwilligen Gerichtsbarkeit vom 15. 10. 1952 (GBl S. 1057) die Führung der Grundbücher in die Zuständigkeit des Rates des Kreises, Abt. Kataster, übergegangen.

Im Folgenden werden zunächst die nach den obigen Ausführungen dem Rpfl weiterhin übertragenen Geschäfte (II) behandelt. Die Anführung dieser GB-Geschäfte soll deutlich machen, welche hohen Anforderungen gerade auf diesem Gebiete an den Rpfl gestellt werden. Bei der Auswahl geeigneter Kräfte für das GB-Amt ist deshalb mit besonderer Sorgfalt zu verfahren.

Anschließend werden die in § 17 Abs. 1 Ziff. 1—5 d. Ges. dem Richter vorbehaltenen Geschäfte dargestellt (III).

Es folgen die Erläut. zu Abs. 2 (IV) und schließlich eine Aufzählung der wichtigsten Geschäfte des UrkB (V).

II. Neu übertragene GB-Geschäfte.

1.* Amtsvormerkungen und Amtswidersprüche gemäß § 18 GBO. (bisher dem Richter vorzulegen gemäß § 19a REntlV).

Wird vor der Erledigung eines Antrages eine andere Eintragung beantragt, durch die dasselbe Recht betroffen wird, so ist zugunsten des früher gestellten Antrags von Amts wegen eine Vormerkung oder ein Widerspruch (im SchiffRegRecht „Schutzvermerk" genannt; vgl. § 28 Abs. 2 SchRegO) einzutragen (§ 18 Abs. 2 S. 1 Halbs. 1 GBO). Diese Maßnahmen sollen den ersten Antragsteller vor Beeinträchtigung oder Vereitelung seines Antrags durch die frühere Vornahme der später beantragten Eintragung schützen; sie sollen der zuerst beantragten Eintragung den Rang vor der später beantragten Eintragung sichern und sind als vorläufige Vollziehung der früher beantragten Eintragung anzusehen (vgl. Hesse-Saage-Fischer, Anm. III 4 zu § 18 GBO). Eine Vormerkung ist einzutragen, wenn der frühere Antrag im Falle seiner Verwirklichung eine Rechtsänderung, ein Widerspruch, wenn der frühere Antrag eine Berichtigung in Gefolge hat. Ort und Art der Eintragung sind in §§ 12 und 19 GBV geregelt. Nach Eintragung der Vormerkung oder des Widerspruchs kann die später beantragte Eintragung vorgenommen werden (§§ 17, 18 Abs. 2 S. 1 Halbs. 2 GBO). Kann alsdann die früher beantragte Eintragung vorgenommen werden, so werden Vormerkung und Widerspruch in das endgültige Recht umgeschrieben, wobei je nach Lage des Falles der Vorrang vor dem später beantragten Recht einzutragen oder das später beantragte Recht zu löschen ist; Vormerkung und Widerspruch selbst werden rot unterstrichen (§ 19 Abs. 2 und 3 GBV). Wird der früher gestellte Antrag dagegen zurückgewiesen, so sind nach Wirksamwerden der Zurückweisung Vormerkung oder Widerspruch von Amts wegen zu löschen (§ 18 Abs. 2 S. 2 GBO).

Rechtsmittel gegen Eintragung einer Vormerkung oder eines Widerspruchs: einfache Beschwerde gemäß § 71 GBO mit dem Ziele auf Löschung (vgl. auch Erläut. 1 aE zu § 10 d. Ges.).

Kosten: Die Eintragung der Vormerkung und des Widerspruchs ist gebührenfrei (§ 63 Abs. 1 Ziff. 2, Abs. 3 KostO).

1a. Amtsberichtigung s. unten III 1.

2.* Ausländische juristische Person (Grunderwerb durch eine —)
(bisher dem Richter vorzulegen nach § 19g Ziff. 2 REntlV).

Nach Art. 88 EGBGB bleiben aufrecht erhalten die bei Inkrafttreten des BGB geltenden landesrechtlichen Vorschriften, welche den Erwerb von Grundstücken durch Ausländer von staatlicher Genehmigung abhängig machen. Diese Erwerbsbeschränkung gilt sowohl für natürliche als auch für juristische Personen, sofern es sich um einen Ausländer (oder auch Staatenlosen) oder eine ausländische Körperschaft handelt. Es ist ferner gleich, ob der Erwerb entgeltlich oder unentgeltlich ist; im Gegensatz zu Art. 86 EGBGB spielt hier also der Wert keine Rolle. Die Notwendigkeit der staatlichen Genehmigung entfällt jedoch, soweit Staatsverträge unbeschränkten Erwerb gestatten.

Wegen der Einzelheiten wird auf Hesse-Saage-Fischer, GBO, Anm III1b zu § 19, und Soergel, EGBGB, Anm. 1 zu Art 88, verwiesen.

Vorlagepflicht bestand nach § 19 g Ziff. 2 REntlV nur, wenn eine Eintragung betraf einen Grunderwerb durch eine ausländische juristische Person. Zu beachten war weiterhin die Vorlagepflicht gemäß § 19g Ziff. 1 (s. unten 16) und gemäß § 19i REntlV (s. unten 3). Alle diese Beschränkungen sind jetzt weggefallen.

3.* Ausländischer Wohnsitz
(bisher dem Richter vorzulegen gemäß § 19i REntlV).

Sind natürliche oder juristische Personen, die im Ausland ansässig sind, an einer Eintragung als Begünstigte, Betroffene oder in anderer Weise beteiligt, so können schwierige Rechtsfragen zu lösen sein, z. B. bei ausländischen Ehegatten Art und Inhalt des für sie maßgeblichen Güterrechts und Nachweis der Verfügungsbefugnis. Das GB-Amt muß sich die Kenntnis des ausländischen Rechts selbst verschaffen;

es darf den Antragsteller erst in Anspruch nehmen, wenn keine ausreichende Möglichkeit zur eigenen Unterrichtung besteht. Bei Erwerb eines Grundstücks durch Ausländer ist weiterhin die etwaige Genehmigungspflicht auf Grund landesgesetzlicher Vorschrift zu beachten (vgl. Art. 88 EGBGB). Wenn GB-Geschäfte dieser Art nunmehr dem Rpfl zur selbständigen Wahrnehmung übertragen sind, so können im Einzelfall doch erhebliche Schwierigkeiten auftauchen, die es angezeigt erscheinen lassen, von der Möglichkeit der Vorlage an den Richter gemäß § 5 Abs. 1 Ziff. 2 d. Ges. Gebrauch zu machen (vgl. Erläut. 6 daselbst). Soweit die Erbfolge eine Rolle spielt, greift in jedem Falle der Vorbehalt des § 17 Abs. 1 Ziff. 3 und 4 d. Ges. Platz, da im GB-Recht der Nachweis der Erbfolge nicht ohne weiteres durch einen ausländischen Erbschein geführt werden kann.

4.* Auswärtige Grundstücke (Beurkundung oder Auflassung von —)
(bisher dem Richter vorzulegen gemäß § 19k REntlV).

Soweit eine Erklärung nach dem materiellen Recht vor oder gegenüber dem GB-Amt abzugeben ist, wie die Auflassung (§ 925 Abs. 1 BGB), kann dies grundsätzlich nur vor oder gegenüber dem örtlich zuständigen GB-Amt (§ 1 Abs. 1 S. 2 GBO) geschehen. Es ist bestritten, ob insoweit § 7 FGG anwendbar und die vor einem örtlich unzuständigen GB-Amt erklärte Auflassung rechtswirksam ist. Eine Ausnahme gilt nur, wenn das Grundstück in dem Bezirk mehrerer GB-Ämter liegt; hier bestimmt das gemeinsame obere Gericht über die Zuständigkeit (§ 5 FGG). Für andere als die o. a. Erklärungen, z. B. die Bestellung einer Hypothek, bestehen keine örtlichen Beschränkungen, sofern nur der Beurkundungsakt im Bezirk des GB-Amts vorgenommen wird (§ 167 FGG).

5.* Bahneinheiten (GB-Blatt für —)
(bisher dem Richter vorzulegen gemäß § 19f Ziff. 3 REntlV).

Nach Art. 112 EGBGB bleiben die landesgesetzlichen Vorschriften über die Bahneinheiten, über deren Veräußerung und Belastung und über die Liquidation zum Zwecke der Befriedigung der Gläubiger, denen ein Recht auf abgesonderte Befriedigung aus den Bestandteilen der Bahneinheit zusteht, unberührt. Durch diesen Vorbehalt sollte das preuß. Gesetz vom 19. 8. 1895 betr. das Pfandrecht an Privateisenbahnen und Kleinbahnen und die Zwangsvollstreckung in dieselben (preuß. GS S. 499) aufrecht erhalten und anderen Ländern eine entsprechende besondere Regelung ermöglicht werden (vgl. auch den entspr. Vorbehalt in § 10 des Staatsvertrages über den Übergang der Staatseisenbahnen vom 31. 3. 1920, RGBl S. 774). Das preuß. Gesetz von 1895 ist durch das preuß. ÄndGes. vom 11. 6. 1902 (preuß. GS S. 215) an die inzwischen neu erlassenen reichs- und landesgesetzlichen Vorschriften angepaßt und in neuer Fassung am 8. 7. 1902 bekannt gemacht worden (preuß. GS S. 237). Andere Länder haben in der Folgezeit entsprechende Gesetze erlassen (vgl. von Staudinger, BGB, 10. Aufl., Bem 6 zu Art. 112 EGBGB). Nach § 1 preuß. Ges. vom 19. 8. 1895/8. 7. 1902 ist unter Bahneinheit die Vermögenseinheit zu verstehen, welche eine dem preuß. Gesetz über die Eisenbahnunternehmungen vom 3. 11. 1838 (preuß. GS S. 505) unterliegende Privateisenbahn oder eine Kleinbahn, deren Unternehmer betriebspflichtig ist, mit den dem Bahnunternehmen gewidmeten Vermögenswerten bildet Das Anwendungsgebiet der Landesgesetze ist eingeschränkt worden durch das Reichsges. betr. die Anwendung landesgesetzl. Vorschriften über Bahneinheiten vom 26. 9. 1934 (RGBl II S. 811). Vgl.

dazu VO vom 1. 11. 1934 (RGBl II S. 849) und vom 11. 1. 1936 (RGBl II S. 25), ferner Verfassung des Landes Hessen vom 11. 12. 1946 Art. 41 Abs. 1 Ziff. 1 und hess. Abschlußgesetz vom 6. 7. 1954 (Hess. GVBl S. 126).

Das formelle Recht ist durch Landesgesetze und -verordnungen geregelt, für Preußen durch §§ 8 bis 15 des preuß. Ges. vom 8. 7. 1902 und preuß. AV vom 11. 11. 1902 (preuß. JMBl S. 275). Danach werden für die im § 1 des preuß. Ges. vom 8. 7. 1902 bezeichneten Bahnen besondere Bahngrundbücher geführt. Wegen aller Einzelheiten wird auf Güthe-Triebel, Anm. 1 bis 39 zu Art. 31 preuß. AGGBO (S. 1651—1668) verwiesen.

Kosten: Die für Grundstücke geltenden Vorschriften finden entspr. Anwendung (§ 71 KostO).

6.* Bergwerke, Kohlenabbaugerechtigkeiten und andere selbständige Gerechtigkeiten (GB-Blatt für —)
(bisher dem Richter vorzulegen gemäß § 19f Ziff. 5 REntlV).

Nach Art. 67 EGBGB blieben die landesgesetzlichen Vorschriften, die dem Bergrecht angehören, unberührt. Dieser Vorbehalt gilt nach den ausdrücklichen Bestimmungen des § 117 GBO und des § 72 GBV auch für die landesgesetzlichen Vorschriften über das GB-Wesen. Den Kern des der Landesgesetzgebung überlassenen Bergrechts, soweit es dem Privatrecht angehört, bilden Vorschriften, die gewisse Mineralien von dem Verfügungsrechte des Grundeigentümers ausschließen, die Begründung, Veränderung und Aufhebung sowie den Inhalt des Bergwerkseigentums regeln, die Gewerkschaft, d. h. die bergrechtliche Gesellschaft, und deren Verfassung, die Rechtsverhältnisse zwischen den Bergbautreibenden und den Grundbesitzern, die Haftung des Bergwerkseigentümers für den anderen Bergwerken verursachten Schaden ordnen, die grundbuchliche Behandlung und die Zwangsvollstreckung in bergrechtliche Gerechtsame regeln (vgl. v. Staudinger, 10. Aufl., Bem. 2 zu Art. 67 EGBGB). Die Landesgesetze haben durchweg die Grundstücksnatur des Bergwerkseigentums anerkannt und die Anlegung eines Grundbuchblatts für dieses vorgeschrieben. Das Bergwerkseigentum ist nicht gleichbedeutend mit dem Grundeigentum an dem Raum unter der Erdoberfläche, sondern ist zu kennzeichnen als ein vom Staat verliehenes Aneignungsrecht verbunden mit einer Reihe von dinglichen Rechten gegenüber den betroffenen Grundstücken.

Wegen der für die einzelnen Länder geltenden Berggesetze und -verordnungen vgl. v. Staudinger, 10. Aufl., Bem. 13 zu Art. 67 EGBGB, für das ehemalige Preußen Güthe-Triebel, Anm. 2 bis 34 zu Art. 22 sowie die Anm. zu Art. 23—26 preuß. AGGBO, für Bayern Meikel-Imhof, 4. Aufl., Anm 40ff. zu § 117 GBO.

Die selbständigen Kohlenabbaugerechtigkeiten, die lediglich den Stein- und Braunkohlenbergbau in den vormals zum Königreich Sachsen gehörigen Landesteilen betreffen (vgl. Güthe-Triebel, Anm. 35 zu Art. 22 preuß. AGGBO), für den Bereich der Bundesrepublik also nicht in Betracht kommen, werden an sich von dem Recht des Grundeigentümers umfaßt, können aber von dem Eigentum abgetrennt werden und als selbständige Gerechtigkeiten ein eigenes Dasein führen, insbesondere Gegenstand eines besonderen GB-Blattes sein.

Wegen aller Einzelheiten ist auf Güthe-Triebel, Anm. 35—43 zu Art. 22 und Anm. 1—7 zu Art. 27 preuß. AGGBO, zu verweisen.

Die selbständigen Gerechtigkeiten sind nach Art. 40 Abs. 1 preuß. AGBGB „Gerechtigkeiten, die nach den bisherigen Gesetzen in Ansehung der Eintragung in die gerichtlichen Bücher und der Verpfändung den Grundstücken gleichstehen". In Betracht kommen:

a) Erbpachtrecht, Büdnerrecht und Häuslerrecht (Art. 63 EGBGB),
b) Wasserrechte, Fährgerechtigkeiten, Mühlengerechtigkeiten, Flößereirechte (Art. 65 EGBGB),
c) Rechte zur Gewinnung von Mineralien nicht-bergbaurechtlicher Art (Art. 68 EGBGB), z. B. die Salzabbaugerechtigkeit in Hannover (vgl. preuß. Gesetz vom 4. 8. 1904, preuß. GS S. 235),
d) Fischereiberechtigungen (Art. 69 EGBGB),
e) Zwangsrechte, Bannrechte und Realgewerbeberechtigungen (Art. 74 EGBGB).

Das Nähere ist aus v. Staudinger, Bem. zu Art. 63, 65, 68, 69 und 74 EGBGB, sowie aus Güthe-Triebel, Anm. 51—57 und (bezüglich der Salzabbaugerechtigkeit) Anm. 44—50 zu Art. 22, ferner Anm. 8—10 zu Art. 27 preuß AGGBO, zu entnehmen.

Das ebenfalls eine selbständige Gerechtigkeit darstellende Erbbaurecht ist durch Reichsgesetz geregelt (vgl. Erläut. unten 8).

Kosten: Die für Grundstücke geltenden Vorschriften sind entsprechend anzuwenden (§ 70 KostO).

6a. Berichtigung des Grundbuchs s. unten III 3.

7.* Buchungsfreie Grundstücke, Ausbuchung eines Grundstücks (bisher dem Richter vorzulegen nach § 19h REntlV).

Nach § 3 Abs. 1 S. 1 GBO ist für jedes Grundstück von Amts wegen ein GB-Blatt anzulegen (Buchungszwang). Das gilt indessen nur dem Grundsatz nach. Es gibt Fälle, in denen sich die Eigentumsverhältnisse auch ohne Grundbuch leicht übersehen lassen und die Anlegung eines GB-Blattes unnötig ist, nämlich bei Grundstücken des Bundes, der Länder, der Gemeinden, der Kirchen, bei Wasserläufen und öffentlichen Wegen, bei Grundstücken öffentlicher Bahnunternehmen sowie schließlich bei Miteigentumsanteilen an Grundstücken von geringer wirtschaftlicher Bedeutung (§ 3 Abs. 2a und 3 GBO). Für diese Grundstücke ist nur auf Antrag des Eigentümers oder eines Berechtigten ein GB-Blatt anzulegen (§ 3 Abs. 2a GBO). Das Anlegungsverfahren ist in §§ 8—14, 17 AusfVO/GBO vom 8. 8. 1935 geregelt. Die Anlegung ist regelmäßig zur Übereignung und zur Belastung eines buchungsfreien Grundstücks erforderlich.

Steht ein Grundstück im Eigentum eines Berechtigten der o.a. Art und ist das Grundstück unbelastet, so kann es auf Antrag des Eigentümers aus dem Grundbuch ausgeschieden werden (§ 3 Abs. 2b GBO). Das Verfahren der sog. Ausbuchung ist geregelt in § 6 Abs. 7 und (für Miteigentumsanteile i. S. des § 3 Abs. 3 GBO) in § 13 Abs. 3—5 GBV.

Wegen Anlegung eines GB-Blatts für ein Erbbaurecht vgl. § 8 Abs. 1 S. 2 GBO, wegen Anlegung von Wohnungs- oder Teileigentumsgrundbüchern vgl. § 7 Abs. 1 WEG.

Rechtmittel gegen die Anlegung des GB-Blattes unzulässig; zulässig jedoch Beschwerde mit dem Ziel der Erwirkung einer Anweisung an das GB-Amt auf Eintragung eines Widerspruchs oder Vornahme einer Löschung gemäß § 53 GBO (§§ 16f. AusfVO/GBO). Vgl. auch Erläut. 1 aE. zu § 10 d. Ges.

Kosten für Anlegung und Ausbuchung: $^1/_4$ Gebühr (§ 61 Abs. 1 Nr. 5 KostO).

8.* Erbbaurecht (GB-Blatt für ein —)
(bisher dem Richter vorzulegen gemäß § 19f Ziff. 4 REntlV).

Nach § 1012 BGB und der an dessen Stelle getretenen Vorschrift des § 1 VO über das Erbbaurecht vom 15. 1. 1919 (RGBl S. 72) ist das Erbbaurecht das veräußerliche und vererbliche Recht, auf oder unter der Erdoberfläche des Grundstücks ein Bauwerk zu haben. Es ist ebenso wie die landesrechtlich geregelten sog. selbständigen Gerechtigkeiten (s. Erläut. hierzu) ein dingliches Recht an einem fremden Grundstück und wird im allgemeinen wie ein Grundstück behandelt. Es sind also grundsätzlich die für das Eigentum an einem Grundstück geltenden Vorschriften anzuwenden (§ 11 ErbbVO); jedoch bedarf die zur Veräußerung erforderliche Einigung nicht mehr wie nach § 1015 BGB der Auflassung (§ 925 BGB), sie kann vielmehr seit Inkrafttreten der ErbbVO sachlichrechtlich formlos erklärt werden. Lediglich aus verfahrensrechtlichen Gründen ist die Form des § 29 GBO einzuhalten.

Nicht nur sachlichrechtlich, sondern auch verfahrensrechtlich ist zu unterscheiden zwischen den unter der Geltung der § 1012 bis 1017 BGB bis 21. 1. 1919 begründeten Erbbaurechten alter Art und den auf Grund der ErbbVO (in Kraft getreten am 22. 1. 1919) begründeten Erbbaurechten neuer Art. Für Erbbaurechte alter Art war nach § 8 Abs. 1 S. 1 GBO nur auf Antrag ein besonderes GB-Blatt anzulegen; lediglich im Falle der Veräußerung oder Belastung geschah (und geschieht ggf.) die Anlegung von Amts wegen (§ 8 Abs. 1 S. 2 GBO). Nach § 14 Abs. 1 S. 1 ErbbVO wird dagegen für ein Erbbaurecht neuer Art von Amts wegen ein besonderes GB-Blatt (Erbbaugrundbuch) angelegt. Im übrigen vgl. §§ 54—60 GBV.

Das Erbbaurecht spielt als Mittel „zur Befriedigung minderbemittelter Bevölkerungskreise" (§§ 27 Abs. 2 und 32 Abs. 2 ErbbVO) — im Gegensatz zu den anderen selbständigen Gerechtigkeiten — in der Praxis der GB-Ämter eine wichtige Rolle. Auf die zusammenfassende Darstellung der aktuellen Rechtsfragen in RpflJB 1957 S. 163ff. wird hingewiesen.

Kosten: Es sind die für Grundstücke geltenden Vorschriften entsprechend anzuwenden (§ 70 Abs. 1 KostO).

9.* Erbengemeinschaft s. unten 11.

9a. Erbfolge s. unten III 4.

10.* Familienfideikommisse (GB-Blatt für —)
(bisher dem Richter vorzulegen gemäß § 19f. Ziff. 1 REntlV).

Nach Art. 59 EGBGB sind zunächst die landesgesetzl. Vorschriften über Familienfideikommisse und Lehen sowie über Stammgüter unberührt geblieben. Dieser Vorbehalt galt nach § 117 GBO und § 72 GBV auch für die landesrechtlichen GB-Vorschriften.

Familienfideikommißgüter waren „Grundstücke, die nach der Bestimmung des Eigentümers auf alle seine oder eines Dritten Geschlechtsnachfolger zur Erhaltung des Familienglanzes unveräußerlich übergehen sollten", Lehngüter „Grundstücke, die von dem Eigentümer einem anderen zu Nutzungseigentum unter gleichzeitiger Begründung eines Treueverhältnisses zwischen Ober- und Untereigentümer verliehen waren" (Güthe-Triebel, Anm. 5 und 2 zu Art. 15 preuß. AGGBO).

Neben den GB-Blättern für den freien Grundbesitz, das sog. Allod, waren für das gebundene Grundvermögen besondere GB-Blätter anzulegen.

Im Jahre 1919 setzte die Gesetzgebung zur Auflösung der Familiengüter ein. Zuerst befaßte sich die Landesgesetzgebung mit der Auflösung. Weiter sah Art. 155

Abs. 2 S. 2 WeimVerf die Auflösung der Fideikommisse vor. Zur Durchführung ergingen das Ges. zur Vereinheitlichung der Fideikommißauflösung vom 26. 6. 1935 (RGBl I S. 785), das Ges. über das Erlöschen der Familienfideikommisse und sonstiger gebundener Vermögen vom 6. 7. 1938 (RGBl I S. 825) i. d. F. vom 4. 12. 1942 (RGBl I S. 675) und das ÄndGes. vom 28. 12. 1950 (BGBl S. 820). Nach diesen Gesetzen sind mit dem 1. 1. 1939 die noch bestehenden Familienfideikommisse, Lehen, Stammgüter und sonstigen gebundenen Vermögen erloschen und freies Vermögen des letzten Fideikommißbesitzers geworden. Neue Familiengüter durften nicht mehr gebildet werden. Vor Erteilung des Fideikommißauflösungsscheines konnte der Besitzer jedoch nur nach Maßgabe des Landesrechts über das Fideikommißvermögen verfügen.

War hiernach Art. 59 EGBGB bereits überholt, so ist durch KRGes. Nr. 45 Art. X Abs. 2 diese Bestimmung ausdrücklich aufgehoben worden, soweit sie im Widerspruch zu Art. III aaO steht. Die Vorschriften über die Familiengüter gehören danach im wesentlichen der Vergangenheit an. Praktisch von Bedeutung sind die genannten Bestimmungen noch für die auf Grund des § 5 Ges. vom 6. 7. 1938 und der SchutzforstVO vom 21. 12. 1939 (RGBl I S. 2459) zur Erhaltung der Wälder gebildeten Schutzforste. Die zum Schutzforst gehörenden Grundstücke waren nach § 2 Abs. 2 der VO auf ein besonderes GB-Blatt einzutragen, das in der Aufschrift den Schutzforstvermerk erhielt. Nach Löschung der Fideikommißeigenschaft ist zur Veräußerung und zur Teilung des gebundenen Grundbesitzes die Genehmigung der Forstaufsichtsbehörde erforderlich. Neue Schutzforste werden nicht mehr gebildet.

Kosten: Nach § 63 DVO vom 20. 3. 1939 (RGBl I 509) sind die Löschung des Fideikommißvermerks sowie Eintragung und Löschung des Schutzforstvermerks, die auf Ersuchen des Fideikommißgerichts erfolgen, nach § 16 SchutzforstVO vom 21. 12. 1939, ferner Eintragungen und Löschungen, die auf Grund eines nach dieser VO ergangenen Ersuchens der Forstaufsichtsbehörde erfolgen, gebührenfrei.

11.* Gemeinschaft (Eintragungsbewilligung einzelner Beteiligter einer Miteigentums- oder Gesamthands-)
(bisher dem Richter vorzulegen gemäß § 19 c REntlV)

Eine Mehrheit von Personen kann entweder als Miteigentums- (Bruchteils-) Gemeinschaft oder als Gesamthandsgemeinschaft (Erben-, Gütergemeinschaft, Gesellschaft des BGB, offene Handelsgesellschaft oder Kommanditgesellschaft) Inhaberin eines Rechtes sein. Die Gesamthandsgemeinschaft setzt ein Sondervermögen voraus, das der Personenmehrheit zusammen (zur gesamten Hand) zusteht, ohne daß die Rechtsgemeinschaft sich zu einer juristischen Person verdichtet hätte. Das BGB enthält keine allgemeine Regelung der Gesamthand, sondern regelt gesondert die Erbengemeinschaft hinsichtlich des ungeteilten Nachlasses (§§ 2032 ff BGB), die ehelichen Gütergemeinschaften (§§ 1438, 1519, 1549 BGB) in Ansehung des Gesamtguts der allgemeinen Gütergemeinschaft, der Errungenschaftsgemeinschaft und der Fahrnisgemeinschaft sowie die fortgesetzte Gütergemeinschaft (§§ 1485 ff. BGB) und endlich die Gesellschaft (§§ 718 ff. BGB), dazu den nichtrechtsfähigen Verein (§ 54 BGB). Hinzu kommt im Handelsrecht die Sonderregelung für die offene Handelsgesellschaft (§§ 105 ff. HGB) und die Kommanditgesellschaft (§§ 161 ff. HGB). Ferner kann es sich bei der Personenmehrheit um eine Gesamtgläubigerschaft i. S. des § 428 BGB handeln.

Nach § 47 GBO soll die Eintragung eines mehreren gemeinschaftlich zustehenden Rechtes in der Weise erfolgen, daß entweder die Anteile der Berechtigten in Bruchteilen angegeben werden oder das für die Gemeinschaft maßgebende Rechtsverhältnis bezeichnet wird, weil nach sachlich-rechtlichen Grundsätzen je nach der Art der Gemeinschaft die Verfügungsbefugnis der einzelnen Beteiligten verschieden ist. Bei der Miteigentumsgemeinschaft kann jeder Teilhaber über seinen Anteil an dem gemeinschaftlichen Gegenstand verfügen. Bei den Gesamthandgemeinschaften ist dagegen die Verfügung der einzelnen Beteiligten über den Anteil an den einzelnen zu dem Sondervermögen gehörenden Gegenständen untersagt (§§ 2033 Abs. 2; 1442, 1519, 1549, 1487 und 719 BGB; 105 Abs. 2 und 161 Abs. 2 HGB). Auf Grund der unterschiedlichen Regelung ergeben sich hinsichtlich der Verfügungsbefugnis der an den aufgezählten Gemeinschaftsverhältnissen Beteiligten naturgemäß rechtliche Schwierigkeiten, die nur bei genauer Kenntnis der sachlich-rechtlichen Regelung zu übersehen sind.

12.* Gerechtigkeiten, selbständige — s. oben 6.

13.* Gesellschaft des BGB, offene Handels- und Kommanditgesellschaft s. oben 11.

14.* Gütergemeinschaft s. oben 11.

15.* Hypothekengewinnabgabe.

Durch das Währungsgesetz ist mit Wirkung vom 21. 6. 1948 die Reichsmark-Währung auf die Deutsche Mark-Währung umgestellt worden. Die Umstellung der Hypotheken, Grundschulden und Rentenschulden richtet sich gemäß Art. 1 Abs. 1 der 40. DVO/UmstG nach den Vorschriften über die Umstellung der durch das dingliche Recht gesicherten Forderung. Reichsmarkforderungen sind grundsätzlich im Verhältnis 10 : 1 auf Deutsche Mark umgestellt (§ 16 UmstG). Vollumstellung hat bei den in § 18 UmstG aufgezählten Reichsmarkverbindlichkeiten stattgefunden, insbesondere bei Reichsmarkverbindlichkeiten aus der Auseinandersetzung zwischen Gesellschaftern, Miterben, Ehegatten, Eltern und Kindern (§ 18 Abs. 1 Ziff. 3 UmstG). Weitere Fälle sind in § 2 der 40. DVO/UmstG aufgezählt. Zur Eintragung des Umstellungsbetrages in das Grundbuch bedarf es der Einwilligung des Gläubigers und des Eigentümers in der Form des § 29 GBO, zur Eintragung eines Umstellungsbetrages, der den Betrag der Normalumstellung von $^1/_{10}$ des Nennbetrages in Reichsmark überschreitet, außerdem der Zustimmung des Finanzamts (§ 5 Abs. 1 der 40. DVO/UmstG) oder der sog. beauftragten Stelle (§ 139 LAG).

Die Bearbeitung der Eintragungsanträge auf Grund der Umstellung gehört zu den dem Rpfl übertragenen GB-Geschäften (ebenso Bruhn, Rpfleger 1955, S. 126).

Die Entscheidung von Streitigkeiten wegen der Umstellung von Grundstückslasten gemäß § 6 der 40. DVO/UmstG gehört dagegen zur Zuständigkeit des Richters (vgl. Erläut. 4f zu § 3 d. Ges.).

Um die durch die Umstellung im Verhältnis 10 : 1 entstandenen Schuldnergewinne (vgl. § 16 Abs. 3 UmstG) für die Zwecke des Lastenausgleichs zu erfassen, hatte das Gesetz zur Sicherung von Forderungen für den Lastenausgleich vom 2. 9. 1948 (WiGBl S. 87) i. d. F. vom 10. 8. 1949 (WiGBl S. 232) im Range unmittelbar nach den Rechten, die auf Grund des § 16 UmstG umgestellt worden sind, zugunsten des LA-Fonds Grundschulden in Höhe der Beträge entstehen lassen, um die der Nennbetrag in Reichsmark den Nennbetrag in Deutscher Mark übersteigt (sog. Zebrasystem). Diese sog. Umstellungsgrundschulden, deren Höhe sich bei der Normalumstellung auf $^9/_{10}$ des Nennbetrages belief, bedurften zu ihrer Entstehung sowie zu ihrer Wirksamkeit gegenüber Dritten nicht der Eintragung in das Grundbuch, waren aber zunächst unbeschränkt eintragungsfähig. Für den Fall, daß das umgestellte Recht im Grundbuch gelöscht wurde, hatte § 13 Abs. 3 S. 2 der 1. DVO vom 7. 9. 1948 (WiGBl S. 88) sogar die gleichzeitige Eintragung der Grundschuld von Amts wegen vorgesehen. Diese Bestimmung war dann allerdings durch § 15 Abs. 3 der 2. DVO vom 10. 8. 1949 (WiGBl S. 232) aufgehoben worden. Die Eintragung der Umstellungsgrundschulden war nach § 12 dieser DVO nur dann möglich, wenn und soweit sie auf den Eigentümer übergegangen waren.

Die Umstellungsgrundschuld war lediglich die Vorläuferin der auf Grund des LAG vom 14. 8. 1952 (BGBl I S. 446) §§ 90—141 erhobenen Hypothekengewinnabgabe, deren Aufgabe ist, zugunsten des LA-Fonds den für den Schuldner entstandenen Währungsgewinn abzuschöpfen. Sie beläuft sich bei der Normalumstellung ebenfalls auf $^9/_{10}$ des Reichsmark-Nennbetrages der umgestellten Verbindlichkeit. Im Gegensatz zu den Umstellungsgrundschulden, bei denen es sich um ein dingliches Recht i. S. des BGB gehandelt hat, ruht die Hypothekengewinnabgabe nach § 111 Abs. 1 LAG als öffentliche Last auf dem Grundstück und kann als solche nicht in das Grundbuch eingetragen werden (§ 54 GBO). Vor allem aber hat die Hypothekengewinnabgabe nicht die gesonderten Rangstellen unmittelbar nach den einzelnen Stammrechten erhalten; obwohl nach § 98 LAG der Schuldnergewinn nach jeder Verbindlichkeit gesondert ermittelt wird, bildet nach § 111 Abs. 1 S. 1 LAG die Hypothekengewinnabgabe eine einheitliche öffentliche Last. Sie hat nach § 113 LAG grundsätzlich den Rang nach dem rangletzten umgestellten Recht nach dem Stande vom 31. 8. 1952. Alle damals noch bestehenden Umstellungsgrundschulden sind gemäß § 120 LAG am 1. 9. 1952 erloschen, soweit nicht gemäß § 119 LAG Ausnahmen gelten. Die in den Ausnahmefällen bestehen gebliebenen Umstellungsgrundschulden wiederum sind am 31. 3. 1953 erloschen, soweit nicht das Grundstück zu diesem Zeitpunkt zum Zwecke der Zwangsversteigerung oder Zwangsverwaltung beschlagnahmt war. Bestehen geblieben sind im übrigen lediglich die auf den Eigentümer übergegangenen Umstellungsgrundschulden. Wegen der erforderlich werdenden GB-Vermerke vgl. LAG GBV vom 24. 11./5. 12. 1952 (BAnz Nr. 233 vom 2. 12. und Nr. 238 vom 9. 12. 1952).

Wegen der Einzelheiten wird auf die eingehenden Darstellungen über die Auswirkungen der Währungsreform und des Lastenausgleichs auf das GB-Recht bei Henke-Mönch-Horber, Anh. zu § 22 GBO, und RpflJB 1956 S. 47 bis 76 verwiesen. Vgl. auch Haegele „Abschließende Vorschriften zur Hypothekengewinnabgabe" in Rpfleger 1957, 69.

Kosten: Nach § 5 Abs. 3 der 40. DVO/UmstG wird für die Eintragung der Umstellungsbeträge in das Grundbuch und für die Beurkundung oder Beglaubigung der hierzu erforderlichen Erklärungen die Hälfte der sonst hierfür zu entrichtenden Gebühren erhoben. Geschäftswert ist der Umstellungsbetrag.

16.* Juristische Person (Erwerb durch eine — auf Grund einer Schenkung oder Zuwendung von Todes wegen)
(bisher dem Richter vorzulegen nach § 19g Ziff. 1 REntlV).

Auf Grund verschiedener Landesgesetze bedurften Schenkungen und letztwillige Zuwendungen an juristische Personen zu ihrer Gültigkeit der staatlichen Genehmigung, wenn der Wert der Zuwendung RM 5000,— überstieg. Art. 86 EGBGB hatte diese landesrechtlichen Beschränkungen aufrecht erhalten. Durch das Vereinheitlichungsgesetz vom 5. 3. 1953 (BGBl I S. 33) Zweiter Teil Art. 2 Abs. 1 sind Art. 86 EGBGB und die betr. landesgesetzlichen Vorbehalte aufhoben worden soweit sie den Erwerb durch juristische Personen mit Sitz im Inland von einer staatlichen Genehmigung abhängig machten, so daß der Genehmigungszwang nur noch für juristische Personen mit Sitz im Ausland praktisch werden kann. Für Eintragungen, die einen Erwerb durch eine juristische Person auf Grund einer Schenkung oder Zuwendung von Todes wegen betrafen, bestand nach § 19g Ziff. 1 jedoch nach wie vor die Verpflichtung zur Vorlage durch den Rpfl. Zu beachten war weiterhin die Vorlagepflicht gemäß § 19g Ziff. 2 REntlV (s. oben 2) und gemäß § 19i REntlV (s. oben 3). Alle diese Beschränkungen sind jetzt weggefallen.

17.* Kohlenabbaugerechtigkeiten s. oben 6.

17a.* Nacherbenvermerk.

(bisher dem Richter vorbehalten gemäß § 18 Abs. 4 REntlV).

Nach § 2100 BGB kann der Erblasser einen Erben in der Weise einsetzen, daß dieser erst Erbe wird, wenn zunächst ein anderer (d. h. der Vorerbe) Erbe geworden ist. Ein solcher Erbe heißt Nacherbe. Vorerbe und Nacherbe sind also zeitlich aufeinander folgende wahre Erben desselben Erblassers und derselben Erbschaft. Die Nacherbschaft tritt regelmäßig mit dem Tode des Vorerben ein (§ 2106 Abs. 1 BGB); der Erblasser kann aber ihren Eintritt auch an ein anderes Ereignis knüpfen, z. B. die Wiederverheiratung des überlebenden Ehegatten.

Der Vorerbe ist grundsätzlich zur freien Verfügung über Erbschaftsgegenstände befugt; seine Verfügungen sind aber im Rahmen der §§ 2112ff. BGB dem Nacherben gegenüber unwirksam. Um den Nacherben gegen Rechtsverluste infolge gutgläubigen Erwerbes zu schützen, ist in § 51 GBO bestimmt, daß bei Eintragung eines Vorerben von Amts wegen zugleich das Recht des Nacherben im Grundbuch einzutragen ist. Der Nacherbenvermerk sperrt das Grundbuch nicht gegen die Eintragung von Rechtsänderungen auf Grund von Verfügungen des Vorerben; der Nacherbe kann jedoch die Beseitigung der Maßnahmen verlangen, soweit der Vorerbe ihm gegenüber nicht wirksam verfügen konnte (§ 2113 BGB). Lediglich im Falle der Löschung eines Rechts muß der Vorerbe die etwaige Zustimmuug des Nacherben beibringen, soweit durch die Löschung dessen Recht betroffen wird und der Vorerbe nicht zur Verfügung befugt war.

Ist bei Eintragung des Vorerben die Eintragung des Nacherbenvermerks versehentlich unterblieben, so kann die Eintragung nachgeholt werden, solange nicht der Vorerbe über das betreffende Recht verfügt hat; anderenfalls kommt die Eintragung eines Amtswiderspruchs in Betracht (vgl. unten III 1d). Im übrigen wird auf Hesse-Saage-Fischer, Anm. III 3 zu § 51 GBO verwiesen.

Die Eintragung des Nacherbenvermerks sowie der Befreiung von Beschränkungen seines Verfügungsrechts gemäß § 51 GBO ist dem Rpfl übertragen. Verfügungen auf Eintragungsanträge und -bewilligungen des Vorerben sind dagegen nach wie vor dem Richter vorbehalten (§ 17 Abs. 1 Ziff. 5 d. Ges.); vgl. dazu unten III 8.

Rechtsmittel: a) gegen die Eintragung des Nacherbenvermerks: Beschwerde mit dem Ziel der Löschung, b) gegen die Nichteintragung: Beschwerde mit dem Ziel des Widerspruchs (Hesse-Saage-Fischer, Anm. VI zu § 52 GBO).

Kosten: §§ 59, 62 KostO.

18.* Reichsheimstätte (GB-Blatt für eine —)
(bisher dem Richter vorzulegen gemäß § 19f Ziff. 2 REntlV).

Nach dem Reichsheimstättengesetz vom 10. 5. 1920 (RGBl I S. 162) i. d. F. vom 25. 11. 1937 (RGBl I S. 1291) und der AusfVO vom 19. 7. 1940 (RGBl I S. 1027) ist eine Reichsheimstätte rechtlich gebundenes Grundeigentum: der Eigentümer (Heimstätter) ist zugunsten des Ausgebers (d. h. des Bundes oder einer anderen öffentl.-rechtlichen Körperschaft) gewissen Verfügungsbeschränkungen unterworfen. Um dem Heimstätter das Eigentum zu sichern, sind die Teilung der Heimstätte und die Abveräußerung einzelner Grundstücke oder Grundstücksteile ebenso wie die Belastung der Heimstätte nur mit Zustimmung des Ausgebers zulässig. Zum Schutze gegen Spekulationsverkäufe ist dem Ausgeber ein Vorkaufsrecht zugelegt; er kann außerdem unter bestimmten Voraussetzungen die Übertragung der Heimstätte verlangen (Heimfallanspruch). Andererseits ist zum Schutze des Eigentums die Zwangsvollstreckung beschränkt; wegen einer dinglich nicht gesicherten Schuld des Heimstätters kann grundsätzlich nicht in die Heimstätte vollstreckt werden.

Wirtschaftlich sind nach § 1 Abs. 1 RHeimstG Heimstätten entweder Grundstücke, die aus einem Einfamilienhaus mit Nutzgarten bestehen (Wohnheimstätte), oder landwirtschaftliche oder gärtnerische Anwesen, zu deren Bewirtschaftung eine Familie unter regelmäßigen Verhältnissen keiner ständigen fremden Arbeitskräfte bedarf (Wirtschaftsheimstätte).

Die zu einer Reichsheimstätte gehörigen Grundstücke sind auf einem gesonderten GB-Blatt zu führen, das andere Grundstücke nicht enthalten darf (§ 4 Abs. 3 RHeimstG und §§ 61f. GBV).

Die Reichsheimstätteneigenschaft kann auch bei einem Erbbaurecht begründet werden (§ 26 RHeimstG und § 63 GBV). Die Erbbaurechtsheimstätte bereitet jedoch rechtlich vermehrte Schwierigkeiten, weil hier zwei Sonderrechtsgebiete zusammentreffen.

Kosten: Nach § 34 RHeimstG sind alle zur Begründung und Vergrößerung von Heimstätten erforderlichen Geschäfte und Verhandlungen (besonders also die Beurkundung von Kaufvertrag, Auflassung, Restkaufgeldvereinbarung sowie die entsprechenden Eintragungen im Grundbuch) gebührenfrei. Für die Beurkundung durch Notare gilt die VO vom 15. 4. 1936 (RGBl I S. 368). Für das Verfahren bei Vererbung einer Heimstätte ist ferner die Vorschrift des § 108a KostO. zu beachten.

19.* Schenkungen an juristische Personen s. oben 16.

20.* Stockwerkseigentum (GB-Blatt für —)
(bisher dem Richter vorzulegen gemäß § 19f Ziff. 6 REntlV).

Stockwerkseigentum ist Alleineigentum verschiedener Personen an den einzelnen Stockwerken und gemeinschaftliches Eigentum an der Bodenfläche derart, daß die Teilung dieses Eigentums ausgeschlossen ist und daß das Alleineigentum an den einzelnen Stockwerken nicht von dem Miteigentum an der Bodenfläche getrennt werden kann (vgl. Meikel-Imhof, 4. Aufl., Anm. 94 zu § 117 GBO). Das Stockwerkseigentum ist dem BGB nicht bekannt. Nach Art. 182 EGBGB bleibt jedoch das z. Zt. des Inkrafttretens des BGB (1. 1. 1900) hauptsächlich im Gebiet des rheinischen Rechts bestehende Stockwerkseigentum weiter bestehen; das Rechtsverhältnis der Beteiligten untereinander bestimmt sich nach den bisherigen Gesetzen. Neues Stockwerkseigentum kann nicht begründet werden (Art.

189 Abs. 1 S. 3 EGBGB). Von diesem (echten) Stockwerkseigentum ist das sog. unechte oder uneigentliche Stockwerkseigentum zu unterscheiden; hier sind die Berechtigten Miteigentümer und haben nur ein ausschließliches Benutzungsrecht hinsichtlich eines Gebäudeteils (vgl. Art. 131 EGBGB). Für das (echte) Eigentum an jedem Stockwerk wurde je ein besonderes GB-Blatt angelegt, daneben teilweise ein eigenes GB-Blatt für das Grundstück als Ganzes (vgl. Meikel-Imhof-Riedel, 5. Aufl., Anm. 11 zu § 3 GBO).

Neuerdings ist durch das Gesetz über das Wohnungseigentum und das Dauerwohnrecht vom 15. 3. 1951 (BGBl I S. 175) ein dem Stockwerkseigentum verwandtes Recht, das Wohnungseigentum, bei gewerblichen Räumen Teileigentum genannt, eingeführt worden (vgl. Erläut. unten 23). Die Umwandlung von Stockwerkseigentum in Wohnungseigentum ist in § 13 WEG gebührenrechtlich begünstigt worden.

20a.* Testamentsvollstreckervermerk.
(bisher dem Richter vorbehalten gemäß § 18 Abs. 4 REntlV).

Der Erbe wird durch die Bestellung eines Testamentsvollstreckers in dem Umfange, in dem die Nachlaßgegenstände der Verwaltung des TestVollstr unterliegen (§ 2205 BGB), in der eigenen Verfügungsbefugnis beschränkt (§ 2211 Abs. 1 BGB). Zum Ausschluß des gemäß § 2211 Abs. 2 BGB) geschützten gutgläubigen Erwerbs muß das Vorliegen einer Testamentsvollstreckung im Grundbuch zum Ausdruck gebracht werden; das geschieht gemäß § 52 GBO, sobald der Erbe eingetragen wird, durch Amtseintragung des TestVollstrVermerks (vgl. auch §§ 10 Abs. 1b, 5a und 11 Abs. 6 GBV). Im Gegensatz zum Nacherbenvermerk (vgl. oben 17a) sperrt der TestVollstrVermerk das Grundbuch gegen Verfügungen des Erben.

Ist die Eintragung des TestVollstrVermerks versehentlich unterblieben, so gelten die oben Ziff. 17 a bei dem Nacherbenvermerk für den gleichen Fall gemachten Ausführungen.

Ebenso wie im Falle der Nacherbfolge ist der Rpfl zwar für die Eintragung des TestVollstrVermerks, nicht aber für die Verfügung auf Eintragungsanträge und -bewilligungen des TestVollstr. zuständig; letztere ist vielmehr dem Richter vorbehalten (vgl. unten III 7).

Rechtsmittel a) gegen die Eintragung des TestVollstrVermerks: Beschwerde mit dem Ziel der Löschung, b) gegen die Nichteintragung: Beschwerde mit dem Ziel des Widerspruchs (Hesse-Saage-Fischer, Anm. VI zu § 52 GBO).

Kosten: §§ 59, 62 KostO.

21. Umschreibung eines GB-Blattes
(bisher dem Richter vorbehalten gemäß § 18 Abs. 4 S. 1 REntlV).

Für die Umschreibung eines GB-Blattes kommen folgende Fälle in Betracht:
1. Umschreibung wegen Raummangels (§ 23 Abs. 1 GBV),
2. Umschreibung wegen Unübersichtlichkeit (§ 28 GBV),
3. Umschreibung nach Klarstellung der Rangverhältnisse (§ 111 GBV),
4. Umschreibung auf den neuen Vordruck (§ 67 Abs. 2 GBV).

Zu 1: Umschreibung wegen Raummangels.

Nach § 23 Abs. 1 GBV und § 10 Abs. 1e GBGeschAV ist ein GB-Blatt umzuschreiben, wenn es für Neueintragungen keinen Raum mehr bietet. Ein Nachheften von Einlagebogen ist also grundsätzlich unzulässig (§ 8 Abs. 5c GBGeschAV), desgl. ein Fortsetzen auf einem anderen, auch geschlossenen Blatt.

Zu 2: Umschreibung wegen Unübersichtlichkeit.

Nach § 28 Abs. 1 GBV ist ein GB-Blatt umzuschreiben, wenn es unübersichtlich geworden ist. Die Unübersichtlichkeit kann hervorgerufen werden durch zahlreiche Veränderungen, Rangvermerke sowie durch gegenstandslose Eintragungen. Das GB-Amt entscheidet nach freiem Ermessen, wann Unübersichtlichkeit vorliegt.

Nach § 28 Abs. 2 kann ein GB-Blatt ferner umgeschrieben werden, wenn es durch die Umschreibung wesentlich vereinfacht wird oder wenn außer ihm keine oder nur wenige Blätter in Gebrauch sind und die Ausscheidung des Bandes angezeigt ist.

Zu 3: Umschreibung nach Klarstellung der Rangverhältnisse.

Nach § 90 GBO kann das GB-Amt aus besonderem Anlaß, insbesondere bei Umschreibung unübersichtlicher Grundbücher, Unklarheiten und Unübersichtlichkeiten in den Rangverhältnissen beseitigen. Wegen des Verfahrens zur Klarstellung der Rangverhältnisse vgl. die Erläut. unten Ziff. III 6. Nach rechtskräftiger Feststellung der neuen Rangordnung muß das GB-Amt nach Maßgabe dieser Rangordnung das Grundbuch umschreiben (§ 111 GBO). Nach zutreffender Ansicht (vgl. Henke-Mönch-Horber, Anm. 2 B zu § 111 GBO) ist diese Vorschrift jedoch nicht dahin zu verstehen, daß in jedem Falle das ganze GB-Blatt umgeschrieben werden muß; u. U. können die Rangverhältnisse schon durch einen bloßen Rangvermerk hinreichend klargestellt werden.

Zu 4: Umschreibung auf den neuen Vordruck.

Nach §§ 67 Abs. 2ff. GBV sind sämtliche GB-Blätter alten Musters auf den neuen Vordruck (§ 22 Satz 1 GBV und Anlage 1) umzuschreiben. Wegen der Mitwirkung des Rpfl war die AV vom 20. 1. 1938 (DJ S. 131) ergangen. Die während des Krieges einstweilen eingestellte Umschreibung (vgl. AV vom 1. 3. 1943, DJ S. 169) wird jetzt teilweise wieder planmäßig fortgesetzt (für Bayern vgl. Bek. vom 8. 4. 1952, BayJMBl S. 105).

Die Umschreibung ist in sämtlichen Fällen von Amts wegen vorzunehmen. Zunächst sind gemäß § 29 GBV in einem vorbereitenden Verfahren alle Maßnahmen durchzuführen, die erforderlich sind, um das GB-Blatt möglichst einfach und übersichtlich zu gestalten. Wie schon bisher in Bayern nach der VO vom 7. 3. 1952 (bayGVBl S. 121 = SaBl. S. 433) bezüglich der Fälle des § 67 Abs. 2 GBV, so gehört nunmehr für den gesamten Geltungsbereich d. Ges. die Umschreibung des GB-Blattes, und zwar in allen angeführten Fällen zu den übertragenen Geschäften. Verschiedene vorbereitende Maßnahmen sind jedoch gemäß § 17 d. Ges. dem Richter vorbehalten, nämlich

a) die Eintragung eines Amtswiderspruchs und die Vornahme einer Amtslöschung (§ 53 GBO),
b) das Berichtigungszwangsverfahren (§ 82a GBO),
c) die Löschung gegenstandsloser Rechte (§§ 84 bis 90 GBO),
d) die Klarstellung der Rangverhältnisse (§§ 90 bis 109 GBO).

Soweit Anlaß zur Durchführung derartiger Maßnahmen besteht, muß der Rpfl zunächst die Sache dem Richter zur Bearbeitung vorlegen. Für die nach Erledigung vorzunehmende Umschreibung selbst ist wiederum der Rpfl zuständig. Das Verfahren ist in §§ 29—33 GBV und den Anlagen 2a und b zu § 31 GBV geregelt.

Kosten: Die Umschreibung ist gemäß § 63 Abs. 1 Nr. 1 KostO gebührenfrei.

22.* Umstellungsgrundschulden s. oben 15.

22a. UrkB in GB-Sachen; vgl. Erläut. unten V.

23.* Wohnungs- und Teileigentum.

Nach §§ 1 und 3 des Ges. über das Wohnungseigentum und das Dauerwohnrecht (WEG) vom 15. 3. 1951 (BGBl I S. 175) kann das Miteigentum an einem Grundstück mit dem Sondereigentum an einer bestimmten Wohnung oder an nicht zu Wohnzwecken dienenden (z. B. gewerblichen) bestimmten Räumen zu einer rechtlichen Einheit verbunden werden; im ersteren Falle spricht das Ges. von Wohnungseigentum, im zweiten von Teileigentum. Es handelt sich rechtlich um ein besonders ausgestaltetes Miteigentum (Pritsch, RGR-Komm, Anm. A I 1 zu § 3 WEG). Wohnungs- und ebenso Teileigentum (vgl. § 1 Abs. 5 WEG) werden begründet entweder durch die auf Einräumung von Sondereigentum gerichtete Einigung der Miteigentümer in der Form der Auflassung und Eintragung in das Grundbuch (§§ 3 und 4 WEG) oder durch ideelle Teilung des Grundstücks seitens des Eigentümers (sog. Vorratsteilung) und Begründung von Sondereigentum an den einzelnen Wohn- oder sonstigen Raumeinheiten mittels einseitiger Erklärung gegenüber dem GB-Amt in der Form des § 29 GBO sowie Anlegung besonderer Grundbücher (§ 8 Abs. 1 und Abs. 2 S. 2 WEG). Für jeden Miteigentumsanteil ist grundsätzlich von Amts wegen ein besonderes GB-Blatt (Wohnungsgrundbuch, Teileigentumsgrundbuch) anzulegen, und zwar in der Weise, daß auf diesem das zu dem Miteigentumsanteil gehörende Sondereigentum und als Beschränkung des Miteigentums die Einräumung der zu den anderen Miteigentumsanteilen gehörenden Sondereigentumsrechte eingetragen werden; das GB-Blatt des Grundstücks wird von Amts wegen geschlossen. Das Nähere ist in §§ 7 und 8 Abs. 2 WEG sowie in der WEG GBV vom 1. 8. 1951 nebst beigefügten amtlichen Mustern (BAnz Nr. 152 vom 9. 8. 1951 = RpflJB 1953, 135) geregelt. Wegen der Ausführungsbestimmungen der Länder wird auf die Übersicht in RpflJB 1957 S. 179f. verwiesen.

Nach § 30 WEG kann das Sondereigentum an einer bestimmten Wohnung oder an nicht zu Wohnungszwecken dienenden bestimmten Räumen auch mit dem Bruchstücksanteil an einem Erbbaurecht verbunden werden (Wohnungserbbaurecht, Teilerbbaurecht). Für Begründung und Ausgestaltung sind im allgemeinen die für das Raumeigentum geltenden Vorschriften entsprechend anzuwenden. Es werden auch hier besondere Erbbaugrundbücher angelegt, und zwar je nach Art der Räume Wohnungserbbaugrundbücher und Teilerbbaugrundbücher. Das Grundbuch für das Grundstück besteht daneben weiter.

Im II. Teil (§§ 31—41) hat das WEG, wie der Vollständigkeit wegen hervorgehoben werden mag, das Dauerwohnrecht (an einer bestimmten Wohnung) und das Dauernutzungsrecht (an nicht zu Wohnzwecken dienenden bestimmten Räumen) als (beschränktes) dingliches Recht am Grundstück in Gestalt einer veräußerlichen und vererblichen Dienstbarkeit besonderer Art gesetzlich näher geregelt. Es wird auf Grund einer Eintragungsbewilligung des Eigentümers in der Form des § 29 GBO in Abt. II des Grundbuchs eingetragen (vgl. 32 WEG). Das Dauerwohnrecht kann auch an einem Erbbaurecht bestellt werden (vgl. § 42 WEG).

Zur Klarstellung ist hervorzuheben, daß Streitigkeiten aus der Gemeinschaft der Wohnungseigentümer und der Verwaltung des gemeinschaftl. Eigentums gemäß §§ 43ff. WEG zur Zuständigkeit des Richters gehören (vgl. die Erläut. 4g zu § 3 d. Ges.).

Kosten: Für die Eintragung von Wohnungs- und Teileigentum sind bezüglich Geschäftswert und Eintragungsgebühren die für die Eintragung des Eigentümers bzw. des Miteigentümers geltenden allgemeinen Vorschriften der §§ 17ff. und 54ff.

KostO, für die Eintragung von Dauerwohn- und -nutzungsrechten die §§ 22 und 56 KostO entsprechend anzuwenden. Wegen der Einzelheiten vgl. Ackermann in Rpfleger 1955, 260 und 306.

24.* Zwangshypothek. Die Eintragung einer Zwangshypothek im Grundbuch trägt einen Doppelcharakter: sie ist einmal ein Geschäft der Zwangsvollstreckung und zum andern ein GB-Geschäft. Da nach der Regelung des § 11e, f REntlV die Zwangsvollstr durch Eintragung einer Sicherungshypothek gemäß § 867 ZPO nicht dem Rpfl übertragen war, hatte sich der RMdJ in der RV vom 15. 9. 1944 (3015 1A Heft 5 Ia 3677) gegen die Zuständigkeit des Rpfl ausgesprochen. Dieser Auffassung ist Bruhn, Rpfleger 1951, 567 und 1952, 134 mit dem Hinweis entgegen getreten, daß von der Stellung des Eintragungsantrages ab das Verfahren sich anerkanntermaßen (vgl. RGZ 106, 74; BayObLG Rpfleger 1952, 133) nach den Vorschriften der GBO richte und infolgedessen die Eintragungsverfügung übertragbar sei. Weiterhin hat der MdJ von Nordrhein-Westf in seiner Verfügung vom 5. 7. 1952 (Rpfleger Sp. 401) den Standpunkt vertreten, daß wegen des Charakters als GB-Geschäft die Eintragung der Zwangshypothek keine Bedenken dagegen bestehen, daß der Rpfl die Eintragung der Zwangshypothek verfügt. Dieser Auffassung haben sich die Länder der BRep allerdings nicht durchweg angeschlossen (vgl. z. B. die ablehnende Stellungnahme des hess. MdJ vom 2. 12. 1952).

Nachdem die Entscheidungen und Anordnungen im Zwangsvollstr-Verf. nach dem 8. Buch der ZPO (§§ 704 bis 898) grundsätzlich dem Rpfl übertragen sind (§ 20 Ziff. 14 d. Ges.), steht die Zuständigkeit des Rpfl für die Eintragung der Zwangshypothek nunmehr außer Zweifel.

III. Dem Richter vorbehaltene Grundbuchgeschäfte.

1. Amtsberichtigung, Amtslöschung, Amtswiderspruch (§ 17 Abs. 1 Ziff. 1 d. Ges.)
(bisher dem Richter vorbehalten gemäß § 18 Abs. 4 REntlV).

Das GB-Verfahren ist von dem Antragsgrundsatz beherrscht, d. h. Eintragungen in das Grundbuch werden in der Regel nur auf Antrag vorgenommen (§ 13 GBO). In einer Reihe von Ausnahmefällen wird das GB-Amt jedoch von Amts wegen tätig. Zu nennen sind:

a) Amtsberichtigung bei Unrichtigkeit der Eigentumseintragung (§ 82a GBO);
b) Amtslöschung gegenstandsloser Eintragungen (§§ 84 bis 89 GBO);
c) Amtslöschung inhaltlich unzulässiger Eintragungen und Amtswiderspruch gegen gesetzwidrige Eintragungen (§ 53 Abs. 1 GBO);
d)* Amtsvormerkung und Amtswiderspruch im Zusammenhang mit einer Zwischenverfügung (§ 18 Abs. 2 GBO); vgl. oben II 1;
e)* nachträgliche Anlegung eines GB-Blattes (§§ 7ff. AVO/GBO), Anlegung eines GB-Blattes für ein Erbbaurecht (§ 8 Abs. 1 S. 2 GBO), Anlegung von Wohnungs- oder Teileigentumsgrundbüchern (§ 7 Abs. 1 WEG); vgl. oben II 7;
f)* Nacherbenvermerk (§ 51 GBO); vgl. oben II 17a;
g)* Testamentsvollstreckervermerk (§ 52 GBO); vgl. oben II 20a;
h)* Umschreibung unübersichtlicher GB-Blätter (§§ 23 Abs. 1, 28, 67 Abs. 2, 111 GBV); vgl. oben II 21.

Gegenüber der Regelung des § 18 Abs. 4 REntlV, nach der „Geschäfte, die von Amts wegen vorzunehmen sind (z. B. Umschreibung eines Grundbuchs, Widerspruch oder Löschung von Amts wegen"), von der Übertragbarkeit ausgeschlossen waren, erweitert das Rpfl-Ges. die Zuständigkeit des Rpfl erheblich und behält dem Richter von den o. a. lediglich noch die GB-Geschäfte zu a bis c vor.

a) Amtsberichtigung (§ 82a GBO).

In den Fällen, in denen das Grundbuch hinsichtlich der Eintragung des Eigentümers nicht infolge Verletzung gesetzlicher Vorschriften, sondern durch Rechtsübergang außerhalb des Grundbuchs unrichtig geworden ist (z. B. durch Erbgang), kann das GB-Amt, und zwar der Rpfl, gemäß § 82 GBO aus begründetem Anlaß dem Eigentümer oder sonst Berechtigten (z. B. Testamentsvollstrecker) die Verpflichtung auferlegen, die zur Berichtigung erforderlichen Maßnahmen zu treffen, und ggf. zur Erzwingung das Ordnungsstrafverfahren nach § 33 FGG einleiten. Soweit jedoch das Berichtigungsverfahren nach § 82 GBO nicht zum Ziele führt, weil z. B. der Berechtigte sich im Ausland aufhält oder vermögenslos ist, kann das GB-Amt, und zwar nur der Richter, gemäß § 82a GBO von Amts wegen die Berichtigung vornehmen.

Rechtsmittel: Beschwerde gemäß §§ 71 ff. GBO. Vgl. auch die Erläut. 1 aE zu § 10 d. Ges.

Kosten: Für die Eintragung des Eigentümers wird wie sonst die volle Gebühr nach §§ 54, 55 KostO erhoben.

b) Amtslöschung gegenstandsloser Eintragungen (§§ 84 bis 89 GBO).

Eintragungen im Grundbuch können sowohl aus rechtlichen Gründen, z. B. der Nacherbenvermerk infolge Veräußerung des Grundstücks mit Zustimmung der Nacherben, wie auch infolge Veränderung der tatsächlichen Verhältnisse gegenstandslos werden, z. B. das dingliche Wohnungsrecht infolge völliger Zerstörung des Gebäudes. Wenn besondere Umstände (wie Umschreibung des GB-Blattes wegen Unübersichtlichkeit, Teilveräußerung des Grundstücks oder Anregung der Beteiligten) einen hinreichenden Anlaß geben, soll das GB-Amt in dem durch §§ 84 bis 89 GBO geregelten Amtslöschungsverfahren solche Eintragungen nach Feststellung der Gegenstandslosigkeit von Amts wegen löschen. Die Gegenstandslosigkeit muß sich völlig zweifelsfrei feststellen lassen. Das Amtslöschungsverfahren ist dem Richter vorbehalten (§ 17 Abs. 1 Ziff. 1 d. Ges.).

Rechtsmittel gegen den Feststellungsbeschluß: Beschwerde innerhalb von zwei Wochen seit Zustellung (§§ 71, 89 GBO).

Kosten: Das Amtslöschungsverfahren einschließlich der Beurkundung der Erklärungen der Beteiligten sowie die Löschung selbst sind nach § 64 Abs. 1 S. 1 KostO grundsätzlich gebührenfrei. Das GB-Amt kann nach S. 2 aaO jedoch die Gebühr für die Löschung einem Beteiligten auferlegen, wenn dies nach den Umständen angemessen erscheint.

c) Amtslöschung inhaltlich unzulässiger Eintragungen.

Nach § 53 Abs. 1 S. 2 GBO ist eine Eintragung von Amts wegen zu löschen, falls sie ihrem Inhalt nach unzulässig ist. Die Bestimmung bezieht sich auf Eintragungen, die kein eintragungsfähiges dingliches Recht zum Gegenstand haben (z. B. ein Mietrecht) oder gegen gesetzliche Vorschriften verstoßen (z. B. Eintragung einer Zwangshypothek als Gesamthypothek entgegen § 867 Abs. 2 ZPO oder unter DM 300,— entgegen § 866 Abs. 3 ZPO).

Rechtsmittel gegen die Löschung: Beschwerde gemäß § 71 GBO mit dem Ziel der Eintragung eines Widerspruchs.

Kosten: Die Amtslöschung ist gemäß § 63 Abs. 1 Nr. 2 KostO gebührenfrei.

d) Amtswiderspruch gegen gesetzwidrige Eintragungen.

Ergibt sich, daß das GB-Amt unter Verletzung gesetzlicher Vorschriften eine Eintragung vorgenommen hat, durch die das Grundbuch unrichtig geworden ist (z. B. daß es den beantragten Rangvermerk weggelassen hat), so darf nicht etwa kurzerhand eine Berichtigung von Amts wegen vorgenommen werden, weil hierdurch in die Rechtsstellung der Beteiligten eingegriffen werden würde; vielmehr ist gemäß § 53 Abs. 1 S. 1 GBO von Amts wegen ein Widerspruch einzutragen. Auf diese Weise soll ein gutgläubiger Erwerb, der auf Grund der unrichtigen Eintragung infolge des öffentlichen Glaubens des Grundbuchs möglich wäre (§ 892 BGB), ausgeschlossen und Schadensersatzansprüchen gegen den Staat vorgebeugt werden. Die Richtigstellung der auf diese Weise gekennzeichneten gesetzwidrigen Eintragung ist Sache der Beteiligten.

Rechtsmittel: Beschwerde mit dem Ziel der Löschung.

Kosten: Die Eintragung der Amtslöschung und des Amtswiderspruchs ist gemäß § 63 Abs. 1 Nr. 2 KostO gebührenfrei.

2. **Auseinandersetzungszeugnisses,** Eintragungen auf Grund eines —
(§ 17 Abs. 1 Ziff. 4 d. Ges.)
(bisher dem Richter vorzulegen gemäß § 19b REntlV).

Gemäß § 36 GBO bedarf es in Abweichung von der Regel des § 35 GBO zum Nachweis der Rechtsnachfolge in ein Nachlaßgrundstück oder ein zum Gesamtgut einer ehelichen oder fortgesetzten Gütergemeinschaft gehöriges Grundstück im Falle einer Auseinandersetzung nicht der Vorlegung eines Erbscheins. Wenn hinsichtlich eines Nachlaßgrundstücks oder eines zum Gesamtgut einer ehelichen oder fortgesetzten Gütergemeinschaft gehörenden Grundstücks auf Grund einer Auseinandersetzung einer der Beteiligten als Eigentümer eingetragen werden soll, genügt hierzu und zum Nachweis der zur Übereignung erforderlichen Erklärungen der Beteiligten vielmehr ein Zeugnis des Nachlaßgerichts oder des nach § 99 Abs. 2 FGG zuständigen Gerichts. Die einzelnen Voraussetzungen für die Ausstellung des Auseinandersetzungszeugnisses sind in § 36 Abs. 2 GBO aufgezählt. Das gleiche gilt in den genannten Fällen für den Nachweis der Rechtsnachfolge in ein Erbbaurecht.

Nach § 37 GBO sind diese Vorschriften auf Grundpfandrechte (Hypotheken, Grundschulden und Rentenschulden) entsprechend anzuwenden.

Das Auseinandersetzungszeugnis der §§ 36, 37 GBO ersetzt die sonst erforderlichen Nachweise nach §§ 19, 29, 33 und 35 GBO. Die Zulassung dieses Nachweises soll der Kostenersparnis dienen.

Nach § 13 Abs. 5 d. Ges. ist die Erteilung des Zeugnisses dem Richter vorbehalten (vgl auch die Erläut. XVI hierzu). Das gleiche gilt nach § 17 Abs. 1 Ziff. 4 d. Ges. für die auf Grund des Auseinandersetzungszeugnisses vorzunehmenden Eintragungen im Grundbuch.

Kosten: Nach § 103 Abs. 1 KostO wird für das Auseinandersetzungszeugnis ¼ Gebühr bis zum Höchstbetrage von DM 10,— und für die in dem Verfahren abzugebende eidesstattliche Versicherung (Erbeslegitimation) nach §§ 43 Abs. 2, 103 Abs. 2 KostO ½ Gebühr erhoben.

3. Berichtigung des Grundbuchs (§ 17 Abs. 1 Ziff. 3 d. Ges.)
(bisher dem Richter vorzulegen gemäß § 19e REntlV).

Für das GB-Verfahren gilt gemäß § 19 GBO im allgemeinen der Bewilligungsgrundsatz. Die Eintragung einer Rechtsänderung oder einer Berichtigung setzt regelmäßig die (einseitige) Bewilligung des Betroffenen voraus (formelles Konsensprinzip). Im Falle der Auflassung eines Grundstücks, der Bestellung, Änderung oder Übertragung eines Erbbaurechts oder eines sog. grundstückgleichen Rechts, z. B. des Bergwerkseigentums oder einer selbständigen Gerechtigkeit (vgl. Erläut. oben zu II) bedarf es zur Vornahme der Eintragung sogar des Nachweises der Einigung (materielles Konsensprinzip). In Abweichung von dem Bewilligungsgrundsatz läßt § 22 Abs. 1 GBO Eintragungen zur Berichtigung des Grundbuchs ausnahmsweise auch ohne Bewilligung des Betroffenen dann zu, wenn die Unrichtigkeit anderweit nachgewiesen wird, und ermöglicht auf diese Weise für Fälle, in denen der Inhaber des Rechts oder dessen Rechtsnachfolger nicht ermittelt werden kann, die Beschaffung der Berichtigungsbewilligung also ausgeschlossen ist, die Beseitigung erledigter Rechte. Ebenso wie in den Fällen des § 19 GBO wird das GB-Amt auch hier grundsätzlich nur auf Antrag tätig.

Die Vorschrift des § 22 Abs. 1 GBO hat nicht die Richtigstellung von Angaben tatsächlicher Art im Auge (wie etwa die Größenangaben oder die Bezeichnung des Grundstücks). Nach § 894 BGB ist das Grundbuch unrichtig, wenn sein Inhalt in Ansehung eines Rechtes an einem Grundstück, eines Rechtes an einem solchen Recht oder einer relativen Verfügungsbeschränkung mit der wirklichen Rechtslage nicht im Einklang steht. Die Unrichtigkeit kann darauf zurückzuführen sein, daß die zur Entstehung des Rechts erforderliche Einigung (z. B. mangels vormundschaftsgerichtlicher Genehmigung) unwirksam ist (Fall der ursprünglichen Unwirksamkeit) oder daß außerhalb des Grundbuchs (z. B. durch Erbfolge) eine Rechtsänderung eingetreten ist (Fall der nachträglichen Unrichtigkeit).

Soweit eine Berichtigungsbewilligung i. S. des § 19 GBO vorgelegt werden kann, ist grundsätzlich der Rpfl zuständig, sofern nicht der Vorbehalt des § 17 Abs. 1 Ziff. 4 d. Ges. in Betracht kommt. Anders ist es jedoch in den Fällen des § 22 Abs. 1, GBO, in denen sich der Unrichtigkeitsnachweis auf andere Weise führen läßt, nämlich durch öffentliche Urkunden oder durch Offenkundigkeit der maßgeblichen Tatsachen (§ 29 Abs. 1 S. 2 GBO). Entsprechend der bisherigen Regelung ist in den Fällen des § 22 Abs. 1 GBO die Zuständigkeit wie folgt aufgeteilt:

der Rpfl ist zuständig, wenn der Antragsteller den Unrichtigkeitsnachweis durch öffentliche Urkunden, im Falle der Erbfolge durch Erbschein,
der Richter dagegen, wenn der Antragsteller den Unrichtigkeitsnachweis durch Offenkundigkeit der Tatsachen, im Falle der Erbfolge durch öffentliches Testament (vgl. § 35 Abs. 1 A. 2 GBO)
führen will.

Bei Anträgen auf GB-Berichtigung auf Grund Unrichtigkeitsnachweises sind mitunter nicht einfache Rechtsfragen zu lösen, z. B. ob ein Erwerb kraft guten Glaubens (§ 892 BGB) stattgefunden hat und hierdurch das Grundbuch wieder richtig geworden ist oder ob ein zu Unrecht gelöschtes Recht verjährt ist (§ 901 BGB). Zu beachten ist für die Fälle der Eigentümereintragung und der Eintragung des Erbbauberechtigten, daß nach § 22 Abs. 2 GBO zwar nicht bei Nachweis der Unrichtigkeit, wohl aber bei Berichtigung des Grundbuchs auf Grund einer Eintragungsbewilligung die Zustimmung des (neu) einzutragenden Eigentümers oder Erbbauberechtigten in der Form des § 29 GBO erforderlich ist.

Für die Ausnahmefälle der Amtsberichtigung gilt die Bestimmung des § 17 Abs. 1 Ziff. 1 d. Ges. (s. die Erläut. oben III 1 a).

Kosten: Im Falle der Berichtigung des Grundbuchs auf Grund Unrichtigkeitsnachweises werden die üblichen Eintragungsgebühren erhoben (§§ 54ff. KostO).

4. Erbfolge, Verfügung auf Grund — (§ 17 Abs. 1 Ziff. 4 d.Ges.)
(bisher dem Richter vorzulegen gemäß § 19b REntlV).

Nach § 35 Abs. 1 S. 1 GBO kann im GB-Verfahren die Erbfolge grundsätzlich nur durch Erbschein nachgewiesen werden, gleichviel ob es sich um gesetzliche oder gewillkürte Erbfolge handelt. Der Erbschein ist ein von dem Nachlaßgericht (in Baden gemäß dem Vorbehalt des Art. 147 Abs. 1 EGBGB von dem Notar) erteiltes Zeugnis über die Person des oder der Erben, die Größe der Erbteile und (im Falle der gewillkürten Erbfolge) die angeordneten Beschränkungen des Erbrechts. Der Erbschein begründet die Vermutung der Richtigkeit und Vollständigkeit (§ 2365 BGB) und liefert den vollen Beweis der darin bezeugten Erbfolge. Er muß stets in Urschrift oder Ausfertigung vorgelegt werden; die beglaubigte Abschrift genügt also in der Regel nicht, weil der Erbschein als unrichtig eingezogen sein kann (§ 2361 BGB). Als besondere Formen des Erbscheins sind zu nennen der gemeinschaftliche Erbschein (§ 2357 BGB), der Erbschein für den Vorerben (§ 2363 BGB), der gegenständlich beschränkte Erbschein (§ 2369 BGB), in der brit. Zone besonders in der Form des Hoffolgezeugnisses (§ 18 Abs. 2 S. 3 der HöfeO für die brit. Zone vom 24. 4. 1947, VOBl BrZ. S. 25). Als Beschränkungen des Erbrechts kommen insbesondere in Betracht die Anordnung der Nacherbschaft (§ 2362 BGB) und die Testamentsvollstreckung (§ 2363 BGB).

Die gesetzliche Erbfolge tritt ein, wenn der Erblasser keine Verfügung von Todes wegen hinterlassen hat. Beruht die Erbfolge auf einer Verfügung von Todes wegen (d. h. einem Testament oder Erbvertrag) und ist diese Verfügung in einer öffentlichen Urkunde enthalten, so genügt es in der Regel, wenn dem GB-Amt anstelle des Erbscheins das öffentliche Testament oder der Erbvertrag (und zwar in Ausfertigung oder beglaubigter Abschrift) und außerdem eine Ausfertigung oder beglaubigte Abschrift der Eröffnungsniederschrift (§§ 2260 und 2300 BGB) vorgelegt werden; nur bei Auftreten von Zweifeln bezüglich der von dem Erblasser gewollten Erbfolge kann das GB-Amt die Vorlegung eines Erbscheins verlangen (§ 35 Abs. 1 S. 2 GBO).

Nach § 17 Abs. 1 Ziff. 4 d. Ges. sind im GB-Verfahren Verfügungen auf Grund Erbfolge grundsätzlich dem Richter vorbehalten; der Rpfl ist — ebenso wie im Falle der Ziff. 3 aaO — ausnahmsweise zuständig, wenn der Nachweis der Erbfolge durch Erbschein geführt wird.

5. Fortgesetzten Gütergemeinschaft, Eintragungen auf Grund eines Zeugnisses über das Bestehen der — (§ 17 Abs. 1 Ziff. 4 d. Ges.)
(bisher dem Richter vorzulegen gemäß § 19b REntlV).

Sind aus einer Ehe gemeinschaftliche Kinder hervorgegangen, so tritt — wenn die Ehegatten die allgemeine Gütergemeinschaft oder die Fahrnisgemeinschaft vereinbart hatten — beim Tode eines Ehegatten im Falle der allgemeinen Gütergemeinschaft kraft Gesetzes (§ 1483 BGB), im Falle der Fahrnisgemeinschaft kraft entsprechender Vereinbarung im Ehevertrag (§ 1557 BGB) in Ansehung des Gesamtgutes keine Erbfolge, sondern grundsätzlich die fortgesetzte Gütergemeinschaft ein (Ausnahme s. in §§ 1484, 1549 BGB). Nur das nicht gemeinschaftliche Vermögen wird wie sonst vererbt. Bei der Errungenschaftsgemeinschaft dagegen fällt nicht nur das nicht gemeinschaftl. Vermögen des Erblassers, sondern auch der Anteil des verstorbenen Ehegatten am Gesamtgut in den Nachlaß; die Fortsetzung der Gütergemeinschaft kann hier auch nicht vereinbart werden (vgl. § 1546 BGB).

In den danach in Betracht kommenden Fällen kann die Fortsetzung der Gütergemeinschaft gemäß § 35 Abs. 2 GBO durch ein Zeugnis des Nachlaßgerichts nachgewiesen werden; auf dieses Zeugnis finden die Vorschriften über den Erbschein entsprechende Anwendung (§ 1507 BGB). Das Zeugnis begründet allerdings nur die Vermutung für den Eintritt, nicht dagegen für den Fortbestand der fortgesetzten Gütergemeinschaft. Es kann bei Unrichtigkeit eingezogen werden. In den Fällen der §§ 36, 37 GBO kann es ersetzt werden durch ein Auseinandersetzungszeugnis.

Zuständig für die Erteilung des Zeugnisses (nicht für die Einziehung — vgl. § 13 Ziff. 6 d. Ges.) ist der Rpfl (vgl. Erläut. XVI 2 zu § 13 d. Ges.). Eintragungen im Grundbuch auf Grund des Zeugnisses sind jedoch dem Richter vorbehalten (§ 17 Abs. 1 Ziff. 4 d. Ges.).

Kosten: Nach §§ 99 und 101 Abs. 1 Ziff. 1 KostO wird für die Erteilung des Zeugnisses eine volle Gebühr erhoben.

6. Klarstellung der Rangverhältnisse (§17 Abs. 1 Ziff. 2 d. Ges.)
(bisher dem Richter vorbehalten gemäß § 18 Abs. 4 REntlV).

Die Bestimmungen über die (Amts-) Löschung gegenstandsloser Rechte (§§ 84 bis 89 GBO) reichen nicht aus, um die Grundbücher klar und übersichtlich zu gestalten. Häufig bereiten verwickelte Rangverhältnisse, wie sie besonders durch nachträgliche Rangveränderungen (vgl. § 880 BGB), Teilung von Rechten, Rangunterschiede bei den Zinsen eines Rechts oder durch Gesetzgebungsmaßnahmen (z. B. Aufwertungsgesetz, LAG) hervorgerufen werden, bei der Benutzung des Grundbuchs große Schwierigkeiten. Aus diesem Grunde wird durch § 90 GBO das GB-Amt ermächtigt, Unklarheiten und Unübersichtlichkeiten zu beseitigen. Das dieser Aufgabe dienende Rangklarstellungsverfahren gemäß §§ 91 bis 109 und 114 GBO wird bei Vorhandensein unübersichtlicher Rangverhältnisse nicht ohne weiteres, sondern aus besonderem Anlaß, z. B. bei Umschreibung unübersichtlicher Grundbücher, von Amts wegen oder auf Antrag eines Beteiligten durchgeführt.

Nach einem Einleitungsbeschluß (§ 91 GBO), der allen Beteiligten i. S. des § 92 GBO zuzustellen ist, hält das GB-Amt einen Verhandlungstermin ab und versucht hierbei, eine Einigung der Beteiligten auf eine klare Rangordnung herbeizuführen (§§ 100 bis 102 GBO). Bei Scheitern des Einigungsversuchs macht es einen Vorschlag für eine neue Rangordnung (§ 103 GBO) und setzt nach Ablauf der Widerspruchsfrist von grundsätzlich einem Monat (§ 104 GBO) unter gleichzeitiger Entscheidung über die nicht erledigten Widersprüche durch besonderen Beschluß die neue Rangordnung fest (§ 108 GBO). Nach Eintritt der Rechtskraft der neuen Rangordnung hat das GB-Amt nach Maßgabe dieser Rangordnung das Grundbuch umzuschreiben (§ 111 GBO).

Das Rangklarstellungsverfahren ist gemäß § 17 Abs. 1 Ziff. 2 d. Ges. dem Richter vorbehalten. Soweit der für die Umschreibung selbst zuständige Rpfl vor der Umschreibung die Durchführung eines Rangklarstellungsverfahrens für zweckmäßig hält, hat er die Sache zunächst dem Richter vorzulegen (vgl. auch die Erläut. oben zu III 2).

Rechtsbehelf gegen Vorschlag für eine neue Rangordnung: Widerspruch (§ 104 GBO).

Kosten: Nach § 64 Abs. 2 KostO sind sowohl das Rangklarstellungsverfahren als auch die auf Grund desselben vorzunehmenden Eintragungen und Löschungen einschließlich der Beurkundung von Erklärungen der Beteiligten gebührenfrei. Nach dem in der freiwilligen Gerichtsbarkeit maßgeblichen Grundsatz trägt die außergerichtlichen Kosten in der Regel jeder Beteiligte selbst; nach § 114 GBO kann das GB-Amt jedoch die außergerichtlichen Kosten und die Auslagen nach billigem Ermessen auf die Beteiligten verteilen.

7. Testamentsvollstreckers, Eintragung auf Grund einer Verfügung des — (§ 17 Abs. 1 Ziff. 4 d. Ges.) (bisher dem Richter vorzulegen gemäß § 19b d. Ges.).

Nach § 2197 BGB kann der Erblasser durch Testament einen oder mehrere Testamentsvollstrecker ernennen. Die Aufgaben und Befugnisse des Testamentsvollstreckers sind in §§ 2203ff. BGB geregelt. Der Testamentsvollstrecker ist nicht Vertreter der Erben, sondern Partei kraft Amtes. Sein Amt beginnt mit der dem Nachlaßgericht gegenüber zu erklärenden Annahme (§ 2202 BGB). Das Nachlaßgericht hat ihm auf Antrag ein Zeugnis über die Ernennung zum Testamentsvollstrecker zu erteilen (§ 2368 BGB). Die Vorschriften über den Erbschein finden auf das Zeugnis entsprechende Anwendung (Abs. 3 daselbst). Das Testamentsvollstreckerzeugnis begründet allerdings nur die Vermutung für die Bestellung zum Testamentsvollstrecker, nicht aber für die Fortdauer des Amtes. Bei Beendigung des Amtes wird es von selbst kraftlos. Deshalb ist im Zweifel eine Bescheinigung des Nachlaßgerichts über die Fortdauer des Amtes zu fordern. Bei Unrichtigkeit kann das Testamentsvollstreckerzeugnis eingezogen oder für kraftlos erklärt werden (vgl. § 2361 BGB).

Sowohl die Erteilung des Testamentsvollstreckerzeugnisses (vgl. § 13 Ziff. 5 d. Ges.) als auch die Vornahme von Eintragungen im Grundbuch auf Grund von Verfügungen des Testamentsvollstreckers (vgl. § 17 Abs. 1 Ziff. 4 d. Ges.) sind dem Richter vorbehalten.

Kosten: Für die Erteilung des Testamentsvollstreckerzeugnisses ist nach §§ 99 und 101 Abs. 1 Ziff. 2 KostO die volle Gebühr zu zahlen.

8. Vorerben, Eintragungen auf Bewilligung des — (§ 17 Abs. 1 Ziff. 5 d. Ges.) (bisher dem Richter vorzulegen gemäß § 19d REntlV).

Wegen des Begriffs der Nacherbfolge und der Zuständigkeit des Rpfl für die Eintragung des Nacherbenvermerks gemäß § 51 GBO wird auf die Erläut. oben II 17a verwiesen.

Die Verfügungsbefugnis des Vorerben ist in §§ 2112ff. BGB und für die Fälle der befreiten Vorerbschaft in §§ 2136ff. BGB geregelt. Gemäß § 51 GBO ist auch die Befreiung von Amts wegen im Grundbuch zu vermerken. Nach § 2136 BGB kann der Erblasser den Vorerben nicht befreien von der Beschränkung der unentgeltlichen Verfügung über einen Erbschaftsgegenstand. Der grundbuchmäßige Nachweis der Entgeltlichkeit stößt häufig auf Schwierigkeiten.

In § 17 Abs. 1 Ziff. 5 d. Ges. sind Verfügungen auf Eintragungsanträge und -bewilligungen eines Vorerben dem Richter vorbehalten.

IV. Zu Absatz 2: Unterzeichnung durch den Rechtspfleger.

Nach § 2 AVO/GBO soll der Richter die von ihm verfügten Eintragungen im Grundbuch mit unterschreiben. Schon bisher war es gemäß § 17 Abs. 1a, Abs. 2 REntlV möglich, dem Rpfl die Unterzeichnung der vom Richter verfügten Eintragungen zu übertragen. Soweit nach § 17 Abs. 1 d. Ges. noch eine richterliche Eintragungsverfügung in Betracht kommt, war es deshalb nur folgerichtig, dem Rpfl auch jetzt den formellen Akt der Unterzeichnung der GB-Eintragungen zu übertragen (§ 17 Abs. 2 S. 1 d. Ges.). Vollzieht der Rpfl anstelle des Richters lediglich die Unterschrift unter den Eintragungen im Grundbuch, so unterzeichnet — ebenso wie in den Fällen der Übertragung des gesamten GB-Geschäfts — außer dem Rpfl noch ein UrkB (§ 2 AVO/GBO). Die bisherige Bestimmung des § 17 Abs. 2 REntlV, daß in diesem Falle die zweite Unterschrift von einem Beamten der Geschäftsstelle (der nicht notwendig UrkB. zu sein brauchte) oder einem von dem Behördenleiter ermächtigten Justizangestellten geleistet werden kann, ist also nicht in das neue Gesetz übernommen.

Der erst vom Ausschuß für Rechtswesen und Verfassungsrecht eingefügte S. 2 stellt lediglich klar, daß der Rpfl auch dann die Eintragung im Grundbuch unterzeichnet, wenn der Richter sie auf Grund einer Vorlage gemäß § 5 d. Ges. verfügt hat.

V. Die Zuständigkeit des UrkB im GB-Recht.

Nach §§ 1 bis 4 AVO/GBO ist für eine Reihe von GB-Geschäften, besonders die z. T. ursprünglich richterlichen Geschäfte des § 4 AVO/GBO, der UrkB zuständig. Die in dem Entwurf d. Ges. vorgesehene Umwandlung der in § 4 Abs. 2 aufgezählten UrkB-Geschäfte in Rpfl-Geschäfte ist von dem Ausschuß für Rechtswesen und Verfassungsrecht als unzweckmäßig abgelehnt worden. Wie oben in Einleitung unter 2d aE ausgeführt, wird der Beamte des gehobenen Dienstes in zwei Funktionseigenschaften, nämlich als Rpfl und als UrkB tätig. Die in § 4 Abs. 2 AVO/GBO genannten Geschäfte erledigt der GB-Beamte also in seiner Funktionseigenschaft als UrkB.

Im Gegensatz zu den Rpfl-Geschäften kann mit der Wahrnehmung dieser Geschäfte auch ein auf Grund eines Beschäftigungsauftrags abgeordneter Rpfl-Anwärter betraut werden (vgl. Erläut. 5 zu § 2 d. Ges.).

Im einzelnen sind hier folgende GB-Geschäfte zu nennen:

1. Abschrifterteilung aus Grundbuch oder Grundakten (§ 4 Abs. 1a AVO/GBO; vgl. ferner § 12 GBO und § 43 GBV);
2. Antrags, Entgegennahme eines auf eine Eintragung erichteten — oder Ersuchens (§ 1 Abs. 1 AVO/GBO; vgl. § 4 GeschAV/GBO);
3. Auskunftserteilung in den gesetzlich vorgesehenen Fällen (§ 4 Abs. 1c AVO/GBO i. Verb. mit § 45 Abs. 3 S. 1 GBV);
4. Beglaubigung von Abschriften
   a) des Grundbuchs und der im Grundbuch in Bezug genommenen Eintragungsbewilligungen (§ 4 Abs. 2a AVO/GBO; vgl. § 12 GBO und §§ 43 bis 45 GBV und wegen der Form die landesgesetzl. Vorschriften);
   b) aus den Grundakten (nach Maßgabe der Landesvorschriften, z. B. Art. 35 preuß. FGG, Art. 44. 67, 76 hess. FGG vom 12. 4. 1954; für Bayern s. dagegen Bek. vom 21. 12. 1929, Bay JMBl S. 341: Rpfl);
5. Eingangsvermerk (§ 1 Abs. 1 AVO/GBO; vgl. ferner § 13 Abs. 1 S. 2 GBO und §§ 4 und 19 GeschAV/GBO);

6. Einsicht in das Grundbuch oder die Grundakten (§ 4 Abs. 1b AVO/GBO; vgl. ferner § 12 GBO und §§ 43, 46 GBV). Die Einsicht ist gebührenfrei (§ 68 KostO).
7. Kataster, Verfügungen und Eintragungen zur Erhaltung der Übereinstimmung zwischen Grundbuch und — (§ 4 Abs. 2b und § 6 Abs. 2 AVO/GBO i. Verb. mit § 6 Abs. 6e GBV und § 31 Abs. 2 GeschAV/GBO sowie AV vom 20. 1. 1940, DJ S. 214) sowie zur Zurückführung der Grundbücher auf das Reichskataster (vgl. AV vom 20. 1. 1940/26. 1. 1942, DJ S. 212/85);
8. Konkurseröffnung, Entscheidungen über Ersuchen des Gerichts um Eintragung oder Löschung des Vermerks über die Eröffnung des Konkurses (§ 4 Abs. 2c AVO/GBO i. Verb. mit § 113 KO);
9. Namens, Standes oder Wohnortes, Berichtigung des — natürlicher Personen im Grundbuch (§ 4 Abs. 2d AVO/GBO i. Verb. mit § 15 Abs. 1a GBV);
10. Unterzeichnung
    a) der Eintragungen im Grundbuch
    b) der Grundpfand-(Hypotheken-, Grundschuld- und Rentenschuld-)Briefe sowie der nachträglich auf sie gesetzten Vermerke

    an zweiter Stelle neben dem Richter oder Rpfl (§§ 2 und 3 Abs. 1 AVO/GBO). In den Fällen des § 4 Abs. 2 AVO/GBO unterzeichnet neben dem für die Eintragung zuständigen UrkB an zweiter Stelle ein Beamter (nicht notwendig ein UrkB) der Geschäftsstelle oder ein vom Behördenvorstand besonders ermächtigter Justizangestellter die Eintragungen (§ 4 Abs. 3 AVO/GBO); soweit der Rpfl eine vom Richter verfügte Eintragung unterschreibt, gelten die Erläut. oben zu IV.
11. Urkundenrückgabe (§ 4 Abs. 1d AVO/GBO i. Verb. mit § 10 GBO);
12. Versendung von Grundakten an andere Behörden (§ 4 Abs. 1d AVO/GBO i. Verb. mit § 17 GeschAV/GBO);
13. Zwangsversteigerungs- und Zwangsverwaltungsvermerks, Entscheidung über Ersuchen des Gerichts um Eintragung (nicht Löschung) des — (§ 4 Abs. 2c AVO/GBO i. Verb. mit §§ 19 Abs. 1, 146 ZVG).

Inwieweit diese Geschäfte von Beamten des gehobenen Dienstes oder von Beamten des mittleren Dienstes wahrzunehmen sind, bestimmt die Landesgesetzgebung.

Anhang: Pachtkreditsachen.*

Vorbemerkung. Ebenso wie bisher (vgl. Ges. vom 9. 7. 1926/20. 12. 1943, RGBl I S. 399/681, und AV vom 6. 11. 1939, DJ S. 1719) sind durch § 3 Ziff. 1d d. Ges. die Pachtkreditsachen i. S. des Pachtkreditges. vom 5. 8. 1951 (BGBl I S. 494) — abgek.: PachtKrG — in vollem Umfange dem Rpfl übertragen (Vollübertragung). Der Pächter eines landwirtschaftl. Grundstücks kann an dem ihm gehörenden Inventar einem zugelassenen Kreditinstitut (Pachtkreditinstitut) zur Sicherung eines ihm gewährten Darlehns ein Pfandrecht ohne Besitzübertragung dadurch bestellen, daß der Verpfändungsvertrag bei dem für den Sitz des Betriebes zuständigen AG niedergelegt wird (§§ 1 und 2 PachtKrG). Die mit der Niederlegung zusammenhängenden Verrichtungen des AG sind Angelegenheiten der freiw. Gerichtsbarkeit, auf die die Vorschriften des FGG anzuwenden sind (vgl. Keidel, Anm. 4 Ziff. 22 zu § 1 FGG).

1. **Abschriften.** Die Erteilung von Abschriften kann verlangt werden, soweit Einsicht gestattet ist (siehe unten Ziff. 5) (§ 16 PachtKrG).
2. **Abtretung.** Die nach Maßgabe des Pachtkreditgesetzes gesicherte Forderung kann an ein zugelassenes Pachtkreditinstitut abgetreten werden; die Abtretung ist dem AG anzuzeigen (§ 13 PachtKrG).
   Kosten: § 117 KostO.
3. **Bescheinigung.** Dem Pächter eines landwirtschaftlichen Grundstücks ist auf Antrag von dem AG, in dessen Bezirk der Sitz seines Betriebes liegt, zu bescheinigen, daß bei dem AG kein Verpfändungsvertrag niedergelegt worden ist (§ 16/2 PachtKrG).
   Über die Niederlegung eines Verpfändungsvertrages ist dem, der den Vertrag niedergelegt hat, eine Bescheinigung zu erteilen (§ 15/1 PachtKrG).
4. **Bestellung des Pfandrechts.** Der Verpfändungsvertrag bedarf der Schriftform. Er muß außer der Einigung über die Bestellung des Pfandrechts den Geldbetrag der Forderung und, wenn die Forderung verzinslich ist, den Zinssatz, wenn andere Nebenleistungen zu entrichten sind, ihren Geldbetrag und die über die Fälligkeit der Forderung getroffene Abrede ergeben. Der Verpfändungsvertrag muß bei dem AG, in dessen Bezirk der Sitz des Betriebes liegt, niedergelegt werden (§ 2 PachtKrG).
5. **Einsicht.** Die Einsicht der bei dem AG niedergelegten Verpfändungsverträge ist jedem gestattet, der ein berechtigtes Interesse darlegt (§ 16 PachtKrG).
6. **Niederlegung.** Der Verpfändungsvertrag kann sowohl von dem Pächter wie von dem Pachtkreditinstitut niedergelegt werden. Das AG hat den Zeitpunkt der Niederlegung nach Tag und Stunde auf dem Vertrage oder einem damit zu verbindenden Blatt an deutlich sichtbarer Stelle zu vermerken (§ 15/1, 2 PachtKrG). Einzutragen im Register für landwirtschaftl. Kapitalkreditbeschaffungssachen Kb; die Blattsammlungen mit den niedergelegten Inventarverpfändungsverträgen sind wie Grundbücher aufzubewahren (§ 22 AktO).
7. **Rückgabe.** Nach dem Erlöschen des Pfandrechts ist der Verpfändungsvertrag dem Pächter auf Antrag herauszugeben; zum Nachweis des Erlöschens genügt die öffentlich beglaubigte Erklärung des Gläubigers, daß das Pfandrecht erloschen ist (§ 15/4 PachtKrG).
   Kosten: § 117 KostO.

§ 18

Schiffsregister- und Schiffsbauregistersachen

(1) In den dem Schiffsregistergericht zugewiesenen Sachen bleiben die folgenden Geschäfte dem Richter vorbehalten:

1. die Löschung einer Eintragung und die Eintragung eines Widerspruchs (§§ 21, 22, 56, 74 der Schiffsregisterordnung), wenn diese Geschäfte von Amts wegen vorgenommen werden;

2. die Eintragungen und Löschungen auf Grund des Artikels 6 des Gesetzes zur Änderung von Vorschriften über das Schiffsregister vom 26. Mai 1951 (Bundesgesetzbl. I S. 355);

3. die Verfügungen auf Anträge, durch die eine Berichtigung des Registers auf Grund Unrichtigkeitsnachweises erstrebt wird (§§ 31, 74 der Schiffsregisterordnung), wenn nicht die Unrichtigkeit durch öffentliche Urkunden, im Fall der Erbfolge durch Erbschein, nachgewiesen wird;

4. die Verfügungen in den Fällen der §§ 41, 42, 74 der Schiffsregisterordnung, sofern nicht der Nachweis der Erbfolge durch Erbschein geführt wird;

5. die Verfügungen in den Fällen, in denen die Eintragung von einem Vorerben bewilligt oder beantragt wird.

(2) In den Fällen des Absatzes 1 wird die Eintragung im Register durch den Rechtspfleger unterzeichnet. Das gleiche gilt, wenn der Richter auf eine Vorlage (§ 5) eine Eintragung in das Schiffsregister oder Schiffsbauregister verfügt hat.

Übersicht

I. Allgemeines
II. Weiterhin übertragene SchReg-Geschäfte
- 1. Anlegung eines Registerblatts
- 2. Ausländer
- 3. Eigentumsänderung
- 4. Flaggenzeugnis
- 5. Nießbrauch
- 6. Schließung eines Registerblatts
- 7. Vormerkung
- 8. Widerspruch

III. Dem Richter vorbehaltene SchReg-Geschäfte
- 1. Amtslöschung und Amtswiderspruch
- 2. Auseinandersetzungszeugnis
- 3. Berichtigung des SchReg
- 4. Entziehungsvermerk
- 5. Erbfolge
- 6. Fortgesetzte Gütergemeinschaft
- 7. Vorerbe

IV. Unterzeichnung der vom Richter verfügten Eintragungen

V. SchReg-Geschäfte des UrkB.

Anhang:
- 1. Pfandverkauf
- 2. Untersuchung von Sachen
- 3. Verwahrung von Sachen

I. Allgemeines.

Seit dem Gesetzgebungswerk von 1940 werden die registrierten Schiffe nicht mehr, wie vorher, als bewegliche Sachen, sondern im allgemeinen wie Grundstücke behandelt. Als wichtigstes Gesetz ist das Ges. über Rechte an eingetragenen Schiffen und Schiffsbauten vom 15. 11. 1940 (RGBl I S. 1499) zu nennen. Es ist an die Stelle der §§ 1259—1272 BGB, 474, 475 HGB, 100—124 FGG, 119—129 Binnenschiffahrtsges. und des Ges. über die Bestellung von Pfandrechten an im Bau befindlichen Schiffen vom 4. 7. 1926 (RGBl I S. 367) getreten. Das Ges. unterstellt die Rechte an Schiffen und Schiffsbauwerken in den Grundzügen den Grundsätzen des Liegenschaftsrechts. Die Übereignung und Belastung von eingetragenen Schiffen geschieht seither grundsätzlich durch Einigung und Eintragung im Schiffsregister (SchRechteG §§ 3, 8 Abs. 3, 9 Abs. 2); Ausnahme: Seeschiffe können ohne Eintragung durch bloße Einigung übereignet werden (SchRechteG § 2). Das Schiffsregister genießt seit Inkrafttreten des SchRechteG öffentlichen Glauben (SchRechteG §§ 16, 17). Wegen aller Einzelheiten s. amtliche Begründung in DJ 1940 S. 1329; Hoche in Palandt, BGB; ferner Krieger in DJ 1941 S. 97; Krieger in Pfundtner-Neubert, Das neue deutsche Reichsrecht, IIb 75; Däubler in DR 1941 S. 609).

Das formelle Schiffsregisterrecht ist in folgenden Vorschriften enthalten:

SchRegO vom 19. 12. 1940 (RGBl I S. 1591) — vgl. dazu Krieger in DJ 1941 S. 125, 181; Krieger in Pfundtner-Neubert, Das neue deutsche Reichsrecht, IIb 76; Däubler in DR 1941 S. 614 — ÄndG vom 26. 5. 1951 (BGBl I S. 355 = SaBl S. 627) — Amtl. Begründung BT-Drucksache Nr. 1370 vom 20. 9. 1950 —

Neufassung vom 29. 5. 1951 (BGBl I S. 360 = SaBl S. 630).

DVO vom 19. 12. 1940 (RGBl I S. 1609).

SchRegV vom 29. 5. 1951 (BAnz Nr. 109 von 9. 6. 1951 = SaBl S. 783), die an die Stelle der SchRegV vom 23. 12. 1940 (DJ 1941 S. 42) getreten ist (§ 81 S. 2).

Im übrigen ist gemäß §§ 1 Abs. 2, 2 SchRegO das formelle Schiffsregisterrecht durch die Landesjustizverwaltungen zu regeln.

Das Schiffsregister soll über die tatsächlichen und rechtlichen Verhältnisse des betreffenden Schiffes Auskunft geben. Es zerfällt in 3 selbständige Teile:

a) das Seeschiffsregister,
b) das Binnenschiffsregister und
c) das Schiffsbauregister.

Die Schiffsregister- und Schiffsbauregistersachen einschließlich der nach § 37 SchRegO aufzunehmenden Niederschriften und der damit im Zusammenhang stehenden anderweiten Beurkundungen sind dem Rpfl zunächst durch § 3 SchRegV vom 23. 12. 1940 mit gewissen Ausnahmen übertragen worden. An die Stelle dieser Bestimmungen ist dann § 23 Abs. 1 d REntlV getreten (vgl. § 31 Abs. 2 REntlV). Das RpflGes. schränkt in § 18 Abs. 1 die Vorbehalte weiter ein und hält im wesentlichen nur noch diejenigen aufrecht, die den Richtervorbehalten im GB-Wesen entsprechen (vgl. § 17 Abs. 1 Ziff. 1, 3 bis 5 d. Ges.). Neu ist lediglich der Vorbehalt des Abs. 1 Ziff. 2.

In der Sowjetzone sind durch § 31 VO über die Übertragung der Angelegenheiten der freiw. Gerichtsbarkeit vom 15. 10. 1952 (GBl S. 1057) die SchReg.-Sachen auf Verwaltungsbehörden übertragen worden, und zwar das Seeschiffsregister auf die Seeschiffsregisterstelle beim Wasserstraßenhauptamt Rostock, die Binnenschiffsregister auf die Wasserstraßendirektionen Berlin und Magdeburg.

Die folgenden Erläut. geben zunächst einen Überblick über die dem Rpfl weiterhin übertragenen SchReg.-Geschäfte (II). Es folgen die aufrecht erhaltenen Richtervorbehalte (III). An die Erläut. des Abs. 2 (IV) schließt sich eine Aufzählung wichtiger Geschäfte des UrkB an (V).

II. Weiterhin übertragene Schiffsregistergeschäfte.

1.* Anlegung eines Registerblatts, besonders Ersteintragung des Schiffs (bisher dem Richter vorbehalten gemäß § 23 Abs. 1d Ziff. 3 REntlV).

Die GBO setzt die Anlegung des Grundbuchs voraus. Im Gegensatz hierzu ist in der SchRegO auch bestimmt, welche Schiffe in das Schiffsregister einzutragen sind und wie die Anlegung des Schiffsregisters vorzunehmen ist. Hieraus folgt eine Zweiteilung des Verfahrensrechts: einerseits das Verfahren zur Anlegung des Schiffsregisters anläßlich der Ersteintragung des Schiffs (§§ 9—16, 68—70 SchRegO) und zur Eintragung von Veränderungen, die das Schiff betreffen (§§ 17, 18, 71 SchRegO); andererseits das Verfahren zur Eintragung von Rechten am Schiff (§§ 23ff., 74 SchRegO). Im Gegensatz zu dem Verfahren zur Eintragung von Rechten am Schiff, für welches gemäß § 23 SchRegO der Antragsgrundsatz gilt, besteht — abgesehen von den Fällen der Anmeldefreiheit (§§ 10, 66 SchRegO) — für das Anlegungsverfahren Anmeldepflicht. Im Rahmen der Anmeldepflicht kann die Anmeldung durch Ordnungsstrafen erzwungen werden (§ 19 SchRegO).

Der für das Anlegungsverfahren in § 23 Abs. 1d Ziff. 1 REntlV enthaltene Richtervorbehalt ist nicht in das Rpfl-Ges. übernommen; der Rpfl ist nunmehr auch für das Anlegungsverfahren zuständig.

Rechtsmittel: Gegen eine Eintragung Beschwerde nur mit dem Ziel auf Eintragung eines Widerspruchs oder auf Löschung (§ 75 Abs. 2 SchRegO; vgl. auch Erläut. 1 aE. zu § 10 d. Ges.).

Kosten: Nach §§ 77 Abs. 1, 78 KostO wird für die Eintragung eines Schiffes in das Schiffsregister oder das Schiffsbauregister und für die Eintragung von Veränderungen, die das Schiff betreffen, grundsätzlich eine Viertel Gebühr erhoben; Ausnahme: die Eintragung des Schiffsbauwerks geschieht gebührenfrei (§ 78 S. 2 KostO).

2.* Ausländer, Verfügungen auf Anträge, an denen ein — beteiligt ist
(bisher dem Richter vorbehalten gemäß § 23 Abs. 1d Ziff. 2 REntlV).

Bei der Beteiligung eines Ausländers an einem SchReg.-Antrag werden häufig schwierige Rechtsfragen aus dem internationalen Privatrecht und anderen Rechtsgebieten zu lösen sein. Ebenso wie im GB-Wesen die Geschäfte, an denen Ausländer beteiligt sind, grundsätzlich dem Rpfl zur selbständigen Wahrnehmung übertragen worden sind (vgl. Erläut. II 2 und 3 zu § 17 d. Ges.), ist dies für das Schiffsregister geschehen. Der Rpfl wird in diesen Fällen, soweit erhebliche Schwierigkeiten auftreten, jedoch nicht selten auf Grund der allgemeinen Vorschrift des § 5 Abs. 1 Ziff. 2 d. Ges. zur Vorlegung an den Richter verpflichtet sein (vgl. Erläut. 6 zu § 5 d. Ges.).

3.* Eigentumsänderung
(bisher dem Richter vorbehalten gemäß § 23 Abs. 1d Ziff. 1 REntlV).

Die die Übertragung des Eigentums an eingetragenen Schiffen betreffenden Vorschriften weichen zum Teil von den entsprechenden Vorschriften für Grundstücke ab (die Einigung bedarf z. B. nicht der für die Auflassung in § 925 BGB vorgeschriebenen gleichzeitigen Anwesenheit beider Teile vor dem Registergericht, vielmehr genügt materiellrechtlich wie nach § 873 BGB die mündliche Einigung; formellrechtlich ist die Bewilligung des bisherigen Eigentümers und die Zustimmung des neuen Eigentümers in der Form des § 37 SchRegO erforderlich (§§ 2, 3 SchRechteG und 29, 30 SchRegO); bei Seeschiffen vollzieht sich die Übereignung außerhalb des Schiffsregisters, es bedarf hier nicht der Eintragung, vielmehr genügt die bloße Einigung zwischen Veräußerer und Erwerber über den Eigentumsübergang; die Umschreibung im SchReg. stellt sich als Berichtigung dar (§ 2 SchRechteG, §§ 31, 32 SchRegO). Trotz gewisser rechtlicher Schwierigkeiten bei der Bearbeitung dieser Geschäfte ist nunmehr der Rpfl insoweit zuständig.

Rechtsmittel: vgl. oben 1.

Kosten: Nach §§ 77 Abs. 3, 78 KostO i. Verb. mit § 54 KostO wird für die Eintragung eines neuen Eigentümers eine Viertelgebühr erhoben.

4.* Flaggenzeugnis
(bisher dem Richter vorbehalten gemäß § 23 Abs. 1d Ziff. 3 REntlV).

Als Ausweispapiere für die Schiffe dienen im Verkehr in erster Linie die von dem Registergericht gemäß §§ 60ff. SchRegO ausgestellten Schiffsurkunden, nämlich

a) für Seeschiffe das Schiffszertifikat oder ein beglaubigter Auszug aus dem Schiffszertifikat und

b) für Binnenschiffe der Schiffsbrief.

Die Urkunden sind während der Reise (und zwar bei Seeschiffen mindestens der beglaubigte Auszug aus dem Zertifikat) stets an Bord mitzuführen (§ 3 Flaggenrechtsges. vom 8. 2. 1951, BGBl I S. 79). Von der Erteilung des Schiffszertifikats ist das Recht zur Führung der Bundesflagge abhängig. Da nur die zuständige Registerbehörde, nämlich das Registergericht des Heimathafens, das Schiffszertifikat erteilen kann, hat das Flaggenrechtsgesetz für Fälle, in denen ein Deutscher ein im Ausland befindliches Seeschiff erwirbt, und für bestimmte weitere Sonderfälle vorläufige Ausweispapiere vorgesehen, nämlich

c) das Flaggenzeugnis; es wird auf Antrag des Eigentümers als Ersatz für das Schiffszertifikat für höchstens ein Jahr ausgestellt, wenn das Recht zur Führung der Bundesflagge bei einem Seeschiff während des Aufenthalts im Ausland entsteht (§ 3 Abs. 3 Flaggenrechtsges. vom 8. 2. 1951 und § 1 der 1. DurchfVO vom 23. 2. 1951, BGBl II S. 19). Für die Ausstellung ist nach näherer Maßgabe der §§ 1 und 2 Flaggenrechtsges. und des § 2 der 1. DurchfVO teils das zuständige Konsulat, teils das Registergericht zuständig;

d) den Flaggenschein, den der Bundesverkehrsminister auf Grund der Verleihung der Befugnis zur Führung der Bundesflagge in den Fällen der §§ 10 und 11 Flaggenrechtsges. ausstellt (§ 12 aaO und 2. DurchfVO vom 31. 3. 1951, BGBl II S. 65).

Während nach dem früheren § 64 SchRegO (aufgehoben durch Art. 2 Nr. 20 des SchRegÄndG vom 26. 5. 1951, BGBl I S. 355) die Ausstellung des „Flaggenzeugnisses" der dort bezeichneten Art (jetzt einer Unterart des Flaggenscheins) dem Richter vorbehalten war, ist es für unbedenklich angesehen worden, „in den wenigen Ausnahmefällen, in denen das Flaggenzeugnis noch von dem Registergericht zu erteilen ist, . . . die Zuständigkeit des Rpfl zu begründen" (Amtl. Begründung zu § 18 d. Ges.).

Kosten: Für die Erteilung des Schiffszertifikats, des Schiffsbriefs oder des Flaggenzeugnisses wird nach § 77 Abs. 5 KostO eine Rahmengebühr von DM 2—20,— erhoben; dazu kommen noch die Zuschläge nach dem Ges. vom 7. 8. 1952 (BGBl I S. 401). Die Erteilung eines Auszugs aus dem Schiffszertifikat ist gebührenfrei.

5.* Nießbrauch
(bisher dem Richter vorbehalten gemäß § 23 Abs. 1d Ziff. 1 REntlV).

Mangels eines wirtschaftlichen Bedürfnisses läßt § 9 SchRechteG die Bestellung eines Nießbrauchs an einem Schiff nur zu, wenn damit eine Verpflichtung zur Bestellung des Nießbrauchs am ganzen Vermögen des Eigentümers oder an einer Erbschaft oder an einem Bruchteil des Vermögens oder der Erbschaft erfüllt werden soll (vgl. auch § 82 SchRechteG). Das Rpfl-Ges. hat den bisher insoweit geltenden Richtervorbehalt des § 23 Abs. 1d Ziff. 1 REntlV nicht übernommen, so daß nunmehr der Rpfl die Verfügung über die Eintragung eines Nießbrauchs selbständig bearbeiten kann.

Kosten: Für die Eintragung des Nießbrauchs wird nach § 77 Abs. 3 i. Verb. mit § 56 KostO eine Viertel Gebühr erhoben.

6.* Schließung eines Registerblatts, besonders Löschung des Schiffs
(bisher dem Richter vorbehalten gemäß § 23 Abs. 1d Ziff. 1 REntlV).

Ebenso wie die Anlegung eines Registerblatts war bisher die Schließung eines solchen dem Richter vorbehalten. Das Registerblatt ist zu schließen, wenn die Eintragung des Schiffs gelöscht wird (§ 14 Abs. 1 SchRegV). Die Eintragung des Schiffs im Schiffsregister wird gelöscht

a) auf Anmeldung nach § 20 SchRegO, wenn eine der in § 17 Abs. 4 SchRegO bezeichneten Tatsachen (z. B. Untergang und endgültiger Verlust des Schiffs, Verlust des Flaggenrechts) angemeldet wird — die Anmeldung kann ggf. nach §§ 18, 19 SchRegO durch Ordnungsstrafen erzwungen werden;

b) von Amts wegen nach § 21 SchRegO auf Grund eines besonderen Amtslöschungsverfahrens, wenn die Eintragung des Schiffs unzulässig war oder gegenstandslos geworden ist und aus tatsächlichen Gründen die Anmeldung nicht erzwungen werden kann, ferner nach § 22 SchRegO, und zwar bei unbelasteten Schiffen ohne das besondere Amtslöschungsverfahren gemäß § 21 SchRegO, wenn seit 30 Jahren keine Eintragung im Schiffsregister erfolgt und auf Grund durchzuführender Ermittlungen anzunehmen ist, daß das Schiff nicht mehr vorhanden oder nicht mehr zu Schiffahrtszwecken verwendbar ist.

Für die Fälle zu a gelten die obigen Erläut. zu II 1 über die Anlegung des Registerblatts entsprechend. Insoweit ist nunmehr der Rpfl für die Verfügungen bei Löschung des eingetragenen Schiffs und Schließung des SchReg.-Blattes zuständig. Aufrecht erhalten ist der Vorbehalt lediglich für die Fälle zu b (Amtslöschung); vgl. hierzu die Erläut. unten zu III 1.

Rechtsmittel: vgl. oben 1.

Kosten: Die Löschung der Eintragung des Schiffs ist grundsätzlich gebührenfrei (§ 77 Abs. 2 KostO).

7.* Vormerkung
(bisher dem Richter vorbehalten gemäß § 23 Abs. 1d Ziff. 1 REntlV).

Entsprechend der für Grundstücke geltenden Vorschrift des § 884 BGB kann gemäß § 10 SchRechteG zur Sicherung des Anspruchs auf Einräumung oder Aufhebung eines Rechts an einem Schiff oder an einer Schiffshypothek oder auf Änderung des Inhalts oder Ranges eines solchen Rechts eine Vormerkung in das Schiffsregister eingetragen werden. Voraussetzung der Eintragung ist — ebenso wie nach § 885 BGB — gemäß § 11 SchRechteG die Bewilligung des Betroffenen oder eine einstweilige Verfügung. Ist die Vormerkung auf Grund einer einstweiligen Verfügung eingetragen, so erlischt sie nach § 22 SchRechteG wenn die einstweilige Verfügung durch eine vollstreckbare Entscheidung aufgehoben wird, und wird auf Antrag im Schiffsregister gelöscht (vgl. § 25 S. 1 GBO).

Der bisher für Verfügungen über die Eintragung einer Vormerkung geltende Vorbehalt des § 23 Abs. 1d Ziff. 1 REntlV ist nicht in das Rpfl-Ges. übernommen worden, so daß der Rpfl nunmehr insoweit selbständig tätig werden kann. Es versteht sich ohne weiteres, daß auch der im Zusammenhang mit einer Zwischenverfügung einzutragende Schutzvermerk des § 28 SchRegO zu den übertragenen Geschäften gehört.

Rechtsmittel: vgl. oben 1.

Kosten: Für die Eintragung einer Vormerkung wird gemäß § 77 Abs. 3 in Verb. mit § 60 Abs. 1 KostO eine Viertel Gebühr erhoben.

8.* Widerspruch.
(bisher dem Richter vorbehalten gemäß § 23 Abs. 1d Ziff. 1 REntlV).

Steht der Inhalt des Schiffregisters bezüglich eines Rechts an dem Schiff oder bezüglich einer Verfügungsbeschränkung mit der wirklichen Rechtslage nicht im Einklang, so kann derjenige, dessen Recht nicht oder nicht richtig eingetragen ist oder durch die Eintragung einer nicht bestehenden Belastung oder Beschränkung beeinträchtigt ist, gemäß § 21 SchRechteG die Eintragung eines Widerspruchs erwirken, um sich gegen die Gefahren einer Schädigung infolge des öffentlichen Glaubens des Schiffsregisters zu schützen. Die Eintragung eines Widerspruchs setzt die Bewilligung des Betroffenen oder eine einstweilige Verfügung voraus (§ 21 SchRechteG, vgl. § 899 BGB). Der auf Grund einer einstweiligen Verfügung eingetragene Widerspruch erlischt gemäß § 22 SchRechteG, wenn die einstweilige Verfügung durch eine vollstreckbare Entscheidung aufgehoben wird, und wird auf Antrag gelöscht (vgl. § 25 GBO).

Der bisher für Verfügungen über die Eintragung eines Widerspruchs geltende Vorbehalt des § 23 Abs. 1d Ziff. 1 REntlV ist nicht in das Rpfl-Ges. übernommen worden, so daß der Rpfl nunmehr insoweit selbständig tätig werden kann. Wegen des Amtswiderspruchs vgl. die Erläut. unten zu III 1.

Rechtsmittel: vgl. oben 1.

Kosten: Für die Eintragung eines Widerspruchs wird gemäß § 77 Abs. 3 i. Verbindung mit § 60 Abs. 2 KostO eine Viertel Gebühr erhoben.

III. Dem Richter vorbehaltene SchReg-Geschäfte

1. Amtslöschung und Amtswiderspruch (§ 18 Abs. 1 Ziff. 1 d. Ges.).

Ebenso wie in § 17 Abs. 1 Ziff. 1 d. Ges. die Amtslöschung gegenstandslos gewordener und unzulässiger GB-Eintragungen und der Amtswiderspruch gegen gesetzwidrige GB-Eintragungen dem Richter vorbehalten sind, ist dies durch § 18 Abs. 1 Ziff. 1 d. Ges. für das SchReg-Wesen geschehen. Die Amtslöschung fehlerhafter und gegenstandslos gewordener SchReg-Eintragungen ist in §§ 21, 22 und 74 SchRegO, die Amtslöschung inhaltlich unzulässiger SchReg-Eintragungen in §§ 56 S. 2, 74 SchRegO und der Amtswiderspruch gegen gesetzwidrige SchReg-Eintragungen in §§ 56 S. 1, 74 SchRegO geregelt.

Soweit SchReg-Geschäfte der genannten Art auf Antrag vorzunehmen sind, gehören sie zur Zuständigkeit des Rpfl (vgl. die obigen Erläut. zu II 6 und 8). Das Amtsverfahren ist jedoch auch hier Sache des Richters.

Rechtsmittel: Beschwerde mit dem Ziel der Eintragung eines Widerspruchs oder der Löschung; vgl. auch Erläut. 1 aE. zu § 10 d. Ges.

Kosten: Die Amtslöschung ist nach § 77 Abs. 2 KostO, die Eintragung des Amtswiderspruchs nach § 77 Abs. 3 in Verbindung mit § 62 Abs. 1 Ziff. 2 KostO gebührenfrei.

2. Auseinandersetzungszeugnis (§ 18 Abs. 1 Ziff. 4 d. Ges.)

Das Auseinandersetzungszeugnis der §§ 42, 74 SchRegO entspricht dem Auseinandersetzungszeugnis des § 36 GBO. Auf die Erläut. III 2 zu § 17 d. Ges. wird verwiesen.

3. Berichtigung des SchReg (18 Abs. 1 Ziff. 3 d. Ges.)

Die Berichtigung des Schiffsregisters auf Grund Unrichtigkeitsnachweises gemäß §§ 31, 74 SchRegO entspricht der diesbezüglichen Regelung für das GB-Wesen in § 22 GBO. Auf die Erläut. III 3 zu § 17 d. Ges. wird verwiesen.

Kosten: Für die Berichtigung des Schiffsregisters auf Grund Unrichtigkeitsnachweises werden die üblichen Eintragungsgebühren erhoben (§ 77 KostO).

4. Entziehungsvermerks, Eintragung und Löschung des — (§ 18 Abs. 1 Ziff. 2 d. Ges.).

Nach der amtlichen Begründung zu Art. 6 SchRegÄndG vom 26. 5. 1951 ist die Rechtslage hinsichtlich der Schiffe und Schiffsbauwerke, die im Zusammenhang mit dem Kriege 1939 bis 1945 für etwaige Reparationen und Restitutionen sichergestellt sind, noch nicht hinreichend geklärt. Um den Verkehr vor Schäden zu schützen, die die Vorschriften über den Schutz des guten Glaubens des Schiffsregisters zur Folge haben können, ist in der genannten Vorschrift aus Gründen der Rechtssicherheit die Möglichkeit geschaffen, den tatsächlichen Zustand im Schiffsregister kenntlich zu machen. Der diesbezügliche Entziehungsvermerk kann auf Grund entsprechender (u. U. nach § 19 SchRegO erzwingbarer) Anmeldung, falls der Eigentümer nicht mehr auffindbar ist, aber auch von Amts wegen eingetragen werden. Nach Rückgabe des Schiffs oder des Schiffsbauwerks an die deutsche Wirtschaft ist der Vermerk zu löschen. Die Entscheidung über Eintragung und Löschung des Entziehungsvermerks wirft schwierige Fragen des öffentlichen Rechts auf und ist deshalb dem Richter vorbehalten.

Kosten: Für Eintragung und Löschung des Entziehungsvermerks wird eine Gebühr nicht erhoben (Art. 6 Abs. 2 S. 4 SchRegÄndG vom 26. 5. 1951).

5. Erbfolge Verfügungen auf Grund — (§ 18 Abs. 1 Ziff. 4 d. Ges.)

Die Zuständigkeitsregelung des § 18 Abs. 1 Ziff. 4 d. Ges. i. Verb. mit § 41 Abs. 1 SchRegO für Verfügungen auf Grund Erbfolge entspricht den für das GB-Wesen geltenden Vorschriften des § 17 Abs. 1 Ziff. 4 d. Ges. i. Verb. mit § 35 Abs. 1 GBO. Auf die Erläut. III 4 zu § 17 d. Ges. wird verwiesen.

6. Fortgesetzten Gütergemeinschaft Eintragungen auf Grund eines Zeugnisses über das Bestehen der — (§ 18 Abs. 1 Ziff. 4 d. Ges.)

Die Zuständigkeitsregelung des § 18 Abs. 1 Ziff. 4 d. Ges. i. Verb. mit § 41 Abs. 2 SchRegO entspricht den für das GB-Wesen geltenden Vorschriften des § 17 Abs. 1 Ziff. 4 d. Ges. i. Verb. mit § 35 Abs. 2 GBO. Auf die Erläut. III 5 zu § 17 d. Ges. wird verwiesen.

7. Vorerbe Eintragungen auf Bewilligung des — (§ 18 Abs. 1 Ziff. 5 d. Ges.)

Gemäß § 18 Abs. 1 Ziff. 5 d. Ges. sind in Fällen, in denen ein Vorerbe die Eintragung im Schiffsregister bewilligt oder beantragt hat, die Verfügungen dem Richter vorbehalten. Es gilt insoweit das gleiche wie für die entsprechenden GB-Verfügungen. Auf die Erläut. III 8 zu § 17 d. Ges. wird verwiesen.

IV. Zu Absatz 2: Unterzeichnung durch den Rechtspfleger

Soweit nach § 18 Abs. 1 des Ges. noch eine richterliche Eintragungsverfügung in Betracht kommt, ist dem Rpfl — ebenso wie im GB-Wesen (vgl. Erläut. IV zu § 17 d. Ges.) — der formelle Akt der Unterzeichnung der SchReg-Eintragungen übertragen (§ 18 Abs. 2 S. 1 d. Ges.).

Der erst vom Ausschuß für Rechtswesen und Verfassungsrecht eingefügte S. 2 stellt lediglich klar, daß der Rpfl auch dann die Eintragung im Schiffsregister unterzeichnet, wenn der Richter sie auf Grund einer Vorlage nach § 5 d. Ges. verfügt hat.

V. Die Zuständigkeit des UrkB im SchRegRecht.

Die SchRegO vom 19. 12. 1940 (RGBl I S. 1591) und die auf Grund des § 2 SchRegO von dem RMdJ erlassene SchRegV vom 23. 12. 1940 (DJ 1941 S. 42) enthielten nähere Bestimmungen über die Zuständigkeit des RegRichters (§§ 1, 12, 20, 22 Abs. 1, 30, 43 Abs. 3, 44 Abs. 2, 48, 50 Abs. 2, 51 Abs. 2 SchRegV) und des UrkB der Geschäftsstelle (§§ 12, 20—23, 26, 27, 29, 30, 52 SchRegV). Die in §§ 21, 22 und 26 SchRegV getroffene Regelung entsprach im wesentlichen den Vorschriften der §§ 1, 2 und 4 AVO/GBO.

Die jetzt geltende SchRegO vom 26. 5. 1951 (BGBl I S. 360) hat in § 2 die nähere Bestimmung der Zuständigkeit der RegBeamten den Landesjustizverwaltungen überlassen. Diese haben nur zum Teil (vgl. z. B. Hamburg AV Nr. 14/1955 vom 12. 7. 1955 — 3826 — 1b/4/14) diesbezügliche Vorschriften erlassen. Im übrigen kann davon ausgegangen werden, daß die o. a. Reichsbestimmungen aus d. J. 1940 kraft Gewohnheitsrechts weiter gelten. Da diese, wie oben angeführt, in weitem Umfange der für das GB-Wesen getroffenen Regelung entsprechen, kann hier auf die Erläut. V zu § 17 d. Ges. verwiesen werden. Das gilt vor allem für die dem § 4 AVO/GBO entsprechende Vorschrift des § 26 SchRegV v. 23. 12. 1940.

Anhang.

Die nachstehend angeführten Geschäfte sind durch § 3 Abs. 1 Ziff. 1b d. Ges. in vollem Umfange auf den Rpfl übertragen (Vollübertragung).

1.* Pfandverkauf. Der Verkauf des Pfandes ist im Wege der öffentlichen Versteigerung zu bewirken; auch ist freihändiger Verkauf eines Pfandes, das Börsen- oder Marktpreis hat, möglich (§ 1235 BGB). Die Versteigerung hat an dem Orte der Aufbewahrung des Pfandes zu erfolgen, es sei denn, daß ein Erfolg nicht zu erwarten ist (§ 1236 BGB), Zeit und Ort der Versteigerung sind öffentlich bekanntzumachen (§ 1237 BGB); der Kaufpreis ist sofort bar zu entrichten (§ 1238 BGB), Pfandgläubiger und Eigentümer können bei der Versteigerung mitbieten (§ 1239 BGB), Gold- und Silbersachen dürfen nicht unter dem Gold- oder Silberwerte zugeschlagen werden (§ 1240 BGB).

Entspricht eine von diesen Vorschriften abweichende Art des Pfandverkaufs nach billigem Ermessen den Interessen der Beteiligten, so kann jeder von ihnen verlangen, daß der Verkauf in dieser Art erfolgt (§ 1246/1 BGB). Kommt eine Einigung nicht zustande, so entscheidet das Gericht (§ 1246/2 BGB).

Für die Entscheidung ist das AG des Ortes zuständig, an welchem das Pfand aufbewahrt wird. Vor der Entscheidung sind die Beteiligten soweit tunlich zu hören (§ 166 FGG).

Rechtsmittel: einfache Beschwerde (§§ 19, 20 FGG), vgl. auch oben § 10 Ziff. 1 a. E.

Kosten: Gebühr § 111/3 KostO, Wert = Wert des Anspruchs evtl. der geringere Wert des Pfandes.

2.* Untersuchung von Sachen. Sie ist möglich

a) bei dem Nießbrauch von Sachen in den Fällen der §§ 1034, 1067 BGB,

b) im ehelichen Güterrecht in den Fällen der §§ 1372/2, 1439, 1528/2, 1550 BGB.

c) bei der Vorerbschaft im Falle des § 2122 BGB,
d) im Handelsrecht in den Fällen der §§ 438, 608, 609 HGB.

Die Ernennung des Sachverständigen erfolgt gemäß § 404/2 ZPO. Zuständig ist das AG, in dessen Bezirk sich die Sachen befinden (§ 164/1 FGG).

Rechtsmittel: Wird dem Antrag stattgegeben, so ist eine Anfechtung der Entscheidung ausgeschlossen (§ 164/2 FGG). Gegen die abweisende Entscheidung ist die einfache Beschwerde nach §§ 19, 20 FGG zulässig, vgl. auch oben § 10, 3 Ab und § 10 Ziff. 1 aE.

Kosten: Gebühr § 111/1 KostO, Wert § 24/1 KostO.

3.* Verwahrung von Sachen. Die Bestellung eines Verwahrers ist zugelassen
a) bei der Verwahrung einer unteilbaren, mehreren Gläubigern geschuldeten Sache im Falle des § 432/1 BGB,
b) bei der Verwahrung des Pfandes im Falle des § 1217/1 BGB,
c) bei der Verwahrung einer zurückzugebenden verpfändeten Sache im Falle des § 1281 BGB,
d) bei der Verwahrung einer der Erbengemeinschaft geschuldeten Sache im Falle des § 2039 BGB.

Die Bestellung des Verwahrers erfolgt durch das AG, in dessen Bezirk sich die Sache befindet (§ 165/1 FGG). Vor der Bestellung sind die Beteiligten soweit tunlich zu hören (§ 165/3 FGG). Auch über die Höhe der von dem Verwahrer beanspruchten Vergütung hat das AG zu entscheiden (§ 165/2 FGG).

Rechtsmittel: einfache Beschwerde (§§ 19, 20 FGG), vgl. auch oben § 10 Ziff. 1 aE.

Kosten: Gebühr § 111/2, Wert § 24/1 KostO.

DRITTER ABSCHNITT

Dem Rechtspfleger übertragene Geschäfte in bürgerlichen Rechtsstreitigkeiten, Zwangsversteigerungsverfahren, Konkursverfahren und Vergleichsverfahren sowie auf dem Gebiete des Beurkundungswesens

§ 19

Bürgerliche Rechtsstreitigkeiten

Folgende Geschäfte im Verfahren nach der Zivilprozeßordnung und dem Mieterschutzgesetz werden dem Rechtspfleger übertragen:

1. das Mahnverfahren (§§ 688ff. der Zivilprozeßordnung) einschließlich der Verweisung an das Landgericht, soweit sie nicht auf Grund mündlicher Verhandlung beschlossen wird (§ 697 Abs. 2 der Zivilprozeßordnung); jedoch bleibt das Streitverfahren dem Richter, das Verfahren gemäß § 699 Abs. 1 der Zivilprozeßordnung dem Urkundsbeamten der Geschäftsstelle vorbehalten;
2. das Aufgebotsverfahren mit Ausnahme der Wahrnehmung des Aufgebotstermins und der darin ergehenden Entscheidungen sowie des Anfechtungsverfahrens (§§ 946ff. der Zivilprozeßordnung);
3. die nach §§ 109, 715 der Zivilprozeßordnung zu treffenden Entscheidungen über die Rückgabe von Sicherheiten;
4. die in § 118a Abs. 1 der Zivilprozeßordnung bezeichneten Maßnahmen einschließlich der Beurkundung von Vergleichen gemäß § 118a Abs. 3, wenn der Vorsitzende an Stelle eines Richters den Rechtspfleger damit beauftragt; ferner die Befugnisse des Urkundsbeamten der Geschäftsstelle gemäß § 118a Abs. 2 Satz 2;
5. die Entscheidung über die Nachzahlungspflicht der armen Partei (§ 125 der Zivilprozeßordnung);

6. die Entscheidung über die Bestellung von Zustellungsbevollmächtigten (§ 174 der Zivilprozeßordnung);
7. die Bewilligung der Zustellung im Falle des § 177 der Zivilprozeßordnung;
8. die Erteilung der Erlaubnis zur Zustellung zur Nachtzeit sowie an Sonn- und allgemeinen Feiertagen (§ 188 der Zivilprozeßordnung);
9. die Erteilung der vollstreckbaren Ausfertigung in den Fällen des § 726 Abs. 1, der §§ 727 bis 729, 733, 738, 742, 744, § 745 Abs. 2 sowie des § 749 der Zivilprozeßordnung und des § 16 des Mieterschutzgesetzes;
10. die Erteilung von weiteren vollstreckbaren Ausfertigungen gerichtlicher Urkunden gemäß § 797 Abs. 3 der Zivilprozeßordnung;
11. die Anordnung, daß die Partei, welche einen Arrestbefehl oder eine einstweilige Verfügung erwirkt hat, binnen einer zu bestimmenden Frist Klage zu erheben habe (§ 926 Abs. 1, § 936 der Zivilprozeßordnung);
12. die Entscheidung über Anträge auf Aufhebung eines vollzogenen Arrestes gegen Hinterlegung des in dem Arrestbefehl festgelegten Geldbetrages (§ 934 Abs. 1 der Zivilprozeßordnung);
13. die Pfändung von Forderungen aus einem Arrestbefehl, soweit der Arrestbefehl nicht zugleich den Pfändungsbeschluß enthält;
14. die Entscheidungen und Anordnungen im Zwangsvollstreckungsverfahren nach dem Achten Buch der Zivilprozeßordnung, soweit sie von dem Vollstreckungsgericht oder in den Fällen der §§ 848, 854, 855 der Zivilprozeßordnung von einem anderen Amtsgericht oder von dem Verteilungsgericht (§ 873 der Zivilprozeßordnung) zu treffen sind. Jedoch bleiben dem Richter vorbehalten:
    a) die Entscheidungen gemäß §§ 765a, 766, 811a sowie § 813a der Zivilprozeßordnung;
    b) die Anordnungen auf anderweitige Verwertung einer gepfändeten Sache (§ 825 der Zivilprozeßordnung);
    c) das Offenbarungseidverfahren (§§ 807, 883, 889, 899ff. der Zivilprozeßordnung);

    Ferner bleiben dem Richter vorbehalten:

    d) die Entscheidungen des Vollstreckungsgerichtes gemäß § 26 des Heimkehrergesetzes vom 19. Mai 1950 (Bundesgesetzbl. S. 221) in der Fassung der Gesetze vom

30. Oktober 1951 (Bundesgesetzbl. I S. 875, 994) und vom 17. August 1953 (Bundesgesetzbl. I S. 931);

e) die Entscheidungen des Vollstreckungsgerichts gemäß §§ 30, 31 des Wohnraumbewirtschaftungsgesetzes vom 31. März 1953 (Bundesgesetzbl. I S. 97).

Übersicht:

Vorbemerkung. Da es sich bei den Entscheidungen auf dem Gebiete des Zivilrechtsstreits einschließlich des Mieterschutzrechts fast durchweg um die Ausübung der rechtsprechenden Gewalt handelt (vgl. die Erläut. 2 zu § 1 d. Ges.), ist hier grundsätzlich der Richter zuständig. Einzelne Akte, die nicht zur Rechtsprechung gehören, konnten jedoch auf den Rpfl übertragen werden (Einzelübertragung). Dabei ist die in § 11 REntlV enthalten gewesene Übertragung wesentlich erweitert worden; das gilt zunächst für Ziff. 1 (bisher teilweise enthalten in § 11a, b REntlV), 9 (bisher teilweise enthalten in § 11c REntlV) und 14 (bisher teilweise enthalten in § 11e, f REntlV). Die Entscheidungen des Vollstreckungsgerichts, des Gerichts der belegenen Sache bei Pfändung eines Anspruchs auf Herausgabe eines Grundstücks nach §§ 848, 855 ZPO, des Gerichts nach § 854 Abs. 2 ZPO und des Verteilungsgerichts sind in vollem Umfange dem Rpfl übertragen, soweit sie nicht ausdrücklich dem Richter vorbehalten sind (Vorbehaltsübertragung). Neu übertragen sind insbesondere die Geschäfte der Ziff. 2 (Aufgebotsverfahren), 4, 5 (Verrichtungen im Armenrechtsverfahren), 6—8 (Anordnungen auf dem Gebiete des Zustellungswesens, insbes. die Bewilligung der Zustellung zur Nachtzeit sowie an Sonn- und Feiertagen), 10 (weitere vollstreckbare Ausfertigung gerichtl. Urkunden), 13 (Pfändung von Forderungen aus einem Arrestbefehl).

In der Sowjetzone ist nach §§ 28ff. der AngleichungsVO vom 4. 10. 1952 (s. unten Anhang) der Sekretär zuständig für den Erlaß des Zahlungs- und des Vollstreckungsbefehls sowie (mit einzelnen Abweichungen) für die in § 19 Ziff. 2, 3, 9 und 14 d. Ges. bezeichneten Geschäfte.

Zu den übertragenen Geschäften (die zur Verdeutlichung zudem mit einem Stern kenntlich gemacht sind) ist im einzelnen folgendes zu bemerken:

A. Zu 1 Mahnverfahren

Allgemeines. Das Mahnverfahren, das teilweise schon in der preuß. AV vom 25. 4. 1906 (preuß. JMBl S. 112) dem damaligen Gerichtsschreiber zur vorbereitenden Bearbeitung und in § 11a, b REntlV dem Rpfl in erweitertem Umfang zur selbständigen Erledigung übertragen war, eignet sich als nicht streitiges Verfahren für eine Übertragung auf den Rpfl. Ziff. 1 überträgt nunmehr das gesamte Mahnverfahren auf den Rpfl mit Ausnahme des aus dem Mahnverfahren sich entwickelnden Streitverfahrens; die hier ergehenden Entscheidungen sind dem Richter vorbehalten.

1.* Art des Anspruchs. Ein Zahlungsbefehl kann nur wegen eines Anspruchs auf Zahlung einer bestimmten Geldsumme oder auf Leistung einer bestimmten Menge vertretbarer Sachen oder Wertpapiere erlassen werden. Als ein Anspruch, der die Zahlung einer bestimmten Geldsumme zum Gegenstand hat, gilt auch der Anspruch aus einer Hypothek, Grundschuld oder Rentenschuld (§ 688/1 ZPO).

Der Zahlungsbefehl kann nicht erlassen werden, wenn nach dem Inhalt des Antrags die Geltendmachung des Anspruchs von einer noch nicht bewirkten Gegenleistung abhängig ist oder der Zahlungsbefehl im Ausland oder durch öffentliche Bekanntmachung zugestellt werden müßte (§ 688/2 ZPO).

2.* Antrag. Das Gesuch muß enthalten die Bezeichnung der Parteien, Bezeichnung des Gerichts, bestimmte Angabe des Betrages oder Gegenstand und Grund des Anspruchs, den Antrag auf Erlaß des Zahlungsbefehls (§ 690 ZPO). Wird das Gesuch mündlich beim Gericht angebracht, bedarf es der Aufnahme eines Protokolls nicht (§ 702 ZPO). Der Prozeßvertreter des Gläubigers braucht für das Gesuch um Erlaß des Zahlungsbefehls eine Vollmacht nicht vorzulegen (§ 703 ZPO).

Ist das Gesuch auf Erlaß eines Urkunden- oder Wechselzahlungsbefehls gerichtet, so wird der Zahlungsbefehl als Urkunden- oder Wechselzahlungsbefehl bezeichnet. Die Urkunden sind in Ur- oder Abschrift dem Gesuch beizufügen und in Abschrift mit dem Zahlungsbefehl zuzustellen (§ 703a ZPO).

Mit Eingang des Antrags auf Erlaß des Zahlungsbefehls ist der Anspruch „anhängig", d. h. das Gericht muß dem Gläubiger im Rahmen der Gesetze Rechtsschutz gewähren. Rechtshängig ist die Sache erst mit der Terminbestimmung nach Widerspruch (§ 696/2 ZPO) oder mit Erlaß des Vollstreckungsbefehls (§ 700 ZPO).

3.* Armenrecht. Im Mahnverfahren entscheidet der Rpfl auch über Anträge auf Bewilligung des AR; die Entscheidung erfolgt nach den Vorschriften des § 114ff. ZPO.

4.* Erlaß des Zahlungsbefehls. Der Zahlungsbefehl enthält dieselben Angaben wie das Gesuch, ihn zu erlassen. An die Stelle des Antrags auf Erlaß des Zahlungsbefehls tritt im Zahlungsbefehl die Aufforderung, den Gläubiger binnen einer bestimmten Frist zu befriedigen oder im Falle von Einwendungen Widerspruch zu erheben (§ 692 ZPO). Die Widerspruchsfrist beträgt regelmäßig 1 Woche, wird am Orte des Gerichts zugestellt 3 Tage, in Meß- und Marktsachen 24 Stunden (§ 499 ZPO).

Kosten: Gebühr § 31 GKG, Wert = Wert des im Mahnverfahren verfolgten Anspruchs.

4a. Streitverfahren. Die im Streitverfahren zu treffenden Entscheidungen sind dem Richter vorbehalten. Hierzu gehört auch die Terminbestimmung nach Widerspruch und Einspruch (§ 696 ZPO, § 700 i. Verb. mit § 340a ZPO).

5.* Verweisung an das Landgericht. Gehört der mit dem Zahlungsbefehl geltend gemachte Anspruch zur Zuständigkeit des LG, so kann jede Partei vor Eintritt in die Verhandlung zur Hauptsache erklären, die Sache an das LG zu verweisen. Der Gläubiger kann diesen Antrag schon in dem Gesuch um Erlaß des Zahlungsbefehls stellen. In diesem Falle ergeht der Verweisungsbeschluß ohne mündliche Verhandlung (§ 697 ZPO).

Die Verweisung ist nunmehr dem Rpfl übertragen, soweit sie nicht auf Grund mündlicher Verhandlung beschlossen wird.

Rechtsmittel: bei Ablehnung der Verweisung einfache Beschwerde § 567 ZPO, der Verweisungsbeschluß selbst ist nicht anfechtbar (§§ 697/1, 276/2 ZPO), vgl. auch oben § 10 Ziff. 1 aE.

Kosten: keine besonderen Kosten.

6. Vollstreckungsbefehl. Nach Ablauf der Widerspruchsfrist wird der Zahlungsbefehl auf Antrag des Gläubigers für vorläufig vollstreckbar erklärt, wenn nicht noch vorher Widerspruch erhoben worden ist (§ 699 ZPO). Ist kein Widerspruch erhoben, so erlöschen die Wirkungen des Zahlungsbefehls, wenn der Gläubiger binnen 6 Monaten seit Ablauf der im Zahlungsbefehl bestimmten Frist keinen Vollstreckungsbefehl beantragt (§ 701 ZPO). Beim Gesuch um Erlassung des Vollstrbefehls durch einen Prozeßvertreter ist die Vorlage der Vollmacht erforderlich (§ 703 ZPO). Der Erlaß des Vollstrbefehls gehört zur Zuständigkeit des UrkB; der Rpfl ist aber auch verpflichtet, als UrkB tätig zu werden (vgl. § 26 unten).

Will der UrkB dem Gesuch des Gläubigers um Erlaß des Vollstrbefehls nicht entsprechen, so hat er das Gesuch dem Gericht zur Entscheidung vorzulegen (§ 699/2 ZPO). Diese Vorschrift ist wie schon bisher nach § 11b REntlV auch nach Übertragung des gesamten Mahnverfahrens dahin zu verstehen, daß der Rpfl zur Zurückweisung des Gesuchs um Vollstreckbarkeitserklärung befugt ist, soweit nicht Anlaß zur Vorlage nach § 5 d. Ges. besteht.

Rechtsmittel: gegen den Zurückweisungsbeschluß ist die sofortige Beschwerde gegeben (§ 699/2 ZPO); gegen den Vollstreckungsbefehl besteht Einspruch (§ 700 ZPO), vgl. auch oben § 10 Ziff. 1 aE.

Kosten: für Vollstrbefehl oder dessen Ablehnung keine Kosten, durch Mahngebühr gedeckt.

7. Widerspruch. Die Einlegung des Widerspruchs ist möglich bis zum Ablauf der im Zahlungsbefehl gesetzten Frist, darüber hinaus aber auch noch, solange als der Vollstrbefehl nicht verfügt ist. Das Gericht hat dem Gläubiger von dem rechtzeitig erhobenen Widerspruch Nachricht zu geben und dem Schuldner auf Antrag eine Bescheinigung über die rechtzeitige Erhebung des Widerspruchs zu erteilen. Einer Zurückweisung des nicht rechtzeitig erhobenen Widerspruchs bedarf es nicht (§ 694 ZPO).

8.* Zurückweisung. Entspricht das Gesuch um Erlaß des Zahlungsbefehls nicht den Vorschriften des § 690 ZPO oder ergibt sich aus dem Inhalt, daß der Anspruch überhaupt oder z. Zt. nicht begründet ist, so wird dasselbe zurückgewiesen. Die Zurückweisung muß auch dann erfolgen, wenn der Zahlungsbefehl nur in Ansehung eines Teiles des Anspruchs nicht erlassen werden kann; nur in diesem letzteren Falle ist die Anhörung des Gläubigers erforderlich (§ 691 ZPO). Über die Zurückweisung entscheidet der Rpfl.

Wegen der Zurückweisung des Einspruchs s. oben 6 aE.

Rechtsmittel: keines § 691/3 ZPO, vgl. auch oben § 10 Ziff. 1 aE.

Kosten: keine besonderen Kosten, durch die Mahngebühr gedeckt.

9. Zuständigkeit. Die Zahlungsbefehle werden von den AG erlassen; zuständig ist das AG, welches für die im ordentlichen Verfahren erhobene Klage zuständig sein würde, wenn das AG in 1. Instanz sachlich unbeschränkt zuständig wäre (§ 689 ZPO).

B. Zu 2 Aufgebotsverfahren.

Allgemeines. Das Aufgebotsverfahren, in dem der damalige Gerichtsschreiber schon auf Grund der preuß. AV vom 25. 4. 1906 (preuß. JMBl S. 112) vorverfügend tätig war, ist nunmehr in größerem Umfang dem Rpfl übertragen worden. Auf Grund seines überwiegend formalen Charakters ist das Verfahren, das seiner Natur nach (ebenso wie das Aufgebot zum Zwecke der Todeserklärung) eher zur freiwilligen als zur streitigen Gerichtsbarkeit gehört, im allgemeinen ohne weiteres zur Übertragung geeignet. Lediglich die Wahrnehmung des Aufgebotstermins (§ 952 ZPO) und der Erlaß der darin ergehenden Entscheidungen sowie das Anfechtungsverfahren (§§ 957 f. ZPO) sind dem Richter vorbehalten. (§ 19 Ziff. 2 d. Ges.)

1. Anfechtungsverfahren. Das Verfahren nach §§ 957, 958 ZPO ist dem Richter vorbehalten (§ 19 Ziff. 2 d. Ges.)

2.* Anmeldung. Die Anmeldung einer Forderung in einem Aufgebotsverfahren zum Zwecke der Ausschließung von Nachlgläubigern (§ 989 ZPO) hat die Angabe des Gegenstandes und des Grundes der Forderung zu enthalten. Urkundliche Beweisstücke sind in Ur- oder Abschrift beizufügen (§ 996 ZPO).

Meldet in einem Aufgebotsverfahren zum Zwecke der Kraftloserklärung einer Urkunde (§ 1003 ZPO) der Inhaber der Urkunde vor dem Aufgebotstermin seine Rechte unter Vorlage der Urkunde an, so hat das Gericht den Antragsteller hiervon zu benachrichtigen; Einsichtnahme in die Urkunde ist möglich (§ 1016 ZPO).

3.* Antrag. Der Antrag auf Erlaß eines Aufgebots kann schriftlich oder zu Protokoll der Geschstelle gestellt werden. Die Entscheidung kann ohne mündliche Verhandlung erfolgen (§ 947/1 ZPO).

a) Im Aufgebotsverfahren zum Zwecke der Ausschließung des Grundstückseigentümers nach § 927 BGB (§ 977 ZPO) ist antragsberechtigt derjenige der das Grundstück seit der in § 927 BGB bestimmten Zeit im Eigenbesitze hat (§ 979 ZPO). Dieser Antragsteller hat die zur Begründung des Antrags erforderlichen Tatsachen vor der Einleitung des Verfahrens glaubhaft zu machen (§ 980 ZPO).

b) Im Aufgebotsverfahren zum Zwecke der Ausschließung eines Hypotheken-, Grundschuld-, Rentengläubigers (§ 982 ZPO) ist immer antragsberechtigt der Eigentümer des belasteten Grundstücks. Im Falle des § 1170 BGB ist auch ein im Range gleich- oder nachstehender Gläubiger der durch eine Vormerkung nach § 1179 BGB gesichert ist, antragsberechtigt (§ 984 ZPO). Der Antragsteller hat vor der Einleitung des Verfahrens glaubhaft zu machen, daß der Gläubiger unbekannt ist (§ 985 ZPO). Im Falle des § 1170 BGB hat der Antragsteller außerdem glaubhaft zu machen, daß nicht eine das Aufgebot ausschließende Anerkennung des Rechts des Gläubigers erfolgt ist (§ 986 ZPO). Im Falle des § 1171 BGB hat sich der Antragsteller zur Hinterlegung des dem Gläubiger gebührenden Betrages zu erbieten (§ 987 ZPO).

Für den Antrag auf Aufgebot eines Schiffshypothekengläubigers gelten die Vorschriften der §§ 984—987 ZPO mit der Maßgabe, daß an die Stelle der §§ 1170, 1171 BGB die §§ 66, 67, 58 des Gesetzes über eingetragene Schiffe vom 15. 11. 1940 RGBl I S. 1499 treten (§ 987 a ZPO).

c) Im Aufgebotsverfahren zum Zwecke der Ausschließung von Nachlaßgläubigern ist antragsberechtigt jeder Erbe, sofern er nicht für die Nachlverbindlichkeiten unbeschränkt haftet. Auch ein Nachlpfleger und ein Testamentsvollstrecker sind antragsberechtigt. Der Erbe und der Testamenstvollstrecker können den Antrag erst nach Annahme der Erbschaft stellen (§ 991 ZPO). Dem Antrag ist ein Verzeichnis der bekannten Nachlgläubiger mit Angabe ihres Wohnortes beizufügen (§ 992 ZPO). Das Aufgebot soll nicht erlassen werden, wenn die Eröffnung des Nachlkonkurses beantragt ist (§ 993 ZPO).

d) Im Aufgebotsverfahren zum Zwecke der Kraftloserklärung einer Urkunde ist bei Inhaberpapieren oder mit Blankoindossament versehenen Orderpapieren der bisherige Inhaber, bei anderen Urkunden derjenige, der das Recht aus der Urkunde geltend machen kann, antragsberechtigt (§ 1004 ZPO). Zur Begründung des Antrags hat der Antragsteller eine Abschrift der Urkunde vorzulegen oder doch den wesentlichen Inhalt der Urkunde anzugeben, den Verlust der Urkunde glaubhaft zu machen und sich zur eidesstattlichen Versicherung zu erbieten (§ 1007 ZPO).

Rechtsmittel in den Fällen a bis d: gegen Zurückweisung einfache Beschwerde § 567 ZPO, vgl. auch oben § 10 Ziff. 1 aE.

Kosten: Gebühr § 33 Abs. 1 Ziff. 6 GKG, Wert = Interesse des Antragstellers.

4.* Aufgebot.

a) Allgemein. Unter Aufgebot versteht man die öffentliche gerichtliche Aufforderung zur Anmeldung von Ansprüchen oder Rechten mit der Maßgabe, daß die Unterlassung der Anmeldung einen Rechtsnachteil zur Folge hat; ein Aufgebot ist nur in den durch das Gesetz bestimmten Fällen zulässig (§ 946 ZPO). In das zu erlassende Aufgebot ist aufzunehmen: die Bezeichnung des Antragstellers, die Aufforderung, die Ansprüche und Rechte spätestens im Aufgebotstermin anzumelden, die Bezeichnung der Rechtsnachteile, welche eintreten, wenn die Anmeldung unterbleibt, und die Bestimmung des Aufgebotstermins (§ 947/2 ZPO).

Da die Wahrnehmung des Termins dem Richter vorbehalten ist (§ 19 Ziff. 2 d. Ges.) muß er vor dem Erlaß des Aufgebots den Termin bestimmen.

b) Die einzelnen Verfahrensarten.

Wegen der einzelnen Verfahren, nämlich des Aufgebotsverfahrens

1. zum Zwecke der Ausschließung des Eigentümers eines Grundstücks nach § 927 BGB (§§ 977—981 ZPO) und des Eigentümers eines eingetragenen Schiffes nach § 6 SchRechteG (§ 981 a ZPO),
2. zum Zwecke der Ausschließung eines Hypotheken-, Grundschuld- oder Rentenschuldbriefes auf Grund der §§ 1170, 1171 BGB (§§ 982—987 ZPO), von Schiffshypothekengläubigern auf Grund der §§ 66, 67 SchRechteG (§ 987 a ZPO) und von Vormerkungsberechtigten usw. (§ 988 ZPO),
3. zum Zwecke der Ausschließung von Nachlaßgläubigern auf Grund des § 1970 BGB (§§ 989—1000 ZPO),
4. zum Zwecke der Ausschließung von Gesamtgutsgläubigern nach §§ 1489 Abs. 2, 1970 BGB (§ 1001 ZPO),
5. zum Zwecke der Ausschließung von Schiffsgläubigern auf Grund des § 765 HGB und des § 110 BinnenSchG (§ 1002 ZPO),

6. zum Zwecke der Kraftloserklärung von Urkunden, z. B. Inhaberschuldverschreibungen, Wechseln und Schecks, kaufmännischen Orderpapieren, Hypotheken-, Grundschuld- und Rentenschuldbriefen, Aktien, Sparkassenbüchern wird auf die Erläut.-Bücher zur ZPO verwiesen (§§ 1003—1023 ZPO).

c) Aufgebotsverfahren zum Zwecke der Todeserklärung. Wegen des Aufgebotsverfahrens zum Zwecke der Todeserklärung, das früher in §§ 960—976 ZPO geregelt war, nunmehr aber im Rahmen der freiwilligen Gerichtsbarkeit durchgeführt wird, wird auf §§ 2, 13—38 VerschG und die Erläut. zu § 16 d. Ges. verwiesen.

5. Ausschlußurteil. Die im Aufgebotstermin ergehenden Entscheidungen sind dem Richter vorbehalten. Die Entscheidungen nach §§ 952, 953, 956, 1017 ZPO haben daher durch den Richter zu erfolgen (§ 19 Ziff. 2 d. Ges.).

6.* Bekanntmachungen.

a) Die öffentliche Bekanntmachung des Aufgebots erfolgt durch Anheftung an die Gerichtstafel und durch einmalige Einrückung in den Bundesanzeiger. Einrückung auch in andere Blätter ist möglich (§ 948 ZPO). Vorzeitige Abnahme von der Gerichtstafel ist bedeutungslos (§ 949 ZPO). Zwischen dem Tage der Einrückung in den Bundesanzeiger und dem Aufgebotstermin muß ein Zeitraum von mindestens 6 Wochen liegen (§ 950 ZPO). Eine Anmeldung, die nach dem Schluß des Aufgebotstermins jedoch vor Erlaß des Ausschlußurteils erfolgt, ist als rechtzeitig anzusehen (§ 951 ZPO).

Diese Fristbestimmungen gelten auch für die Aufgebotsverfahren nach §§ 977, 981 a, 982 ZPO, in den Fällen der §§ 986, 987, 987 a, 988, 1002 ZPO kann das Landesrecht die Fristbestimmung abweichend regeln (§ 1024 ZPO).

b) Im Aufgebotsverfahren zur Ausschließung von Nachlgläubigern soll die Aufgebotsfrist höchstens 6 Monate betragen. Das Aufgebot soll den dem Gericht bekannten Nachlgläubigern zugestellt werden (§ 994 ZPO). Öffentliche Bekanntmachung wie vor zu a.

c) Beim Aufgebot der Schiffsgläubiger beträgt die Aufgebotsfrist mindestens 3 Monate (§ 1002/5 ZPO).

d) Im Urkundenaufgebot erfolgt die Bekanntmachung des Aufgebots durch Anheftung an die Gerichtstafel und, falls am Sitze des Gerichts eine Börse besteht, in dem Lokal der Börse, und ferner durch einmalige Einrückung im Bundesanzeiger, Einrückung in noch andere Blätter ist zugelassen (§ 1009 ZPO). Die Aufgebotsfrist beträgt mindestens 6 Monate (§ 1015 ZPO).

Kosten der Bekanntmachung = Auslagen § 72 Ziff. 3 GKG.

7.* Erben. Im Verfahren zur Ausschließung von Nachlgläubigern kommt bei mehreren Erben das von einem Miterben erwirkte Ausschlußurteil auch den übrigen Erben zustatten. Als Rechtsnachteil ist den sich nicht meldenden Nachlgläubigern anzudrohen, daß jeder Erbe nach der Nachlaßteilung nur für den seinem Erbteil entsprechenden Teil der Verbindlichkeit haftet (§ 997 ZPO).

Ähnliches gilt für den Nacherben (§ 998 ZPO), die Ehefrau als Erbin (§ 999 ZPO) und den Erbschaftskäufer (§ 1000 ZPO).

8. Fruchtloser Termin. Die Bestimmung eines neuen Termins, wenn im Aufgebotsverfahren der Antragsteller nicht erschienen ist und vorher keinen Antrag auf Erlaß des Ausschlußurteils gestellt hat (§ 954 ZPO), ist Sache des Richters. Die öffentliche Bekanntmachung des neuen Termins ist nicht erforderlich (§ 955 ZPO).

9. **Verbindung von Aufgeboten** ist zulässig (§ 959 ZPO).

10.* **Zahlungssperre.** Im Aufgebotsverfahren zur Kraftloserklärung von Inhaberpapieren hat das Gericht auf Antrag an den Aussteller sowie an die in dem Papier und die vom Antragsteller bezeichnete Zahlstelle das Verbot zu erlassen, an den Inhaber eine Leistung zu bewirken. Mit dem Verbot ist die Benachrichtigung von der Einleitung des Aufgebotsverfahrens zu verbinden. Das Verbot ist — wie das Aufgebot selbst — öffentlich bekanntzumachen (§ 1019 ZPO). Zahlungssperre ist auch schon vor der Einleitung des Aufgebotsverfahrens möglich (§ 1020 ZPO).

Rechtsmittel: bei Ablehnung einfache Beschwerde § 567 ZPO, vgl. auch oben § 10 Ziff. 1 aE.

Kosten: bei Zahlsperre aus § 1019 keine weitere Gebühr, bei Zahlsperre aus § 1020 = besonderes Verfahren also Gebühr § 33 GKG.

Die Zahlungssperre ist von Amts wegen wieder aufzuheben, wenn das in Verlust geratene Papier dem Gericht vorgelegt wird oder sich das Aufgebotsverfahren in anderer Weise ohne Erlaß des Ausschlußurteils erledigt. Ist die Zahlungssperre öffentlich bekannt gemacht worden, so ist auch die Wiederaufhebung derselben öffentlich bekannt zu machen (§ 1022 ZPO).

Rechtsmittel: gegen Aufhebungsbeschl. sofortige Beschwerde (§ 1022/3 ZPO), gegen Ablehnung einfache Beschwerde § 567 ZPO, vgl. auch oben § 10 Ziff. 1aE.

Kosten: keine weiteren Kosten.

11. **Zuständigkeit.** Für das Aufgebotsverfahren ist zuständig

a) allgemein das AG (§ 23/2 GVG) nach den Vorschriften der §§ 12ff. ZPO (§ 946 ZPO)

b) im Verfahren zur Ausschließung des Grundstückseigentümers das AG, in dessen Bezirk das Grundstück belegen ist (§ 978 ZPO)

c) im Verfahren zur Ausschließung von Hypothekengläubigern das AG, in dessen Bezirk das belastete Grundstück belegen ist (§ 983 ZPO)

d) im Verfahren zur Ausschließung von Nachlaßgläubigern das AG, dem die Verrichtungen des Nachlgerichts obliegen (§ 990 ZPO)

e) im Verfahren zur Kraftloserklärung einer Urkunde das AG des Ortes, welchen die Urkunde als Erfüllungsort bezeichnet. Enthält die Urkunde keine solche Bezeichnung, so ist das AG des Wohnsitzes des Ausstellers maßgebend (§ 1005 ZPO), vgl. dazu § 1006 ZPO über bestelltes Aufgebotsgericht.

C. Zu 3* Rückgabe einer Sicherheit.

1. Ist die Veranlassung zur Sicherheitsleistung weggefallen, so hat auf Antrag das Gericht eine Frist zu bestimmen, binnen welcher ihm die Partei, zu deren Gunsten die Sicherheit geleistet ist, die Einwilligung in die Rückgabe zu erklären oder die Klageerhebung wegen ihrer Ansprüche nachzuweisen hat. Nach Ablauf der Frist ist die Rückgabe der Sicherheit auf Antrag anzuordnen, falls nicht inzwischen die Klageerhebung nachgewiesen ist (§ 109 ZPO).

Rechtsmittel: Wird die Fristbestimmung abgelehnt, so ist dem Antragsteller die sofortige Beschwerde gegeben, wird die Rückgabe angeordnet, so steht beiden Parteien die sofortige Beschwerde zu (§ 109/4 ZPO), vgl. auch oben § 10 Ziff. 1 aE.
Kosten: keine.

2. In den Fällen des § 710 ZPO (vorläufige Vollstreckbarkeit gegen Sicherheitsleistung) und des § 713 ZPO (Abhängigmachung der vorläufigen Vollstreckbarkeit von einer vorherigen Sicherheitsleistung) kann das Gericht, welches die Sicherheitsleistung angeordnet oder zugelassen hat, auf Antrag die Rückgabe der von dem Gläubiger geleisteten Sicherheit anordnen, wenn das Rechtskraftzeugnis des vorläufig vollstreckbar erklärten Urteils vorgelegt wird (§ 715 ZPO). In diesen Fällen ist daher das Verfahren nach § 109 ZPO nicht nötig.

Rechtsmittel: einfache Beschwerde § 567 ZPO, vgl. auch oben § 10 Ziff. 1 aE.
Kosten: keine.

D. Zu 4.* Vorbereitung der Entscheidung über die Bewilligung des Armenrechts.

Da über die Hauptfrage des AR-Verfahrens, nämlich darüber, ob die beabsichtigte Rechtsverfolgung eine hinreichende Aussicht auf Erfolg bietet, nur der Richter entscheiden kann, der später in der Sache selbst zu befinden hat, kann der Rpfl im AR-Verfahren nicht abschließend tätig werden. Er kann aber je nach Lage des Falles im vorbereitenden Verfahren gemäß § 118a ZPO in weitem Umfange eingeschaltet werden.

Voraussetzung für eine Tätigkeit des Rpfl im Verfahren nach § 118a ZPO ist, daß der Richter den Rpfl im Einzelfall ermächtigt. Liegt eine solche Ermächtigung vor, dann kann der Rpfl nach eigenem Ermessen anordnen, daß der Antragsteller seine tatsächlichen Angaben glaubhaft macht. Er kann den Gegner hören und die Vorlage von Urkunden anordnen sowie Auskünfte von Behörden einholen. Auch ist die Vernehmung von Zeugen oder Sachverständigen möglich, wenn der Sachverhalt auf andere Weise nicht hinreichend geklärt werden kann (§ 118a/1 ZPO).

Einigen sich die Parteien bei der Anhörung des Gegners über den streitigen Anspruch, so ist der Rpfl zur Beurkundung des Vergleiches gemäß § 118a/3 ZPO ermächtigt. Die bisher nach § 118a Abs. 2 Satz 2 ZPO bestehende Zuständigkeit des UrkB ist nunmehr zur Wahrung der Einheitlichkeit des Verfahrens ebenfalls auf den Rpfl übertragen (§ 19 Ziff. 4 d. Ges.). Ferner kann der Rpfl mit der Vorprüfung der Frage, ob die Partei „arm" i. S. des § 114 ZPO ist, befaßt werden (amtl. Begründung).

E. Zu 5.* Entscheidung über die Nachzahlungspflicht.

Die Entscheidung der Frage, ob eine Partei, der das AR bewilligt worden war, die Kosten nachzuzahlen habe, hängt in erster Linie von der Beurteilung der wirtschaftlichen Verhältnisse dieser Partei ab, und ist nunmehr ganz allgemein dem Rpfl übertragen.

Die zum AR zugelassene Partei ist zur Nachzahlung der Beträge, von deren Berichtigung sie einstweilen befreit war, verpflichtet, sobald eine Besserung ihrer wirtschaftlichen Lage eingetreten ist (§ 125 ZPO). Der Rpfl hat seine Prüfung hierauf zu erstrecken. Teilanordnung oder Ratenzahlung ist möglich.

Rechtsmittel: einfache Beschwerde § 567 ZPO, vgl. auch oben § 10 Ziff. 1 aE.
Kosten: keine.

F. Zu 6.* Bestellung von Zustellungsbevollmächtigten.

Wohnt eine Partei weder am Orte des Prozeßgerichts noch innerhalb des AG-bezirks, in welchem das Prozeßgericht seinen Sitz hat, so kann das Gericht, falls sie nicht einen an diesem Orte oder Bezirke wohnhaften Prozeßbevollmächtigten bestellt hat, auf Antrag anordnen, daß sie eine daselbst wohnhafte Person zum Empfang der für sie bestimmten Schriftstücke bevollmächtige (§ 174 ZPO). Die genannte Anordnung ist nunmehr dem Rpfl übertragen.

Rechtsmittel: eine Anfechtung dieses Beschlusses ist nicht möglich (§ 174/1 ZPO), vgl. auch oben § 10 Ziff. 1 aE.

Kosten: keine.

Bei einer im Ausland wohnhaften Partei bedarf es dieser Anordnung nicht (§ 174/2 ZPO).

G. Zu 7.* Zustellung an Prozeßbevollmächtigte mit unbekanntem Aufenthalt.

Ist der Aufenthalt eines Prozeßbevollmächtigten unbekannt, so hat das Prozeßgericht auf Antrag die Zustellung an den Zustellungsbevollmächtigten, in Ermangelung eines solchen an den Gegner selbst zu bewilligen (§ 177 ZPO). Bei Zustellungen von Amts wegen ist der Antrag nicht erforderlich. Die genannte Anordnung ist nunmehr dem Rpfl übertragen.

Rechtsmittel: bei Ablehnung einfache Beschwerde § 567 ZPO, bei Stattgeben keines § 177/2 ZPO, vgl. auch oben § 10 Ziff. 1 aE.

Kosten: keine.

H. Zu 8.* Zustellung zur Nachtzeit und an Sonn- und Feiertagen.

Die Zustellung darf in diesen Fällen nur mit richterlicher Erlaubnis erfolgen, Die Erlaubnis muß schriftlich erteilt werden, sie ist bei der Zustellung abschriftlich mitzuteilen. Zuständig ist der Rpfl des Gerichts, bei welchem der Prozeß anhängig ist, daneben auch der Rpfl des AG, in dessen Bezirk die Zustellung erfolgen soll. Nachtzeit ist in der Zeit vom 1. 4.—30. 9. die Stunden von 9 Uhr abends bis 4 Uhr morgens, in der Zeit vom 1. 10. bis 31. 3. die Stunden von 9 Uhr abends bis 6 Uhr morgens (§ 188 ZPO).

Rechtsmittel: einfache Beschwerde § 567 ZPO, vgl. auch oben § 10 Ziff. 1 aE.

Kosten: keine.

I. Zu 9.* Erteilung der vollstreckbaren Ausfertigungen.

Im Vollstreckungsrecht gehörte die Erteilung der vollstreckbaren Ausfertigung im Regelfalle des § 724 ZPO schon immer zur Zuständigkeit des UrkB.

Nach der alten Fassung des § 730 ZPO konnte in den Fällen des § 726/1, 727—729 ZPO die Vollstreckungsklausel nur auf Anordnung des Vorsitzenden (die allerdings ebenfalls auf den Rpfl übertragen war) erteilt werden. Bei der Neufassung der §§ 730 und 733 ZPO durch das Ges. vom 12. 9. 1950 — BGBl I S. 455 — ist der Vorbehalt für den Vorsitzenden gestrichen worden. An der Zuständigkeit des Rpfl, wie sie sich aus § 11c REntlV ergab, ist durch das Ges. vom 12. 9. 1950 nichts geändert worden. Die Vorschrift des § 19 Ziff. 9 d. Ges. hat diese Zuständigkeitsregelung übernommen. Das gleiche gilt für die Fälle, in denen die Vorschrift des § 727 ZPO entsprechend anzuwenden ist.

Es betreffen

§ 726/1 ZPO Nachweis des Eintritts einer vom Gläubiger zu beweisenden Tatsache,

§ 727 ZPO Vollstreckungsklausel für oder gegen den Rechtsnachfolger,

§ 728 ZPO Vollstreckungsklausel für und gegen den Nacherben,

§ 729 ZPO Vollstreckungsklausel gegen den Übernehmer eines Vermögens oder einer Firma.

§ 733 ZPO Erteilung einer weiteren vollstreckbaren Ausf.

Der Schuldner kann in diesen Fällen gehört werden (§ 730 ZPO).

Der Schuldner kann ferner gehört werden bei Erteilung

einer weiteren vollstreckbaren Ausfertigung, sofern nicht die zuerst erteilte Ausfertigung zurückgegeben wird (§ 733 ZPO),

der vollstreckbaren Ausfertigung gegen den Nießbraucher (§ 738 ZPO),

der vollstreckbaren Ausfertigung für oder gegen den Ehemann (§ 742 ZPO),

der vollstreckbaren Ausfertigung gegen die Ehefrau nach Beendigung des Güterstandes (§ 744 ZPO),

der vollstreckbaren Ausfertigung nach Beendigung der fortgesetzten Gütergemeinschaft (§ 745/2 ZPO),

der vollstreckbaren Ausfertigung für oder gegen den Testamentsvollstrecker (§ 749 ZPO).

Die vollstreckbare Ausfertigung im Falle des § 16 MSchG darf nur auf Anordnung des Amtsrichters erteilt werden, ihre Übertragung auf den Rpfl ist in Ziff. 9 vorstehend angeordnet, vgl. auch Erläut. zu § 25 Abs. 1 Ziff. 2c

Rechtsmittel: für Schuldner: a) bei Verfahrensmängeln Einwendungen gegen die Zulässigkeit der Vollstrklausel nach § 732 ZPO; daneben u. U. beschränkte Vollstrabwehrklage nach § 768 ZPO b), bei sachlich rechtlichen Mängeln Vollstrgegenklage nach § 767 ZPO;

für Gläubiger: unbefristete Erinnerung nach § 10 des Ges.; gegen diese Entscheidung einfache Beschwerde nach § 567 ZPO, da keine Maßnahme der Zwvollstrekkung, sondern Voraussetzung für die Einleitung derselben (vgl. Baumbach Anm 3 D zu § 724 ZPO), vgl. auch oben § 10 Ziff. 1 aE.

Kosten: keine.

K. Zu 10.* weitere vollstreckbare Ausfertigungen gerichtlicher Urkunden.

Die Entscheidung über die Erteilung einer weiteren vollstreckbaren Ausfertigung gerichtlicher Urkunden, die gegenüber dem Normalfall des § 733 ZPO keine Besonderheiten aufweist, ist ebenfalls dem Rpfl übertragen.

Es handelt sich hierbei um die in § 794/5 ZPO genannten Urkunden, soweit gerichtliche Urkunden in Frage kommen. Die Entscheidung über die Erteilung einer weiteren vollstreckbaren Ausfertigung erfolgt bei gerichtlichen Urkunden von dem Rpfl des Gerichts, welches die Urkunde verwahrt; (§ 797/3 ZPO). Die Erteilung weiterer vollstreckbarer Ausfertigungen von notariellen Urkunden ist auf den Rpfl nicht übertragen.

Rechtsmittel: einfache Beschwerde § 567 ZPO, vgl. auch oben § 10 Ziff. 1 aE.

Kosten: bei gerichtlichen Urkunden keine.

L. Zu 11.* Frist zur Klageerhebung.

Ist die Hauptsache nicht anhängig, so hat das Arrestgericht auf Antrag anzuordnen, daß die Partei, welche den Arrestbefehl erwirkt hat, binnen einer zu bestimmenden Frist Klage zu erheben hat (§ 926/1 ZPO). Dies gilt auch im Verfahren auf Erlaß einer einstweiligen Verfügung (§ 936 ZPO).

Die Anordnung war bereits durch § 11g REntlV dem Rpfl übertragen.

Rechtsmittel: einfache Beschwerde § 567 ZPO, vgl. auch oben § 10 Ziff. 1 aE.

Kosten: keine.

M. Zu 12.* Aufhebung eines vollzogenen Arrestes.

Die Aufhebung eines vollzogenen Arrestes gegen Hinterlegung des in dem Arrestbefehl festgestellten Geldbetrages erfolgt von dem Vollstreckungsgericht (§ 934/1 ZPO). Die Entscheidung war bereits durch § 11h REntlV dem Rpfl übertragen.

Rechtsmittel: Gegen den Beschluß, durch den der Arrest aufgehoben wird, ist die sofortige Beschwerde gegeben (§ 934/4 ZPO). Bei Ablehnung einfache Beschwerde § 567 ZPO, vgl. auch oben § 10 Ziff. 1 aE.

Kosten: Gebühr § 34/2 GKG.

N. Zu 13.* Pfändung von Forderungen aus einem Arrestbefehl.

Während in §§ 11c REntlV die Pfändung von Forderungen aus einem Arrestbefehl, soweit dieser nicht zugleich einen Pfändungsbeschluß enthielt, ausdrücklich von der Übertragung ausgenommen war, ist mit Rücksicht auf die grundsätzliche Übertragung der Zwangsvollstreckung auf den Rpfl nunmehr auch dieses Geschäft übertragen.

Für die Pfändung einer Forderung ist das Arrestgericht als Vollstreckungsgericht zuständig. Sie erfolgt nach denselben Grundsätzen wie jede andere Pfändung (§ 930 ZPO). Näheres siehe unter Pfändung und Überweisung einer Forderung (nachstehend Ziff. 14 Nr. 9b).

O. Zu 14.* Zwangsvollstreckung (vgl. hierzu Berner, Bereinigung der Zwangsvollstreckung in Rpfleger 1953, 399).

Vorbemerkung. Die im 8. Buche der ZPO geregelten Aufgaben des VollstrGerichts werden grundsätzlich dem Rpfl übertragen unter Vorbehalt einzelner Geschäfte für den Richter (Vorbehaltsübertragung). Die in § 19 Ziff. 14 dem Richter vorbehaltenen Geschäfte des VollstrGerichts werden im folgenden im einzelnen erläutert.

Nicht umfaßt werden von der Übertragung weiterhin:

a) die im 8. Buche der ZPO geregelten Geschäfte des Prozeßgerichts, insbes. also nicht
   - aa) die einstweilige Einstellung der Zwangsvollstreckung (§§ 707, 719 ZPO),
   - bb) das Verfahren auf Klage wegen Zulässigkeit der Zwangsvollstreckung aus einem ausländ. Urteil (§ 722 ZPO),
   - cc) das Verfahren auf Klage wegen Erteilung der VollstrKlausel (§ 731 ZPO),
   - dd) die Entscheidung über Einwendungen gegen die Zulässigkeit der VollstrKlausel (§ 732 ZPO),
   - ee) das Verfahren auf VollstrAbwehrklage (§ 767 ZPO),
   - ff) das Verfahren auf Klage wegen Unzulässigkeit der VollstrKlausel (§§ 768, 769/1, 770 ZPO),
   - gg) das Verfahren auf Widerspruchsklage (§ 771 ZPO),

hh) das Ersuchen um Vollstr im Ausland (§ 791 ZPO),
ii) das Verfahren auf Klage wegen vorzugsweiser Befriedigung, die „mindere Widerspruchsklage" (§ 805 ZPO),
kk) das Verfahren auf Klage nach Widerspruch im Verteilungsverfahren (§§ 878ff. ZPO),
ll) das Verfahren zur Leistung des Offenbarungseides sachlichen Rechts (§ 889 ZPO),
mm) die Zwangsvollstreckung wegen Handlungen (§§ 887ff. ZPO),
nn) die Zwangsvollstreckung wegen Unterlassungen (§ 890 ZPO),
oo) das Verfahren auf Klage wegen Leistung des Interesses (§ 893 ZPO);

b) die Geschäfte des Arrest- und Verfügungsgerichts (§§ 916ff. 935ff. ZPO).

1.* Aussetzung und Aufhebung von Vollstrmaßnahmen.

Die Entscheidungen nach § 813a ZPO (zeitweilige Aussetzung der Verwertung gepfändeter Sachen) sind dem Richter vorbehalten (§ 19 Ziff. 14 d. Ges.). Dagegen stehen die Entscheidungen nach §§ 851a, 851b ZPO (Aufhebung der Pfändung von Forderungen eines Landwirts aus dem Verkauf landwirtschaflicher Erzeugnisse und der Miet- und Pachtzinsen eines Grundstücks zwecks Verwendung zur Vornahme notwendiger Instandsetzungsarbeiten) dem Rpfl zu. Nach Baumbach-Lauterbach Anm. 2 C aE. zu § 766 ZPO handelt es sich hierbei zwar der Sache nach um Fälle der Erinnerung, die als solche ausdrücklich dem Richter vorbehalten ist; da die §§ 851a, 851b ZPO aber in § 19 d. Ges. nicht genannt sind, muß die Zuständigkeit des Rpfl angenommen werden.

Rechtsmittel: sofortige Beschwerde § 793 ZPO, vgl. auch oben § 10 Ziff. 1 aE.

Kosten: keine.

1a. Austauschpfändung. Nach § 811a ZPO kann auf Antrag des Gläubigers das VollstrGericht die Pfändung einer nach § 811 Nr. 1, 5, 6 ZPO unpfändbaren Sache zulassen, wenn der Gläubiger dem Schuldner vor der Wegnahme der Sache ein geeignetes Ersatzstück oder den entspr. Geldbetrag überläßt (Austauschpfändung). Die Entscheidung ist dem Richter vorbehalten (§ 19 Ziff. 14/2a d. Ges.).

Wegen der vorl. Austauschpfändung durch den Gerichtsvollz. vgl. § 811b, wegen der Vorwegpfändung vgl. § 811c ZPO.

2. Beschwerde. Alle im Zwangsvollstreckungsverfahren ohne mündliche Verhandlung ergehenden Entscheidungen unterliegen der sofortigen Beschwerde (§ 793 ZPO).

Kosten: Gebühr § 38 GKG.

3.* Einstellung oder Beschränkung der Zwangsvollstreckung.

a) In dringenden Fällen kann das Vollstrgericht

aa) bei der VollstrAbwehrklage (§ 767 ZPO),
bb) bei der Klage wegen Unzulässigkeit der VollstrKlausel (§ 768 ZPO),
cc) bei der Widerspruchsklage (§§ 771, 772—774 ZPO)

die einstweilige Einstellung der Zwangsvollstreckung gemäß § 769/2 ZPO anordnen.

Rechtsmittel: unbefristete Erinnerung nach § 10 des Gesetzes, sonst kein Rechtsmittel.

Kosten: Gebühr § 34 Abs. 1 Ziff. 1 GKG.

dd) Wird bei der Klage auf vorzugsweise Befriedigung der Anspruch glaubhaft gemacht, so kann in dringenden Fällen das VollstrGericht die Hinterlegung des Erlöses anordnen (§§ 805/4, 769/2 ZPO).

b) Im übrigen ist die Zwangsvollstreckung einzustellen oder zu beschränken

1. bei der Vorlage der Ausfertigung einer vollstreckbaren Entscheidung, aus der sich ergibt, daß das Urteil oder seine Vollstreckbarkeit aufgehoben, die Zwangsvollstreckung für unzulässig erklärt oder deren Einstellung angeordnet ist,
2. bei der Vorlage einer Entscheidung, die die einstweilige Einstellung der Zwangsvollstreckung anordnet,
3. bei der Vorlage einer öffentlichen Urkunde über den Nachweis der Sicherheitsleistung oder Hinterlegung,
4. bei der Vorlage einer öffentlichen oder vom Gläubiger ausgestellten Privaturkunde über die Befriedigung des Gläubigers nach Erlaß des Urteils oder über die Stundung,
5. bei der Vorlage eines Postscheines über die Zahlung der zur Befriedigung des Gläubigers nötigen Summe (§ 775 ZPO).

In den Fällen zu 1 und 3 vorstehend sind die Vollstreckungsmaßregeln aufzuheben, in den Fällen zu 4 und 5 bleiben sie einstweilen bestehen; letzteres gilt auch für Fall 2, wenn nicht die vorgelegte Entscheidung auch die Aufhebung der bisherigen Vollstreckungsmaßregeln anordnet (§ 776 ZPO).

Rechtsmittel: sofortige Beschwerde § 793 ZPO, vgl. auch oben § 10 Ziff. 1 aE.
Kosten: keine

3a. Erinnerung. Gemäß § 766 ZPO entscheidet das VollstrGericht über Einwendungen und Erinnerungen, welche die Art und Weise der Zwangsvollstreckung betreffen, d. h. das Verfahren als fehlerhaft angreifen. Der Rechtsbehelf wird üblicherweise Erinnerung genannt. Die Erinnerung gemäß § 766 ZPO richtet sich nicht gegen eine sachliche Entscheidung, sondern gegen eine bloße Maßnahme der Zwangsvollstreckung. Sie ist kein Rechtsmittel, denn sie bewirkt nicht den Anfall der Sache an die höhere Instanz. Vielmehr veranlaßt sie lediglich eine Nachprüfung der VollstrMaßnahme des Gerichtsvollz. oder der eigenen, zunächst auf Grund bloß summarischer Prüfung und ohne Anhörung des Schuldners erlassenen Anordnung des VollstrGerichts.

Trotz mancher verfahrensrechtl. Ähnlichkeit ist die Erinnerung nach § 766 ZPO ihrem Wesen nach zu unterscheiden von der ebenso bezeichneten Erinnerung gegen die Entscheidung des Rpfl gemäß § 10 d. Ges. Die Erinnerung gemäß § 766 ZPO und die Erinnerung gemäß § 10 d. Ges. können und werden auf Grund der erweiterten Zuständigkeit des Rpfl auf dem Gebiete der Zwangsvollstreckung sogar häufig zusammenfallen. In diesem Falle tritt nach zutreffender Ansicht eine Verschmelzung der beiden Rechtsbehelfe ein. Denn es wäre nicht vertretbar, nach der Erinnerung gemäß § 10 d. Ges. noch eine zweite Erinnerung nach § 766 ZPO an die gleiche Instanz mit dem gleichen Ziel zuzulassen (vgl. Berner in Rpfleger 1956 S. 9f.). Falls der Rpfl der Erinnerung nicht abhilft, wozu er im Falle des § 766 ZPO in der Regel berechtigt ist, ist die Entscheidung über die Erinnerung in jedem Falle dem Richter vorbehalten (§ 19 Ziff. 14/2a d. Ges.).

Falls der Rpfl jedoch nicht eine bloße VollstrMaßnahme angeordnet, sondern (nach Anhörung der Parteien) eine wirkliche Entscheidung getroffen hat, für eine

Erinnerung gemäß § 766 ZPO also kein Raum mehr ist (vgl. Baumbach-Lauterbach, Anm. 2B zu § 766 ZPO), ist wie bei allen Entscheidungen des Rpfl der Rechtsbehelf der Erinnerung nach § 10 d. Ges. gegeben. In diesem Falle ist der Rpfl nicht zur Abhilfe befugt. Die insoweit für den Rechtszustand vor Inkrafttreten des RpflGes. geltenden Ausführungen von Berner in Rpfleger 1956 S. 9f. gelten also angesichts der Regelung des § 10 Abs. 2 S. 1 d. Ges. jetzt nicht mehr.

Von dem Rechtsbehelf der Erinnerung gemäß § 766 ZPO zu unterscheiden sind

a) Einwendungen gegen die Zulässigkeit der VollstrKlausel
  aa) förmliche: Verfahren nach § 732 ZPO,
  bb) sachliche: VollstrAbwehrklage nach § 767 ZPO bzw. Klage wegen Unzulässigkeit der Vollstr Klausel nach § 768 ZPO
b) Einwendungen gegen den den Inhalt des Schuldtitels bildenden Anspruch selbst: VollstrAbwehrklage nach § 767 ZPO,
c) Einwendung aus dem Recht eines Dritten: Widerspruchsklage nach §§ 771, 772—774 ZPO.

Rechtsmittel: sofortige Beschwerde nach § 793 ZPO; vgl. auch Erläut. 1 aE zu § 10 d. Ges.
Kosten: keine.

3b.* Gerichtsvollzieher. Das Vollstreckgericht kann auf Antrag eines Gläubigers oder des Schuldners anordnen, daß ein anderer Gerichtsvollzieher als derjenige, der die erste Pfändung bewirkt hat, die sämtlichen Pfändungen erledigt (§ 827/1 ZPO).
Rechtsmittel: unbefristete Erinnerung nach § 10 d. Ges.
Kosten: keine.

3c. HeimkehrervollstrSchutz. Gemäß § 26 des HeimkehrerG vom 19. 5. 1950 (BGBl I S. 221) i. d. F. vom 30. 10. 1951 (BGBl I S. 875, 994) und vom 17. 8. 1953 (BGBl I S. 931) kann auf Antrag eines Heimkehrers während der Dauer von 12 Monaten nach der Heimkehr das VollstrGericht VollstrMaßnahmen aufheben, untersagen oder zeitweilig aussetzen, und zwar bis zur Höchstdauer von 5 Jahren nach der Heimkehr, es sei denn, daß ein berechtigtes Schutzbedürfnis des Gläubigers entgegensteht. Die Entscheidungen des VollstrGerichts sind dem Richter vorbehalten (§ 19 Ziff. 14/3d d. Ges.).

3d. Offenbarungseidverfahren. Hat die Pfändung zu einer vollständigen Befriedigung des Gläubigers nicht geführt, so hat nach Maßgabe des § 807 ZPO der Schuldner vor dem VollstrGericht den Offenbarungseid zu leisten. Das gleiche gilt, wenn der Schuldner eine bewegliche Sache herauszugeben hat und diese nicht vorgefunden wird (§ 883 ZPO). Das Verfahren zur Abnahme des (prozessualen) Offenbarungseides ist in §§ 899ff. ZPO geregelt. Das Offenbarungseidverfahren ist dem Richter vorbehalten (§ 19 Ziff. 14/2c d. Ges.).

Von diesen Fällen des prozessualen Offenbarungseides ist der Fall des Offenbarungseides auf Grund der Vorschriften des bürgerl. Rechts, der Offenbarungseid sachlichen Rechts, zu unterscheiden. Der Offenbarungseid sachl. Rechts, z. B. auf Auskunft oder Rechnungslegung, ist nach § 889 ZPO vor dem Prozeßgericht des ersten Rechtszuges zu leisten, und zwar gemäß §§ 478—484 ZPO. Falls der Schuldner den Offenbarungseid sachl. Rechts freiwillig leistet, bestimmt sich das Verfahren nach §§ 163, 79 FGG.

4.* Umschreibung von Papieren. Namenspapiere hat der Gerichtsvollzieher auf den Namen des Käufers umzuschreiben, wenn er hierzu durch das Vollstrgericht ermächtigt wird (§ 822 ZPO). Auch bei außer Kurs gesetzten Papieren kann der Gerichtsvollzieher durch das Vollstrgericht ermächtigt werden, die Wiederinkurssetzung zu erwirken (§ 823 ZPO).

Rechtsmittel: sofortige Beschwerde § 793 ZPO, vgl. auch oben § 10 Ziff. 1 aE.
Kosten: Gebühr § 34 Abs. 1 Ziff. 2 GKG.

5.* Verkauf von Sachen. Hat der Schuldner eine unbewegliche Sache oder ein eingetragenes Schiff oder Schiffsbauwerk herauszugeben, zu überlassen oder zu räumen, so erfolgt dies durch Ausweisung des Schuldners aus dem Besitz und Einweisung des Gläubigers in den Besitz. Dabei werden bewegliche Sachen, die nicht Gegenstand der Zwangsvollstreckung sind, von dem Gerichtsvollzieher weggeschafft und dem Schuldner übergeben oder zur Verfügung gestellt. Verzögert der Schuldner die Abforderung seiner beweglichen Sachen, so kann das Vollstrgericht den Verkauf der Sachen und die Hinterlegung des Erlöses anordnen (§ 885/4 ZPO).

Rechtsmittel: sofortige Beschwerde § 793 ZPO, vgl. auch oben § 10 Ziff. 1 aE.
Kosten: Gebühr § 34 Abs. 1 Ziff. 2 GKG.

6.* Verteilungsverfahren. Das Verteilungsverfahren tritt ein, wenn bei der Zwangsvollstreckung in das bewegliche Vermögen ein Geldbetrag hinterlegt ist, der zur Befriedigung der beteiligten Gläubiger nicht ausreicht (§ 872 ZPO). Die in Frage kommenden Fälle sind

a) Hinterlegung des Versteigerungserlöses durch den Gerichtsvollzieher nach § 827/2 ZPO,
b) Hinterlegung des Schuldbetrages durch den Drittschuldner nach § 853 ZPO,
c) Hinterlegung des Versteigerungserlöses durch den Gerichtsvollzieher nach § 854/2 ZPO.

Liegen alle Voraussetzungen vor, so tritt das Verteilungsverfahren kraft Gesetzes ein und das AG hat jeden der beteiligten Gläubiger aufzufordern, binnen 2 Wochen eine Berechnung seiner Forderung an Kapital, Zinsen und Kosten einzureichen (§ 873 ZPO). Nach Ablauf der 2 wöchentlichen Frist hat das Gericht einen Teilungsplan anzufertigen (§ 874 ZPO) und Termin zur Erklärung über den Teilungsplan und dessen Ausführung zu bestimmen (§ 875 ZPO).

In dem Termin ist mit den Beteiligten über den Plan zu verhandeln; nicht erschienene Gläubiger gelten als mit der Ausführung des Planes einverstanden (§ 877/1 ZPO). Wird im Termin kein Widerspruch erhoben, so ist der Plan auszuführen. Erfolgt ein Widerspruch, so hat sich jeder bei demselben beteiligte Gläubiger sofort zu erklären. Wird der Widerspruch von den Beteiligten als begründet anerkannt oder kommt anderweit eine Einigung zustande, so ist der Plan zu berichtigen. Verständigen sich die Beteiligten über den Widerspruch nicht, so kann die Ausführung des Planes nur insoweit erfolgen, als er durch den Widerspruch nicht betroffen wird (§ 876 ZPO). Ist ein in dem Termin nicht erschienener Gläubiger bei dem Widerspruch beteiligt, so wird angenommen, daß er diesen Widerspruch nicht als begründet anerkenne (§ 877/2 ZPO).

Der widersprechende Gläubiger ist auf den Prozeßweg zu verweisen, er hat binnen 1 Monat die Klageerhebung nachzuweisen. Nach fruchtlosem Ablauf der Frist wird die Ausführung des Planes ohne Rücksicht auf den Widerspruch angeordnet (§ 878 ZPO), bis zur Erledigung des Widerspruchs unterbleibt die Ausführung des Planes insoweit. Hat der Widerspruch Erfolg, dann ordnet das Prozeßgericht an, was zu geschehen hat (§ 880 ZPO); entsprechend dieser Anordnung ist der Plan auszuführen (§ 882 ZPO).

Kosten: Gebühr § 33 Abs. 1 Ziff. 3 GKG.

7.* Vertreterbestellungen. Eine gegen einen Schuldner begonnene Zwangsvollstreckung wird im Falle des Todes des Schuldners in seinen Nachlaß fortgesetzt. Ist bei einer Vollstreckungshandlung die Zuziehung des Schuldners nötig (z. B. § 808/3, 826/3, 829/2, 835/3, 844/2, 875/2, 885/2 ZPO), so hat, wenn die Erbschaft noch nicht angenommen, oder der Erbe unbekannt oder ungewiß ist, ob der Erbe die Erbschaft angenommen hat, das Vollstrgericht auf Antrag eines Gläubigers dem Erben einen einstweiligen besonderen Vertreter zu bestellen (§ 779/2 ZPO).

Rechtsmittel: Gegen Ablehnung sofortige Beschwerde § 793 ZPO sonst keines, vgl. auch oben § 10 Ziff. 1 aE.

Kosten: keine.

Bei der Zwangsvollstreckung an einem herrenlosen Grundstück oder herrenlosem Schiff hat das Vollstrgericht auf Antrag einen Vertreter zu bestellen zur Wahrung der sich aus dem Eigentum ergebenden Rechte und Verpflichtungen 787 ZPO).

Rechtsmittel: sofortige Beschwerde § 793 ZPO, vgl. auch oben § 10 Ziff. 1 aE.

Kosten: keine.

8. Verwertung, anderweitige. Die Anordnung einer anderweiten Verwertung der gepfändeten Sache gemäß § 825 ZPO ist dem Richter vorbehalten (§ 19 Ziff. 14 d. Ges.).

Die anderweite Verwertung einer gepfändeten Forderung kann erfolgen, wenn die Forderung eine bedingte oder betagte ist, oder ihre Einziehung wegen der Abhängigkeit von einer Gegenleistung oder aus anderen Gründen mit Schwierigkeiten verbunden ist; das Gericht kann dann auf Antrag an Stelle der Überweisung eine andere Art der Verwertung anordnen (§ 844/1 ZPO) — z. B. freihändiger Verkauf oder Versteigerung der Forderung —. Will das Gericht dem Antrag stattgeben, so ist vor dem Beschluß der Gegner zu hören, jedoch nicht, wenn im Ausland oder öffentlich zugestellt werden müßte (§ 844/2 ZPO).

Rechtsmittel: bei Anordnung für Gläubiger und Schuldner Erinnerung nach § 766 ZPO; bei Ablehnung sofortige Beschwerde § 793 ZPO.

Kosten: Gebühr § 34 Abs. 1 Ziff. 2 GKG.

8a. Vollstreckungsschutz. Nach § 765a ZPO kann das VollstrGericht auf Antrag des Schuldners eine Maßnahme der Zwangsvollstreckung aufheben, untersagen oder einstweilen einstellen, wenn die Maßnahme unter voller Würdigung des Schutzbedürfnisses des Gläubigers wegen ganz besonderer Umstände eine Härte bedeutet, die mit den guten Sitten nicht vereinbar ist. Die Entscheidungen im VollstrSchutzverfahren sind dem Richter vorbehalten (§ 19 Ziff. 14/2a d. Ges).

Wegen des Heimkehrer-VollstrSchutzes s. oben 3c.

8b. Vollstreckungsschutz gemäß WohnraumbewG. Bei Aufhebung eines Mietverhältnisses über Wohnraum kann unter den Voraussetzungen der §§ 30, 31 WohnraumbewG vom 31. 3. 1953 (BGBl I S. 931) die Vollstreckung einstweilen eingestellt bzw. dem Schuldner eine Räumungsfrist gewährt werden. Die diesbezügl. Entscheidungen des VollstrGerichts sind dem Richter vorbehalten (§ 19 Ziff. 14/3e).

9. Zwangsvollstreckung im einzelnen (Devisenrechtliches in der Zwangsvollstreckung vgl. Berner in Rpfleger 1956, 61, 127).

a)* Zur Nachtzeit sowie an Sonn- und Feiertagen darf eine Vollstreckungshandlung nur mit Erlaubnis des Amtsrichters erfolgen, in dessen Bezirk die Handlung vorgenommgen werden soll. Die Erlaubnisverfügung ist bei der Vollstreckung vorzuzeigen (§ 761 ZPO), vgl. auch oben Erläut. zu § 19 Buchst. H.

Rechtsmittel: einfache Beschwerde § 567 ZPO, vgl. auch oben § 10 Ziff. 1 aE.

Kosten: keine.

b)* in Geldforderungen. Soll eine Geldforderung gepfändet werden, so hat das Gericht dem Drittschuldner zu verbieten, an den Schuldner zu zahlen. An den Schuldner ist das Gebot zu erlassen, sich jeder Verfügung über die Forderung, insbesondere ihrer Einziehung zu enthalten (§ 829 ZPO). Zuständig ist als Vollstrgericht das AG, bei welchem der Schuldner seinen allg. Gerichtsstand hat (§ 828 ZPO). Die gepfändete Geldforderung ist dem Gläubiger nach seiner Wahl zur Einziehung oder an Zahlungsstatt zum Nennwert zu überweisen (§ 835 ZPO). Der Schuldner ist vor der Pfändung über den Pfändungsantrag nicht zu hören (§ 834 ZPO).

Rechtsmittel: bei Ablehnung sofortige Beschwerde § 793 ZPO, bei Pfändung für Schuldner: Erinnerung nach § 766 ZPO, vgl. auch oben § 10 Ziff. 1 aE. Über die Abhilfepflicht des Rpfl gegenüber begründeten Erinnerungen gegen Pfändungs- und Überweisungsbeschlüsse vgl. Berner in Rpfleger 1956, 9.

Kosten: Gebühr § 34 Abs. 1 Ziff. 2 GKG.

c)* in Hypothekenforderungen. Zur Pfändung einer Hypothekenforderung ist außer dem Pfändungsbeschluß die Übergabe des Hypothekenbriefes an den Gläubiger erforderlich. Bei der Briefhypothek entsteht das Pfändungspfandrecht mit der Wegnahme des Hypothekenbriefes durch den Gerichtsvollzieher. Bei der Buchhypothek muß die Pfändung in das Grundbuch eingetragen sein. Der Pfändungs- und Überweisungsbeschluß muß daher bei der Briefhypothek die Bestimmung enthalten, daß der Hypothekenbrief vom Schuldner an einen vom Gläubiger zu beauftragenden Gerichtvollzieher herauszugeben ist (§§ 830, 836/3 ZPO). Zur Überweisung einer gepfändeten Hypothekenforderung genügt die Aushändigung des Überweisungsbeschlusses an den Gläubiger. Dies gilt für die Fälle, in denen es sich um Briefhypotheken und um zur Einziehung überwiesene Buchhypotheken handelt. Ist die Buchhypothek an Zahlungsstatt zum Nennwert überwiesen worden, so muß diese Überweisung in das Grundbuch auf Grund des Überweisungsbeschlusses eingetragen werden (§ 837 ZPO).

Rechtsmittel und Kosten: wie vor zu 9b.

d)* in eine Schiffshypothek. Die Pfändung und Überweisung einer Forderung, für die eine Schiffshypothek besteht, geschieht entsprechend der der Buchhypothek (§§ 830a, 837a ZPO).

Vgl. vorstehend zu c.

e)* in indossable Papiere. Die Pfändung von Forderungen aus Wechseln und anderen Papieren, die durch Indossament übertragen werden können, wird dadurch bewirkt, daß der Gerichtsvollzieher diese Papiere in Besitz nimmt (§ 831 ZPO). Sie werden also nicht durch Pfändungs- und Überweisungsbeschluß gepfändet und überwiesen.

f)* in Eigentümergrundschulden. Auf die Zwangsvollstreckung in eine Reallast, Grund- oder Rentenschuld finden die Vorschriften über die Zwangsvollstreckung in eine Forderung, für welche eine Hypothek besteht, entsprechende Anwendung (§ 857/6 ZPO).

Rechtsmittel und Kosten: wie vor zu 9b.

g)* in Gesellschaftsanteile bürgerlichen Rechts und Miterbteil. Die Pfändung der Gesellschaftsanteile einer GmbH geschieht nach § 857 ZPO. Bei der Pfändung eines Anteils eines Miterben an dem Nachlaß und an den einzelnen Nachlaßgegenständen gelten die gleichen Vorschriften (§ 859/2 ZPO).

Rechtsmittel und Kosten: wie vor zu 9b.

h)* in einen Pflichtteilsanspruch. Der Pflichtteilsanspruch ist der Pfändung nur unterworfen, wenn er durch Vertrag anerkannt oder rechtshängig geworden ist (§ 852 ZPO).

Rechtsmittel und Kosten: wie vor zu 9b.

i)* in Dienst- oder Arbeitseinkommen. Das in Geld zahlbare Einkommen der Beamten, Angestellten und Arbeiter aus Dienst- oder Arbeitsverhältnis sowie ähnliche Bezüge unterliegt der Pfändung nur in dem durch § 850c ZPO festgesetzten Umfang (§ 850c ZPO).

Bei der Pfändung wegen der Unterhaltsansprüche, die Verwandten, Ehegatten, früheren Ehegatten oder unehelichen Kindern kraft Gesetzes zustehen, vgl. § 850d ZPO (vgl. hierzu auch Haegele: Überblick über die Rechtsprechung zur Pfändung von Arbeitseinkommen und ähnlichen Bezügen in Rpfleger 1956, 34. Zu „Unpfändbarkeit des Arbeitslosengeldes" vgl. Berner in Rpfleger 1957, 76 und zu „ Unpfändbarkeit des Kindergeldes" vgl. Berner in Rpfleger 1956, 31).

k)* in Ansprüche auf Herausgabe von Sachen. Bei der Pfändung eines Anspruchs, welcher eine bewegliche körperliche Sache betrifft, ist anzuordnen, daß die Sachen an einen vom Gläubiger zu beauftragenden Gerichtsvollzieher herauszugeben sind (§ 847 ZPO). Bei der Pfändung eines Anspruchs, der ein eingetragenes Schiff betrifft, ist anzuordnen, daß das Schiff an einen vom Vollstrgericht zu bestellenden Treuhänder herauszugeben ist (§ 847a ZPO). Bei der Pfändung eines Anspruchs, welcher eine unbewegliche Sache betrifft, ist anzuordnen, daß die Sache an einen auf Antrag des Gläubigers vom AG der belegenen Sache zu bestellenden Sequester herauszugeben sei (§ 848 ZPO). Befindet sich eine herauszugebende Sache im Gewahrsam eines Dritten, so ist dem Gläubiger auf dessen Antrag der Anspruch des Schuldners auf Herausgabe der Sache nach den Vorschriften zu überweisen, welche die Pfändung und Überweisung einer Geldforderung betreffen (§ 886 ZPO).

Eine Überweisung dieser Ansprüche an Zahlungsstatt ist unzulässig (§ 849 ZPO).

Rechtsmittel: sofortige Beschwerde § 793 ZPO, vgl. auch oben § 10 Ziff. 1 aE.
Kosten: Gebühr § 34 Abs. 1 Ziff. 2 GKG.

10.* Vollziehung eines Arrestes oder einer einstweiligen Verfügung. Auf die Vollziehung des Arrestes finden die Vorschriften über die Zwangsvollstreckung entsprechende Anwendung (§ 928 ZPO), soweit nicht Sondervorschriften vorgesehen sind (§§ 928—933 ZPO). Die Pfändung einer Forderung erfolgt durch das Arrestgericht als Vollstrgericht (§ 802 ZPO), nach den Vorschriften der §§ 829ff. ZPO. Eine Verwertungsanordnung kommt grundsätzlich nicht in Betracht, da der Arrest nur der Sicherung des Gläubigers dient; deshalb keine Überweisung der gepfändeten Forderung. Gepfändetes Geld ist zu hinterlegen. Besonders zu beachten ist die Vollziehungsfrist von 1 Monat (§ 929 ZPO).

Diese Arrestvorschriften sind auch auf einstweilige Verfügungen anwendbar (§ 936 ZPO).

Wegen der Zuständigkeit des Rpfl für die selbständige Pfändung von Forderungen vgl. § 19 Ziff. 13 d. Ges.

Rechtsmittel: für Schuldner bei Pfändung Erinnerung nach § 766 ZPO, bei Ablehnung sofortige Beschwerde § 793 ZPO vgl. auch oben § 10 Ziffer 1 aE.

Kosten: Gebühr § 34 Abs. 1 Ziff. 2, (falls gleichzeitig mit Arrest, daneben Gebühr § 32 GKG).

P. Rpfl bei den Arbeits- und anderen Gerichten.

Die vorstehend zu A bis O gemachten Ausführungen finden auch auf die Rpfl bei den Arbeitsgerichten Anwendung. Dies ergibt sich aus § 46 Abs. 3 ArbGG, der lautet:

> *Die Vorschriften über die Wahrnehmung richterlicher Geschäfte bei den ordentlichen Gerichten durch Rechtspfleger gelten entsprechend. Die danach zulässige Entlastung der Richter des einzelnen Gerichts bedarf einer Anordnung des Präsidiums des Landesarbeitsgerichts; § 39 Abs. 3 gilt entsprechend .....*

Die Einrichtung des Rpfl hat damit bei den Arbeitsgerichten zwar Eingang gefunden, zur Entlastung bedarf es aber einer ausdrücklichen Anordnung des Präsidiums bzw. des Präsidenten des Landesarbeitsgerichts für jedes einzelne Gericht.

Vgl. auch Dersch-Volkmar, ArbGG § 46 Anm. 22 und 26.

In der Sozial- und Verwaltungsgerichtsbarkeit ist die Einrichtung des Rpfl nicht eingeführt.

§ 20

Zwangsversteigerung und Zwangsverwaltung von Grundstücken

(1) Folgende Geschäfte im Verfahren nach dem Gesetz über die Zwangsversteigerung und die Zwangsverwaltung werden dem Rechtspfleger übertragen:

1. die Bestellung des Zustellungsvertreters (§ 6 des Gesetzes über die Zwangsversteigerung und die Zwangsverwaltung);

2. die Nachrichten zum Grundbuch (§ 19 des Gesetzes über die Zwangsversteigerung und die Zwangsverwaltung);

3. **die Beschlagnahme von Forderungen nach § 22 Abs. 2 des Gesetzes über die Zwangsversteigerung und die Zwangsverwaltung;**
4. **die Einstellung des Verfahrens nach § 30 des Gesetzes über die Zwangsversteigerung und die Zwangsverwaltung;**
5. **das Ersuchen um Löschung des Versteigerungsvermerks (§ 34 des Gesetzes über die Zwangsversteigerung und die Zwangsverwaltung);**
6. **die Ausführung der Bestimmung des Versteigerungstermins (§§ 37ff. des Gesetzes über die Zwangsversteigerung und die Zwangsverwaltung), insbesondere die Mitteilungen an die Beteiligten (§ 41 des Gesetzes über die Zwangsversteigerung und die Zwangsverwaltung) einschließlich der Feststellung der Rangverhältnisse und der Höhe der Ansprüche der Beteiligten;**
7. **die gerichtliche Verwaltung des Grundstücks nach § 94 des Gesetzes über die Zwangsversteigerung und die Zwangsverwaltung);**
8. **das gesamte Verteilungsverfahren (§§ 105ff., §§ 156, 157 des Gesetzes über die Zwangsversteigerung und die Zwangsverwaltung);**
9. **die Beaufsichtigung des Zwangsverwalters (§ 153 des Gesetzes über die Zwangsversteigerung und die Zwangsverwaltung) mit Ausnahme der Festsetzung seiner Vergütung.**

(2) In geeigneten Fällen kann der Richter dem Rechtspfleger das gesamte Verfahren in Zwangsversteigerungs- und Zwangsverwaltungssachen mit Ausnahme der Beschlüsse über die Anordnung des Verfahrens und über die Zulassung weiterer Gläubiger übertragen.

Übersicht:

Vorbemerkung. Nicht nur das ZwangsvollstrVerfahren nach dem 8. Buch der ZPO, für das der Rpfl nunmehr gemäß § 19 Ziff. 14 d. Ges. im Rahmen der Vorbehaltsübertragung zuständig ist, sondern auch das Verfahren der Zwangsversteigerung und Zwangsverwaltung nach dem ZVG eignet sich für eine Wahrnehmung durch den Rpfl .Schon die nunmehr durch § 35/1 Ziff. 2 d. Ges. aufgehobene Vorschrift des § 13 EGZVG hatte die Landesgesetzgebung ermächtigt, mit Ausnahme der Anordnung, Aufhebung oder Verbindung des Verfahrens und der Zulassung des Gläubigerbeitritts die in dem ZVG dem VollstrGericht zugewiesenen Amtshandlungen „einer anderen Behörde oder einem Beamten oder einem Notar ganz oder teilweise" zu übertragen. Abgesehen von den Ländern Bayern, Württemberg und Baden, die bis zum Erlaß der ReichsnotarO (vgl. § 78 daselbst) mit diesen Aufgaben die Notare betraut hatten, haben die Länder von dieser Ermächtigung keinen Gebrauch gemacht, insbes. auch nicht das ehemalige Preußen. Hier waren die UrkB aber immerhin in erheblichem Umfang vorbereitend tätig (vgl. AV vom 9. 11. 1910, preuß. JMBl S. 393, Anlage Nr. 10—13, 50). Auf Grund der dabei gesammelten Erfahrungen und der ebenfalls befriedigenden Ergebnisse der Tätigkeit der württbg. Bezirksnotare als ZwangsversteigKommissäre (vgl. Art. 291 württbg. AGBGB vom 29. 12. 1931) sind nunmehr durch § 20 d. Ges. auch eine Anzahl von Geschäften des ZVG, insbes. die Feststellung der Rangverhältnisse i. S. des § 10 ZVG sowie der Höhe der Ansprüche der am Verfahren Beteiligten, d. h. also alle vorbereitenden rechnerischen Arbeiten zur Ermittlung des geringsten Gebots, wie sie bisher innerdienstlich fast ausschließlich von Rechnungsbeamten ausgeführt wurden, und das gesamte Verteilungsverfahren (§§ 105 ff., §§ 156 f. ZVG), auf den Rpfl übertragen (Amtl. Begründung).

In geeigneten Fällen kann der Richter dem Rpfl mit wenigen Ausnahmen das gesamte Verfahren übertragen (Abs. 2).

In der Sowjetzone ist nach § 31 AngleichungsVO vom 4. 10. 1952 der Sekretär für die im ZVG und den dazu ergangenen Neben- und Ausführungsgesetzen dem VollstGericht zugewiesenen Aufgaben zuständig.

I. Zu Absatz 1.

Ziffer 1: Ebenso wie nach § 19 Ziff. 6 d. Ges. der Rpfl im Zivilrechtsstreit über die Bestellung von Zustellungsbevollmächtigten (§ 174 ZPO) entscheidet, ist er nach § 20/1 Ziff. 1 d. Ges. zuständig für die Bestellung eines **Zustellungsvertreters,** wenn der Aufenthalt desjenigen, dem zugestellt werden soll und der Aufenthalt seines Zustellungsbevollmächtigten ihm nicht bekannt ist oder die Voraussetzungen für eine öffentliche Zustellung aus sonstigen Gründen (§ 203 ZPO) an sich gegeben sind (§ 6/1 ZVG). Das gleiche gilt, wenn im Falle der Zustellung durch Aufgabe zur Post die Postsendung als unbestellbar zurückkommt (§ 6/2 ZVG). Für eine nicht prozeßfähige Person (§ 52 ZPO) genügt die Zustellung an die zuständige Vormundschaftsbehörde; bei der Zustellung an jur. Personen oder an Vereine, die als solche klagen oder verklagt werden können, kann die Zustellung an die Aufsichtsbehörde erfolgen, wenn der Sitz der jur. Person oder des Vereins unbekannt ist (§ 6/3 ZVG).

Diese Vorschrift ist entsprechend im Zwangsverwaltungsverfahren anwendbar (§ 146 ZVG).

Rechtsmittel: sofortige Beschwerde § 793 ZPO), vgl. auch oben § 10 Ziff. 1 aE.
Kosten: keine.

Ziffer 2: Auf Grund der Anordnung der Zwangsversteigerung hat der Rpfl das **Grundbuchamt um Eintragung** der Anordnung der Zwverst. in das Grundbuch zu ersuchen (§ 19/1 ZVG). Dies gilt entsprechend für die Anordnung der Zwverwaltung (§ 146 ZVG).

Kosten für die Eintragung: keine § 63 Abs. 2 KostO.

Ziffer 3: Die Wirksamkeit der Beschlagnahme beginnt in der Regel mit der Zustellung des Anordnungsbeschlusses an den Schuldner oder mit dem früheren Eingang des Ersuchens um Eintragung des Versteigerungsvermerks bei dem Grundbuchamt. Soll jedoch eine **Forderung beschlagnahmt** werden, so beginnt die Beschlagnahme erst zu wirken, wenn dem Drittschuldner die Beschlagnahme bekannt geworden oder ihm ein Zahlungsverbot zugestellt ist. Erstreckt sich daher die Beschlagnahme auf eine Forderung, so hat das Gericht auf Antrag des Gläubigers dem Drittschuldner zu verbieten, an den Schuldner zu zahlen (§ 22/2 ZVG).

Ebenso wie in der Mobiliarzwangsvollstreckung gemäß § 19 Ziff. 14 d. Ges. und §§ 829, 845 ZPO für die Pfändung einer Forderung ist nunmehr auch hier der Rpfl für die Beschlagnahme der Forderung zuständig.

§ 22/2 ZVG gilt entsprechend im Zwangsverwaltungsverfahren (§ 146 ZVG); er ist hier aber bezüglich des Antragsrechts bei dem Zahlungsverbot erweitert (§ 151/3 ZVG).

Rechtsmittel: sofortige Beschwerde § 793 ZPO, vgl. auch oben § 10 Ziff. 1 aE.

Kosten: keine.

Ziffer 4: Das Verfahren ist **einstweilen einzustellen,** wenn der Gläubiger die Einstellung bewilligt; wiederholte Bewilligung ist möglich. Ist das Verfahren auf Grund einer Bewilligung des Gläubigers bereits zweimal eingestellt, so gilt eine erneute Einstellungsbewilligung als Rücknahme des Versteigerungsantrags. Der Bewilligung der Einstellung steht es gleich, wenn der Gläubiger die Aufhebung des Versteigerungstermins bewilligt (§ 30 ZVG).

Die einstweilige Einstellung ist dem Rpfl übertragen. Über die Aufhebung des Verfahrens auf Grund der 3. Einstellungsbewilligung desselben Gläubigers und über die Einstellung des Verfahrens auf Grund der §§ 30a—30d ZVG entscheidet da gegen der Richter.

Auch von Amts wegen kann die Einstellung bei Einwendungen gegen die Art und Weise der Zwangsvollstreckung nach § 766 ZPO, in dringenden Fällen nach § 769/2 ZPO unter Bestimmung einer Frist, binnen welcher die Entscheidung des Prozeßgerichts beizubringen ist, erfolgen. Die Entscheidung obliegt im ersteren Falle dem Richter, im letzteren Falle dem Rpfl.

Rechtsmittel: sofortige Beschwerde § 95 ZVG § 793 ZPO, vgl. auch oben § 10 Ziff. 1 aE.

Kosten: keine

Ziffer 5. Im Falle der Aufhebung des Zwangsversteigerungsverfahrens ist das Grundbuchamt um **Löschung des Versteigerungsvermerks** zu ersuchen (§ 34 ZVG). Dies gilt entsprechend bei der Aufhebung der Zwangsverwaltung (§ 161/4 ZVG). Zuständig ist der Rpfl.

Ziffer 6: Sofern nicht dem Rpfl auch die Wahrnehmung des Versteigtermins übertragen ist (vgl. § 20 Abs. 2) hat der Richter den Versteigtermin selbst zu bestimmen. Über die **Terminbestimmung** gibt § 36 ZVG Auskunft; er regelt in Abs. 1 die Zeit der Terminbestimmung, in Abs. 2 die Versteigerungsfrist und in Abs. 3 den Ort der Versteigerung. Den weiteren Inhalt der Terminbestimmung ordnen die §§ 37, 38 ZVG an.

Die Ausführung der Terminbestimmung, die mit umfangreichen rechnerischen Vorbereitungen und anderen Maßnahmen formalen Charakters verbunden ist, ist dem Rpfl übertragen.

Die Terminbestimmung muß durch einmalige Einrückung in das für die Bekanntmachung des Gerichts bestimmte Blatt öffentlich bekanntgemacht werden; bei Grundstücken von geringem Werte kann die Einrückung unterbleiben und dafür die Anheftung der Terminbestimmung an die Gerichtstafel angeordnet werden (§ 39 ZVG). Daneben soll die Terminbestimmung an die Gerichtstafel angeheftet werden (§ 40 ZVG).

Die Terminbestimmung ist ferner den Beteiligten zuzustellen (§ 41/1 ZVG). Im Laufe der 4. Woche vor dem Termin soll den Beteiligten mitgeteilt werden, auf wessen Antrag und wegen welcher Ansprüche die Versteigerung erfolgt (§ 41/2 ZVG). Diese Mitteilung muß also erkennen lassen, inwieweit der Beteiligte von der Zwverst berührt wird und ob und mit welcher Rangstelle der Anspruch des Gläubigers im Grundbuch eingetragen ist.

Die Feststellung der Rangverhältnisse i. S. des § 10 ZVG sowie der Höhe der Ansprüche der am Verfahren Beteiligten zwecks vorläufiger Klarstellung der für die Berechnung des geringsten Gebots maßgebenden Tatsachen (vgl. § 3 Abs. 1 und 2a AV vom 25. 4. 1938, DJ S. 654) ist eine kalkulatorische Arbeit, die bisher innerdienstlich fast ausschließlich Rechnungsbeamten oblag. Es war daher angemessen, diese Geschäfte nunmehr ausdrücklich dem Rpfl zu übertragen (Amtl. Begründung).

Zweifelhaft ist, ob in Angelegenheiten dieser Art nunmehr noch RechnGebühren gemäß § 142 KostO i. Verb. mit §§ 1—5 AV vom 25. 4. 1938 (DJ S. 654) (wegen der Änderungen vgl. Rohs-Wedewer, Anm V Fußnote 2 zu § 142 KostO) angesetzt werden dürfen. Nach der genannten AV kann der Richter u. a. im Verfahren der Zwangsversteigerung und Zwangsverwaltung für die in § 3 Abs. 2a aaO bezeichneten Aufgaben einen RechnVerständigen zuziehen, wenn „es sich um zeitraubende oder um solche RechnArbeiten handelt, zur deren ordnungsmäßiger Erledigung besondere Sachkunde erforderlich ist" (§ 1 Abs. 2 aaO). Nach § 6 Abs. 3 aaO darf jedoch „in Angelegenheiten, die er (d. h. ein RechnBeamter) als Rpfl zu erledigen hat, ein Auftrag nach § 1 Abs. 1 nicht erteilt werden". Diese Vorschrift bot in Zwangsversteigerungs- und Zwangsverwaltungssachen bisher keine Schwierigkeiten, da nach der REntlV dem Rpfl Aufgaben aus dem ZVG nicht zugewiesen waren. Da nach der jetzigen Regelung die vorläufige Feststellung der Rangverhältnisse und der Höhe der Ansprüche der Beteiligten sowie das gesamte Verteilungsverfahren dem Rpfl übertragen ist (§ 20/1 Ziff. 6 u. 8 d. Ges.), im Einzelfalle sogar dem Rpfl das gesamte Verfahren, mit Ausnahme der Anordnungs- und Beitrittsbeschlüsse, übertragen werden kann, wird es häufig vorkommen, daß der Rpfl in seiner Eigenschaft als solcher richterliche Angelegenheiten in Zwangsversteig- und Zwangsverwaltungssachen zu erledigen hat und zugleich als RechnBeamter tätig werden muß.

§ 3 AV vom 25. 4. 1938 deutet darauf hin, daß in ZwangsversteigSachen stets RechnGebühren angesetzt werden sollen, falls ein RechnVerständiger zugezogen wird. Es wäre wenig sinnvoll, den Ansatz zu unterlassen, wenn ein Rpfl diese Geschäfte wahrnimmt. Auf Grund der jetzigen Regelung dürfte der Ansatz von RechnGebühren in diesem Falle jedoch im Hinblick auf die o.a. Vorschrift des § 6 Abs. 3 AV vom 25. 4. 1938 unzulässig sein. Eine baldige Neuregelung durch den BMdJ. bzw. die MdJ der Länder ist daher dringend geboten.

Im Zwverwaltungsverfahren werden die Beteiligten bereits nach Eingang der Mitteilungen des Grundbuchamtes von der Anordnung des Verfahrens benachrichtigt (§ 146/2 ZVG).

Ziffer 7: Gerichtliche Verwaltung auf Rechnung des Erstehers. Auf Antrag eines Beteiligten, der Befriedigung aus dem Bargebot zu erwarten hat, ist das Grundstück für Rechnung des Erstehers in gerichtliche Verwaltung zu nehmen, solange nicht die Zahlung oder Hinterlegung erfolgt ist. Für das Verfahren sind nur die über die Bestellung des Verwalters und über dessen Rechte und Pflichten geltenden Vorschriften über die Zwangsverwaltung anwendbar (§ 94 ZVG). Die Pflegerbestellung aus § 1913/1 BGB ist nicht möglich. Hiernach sind anzuwenden:

§ 150 ZVG Bestellung des Verwalters
§ 151/3 ZVG Zahlungsverbot an Drittschuldner
§ 152 ZVG Aufgaben des Verwalters
§ 153 ZVG Aufsicht des Gerichts
§ 154 ZVG Haftung und Rechnungslegung
§ 155 ZVG Kosten des Verfahrens
§ 156/1 ZVG Berichtigung der öffentlichen Lasten.

Für den Anordnungsbeschluß und die bezeichneten Verwaltungsmaßnahmen des Gerichts ist der Rpfl zuständig.

Rechtsmittel: sofortige Beschwerde § 793 ZPO, vgl. auch oben § 10 Ziff. 1 aE.
Kosten: keine.

Ziffer 8: Verteilungsverfahren. Nach Erteilung des Zuschlags hat das Gericht einen Termin zur Verteilung des Versterlöses anzuberaumen. Die Terminsbestimmung ist den Beteiligten und dem Ersteher zuzustellen sowie an die Gerichtstafel anzuheften (§ 105 ZVG).

Rechtsmittel: sofortige Beschwerde § 793 ZPO, vgl. auch oben § 10 Ziff. 1 aE.
Kosten: Gebühr § 129 Abs. 1 Ziff. 4, Wert § 129 Abs. 4 KostO.

Den Termin bestimmt der Rpfl nach freiem Ermessen, nur muß der Zahlungspflichtige mindestens 2 Wochen vor dem Termin von diesem Kenntnis erhalten (§ 105/4 ZVG).

In der Terminsbestimmung kann das Gericht die Beteiligten auffordern, binnen 2 Wochen eine Berechnung ihrer Ansprüche einzureichen. Nach Ablauf der Frist ist der Teilungsplan aufzustellen und spätestens 3 Tage vor dem Termin auszulegen (§ 106 ZVG).

In dem Verteilungstermin ist zunächst die zu verteilende Masse festzustellen; die von dem Ersteher zu leistende Zahlung erfolgt an das Gericht (§ 107 ZVG). Aus dem Versterlös sind die Kosten des Verfahrens vorweg zu entnehmen, der Überschuß wird auf die Rechte, die durch Zahlung zu decken sind, verteilt (§ 109 ZVG). Nach Anhörung der Beteiligten wird in dem Verteilungstermin von dem Gericht der Teilungsplan aufgestellt (§ 113 ZVG). Dabei nimmt der Rpfl zugleich die Aufgaben des Rechnungsbeamten wahr. Zu beachten sind die Vorschriften der §§ 105ff. ZVG. Über Einzelheiten wird auf die Erläuterungsbücher verwiesen.

Wird Widerspruch gegen den Plan nicht erhoben, so ist er gemäß § 117ff. ZVG auszuführen. Erledigt sich der Widerspruch im Termin nicht, so muß der Plan durch bedingte Zuteilung des streitigen Betrages gemäß § 124 ZVG ergänzt und, wenn der Betrag vorhanden, hinterlegt werden. Soweit der Plan vom Widerspruch nicht betroffen ist, ist er auszuführen.

Im Zwangsverwaltungsverfahren kommt es zu einem Verteilungsverfahren, wenn zu erwarten ist, daß außer der Berichtigung der öffentlichen Lasten auf andere Ansprüche Zahlungen zu leisten sind. Dann ist ebenfalls ein Verteilungstermin zu bestimmen; in dem Termin wird der Teilungsplan für die ganze Dauer des Verfahrens aufgestellt (§ 156 ZVG). Nach der Feststellung des Teilungsplanes hat das Gericht die planmäßige Zahlung der Beträge an die Berechtigten anzuordnen (§ 157 ZVG). Wegen des Widerspruchs gilt das im vorstehenden Absatz Gesagte. Ebenso wie nach § 19 Ziff. 14 d. Ges. für das Verteilungsverfahren in der Mobiliarzwangsvollstreckung (vgl. die dort. Erläut. „Zu 14" Ziff. 6) ist nach § 20/1 Ziff. 8 d. Ges. auch in der Immobiliarzwangsvollstreckung das gesamte Verteilungsverfahren dem Rpfl übertragen.

Ziffer 9: Beaufsichtigung des Zwangsverwalters. Das Gericht hat den Verwalter nach Anhörung des Gläubigers und des Schuldners mit der erforderlichen Anweisung für die Verwaltung zu versehen und seine Geschäftsführung zu beaufsichtigen. Das Gericht kann dem Verwalter die Leistung einer Sicherheit auferlegen, gegen ihn Ordnungsstrafen verhängen und ihn entlassen (§ 153 ZVG). Wegen der Verhängung von Ordnungsstrafen vgl. VO. vom 6. 2. 24 RGBl I S. 44 und die Erläut. zu § 4 d. Ges.

Die gesamte Beaufsichtigung ist dem Rpfl übertragen mit Ausnahme der Festsetzung seiner Vergütung; diese ist dem Richter vorbehalten.

II. Zu Abs. 2.

In geeigenten Fällen, d. h. unter der Voraussetzung, daß

a) der Fall rechtlich und tatsächlich einfach liegt und

b) ein geeigneter Rpfl zur Verfügung steht,

kann der Richter, abgesehen von der Entscheidung über die Anordnung des Verfahrens und dem Gläubigerbeitritt (vgl. hierzu Riedel in DRiZ 1955, 240), dem Rpfl das gesamte Verfahren in Zwangsversteigerungs- und Zwangsverwaltungssachen übertragen. Eine solche Übertragung wird in erster Linie bei den gemäß § 1 Abs. 2 ZVG i.d.F. des § 28 d. Ges. einzurichtenden Zentralgerichten für die Immobiliarzwangsvollstreckung in Betracht kommen. Die entsprechende Übertragungsverfügung ist im Einzelfall aktenkundig zu machen. Falls sich bei der Bearbeitung der Sache rechtliche Schwierigkeiten ergeben, kann der Rpfl gemäß § 5/1 Ziff. 2 d. Ges. die Sache wieder dem Richter vorlegen; ein Widerruf durch den Richter ist dagegen nicht für zulässig zu erachten (ebenso Keidel NJW 1957, 521 ff. unter IV 3 aE.).

Die Wirksamkeit der auf Grund einer Übertragung nach Abs. 2 vom Rpfl wahrgenommenen Geschäfte bleibt unberührt, wenn sich herausstellt, daß die Voraussetzungen für die Übertragung nicht gegeben war, z. B. das Verfahren rechtlich oder tatsächlich schwierig war (vgl. die Erläut. 4 zu § 7 d. Ges.).

§ 21
Konkursverfahren

(1) Folgende Geschäfte im Verfahren nach der Konkursordnung werden dem Rechtspfleger übertragen:

1. die Prüfung der Schlußrechnung (§ 86 der Konkursordnung);

2. die Anordnung der Eintragung in die Schuldnerliste (§ 107 Abs. 2 der Konkursordnung);

3. **das Ersuchen an das Grundbuchamt oder das Registergericht um Eintragung des allgemeinen Veräußerungsverbots und der Eröffnung des Konkursverfahrens oder um Löschung der Eintragung (§ 113 Abs. 2, § 114 der Konkursordnung);**
4. **die Bestimmung der Frist zur Verwertung eines gepfändeten oder entsprechend belasteten Massegegenstandes (§ 127 Abs. 2 der Konkursordnung);**
5. **der Erlaß von Verfügungen, durch die Auflagen zur Ergänzung oder Richtigstellung der Anmeldungen (§§ 139, 140 der Konkursordnung) gemacht werden;**
6. **die Erteilung beglaubigter Tabellenauszüge (§ 146 Abs. 1 Satz 2 der Konkursordnung);**
7. **die Anordnung und Prüfung einer nachträglichen Verteilung in den Fällen des § 166 der Konkursordnung;**
8. **die Ermächtigung des Konkursverwalters in den Fällen des § 170 der Konkursordnung;**
9. **die Erteilung der Vollstreckungsklausel in den Fällen der §§ 164, 194 der Konkursordnung, soweit der Rechtspfleger nach § 19 Nr. 9 dieses Gesetzes zuständig ist.**

(2) In geeigneten Fällen kann der Richter das Konkursverfahren dem Rechtspfleger nach Entscheidung über die Eröffnung des Verfahrens und über die Ernennung des Konkursverwalters ganz übertragen.

Übersicht:

I. Vorbemerkung. Ähnlich wie im Zwangsversteigerungs- und Zwangsverwaltungsverfahren waren nach den bisherigen Entlastungsvorschriften, insbes. der REntlV, dem Rpfl auf dem Gebiete des KonkVerfahrens keine richterlichen Aufgaben übertragen. Auch hier sollten jedoch nach der preuß. AV vom 9. 11. 1910 (preuß. JMBl S. 393) Anlage 1 Nr. 9, 47—49 und Anlage 5 Nr. 9 die UrkB durch Vorverfügen den Richter von rein technischen und formalen Arbeiten entlasten. Auf Grund der guten Erfahrungen mit der vorbereitenden Tätigkeit des UrkB (vgl. schon die Vorschläge in der Denkschrift des Bundes Deutscher Justizamtmänner von 1929 S. 53—58) sind nunmehr auf diesem Gebiet dem Rpfl die in § 21/1 d. Ges. einzeln bezeichneten Geschäfte übertragen.

In der Sowjetzone ist es, soweit ersichtlich, bei dem bisherigen Rechtszustand verblieben.

Ziffer 1: Prüfung der Schlußrechnung. Nach der Verwertung der Masse erfolgt die Schlußverteilung; sie wird nicht dadurch verzögert, daß einzelne Vermögensstücke schwer oder überhaupt nicht verwertbar sind. Das Konkgericht bestimmt einen Schlußtermin, der der Abnahme der Schlußrechnung, der Erhebung von Einwendungen gegen das Schlußverzeichnis und der Beschlußfassung der Gläubiger über die nicht verwertbaren Gegenstände dient (§ 162 KO).

In diesem Schlußtermin muß die Schlußrechnung des Verwalters bereits vorliegen. Der Verwalter hat bei Beendigung seines Amtes der Gläubigerversammlung Rechnung zu legen. Die Rechnung muß mit Belegen und wenn ein Gläubigerausschuß bestellt ist, mit dessen Bemerkungen spätestens 3 Tage vor dem Termin auf der Geschstelle niedergelegt werden (§ 86 KO). Die Prüfung dieser Rechnung — sowohl in sachlicher, als auch in rechnerischer Hinsicht — hat der Rpfl vorzunehmen. Damit erhält er auch die Aufgabe, zu prüfen, ob der Verwalter bei seinen Maßnahmen die ihm durch Gesetze oder Beschlüsse der Gläubigerversammlung gezogenen Grenzen beachtet hat. Die Schlußrechnung (nicht auch das Schlußverzeichnis des § 162 KO) darf sich daher nicht nur auf eine Zusammenstellung der Einnahmen und Ausgaben beschränken, sondern sie muß außerdem eine geordnete Darstellung der gesamten Tätigkeit des Verwalters und aller von ihm getroffenen Maßnahmen enthalten.

Auch die über eine nachträgliche Verteilung abzulegende Rechnung (§ 166 KO) wird der Rpfl zu prüfen haben.

Da die genannten, vornehmlich kalkulatorischen Arbeiten viel Zeit in Anspruch nehmen, tritt durch die Übertragung eine wesentliche Entlastung des Richters ein. Der Richter hat bei Abhaltung des von ihm wahrzunehmenden Schlußtermins (§§ 162ff. KO) die sachliche Prüfung durch den Rpfl nochmals zu würdigen.

Ziffer 2: Anordnung der Eintragung in die Schuldnerliste. Das Gericht hat ein Verzeichnis derjenigen Schuldner zu führen, bezüglich deren der Eröffnungsantrag mangels Masse abgewiesen ist (§ 107/2 KO). Handelt es sich dabei um die Abweisung des Eröffnungsantrages einer AktG, KomG aA. GmbH., so gelten diese mit der Rechtskraft des Beschlusses als aufgelöst. Die Geschstelle hat daher dem für die Führung des HReg zuständigen Gericht eine beglaubigte Abschrift des den Eröffnungsantrag abweisenden Beschlusses mit Rechtskraftbescheinigung zu übersenden (§ 1 des Ges. vom 9. 10. 1934 — RGBl I S. 914) — vgl. auch oben § 15 B IV, C IV. —

Trotz der für die Betroffenen schwerwiegenden Maßnahmen ist die Feststellung, ob die Voraussetzungen für die Eintragung vorliegen, und die Anordnung der Eintragung nunmehr dem Rpfl übertragen.

Ziffer 3: Grundbuch- und Reg-Ersuchen. Das vom Konkgericht nach § 106 KO erlassene allgemeine Veräußerungsverbot sowie die Eröffnung des Konkverfahrens ist in das Grundbuch, Schiffsregister und Schiffsbauregister einzutragen, wenn der Gemeinschuldner Eigentümer von Grundstücken, eingetragenen Schiffen und Schiffsbauwerken ist oder wenn der Gemeinschuldner eingetragene Rechte an Grundstücken, eingetragenen Schiffen oder Schiffsbauwerken besitzt Sind dem Konkgericht solche Rechte bekannt, so hat es das Grundbuchamt oder Reggericht von Amts wegen um die Eintragung zu ersuchen (§ 113 KO). Werden Grundstücke, eingetragene Schiffe oder Schiffsbauwerke oder Rechte an diesen vom Konkverwalter freigegeben oder veräußert, so hat das Konkgericht auf Antrag das Grundbuchamt oder Reggericht um die Löschung der Eintragung zu ersuchen (§ 114 KO). Die Ersuchen sind dem Rpfl übertragen. Falls der Richter im Interesse der Beschleunigung im Zusammenhang mit dem Eröffnungs- oder Einstellungsbeschluß die Verfügung selbst trifft, so ist hiergegen nach § 6 d. Ges. nichts einzuwenden (Amtl. Begründung).

Zu den Aufgaben des Rpfl wird auch die Übersendung der beglaubigten Abschrift des den Konkantrag abweisenden Beschlusses nach § 1 des Gesetzes über die Löschung von Gesellschaften und Genossenschaften v. 9. 10. 1934 — RGBl I S. 914 — gehören, vgl. vorstehend Ziff. 2.

Kosten: Eintragung und Löschung der bezeichneten Vermerke sind gebührenfrei (§ 115 KO).

Ziffer 4: Frist zur Pfandverwertung. Der Konkverwalter ist berechtigt, die Verwertung eines zur Masse gehörigen beweglichen Gegenstandes, an welchem ein Gläubiger ein Pfandrecht beansprucht, im Wege des Pfandverkaufs zu betreiben. Ist der Gläubiger befugt, sich aus dem Gegenstand ohne gerichtliches Verfahren zu befriedigen, so kann auf Antrag des Konkverwalters das Konkgericht dem Gläubiger nach dessen Anhörung eine Frist bestimmen, innerhalb welcher er den Gegenstand zu verwerten hat (§ 127 KO). Diese Fristbestimmung gehört nunmehr zur Zuständigkeit des Rpfl.

Rechtsmittel: sofortige Beschwerde § 73 KO, vgl. auch oben § 10 Ziff. 1 aE.
Kosten: Gebühr § 45 GKG.

Ziffer 5: Ergänzung und Richtigstellung der Anmeldungen. Die Konkforderungen sind von den Gläubigern anzumelden. Die Anmeldung hat die Angabe des Betrages, des Grundes der Forderung sowie das beanspruchte Vorrecht zu enthalten. Die urkundlichen Beweisstücke oder eine Abschrift derselben sind beizufügen (§ 139 KO). Die angemeldeten Forderungen werden in ihrer beanspruchten Rangordnung in die Tabelle eingetragen, die nach Schluß der Anmeldefrist dem Konkverwalter abschriftlich mitzuteilen ist (§ 140 KO). Das Anmelde- und Prüfungsverfahren allgemein und insbes. die Abhaltung des Prüfungstermins sind nicht auf den Rpfl übertragen worden, weil in dem Prüfungsverfahren erhebliche rechtl. Schwierigkeiten auftreten können, welche eine umfassende Ausbildung auf allen Rechtsgebieten erfordern (Amtl. Begründung). Wohl aber ist die Vorprüfung der Anmeldungen, d. h. der Erlaß von Auflagen zur Aufklärung bestehender Zweifel und zur Ergänzung und Richtigstellung der Anmeldungen, dem Rpfl übertragen. Hierdurch wird der Richter bereits wesentlich entlastet. Entspricht eine Anmeldung nicht diesen Voraussetzungen, so ist sie als unzulässig zurückzuweisen, falls eine Ergänzung oder Richtigstellung nicht erfolgt oder nicht möglich ist; diese Entscheidung dürfte dem Richter vorbehalten sein.

Rechtsmittel: sofortige Beschwerde § 73 KO, vgl. auch oben § 10 Ziff. 1 aE.
Kosten: keine.

Ziffer 6: Beglaubigter Auszug aus der Konkurstabelle. Den Gläubigern streitig gebliebener nicht titulierter Forderungen bleibt überlassen, die Feststellung derselben gegen den Bestreitenden zu betreiben. Zur Kennzeichnung der Parteien und zum Nachweis der Übereinstimmung von Anmeldung, Prüfung und Widerspruch hat das Konkgericht dem Gläubiger von Amts wegen einen Auszug aus der Tabelle in beglaubigter Form zu erteilen (§ 146/1 KO). Bei titulierten Forderungen hat die Verfolgung des Widerspruchs von dem Widersprechenden zu erfolgen (§ 146/6 KO). Die Erteilung des Tabellenauszugs ist dem Rpfl übertragen.

Rechtsmittel: sofortige Beschwerde § 73 KO, vgl. auch oben § 10 Ziff. 1 aE.

Kosten: keine.

Ziffer 7: Nachtragsverteilung. Die nachträgliche Verteilung findet statt, wenn nach dem Vollzuge der Schlußrechnung weitere Beträge verfügbar werden. Die Anordnung der Nachtragsverteilung und die Prüfung der hierüber abzulegenden Rechnung durch den Konkverwalter erfolgt durch den Rpfl (§ 166 KO).

Rechtsmittel: sofortige Beschwerde § 73 KO, vgl. auch oben § 10 Ziff. 1 aE.

Kosten: keine.

Ziffer 8: Ermächtigung des KonkVerwalters. Auf festgestellte bevorrechtigte Forderungen kann der Konkverwalter mit Ermächtigung des Konkgerichts Zahlungen unabhängig von Verteilungen leisten (§ 170 KO). Die Ermächtigung wird erteilt, wenn genügend Massemittel vorhanden sind und ist dem Rpfl übertragen.

Rechtsmittel: sofortige Beschwerde § 73 KO, vgl. auch oben § 10 Ziff. 1 aE.

Kosten: keine.

Ziffer 9: Erteilung der VollstrKlausel. Nach Aufhebung des Konkverfahrens können die nicht befriedigten Konkgläubiger ihre Forderungen gegen den Schuldner unbeschränkt geltend machen. Vollstreckungstitel ist der mit der VollstrKlausel versehene Auszug aus der Tabelle (§ 164 KO).

Das gleiche gilt für die Zwangsvollstreckung aus einem rechtskräftig bestätigten Zwangsvergleich (§ 194 KO). Wegen der Erteilung der Vollstrklausel, die dem Rpfl übertragen ist, wird auf die Ausführungen zu § 19 Buchst. J vorstehend Bezug genommen.

Rechtsmittel: sofortige Beschwerde § 793 ZPO, vgl. auch oben § 10 Ziff. 1 aE.

Kosten: keine.

II. Zu Abs 2:

Unter den gleichen Voraussetzungen wie bei der Zwangsversteigerung und Zwangsverwaltung (vgl. die Erläut. II zu § 20 d. Ges.) kann im Einzelfall der Richter nach Entscheidung über die KonkEröffnung und die Ernennung des Verwalters, die in jedem Falle dem Richter vorbehalten sind, dem Rpfl das gesamte KonkVerfahren übertragen. Die Übertragung wird vornehmlich bei den gemäß § 71/3 KO i.d.F. des § 29 d. Ges. einzurichtenden Zentralgerichten für KonkSachen in Betracht kommen.

Wegen aller weiteren Einzelheiten wird auf die Erläut. II zu § 20 d. Ges. verwiesen.

§ 22
Vergleichsverfahren

(1) Folgende Geschäfte im Verfahren nach der Vergleichsordnung werden dem Rechtspfleger übertragen;

1. die Anhörung der Berufsvertretung (§ 14 der Vergleichsordnung);

2. **die Anordnung der öffentlichen Bekanntmachung und der Zustellung des allgemeinen Veräußerungsverbots oder der Aufhebung einer Verfügungsbeschränkung in den Fällen des § 60 Abs. 2 des § 63 Abs. 2, und des § 65 Abs. 2 der Vergleichsordnung;**
3. **das Ersuchen an das Grundbuchamt oder das Registergericht um Eintragung des allgemeinen Veräußerungsverbots und der Eröffnung des Vergleichsverfahrens oder um Löschung der Eintragung (§ 61 Abs. 2, § 65 Abs. 2 der Vergleichsordnung);**
4. **die Mitteilung des wesentlichen Inhalts des bestätigten Vergleichs an die Vergleichsgläubiger (§ 78 Abs. 4 der Vergleichsordnung);**
5. **die Erteilung der Vollstreckungsklausel in den Fällen des § 85 der Vergleichsordnung, soweit der Rechtspfleger nach § 19 Nr. 9 dieses Gesetzes zuständig ist.**

(2) § 21 Abs. 2 gilt entsprechend.

Übersicht

Vorbemerkung. Im VerglVerfahren war bisher allein der Richter zuständig. Ebenso wie im KonkVerfahren sind nunmehr dem Rpfl einzelne, in § 22/1 d. Ges. näher bezeichnete Geschäfte übertragen.

Ziffer 1: Anhörung der Berufsvertretung. Ist der Verglschuldner Handels- oder Gewerbetreibender oder ist er Landwirt (Bauer), so ist vor der Entscheidung über den Eröffnungsantrag die zuständige amtliche Berufsvertretung der Industrie, des Handels, des Handwerks oder der Landwirtschaft zu hören. Die Äußerungsfrist beträgt 1 Woche, sie kann auf Antrag der Vertretung um 1 Woche verlängert werden (§ 14 VglO) — vgl. auch AV v. 26. 5. 1937 DJust S. 838 —. Die Anhörung ist dem Rpfl übertragen, während die Auswertung der Äußerung dem Richter obliegt.

Rechtsmittel: sofortige Beschwerde § 121 VglO, vgl. auch oben § 10 Ziff. 1 aE.
Kosten: keine.

Ziffer 2: Bekanntmachung des allg. Veräußerungsverbots. Das Allgemeine Veräußerungsverbot des § 59 VglO ist öffentlich bekanntzumachen, dem Verglschuldner, seinen Schuldnern und dem Verglverwalter zuzustellen; hierbei hat das Gericht zugleich dem Drittschuldner die Leistung an den Schuldner zu verbieten (§ 60/2 VglO).

Ist dem Schuldner die Verfügung über ein Grundstück, ein eingetragenes Schiff oder Schiffsbauwerk, ein Recht an einem solchen Gegenstand verboten worden, so gilt § 61 VglO sinngemäß (§ 63/2 VglO). Das Verglgericht hat daher von Amts wegen das Grundbuchamt oder das Reggericht um die Eintragung zu ersuchen.

Die öffentl. Bekanntmachung und die Zustellung des allg. Veräußerungsverbots sind dem Rpfl übertragen.

Ziffer 3: Grundbuchersuchen. Das allgemeine Veräußerungsverbot ist in das Grundbuch, Schiffsregister und Schiffsbauregister einzutragen, wenn der Verglschuldner Eigentümer eines Grundstücks, eines eingetragenen Schiffes oder Schiffsbauwerks ist, oder Rechte an diesen besitzt. Soweit dem Verglgericht solche Grundstücke, eingetragene Schiffe oder Schiffsbauwerke bekannt sind, hat es das Grundbuchamt oder Reggericht um die Eintragung zu ersuchen (§ 61 VglO).

In gleicher Weise ist die Aufhebung von Verfügungsbeschränkungen zuzustellen, öffentlich bekanntzumachen und in das Grundbuch bzw. Register einzutragen (§ 65/2 VglO).

Im Falle der Aufhebung solcher Verfügungen sind GB-Amt und RegGericht in gleicher Weise um Eintragung zu ersuchen (§ 65/2 VglO).

Rechtsmittel: sofortige Beschwerde § 121 VglO, vgl. auch oben § 10 Ziff. 1 aE.
Kosten: keine (§ 61/4 VglO).

Ziffer 4: Mitteilung des bestätigten Vergleichs. Wird der Vergleichsvorschlag des Schuldners angenommen (§ 74 VglO), so bedarf er der gerichtlichen Bestätigung. Wird der Vergleich bestätigt, so ist sein wesentlicher Inhalt den aus dem berichtigten Gläubigerverzeichnis ersichtlichen Verglgläubigern unter Hinweis auf die Bestätigung mitzuteilen (§ 78 VglO). Die Mitteilung ist dem Rpfl übertragen.

Rechtsmittel: sofortige Beschwerde § 121 VglO, vgl. auch oben § 10 Ziff. 1 aE.
Kosten: keine.

Ziffer 5: Erteilung der VollstrKlausel. Ist eine im Gläubigerverzeichnis eingetragene Forderung weder vom Schuldner, noch vom Verglverwalter bestritten worden, so findet wegen dieser Forderung aus dem bestätigten Vergleich in Verbindung mit einem Auszug aus dem berichtigten Gläubigerverzeichnis die Zwangsvollstreckung in der gleichen Weise statt, wie aus einem vollstreckbaren gerichtlichen Urteil (§ 85/1 VglO). Die Vorschriften der §§ 724—733 ZPO sind entsprechend anzuwenden. Vgl. hierüber die Ausführungen zu § 19 Buchst. J oben. Die vollstreckbare Ausfertigung besteht in einem Auszug aus dem berichtigten Gläubigerverzeichnis mit einer Ausfertigung des Vergleichsprotokolls und des Bestätigungsbeschlusses. Die Vollstreckungsklausel ist auf den Auszug aus dem Gläubigerverzeichnis zu setzen.

Soll die Vollstreckung gegen einen Dritten erfolgen, der in dem Vergleich für seine Erfüllung neben dem Schuldner ohne Vorbehalt der Einrede der Vorausklage Verpflichtungen übernommen hat (§ 85/2 VglO), so gehört auch seine Verpflichtungserklärung zu den bezeichneten Schriftstücken (§ 16/3 AktO).

Beantragt ein Gläubiger im Falle des Verzugs des Schuldners unter Bezugnahme auf die Wiederaufhebungsklausel (§ 9 VglO) die Vollstreckungsklausel für seine gesamte Forderung, so muß er die Mahnung und den Ablauf der Nachfrist (§ 9/1 VglO) glaubhaft machen; der Verzug des Schuldners braucht nicht nachgewiesen werden (§ 85/3 VglO).

Rechtsmittel: sofortige Beschwerde § 121 VglO, vgl. auch oben § 10 Ziff. 1 aE.
Kosten: keine.

II. Zu Abs. 2:

Unter den gleichen Voraussetzungen wie im Zwangsversteigerungsverfahren (vgl. Erläut. II zu § 20 d. Ges.) kann der Richter nach Eröffnung des VerglVerfahrens und Bestellung des VerglVerwalters dem Rpfl im Einzelfall das gesamte VerglVerfahren übertragen. Es gilt hier das gleiche wie im Falle der Übertragung des Zwangsversteigerungsverfahrens. Auf die Erläut. II zu § 20 d. Ges. wird verwiesen.

§ 23
Urkundssachen

Soweit die Gerichte auf Grund bundesrechtlicher Vorschriften zur gerichtlichen Beurkundung zuständig sind, werden die folgenden Geschäfte auf den Rechtspfleger übertragen:

1. **die öffentliche Beglaubigung einer Unterschrift oder eines Handzeichens (§ 167 Abs. 2 des Gesetzes über die Angelegenheiten der freiwilligen Gerichtsbarkeit);**
2. **die Beurkundung des Verzichts des elterlichen Gewalthabers auf die Nutznießung am Kindesvermögen (§§ 1662, 1686 des Bürgerlichen Gesetzbuchs);**
3. **die Beurkundung der Anerkennung der Vaterschaft (§§ 1718, 1720 Abs. 2 des Bürgerlichen Gesetzbuchs), die Beurkundung der Verpflichtung des ehelichen oder unehelichen Vaters zur Zahlung einer Abfindungssumme in vollstreckbarer Form;**
4. **die Beurkundung des Antrags des Vaters eines unehelichen Kindes auf Ehelichkeitserklärung und die Einwilligung der Mutter des Kindes und der Frau des Antragstellers (§ 1730 des Bürgerlichen Gesetzbuchs);**
5. **die Beurkundung der Einwilligung des Ehegatten des Annehmenden sowie der Eltern des Angenommenen zu einem Vertrage, durch den jemand an Kindes statt angenommen wird (§ 1748 des Bürgerlichen Gesetzbuchs);**
6. **die Beurkundung von Erklärungen über Annahme und Ausschlagung einer Erbschaft (§§ 1945, 1955 des Bürgerlichen Gesetzbuchs);**
7. **die Beurkundung einer Erbscheinsverhandlung einschließlich der Abnahme einer eidesstattlichen Versicherung (§ 2356 des Bürgerlichen Gesetzbuchs);**
8. **die Beurkundung und die Entgegennahme der der Form des § 29 der Grundbuchordnung oder des § 37 der Schiffsregisterordnung bedürfenden Eintragungsbewilligungen und sonstigen Erklärungen einschließlich der Schuldurkunden, der**

Unterwerfung unter die sofortige Zwangsvollstreckung aus der Urkunde, der Abtretungs- und Verpfändungserklärungen sowie der Empfangsbescheinigungen, und die Entgegennahme von Auflassungen.

Übersicht

Vorbemerkung.

Die REntlV enthielt für das Gebiet des Beurkundungswesens nicht eine allgemeine Vorschrift, sondern sah im Zusammenhang mit den verschiedenen Sachgebieten für eine Reihe von Einzelfällen, nämlich in

§ 14c für die Vaterschaftsanerkennung und die Verpflichtung des Vaters zur Unterhaltszahlung;

§ 17/1b für die Eintragungsbewilligungen und sonstigen Erklärungen gemäß § 29 GBO, die Entgegennahme von Auflassungen einschließlich der Schuldurkunden, der Unterwerfung unter die sofortige Zwangsvollstreckung aus der Urkunde, für Abtretungserklärungen und Verpflichtungserklärungen, sowie für Empfangsbescheinigungen;

§ 21/c für Annahme und Ausschlagung einer Erbschaft und

d für Erbscheinsverhandlungen einschließlich der eidesstattlichen Versicherungen;

§ 23/1d für Flaggenzeugnisse und

§ 24b für Handzeichen

die Übertragung der Beurkundung bzw. Beglaubigung auf den Rpfl vor, während in anderen Fällen, nämlich in

§ 21/2k für Verfügungen von Todes wegen und

§ 25 für Eheverträge,

die Übertragung ausdrücklich ausgeschlossen war. Bei den Vorarbeiten für das Gesetz bestanden starke Neigungen, dem Rpfl das Beurkundungswesen grundsätzlich zu übertragen und dem Richter nur einzelne Geschäfte vorzubehalten (Vorbehaltsübertragung). Lediglich die Beurkundung von Eheverträgen, von Verfügungen von Todes wegen, von Rechtsgeschäften gemäß WEG und von Beschlüssen von Gesellschafterversammlungen sollte von der Übertragung ausgenommen werden. In diesem Sinne nahmen insbesondere der Bundesrat (vgl. Anlage 2 Nr. 11, 13 zu BT-Drucks. 161, abgedruckt in RpflBl 1957 S. 47ff.) und mehrere Parteifraktionen Stellung. Die Bundesregierung hat jedoch an ihrem Standpunkt, daß die Erledigung von Beurkundungssachen umfassende Rechtskenntnisse voraussetze und sich aus Gründen der Rechtssicherheit sowie im Interesse der Beteiligten nicht für eine Übertragung eigne, festgehalten (vgl. Anlage 3 zu BT-Drucks. 161, abgedruckt in RpflBl 1957, 51ff.). Entsprechend dem Entwurf der Bundesregierung und dem Bericht des Ausschusses für Rechtswesen und Verfassungsrecht (RpflBl 1957 S. 60ff.)

ist unter Erweiterung der bisherigen Regelung die Einzelübertragung in der jetzt vorliegenden Form Gesetz geworden. Zu den bisher bereits übertragenen Geschäften treten neu hinzu die in § 23 Ziff. 1, 4 und 5 d. Ges. bezeichneten Geschäfte.

Nicht übertragen sind insbes. die rechtlich schwierigen Urkundsgeschäfte aus dem Gebiete des Handelsrechts (vgl. §§ 11, 219/3, 221/1, 235/1, 247, 248, 249/3, 250, 251, 253—255, 257/3, 278, 287, 283/2 AktG; §§ 2/1, 15/3 u. 4, 53/2 GmbH; § 501 HGB; § 17 VAG); des Grundstücksrechts (z. B. § 313 BGB) und des Familien- und Erbrechts (vgl. §§ 1434, 1491, 1492, 1501, 1516, 1517, 1750, 1770, 2033, 2231, 2276 BGB). Die Amtliche Begründung weist mit Recht darauf hin, daß die Gerichte insoweit „im wesentlichen nur noch in ländlichen Bezirken in Anspruch genommen werden, in denen die Bevölkerung von alters her gewohnt ist, für Grundstücksgeschäfte sowie Ehe- und Erbverträge den Richter für die Beurkundung heranzuziehen". In einem großen Teil des Bundesgebiets, nämlich in den Ländern Baden-Württemberg, Bayern, Rheinland-Pfalz, Bremen und Hamburg, werden die Urkundssachen von den Notaren wahrgenommen, so daß dort die Gerichte bis auf unbedeutende Ausnahmen ohnedies nicht mit denselben befaßt werden (vgl. Keidel, Anm. 1 zu §167 FGG). Bezüglich des Landes Baden-Württemberg vgl. die Erläut. zu § 33 d. Ges.

In der Sowjetzone ist für die früher den Gerichten übertragenen Beurkundung und Beglaubigungen lt. § 3/1 Ziff. 1 VO über die Übertragung der Angelegenheiten der freiw. Gerichtsbarkeit vom 15. 10. 1952 und § 2 Ziff. 1 VO über die Errichtung und Tätigkeit des Staatl. Notariats vom 15. 10. 1952 das Staatliche Notariat zuständig.

Ziffer 1: Beglaubigung der Unterschrift und eines Handzeichens. Die öffentliche Beglaubigung ist in § 129 BGB unterschiedlich geregelt, je nachdem es sich um eine Unterschrift oder ein Handzeichen handelt. Bei der Unterschrift wird die Beglaubigung durch die zuständige Behörde oder einen zuständigen Beamten oder Notar gefordert. Zuständige Behörde ist nach § 167/2 FGG das AG. Beim Handzeichen sind nach § 129 Abs. 1 Satz 2 BGB nur Gericht oder Notar zuständig und zwar nach § 167/1 FGG die AG. Örtlich zuständig ist jedes AG, soweit nicht auf Grund des § 200 FGG durch Landesgesetz etwas anderes bestimmt ist.

Die durch § 167/2 S. 1 FGG in Ausführung des § 129 BGB erfolgte Zuweisung der öffentl. Beglaubigung einer Unterschrift an die AGe und Notare ist nicht ausschließlich. Nach § 191 FGG bleiben die landesrechtlichen Vorschriften über die Begründung der Zuständigkeit anderer Behörden und Beamter für die Unterschriftsbeglaubigung unberührt, desgl. die ausschließliche Zuweisung der Beglaubigung von Handzeichen durch Landesrecht an die Notare. Wegen aller Einzelheiten wird auf die Erläut.-Bücher zu §§ 167 und 191 FGG verwiesen.

Soweit in landesrechtl. Vorschriften, wie z. B. in Art. 35, 36 preuß. FGG, die öffentl. Beglaubigung von Unterschriften dem UrkB der Geschäftsstelle des AG übertragen ist, ändert das Gesetz nichts an dieser Regelung (vgl. § 25 d. Ges). Die Zuständigkeit des Rpfl wird deshalb im Falle der Ziff. 1 nur in den Ländern begründet, in denen eine solche Regelung nicht gilt. Der Rpfl ist dagegen nunmehr allgemein für die öffentl. Beglaubigung eines Handzeichens zuständig.

Ziffer 2: Verzicht auf die Nutznießung am Kindesvermögen. Der Vater kann auf die Nutznießung (am Kindesvermögen) verzichten. Der Verzicht erfolgt durch Erklärung gegenüber dem Vormdschgericht, die Erklärung ist in öffentlich beglaubigter Form (§ 129 BGB) abzugeben (§ 1662 BGB). Das gleiche gilt von der Mutter als Inhaber der elterlichen Gewalt, die auf die Nutznießung am Kindesvermögen verzichten will (§ 1686 BGB), vgl. auch oben § 12, XIII.

Die Übertragung auf den Rpfl entspricht der bisherigen Regelung des § 14d REntlV.

Ziffer 3: Vaterschaftsanerkennung und Unterhaltsverpflichtung vgl. oben § 12 Nr. X, 5.

Wie bisher schon in § 14c REntlV ist in Ziff. 3 die Beurkundung der Vaterschaftsanerkennung (§§ 1718, 1720/2 BGB) sowie die Beurkundung der Verpflichtung des ehelichen oder unehelichen Vaters zur Zahlung von Unterhaltsbeiträgen oder des unehelichen Vaters zur Zahlung einer Abfindungssumme auf den Rpfl übertragen. Wenn in der Vorschrift die Verpflichtung zur Zahlung von Unterhaltsbeiträgen nicht ausdrücklich erwähnt und statt dessen u. a. von der Verpflichtung des ehelichen Vaters zur Zahlung einer Abfindungssumme die Rede ist, so liegt die Annahme nahe, daß die Fassung auf einem Redaktionsversehen beruht. Es ist kein Grund ersichtlich, insoweit gegenüber der früheren Regelung die Zuständigkeit des Rpfl einzuschränken. Trotz Nichterwähnung in Abschn. III 1c preuß. AV vom 3. 3. 1921 (preuß. JMBl S. 135) hat die Praxis schon damals die Übertragung nicht auf die Beurkundung der Vaterschaftsanerkennung beschränkt, sondern die Zuständigkeit des Rpfl auf die Beurkundung der Verpflichtung zur Zahlung von Unterhaltsbeiträgen in vollstreckbarer Urkunde erstreckt (vgl. Sarkamm, Der Rechtspfleger, S. 28). Soweit nach dem jetzigen Inhalt der Vorschrift die Beurkundung der Verpflichtung des ehelichen Vaters zur Zahlung einer Abfindungssumme in vollstreckbarer Form die Rede ist, ist zu beachten, daß bei ehelichen Kindern nach § 1614/1 BGB für die Zukunft auf Unterhalt nicht unbedingt verzichtet werden kann. Die Beurkundung kann also in diesem Falle regelmäßig nur den Unterhalt zum Gegenstand haben.

Ziffer 4: Ehelichkeitserklärung. Bei der Ehelichkeitserklärung bedürfen der gerichtlichen oder notariellen Beurkundung (§ 1730 BGB)

a) der Antrag des Vaters, der auch die Erklärung enthalten muß, daß er das Kind als das seinige anerkenne (§ 1725 BGB);
b) die Einwilligung des Kindes und wenn es das 14. Lebensjahr nicht vollendet hat
c) die Einwilligung des gesetzlichen Vertreters;
   wenn das Kind das 21. Lebensjahr noch nicht vollendet hat
d) die Einwilligung der Mutter;
e) die Einwilligung der Ehefrau des Antragstellers (§ 1726 BGB), vgl. auch oben § 12, XI,

Das Gesetz hat in Erweiterung der bisherigen Regelung die Beurkundung dieser in § 1730 BGB bezeichneten Erklärungen dem Rpfl übertragen.

Ziffer 5: Annahme an Kindesstatt. Die Beurkundung der Annahme an Kindesstatt (§ 1750 BGB) ist zwar dem Richter vorbehalten. Vgl. dazu die Erläut. X, 4a zu § 12 d. Ges. Der Rpfl ist nunmehr aber in Erweiterung seiner bisherigen Befugnisse zuständig für die Beurkundung der in § 1748 BGB bezeichneten Erklärungen, nämlich der Einwilligung des Ehegatten des Annehmenden und der Eltern des Angenommenen.

Ziffer 6: Annahme und Ausschlagung einer Erbschaft. Entsprechend der bisherigen Regelung des § 21/1 REntlV ist in Ziff. 6 die Beurkundung der Erklärungen über Annahme und Ausschlagung einer Erbschaft (§§ 1945, 1955 BGB) dem Rpfl übertragen. Wegen aller Einzelheiten wird auf die Erläut. III zu § 13 d. Ges. verwiesen.

Ziffer 7: Erbscheinsverhandlung. Ebenso wie in § 21/1 d REntlV ist in Ziff. 7 dem Rpfl die Beurkundung einer Erbscheinsverhandlung einschließlich der Abnahme einer eidesstattlichen Versicherung (§ 2356 BGB) übertragen. Wegen aller Einzelheiten vgl. die Erläut. IV zu § 13 d. Ges.

Ziffer 8: Erklärungen nach § 29 GBO und § 37 SchRegO. Für eine Reihe von Geschäften, die für den Grundbuchverkehr von Wichtigkeit sind, schreibt § 29 GBO vor, daß die Eintragung nur erfolgen soll, wenn die Eintragungsbewilligung oder die sonstigen zu der Eintragung erforderlichen Erklärungen vor dem Grundbuchamt zu Protokoll gegeben oder durch öffentliche oder öffentlich beglaubigte Urkunden nachgewiesen werden.

Entsprechendes gilt für das SchiffsReg (vgl. § 37 SchRegO). Ebenso wie schon nach §§ 17/1b und 23/1d S. 1 REntlV ist in Ziff. 8 die Beurkundung solcher Erklärungen dem Rpfl übertragen.

Es kommen hierfür u. a. in Frage die Beurkundung von Eintragungs- oder Löschungsbewilligungen bzw. von Anträgen auf Eintragung oder Löschung im Grundbuch oder Schiffsregister die Beurkundung von Zustimmungserklärungen des Eigentümers zur Löschung einer Hypothek, Grundschuld, Rentenschuld oder eines Schiffspfandrechts; die Beurkundung der Zustimmung des Hypotheken- usw. -gläubigers zur Löschung eines an der Hypothek usw. bestehenden Pfandrechts oder Nießbrauchs; die Beurkundung von Abtretungserklärungen, Quittungen und von Rangänderungen; die Beurkundung einer Auflassung, sofern nicht gleichzeitig das zu grunde liegende Rechtsgeschäft beurkundet wird; die Beurkundung einer Schuldurkunde mit der Beurkundung der Unterwerfung unter die Zwangsvollstreckung aus dieser Urkunde.

VIERTER ABSCHNITT

Sonstige Vorschriften auf dem Gebiet der Gerichtsverfassung

§ 24
Vorbereitende Tätigkeit des Rechtspflegers

Durch die Vorschriften des § 3 wird die Befugnis der Landesjustizverwaltungen und der von ihnen bestimmten Stellen nicht berührt, den Rechtspfleger mit der Mitwirkung bei Geschäften, die vom Richter wahrzunehmen sind, zu beauftragen, insbesondere soweit es sich um die Vorbereitung richterlicher Amtshandlungen, darunter die Anfertigung von Entwürfen, handelt.

1. In Erläut. 4 zu § 1 d. Ges. ist bereits hervorgehoben, daß das Gesetz lediglich die Stellung des Rpfl innerhalb der Gerichtsorganisation und des gerichtlichen Verfahrens regelt, sich aber nicht auch auf die Befugnisse der geschäftsmäßigen Organisation erstreckt, die sich für die Länder aus ihrer Justizhoheit ergeben. Die Vorschrift des § 24 d. Ges macht deutlich, daß das Gesetz keineswegs eine abschließende Regelung der Tätigkeit des Rpfl enthält. Deshalb ist es den Ländern nicht verwehrt, im Interesse weiterer Entlastung der Richter die Rpfl auch bei der Erledigung von Geschäften mitwirken zu lassen, die sie nach diesem Gesetz nicht selbständig erledigen können.

2. Nach dem Vorbild der preuß. AV betr. die Heranziehung des Gerichtsschreibers und der Kanzlei zur Hilfeleistung in richterlichen Geschäften und die Entlastung des Gerichtsschreibers durch die Kanzlei vom 25. 4. 1906 (preuß. JMBl S. 112), der preuß. AV über die Entlastung der höheren und mittleren Justizbeamten vom 9. 11. 1910 (preuß. JMBl S. 393) und der preuß. RV über das Vorverfügen als Mittel der Heranbildung von Rpfln vom 31. 5. 1926 und 15. 11. 1927 (I 13166 und I 14462), abgedruckt bei Thiesing-Weber-Gundlach S. 204, 210 und Sarkamm, Die gesetzlichen Grundlagen, S. 150, können die Landesjustizverwaltungen den Rpfln die Aufgabe übertragen, die Richter durch Anfertigung von Entwürfen zu unterstützen und dadurch zu entlasten. Die AV vom 9. 11. 1910 ist durch die Buko vom 1. 3. 1928 i. Verb. mit der AV vom 8. 2. 1928 (preuß. JMBl. S. 94) hin-

sichtlich der UrkB nicht aufgehoben worden; die Buko geht in § 32 unter Rate A II Nr. 13 insoweit vielmehr vom Fortbestand der genannten AV aus. Nach zutreffender Ansicht ließ sich auch nicht aus § 31 REntlV vom 3. 7. 1943 die Aufhebung dieser AV herleiten. Denn die REntlV befaßte sich mit richterlichen Aufgaben, die dem Rpfl zur selbständigen Wahrnehmung übertragen worden sind. Bei der Anfertigung von Entwürfen dagegen wird der UrkB gerade nicht selbständig, sondern nur vorbereitend tätig. Es ist auch unwahrscheinlich, daß der durch die REntlV von richterlichen Geschäften entlastete Richter gleichzeitig durch Wegfall der vorbereitenden Hilfe durch UrkB mehr als bis dahin üblich belastet werden sollte.

Auch die Vorschrift des § 24 d. Ges. dürfte an dem bestehenden Rechtszustand nichts Wesentliches geändert haben. Zweifelsohne sind in Weiterführung der bisherigen Entwicklung weitere Gebiete, auf denen der Rpfl bis jetzt vorbereitend tätig war, nunmehr zur selbständigen Wahrnehmung auf ihn übertragen worden (vgl. Vorbem. zu § 20 und zu § 21 d. Ges.). Künftig wird vor allem die dem Richter vorbehaltene, an sich zur Justizverwaltung gehörende (vgl. die Erläut. 1 zu § 1 d. Ges.) Strafvollstreckung in Jugendsachen für eine vorbereitende Tätigkeit in Betracht kommen (vgl. dazu Pohlmann-Hasemann, Anm. III3 zu § 10 StVollstrO, und Schnitzerling in RdJ 1956, 365).

Die Ansicht, daß nunmehr nach § 24 d. Ges. der Rpfl mit der Anfertigung von Entwürfen nur noch insoweit herangezogen werden könne, als die Landesjustizverwaltungen und die von ihnen bestimmten Stellen durch ausdrückliche Erlasse entspr. Aufträge erteilen, dürfte sich nicht halten lassen. Eine große praktische Bedeutung wird der bloß vorbereitenden Tätigkeit des Rpfl freilich nicht mehr zukommen, und zwar aus einem doppelten Grunde nicht: einmal weil die Zahl der verfügbaren Rpfl ohnedies kaum hinreicht, um die erweiterten Aufgaben zu bewältigen, und zum anderen weil infolge der Übertragung zahlreicher weiterer Geschäfte auf den Rpfl der Kreis der für eine vorbereitende Tätigkeit noch in Betracht kommenden Sachen entsprechend zusammengeschmolzen ist (vgl. auch Schneider in Rpfl Bl 1957, 5 und Keidel in NJW 1957, 521 ff. unter IV 5). Die Zweckmäßigkeit der Maßnahme ist im übrigen sehr umstritten (vgl. die krit. Stellungnahme in Rpfleger 1952, 480/481 Ziff. 4). Wie Schneider aaO. mit Recht hervorhebt, darf aber nicht übersehen werden, daß das Vorverfügen durchweg die Vorstufe zur Übertragung gewesen ist und die vorbereitende Tätigkeit, insbesondere bei den Geschäften, die der Bundesrat weiterhin auf den Rpfl übertragen wollte, nämlich die dem Richter noch vorbehaltenen GB-Geschäfte und SchReg-Sachen, eine Anzahl der dem Richter vorbehaltenen Vormdsch-Sachen und grundsätzlich die Beurkundungssachen, nach entsprechender Erprobung den Weg zur Übertragung ebnen kann.

§ 25

Verhältnis des Rechtspflegers zum Urkundsbeamten der Geschäftsstelle

(1) Die Zuständigkeit des Urkundsbeamten der Geschäftsstelle nach Maßgabe der gesetzlichen Vorschriften bleibt unberührt, soweit sich nicht aus § 19 Nr. 4 (zu § 118a der Zivilprozeßordnung) und § 19 Nr. 9 (zu den §§ 726ff. der Zivilprozeßordnung) etwas anderes ergibt.

(2) Im übrigen sind gesetzliche Vorschriften über den Urkundsbeamten der Geschäftsstelle auf den Rechtspfleger nicht anzuwenden.

(3) Über Anträge, die auf Änderung einer Entscheidung des Urkundsbeamten der Geschäftsstelle gerichtet sind, entscheidet der Richter.

1. Zu Abs. 1:

a) Allgemeines:

Die Rpfl sind — entsprechend der Absicht des Gesetzgebers, die Richter zu entlasten — in erster Linie dazu berufen, solche Geschäfte zu erledigen, die bisher der Richter wahrzunehmen hatte. Das Gesetz läßt daher die Zuständigkeiten des UrkB grundsätzlich unberührt. Im Gegensatz zu der „elastischen" Abgrenzung der Zuständigkeiten von Richter und Rpfl zieht es zwischen Rpfl und UrkB klare und scharfe Grenzen (vgl. Buchholz, Rpfleger 52, 513/516). Lediglich in den in Abs. 1 zusammengefaßten Fällen hat das Gesetz Aufgaben, die zur Zuständigkeit des UrkB gehören, auf den Rpfl übertragen. In diesen Fällen geht nach der ausdrücklichen Regelung des Abs. 1 die Zuständigkeit des Rpfl vor und wird damit die des UrkB ausgeschlossen.

b) Ausnahmsweise übertragene Angelegenheiten:

Im einzelnen hat das Gesetz folgende Fälle auf den Rpfl übertragen:

aa) die in § 118a Abs. 2 Satz 2 ZPO bezeichneten Befugnisse (§ 19 Nr. 4 Halbsatz 2 d. Ges.); § 118a Abs. 1 und 2 ZPO lauten:

(1) *Das Gericht kann verlangen, daß der Antragsteller seine tatsächlichen Angaben glaubhaft macht. Es soll, wenn dies nicht aus besonderen Gründen unzweckmäßig erscheint, vor der Bewilligung des Armenrechts den Gegner hören. Es kann auch, soweit dies ohne erhebliche Verzögerung möglich ist, Erhebungen anstellen, insbesondere die Vorlegung von Urkunden anordnen und von Behörden Auskünfte einholen. Die Vernehmung von Zeugen oder Sachverständigen ist nur zulässig, wenn der Sachverhalt, soweit dies zur Entscheidung über das Armenrechtsgesuch erforderlich ist, auf andere Weise nicht hinreichend geklärt werden kann; eine Beeidigung findet nicht statt.*

(2) *Die im Abs. 1 bezeichneten Maßnahmen sind von dem Vorsitzenden oder einem von ihm beauftragten Mitglied des Gerichts oder einem von ihm ersuchten Richter durchzuführen. Die Anhörung des Gegners kann auch zu Protokoll der Geschäftsstelle des Prozeßgerichts oder des ersuchten Gerichts erfolgen.*

Bei der Bearbeitung von AR-Sachen ist trotz der durch Abs. 1 vollzogenen Übertragung von Aufgaben des UrkB auf den Rpfl die Zuständigkeit des UrkB und des Rpfl nebeneinander gegeben, und zwar insofern, als für die Aufnahme des AR-Gesuchs zur Niederschrift der GeschStelle der UrkB zuständig ist, während die Anhörung des Gegners dem Rpfl obliegt. Infolge der Übertragung wird aber, sobald der Richter im Einzelfall dem Rpfl die Vorbereitung der AR-Entscheidung übertragen hat (vgl. dazu die Erläut. D zu § 19 d. Ges.), die Einheitlichkeit seiner Zuständigkeit gewährleistet.

bb) die Erteilung der vollstreckbaren Ausfertigungen in den Sonderfällen der §§ 726 Abs. 1, 727—729, 733, 738, 742, 744, 745 Abs. 2, 749 ZPO und des § 16 MSchG (§ 19 Nr. 9 d. Ges.).

Im Gegensatz zu dem Regelfall des § 724 Abs. 2 ZPO, für den der UrkB zuständig ist, erteilt in den o. a. Sonderfällen der Rpfl die VollstrKlausel.

3. Zu Abs. 2.

Durch die Einräumung einer selbständigen Stellung innerhalb der Gerichtsverfassung sind die Vorschriften entbehrlich geworden, deren bisher der Rpfl bedurfte. In Betracht kommen insoweit die Vorschriften über Ausschließung und Ablehnung des UrkB (§ 49 ZPO, §§ 170ff. FGG, § 4 Abs. 4 AVO/GBO, § 89 Abs. 2 SchRegO, § 4 Abs. 2 HRV) und über Rechtsbehelfe gegen die Entscheidungen des UrkB (§§ 576, 577 Abs. 4 ZPO). Soweit die Anwendung dieser Vorschriften nicht schon durch die bisherige Regelung ausgeschlossen war (vgl. z. B. § 3 Abs. 1d REntlV), sind nunmehr die Vorschriften des Rpfl-Ges. an ihre Stelle getreten. Es versteht sich, daß in den Fällen des Abs. 1 nunmehr ebenfalls die Vorschriften dieses Gesetzes maßgebend sind.

4. Zu Abs. 3.

Die Vorschrift des Abs. 3 ist erst durch den Ausschuß für Rechtswesen und Verfassungsrecht eingefügt worden und soll klarstellen, daß über Erinnerungen gegen Entscheidungen des UrkB d. GeschStelle in keinem Falle der Rpfl, sondern stets sofort der Richter zu entscheiden hat (Schriftl. Bericht des Ausschusses, zu BT-Drucks. 2855, abgedr. in RpflBl 1957, 64ff.). Die in den Verfahrensgesetzen enthaltenen Vorschriften über Rechtsbehelfe gegen die Entscheidungen des UrkB (vgl. z. B. §§ 576, 577 Abs. 4 ZPO) bleiben unberührt.

§ 26

Pflicht zur Wahrnehmung anderer Dienstgeschäfte

(1) Durch die Beschäftigung eines Beamten als Rechtspfleger wird seine Pflicht, andere Dienstgeschäfte, insbesondere die des Urkundsbeamten der Geschäftsstelle, wahrzunehmen, nicht berührt.

(2) Die Vorschriften dieses Gesetzes sind auf die sonstigen Dienstgeschäfte eines mit den Aufgaben des Rechtspflegers betrauten Beamten nicht anzuwenden.

1. Zu Abs. 1:

Wie bereits in Erläut. 4 zu § 1 d. Ges. ausgeführt, regelt das Gesetz lediglich die Funktion des Rpfl innerhalb der Gerichtsverfassung, läßt aber seine beamtenrechtliche Stellung unberührt. Das Gesetz will in keiner Weise eine neue Laufbahn schaffen. Die Regelung der beamtenrechtlichen Stellung des Rpfl gehört ausschließlich zur Zuständigkeit des Landesgesetzgebers.

Abs. 1 stellt klar, daß die als Rpfl beschäftigten Beamten des gehobenen Dienstes aus diesem Gesetz einen Anspruch darauf, nur als Rpfl tätig zu sein, nicht herleiten können. Für die Frage, inwieweit der Rpfl verpflichtet ist, andere Dienstgeschäfte wahrzunehmen, insbesondere solche des UrkB in der Rechtspflege, außerdem aber auch Geschäfte der Justizverwaltung, sind die beamtenrechtlichen Vorschriften der Länder maßgebend.

2. Zu Abs. 2:

Die Vorschrift des Abs. 2 bringt zur Vermeidung von Zweifeln zum Ausdruck, daß sich der Rpfl nicht auf seine Rechtsstellung als solcher (vgl. insbes. § 8 d. Ges.) berufen kann, soweit er andere Dienstgeschäfte wahrnimmt. So unterliegt er im Rahmen der Justizverwaltung als Verwaltungsbeamter den Weisungen seiner Vorgesetzten. Bei der Wahrnehmung von Geschäften des UrkB sind für Ausschließung und Ablehnung sowie für die Rechtsbehelfe die für den UrkB geltenden Vorschriften maßgebend (vgl. die Erläut. 3 und 4 zu § 25 d. Ges.).

Besonders bei kleinen Amtsgerichten wird der Beamte des gehobenen Justizdienstes regelmäßig in der Rechtspflege als Rpfl und als UrkB in Personaleinheit tätig sein, möglicherweise zugleich auch Geschäfte der Justizverwaltung wahrnehmen müssen. Aber auch bei großen Amtsgerichten läßt sich eine völlige Trennung der verschiedenen Funktionsbereiche häufig nicht durchführen. Der nachstehende Anhang soll einen Überblick über die Tätigkeit des UrkB in den verschiedenen Geschäftsbereichen geben. Wegen der in hohem Grade bestehenden Wesensgleichheit mit den Rpfl-Geschäften i. S. des Rpfl-Ges. sind dabei die Geschäfte der Hinterlegungsstelle und die der Strafvollstreckung besonders hervorzuheben. Die Zahl der in den verschiedenen Arbeitsbereichen eines großen Amtsgerichts sowie des übergeordneten Land- und Oberlandesgerichts beschäftigten gehobenen Beamten soll endlich beispielhaft deutlich machen, in welchem Maße die einzelnen Geschäftsbereiche den Einsatz der zum Rpfl-Amt befähigten Beamten in ihrer Eigenschaft als Rpfl und UrkB beanspruchen.

Anhang.

3. Tätigkeit des UrkB in der Rechtspflege.

Nach der preuß. Regelung (vgl. § 32 Abschn. I der Buko vom 1. 3. 1928, preuß. JMBl S. 173) gehören zu den Geschäften des UrkB (im „schwierigen Bürodienst" = Rate A)

a) allgemein

die Aufgaben des Kostenbeamten,
das Kostenfestsetzungsverfahren sowie die Festsetzung und Anweisung der Gebühren und Auslagen der Rechtsanwälte in Armensachen,
die Ausstellung von Rechtskraft- und Notfristzeugnissen,
die Geschäfte des Rechnungsbeamten, AV vom 25. 4. und 24. 10. 1938 — DJ S. 654/1702 = HRZ 298.
die Tätigkeit des UrkB in Hinterlegungssachen. Nach § 2 HO vom 10. 3. 1937 (RGBl I S. 285) werden die Geschäfte der H-Stelle von einem Zeitpunkt, den die Landesjustizverwaltungen bestimmen, von den UrkB der GeschStelle wahrgenommen. Solange die Bestimmung gemäß § 2 aaO noch nicht getroffen ist, kann der OLG-Präs. auf Grund der Ermächtigung des § 32 HO und des § 3 AVHO vom 15. 3. 1937 (DJ S. 426) anordnen, daß der UrkB die Geschäfte der H-Stelle wahrnimmt. Diese Anordnung ist wohl überall

ergangen, so daß sämtliche Geschäfte auf den UrkB übertragen sind mit Ausnahme der Anordnungen nach § 16 HO und der Entscheidungen über die Erinnerung gegen den Kostenansatz nach § 26 Nr. 10 HO, die nach § 3 Abs. 2 AVHO nicht übertragen werden können. Das Verfahren ist Angelegenheit der Justizverwaltung. Der Sachbearbeiter handelt als UrkB und darf sich nicht als Rpfl bezeichnen, wenn es sich auch um eine gleichwertige Tätigkeit handelt. Auch der Richter ist insoweit nicht unabhängiges Organ der Rechtspflege (vgl. § 3 Abs. 1 HO).

b) in der freiwilligen Gerichtsbarkeit
die Beglaubigung von Unterschriften (soweit wie in Preußen — vgl. die Erläut. 1 zu § 23 d. Ges. — dem UrkB übertragen),
die Entgegennahme von Anmeldungen zu den öffent. Registern,
die Aufnahme von Verhandlungen über weitere Beschwerden

c) in der streitigen Gerichtsbarkeit
die Aufnahme von Klagen und Anträgen,
die Bewirkung von öffentl. Ladungen und Zustellungen,
die Vollstreckbarkeitserklärung von Zahlungsbefehlen,
die Erteilung von VollstrKlauseln und vollstreckbaren Ausfertigungen im Regelfalle des § 724 Abs. 2 ZP,O

d) in der Strafgerichtsbarkeit
die Aufgaben des Sitzungsvertreters (preuß. AV vom 30. 10. 1922 Nr. V, JMBl S. 464), und wegen der Vergütung AV vom 9. 2. 1940, DJ S. 208),
die Aufnahme von Verhandlungen über Revisionsanträge und ihre Begründung,
die dem zum Rpfl-Amt befähigten Beamten übertragenen Geschäfte der Strafvollstreckung. Wie bereits in den Erläut. 1 zu § 1 d. Ges. hervorgehoben, gehören die Aufgaben der Strafvollstreckung nicht zur Rechtspflege im engeren Sinne, sondern zu den Justizverwaltungsgeschäften in der Rechtspflege, und zwar auch, soweit die Strafvollstreckung dem Amtsrichter übertragen ist (vgl. § 451 Abs. 3 StPO). Dies kommt in § 5 StVollstrO vom 15. 2. 1956 (als Sonderdruck veröffentlicht) zum Ausdruck, dessen Abs. 1 Satz 2 lautet:

> *Seine (d. h. des Amtsrichters) Tätigkeit als Vollstreckungsbehörde ist kein Teil der Rechtsprechung; der Amtsrichter ist insoweit weisungsgebunden.*

Aus diesem Grunde ist insoweit die Entlastung nicht im Rpfl-Ges. geregelt (vgl. Strauß in Rpfleger 1957, 33/36 und — kritisch — Unger in Rpfleger 1956, 219/221; Pohlmann-Hasemann, Anm. I zu § 10 StVollstrO). Die Grundlage der Entlastung ist vielmehr auch weiterhin die in § 35 Abs. 1 Nr. 1 d. Ges. ausdrücklich aufrecht erhaltene Vorschrift des Art. VI § 1 Nr. III REntlG und — bezüglich der Rechtsbehelfe gegen die VollstrMaßnahmen der Rpfl — des Art. VI § 3 Abs. 1 REntlG.

Die StVollstrO vom 15. 2. 1956, die die StVollstrO vom 7. 12. 1935 (DJ S. 1800) abgelöst hat, ist auf Grund der Entschließung der Konferenz der Justizminister sowohl im Bereich der Bundesjustiz als auch der Justiz der Länder am 1. 4. 1956 in Kraft getreten.

Die entspr. Anordnungen sind ergangen:

für die Bundesjustiz durch AV vom 15. 2. 1956 (BAnz Nr. 42),

für die Länder

Baden-Württemberg durch AV vom 28. 2. 1956 (Justiz 77),

Bayern durch Bek. vom 15. 2. 1956 (JMBl 75),

Berlin durch AV vom 24. 2. 1956 (ABl Nr. 10),

Hamburg durch AV vom 15. 2. 1956 (JVBl 3),

Hessen durch RdErl vom 28. 2. 1956 (JMBl 27),

Niedersachsen durch AV vom 1. 3. 1956 (NdsRpfl 45),

Nordrhein-Westfalen durch AV vom 15. 2. 1956 (JMBl 50),

Rheinland-Pfalz durch LV vom 24. 2. 1956 (JBl 15),

Schleswig-Holstein durch Bek. vom 15. 2. 1956 (SchlHAnz 75).

Auf Einzelheiten einzugehen, ist im Rahmen dieses Werkes nicht möglich. Wegen der Zuständigkeit des zum Rpfl-Amt befähigten Beamten in der StVollstr wird insbes. auf §§ 10, 11 und 12 StVollstrO und die Erläut. von Pohlmann-Hasemann hierzu verwiesen. Nicht übertragen sind nach wie vor die Vollstreckung in Jugendgerichtssachen (vgl. Richtlinien zum JGG vom 15. 2. 1955 II 6 zu §§ 82—85 JGG), die Entscheidung über die Anwendung eines Straffreiheitsgesetzes und endlich die nicht zu den Geschäften der Strafvollstreckung gehörende Entscheidung in Gnadensachen (vgl. Pohlmann-Hasemann aaO, Anm. 1 und 2 zu § 11 StVollstrO).

Da durch § 35 Abs. 1 Nr. 1 d. Ges. die REntlV und damit auch § 6 REntlV betr. die Bezeichnung des Rpfl aufgehoben ist, dürfte insoweit auf die zum Rpfl-Amt befähigten Beamten die Bezeichnung als Rpfl nicht mehr anzuwenden sein, so daß ihrer Unterschrift nunmehr — abweichend von der StVollstrO — der Zusatz „als Urkundsbeamter der Geschäftsstelle" beizufügen ist;

die Führung des Strafregisters und die Auskunfterteilung aus diesem Register (weithin auf Beamte des mittl. Dienstes übertragen).

Wegen der Übertragung von Geschäften des gehobenen Justizdienstes auf Beamte des mittleren Justizdienstes vgl. für das Land Nordrhein-Westfalen die im Anhang abgedruckte AV vom 27. 11. 1953 (JMBl NRW S. 277).

4. Tätigkeit des zum Rpfl-Amt befähigten Beamten in der Justizverwaltung.

Nach § 32 Abschn. I der preuß. Buko vom 1. 3. 1928 (preuß. JMBl S. 173), den HRZ, der JKassO und anderen Vorschriften wird der zum Rpfl-Amt befähigte Beamte in der Justizverwaltung insbes. tätig als

a) Geschäftsstellenleiter in den einzelnen Geschäftsstellen (§ 32 Abschn. I Nr. 11 der preuß. Buko und Nr. 34 Abs. 4 preuß. Zusatzbestimmungen zur AktO),

b) Geschäftsleiter oder geschäftsleitender Beamter (§ 32 Abschn. 1 Nr. 11 preuß. Buko und Nr. 34 Abs. 2 und 3 preuß. Zusatzbestimmungen zur AktO); ihm obliegt als Beauftragtem des Behördenvorstands die Regelung des Dienstbetriebs in allen Dienstzweigen mit Ausnahme des höheren Dienstes; er ist dem Behördenvorstand insoweit für einen ordnungsmäßigen Geschäftsbetrieb in erster Linie verantwortlich (vgl. Vorbemerkung 3a der Einstufungsbestimmungen für Beamte des gehobenen Justizdienstes Anl. 2 z. RV vom 18. 11. 1942, 2100—VIIIa 9 1604).

Durch Abschn. III der RV vom 9. 2. 1942 (DJ S. 115) ist zur Entlastung des Behördenvorstands von JustizverwGeschäften empfohlen worden, in allen geeigneten Fällen den Geschäftsleiter auf Arbeitsgebieten des inneren Geschäftsbetriebs zum Sachbearbeiter zu bestellen und ihm auftragsweise auch die Zeichnung von Verfügungen und Kassenanweisungen zu übertragen.

Der Geschäftsleiter bei größeren OLGen ist Justizoberamtmann. Einige Länder haben für die Geschäftsleiter auch anderer großer Behörden Oberamtmannstellen geschaffen.

Näheres über die Tätigkeit des Geschäftsleiters s. in Meyer, Ordnung und Leitung des Geschäftsbetriebes bei den Justizbehörden (Neue Rechtsbibliothek Bd. 1);

c) Bezirksrevisoren bei den LGen und größeren AGen; sie prüfen den Kostenansatz, die Gerichtskassen und Zahlstellen, die Gerichtsgefängnisse und die Geschäftsführung der Gerichtsvollzieher; ferner sind sie bei der Rechnungsprüfung beteiligt und vertreten die Staatskasse bei Kostenbeschwerden; daneben werden sie zur Bearbeitung von anderen JustizverwAngelegenheiten herangezogen (vgl. HRZ Nr. 22);

d) Referentenamtmänner, die bei großen Behörden den Behördenvorstand in VerwGeschäften als Sachbearbeiter für bestimmte Arbeitsgebiete unterstützen (vgl. in dem ehem. Preußen AV v. 16. 3. 1923, preuß. JMBl S. 285);

e) Justizverwaltungsräte bei den OLGen: Abteilungsleiter im Rechnungsamt und neben dem Justiz- und Kassenrat zeichnungsberechtigte Referenten des OLGPräs und des GenStA (vgl. RV vom 16. 7. 1935 HRZ Nr. 21 i. d. F. der RV vom 2. 7. 1942, 2330—VIIIa 10 1178, Abschn. D);

f) Justiz- und Kassenrat beim OLG (Beamter des höheren Dienstes, in Preußen seit 1907, zunächst Rechnungsdirektor, dann bis 1927 Direktor des Rechnungsamts): Leiter des die VerwAngelegenheiten bearbeitenden Rechnungsamts (entsprechend der Verwaltungsabteilung) und verantwortlicher Dezernent auf dem Gebiete des Haushalts-, Kassen- und Rechnungswesens sowie für die Dienst- und Personalangelegenheiten der Beamten des gehobenen, mittleren und einfachen Dienstes, der Angestellten und Lohnempfänger, für die Besoldung und Versorgung sowie für die Kostenangelegenheiten; häufig ist er auch zum Sachbearbeiter des Haushalts bestellt (§§ 19ff. RWB, HRZ Nr. 178, 179);

g) Kassenaufsichtsbeamte bei den Amtskassen und Gerichtszahlstellen (§ 13 JKassO und § 3 der Anl. 1 zur JKassO); Kassenaufsichtsbeamter der Oberjustizkasse ist der Justiz- und Kassenrat (§ 167 JKassO);

h) Kassenleiter, die für die gesamte Kassenführung verantwortlich sind, und Kassenbeamte in sonstigen Stellen von besonderer Bedeutung (§§ 7ff. JKassO);

i) Leiter der Vorprüfungsstelle (in der Regel ein Justizverwaltungsrat) und Prüfungsbeamte bei der Prüfung der von den Kassen und von den Strafanstalts-Arbeitsverwaltungen gelegten Jahresrechnungen und der einzelnen Rechnungsbelege.

5. Beschäftigungsbeispiel nach dem Stand vom 1. 1. 1957

Ohne Anspruch auf Allgemeingültigkeit zu erheben, möge das folgende Beispiel veranschaulichen, wie sich nach der bisherigen Regelung der Einsatz der zum Rpfl-Amt befähigten Beamten zahlenmäßig auf die verschiedenen Sachgebiete verteilt:

a) bei einem großen AG mit über 80 Richtern

aa) in der freiwilligen Gerichtsbarkeit		
in der GB-Abteilung	17	(70% richterliche Geschäfte)
im übrigen (Vormdsch, Nachl., Reg.)	12½	(60% richterliche Geschäfte)
bb) in der streitigen Gerichtsbarkeit		
im Zivilprozeß i. allg.	23	(40% richterliche Geschäfte einschl. VollstrBefehle und Kostenfestsetzungsbeschlüsse)
in der VollstrAbt. (ZwVerst, Konk, Vergl)	12	(60% richterliche Geschäfte einschl. Kalkulatortätigkeit)
cc) in Strafsachen	12	(70% richterliche StVollstr)
dd) in VerwSachen (einschl. HinterlStelle)	11½	
ee) in der Gerichtskasse	12	
	100	

b) bei dem übergeordenten LG mit rund 90 Richtern

aa) in Streitverfahren der freiw. Gerichtsbarkeit (Wiedergutmachung, Wertpapierbereinigung)	1
bb) in der streit. Gerichtsbarkeit	8
cc) in Strafsachen	2
dd) in der Verwaltung	6
	17

c) bei dem übergeordneten OLG mit ca. 60 Richtern

aa) in der freiw. und streit. Gerichtsbarkeit	3½
bb) in der Verwaltung (einschl. GenStA)	42
cc) in der Vorprüfstelle	12
dd) in der Oberjustizkassee	9
	66½.

Dabei ist darauf hinzuweisen, daß das Schwergewicht in der Rechtspflege zahlenmäßig eindeutig bei den AGen liegt. Im Gebiet der Bundesrepublik sind vorhanden:

847 AGe mit 4035 Richtern,
92 LGe mit 2968 Richtern,
18 OLGe mit 796 Richtern.

(vgl. Handbuch der Justiz 1956, S. 198).

Hinzu getreten sind mit der Eingliederung des Saarlandes am 1. 1. 1957 16 AGe, 1 LG und 1 OLG mit insgesamt 151 Richtern (vgl. Deutscher Justiz-Kalender 1957, 110f. und DRiZ 1957, 104).

Die Tätigkeit der zum Rpfl-Amt befähigen Beamten in der Justizverwaltung tritt infolgedessen völlig zurück hinter die Tätigkeit in ihrem wesensmäßigen Arbeitsgebiet, der Rechtspflege.

§ 27

Zuständiger Richter

Soweit mit Angelegenheiten, die dem Rechtspfleger zur selbständigen Wahrnehmung übertragen sind, nach diesem Gesetz der Richter befaßt wird, ist hierfür das nach den allgemeinen Verfahrensvorschriften zu bestimmende Gericht in der für die jeweilige Amtshandlung vorgeschriebenen Besetzung zuständig.

1. Der Rpfl tritt bei verschiedenen Gelegenheiten mit dem Richter in Verbindung. Die Hauptfälle sind:
Vorlage an den Richter (§ 5 d. Ges.),
Wahrnehmung eines übertragenen Geschäfts durch den Richter wegen engen Sachzusammenhangs (§ 6 d. Ges.),
versehentliche Wahrnehmung eines übertragenen Geschäfts durch den Richter (§ 7 d. Ges)..
Rechtsbehelf (§ 10 d. Ges.),
vorbereitende Tätigkeit des Rpfl (§ 24 d. Ges.).

2. Zuständig ist jeweils der Richter desjenigen Gerichts, bei welchem der Rpfl tätig ist. In der bei weitem überwiegenden Zahl der Fälle wird dies der Amtsrichter sein, und zwar derjenige Amtsrichter, der nach der Geschäftsverteilung (vgl. §§ 22b bis 22d GVG) das betreffende Rechtsgebiet zu bearbeiten hat. Es kann aber auch das Kollegialgericht zuständig sein, z. B. die Zivilkammer des Landgerichts oder der Zivilsenat des Oberlandesgerichts, wenn der Rpfl beim Landgericht bzw. beim Oberlandesgericht die Nachzahlung von Kosten nach § 125 ZPO angeordnet hat (vgl. § 19 Nr. 5 d. Ges.) und der Rechtsuchende den Beschluß mit der Erinnerung (§ 10 d. Ges.) angefochten hat. In diesen Fällen ist das Kollegialgericht in der Besetzung zuständig, die für Entscheidungen der von dem Rpfl getroffenen Art allgemein vorgeschrieben ist (vgl. §§ 75 und 122 GVG), und zwar auch hier nach Maßgabe der Geschäftsverteilung (vgl. §§ 63f. und 117 GVG). Im Verhinderungsfalle tritt an die Stelle des an sich zuständigen Richters der geschäftsverteilungsmäßige Vertreter.

§ 28

Gemeinsames Amtsgericht für Zwangsversteigerungs- und Zwangsverwaltungssachen

§ 1 des Gesetzes über die Zwangsversteigerung und die Zwangsverwaltung erhält folgenden neuen Absatz 2:

„(2) Die Landesregierungen werden ermächtigt, durch Rechtsverordnung die Zwangsversteigerungs- und Zwangsverwal-

tungssachen einem Amtsgericht für die Bezirke mehrerer Amtsgerichte zuzuweisen, sofern die Zusammenfassung für eine sachdienliche Förderung und schnellere Erledigung der Verfahren erforderlich ist. Die Landesregierungen können die Ermächtigung auf die Landesjustizverwaltungen übertragen.“

1. Die obige Vorschrift ermöglicht es den Landesregierungen, Vorschriften zu erlassen, auf Grund deren die Zwangsversteig- und ZwangsverwSachen mehrerer AGe bei einem größeren AG (etwa am Sitze des übergeordneten LG) zusammengefaßt werden können. Vgl. dazu die ähnliche Regelung in § 58 GVG für Strafsachen in § 1558 BGB für Güterrechts-Reg-Sachen, in § 125 Abs. 2 FGG i. Verb. mit § 48 Abs. 2 HRV für HReg-Sachen, in § 10 Abs. 2 GenG i. Verb. mit § 1 GenRegVO für GenReg-Sachen, in § 9 Abs. 1 GeschmMG für MusterReg-Sachen und in §§ 1 Abs. 2, 65 Abs. 1 SchiffsRegO für SchiffsReg-Sachen. Es besteht keine Notwendigkeit, die Ermächtigung in der Weise zu beschränken, daß die AGe demselben LG angehören müssen (vgl. Schäfer in Löwe-Rosenberg, Anm. 2 zu § 58 GVG). Während bei Strafsachen für die Zusammenfassung Vereinfachungs- und Sparsamkeitsgründe maßgebend sind (vgl. Schäfer aaO., Anm. 1), soll hier eine Konzentration nur im Blick auf „eine sachdienliche Förderung und schnellere Erledigung der Verfahren“ stattfinden. Die Landesregierungen sollen vor allem die Möglichkeit erhalten, insbes. auch im Hinblick auf § 20 Abs. 2 d. Ges., auf dem Sondergebiet der Zwangsversteigerung erfahrene Rpfl rationell zu verwenden (Amtl. Begründung).

2. Die Konzentrations-Anordnung bedarf einer Rechtsverordnung der Landesregierung. Diese kann in Form einer Ermächtigung der Landesjustizverwaltung ergehen.

§ 29

Gemeinsames Amtsgericht für Konkurssachen

§ 71 der Konkursordnung erhält folgenden neuen Absatz 3:
„Die Landesregierungen werden ermächtigt, durch Rechtsverordnung die Konkurssachen einem Amtsgericht für die Bezirke mehrerer Amtsgerichte zuzuweisen, sofern die Zusammenfassung für eine sachdienliche Förderung und schnellere Erledigung der Verfahren erforderlich ist. Die Landesregierungen können die Ermächtigung auf die Landesjustizverwaltungen übertragen.“

1. Ebenso wie in ZwangsversteigSachen werden die Landesregierungen weiterhin ermächtigt, auch die KonkSachen mehrerer AGe einem AG zuzuweisen. Es gilt hier das gleiche wie im Falle des § 28 d. Ges. Auf die dort. Erläut. wird verwiesen.

2. Für die Zusammenfassung von Vergleichssachen bedarf es keiner besonderen Vorschrift, da nach § 2 VglO die diesbezügl. Geschäfte durch das Gericht zu bearbeiten sind, das für die KonkSachen zuständig ist (Amtl. Begründung).

§ 30

Gemeinsames Amtsgericht für Vereinssachen

Das Bürgerliche Gesetzbuch wird wie folgt geändert:

1. § 29 erhält folgende Fassung:

„§ 29

Soweit die erforderlichen Mitglieder des Vorstandes fehlen, sind sie in dringenden Fällen für die Zeit bis zur Behebung des Mangels auf Antrag eines Beteiligten von dem Amtsgericht zu bestellen, das für den Bezirk, in dem der Verein seinen Sitz hat, das Vereinsregister führt.“

2. § 37 Abs. 2 Satz 1 erhält folgende Fassung:

„Wird dem Verlangen nicht entsprochen, so kann das Amtsgericht die Mitglieder, die das Verlangen gestellt haben, zur Berufung der Versammlung ermächtigen; es kann Anordnungen über die Führung des Vorsitzes in der Versammlung treffen. Zuständig ist das Amtsgericht, das für den Bezirk, in dem der Verein seinen Sitz hat, das Vereinsregister führt.“

3. § 55 erhält folgenden neuen Absatz 2:

„Die Landesjustizverwaltungen können die Vereinssachen einem Amtsgericht für die Bezirke mehrerer Amtsgerichte zuweisen.“

1. Da § 125 Abs. 2 FGG für Vereinssachen nicht gilt (vgl. § 159 FGG), bedurfte es zur Ermöglichung der Zusammenfassung der VReg-Sachen mehrerer AGe bei einem AG der entspr. Ergänzung der Zuständigkeitsvorschrift des § 55 BGB. Es gilt hier das gleiche wie im Falle des § 28 d. Ges. Auf die dort. Erläut. wird daher verwiesen. Im Gegensatz zu der dort. Regelung kann die Zusammenfassung der Vereinssachen durch Erlaß der Landesjustizverwaltung vorgenommen werden, da es sich hier lediglich um Registersachen handelt (Amtl. Begründung).

Die Änderung der §§ 29 und 37 Abs. 2 S. 1 BGB folgt zwangsläufig aus der Änderung des § 55 BGB.

FÜNFTER ABSCHNITT

Schlußvorschriften

§ 31

Regelung für die Übergangszeit

Justizbeamte, die die Voraussetzungen des § 2 nicht erfüllen, können mit den Aufgaben eines Rechtspflegers betraut werden, wenn sie auf Grund der bisher geltenden Vorschriften

1. vor dem Inkrafttreten dieses Gesetzes die Prüfung für den gehobenen Justizdienst abgelegt haben oder nicht nur zeitweilig als Rechtspfleger tätig gewesen sind oder

2. binnen eines Jahres nach dem Inkrafttreten dieses Gesetzes die Prüfung für den gehobenen Justizdienst ablegen.

1. Im Interesse des ungestörten Übergangs auf die neue Zuständigkeitsregelung sind hinsichtlich der Voraussetzungen für den Rpfl-Dienst gewisse Ausnahmen von § 2 d. Ges. erforderlich. Von der Einhaltung der nunmehr geltenden Vorschriften kann ausnahmsweise in folgenden Fällen abgesehen werden:

a) Die geltenden landesgesetzlichen Vorschriften erfüllten nicht überall die Voraussetzungen des § 2 d. Ges. Diejenigen Justizbeamten, welche die Prüfung für den gehobenen Justizdienst auf Grund derartiger Vorschriften abgelegt haben und bisher nicht als Rpfl tätig gewesen sind, sei es daß sie die Prüfung erst kurze Zeit vor Inkrafttreten d. Ges. abgelegt haben oder im Justizverwaltungsdienst beschäftigt worden sind, können nach Ziff. 1 unbedenklich als Rpfl verwendet werden.

b) Das gleiche gilt nach Ziff. 1 auch von denjenigen Beamten, die auf Grund der bisher geltenden Bestimmungen die Funktionen eines Rpfl ausüben konnten, ohne die Voraussetzungen des § 2 d. Ges. zu erfüllen, wie z. B. die Beamten, die in § 4 des preuß. Ges. über die Dienstverhältnisse der mit der Wahrnehmung der Geschäfte eines UrkB betrauten Beamten vom 18. 12. 1927 (preuß. GS. S. 209) genannt sind, d. h. diejenigen Beamten, welche nach den alten Bestimmungen (§ 1 Abs. 1 d. preuß. Ges. vom 3. 3. 1879 — preuß. GS. S. 99) die Obersekretärprüfung bestanden haben, oder die Referendare, die auf Grund der alten Bestimmungen (z. B. nach 1 Abs. 2 aaO) ohne Prüfung zum Obersekretär ernannt worden sind (vgl. Thiesing-Weber-Gundlach S. 105).

2. Im übrigen ist nach Ziff. 2 die Fähigkeit zum Rpfl allen Justizbeamten zuzuerkennen, die innerhalb eines Jahres nach Inkrafttreten d. Ges. (vgl. § 35) die Rpfl-Prüfung ablegen, mögen sie sonst auch nicht alle Voraussetzungen des § 2 d. G. erfüllen.

§ 32

Einschränkung der Übertragung bei einzelnen Gerichten

(1) Aus wichtigen Gründen können die Landesjustizverwaltungen bis zum 31. März 1959 anordnen, daß die in § 3 aufgeführten Geschäfte ganz oder teilweise vom Richter wahrgenommen werden. Die Anordnung kann auf einzelne Gerichte beschränkt werden.

(2) Derartige Anordnungen treten, soweit sie nicht schon vorher widerrufen werden, am 31. März 1959 außer Kraft.

1. Allgemeines:

Der sofortigen vollständigen Durchführung d. Ges. können, insbes. je nach der Personallage der einzelnen Länder, verschiedene Hinderungsgründe entgegen stehen. So können bei einem Gericht nicht genügend geeignete oder überhaupt keine Rpfl vorhanden sein. Oder der derzeitige Ausbildungsstand eines Rpfl läßt den sofortigen Übergang sämtlicher Arten von Geschäften nicht ratsam erscheinen. Oder die Geschäftslage eines Gerichts erfordert die vorläufige Aussetzung der Übertragung. Deshalb bedurfte es einer Vorschrift, die den Landesjustizverwaltungen die Möglichkeit gibt, den Übergang zur vollen Entlastung des Richters für eine bestimmte Zeit elastisch zu gestalten.

2. Zu Abs. 1:

Die Vorschrift des Abs. 1 ermächtigt die Landesjustizverwaltungen ohne Beschränkung auf konkrete Fälle, ganz allgemein, „aus wichtigen Gründen" anzuordnen, daß die Geschäfte ganz oder teilweise zeitweilig von dem Richter wahrgenommen werden. In Satz 2 wird zur Klarstellung die Möglichkeit, eine solche Übergangsregelung auf einzelne Gerichte zu beschränken, besonders erwähnt. Hierher wird auch der Fall gehören, daß der bei einem Gericht tätige einzige Rpfl erkrankt oder ausscheidet. Bis zum 31. 3. 1959 dürfte auf Grund der Ermächtigung des § 32 d. Ges. die Rückübertragung auf den Richter möglich sein. Für die Folgezeit erscheint eine solche Maßnahme dagegen unzulässig. Im Gegensatz zu der REntlV, die in § 2 Abs. 4 folgende Vorschrift über die Vertretung des Rpfl enthielt;

> *Ist die Entlastung bei einem Gericht angeordnet, der Rpfl aber an der Wahrnehmung der ihm übertragenen Geschäfte verhindert (z. B. durch Krankheit, Urlaub) und die Vertretung durch einen anderen Rpfl nicht möglich, so fallen die Geschäfte für diese Zeit ohne besondere Anordnung an den Richter zurück,*

fehlt im Rpfl-Ges. eine diesbezügliche Vorschrift. Es bleibt daher nichts anderes übrig, als bei derartigen Ausfällen einen anderen Rpfl abzuordnen. Die Abordnung eines Referendars wird nur in Ausnahmefällen in Betracht kommen, und nur dann, wenn der Referendar hinreichend ausgebildet ist (vgl. die Erläut. 5 zu § 2 d. Ges.).

§ 33
Vorbehalt für Baden-Württemberg

(1) Im Lande Baden-Württemberg werden bei den Notariaten und den Grundbuchämtern des badischen Rechtsgebietes die beim Amtsgericht nach § 3 Abs. 1 Nr. 2 Buchstaben b und f vorbehaltlich der §§ 13 und 17 sowie nach § 3 Abs. 1 Nr. 3 Buchstaben b und e in Verbindung mit § 20 Abs. 1, § 23 Nr. 6 und 7 dieses Gesetzes dem Rechtspfleger übertragenen Geschäfte von einem zum Rechtspflegeramt befähigten Beamten wahrgenommen, sofern diesen Behörden solche Beamte als Rechtspfleger zugewiesen werden.

(2) Der einem Grundbuchamt zugewiesene Rechtspfleger ist auch zuständig

a) für die öffentliche Beglaubigung einer Unterschrift oder eines Handzeichens (§ 23 Nr. 1),

b) für die Beurkundung der der Form des § 29 der Grundbuchordnung bedürfenden Eintragungsbewilligungen und der sonstigen zur Eintragung in das Grundbuch erforderlichen Erklärungen mit Ausnahme der Schuldurkunden, der Unterwerfung unter die sofortige Zwangsvollstreckung, der Abtretungs- und Verpfändungserklärungen sowie der Empfangsbescheinigungen und

c) für die Entgegennahme von Auflassungen.

(3) Im übrigen gelten die Vorschriften dieses Gesetzes mit der Maßgabe entsprechend, daß der Notar neben dem Rechtspfleger für die diesem übertragenen Geschäfte zuständig bleibt. An die Stelle des Richters tritt der Notar.

(4) Soweit nach landesrechtlichen Vorschriften für die dem Vormundschaftsgericht, Nachlaßgericht oder Grundbuchamt obliegenden Verrichtungen andere Behörden als die Amtsgerichte zuständig sind, bleibt die Entscheidung dem Richter vorbehalten, wenn die Abänderung einer Entscheidung einer solchen Behörde bei dem Amtsgericht nachzusuchen ist. Das gleiche gilt, soweit durch Landesrecht bestimmt ist, daß die in dem Gesetz über die Zwangsversteigerung und die Zwangsverwaltung dem Vollstreckungsgericht zugewiesenen Amtshandlungen von einer anderen Behörde oder einem Beamten wahrzunehmen sind, wenn die Abänderung einer Entscheidung der Behörde oder des Beamten verlangt wird.

Fünfter Abschnitt: Schlußvorschriften

1. Allgemeines.

a) Nach dem zugunsten der Länder in Art. 147, 218 EGBGB gemachten Vorbehalt können die Länder die dem VormdschGericht und dem NachlGericht obliegenden Verrichtungen anderen Behörden als den AGen übertragen. Das gleiche gilt nach § 193 FGG für die gemäß §§ 86, 99 FGG den AGen obliegende Vermittlung der Auseinandersetzung zwischen mehreren Miterben sowie in Ansehung des Gesamtgutes einer ehelichen oder fortgesetzten Gütergemeinschaft; die insoweit begründete Zuständigkeit anderer Behörden bzw. von Notaren ist bestehen geblieben. Die VO vom 10. 6. 1936 (RGBl I S. 488) ist hier nicht in Kraft getreten (vgl. Brandis in Pfundtner-Neubert, Das neue Deutsche Reichsrecht, IIa 8, A. 3 zu § 2 der VO).

Ferner konnten die Länder nach dem (nunmehr durch § 35 Abs. 1 Ziff. 2 d. Ges. aufgehobenen) § 13 EGZVG bestimmen, daß die im ZVG dem VollstrGericht zugewiesenen Amtshandlungen, soweit nicht über die Anordnung, Aufhebung oder Verbindung des Verfahrens oder über die Zulassung des Beitritts eines Gläubigers zu entscheiden ist, von einer anderen Behörde oder einem anderen Beamten ganz oder teilweise wahrzunehmen sind.

Weiterhin hatte die GBO a. F. die Bestimmung der Behörde, die als GB-Amt tätig wird, dem Landesrecht überlassen. Die Neufassung des § 1 GBO gemäß ÄndVO vom 5. 8. 1935 (RGBl I S. 1065) hatte zwar diesen Vorbehalt beseitigt und die Führung der Grundbücher allgemein den AGen übertragen. Zufolge Art. 8 ÄndVO vom 5. 8. 1935 ist jedoch diese Neuregelung für die früheren Länder Baden und Württemberg ausgesetzt worden und bisher nicht in Kraft getreten, so daß es in diesen Ländern bei dem früheren Rechtszustand verblieben ist.

Art. 141 EGBGB endlich hat den Ländern die Befugnis eingeräumt, in den Fällen, in denen das BGB gerichtliche oder notarielle Beurkundung vorschreibt, zu bestimmen, daß entweder nur die Gerichte oder nur die Notare zuständig sind. Die insoweit erlassenen Landesgesetze sind auch nach dem Inkrafttreten der ReichsnotarO vom 13. 2. 1937 bestehen geblieben (§ 77 RNotO). Für Baden vgl. den Vorbehalt des § 86 RNotO und für die Bezirksnotare in Württemberg § 85 RNotO. Im übrigen vgl. hierzu Keidel, Anm. 1 zu § 167 FGG.

Die auf Grund dieser Vorbehalte in Baden-Württemberg geltende besondere Regelung hat den Erlaß des § 33 d. Ges., dessen Fassung mit dem genannten Lande abgestimmt worden ist, erforderlich gemacht.

b) In dem Landesteil Baden sind

aa) für die dem NachlGericht obliegenden Verrichtungen und die nach § 99 FGG den Gerichten obliegende Vermittlung der Auseinandersetzung in Ansehung des Gesamtgutes einer ehelichen oder fortgesetzten Gütergemeinschaft (vgl. §§ 33, 35 bad. LFGG vom 13. 10. 1925 — bad. GVBl S. 287, abgedruckt in Keidel, FGG, Anh. 17),

bb) für die Verrichtungen des in jeder Gemeinde bestehenden GB-Amts (vgl. § 2 bad. AGGBO vom 13. 10. 1925 — bad. GVBl S. 281),

cc) in dem durch § 13 EGZVG bestimmten Umfang für die dem Vollstr Gericht nach dem ZVG zugewiesenen Amtshandlungen (§ 1 bad. AG ZVG u. ZPO vom 13. 10. 1925 — bad. GVBl S. 301),

dd) grundsätzlich für die Aufnahme öffentlicher Urkunden (§ 22 bad. LFGG), die Notare (sog. Amtsnotare) zuständig. Der badische Notar ist ein staatlicher Beamter mit Befähigung zum Richteramt. Die Notariate, die mit einem oder mehreren Notaren besetzt sind, sind staatliche Behörden und mit einer Geschäftsstelle und einer Kanzlei ausgestattet. Jeder Notar besucht regelmäßig die zu seinem Bezirk gehörenden GB-Ämter und erledigt die Amtsgeschäfte. Hierbei unterstützen ihn die Ratschreiber als GB-Hilfsbeamte. Lediglich in den GB-Ämtern der größeren Städte sind staatliche GB-Beamte tätig. Im Gegensatz zu dem Landesteil Württemberg sind die bad. Notare nicht für die Geschäfte des VormdschGerichts zuständig.

c) Im Landesteil Württemberg besteht in jeder Gemeinde nicht nur ein staatliches GB-Amt (Art. 15 württ. AGBGB vom 29. 12. 1931, württ. RegBl S. 545, auszugsweise abgedruckt in Keidel, FGG, Anh. 16), sondern weiterhin ein staatliches VormdschGericht (ordentliches VormdschGericht, vgl. Art. 61 württ. AGBGB) und ein staatliches NachlGericht (ordentliches NachlGericht, vgl. Art. 73 württ. AGBGB). Die Geschäfte des ordentlichen Vormdsch Gerichts und grundsätzlich auch die Geschäfte des ordentlichen NachlGerichts werden von den Bezirksnotaren besorgt (Art. 62 und 74 württ. AGBGB). Die dem AG als VormdschGericht vorbehaltenen Geschäfte sind in Art. 68 württ. AGBGB, die dem AG als NachlGericht vorbehaltenen Geschäfte in Art. 91 AGBGB aufgezählt. Die Geschäfte des GB-Amts werden ebenfalls vom Bezirksnotar geführt (Art. 17 AGBGB). In Zwangsversteigerungs und Zwangsverwaltungsangelegenheiten kann das VollstrGericht die Amtshandlungen, mit Ausnahme der früher in § 13 Abs. 1 EGZVG genannten und einiger weiterer Geschäfte ,auf einen von ihm zu bestellenden Zwangsversteigerungskommissär übertragen. Regelmäßig wird ein Bezirksnotar bestellt; daneben ist die Bestellung eines UrkB der Geschäftsstelle zulässig.

Der württ. Bezirksnotar ist ein staatlicher Beamter des gehobenen Dienstes mit der besonderen Notariatslaufbahn (5jährige Ausbildung und Lehrgang von 8 Monaten gemäß württ. VO vom 8. 7. 1931 (württ. RegBl S. 328) und württ. VollzugsO vom 4. 9. 1931, württ. ABl S. 79; vgl. Korintenberg, RpflBl 1957, 82). Er ist kraft seines Amtes verpflichtet, innerhalb eines Bezirks die Geschäfte des GB-Amts, des VormdschGerichts und des NachlGerichts zu übernehmen und außerdem die ihm auf Grund sonstiger Vorschriften obliegenden Geschäfte zu erledigen. Er ist endlich zugleich öffentlicher Notar (Art. 12 und 95 württ. AGBGB). Im Gegensatz zu der badischen Regelung steht ihm jedoch nicht das grundsätzliche Urkundsmonopol zu. Vielmehr sind in dem im FGG vorgesehenen Umfang auch die Gerichte zur Aufnahme öffentlicher Urkunden befugt, wenn dies auch kaum praktisch wird. In geringem Umfang sind schließlich neben dem Bezirksnotar noch öffentliche Notare (Nurnotare) und Rechtsanwaltsnotare zugelassen (vgl. Baur § 5 III b 2).

Der Bezirksnotar wird bei seiner Tätigkeit von den Ratschreibern, meist den Bürgermeistern der Gemeinden, als Hilfsbeamten unterstützt (Art. 18, 32, 66, 75 württ. AGBGB; vgl. Baur aaO; Haegele, Merkbuch für Bürgermeister und Ratschreiber, 1953).

2. Zu Abs. 1 bis 3 (Rpfl des bad. Rechtsgebietes).

Soweit den bad. Notariaten und GB-Ämtern zum Rpfl-Amt befähigte Beamte zugewiesen sind, sind ihnen, und zwar neben dem Notar (Abs. 3) folgende Geschäfte übertragen:

a) die Nachlaß- und Teilungssachen i. S. des 5. Abschnitts des FGG sowie die Geschäfte gemäß §§ 2259, 2260, 2262, 2263, 2264 BGB (§ 3 Abs. 1 Nr. 2b d. Ges.), jedoch ohne die in § 13 d. Ges. dem NachlRichter vorbehaltenen Angelegenheiten;
b) die GB-Sachen (§ 3 Abs. 1 Nr. 2f d. Ges.), jedoch ohne die in § 17 d. Ges. dem Richter vorbehaltenen Geschäfte;
c) die in § 20 Abs. 1 d. Ges. dem Rpfl einzeln übertragenen Geschäfte aus dem Gebiet der Zwangsversteigerung und Zwangsverwaltung (vgl. § 3 Abs. 1 Nr. 3b d. Ges.);
d) die in § 23 Nr. 6 und 7 d. Ges. dem Rpfl übertragenen einzelnen Beurkundungsgeschäfte (vgl. § 3 Abs. 1 Nr. 3e d. Ges.), nämlich
   aa) die Beurkundung von Erklärungen über Annahme und Ausschlagung einer Erbschaft (§§ 1945, 1955 BGB) = Nr. 6;
   bb) die Beurkundung einer Erbscheinsverhandlung einschließlich der Abnahme einer eidesstattlichen Versicherung (§ 2356 BGB) = Nr. 7;

   dem einem GB-Amt zugewiesenen Rpfl außerdem (Abs. 2)

   cc) die öffentl. Beglaubigung einer Unterschrift oder eines Handzeichens (§ 23 Nr. 1 d. Ges.);
   dd) die Beurkundung der der Form des § 29 GBO bedürfenden Eintragungsbewilligungen und der sonstigen zur Eintragung in das Grundbuch erforderlichen Erklärungen mit Ausnahme der Schuldurkunden, der Unterwerfung unter die sofortige Zwangsvollstreckung, der Abtretungs- und Verpfändungserklärungen sowie der Empfangsbescheinigungen (§ 23 Nr. 8 d. Ges.) und
   ee) die Entgegennahme der Auflassungen (§ 23 Nr. 8 d. Ges.).

Da ein Notar in dem früheren Lande Baden bei den Geschäften, die er an Stelle des Gerichts wahrnimmt, einem Richter gleichsteht, ist es nur folgerichtig, daß er, insbesondere in den Fällen der §§ 4 Abs. 3 (Beeidigung von Zeugen usw.), 5 (Vorlage wegen abweichender Rechtsansicht, wegen rechtlicher Schwierigkeiten usw.), 10 (Entscheidung über die Erinnerung), an die Stelle des Richters tritt (Abs. 3 S. 2). Für die Entscheidung über die gegen die Entscheidung des Notars eingelegte Beschwerde ist das Landgericht gemäß § 18 bad. FGV vom 3. 12. 1926 (bad. GVBl S. 301) zuständig. Vgl. auch die entsprechende Regelung des § 156 KostO.

Für die zur Erledigung der in § 3 d. RpflGes. aufgezählten weiteren übertragenen Geschäfte den AGen zugewiesenen Rpfl gelten auch im bad. Rechtsgebiet die allgemeinen Vorschriften des RpflGes.

3. Zu Abs. 4 (Rpfl des württ. Rechtsgebietes).

Nach § 2 württ. AGBGB vom 29. 12. 1931 ist für die Abänderung der Entscheidung eines GB-Amts oder eines ordentlichen Vormdsch- oder NachlGerichts das AG zuständig, das die Dienstaufsicht über die entscheidende Behörde führt. Die Vorschrift des Abs. 4 stellt klar, daß über die Erinnerung gegen eine Entscheidung der genannten Behörde oder des Zwangsversteigerungskommissärs nicht der Rpfl, sondern stets der Richter zu entscheiden hat.

Für die zur Erledigung der in § 3 RpflGes. aufgezählten weiteren übertragenen Geschäfte den AGen zugewiesenen Rpfl gelten auch im württ. Rechtsgebiet die allgemeinen Vorschriften des RpflGes.

§ 34
Neugliederung der Gerichte in Baden-Württemberg

Das Land Baden-Württemberg kann bei der Neugliederung von Amtsgerichtsbezirken die Vorschriften des Grundbuch- und Notarrechts, die am Sitz des Amtsgerichts gelten, auf die dem Bezirk dieses Amtsgerichts neu eingegliederten Gebietsteile erstrecken. Mit dem Inkrafttreten einer solchen Bestimmung gelten in den eingegliederten Gebietsteilen die bundesrechtlichen Vorschriften des Grundbuch- und Notarrechts insoweit, als sie am Sitz des Amtsgerichts in Kraft sind.

1. Die Bestimmung steht nicht in unmittelbarem Zusammenhang mit dem RpflGes. Sie soll dem Lande Baden-Württemberg ermöglichen, seine Gerichtsbezirke neu zu ordnen (Bericht des Aussch. für Rechtswesen und Verfassungsrecht).

§ 35
Aufhebung von Vorschriften

(1) Folgende Vorschriften werden aufgehoben:

1. Artikel VI des Gesetzes zur Entlastung der Gerichte vom 11. März 1921 (Reichsgesetzblatt S. 229) mit Ausnahme des § 1 Nr. III und des § 3 Abs. 1 sowie die Reichs-Entlastungsverfügung des Reichsministers der Justiz vom 3. Juli 1943 (Deutsche Justiz S. 339) in der Fassung der Allgemeinen Verfügungen vom 5. Juni und vom 19. September 1944 (Deutsche Justiz S. 185 und S. 249);

2. § 13 des Einführungsgesetzes zu dem Gesetz über die Zwangsversteigerung und die Zwangsverwaltung;

3. die landesrechtlichen Vorschriften über den Ausbildungsgang und die Rechtsstellung der als Rechtspfleger tätigen Beamten, soweit sie den Vorschriften dieses Gesetzes entgegenstehen;

4. das preußische Gesetz betreffend die Übertragung richterlicher Geschäfte in Zwangsversteigerungs- und Zwangsverwaltungssachen auf den Urkundsbeamten der Geschäftsstelle vom 15. Dezember 1923 (Preußische Gesetzsammlung S. 552);

5. die Allgemeine Verfügung des Reichsministers der Justiz über die geschäftliche Behandlung der Angelegenheiten betreffend die Kapitalkreditbeschaffung für landwirtschaftliche Pächter vom 6. November 1939 (Deutsche Justiz S. 1719).

(2) Vorschriften, die auf Grund des § 13 des Einführungsgesetzes zu dem Gesetz über die Zwangsversteigerung und die Zwangsverwaltung von den früheren Ländern Baden und Württemberg erlassen sind, bleiben in Kraft. Das Land Baden-Württemberg kann die Bestimmungen aufheben, im Rahmen des nach Absatz 1 Nr. 2 aufgehobenen § 13 des Einführungsgesetzes ändern und auf andere Teile seines Gebietes erstrecken.

1. Zu Abs. 1:

a) Zu Nr. 1: Da das Rpfl-Ges. grundsätzlich an die Stelle des REntlG und der auf ihm beruhenden REntlV getreten ist, konnten mit dem Inkrafttreten des Rpfl-Ges. gleichzeitig die Vorschriften, durch die bisher die Entlastung geregelt war, aufgehoben werden. Zur Aufhebung der REntlV, die s. Zt. als „Allg. Verfügung" im Verwaltungswege erlassen worden ist, hätte es an sich nicht eines formalen Gesetzes bedurft. Da die REntlV aber möglicherweise den Charakter einer gesetzesvertretenden Rechtsverordnung hatte, erschien dem Gesetzgeber diese Form zweckmäßig, weil dadurch klare Verhältnisse geschaffen werden konnten (Amt. Begründung).

Ausgenommen von der Aufhebung sind lediglich die auf die Strafvollstreckung bezüglichen Vorschriften des Art. VI § 1 Nr. III und § 3 Abs. 1 REntlG, da die Strafvollstreckung im Rpfl-Ges. nicht geregelt ist. Die genannten Vorschriften gelten unverändert weiter und bilden die Grundlage der Entlastung in Strafvollstr-Sachen (vgl. Erläut. 1 zu § 1 und 3d zu § 26 d. Ges.).

b) Zu Nr. 2: Nach § 13 Abs. 1 EGZVG konnte durch Landesgesetz bestimmt werden, daß die im ZVG dem VollstrGericht zugewiesenen Amtshandlungen, soweit nicht über die Anordnung, Aufhebung oder Verbindung des Verfahrens oder über die Zulassung des Beitritts eines Gläubigers zu entscheiden war, von einer anderen Behörde oder einem Beamten oder einem Notar ganz oder teilweise wahrzunehmen sind. Wie in Vorbem. zu § 20 d. Ges. ausgeführt, haben — abgesehen von den Ländern Bayern, Württemberg und Baden, die bis zum Inkrafttreten der RNotO mit diesen Aufgaben die Notare betraut hatten — die Länder von dieser Ermächtigung keinen Gebrauch gemacht (vgl. auch unten zu d). Da nunmehr die Übertragung von Geschäften im Zwangsversteig- und Zwangsverwverfahren in § 20 d. Ges. allgemein geregelt ist, ist die Vorschrift des § 13 EGZVG entbehrlich geworden und konnte infolgedessen aufgehoben werden. Die für Baden-Württemberg erforderlichen besonderen Vorschriften sind in Abs. 2 und § 33 d. Ges. enthalten (s. die dort. Erläut.).

c) Zu Nr. 3: Durch §§ 2 und 8 d. Ges. sind die Grundsätze für die Ausbildung des Rpfl und seine Rechtsstellung geregelt. Soweit Landesgesetze mit diesen Vorschriften nicht im Einklang stehen, sind sie außer Kraft getreten.

d) Zu Nr. 4: Das preuß. Gesetz betr. die Übertragung richterl. Geschäfte in Zwangsversteigerungs- und Zwangsverwaltungssachen auf Gerichtsschreiber vom 15. 12. 1923 (preuß. GS S. 552), das auf Grund des § 13 EGZVG erlassen, aber nicht praktisch geworden war, ist ebenso wie § 13 EGZVG entbehrlich geworden und konnte deshalb aufgehoben werden.

e) Zu Nr. 5: Da die Pachtkreditsachen durch § 3 Abs. 1 Nr. 1 d d. Ges. in vollem Umfange auf den Rpfl übertragen worden sind, konnte die früher ihre Übertragung regelnde AV vom 6. 11. 1939 (DJ S. 1719) aufgehoben werden.

2. Zu Abs. 2:

Die Vorschrift des Abs. 2 gestattet dem Lande Baden-Württemberg, sein auf Grund des nach Abs. 1 Nr. 2 außer Kraft tretenden § 13 EGZVG geltendes Landesrecht (vgl. dazu die Erläut. zu § 33 d. Ges.) beizubehalten und auf andere Gebietsteile zu erstrecken.

§ 36
Geltung in Berlin

Dieses Gesetz gilt nach Maßgabe des § 13 Abs. 1 des Dritten Überleitungsgesetzes vom 4. Januar 1952 (Bundesgesetzbl I S. 1) auch im Land Berlin.

1. Die Vorschrift des § 13 Abs. 1 des 3. ÜberlGes. vom 4. 1. 1952 bestimmt, daß sonstiges Bundesrecht (außer dem Bundesabgabenrecht), das für den übrigen Geltungsbereich des GG verkündet wird und dessen Geltung im Gebiet des Landes Berlin ausdrücklich bestimmt wird, binnen eines Monats nach seiner Verkündung im BGBl oder im BAnz gemäß Art. 87 Abs. 2 der Verfassung von Berlin in Kraft gesetzt wird. Dies ist für das Rpfl-Ges. geschehen durch das Gesetz zur Übernahme des Rechtspflegergesetzes vom 12. 2. 1957 (BerlGVBl S. 179).

§ 37
Inkrafttreten

Das Gesetz tritt am 1. Juli 1957 in Kraft.

1. Das Gesetz ist im BGBl I Nr. 2 vom 8. 2. 1957 verkündet worden. Es ist am 1. 7. 1957 außer im Lande Berlin (vgl. § 36 d. Ges.) weiterhin auch im Saarland in Kraft getreten (vgl. Einl. 3 gE.).

Anhang

1. Verordnung zur Angleichung von Verfahrensvorschriften auf dem Gebiet des Zivilrechts an das Gerichtsverfassungsgesetz (Angleichungsverordnung)

(Vom 4.10.1952 GBl DDR S. 988)

Auszug

Auf Grund von § 70 des Gerichtsverfassungsgesetzes vom 2. Oktober 1952 (GBl S. 983) wird zur Anpassung der Verfahrungsvorschriften auf dem Gebiete des Zivilrechts an die Bestimmungen des Gerichtsverfassungsgesetzes verordnet:

Abschnitt I

Allgemeine Vorschriften

§ 4

Funktionen des ehemaligen Urkundsbeamten der Geschäftsstelle

In den einzelnen Bestimmungen der Zivilprozeßordnung tritt an die Stelle der Bezeichnung „Urkundsbeamter der Geschäftsstelle", soweit es sich um die Tätigkeit eines Protokollführers handelt, die Bezeichnung „Schriftführer", im übrigen die Bezeichnung „Sekretär".

Abschnitt IV

Der Sekretär

§ 28

Geschäfte des Sekretärs im Mahnverfahren

Für den Erlaß des Zahlungsbefehls und des Vollstreckungsbefehls ist der Sekretär beim Kreisgericht zuständig.

§ 29

Geschäfte des Sekretärs in der Zwangsvollstreckung

(1) Der Sekretär ist zuständig für

a) die Erteilung der vollstreckbaren Ausfertigung in den Fällen der §§ 730 Abs. 1, 733 Abs. 1 der Zivilprozeßordnung ohne Einholung einer Anordnung des Vorsitzenden;

b) die Entscheidung betreffend Rückgabe einer Sicherheit in den Fällen der §§ 109, 715 der Zivilprozeßordnung.

(2) Für die in bezug auf die Zwangsvollstreckung nach dem 8. Buch der Zivilprozeßordnung und nach den dazu ergangenen Nebengesetzen, Änderungsgesetzen und Ausführungsgesetzen von dem Vollstreckungsgericht zu treffenden Entscheidungen und Anordnungen ist der Sekretär des Gerichts zuständig. Das gleiche gilt für die Entscheidungen und Anordnungen, die in den Fällen der §§ 848, 854, 855 der Zivilprozeßordnung von einem anderen Gericht oder von dem Vergleichsgericht (§§ 872 bis 882 der Zivilprozeßordnung) zu treffen sind.

(3) Ausgenommen sind Entscheidungen auf Einwendungen und Erinnerungen gemäß § 766 der Zivilprozeßordnung; diese Entscheidungen sind von dem zuständigen Gericht ohne mündliche Verhandlung zu treffen.

§ 30
Geschäfte des Sekretärs im Aufgebotsverfahren

Der Sekretär ist für die in bezug auf das Aufgebotsverfahren dem Kreisgericht zugewiesenen Geschäfte mit Ausnahme der Wahrnehmung des Aufgebotstermins und des Erlasses des Ausschlußurteils zuständig.

§ 31
Geschäfte des Sekretärs bei der Zwangsversteigerung und Zwangsverwaltung von Grundstücken

Der Sekretär ist für die in dem Gesetz über die Zwangsversteigerung und Zwangsverwaltung und in den dazu ergangenen Nebengesetzen und Ausführungsgesetzen dem Vollstreckungsgericht zugewiesenen Geschäfte zuständig.

§ 32
Befugnisse des Sekretärs

(1) Der Sekretär ist zu allen Maßnahmen befugt, die zur Erledigung der Geschäfte notwendig sind, für die er nach den Vorschriften dieses Abschnitts zuständig ist. Insbesondere hat der Sekretär die für seine Entschließung erforderlichen Unterlagen durch Befragung von Beteiligten, Vernehmung und erforderlichenfalls Vereidigung von Zeugen und Sachverständigen, Androhung und Verhängung von Ordnungsstrafen, Heranziehung von Akten und durch sonstige Ermittlungen zu beschaffen. Insoweit kann er auch um Rechtshilfe ersuchen.

(2) Der Sekretär entscheidet auch über ein Armenrechtsgesuch wenn das Gesuch ein Geschäft betrifft, für das er nach den Vorschriften dieses Abschnitts zuständig ist.

(3) In Angelegenheiten, die ausschließlich ein Geschäft betreffen, für das der Sekretär zuständig ist, ist er befugt, die Nichterhebung von Gerichtskosten nach § 6 des Gerichtskostengesetzes oder § 15 der Kostenordnung anzuordnen.

§ 33
Unterschrift des Sekretärs

Im Schriftverkehr und bei Aufnahme von Urkunden ist der Unterschrift die Bezeichnung als Sekretär beizufügen.

§ 34

Rechtsbehelfe

(1) Gegen alle Entscheidungen und Verfügungen des Sekretärs ist innerhalb von einer Woche die Erinnerung zulässig; über die Erinnerung entscheidet das Gericht ohne mündliche Verhandlung.

(2) Der Sekretär ist auf Grund einer Erinnerung zur Änderung seiner Entscheidung befugt.

(3) Gegen die Entscheidung des Gerichts über die Erinnerung ist die sofortige Beschwerde zulässig. Dies gilt nicht, soweit die Rechtsmittel in gesetzlichen Bestimmungen abweichend geregelt sind oder vorsehen, daß die Entscheidung des Sekretärs endgültig ist.

2. Modellentwurf einer Ausbildungsordnung für die Rechtspfleger (RpflAO)

(RpflBl 1957, 86)

§ 1

Voraussetzung der Ernennung

Zum Beamten des gehobenen Justizdienstes kann ernannt werden, wer einen Vorbereitungsdienst abgeleistet und die Prüfung für den gehobenen Justizdienst (Rechtspflegerprüfung) abgelegt hat.

§ 2

Voraussetzungen für die Zulassung zum Vorbereitungsdienst

Zum Vorbereitungsdienst können zugelassen werden:

1. Bewerber, die
   a) an dem Tage, an dem sie den Antrag stellen, nicht älter als 30 Jahre sind,
   b) die gesetzlichen Voraussetzungen für die Ernennung zum Beamten erfüllen,
   c) das Reifezeugnis einer höheren Lehranstalt besitzen; das Zeugnis der mittleren Reife reicht aus, wenn die Bewerber über dem Durchschnitt stehende Leistungen aufweisen.
2. Beamte des mittleren Justizdienstes, wenn sie nicht älter als 40 Jahre sind, die Prüfung für den mittleren Justizdienst bestanden und sich sodann im Justizdienst vier Jahre besonders bewährt haben, die erforderliche Allgemeinbildung besitzen und zu erwarten steht, daß sie die Prüfung für den gehobenen Justizdienst bestehen werden.
3. Ausnahmsweise Bewerber, die die erste juristische Staatsprüfung bestanden haben, wenn sie die für den gehobenen Justizdienst erforderliche Eignung besitzen und eine dauernde Verwendung in diesem Dienst anstreben.

§ 3

Bewerbung und Zulassung

(1) Die Bewerber richten ihr Gesuch an den ... (Oberlandesgerichtspräsidenten des Bezirks, in dem sie zugelassen zu werden wünschen).

(2) Dem Gesuch sind beizufügen:

a) ein vom Bewerber selbst verfaßter und eigenhändig geschriebener Lebenslauf mit Lichtbild,
b) eine Geburtsurkunde,
c) das Reifezeugnis oder die Zeugnisse der letzten 3 Schuljahre,
d) ein polizeiliches Führungszeugnis,
e) Zeugnisse über Beschäftigungen seit der Schulentlassung,
f) ein amtsärztliches Gesundheitszeugnis,
g) eine Erklärung, ob und welche Schulden der Bewerber hat,
h) eine Erklärung, ob der Bewerber gerichtlich bestraft ist und ob gegen ihn ein gerichtliches Strafverfahren oder ein Ermittlungsverfahren der Staatsanwaltschaft anhängig ist oder anhängig gewesen ist,
i) bei Minderjährigen die Einwilligung des gesetzlichen Vertreters,
k) etwa vorhandene Zeugnisse über die Beherrschung der deutschen Kurzschrift und der Schreibmaschine.

(3) Bewerber, die bereits im Justizdienst stehen, reichen ihr Gesuch auf dem Dienstwege ein. Soweit die erforderlichen Unterlagen in den Personalakten enthalten sind, kann auf sie Bezug genommen werden. Der Vorstand der Beschäftigungsbehörde hat sich eingehend über den Bewerber zu äußern.

(4) Die Entscheidung über die Bewerbungsgesuche trifft der ... (Oberlandesgerichtspräsident). Die Zulassung von Aufstiegsbeamten kann von einer Vorprüfung abhängig gemacht werden, nähere Bestimmungen bleiben vorbehalten.

§ 4

Dienstverhältnisse, Dienstbezeichnung und Bezüge während des Vorbereitungsdienstes

(1) Die Bewerber werden in das Beamtenverhältnis auf Widerruf (auf Kündigung) berufen und leisten bei ihrem Dienstantritt den Treueid (Diensteid) der Beamten; sie führen während des Vorbereitungsdienstes die Dienstbezeichnung „Rechtspflegeranwärter".

(2) Die Anwärter erhalten nach den hierfür geltenden Vorschriften einen Unterhaltszuschuß.

(3) Die Absätze 1 und 2 gelten nicht für die Beamten des mittleren Justizdienstes. Diese behalten während des Vorbereitungsdienstes die Dienstbezüge ihrer Stelle; sie führen ihre bisherige Amtsbezeichnung weiter.

§ 5

Dauer des Vorbereitungsdienstes

(1) Der Vorbereitungsdienst dauert 3 Jahre. Der ... (Oberlandesgerichtspräsident) kann einzelne Ausbildungsabschnitte verlängern, wenn der Anwärter den Anforderungen noch nicht genügt.

(2) Die Beschäftigungszeit im mittleren Justizdienst kann bis zur Dauer von 10 Monaten, die Beschäftigungszeit im juristischen Vorbereitungsdienst bis zur Dauer von 15 Monaten auf den Vorbereitungsdienst angerechnet werden.

(3) Erholungsurlaub und Krankheitszeiten werden regelmäßig nur auf das einzelne Ausbildungsjahr und nur insoweit angerechnet, als sie zusammen während dieses Jahres 30 Arbeitstage nicht überschreiten. Dadurch darf der Erfolg der einzelnen Ausbildungsabschnitte nicht beeinträchtigt werden; unter Umständen sind daher Urlaub und Krankheit auf mehrere Abschnitte anzurechnen.

§ 6

Gliederung des Vorbereitungsdienstes

Der Vorbereitungsdienst gliedert sich in drei Hauptabschnitte:

1. die praktische Einführung in die gerichtliche Tätigkeit bei einem mittleren oder kleinen Amtsgericht;
   Dauer: 10 Monate;
2. den fachwissenschaftlichen Lehrgang an einer Rechtspflegerschule;
   Dauer: 10 Monate;
3. die praktische Ausbildung bei einem großen Amtsgericht mit Gerichtskasse, einem Landgericht und einer Staatsanwaltschaft;
   Dauer: 16 Monate.

§ 7

Leitung der praktischen Ausbildung

(1) Die praktische Ausbildung der Anwärter (§§ 6 Nr. 1 und 3, §§ 8 und 10) leitet der . . . (Oberlandesgerichtspräsident) (§ 3). Er bestimmt die Gerichte und . . . (im Benehmen mit dem Generalstaatsanwalt) die Staatsanwaltschaft, bei denen der Anwärter ausgebildet wird; er regelt die Reihenfolge und die Dauer der Beschäftigung bei den einzelnen Stellen. Einem späteren Ausbildungsabschnitt darf der Anwärter erst überwiesen werden, wenn er das Ziel des früheren Abschnitts erreicht hat.

(2) Für die Ausbildung ist der Behördenvorstand verantwortlich. Er setzt die Reihenfolge und die Dauer der Beschäftigung bei den einzelnen Abteilungen der Behörde fest und bestimmt die Beamten, die den Anwärter ausbilden sollen. Mit der Ausbildung sollen nur solche Beamte betraut werden, die über die nötigen Kenntnisse verfügen und nach ihrer Persönlichkeit hierzu geeignet sind. Die Beamten sind verpflichtet, die ihnen überwiesenen Anwärter mit allen Arbeiten ihres Geschäftsbereichs möglichst vielseitig zu beschäftigen und ihnen jede erforderliche Belehrung zuteil werden zu lassen.

(3) Durch ausgiebige Zuteilung von praktischen Arbeiten aus dem jeweiligen Ausbildungsgebiet sollen die Anwärter angehalten werden, sich mit den einschlägigen gesetzlichen und sonstigen Bestimmungen vertraut zu machen, sich ein eignes Urteil zu bilden und sich frühzeitig an ein selbständiges Arbeiten zu gewöhnen.

(4) Ständig sich wiederholende Arbeiten dürfen den Anwärtern nur insoweit übertragen werden, als sie der Ausbildung dienen. Eine Beschäftigung nur zur Entlastung von anderen Beamten oder Angestellten ist unzulässig.

(5) Der Anwärter ist verpflichtet, auch durch gewissenhaftes Selbststudium an der Vervollkommnung seines fachlichen Wissens zu arbeiten.

§ 8

Erster Hauptabschnitt des Vorbereitungsdienstes

(1) Die Ausbildung im ersten Hauptabschnitt soll den Anwärter in die Geschäfte des gehobenen Justizdienstes einführen und mit den für Rechtspfleger in Betracht kommenden Gesetzen und Dienstvorschriften vertraut machen. Daneben soll der Anwärter auch einen Einblick in die Aufgaben des mittleren Justizdienstes, die Kanzleigeschäfte und die Obliegenheiten des einfachen Dienstes (Geschäfte der Justizwachtmeister) gewinnen. Zu Beginn des Vorbeitungsdienstes ist der Anwärter durch einen erfahrenen Richter oder Rechtspfleger allgemein in die Aufgaben der Justiz einzuführen und über die besonderen Rechte und Pflichten des Beamten zu belehren.

(2) Die praktische Ausbildung bei einem mittleren oder kleinen Amtsgericht dauert 10 Monate. Davon entfallen auf

a) bürgerliche Rechtsstreitigkeiten	2 Monate
b) Strafverfahren und Strafvollstreckung	1 Monat
c) Grundbuch und sonstige freiwillige Gerichtsbarkeit	5 Monate
d) Zwangsvollstreckung einschl Gerichtsvollzieher, Zwangsversteigerung, Konkurs, Vergleich	2 Monate

(3) Die Ausbildung im Kostenwesen ist ein wesentlicher Bestandteil der Ausbildung in den einzelnen Sachgebieten. Der Anwärter muß sich daher jeweils auch mit den einschlägigen Kostenbestimmungen vertraut machen.

(4) Die Anwärter müssen während des ersten Hauptabschnittes des Vorbereitungsdienstes nachweisen, daß sie die deutsche Kurzschrift und die Schreibmaschine ausreichend beherrschen.

(5) Die praktische Ausbildung wird durch einen planmäßigen Unterricht und durch Übungen ergänzt. Der Unterricht umfaßt das geltende Recht und alle Dienstvorschriften, die für den Rechtspfleger von Bedeutung sind. In den Übungen werden praktische Fälle aus dem künftigen Arbeitsgebiet der Anwärter behandelt, die an Hand von Akten und Vordrucken gemeinsam mündlich erörtert werden; mindestens einmal im Monat sollen auch einfachere Aufgaben zur schriftlichen Bearbeitung gestellt werden. Auf den Unterricht und die Übungen sollen monatlich im ganzen 8 Doppelstunden verwandt werden. Das Nähere bestimmt der . . . (Oberlandesgerichtspräsident).

(6) Zu Beginn des letzten Monats der Ausbildung berichtet der Behördenvorstand an den . . . (Oberlandesgerichtspräsidenten), ob der Anwärter das Ziel der Ausbildung im Abschnitt voraussichtlich erreichen wird.

§ 9

Zweiter Hauptabschnitt des Vorbereitungsdienstes

(1) Der fachwissenschaftliche Lehrgang dauert 10 Monate. Er soll dem Anwärter die nötigen theoretischen Kenntnisse für die praktische Tätigkeit vermitteln. Dem Anwärter soll Gelegenheit gegeben werden, sich im freien Vortrag zu üben.

(2) Die Lehrgänge werden an einer Rechtspflegerschule durchgeführt, die der Aufsicht des Justizministers untersteht. Die Lehrgänge können auch an der Rechtspflegerschule eines anderen Landes durchgeführt werden.

(3) Der Justizminister bestellt einen Richter oder Beamten des höheren Dienstes zum Lehrgangsleiter; dieser setzt den Lehrplan fest, legt ihn zur Genehmigung vor und sorgt für den ordnungsmäßigen Ablauf des Unterrichts.

(4) Der Unterricht wird durch Vorlesungen, Vorträge, Besprechungen und Übungen erteilt. Er soll sich von der Erörterung entlegener Arbeitsgebiete freihalten und sich vornehmlich mit der für die Praxis erforderlichen Ausbildung auf den Wissensgebieten befassen, die nach § 18 Abs. 5 Gegenstand der mündlichen Prüfung sind.

(5) Der Unterricht soll wöchentlich etwa 30 Stunden umfassen. Dem Anwärter muß hinreichende Zeit verbleiben, das Gehörte zu verarbeiten und sein Wissen durch häusliches Studium zu erweitern und zu vertiefen.

(6) Die Anwärter fertigen während des Lehrganges schriftliche Arbeiten unter Aufsicht an. Ferner werden ihnen Aufgaben zur schriftlichen häuslichen Bearbeitung gestellt. Sämtliche Arbeiten sind durch den Lehrer zu begutachten und dann mit den Anwärtern zu besprechen. Die unter Aufsicht gefertigten Arbeiten sind aufzubewahren und später zu den Prüfungsakten zu nehmen.

§ 10

Dritter Hauptabschnitt des Vorbereitungsdienstes

(1) Die Ausbildung im dritten Hauptabschnitt soll dem Anwärter Gelegenheit geben, die im Lehrgang erworbenen Kenntnisse in der Praxis anzuwenden; sie soll ihn so fördern, daß er am Schlusse der Ausbildung in der Lage ist, alle Angelegenheiten, die zu den Aufgaben der Rechtspfleger und zu den sonstigen Aufgaben der Beamten des gehobenen Justizdienstes gehören, selbständig zu bearbeiten.

(2) Die praktische Ausbildung bei einem großen Amtsgericht, einem Landgericht und einer Staatsanwaltschaft dauert 16 Monate. Davon entfallen auf die Ausbildung

a) beim großen Amtsgericht 12 Monate, und zwar auf	
bürgerliche Rechtstreitigkeiten	1 Monat
Zwangsvollstreckungssachen einschließlich Gerichtsvollzieher	1 Monat
Grundbuchsachen	3 Monate
Zwangsversteigerungssachen einschließlich Rechnungsbeamter, Konkurs- und Vergleichsverfahren	2 Monate
Registersachen und sonstige freiwillige Gerichtsbarkeit	2 Monate
Vormundschaftssachen, Nachlaßsachen	2 Monate
Gerichtskasse und Hinterlegungsstelle	1 Monat
b) bei der Staatsanwaltschaft	1 Monat
c) bei dem Landgericht 3 Monate, und zwar auf Zivilsachen und Strafsachen	1 Monat
Justizverwaltung und Bezirksrevisor	2 Monate

§ 8 Abs. 3 findet Anwendung.

(3) Der . . . (Oberlandesgerichtspräsident) kann im Einzelfall auf Antrag des Anwärters gestatten, daß der Anwärter bis zur Dauer von 2 Monaten zur Ausbildung einem Gericht für Arbeitssachen zugewiesen wird. Ob und in welchem Umfange die Ausbildung bei dem Gericht für Arbeitssachen auf andere der im Abs. 2 festgesetzten Ausbildungsabschnitte angerechnet wird, entscheidet der . . . (Oberlandesgerichtspräsident).

(4) Die Ausbildung beim Bezirksrevisor soll möglichst am Schluß der ganzen Ausbildung liegen.

(5) Die praktische Ausbildung wird durch einen planmäßigen Unterricht und durch Übungen ergänzt. § 8 Abs. 5 Satz 2 bis 5 gilt entsprechend.

(6) Anwärter, die in der Ausbildung genügend fortgeschritten sind, können Dienstleistungsaufträge im gehobenen Justizdienst erhalten, wenn dies der Ausbildung förderlich ist. Die Dienstleistungsaufträge können bei zufriedenstellenden Leistungen auf den Vorbereitungsdienst ganz oder teilweise angerechnet werden.

§ 11
Zeugnisse

(1) Jeder, dem ein Anwärter zur Ausbildung überwiesen ist, hat sich in einem eingehenden Zeugnis über Fähigkeiten, Kenntnisse, praktische Leistungen, Stand der Ausbildung und Führung des Anwärters zu äußern.

(2) Gegen Ende der einzelnen Ausbildungsabschnitte beurteilen die Ausbildungsleiter (§ 7 Abs. 2, § 9 Abs. 3) in einem Abschlußzeugnis zusammenfassend die Befähigung, Leistungen und Persönlichkeit des Anwärters.

(3) Die Leistungen im Vorbereitungsdienst sollen wie folgt bewertet werden:

ausgezeichnet	(1)	=	eine ganz ungewöhnliche Leistung
gut	(2)	=	eine besonders anzuerkennende Leistung
vollbefriedigend	(2 —)	=	eine den Durchschnitt erheblich überragende Leistung
befriedigend	(3 +)	=	eine über dem Durchschnitt stehende Leistung
ausreichend	(3)	=	eine Leistung, die durchschnittlichen Anforderungen entspricht
unzulänglich	(4)	=	eine an erheblichen Mängeln leidende nicht mehr brauchbare Leistung
ungenügend	(5)	=	eine völlig unbrauchbare Leistung.

§ 12
Entlassung aus dem Vorbereitungsdienst

(1) Zeigt sich ein Anwärter durch tadelnswerte Führung der Belassung im Dienst unwürdig oder schreitet er in seiner Ausbildung nicht hinreichend fort, oder liegt sonst ein wichtiger Grund vor, so kann ihn der . . . (Oberlandesgerichtspräsident) aus dem Vorbereitungsdienst entlassen.

(2) Schreitet der Anwärter in seiner Ausbildung nicht hinreichend fort, ist aber anzunehmen, daß er sich für den mittleren Justizdienst eignet, so kann ihn der . . . (Oberlandesgerichtspräsident) mit seinem Einverständnis in den Vorbereitungsdienst für den mittleren Justizdienst verweisen.

§ 13
Prüfungsausschuß

Die Rechtspflegerprüfung wird vor einem gemeinsamen Prüfungsausschuß für die Oberlandesgerichtsbezirke des Landes abgelegt.

§ 14
Zusammensetzung des Prüfungsausschusses

(1) Der Prüfungsausschuß besteht aus vier Mitgliedern. Der Vorsitzende und ein weiteres Mitglied müssen die Fähigkeit zum Richteramt besitzen. Die beiden anderen Mitglieder müssen die Rechtspflegerprüfung abgelegt haben. Von ihnen soll ein Mitglied auf dem Gebiet der Justizverwaltung sowie des Kosten-, Kassen- und Rechnungswesens besonders erfahren sein.

(2) Der Justizminister bestellt den Vorsitzenden, die übrigen Mitglieder des Prüfungsausschusses und die erforderlichen Stellvertreter widerruflich für die Dauer von 3 Jahren.

§ 15
Zulassung zur Prüfung

(1) Gegen Ende des Vorbereitungsdienstes stellt der . . . (Oberlandesgerichtspräsident) dem . . . (Präsidenten des Landesjustizprüfungsamts) den Anwärter vor, falls dieser für die Prüfung hinreichend vorbereitet erscheint. Dem Vorstellungsbericht sind die Personalakten, die Zeugnisse und die schriftlichen Arbeiten des Anwärters beizufügen.

(2) Ergeben sich keine Bedenken, so läßt der . . . (Präsident des Landesjustizprüfungsamts) den Anwärter zur Prüfung zu und übersendet die Akten dem Vorsitzenden des Prüfungsausschusses.

(3) Hält der . . . (Präsident des Landesjustizprüfungsamts) den Anwärter nicht für hinreichend vorbereitet, so verweist er ihn, wenn nicht nach § 12 Abs. 1 verfahren werden soll, in den Vorbereitungsdienst zurück und regelt dessen Art und Dauer[1]).

§ 16
Prüfung (Allgemeines)

(1) Die Prüfung besteht aus einem schriftlichen und einem mündlichen Teil. Die schriftliche Prüfung geht der mündlichen voraus.

(2) Leistet ein Anwärter der Vorladung zur schriftlichen oder mündlichen Prüfung ohne genügende Entschuldigung keine Folge oder tritt er ohne Genehmigung des Vorsitzenden des Prüfungsausschusses von der Prüfung zurück, so gilt die Prüfung als nicht bestanden.

(3) Einen Anwärter, der bei der Prüfung zu täuschen versucht oder einem anderen Prüfling hilft, kann der Prüfungsausschuß von der weiteren Teilnahme an der Prüfung ausschließen. Die Prüfung gilt dann als nicht bestanden. Ist die Prüfung bereits beendet, so kann der Prüfungsausschuß sie für nicht bestanden erklären.

(4) Über eine erst nach der Schlußentscheidung entdeckte Täuschung hat der Prüfungsausschuß zu befinden, wenn die Prüfung nicht bestanden war. War sie bestanden, so ist an den . . . (Präsidenten des Landesjustizprüfungsamtes) zu berichten. Er kann die Prüfung nachträglich für nicht bestanden erklären.

---

[1]) Die in § 16 Abs. 4 des früheren Referentenentwurfs (vgl. RpflBl 1956, 44) vorgesehenen Bestimmungen über Prüfungsgebühren sind hier nicht aufgenommen worden, weil verschiedentlich die Auffassung vertreten wird, daß die Erhebung von Prüfungsgebühren nur durch Rechts-VO geregelt werden kann.

§ 17

Schriftliche Prüfung

(1) Die schriftliche Prüfung schließt sich möglichst unmittelbar an den dritten Hauptabschnitt des Vorbereitungsdienstes an.

(2) Der . . . (Präsident des Landesjustizprüfungsamts) bestimmt für alle zu prüfenden Anwärter einheitlich die Zeit der schriftlichen Prüfung. Er wählt hierzu auf Vorschlag des Vorsitzenden des Prüfungsausschusses (§ 14 Abs. 1) die Prüfungsarbeiten aus, trifft die für die Geheimhaltung erforderlichen Anordnungen und bezeichnet die zulässigen Hilfsmittel.

(3) In der schriftlichen Prüfung fertigt der Anwärter an sechs Tagen unter Aufsicht sieben Arbeiten an, davon mindestens vier aus dem Gebiet der Rechtspflege; zwei Aufgaben sollen sich auf das Gebiet des Kostenwesens erstrecken.

(4) Die Aufsicht bei der Anfertigung der Arbeiten führt ein Beamter des gehobenen Justizdienstes.

(5) Der Anwärter muß die Arbeiten spätestens bei Ablauf der Bearbeitungsfrist an den Aufsichtsbeamten abgeben. Die zur Bearbeitung bestimmte Zeit richtet sich nach dem Umfang und der Schwierigkeit der einzelnen Aufgaben und wird durch den . . . (Präsidenten des Landesjustizprüfungsamts) festgesetzt; sie ist bei der Zuteilung auf der Aufgabe zu vermerken. Die Dauer der Bearbeitung der Aufgaben an einem Tage soll fünf Stunden nicht übersteigen.

(6) Der Aufsichtsbeamte fertigt eine Niederschrift an und vermerkt in ihr jede Unregelmäßigkeit. Er verzeichnet auf jeder Arbeit den Zeitpunkt der Ablieferung, verschließt die Arbeiten in einem Umschlag und versiegelt ihn. Er übermittelt die Arbeiten sodann unmittelbar dem Vorsitzenden des Prüfungsausschusses.

(7) Erscheint der Anwärter ohne genügende Entschuldigung zur Anfertigung auch nur einer Arbeit nicht (§ 16 Abs. 2), so gilt die Prüfung als nicht bestanden.

(8) Gibt der Anwärter ohne genügende Entschuldigung eine Arbeit nicht ab, so wird sie mit „ungenügend" bewertet.

(9) Sieht der Vorsitzende des Prüfungsausschusses das Ausbleiben des Anwärters oder die Nichtabgabe der Arbeit als entschuldigt an, so muß der Anwärter in einem neuen Prüfungstermin alle schriftlichen Arbeiten wiederholen.

§ 18

Mündliche Prüfung

(1) Die mündliche Prüfung schließt sich sobald als möglich an die schriftliche Prüfung an. In der Regel sollen nicht mehr als fünf Anwärter gleichzeitig geprüft werden.

(2) Vor der Prüfung soll der Vorsitzende des Prüfungsausschusses nach Möglichkeit mit jedem Anwärter Rücksprache nehmen, um schon vorher ein Bild von seiner Persönlichkeit zu gewinnen.

(3) Die Dauer der mündlichen Prüfung soll so bemessen sein, daß auf jeden Anwärter etwa eine Stunde entfällt. Sie wird durch eine angemessene Pause unterbrochen.

(4) Die mündliche Prüfung ist eine Verständnisprüfung. Fragen nach nebensächlichen Einzelheiten oder über entlegene Wissensgebiete sollen unterbleiben. Die Prüfung ist darauf zu richten, ob der Anwärter die für die Aufgaben eines

Rechtspflegers und für die sonstigen Aufgaben eines Beamten des gehobenen Justizdienstes erforderlichen Kenntnisse besitzt und ob er befähigt ist, sie zutreffend anzuwenden.

(5) Die Prüfung erstreckt sich auf:

I. das sachliche Recht und das Verfahrensrecht, und zwar
  a) Bürgerliches Recht,
  b) Grundbuchwesen,
  c) Vormundschaftswesen,
  d) Nachlaßwesen,
  e) Registerwesen und sonstige freiwillige Gerichtsbarkeit,
  f) Zivilprozeßrecht mit Einschluß des Arbeitsgerichtsverfahrens, des Rechts der Zwangsvollstreckung, der Immobiliarzwangsversteigerung sowie des Konkurs- und Vergleichsrechts,
  g) Gerichtsverfassungsrecht,
  h) Strafrecht und Strafprozeßrecht mit Einschluß der Strafvollstreckung und des Strafregisterwesens,
  i) Kostenrecht,
  k) Grundzüge des Handelsrechts mit Einschluß des Wechsel- und Scheckrechts,
  l) Grundzüge des Arbeitsrechts,
  m) Grundzüge des Landwirtschaftsrechts;

II. die Grundzüge des Verfassungs- und Beamtenrechts;

III. die Grundzüge der Justizverwaltung, und zwar
  a) Geschäftsleitung (allgemeine Verwaltungs- und Personalangelegenheiten, Geschäftsgang, Aktenordnung),
  b) Kassen- und Hinterlegungswesen,
  c) Haushalts- und Rechnungsbestimmungen,
  d) Reise- und Umzugskostenbestimmungen,
  e) Besoldungswesen, Hinterbliebenenversorgung und Tarifrecht.

(6) Der Vorsitzende des Prüfungsausschusses kann Richtern und Beamten, die ein dienstliches Interesse nachweisen, sowie Anwärtern, die zur Prüfung heranstehen, die Anwesenheit in der mündlichen Prüfung gestatten.

§ 19

Entscheidungen des Prüfungsausschusses
Allgemeiner Grundsatz

Alle Entscheidungen über Prüfungsleistungen fällt der Prüfungsausschuß mit Stimmenmehrheit; bei Stimmengleichheit gibt die Stimme des Vorsitzenden den Ausschlag.

§ 20

Vorbereitung der Entscheidung

(1) Die schriftlichen Arbeiten werden von dem Prüfungsausschuß nach § 11 Abs. 3 bewertet.

(2) Vor Beginn der mündlichen Prüfung findet eine Vorberatung des Ausschusses statt, zu der sämtliche Prüfungsunterlagen vorliegen müssen. In ihr werden die Ansichten über die Persönlichkeit und die Prüfungsleistungen der Anwärter unter den Mitgliedern des Ausschusses ausgetauscht.

§ 21
Schlußberatung

Im Anschluß an die mündliche Prüfung berät der Ausschuß über das Ergebnis der Prüfung. Grundlage der Beratung bilden die schriftlichen Prüfungsleistungen und die Leistungen in der mündlichen Prüfung unter Berücksichtigung der vorgelegten Bescheinigungen und Zeugnisse. Entscheidend ist, ob der Anwärter nach dem in der Prüfung gewonnenen Gesamtbild zum Beamten des gehobenen Justizdienstes geeignet ist.

§ 22
Schlußentscheidung

(1) Entsprechen die Leistungen des Anwärters insgesamt den Anforderungen, so wird die Prüfung für bestanden erklärt, und zwar als „ausreichend", „befriedigend", „vollbefriedigend", „gut" oder „ausgezeichnet" (vgl. § 11 Abs. 3).

(2) Genügen die Leistungen nicht, so ist die Prüfung nicht bestanden. In diesem Falle wird bei den in § 2 Nr. 1 und 3 bezeichneten Anwärtern zugleich darüber entschieden, ob der Anwärter die für den mittleren Justizdienst erforderlichen Kenntnisse und Fähigkeiten besitzt. Wird diese Frage bejaht, so wird die Prüfung für diese Laufbahn als bestanden erklärt. Die Entscheidung darüber, ob der Anwärter in den mittleren Justizdienst zu überführen ist, trifft der ..... (Oberlandesgerichtspräsident).

(3) Die Schlußentscheidung gibt der Vorsitzende dem Anwärter mündlich bekannt.

§ 23
Beurkundung des Prüfungsergebnisses und Erteilung des Zeugnisses

(1) Über den Prüfungshergang wird eine Niederschrift aufgenommen, in der festgestellt werden:

a) die Bewertung der schriftlichen Arbeiten,
b) die Gegenstände und das Ergebnis der mündlichen Prüfung,
c) die Schlußentscheidungen des Prüfungsausschusses.

(2) Ist die Prüfung nicht bestanden, so wird in der Niederschrift vermerkt, welchen weiteren Vorbereitungsdienst der Prüfungsausschuß für erforderlich hält.

(3) Die Niederschrift ist von dem Vorsitzenden des Prüfungsausschusses zu unterzeichnen. Der Vorsitzende übersendet sie mit den sonstigen Prüfungsvorgängen und Personalakten an den .... (Präsidenten des Landesjustizprüfungsamtes).

(4) Der .... (Präsident des Landesjustizprüfungsamtes) erteilt dem Anwärter, der die Prüfung bestanden hat, ein Zeugnis und übersendet die Personalakten der Anwärter mit je einer beglaubigten Abschrift der Niederschrift an den ..... (Oberlandesgerichtspräsidenten des Stammbezirks).

§ 24

Rechtsbehelfe

(1) Die Entscheidungen des Prüfungsausschusses, die eine Beurteilung der Prüfungsleistungen enthalten, können nicht abgeändert werden. § 16 Abs. 3 Satz 3 bleibt unberührt.

(2) Im übrigen kann der Anwärter die Entscheidung des .... (Präsidenten der Landesjustizprüfungsamtes) anrufen.

§ 25

Wiederholung der Prüfung

(1) Hat der Anwärter die Prüfung nicht bestanden (§ 12 Abs. 2, § 16 Abs. 3 und 4). so darf er sie einmal wiederholen. Die Prüfung ist vollständig zu wiederholen; einzelne Prüfungsleistungen können nicht erlassen werden.

(2) Der weitere Vorbereitungsdienst beträgt mindestens sechs Monate. Art und Dauer bestimmt der ..... (Oberlandesgerichtspräsident des Stammbezirks). Er soll dabei die Vorschläge des Prüfungsausschusses (§ 23 Abs. 2) berücksichtigen.

(3) Ein Anwärter, der die Prüfung wiederholt nicht bestanden hat, wird aus dem Vorbereitungsdienst entlassen. § 22 Abs. 2 Satz 2 bis 4 ist anzuwenden. Beamte des mittleren Justizdienstes, die die Prüfung auch nach Wiederholung nicht bestehen, treten in ihre frühere Beschäftigung zurück.

§ 26

Der Anwärter nach bestandener Prüfung

(1) Nach bestandener Prüfung kann der Anwärter zum .... (außerplanmäßigen Justizinspektor) ernannt werden. Ein Anspruch auf die Ernennung besteht nicht.

(2) Planmäßige Beamte des mittleren Justizdienstes führen bis zur Ernennung als Justizinspektor ihre bisherige Amtsbezeichnung weiter. Bei der Bearbeitung von Rechtspflegergeschäften haben sie die Bezeichnung „als Rechtspfleger" hinzuzufügen.

§ 27

Inkrafttreten

(1) Die Ausbildungsordnung tritt am .... in Kraft. Zu diesem Zeitpunkt treten entgegenstehende Vorschriften, insbesondere die Ausbildungsordnung für die Rechtspfleger vom 26. Februar 1941 — DJ. S. 282 — außer Kraft.

(2) Die Ausbildung der bei dem Inkrafttreten dieser Ausbildungsordnung bereits im Dienst befindlichen Anwärter richtet sich nach den bisherigen Vorschriften, jedoch sind die nunmehr geltenden Bestimmungen, soweit möglich, zu berücksichtigen.

(3) Anwärter, die bis zum Inkrafttreten dieser Ausbildungsordnung die Rechtspflegerprüfung noch nicht abgelegt haben, sind von dem nach § 13 zu errichtenden gemeinsamen Prüfungsausschuß zu prüfen.

3. AV des Landes Nordrhein-Westfalen betr. die Übertragung von Geschäften des gehobenen Justizdienstes auf Beamte des mittleren Justizdienstes vom 27. 11. 1953 (JMBl NRW S. 277).

I.

1. Die Erledigung folgender Geschäfte wird auf die Beamten des mittleren Justizdienstes übertragen:

a) die Aufstellung von Kostenrechnungen in Strafsachen und Offenbarungseidsachen;

b) die Anordnung der Zustellung;

c) die Fertigung und Vollziehung der Zählkarten und Strafnachrichten;

d) die Führung des Strafregisters und die Auskunfterteilung aus diesem Register;

e) die Eintragungen in die Konkurstabelle;

f) die dem Urkundsbeamten der Geschäftsstelle nach den §§ 1—3 der Verordnung des fr. RJM zur Ausführung der Grundbuchordnung vom 8. August 1935 (RGBl I S. 1089) zugewiesenen Geschäfte sowie die Führung des Tagebuchs;

g) die Bearbeitung von Justizverwaltungsangelegenheiten einfacher Art, die von den Oberlandesgerichspräsidenten und Generalstaatsanwälten als zur Übertragung geeignet bezeichnet werden.

2. Der Beamte des mittleren Justizdienstes hat die ihm nach Abs. 1 übertragenen Sachen dem Beamten des gehobenen Justizdienstes vorzulegen, wenn dies mit Rücksicht auf rechtliche und tatsächliche Schwierigkeiten erforderlich erscheint. Der Beamte des gehobenen Dienstes kann die Bearbeitung selbst übernehmen oder Weisungen über die Art der Bearbeitung geben. Diese Weisungen sind für den Beamten des mittleren Dienstes bindend.

3. Soweit zur Erledigung der übertragenen Geschäfte geeignete Beamte des mittleren Justizdienstes nicht zur Verfügung stehen, werden diese vorerst weiterhin von Beamten des gehobenen Justizdienstes wahrgenommen. Die Entscheidungen hierüber treffen die Landgerichtspräsidenten (Amtsgerichtspräsidenten) und die Leiter der Staatsanwaltschaften bei den Landgerichten für ihren Bezirk sowie die Oberlandesgerichtspräsidenten und die Generalstaatsanwälte für ihre Behörden.

II.

1. Abs. 5 Ziff. 1 der AV vom 27. 4. 1948 (JMBl NRW S. 98) in der Fassung der AV vom 12. 10. 1951 (JMBl NRW S. 235) erhält folgende Fassung:

„Zu Buchhaltern, Kassierern und Verwaltern von Zahlstellen sollen Beamte des mittleren Dienstes bestellt werden, deren Eignung zur selbständigen Erledigung dieser Aufgaben zweifelsfrei feststeht. Als Buchhalter können unter den gleichen Voraussetzungen auch Angestellte verwendet werden. Im Kosteneinziehungsverfahren sind den Beamten des gehobenen Dienstes vorbehalten:

a) die Vollstreckung in das unbewegliche Vermögen;

b) die Vollstreckung in Forderungen und andere Vermögensrechte;

c) der Antrag auf Abnahme des Offenbarungseides und auf Erlaß eines Haftbefehls;

d) der Antrag auf Eröffnung des Konkursverfahrens und des Vergleichsverfahrens zur Abwendung des Konkurses;
e) die Anordnung des Arrestes.

Sofern bei Behinderung des Zahlstellenverwalters die Vertretung durch einen anderen Beamten des mittleren Dienstes nicht möglich ist, darf die Verwaltung der Zahlstelle durch den Behördenvorstand vorübergehend, solange ein Vertreter nicht abgeordnet ist, einem bei der Behörde beschäftigten Justizangestellten übertragen werden, wenn seine Eignung zur Wahrnehmung dieser Aufgabe zweifelsfrei feststeht. Die Beauftragung eines Angestellten mit der vorläufigen Verwaltung einer Gerichtszahlstelle ist dem Landgerichtspräsidenten unverzüglich anzuzeigen."

2. In § 150 der Justizkassenordnung wird der Absatz 3 durch folgende Bestimmung ersetzt:

„Wenn es der Umfang der Prüfungsgeschäfte erfordert, können dem Prüfungsbeamten für die Vornahme der ordentlichen und außerordentlichen Kassenprüfungen vom Behördenvorstand Beamte des gehobenen oder des mittleren Dienstes, die nicht Beamte der Amtskasse sein dürfen, beigegeben werden; diese haben den Prüfungsbeamten nach seinen Weisungen bei der Vornahme der Kassenprüfung zu unterstützen."

III.

Im Einvernehmen mit dem Rechnungshof des Landes Nordrhein-Westfalen werden folgende Erleichterungen zugelassen:

1. Die Landgerichtspräsidenten (Amtsgerichtspräsidenten) und die Leiter der Staatsanwaltschaften bei den Landgerichten werden für ihren Bezirk, die Oberlandesgerichtspräsidenten und die Generalstaatsanwälte für ihre Behörden, ermächtigt, einzelne geeignete Beamte, die mindestens der Besoldungsgruppe A 8a angehören, zur sachlichen und rechnerischen Feststellung von Rechnungsbelegen über Entschädigungen für Zeugen und Sachverständige, über Entschädigungen der bei den Gerichten als Beisitzer zugezogenen Personen und über Reisekosten für befähigt zu erklären. Die Beamten, denen die vorbezeichnete Befähigung zuerkannt worden ist, sind im Rahmen der AV vom 9. 12. 1948 (DJ S. 1381) zugleich zur Erteilung der Auszahlungsanordnungen befugt. Bei schwierigen Berechnungen bleibt die Feststellung von Rechnungsbelegen einem Beamten vorbehalten, der mindestens der Besoldungsgruppe A 4c 2 angehört.

2. Der in Nr. 3 letzter Satz der Justizvollzugsbestimmungen zu § 86 Abs. 1 der Rechnungslegungsordnung vorgeschriebenen Mitteilung an den Rechnungshof über die Zuerkennung der Befugnis zur rechnerischen Feststellung von Rechnungsbelegen bedarf es bis auf weiteres nicht mehr.

IV.

Diese Verfügung tritt am 1. April 1954 in Kraft.

4. Nachtrag

Gesetz über die Gleichberechtigung von Mann und Frau auf dem Gebiete des bürgerlichen Rechts (Gleichberechtigungsgesetz — GleichberG) vom 18. Juni 1957 (BGBl I S. 609).

Artikel 6

Änderung des Rechtspflegergesetzes

§ 12 des Rechtspflegergesetzes vom 8. Februar 1957 (Bundesgesetzbl. I S. 18) wird wie folgt geändert:

1. Hinter Nummer 6 wird als Nummer 6a eingefügt:

   „6a. die Entscheidung über den Anspruch auf Herausgabe eines Kindes gemäß § 1632 des Bürgerlichen Gesetzbuchs;".

2. Nummer 7 wird wie folgt gefaßt:

   „7. die Entziehung der Vertretungsmacht (§§ 1629, 1691, 1796, 1897, 1915 des Bürgerlichen Gesetzbuchs);".

3. Nummer 8 wird wie folgt gefaßt:

   „8. die Maßnahmen und Anordnungen auf Grund des § 1628, des § 1666 Abs. 1 und des § 1838 des Bürgerlichen Gesetzbuchs;".

4. Nummer 9 wird wie folgt gefaßt:

   „9. die Maßnahmen hinsichtlich der Vermögenssorge, soweit sie ein Eingreifen auf Grund des § 1666 Abs. 2 sowie der §§ 1667, 1668, 1669, 1684, 1844 und 1915 des Bürgerlichen Gesetzbuchs betreffen;".

5. Nummer 10 wird wie folgt gefaßt:

   „10. die vormundschaftsgerichtlichen Genehmigungen und Ermächtigungen nach §§ 1643, 1645, 1811, 1817, 1821, nach § 1822 Nr. 1 bis 3, 5, 8 bis 12 und nach §§ 1823, 1825 des Bürgerlichen Gesetzbuchs;".

6. Nummer 12 wird wie folgt gefaßt:

   „12. die Entlassung eines Vormundes, Gegenvormundes, Pflegers oder Beistandes wegen Gefährdung der Interessen des Mündels (§§ 1886, 1895, 1915, 1691 des Bürgerlichen Gesetzbuchs);".

7. Hinter Nummer 16 wird folgende Nummer 16a eingefügt:

„16a. die Regelung von Fragen der elterlichen Gewalt gemäß den §§ 1672, 1678 bis 1680 des Bürgerlichen Gesetzbuchs;“.

8. Hinter Nummer 18 wird folgende Nummer 18a eingefügt:

„18a. die Stundung der Ausgleichsforderung und die Übertragung von Gegenständen unter Anrechnung auf die Ausgleichsforderung gemäß den §§ 1382, 1383 des Bürgerlichen Gesetzbuchs;“.

1. Vorbemerkung. Das Gesetz über die Gleichberechtigung von Mann und Frau auf dem Gebiete des bürgerlichen Rechts (Gleichberechtigungsgesetz — GleichberG) ist erst nach Abschluß des Manuskripts des vorliegenden Erläut.-Buches unter dem 18. Juni 1957 erlassen und im Bundesgesetzbl. I Nr. 26 vom 21. 6. 1957 auf Seite 609 verkündet worden. Es konnte infolgedessen bei den in Betracht kommenden einzelnen Vorschriften (insbesondere der §§ 12 und 14 d. Ges.) nicht mehr berücksichtigt werden. Abgesehen von den bereits am 22. 6. 1957 in Kraft getretenen, die Überleitung der im Einzelfall geltenden Güterstände auf den neuen Rechtszustand betreffenden Übergangsvorschriften des Art. 8 I. Nr. 3 Abs. 2 sowie Art. 8 I. Nr. 4 und 5, soweit hierin auf Nr. 3 Abs. 2 verwiesen wird, tritt das GleichberG nach Art. 8 II. Nr. 4 **am 1. 7. 1958** in Kraft. Es erscheint deshalb zweckmäßig, an dieser Stelle auf die wichtigsten Bestimmungen hinzuweisen, soweit sie für das RpflGesetz bedeutsam sind.

Materialien:

a) Entwurf und Amtl. Begründung vom 29. 1. 1954 = BT-Drucksache 224,
b) Maßfeller-Reinicke, Zu dem Entwurf eines Gesetzes über die Neuordnung des ehelichen Güterrechts, BAnz Nr. 154 vom 10. 8. 1954 (Sonderdruck),
c) Schriftl. Bericht des Ausschusses für Rechtswesen und Verfassungsrecht vom 12. 4. 1957 = BT-Drucksache 3409 und *zu* Drucksache 3409,
d) Maßfeller-Reinicke, Zu dem Entwurf eines Gesetzes über die Gleichberechtigung von Mann und Frau auf dem Gebiete des bürgerlichen Rechts, BAnz Nr. 59 vom 26. 3. 1957 (Sonderdruck),
e) Meyer, Eheliches Güterrecht und Gleichberechtigung, Rpfleger 1957, 151,
f) Reinicke, Zum neuen ehelichen Güterrecht, NJW 1957, 889,
g) Reinicke, Das Gleichberechtigungsgesetz, NJW 1957, 934.

2. Ausgleichsforderung, Stundung der —. Entsprechend den Erläut. II zu § 14 d. Ges. führt das GleichberG als gesetzlichen Güterstand den Güterstand der Zugewinngemeinschaft ein, d. h. während bestehender Ehe gilt sowohl in Ansehung des in die Ehe eingebrachten als auch des nach der Eheschließung erworbenen Vermögens Gütertrennung. Nach Beendigung der Zugewinngemeinschaft auf andere Weise als durch den Tod eines Ehegatten, z. B. durch Scheidung, wird der Zugewinn, den die Ehegatten während der Ehe erzielt haben, ausgeglichen (§ 1363 BGB n. F.). Übersteigt der Zugewinn eines Ehegatten den Zugewinn des anderen, so steht dem anderen die Hälfte des Überschusses als eine auf einen Geldbetrag gerichtete Ausgleichsforderung zu (§ 1378 BGB n. F.). Da der zum Ausgleich verpflichtete Ehegatte nicht gezwungen werden soll, sein Vermögen zu verschleudern, kann unter der Voraussetzung des § 1382 BGB n. F. das VormdschG auf Antrag eine Ausgleichsforderung stunden oder gemäß § 1383 BGB n. F. auf Antrag des berechtigten Ehegatten anordnen, daß der verpflichtete Ehegatte ihm bestimmte Gegenstände seines Vermögens unter Anrechnung auf die Ausgleichsforderung überträgt. Die hierbei sowie nach § 1382 Abs. 3, 4 und 6 BGB n. F. zu treffenden Entscheidungen werden durch die dem § 12 d. Ges. neu eingefügte Vorschrift der Nr. 18a dem Richter vorbehalten.

Zur Vervollständigung sei hervorgehoben, daß bei Beendigung der Zugewinngemeinschaft durch den Tod eines Ehegatten der Ausgleich des Zugewinns nicht in der oben beschriebenen Weise bewirkt wird; der Ausgleich des Zugewinns wird in diesem Falle vielmehr dadurch verwirklicht, daß sich der gesetzliche Erbteil des überlebenden Ehegatten um ein Viertel der Erbschaft erhöht (§ 1371 Abs. 1 BGB n. F.).

3. Entlassung eines Vormunds, Gegenvormunds, Pflegers oder Beistandes. Das GleichberG hat die in § 12 Nr. 12 d. Ges. aufgeführten Vorschriften des BGB über die Entlassung eines Vormunds usw. wegen Gefährdung der Interessen des Mündels, insbes. wegen pflichtwidrigen Verhaltens (vgl. Erläut. XIVa zu § 12 d. Ges.), nicht geändert, und zwar auch nicht hinsichtlich des Beistandes. Der an die Stelle des § 1694 BGB a. F. getretene § 1691 paßt lediglich die bisherige Regelung dem Gleichberechtigungsgrundsatz an. Die Abweichung in der Paragraphenfolge machte die Neufassung des Richtervorbehalts des § 12 Nr. 12 d. Ges. notwendig.

4. Entziehung der Vertretungsmacht. Die Vorschrift des § 1630 Abs. 1 S. 2 BGB a. F., nach der das VormdschG dem Vater bei Widerstreit der Interessen (§ 1796 BGB) die Vertretungsmacht entziehen kann, kehrt in § 1629 Abs. 2 S. 2 BGB n. F., nunmehr dem neuen Rechtszustand angepaßt, wieder. Die Neufassung des § 12 Nr. 7 d. Ges. trägt lediglich der Anpassung der §§ 1630, 1686 BGB a. F. an den Gleichberechtigungsgrundsatz Rechnung; an dem Richtervorbehalt (vgl. die Erläut. XVIIa zu § 12 d. Ges.) ändert sich daher sachlich nichts.

5. Genehmigungen, vormundschaftsgerichtsl. —. Die Vorschriften über die Genehmigungsbedürftigkeit der von den Eltern für das Kind abzuschließenden Rechtsgeschäfte (§§ 1643, 1645 BGB a. F.) sind durch das GleichberG dem neuen Rechtszustand angepaßt worden. Die Bestimmung des § 1653 BGB a. F. über das Verbrauchsrecht hinsichtlich der verbrauchbaren Sachen aus dem Kindesvermögen fällt weg, da das GleichberG die elterliche Nutznießung am Kindesvermögen nicht mehr kennt. Diese Änderungen machten die Neufassung des Richtervorbehalts des § 12 Nr. 10 d. Ges. erforderlich.

6. Herausgabe des Kindes. Im Anschluß an die in das GleichberG übernommene, lediglich dem neuen Rechtszustand angepaßte Vorschrift des § 1632 Abs. 1 BGB überträgt das GleichberG in § 1632 Abs. 2 BGB n. F. die Entscheidung über das Verlangen eines Elternteils auf Herausgabe des Kindes gegenüber dem anderen Elternteil dem VormdschG, da bei Streit der Eltern um ihr Kind im Sorgerechtsverfahren das VormdschG häufig eingreifen wird (vgl. auch BGHZ 19, 185 = NJW 1956, 260). Die Entscheidung wird dem Richter vorbehalten (§ 12 Nr. 6a d. Ges.). Vgl. auch die Erläut. XVIIc zu § 12 d. Ges.

7. Meinungsverschiedenheiten. Bei Meinungsverschiedenheiten der Eltern über die Ausübung der elterlichen Gewalt hat sich entgegen der in Erläut. XXIIIa zu § 12 d. Ges. vertretenen Ansicht die im Entwurf des GleichberG zum Ausdruck gekommene Meinung durchgesetzt, daß die Entscheidung nicht bei dem VormdschG, sondern grundsätzlich in den Händen des Vaters liegen soll. Das VormdschG entscheidet erst auf Antrag der Mutter, wenn das Verhalten des Vaters in einer Angelegenheit von besonderer Bedeutung dem Wohle des Kindes widerspricht oder wenn die ordnungsmäßige Verwaltung des Kindesvermögens dies erfordert. Wenn der Vater beharrlich die Rechte der Mutter auf Mitbestimmung verletzt, kann das VormdschG der Mutter auf Antrag die Entscheidung in den persönlichen und vermögensrechtlichen Angelegenheiten des Kindes übertragen, wenn dies dem Wohle des Kindes entspricht (§ 1628 Abs. 2 und 3 BGB n. F.). Die Änderung hat die Neufassung des Richtervorbehalts in § 12 Nr. 8 d. Ges. erforderlich gemacht.

8. Regelung des Sorgerechts für Kinder getrennt lebender Eheleute. Das GleichberG hat in § 1672 BGB n. F. die bisher in § 74 EheG enthaltenen, nunmehr in § 1671 BGB n. F. übernommenen Vorschriften über die Regelung des Sorgerechts für Kinder aus geschiedenen Ehen (vgl. Erläut. XVIIc zu § 12 d. Ges.) auf Kinder getrennt lebender Eheleute für entsprechend anwendbar erklärt; ausgenommen sind lediglich die Vorschriften des § 1671 Abs. 5 BGB n. F. über die bei Kindern aus geschiedenen Ehen unter erleichterten Voraussetzungen zugelassene Bestellung eines Vormunds oder Pflegers. Die bei der Regelung des Sorgerechts für Kinder getrennt lebender Eheleute zu treffenden Entscheidungen werden durch die neu eingefügte Vorschrift des § 12 Nr. 16a d. Ges. dem Richter vorbehalten.

Ruht die elterliche Gewalt des Elternteils, dem sie nach §§ 1671, 1672 BGB n. F. übertragen war oder verwirkt der Elternteil die elterliche Gewalt oder wird sie ihm entzogen (§§ 1678 bis 1680 i. Verb. mit §§ 1666, 1669, 1670 BGB n. F.), so wird deren Übertragung auf den anderen Elternteil bzw. die Bestellung eines Vormunds oder Pflegers ebenfalls dem Richter vorbehalten (§ 12 Nr. 16a d. Ges.).

9. Vermögensrechtliche Verfahren. Die bisherigen Vorschriften der §§ 1666 Abs. 2, 1667, 1668, 1670, 1671 BGB a. F. über vormundschaftsgerichtl. Maßnahmen bei Gefährdung des Kindesunterhalts oder -vermögens werden, zum Teil unter abweichender Paragraphenfolge (§§ 1640, 1669, 1670 BGB a. F. = §§ 1682 bis 1684 BGB n. F.), durch die neuen Vorschriften der §§ 1666 Abs. 2, 1667, 1668, 1669 BGB n. F. dem Grundsatz der Gleichberechtigung angepaßt. Die Änderungen haben die Neufassung des Richtervorbehalts in § 12 Nr. 9 d. Ges. notwendig gemacht, ohne jedoch an der Zuständigkeitsregelung sachlich etwas zu ändern (vgl. die Erläut. XXVIII 1 und XXIX zu § 12 d. Ges.).

Sachverzeichnis

Die Zahlen bedeuten die Seiten

neubearbeitete Auflage, herausgegeben von Justizamtmann und Bezirks
Hofmann, Ministerialrat Karl Schäfer und Erster Staatsanwalt Dr.
Westarp. Groß-Oktav. 1957. In Vorbereitung.

Steiner-Riedel, Zwangsversteigerung und Zwangsverwaltung in der Bundesrepublik und in Berlin-West. Kommentar zum Zwangsversteig unter Berücksichtigung des Rechtes aller Länder der Bundesrepublik be Anton Steiner †. 7., ergänzte und durchgesehene Auflage von Landgerichts mann Riedel. Lexikon-Oktav. XX, 1016 Seiten. 1956. Ganzleinen DM 98

Meisner-Stern-Hodes, Nachbarrecht im Bundesgebiet (ohne Bayern) u Berlin. 3., verbesserte und erweiterte Auflage. Früher Meisner-Stern, Preuß barrecht, bearbeitet von Oberlandesgerichtsrat Dr. Fritz Hodes. DIN 671 Seiten. 1956. Ganzleinen DM 54,—.

Meisner-Ring, Das in Bayern geltende Nachbarrecht. 4. Auflage. DI 658 Seiten. 1951. Halbleinen DM 45,—.

Richter, Das materielle und formelle deutsche Grundbuchrecht in sein zum Liegenschaftskatasterdienst mit besonderer Berücksichtigung der bay rheinpfälzischen Verhältnisse. Von Oberregierungs- und -vermessungsrat Hch. Richter. Oktav. XV, 204 Seiten. 1950. Halbleinen DM 12,—.

Seufert, Bayerisches Enteignungsrecht. Kommentar zum Zwangsabtretur 17. November 1837 und zum Gesetz über die Enteignung aus Gründen des vom 1. August 1933 mit ergänzenden bundes- und landesrechtlichen Vors Rechtsanwalt Günther Seufert. Oktav. XVI, 405 Seiten. 1957. Ganzlein

Riedel, Jugendwohlfahrtsgesetz, erläutert für den Bereich der Deutschen blik und West-Berlin. 2., zum Teil völlig neubearbeitete und erweiterte Aufla gerichtsrat Dr. Hermann Riedel. Oktav. XL, 448 Seiten. 1955. Ganzlein

Julier, Die polizeiliche Untersuchung von Verkehrsunfällen von Julier. 3., vermehrte und verbesserte Auflage. Oktav. In einem Tafelanh dungen, 12 Skizzen und 8 Seiten Zeichnungsanleitungen. XVI, 294 Seiten leinen DM 16,80.

FSC
www.fsc.org
MIX
Papier | Fördert
gute Waldnutzung
FSC® C083411

Kolibri 360 GmbH
Ferdinand-Jühlke-Straße 7
99095 Erfurt, Deutschland
produktsicherheit@kolibri360.de

Kolibri 360 GmbH
Ferdinand-Jühlke-Straße 7
99095 Erfurt, Deutschland
produktsicherheit@kolibri360.de